우리가 사랑한 선생님,
지휘자 최훈차

우리가 사랑한 선생님, 지휘자 최훈차

獻呈圖書

최훈차원장도서편집위원 엮음

홍정사

이 책을

음악 스승이자 인생의 이정표이신
최훈차 선생님께

존경과 감사의 마음으로
헌정합니다.

일러두기

— 일부 사진들은 보존 상태에 따라 혹은 영상의 주요 장면을 파일화함으로 인해 화질이 선명하지 않음을 밝힌다.

— 지면 한계상 QR 배치 간격이 다소 좁으나, 휴대폰 화면을 확대하여 해당 QR에 초점을 맞추면 겹침 없이 스캔할 수 있다.
　 갈색 QR은 영상을, 먹색 QR은 사진 또는 자료를 확인할 수 있다.

발간사

최훈차 선생은 음악 지도자로서 일평생 사신 분입니다. 대학합창단(현 한국대학합창단), 정신여고 노래선교단, 틴라이프, 정신콰이어, 서울신학대학교 카펠라합창단, 아너스카펠라, 최훈차콰이어를 조직하고 지휘하며 일생을 사셨습니다. 그의 가르침을 받았던 제자들이 최훈차 선생의 은퇴를 기념하여 존경심에서 우러나오는 마음을 글로 표현하였으며, 이 글들을 모아 책을 만들어 최훈차 선생에게 헌정하게 되었습니다.

최훈차 선생은 연세대학교 음악대학을 졸업한 후 군에 입대하여 육군본부 주일예배 성가대를 조직하고 봉사하였습니다. 군 제대 후 정신여고 음악교사로 부임하여 노래선교단을 조직하였습니다. 육군본부 성가대를 지휘하고 봉사하던 중 1966년도에 대학합창단을 창단하고 45년간 지휘했습니다. 이후 늦은 나이에 미국에 유학하여 합창지휘를 공부하였고, 귀국 후에는 서울신학대학교 교수로 후학들을 지도하였습니다.

그는 은퇴 후에도 대학합창단 OB 동문들을 중심으로 최훈차콰이어를 조직하고 계속 지도하였으며, 카펠라힙청딘 동문들을 모아 아너스카펠라를 조직하고 또한 노래선교단 동문들을 모아 정신콰이어를 조직하며 열정적으로 음악을 연주하고 가르친 훌륭한 지도자입니다. 그가 지휘한 합창단을 거쳐 간 제자들이 천여 명은 될 것입니다. 사실 모든 동문 합창단들은 그가 직접 조직했다기보다 제자들이 최훈차 지휘자와 계속해서 합창을 하고 싶어 자발적으로 조직한 후 지도를 부탁했다고 합니다. 그만큼 수많은 제자들에게 사랑을 받은 선생이었고, 존경받는 합창 지도자였다고 말할 수 있을 것입니다.

이제 최훈차 선생이 노년에 접어들면서 모든 합창단 지휘를 내려놓게 되었고, 이를 아쉬워하는 제자들과 동역한 분들이 마음을 모아 헌정도서를 마련하게 되었습니다. 뿐만 아니라 이 책은 최훈차 선생의 음악 사랑과 정신, 노래를 통한 선교 정신, 대한민국 합창음악 발전에 큰 공을 세운 그의 치적을 영원히 기리고 기록하는 역사 자료가 될 것이 분명합니다.

공동편집위원장　이혼종

발간사

　60년 넘게 음악과 합창을 통해 많은 이들에게 감동을 주면서 하나님 복음의 사역을 감당하신 멋진 스승님이 계십니다. 그분은 노래할 이유를 가르쳐 주셨고, 타고난 음악적 리더십뿐만 아니라 신앙인으로 본을 보이시며 마음을 움직이는 뛰어난 지도자 리더십으로 합창의 최고 경지인 '감동'을 이끄셨습니다. 교회음악과 합창을 통해 이 땅 위에 평화를 이루는 일을 실천하고 널리 전하셨기에 제자들은 하나같이 그분을 사랑하고 존경하면서 곁을 떠나고 싶어 하지 않는 것 같습니다.

　이 책은 이제 연로하셔서 지휘를 그만두시는 최훈차 선생님을 기리기 위한 목적으로 시작되었습니다. 2023년 2월 선생님이 지휘하셨던 각 합창단별 대표 편집위원들을 구성하고 책의 방향을 논의하면서 수많은 제자들의 헌정글을 모으는 일로 차별화를 갖자는 의견을 나누었습니다. 큰 틀의 기획은 홍성사의 정애주 대표 동문이 맡았으며, 각 합창단별 편집위원들은 선생님과의 인터뷰를 통해 옛 기억들과 자료들을 모았고, 세계 곳곳에 흩어져 있는 수많은 제자들로부터는 헌정글과 함께 50년이 넘는 귀한 자료와 에피소드를 모았습니다.

　이 책의 1부에서는 선생님의 기독교적 집안 배경과 함께 청소년, 대학, 군대 시절 속에 오롯이 음악인으로 살 수 있었던 운명적이고 소명적인 이야기로 시작됩니다. 이어서 2부는 대학합창단 이야기, 3부는 정신여고 노래선교단과 틴라이프, 정신콰이어 이야기, 4부는 카펠라합창단과 아너스카펠라 이야기, 5부는 최훈차콰이어 이야기로 이어집니다. 각 합창단 이야기에서는 선생님과의 인터뷰를 통해 합창단 창단의 배경과 수많은 감동의 에피소드를 담아 내었고, 연주곡목과 제자들의 헌정글로 채워집니다. 그리고 에필로그에서는 선생님의 잔잔한 신앙의 서사로 마무리됩니다. 책의 마지막 부록에는 선생님의 반세기 동안의 연보를 박강노 박사가 빠짐없이 정리하여 수록하였습니다.

　　편집위원들은 준비하는 과정 속에서 최훈차 선생님을 복음의 도구로 쓰신 하나님의 역사와 인도하심에 새롭게 놀라면서 숙연해지기도 하고, 준비 기간 내내 감동과 감사하는 마음으로 임할 수 있었습니다.

　　이 귀한 책이 존경하는 선생님께는 기쁨이 되고 우리 제자들에게는 진정한 감사가 되며, 합창음악을 사랑하는 모든 이들에게 귀한 자료로 남기를 소망해 봅니다. 이 책이 나오기까지 수고해 주신 모든 분들께 깊이 감사드리며, 하나님께 영광을 돌려드립니다.

공동편집위원장　김순조

차례

발간사   7

1부   가족·학창 시절   12

2부   대학합창단   24

3부   정신여자고등학교 노래선교단·틴라이프·정신콰이어   164

4부   서울신학대학교 교회음악과·카펠라합창단·아너스카펠라   388

5부   최훈차콰이어   528

에필로그   574

부록

—   대학합창단 지도 방법 연구   580

—   합창지휘에 있어 지휘자 최훈차의 특징에 관한 조사   587

—   지휘자 최훈차 연보   597

—   최훈차 통합 레퍼토아 & 한국초연곡   615

1부

가족·학창 시절

음악과 함께 자라다

어린 시절과 가족

1940년 7월 30일, 대구의 독립유공자 집안에서 태어났습니다. 우리 외할아버지 김태련 장로님께서는 대구에서 3월 8일 독립운동을 주도하셨는데, 그로 인해 일본 현병들이 집 앞을 지키고 서 있고 조사도 받으셨던 기억이 있어요. 저는 5남매 중 셋째로, 누님, 형님, 남동생 두 명이 있어요. 지금은 다 돌아가시고 막냇동생 최훈진 목사만 미국에 살고 있습니다.

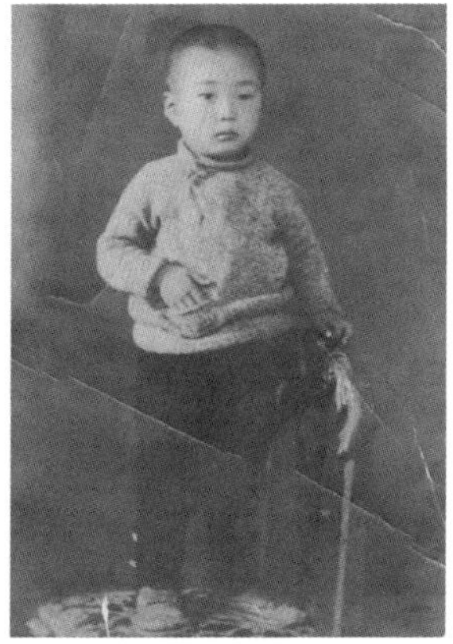

어린 시절.

아버지 최달희(崔達熹)는 대구에서 국회의원 선거에 출마해서 초대 참의원을 지내셨고, 민족통일당 대표까지 역임하셨어요. 교육국장(현재 교육감)도 하셨는데 대한민국 육군가 작사도 하셨어요. 어머니 김순해(金順海) 장로님은 대구에서 YWCA 회장을 1950~1956년까지 역임하였고, 대한기독교여자절제회 대구지회 활동도 하셨어요. 어머니는 피아니스트셨는데 일본에서 유학도 하셨어요. 그 당시 누님과 형님이 다섯 살, 세 살일 때 데리고 가서 공부를 하셨지요.

앞줄은 부모님 최달희, 김순해, 뒷줄은 누님 최수화, 막내 최훈진(당시 고등학생), 형님 최훈열, 본인 최훈차(4남 1녀 중 큰형님 최용화는 미국 유학 중이어서 사진에 없음).

공부하신 후에 계속해서 교회 반주자로 섬기시다가 나중에 부흥사로 활동하셨어요.

당시 대구에서 우리 가족을 모르는 분들이 없을 정도로 할아버지와 부모님 모두 유명하셨죠. 3·1절, 8·15 광복절이 되면 가족 표창도 많이 받았고, 국립신암선열공원에 있는 외할아버지 무덤 비석에는 독립운동 관련 공적이 적혀 있어요. 대구 YWMC 박물관에는 외할아버지와 외삼촌에 대한 이야기도 남아 있어요.

왼쪽 위부터 시계 방향 김태련 지사. 김용해 지사(김태련 지사의 아들이자 최훈차 선생님의 외삼촌). 대구3·1만세운동기념관에서 막냇동생 최훈진 목사와 함께(2023년 촬영). 국립신암선열공원에 있는 김태련 지사의 묘(김용해 지사의 묘도 이곳에 안장되어 있다).

음악 세계로의 문 열기

그 시절 대구에 피아노를 가지고 있던 집이 다섯 곳 정도였던 걸로 기억해요. 교회에는 풍금들밖에 없었고 부잣집, 유명한 교수집에 피아노가 있었는데, 어머니께서 피아노를 공부하셨기 때문에 우리집에 있던 기억이 나요. 누님이 피아노 전공을 하고 경북여고 음악 선생님을 하다가 1960년대에 결혼해서 미국 유학을 갔어요. 집에 피아노가 있으니 누님뿐만 아니라 형님이랑 나랑 막냇동생까지 피아노를 잘 쳤어요. 형님 최용화 목사님은 고등학교 때 미국으로 가서 정치학 박사까지 했고, 파이프 오르간을 부전공했습니다. 1950년대에 미국을 가셨는데, 그 당시는 김포공항도 없었고 여의도 비행기장에서 출발해 3일이나 걸려서 미국을 갔던 때였습니다. 동생 최훈진 목사도 미국에서 목회를 했어요. 나중에 합창단들을 데리고 미국 순회연주를 할 때 형님과 동생이 많은 도움을 주기도 했죠.

대구 대봉교회에서 중고등부를 다닐 때 반주도 하고 지휘도 했었어요. 6·25 전쟁이 끝나고 미국 사람들이 쓰던 피아노를 교회에서 중고로 사서 가져다 놨었는데, 주일 저녁예배 때 반주를 하면서 혼자 여러 가지 시도를 해보기도 했어요. 찬송가 1절은 그대로 치고 2절은 마이너로 치기도 했고, 오른손으로 피아노를 치고 왼손으로 오르간을 치는 시도도 했어요. 피아노 전공을 하거나 공부를 한 것은 아니고 이런 식으로 호기심과 장난기를 섞어서 혼자 피아노를 배웠고,

중학교 2학년 때(1954. 1. 13.).

중학교 때부터 찬양대 지휘를 맡아서 했습니다. 고등학교 때 고등부 찬양대를 지휘했는데 60명 정도의 찬양대원이 1년 동안 헨델의 메시아 중 '할렐루야'를 연습해서 연주하기도 했어요. 그 당시는 악보를 볼 수 있는 사람도 없었고, 그냥 피아노를 쳐 주면 외우면서 연습을 했었죠.

고등학교 1학년 때는 학교 밴드부에 들어가서 악기를 다 불어 보기도 했어요. 클라리넷, 프렌치 혼까지 여러 악기를 다뤄 봤었죠. 나중에 클라리넷이 너무 좋아서 교회 부흥회 때 특송을 한번 하겠다고 해서 슈만의 '트로이메라이'를 연주했습니다. 그런데 쉬운 찬송가를 했어야 했는데 어려운 곡을 고르기도 했고 긴장을 많이 해서 '삑' 소리를 계속해서 냈어요. 부흥회를 해야 하는 중에 성도님들을 웃음바다로 만들었죠. 부흥회가 끝나고 성도님들이 너 때문에 너

위 고등학교 1학년 때 트럼펫 들고 찍은 사진(1956). **아래** 고등학교 2학년 때 사진관에서(1957).

무 웃겨서 많이 울었다고 얘기하셨어요. 그 후 클라리넷 연주는 안 하고 프렌치 혼을 불기 시작했고, 학교에서 모짜르트 혼 협주곡까지 연주했어요. 그리고 대구에서 하모니카를 제일 잘 불었는데, 이덕남이라는 유명한 하모니카 선생님의 수제자였습니다. 방송국 같은 곳에서 초청해서 연주도 했어요. 고등학생이 방송을 하면 안 될 때라서 '최레미'라는 가명을 사용하기도 했어요.

학창 시절에는 상당히 개구쟁이였어요. 겁도 없이 무전여행을 다니고 옥상에서 뛰어내려 보기도 하고 교회 친구들도 있는 반면 깡패 친구들이랑도 친하게 지내곤 했어요. 자전거를 타고 가면서 경북여고 교복에 붙어 있는 태그를 확 당겨서 떼고 도망가기도 했을 정도로 개구쟁이였죠. 자전거 타는 걸 좋아해서 묘기 경연대회도 나갔어요. 자전거 뒤로 타기도 하고, 짜장면을 먹으면서 타기도 하고, 기차 레일 위에서도 탔을 정도로 자전거를 많이 탔었죠. 친구들이랑 포항 감포로 놀러 갔었는데, 10여 미터 되는 바위 꼭대기까지 올라가서 수영복을 벗고 허공에다 대변을 보는 장난을 치기도 했어요. 수학여행으로 경주에 갔을 때는 친구들이랑 여관 간판을 바꿔 달기도 했어요. 이렇게 학창시절에는 개구쟁이였는데 대학 시절을 지나 군대 제대 이후 겁도 많아지고 성격도 차분해지고 신앙적으로도 성숙해진 것 같아요.

연세대학교 음악대학에 진학했는데 관현악과가 없었어요. 그러다 연대 전체 학생 대상으로 관현악단이 생겨서 오디션을 봤어요. 60명 정도가 모인 오디션에서 혼으로 시험을 봐서 들어갔습니다. 첫 연주가 모짜르트의 '후궁으로부터의 도주'라는 오페라였어요. 그런데 혼이 너무 어려워서 연주를 망치기도 했어요. 밴드부 수준으로 오페라 곡을 연주하려니 너무 어려웠고, 지휘자한테 엄청 혼나고 많이 울었던 기억이 나네요.

연대 3학년 시절 장영란 사모(연대 성악과)와 함께.

연대 3학년 때 이화여대 약학과, 기독교학과에서 하모니카 합주단을 창설하고 나서 주법을 가르쳐 달라고 소개를 받았어요. 그래서 두 학기 동안 강습회를 열었습니다. 합주를 위해서 베이스 하모니카 같은 걸 일본에서 사오기도 했고, 내게 주법을 배운 제자들이 나오게 됐었죠. 하모니카 악보가 숫자로 되어 있는데, 전화번호 같은 숫자를 외울 때 항상 하모니카 악보라고 생각하고 외우기도 했을 정도로 하모니카에 푹 빠져 있었죠.

연대 3학년 때는 동아 콩쿠르에 나갔어요. 다른 친구들은 ROTC에 들어가서 1년 반 동안 군대 생활하고 장교로 입대했지만, 저는 콩쿠르에 나가려고 ROTC에 지원하지 않았어요. 그 당시 콩쿠르는 교수들이 각 전공별로 추천을 해서 나갔는데, 그해에 성악과, 피아노과, 작곡과 중에 한 명만 내보내기로 했고 교수님들이 저를 추천해 주셨습니다. 그런데 콩쿠르에서 학교 성적으로 상위 60명을 뽑았고 거의 꼴찌로 붙었어요.

당시 이화여대 음대 학생들이랑 친하게 지냈어요. 잘 보이고 싶어서 숙제도 대신해 주고 하느라 성적 관리는 제대로 못했지요. 그 대신 이론은 정말 열심히 공부해서 준비를 잘 했었고, 결국 이론 시험은 만점을 받아 이론 잘하는 학생으로 유명해지기도 했어요. 실기시험은 시간을 잘못 재는 실수가 있어서 결국 콩쿠르에서 입상은 하지 못했어요. 그렇게 콩쿠르를 나가느라고 ROTC도 안 갔는데 결국 떨어져서 나중에 졸업하고 3년간 군대 생활을 하게 됐죠.

왼쪽 동아일보 콩쿠르(1962). **오른쪽** 군대 시절.

합창지휘자의 삶으로

대학합창단, 정신여고에서 지휘하면서 학생들을 가르치는 선생님의 위치에 있다 보니 그 이후로는 성격이나 모든 게 다 변했던 것 같아요. 당시에는 TV도 없고, 보고 배울 만한 합창단도 없어서 모든 것을 무에서 유로 창조해야 했던 상황이었기 때문에 학생들을 잘 지도해야 된다는 사명감으로 하나씩 해 나갔어요. 그러면서 신앙적으로도 많이 성숙해졌던 것 같아요. 특히 매일 출근할 때마다 해주셨던 어머니의 기도가 많은 힘이 되었어요.

그러다가 합창지휘를 본격적으로 공부해 보고 싶어서 1982년(42세)에 미국 유학을 결심하게 되었어요. 정신여고 틴라이프를 데리고 미주 순회를 많이 하다 보니 여러 도시의 명예 시민권을 가지고 있었고, 미국에 계셨던 첫째형님

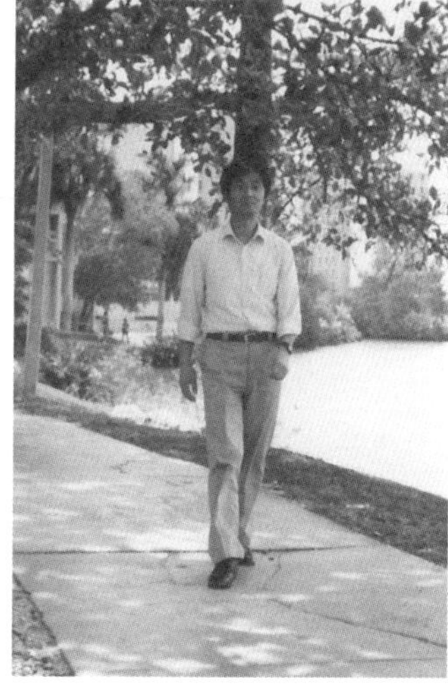

유학 시절.

최용화 박사님의 도움까지 받아서 마이애미 대학(University of Miami) 합창지휘 석
사과정을 시작했죠. 의사소통이 너무 어려워서 고생도 많았지만, 어머니의 기
도와 교수님, 동기들의 도움으로 어려운 시기를 잘 극복하면서 합창지휘 공부
를 제대로 할 수 있었어요.

1차 인터뷰: 박선희, 박강노[2024년 7월 29일(월)]
2차 인터뷰: 박선희, 장지선, 임보현[2024년 8월 4일(일)]

최훈차 선생님과 장영란 사모님의 대학교 졸업사진.

결혼.

왼쪽 가운데 분이 큰누나 최수화 선생님. 대구경북여자고등학교 음악 선생님 시절에 학생들과 찍은 사진.
오른쪽 큰딸 최유정이 6학년, 작은딸 최유향이 4학년이던 1981년에 거주하던 서울 잠실 장미아파트 놀이터에서 찍은 가족사진.
자녀분 모두 대학합창단으로 활동하였고, 작은딸은 최훈차콰이어까지 활동하였음.

서울신학대학교 교회음악과 교수 재직 시 지휘하시는 모습.

정신여중, 정신여고 교사로 10주년기념표창 수여식 중. 오른쪽부터 최훈차, 송창규, 김명애, 이미자, 홍순길,
이성녀 선생님, 그리고 맨 왼쪽이 이상학 선생님(왼쪽에서 두 번째 남자 선생님은 확인 어려움).

2부 ————————————————

1966 —— 2011

대학합창단

1_Birth

한빛골합창단을 만나다

　1965년 광주 상무대에서 군복무를 하며, 육군본부교회(육본교회)에서 성가대 지휘자로 근무했어요. 어느 주말, 교회에서 주일 준비연습을 하는데 40여 명쯤 되는 남녀 고등학생들이 한빛골합창단으로 모여 연습하는 모습을 보게 되었어요. 지도하는 지휘자가 없어서 연습을 조금 도와주면 좋겠다 했는데 처음에는 여학생들이 거절을 했어요. 그러다 남자 단원들의 파트 연습을 도와주던 것이 계기가 되어 한빛골합창단을 지휘하게 됐습니다. 처음에는 군인 아저씨가 음악을 아느냐 했던 학생들도 아주 잘 따라 주었고 실력도 많이 좋아졌어요. 하지만 군 제대를 하면서 어쩔 수 없이 육군본부교회를 떠나야 했고 당연히 한빛골합창단도 지휘할 수 없게 되어 배제고등학교에서의 연주를 마지막으로 합창단과 헤어졌어요. **QR 1** 한빛골 여성사중창 발표회(1966). **QR 2** 한빛골합창단 합창훈련(1966).

한빛골합창단 교회 순회연주(1964).

한빛골 여성사중창(1966).

대학합창단의 이름으로

　　한빛골합창단원들 중에 음악대학에 입학하는 학생들이 생겼고, 한빛골 대학부 이름으로 모이면서 내게 지휘를 해달라고 요청했어요. 당시 한영고등학교 음악교사로 재직 중이었지만 흔쾌히 지휘 수락을 했고, 합창단 이름을 짓기 위해 단원들에게 공모를 부탁했어요. 단원들이 이제 대학생이 되어서 만든 합창단이니 '대학합창단'으로 하자 결정해서 그때부터 대학합창단으로 활동하기 시작했습니다.

　　1966년 4월 26일에 광화문 덕수제과에서 이렇게 시작됐고, 5월 17일에 청파감리교회에서 모여 첫 연습을 했어요. 그래서 그때부터 5월 17일을 합창단의 창립일로 기념하고 있는 거예요. '하늘의 아버지', '천사들의 노래가'를 첫 연습곡으로 했던 기억이 있어요. **QR 3** 대학합창단 30주년 기념 영상(1966). **QR 4** 정기연주회 프로그램(1966. 11.).

　　그해 11월에 YMCA 강당에서 창단연주회를 했습니다.

창단연주회(1966).

첫 지방 순회연주

지방 순회연주는 대학합창단 창단부터 현재까지도 매년 이어져 오는 큰 연례 프로그램 중의 하나입니다. 합창단 역사에 전국을 다 다녔다고 해도 과언이 아닐 거예요. 버스와 기차를 타고 다니다 나중에는 제주도까지 갔으니까요.

1967년 여름방학 때 충북도청의 초청으로 첫 번째 지방 순회연주를 하게 되었어요. 이때 우리 연주를 보고 감동한 도청직원이 감사의 표현이라며 부강 백사장에 대형 텐트 두 개를 쳐주고 쉬다 가라고 했어요. 덕분에 단원들이 낮에는 수영도 하고 저녁에는 연습을 했어요. 우리는 그때 밥도 다 직접 지어 먹으면서 했어요.

당시 단원들이 이곳 주민들을 위해서 작은 음악회를 열자는 의견을 냈어요. 그래서 최해철 단원이 연극대본을 쓰고, 음악과 의상까지 직접 준비해서 '수전노'라는 연극을 했어요.

60년대 지방 소도시들에 문화 행사가 전무하다시피 했기 때문에, 여름방학마다 하는 지방 순회는 그 지역분들에게는 아주 색다른 경험과 감동을 주는 연주였어요. **QR 5** 대학합창단 1주년 창단기념예배(1967). **QR 6** 대학합창단 하기수련회(1967).

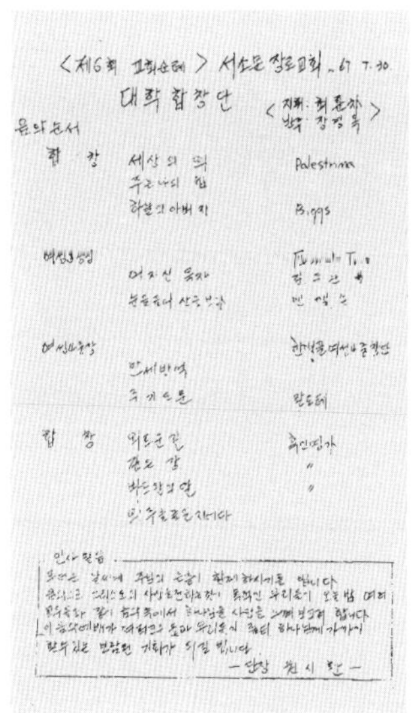

왼쪽 서소문교회 연주(1967). **위** 충청 지역 지방 순회(1967). **아래** 지방 순회연주(1967).

전국합창경연대회 수석 입상

합창단 3년차인 1968년에 처음으로 합창경연대회에 출전했습니다. 이해 11월에 일본에서 열리는 아시아합창제에 파견할 한국 대표 합창단을 선발하기 위한 대회였어요. 대학합창단은 출전곡으로 '마드리갈', '하늘의 아버지'와 '뱃노래'를 연주했고 수석으로 입상했답니다. 남자 단원들의 군 미필 문제 때문에 결과적으로 일본대회를 참석하지는 못했지만, 대회 수석 입상을 계기로 합창단의 수준과 위상이 한 단계 높아질 수 있었던 것 같아요.

'오빠 생각' 등 유명한 동요들을 작곡하셨던 연세대학교 음악대학 학장 박태준 박사님께서 1967년부터 대학합창단 고문을 맡아 주셨어요. 그 당시 미국의 터스쿨럼 대학(University of Tusculum)과 웨스트민스터 대학(University of Westminster)에서 합창지휘를 배우시고, 국내에서 최초로 합창지휘로 석사학위를 취득하셨기 때문에 대학합창단을 지도하는 데 있어 많은 도움을 받기도 했어요. 1968년에는 박태준 박사님의 추천으로 정신여자고등학교의 음악교사로 부임하게 되었고, 정신여고 노래선교단, 틴라이프를 시작하게 되었답니다. **QR 7** 박태준 박사님 정기연주회 프로그램 인사글(1968).

1960년대 대학합창단.

왼쪽 1960년대 악보 REQUIEM. **가운데** 전국합창경연대회(1968). **오른쪽** 전국합창경연대회 우승 기념(1968).

육본교회 성가대

군 복무 시절 지휘했던 육군본부교회 성가대가 저의 제대 이후 제대로 되지 않았던 모양이에요. 당시 육본교회 장로였던 참모총장 김계원 장로님이 성가대 지휘자로 저를 불렀어요. 그런데 이미 청파감리교회 성가대를 지휘하는 중이었고 민간인이 군교회 지휘자를 할 수가 없었어요. 그래서 어떻게 했냐, 대학합창단이 육군본부교회에서 봉사하기로 했어요. 그러니까 대학합창단이 곧 육군본부교회 성가대인 것이죠. 그렇게 제가 지휘를 하게 되었어요. 군에서 민간인에게 사례비를 줄 수가 없으니 지휘자 사례비 대신에 합창단만을 위한 버스를 지원해 줬어요. 주일날 아침 7시부터 밤까지 사용하고 주유비도 지원받았으니까요. 제가 주일 아침마다 단원들을 태웠고, 오후 연습 후에는 합창단 전용버스니까 타고 여기저기 친목 도모로 놀러 다니기도 했어요.

육군본부교회 지원을 받는 기간에는 육군 이민영 대위가 합창단의 단장을 맡기도 했어요. 또한 군부대로 순회연주를 갈 때는 기차 한 칸을 합창단이 다 차지하고 헌병대가 기차 한 칸 앞뒤를 지켜 주기도 했어요. 어떤 부대에서는 우리가 도착했을 때 환영하는 밴드 연주를 해주기도 했죠. **QR 8** 이민영 단장님 정기연주회 프로그램 인사글(1968).

그렇게 육본교회 성가대 봉사를 2년 정도 했고, 그 이후 다시 청파감리교회로 옮겼어요.

육군본부(1966).

대학합창단 창립예배와 음악

대학합창단은 매년 5월이면 동문들과 단원 부모님들을 초청해서 창립예배와 작은 음악회를 열어요. 음악회 이후 축하연은 'Potluck Dinner'로 준비하는데요. 단원들이 각자 한 가지씩 음식을 해오는 문화가 지금까지 전통으로 내려오고 있어요. 그리고 또 한 가지 전통은 현역 단원들이 가족과 친척들을 초대하고, 오신 분들을 소개하는 순서입니다. 가끔씩 먼 지역에 사시는 부모님들이 못 오셔서 학생들이 슬퍼하는 일이 생기기도 하지만, 대부분 1년에 한 번 창립예배 때는 꼭 연주를 보시러 찾아와 주세요. 한번은 어떤 남자 단원 부모님께서 지방에서 바쁜 농사일로 못 오신다고 하셨는데, 당일 부모님을 소개하는 시간에 깜짝 등장하셔서 펑펑 울었던 일도 있었답니다. **QR 9** 대학합창단 창립예배와 음악(1970).

대학합창단 '개명' 에피소드

대학합창단 이름을 바꿔 보려고 노력했다는 걸 아는 동문들은 많지 않아요. 이름 때문에 어느 대학 소속이냐는 질문을 참 많이 받았어요. 그래서 바꾸려는 시도를 했었어요. 결국 안됐지만… 연주를 소개하는 신문 기사에 '서울챔버콰이어'라 내기도 했고요. '킹스콰이어'로 바꾸는 계기도 있었어요. 1971년에 후암교회 성가대를 지휘하면서 교회 공간을 빌려 대학합창단의 정기연습을

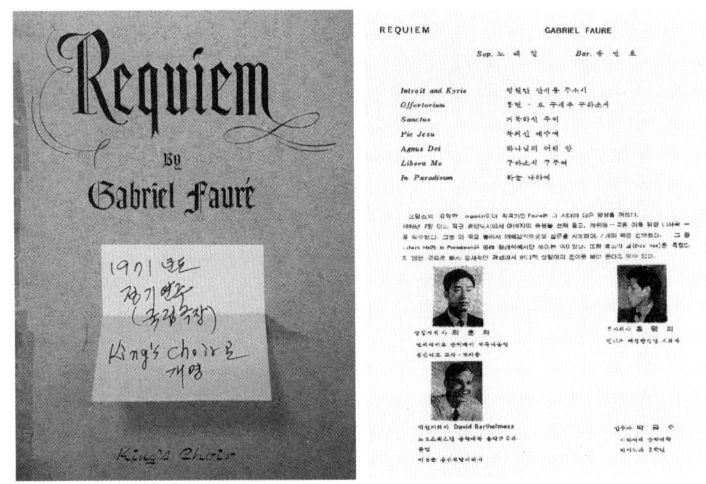

정기연주회 프로그램 포레 레퀴엠(1971).

하고 있었어요. 그때 담임 목사였던 조동진 목사님과 합창단 단장이셨던 오병용 장로님의 지원을 받고 있었는데, 조 목사님이 '제7회 세계 이스라엘합창제' 참가를 적극 지원해 줬어요. 참가하려면 국제선교협력기구에 가입하고 합창제 여비를 다 지원해 주는 조건으로 대학합창단 이름을 '킹스콰이어'로 바꾸자 제안했습니다.

그런데 그게 다 에피소드로 끝나고 말았어요. 단원 중 한 명이 교회 화장실에서 담배를 피우다 적발되었어요. 그러니 선생으로서 책임을 지고 연습실을 사용하지 못하게 되었고, 성가대 지휘도 사임했으니 당연히 세계합창제 참가 신청도 취소되었어요. 그렇게 서울챔버콰이어나 킹스콰이어로 이름을 바꾸려는 시도가 무산되고 그 뒤로 쭉 대학합창단으로 왔지요. 50년간 이 이름을 계속 사용하다가 결국 2016년 창단 50주년 때 동문들의 의견을 모아 한국대학합창단(The Korale)으로 개명하게 됐어요.

초창기 에피소드

애프터 에피소드

합창단 초기에는 연습 후 애프터를 함께했어요. 후암교회 연습 시절에 애프터 장소는 늘 삼광다방이었는데 지휘자는 커피가 무료였죠. 내가 없을 때는 서열이 가장 높은 단원이 대신 무료 커피를 마실 수 있어서 단원들이 신분증을 꺼내 서열을 따지고는 했다고 해요. 그때 애프터는 친목보다는, 선생으로서 단원과 학생들을 지도하고 합창단 활동을 위한 OT 성격이었어요. 그 후에는 단원들끼리 연습 후에 모여 친목을 도모하면서, 간식을 먹기도 하고 볼링 게임도 하는 성격으로 바뀌었어요.

연습실 에피소드

합창단의 매주 정기 연습을 위한 장소는 늘 숙제였습니다. 후암교회에서 담배 사건으로 쫓겨난 뒤로 연습실을 구하는 데 어려움이 있었어요. 미8군 용산코랄 지휘자 데이비드(David Bartholomess)의 주선으로 미8군 메모리얼 채플(Memorial Chapel)에서 하기도 하고, 김영미 단원 아버지가 목회하시는 평광교회도 갔어요. 그 후 정해진 곳이 없는 시기에는 피아노학원, 발레학원 등을 돈을 주고 빌리기도 했어요. 염충국 단원이 총무이던 시절에는 한 달에 몇 번씩 남산

에 멜로디언을 가지고 다니며 연습하기도 했어요. 신촌교회, 압구정 세실아트홀에서 정기연습을 하던 건 아주 한참 뒤이고, 그 전까지는 연습 장소를 찾는 일이 참 어려웠어요.

초기 동계훈련과 조별 연습

합창단 초기에는 동계훈련이 친목 도모의 시간이었어요. 나중에야 다음 해의 해외 순회를 앞두고 동계 합숙훈련을 하면서 연주곡을 연습하고 오리엔테이션을 했지요. 주로 속리산, 남이섬을 많이 갔어요. 속리산에 수학여행 숙박 시설이 있어서 멜로디언으로 반주하며 연습을 했어요. 동계훈련에 들어갈 때는 부활절연주회, 정기연주회 때 부를 곡 하나씩은 꼭 미리 정해서 연습했어요.

그리고 초기부터 10년 정도는 파트별로 4명씩 한 조를 짰어요. 주 2회씩 연습할 때라 조별로 연습하게 했는데 아주 잘 해왔어요. 조별 연습이 효과가 있어서 교회 순회연주를 할 때는 일부러 원래 프로그램에 있는 여성3중창, 남성4중창 대신에 조를 짠 혼성4중창으로 연주를 시키기도 했어요. 그렇게 했더니 오히려 팀워크도 좋았고, 잘하고 싶은 욕심에 교회 연주 때 시켜 달라고 하는 조도 있었어요. **QR 10** 가나다라 남성중창단(1973).

5분 레크리에이션

평광교회 연습 시절까지 했던 프로그램인데요. 주로 간식시간 5분 동안 단원들이 차례대로 진행을 맡아서 게임이나 돌림노래 같은 여러 레크리에이션을 했어요. 기억에 남는 친구는 연대 재학 중이던 박승우라는 단원이에요. 연대 내 장기자랑에서도 총장상을 받은 친구였는데, 합창단 여단원 중 한 명이 방귀를 뀐 소리를 듣고는 F#이라고 음정을 찾았던 기억이 있어요.

대학합창단 와해 위기

1966년에 창단하고 나서 초기 단원들은 합창단을 그만두거나 단원이 바뀐다는 생각을 미리 못했던 거예요. 모두가 고정적으로 계속 활동하기를 바랐고 그래서 실제로 한 6, 7년은 문제없이 모두 같이 잘했어요.

그런데 남단원들은 군대를 다녀와야 하고, 여단원들은 같은 학번이라도 먼저 졸업을 하잖아요. 이렇게 되니까 1972년에는 더 이상 합창단을 유지하기 어려운 지경이 되었어요. 그래서 급하게 신입단원 충원을 결정하게 되었고, 다음 해 1974년에는 틴라이프 출신들과 중앙고등학교 중창단 포커스 출신들이

서울음악제(1972).

 11

 12

 13

 14

많이 입단했어요. **QR 11** 정기연주회 프로그램 틴라이프, 포커스 중창단 소개(1975).

아무튼 단원 충원 문제 때문에 1973년에는 처음으로 정기연주회를 못 했어요. 합창단이 정기연주를 건너뛴 건 이때가 처음이자 마지막이에요.

이효종 단장님

대학합창단 역사상 가장 오랜 기간 단장을 해주신 분은 이효종 단장님이에요. 안동교회 장로님이고 1974년부터 2007년까지 34년을 한결같이 후원하고 모든 국내외 연주를 다 동행해 주신 분이죠. **QR 12** 정기연주회 프로그램 이효종 단장님 인사글(1975).

이효종 단장님과의 인연은 아주 깊어요. 1960년에 이효종 단장님이 미8군 카투사로 복무하면서 대구 대봉교회에서 성가대를 했는데, 그 당시 성가대 대장이 우리 어머니 김순해 권사셨어요. 게다가 미국에 가신 큰 형님을 빼고 4남매가 다 성가대를 할 때라 이효종 단장님과는 그때 친분이 생겼어요.

제대 후에 단장님도 취업하고 결혼하시면서 서로 바쁘게 지내다가 단장님이 막 사업을 시작한 1974년 무렵 다시 만나게 되었어요. 그때 대학합창단을 비롯해 노래로 하는 선교에 대해 이야기를 나누며 함께하시자 한 게 무려 34년이란 시간 동안 헌신해 주셨네요. 이효종 단장님과 함께한 동문이 정말 많죠. 단원들도 단장님을 많이 따르고 존경합니다. **QR 13** 대학합창단 회보 창간호(1978). **QR 14** 이효종 단장님 회고록.

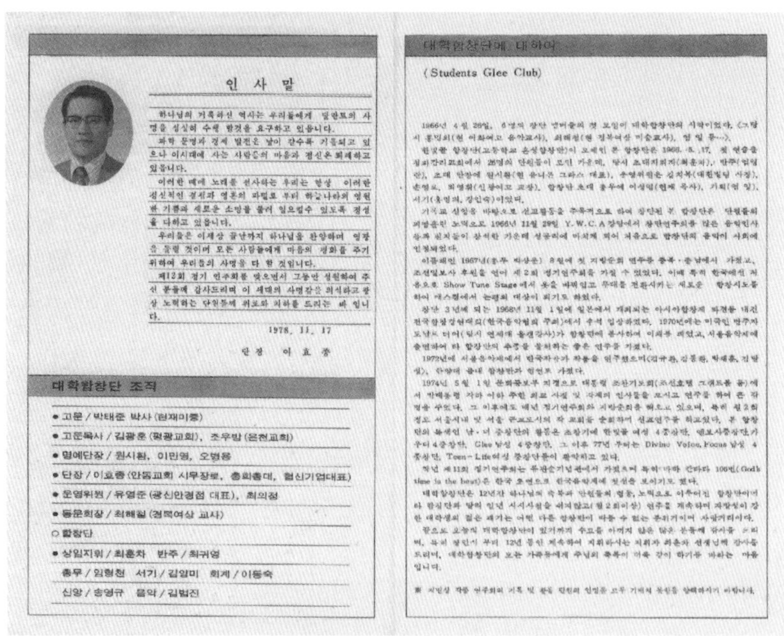

위 대학합창단 활동 사진(1976~1977).
아래 정기연주회 프로그램 소개글(1978).

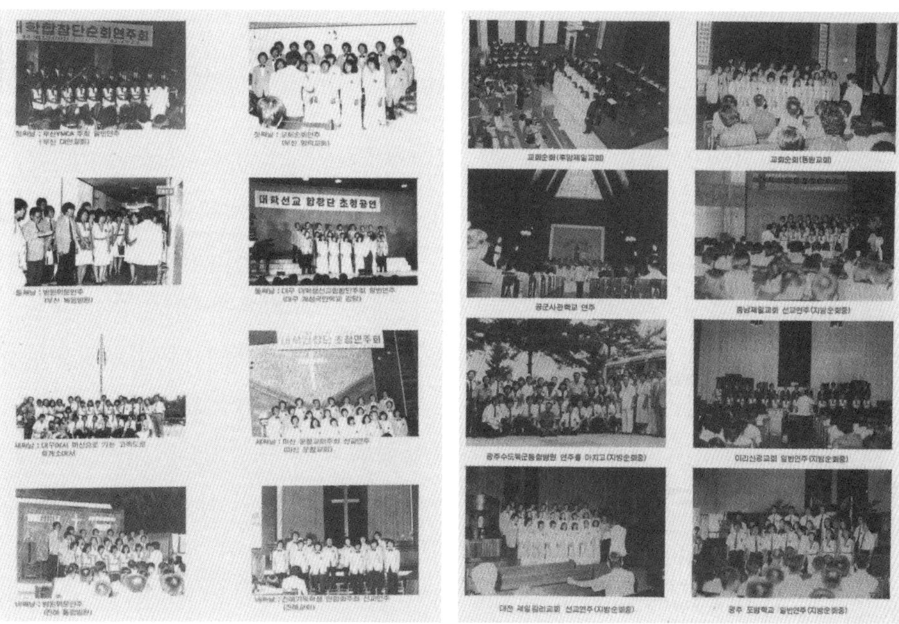

왼쪽 대학합창단 활동 사진(1980).
오른쪽 대학합창단 활동 사진(1981).

Ground	St. 세실리아 미사	1966. 11. 29
Faure	Requiem	1971. 12. 20
Ceil, Finger	Set of three (현대합창곡)	1976. 11. 20
김 달 성	남해찬가 (제4회 서울음악제 창작곡)	
J. S. Bach	Cantata No. 106 (God's Time is the Best)	1977. 11. 18
Lasso	Il Me Suffit/푸가를 위한 6개의 고전합창	1978. 11. 17
Jule Styne	Alleluia Baby (현대합창곡)	1980. 12. 12
Mozart	Regina Coeli	1981. 11. 20
Martini	Lord, My God, Assist My Now	1983. 11. 3
J. S. Bach	Cantatata No. 160	1985. 4. 14
Mendelssohn	나의 기도를 들어 주소서	1985. 11. 14
Henry Purecell	주안에서 기뻐하라	1985. 11. 14
D. Pinkham	사자굴의 다니엘 (현대합창곡)	1986. 11. 3
Schutz	십자가상의 칠언	1987. 4.
B. Britten	사도 베드로에게 보내는 찬송 (현대합창곡)	1987. 10. 1
V. Williams	크리스마스 환상곡 (현대합창곡) 시편 100편 (현대합창곡)	1988. 11. 7
F. Poulence	Sanctus (현대합창곡)	1988. 11. 7
F. Schubert	Offertorium	1989. 11. 14
Dennis Kam	Two Moves and The Slow Scat	1989. 11. 14
D. Pinkham	시편 23편	1990. 12. 3
R. Thompson	Cantata Concord	1990. 12. 3

1990년	Cantata "Concord"	R. Thompson
1991년	A Song of Thanksgiving	Vaughan Williams
	Trio Chanson	Debussy
	Antiphon	B. Britten
1992년	Missa (Credo)	Z. Kodaly
	자비의 주님을 찬양해	W. A. Mozart
	Cantata Israel at the Red Sea	Lloyd Pfautsch
1993년	Cantata BWV 150	J. S. Bach
	Missa Brevis	L. Bernstein

위 역대 연주 Major Work(1966~1990).
아래 역대 연주 Major Work(1990~1993).

해외 순회연주

해외 순회연주의 시작

대학합창단의 해외 순회연주는 아내 장영란 선생으로 인해 시작되었어요. 장영란 선생은 당시 '장로교 여전도회 연합합창단'을 지휘하면서 미국에 초청연주를 갔는데, 거기서 잭 헤이즐우드 목사를 만나게 되었어요. 그 목사님이 연합합창단 연주에 감동을 받았고, 장영란 선생이 우리보다 훨씬 잘하는 합창단이 있다며 대학합창단을 소개한 거예요. 그렇게 대학합창단이 미국에 초청을 받으면서 시작되었어요.

첫 유럽 순회도 마찬가지예요. 대학합창단의 첫 유럽 순회연주는 동문 변영기 선교사가 영국 지역을 돕고, 독일은 황영관 사장이 다 섭외를 해주었는데, 황영관 사장님이 누구냐 하면 '장로교 여전도회 연합합창단' 단원 중 한 명의 친오빠였던 거예요. 그분이 유럽 순회를 먼저 갔던 연합합창단의 연주를 듣고 어떻게 이렇게 나이가 있는 여자분들이 깨끗한 소리가 나느냐 감동을 하니 장영란 선생이 우리는 아무것도 아니다, 훨씬 잘하는 합창단이 있다면서 대학합창단 음반을 들려주었고 이분이 놀랐다고 해요.

그래서 대학합창단의 해외연주의 시작은 나보다 먼저 해외 순회연주를 다닌 아내 때문이에요.

1990년 첫 미주 순회연주

첫 해외 순회 기간은 28일 정도였고, 미국 교회 연주 섭외와 일정을 잭 헤이즐우드 목사에게 의뢰했어요. 잭 목사는 미식축구 챔피언 우승팀 선수 출신이었고, 발이 넓어 미국 교회들의 초청이 수월하게 연결되었어요.

LA에는 대학합창단 동문들이 많이 살고 있었는데, 최초로 대학합창단에서 미국으로 연주를 온다는 소식에 동문들의 기대감이 정말 컸어요. 처음으로 대학합창단의 동문회를 조직하고 흥분을 감추지 못했어요. 우리도 다시 합창을 하자며 의기투합해서 대학합창단의 첫 동문합창단을 만들고 부지휘자 출신 홍명의 동문이 지휘를 맡았어요. 홍명의는 샌프란시스코에 살고 있었는데 LA까지 7시간을 오가면서 동문합창단을 지휘했을 정도이니, 동문들의 기대감과 흥분이 짐작이 가지요. 그래서 LA 지역은 전부 동문들이 연주 스케줄과 민박 등을 준비했어요.

민인기 동문이 미국 유학 중일 때였는데 한인목사회 주관으로 뉴욕의 한인교회에 연주를 잡으려고 한인목사회에 의뢰를 했어요. 그런데 주관하려고 나서는 교회가 없어서 애를 먹었어요. 다행히 한인 목사회 중에 동문 림형천 목사(잠실교회)가 있었고, 대학합창단이 오며 지휘자가 최훈차라는 소식을 확인하고서는 뉴욕 스케줄을 모두 맡아서 해주었어요. 그때 연주 스케줄뿐만 아니라 단원들이 다 같이 브로드웨이 뮤지컬을 관람하기도 하고 여러 관광 명소를 다닐 수 있도록 관광 스케줄까지 잘 준비해 주셨어요.

림형천 목사님은 그 이후로도 1996년, 1999년 뉴욕에서 미주 순회 마지막 연주를 할 때마다 앵콜만 1시간 동안 부르도록 하셨어요. 덕분에 단원들이 가장 기억에 남는 연주를 할 수 있게 만들어 주셨지요. 항상 뉴욕이 마지막 순회 연주 지역이어서 준비한 모든 곡을 2시간 동안 다 부르게 만드셨고, 단원들도 힘들지만 좋아해 주시는 교인분들을 보면서 열심히 연주를 했었죠.

미주 순회연주(1990).

그렇게 LA와 뉴욕에서만 한인교회 연주를 했어요. 나머지 지역은 잭 목사가 연주 스케줄링을 했는데, 침례교회, 대학, 고등학교와 심지어 유치원까지 모두 미국인들을 대상으로 했어요. 한인교회를 제외한 모든 미국 교회에서는 기립박수(Standing Ovation)를 받았어요.

또 하나 기억에 남는 것은 샌프란시스코 지역 연주예요. 정신여고 노래

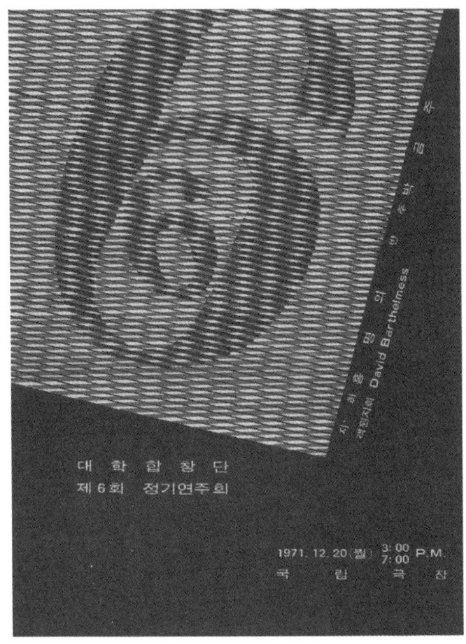

제6회 정기연주회 프로그램(객원지휘 데이비드 바르텔메스, 1971).

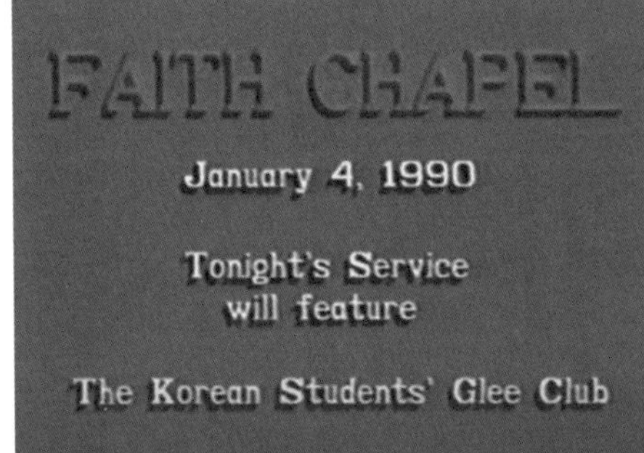

왼쪽 미주 순회연주-San Diego Faith Chapel(1990).
오른쪽 미주 순회연주-워싱턴한인장로교회(1990).

선교단 동문회에서 연주 장소를 섭외해 줬는데, 샌프란시스코에서 1시간쯤 떨어진 곳에 위치한 고등학교에서 대학합창단을 초청한 거예요. 가서 보니 초청한 고등학교의 음악교사가 1971년에 합창단 객원지휘를 했던 데이비드였어요. 어찌나 반갑고 고맙던지. 그때 저는 데이비드 집에서 민박하고 단원들 모두 그 고등학교 학생들 집에서 민박을 하도록 해줬어요.

　미국에서 먹고 자는 모든 것은 잭 목사가 다 지원했다고 해도 과언이 아닌 첫 순회였어요. 합창단이 돈이 없던 시절이었고, 당시 70만 원이라는 비행기 비용은 대학생들에게 너무나 큰 부담이었어요. 게다가 10명 정도는 아예 비용을 마련하기 어려운 상황이어서, 미국 가기 1년 전부터 단원들과 함께 적금을 들기도 했어요. 교회 순회연주 후원비나 지휘자 사례비를 알뜰하게 모으고 간식비도 거의 쓰지 않으면서 모으고 모아서 미국 가는 경비를 마련했어요. 지금처럼 동문회가 조직되어 있지 않을 때라, 동문회의 도움을 받을 수 없었죠. 그래도 몇몇 동문들이 지원금을 보내 줘서 도움이 되었습니다.

총 28번의 연주 중 25회는 미국 교회에서 다 기립박수를 받으며 연주를 했는데, 3번의 한인교회 연주는 노래를 정말 못했어요. 그도 그럴 것이 시차 적응을 완전히 실패한 거예요. 그 사건으로 당시 이진수 단원의 총무직 임시해고령을 순회 중에 내렸어요.

내가 틴라이프 해외 연주 경험이 있기 때문에, 단원들에게 시차 적응과 컨디션 조절에 대해 수차례 강조했는데 초반 컨디션 조절에 실패했어요. 잘 시간에 자야 하는데 총무가 먼저 나서서 밤에 동문들을 따라 나서고 하면서 단원들이 컨디션 조절을 못했어요. 그래서 합창단 팀워크와 기강을 위해서 임시로 해고를 하고 섭외 담당이던 오성택 단원이 임시 총무 대행을 하도록 했던 일화가 있어요.

1993년 미주 순회

1990년 첫 순회 이후에는 3년마다 미주 순회를 했습니다. 경제적인 어려움 등으로 매년 갈 수는 없었지만, 졸업하면서 단원들이 바뀌기 때문에 3년 주기로 가면 고르게 미주 순회연주를 경험할 수 있었어요. LA와 워싱턴을 제외하고는 매번 지역을 달리해서 가려고 했어요.

1993년, 그러니까 합창단의 두 번째 미주 순회연주도 잭 헤이즐우드 목사와 함께했어요. 그런데 아쉽게도 마이애미대학 연주를 기점으로 잭 목사와는 영 결별을 하게 됩니다. 첫 회 1990년 연주 호응이 참 좋았기에 미국 교회 연주 섭외를 잘해 왔어요. 그런데 미국 교회는 합창단 연주 후에 후원금을 주는 부분에서 잭 목사와 문제가 생겼어요. 연주 후원금으로 식비와 이동 기름값 등의 경비를 사용했는데 합창단과는 상관없이 잭 목사가 미국 교회에 후원금을 더 요구했다는 것을 알게 되어 잭 목사와는 순회 일정 도중에 더 이상 함께하지 않기로 했지요.

미주 순회연주(1993).

미주 순회연주-락빌한인장로교회, 볼티모어교회(1993).

미국 비자 에피소드

1990년도는 단체로 비자를 신청할 때였어요. '이 단체가 이러이러해서 이 명단이 미국에 왔다'라고 초청장을 받아서 신청할 수 있었어요. 잭 헤이즐우드 목사가 초청장에 단원들 이름을 다 올려서 보냈는데 이윤숙 단원의 영문 이름 철자가 틀린 거예요. 그 바람에 신청이 한 번 거부되고, 또다시 초청장을 수정해서 받고 나서야 비자를 신청할 수 있었어요.

1996년도는 해외여행이 그래도 많이 자유로워진 때여서 개인별로 비자

왼쪽 박동희 동문 신시내티 시험 준비(1999). **오른쪽** 미주 순회연주-미국 조지아 주청사(1999).

미주 순회연주-캐나다 코퀴틀람 시청(1999).

를 신청할 수 있었죠. 비자 신청을 위한 레터를 발급해 주는 대학들이 있었는데, 주로 서울 사대문 안에 위치한 대학들이 가능했지요. 이때만 해도 전기대 후기대 나눠서 입시를 했잖아요. 일부 대학이 비자 관련한 레터기 없기도 했는데, 그 때문에 비자를 발급받지 못하는 단원이 생겼어요.

IMF 시절이었던 1999년 순회 때는 비자 발급 때문에 단원이 6명이나 빠지게 되면서 23명이 미주 순회연주를 했어요. 연주가 얼마나 어려웠겠어요. 테너가 3명이라 노래도 어렵고…. 그런데 단원들이 너무 열심히 해줘서 대부분 성공적으로 연주할 수 있었어요. 캐나다에 있는 故 조성애 동문의 도움으로 캐나다 벤쿠버 지역을 처음으로 갔었고, 벤쿠버 지역 코퀴틀람 시청(Coquitlam City Hall)에서도 연주를 할 수 있었어요. 아틀란타 지역에서는 이진수, 허진호 동문의 도움으로 미국 조지아 주청사(Georgia State Capitol) 같은 곳에서도 연주를 했어요.

부지휘자였던 박동희 동문은 신시내티 지역 연주 때 신시내티대학교(University of Cincinnati) 음악대학원 입학 테스트를 받는 기회를 얻게 되었는데, 합창지휘 교수 앞에서 대학합창단과 같이 입학 테스트를 받았어요. 단원들이 기도도 열심히 하고 노래를 너무 잘해 줘서 좋은 반응을 얻었고, 박동희 동문은 나중에 합창지휘대학원에 합격해서 유학을 시작할 수 있었어요.

미주 순회연주-아틀란타(1999).

미주 순회연주-워싱턴대학교 음대(1999).

미주 순회연주-LA(1999).

1990년부터는 외국 순회연주를 다녔어요. 미국을 다섯 번, 유럽을 두 번, 일본을 한 번 다녀왔으니 가는 곳마다 감동을 주었고, 그들에게 주님의 평화를 심어 주었습니다. 지난 1~2월에는 미주 지역을 다녀왔어요. 뉴욕을 위시하여 워싱턴, 신시내티, 달라스, 피닉스, LA와 샌프란시스코 등 9개 도시를 다니면서 미국 교회에서는 5회, 한인교회에서 10회, 미국 대학에서 10회, 양로원에서 1회, 일반 연주 1회를 했습니다. 그리고 LA시청을 방문하여 시의회에서 연주를 함으로써 하늘나라의 평화 사절로 많은 사람들에게 주목을 받았습니다. 듣는 이들에게 감명을 주었고, 감격의 눈물을 흘리게 했습니다. 이런 모든 일은 합창단원들이 사명의식을 갖고 항상 최선을 다하여 사랑의 공동체를 이루며 연주에 임했기 때문입니다. 연주할 때마다 성령의 도움으로 성공적인 연주를 할 수 있었다고 생각합니다.

- 창립 36주년 기념예배에서 이효종 단장의 말(2001).

1차 인터뷰: 신승용, 최현철, 장지선, 박강노[2024년 3월 23일(토)]
2차 인터뷰: 신승용, 장지선, 박강노[2024년 6월 8일(토)]

2_Repertoire

Major composer's works

작곡가	곡명	비고
A. Vivaldi (1678~1741)	Christe eleison 그리스도 자비를 베푸소서	
	Easter proclamation(Arr. Patrick M. Liebergen, 1949~2020) 부활의 선포	
	Magnificat, RV 610	
B. Britten (1913~1976)	Antiphon	한국초연-1991년 대학합창단 정기연주회
	Hymn to St. Peter 사도 베드로에게 보내는 찬송	한국초연-1987년 대학합창단 정기연주회
	Hodie, Christus natus est 오늘 구주가 나셨네	
	Jubilate Deo	
	The Oxen 황소	한국초연-1980년 대학합창단 정기연주회
C. Debussy (1862~1918)	Trois chansons, L²99 　I. Dieu! Qu'il la fait bon regarder! 주가 만드신 세상 　II. Quand j'ay ouy le tabourin 탬버린 소리 들을 때 　III. Yver, vous n'estes qu'un vilain 추운 겨울	
C. Gounod (1818~1893)	Gloria(from "Missa St. Cecilia")	
	Les sept paroles du Christ sur la croix 십자가 위의 일곱 말씀	한국초연-2007년 대학합창단 정기연주회
	Tantum ergo, Op. 65	
G. Fauré (1845~1924)	Cantique de Jean Racine, Op. 11 / Psalm 84 시편 84편	
	Requiem, Op. 48	
G. F. Handel (1685~1759)	Alleluia(from "coronation Anthem", HWV 259)	
	Chandos Anthem No. 4, HWV 249b No. 4 O sing unto the Lord	
	Chandos Anthem No. 7, HWV 252 No. 8 Thou art the glory of their strength, 주님께 영광 돌리세	
	Chandos anthem No. 9, HWV 255 시편 135편	
	Sing unto God, HWV 263 하나님께 찬양드리세	
	Thine is the glory 주님께 영광(from "Judas Maccabeus", HWV 63)	
	We will rejoice(from "Joseph and His Brethren", HWV 59) 기뻐하리라	
	시온아 기쁜 노래 부르자	
G. P. Palestrina (1525~1594)	Bread of the world 세상의 떡	

Felix Mendelssohn (1809~1847)	Christus, Op. 97 그리스도	한국초연-2010년 대학합창단 고난과 부활 연주회
	Denn er hat seinen Engeln befohlen, MWV B 53 주 너를 지키게 하시네	
	Hear my prayer / Hör' mein Bitten, WoO 15 나의 기도 들어주소서	
	Hebe deine Augen auf den Bergen-Elias Op. 70 눈을 들어 산을 보라	
	Jauchzet dem Herrn, alle Welt / Psalm 100, WoO 28	
	Kommt, laßt uns anbeten, Op. 46 와서 경배하세	
	Lobgesang Op. 52 No. 6 I waited for the Lord 자비하신 주를 찬양하라 / 축복 내리소서	
	Six anthems, Op. 79 중 In passion week 고난절 합창 In advent 강림절 합창 On good friday 성금요일 합창	
	Te Deum, WoO 29 주님을 찬양	
	Wer nur den lieben Gott läßt walten, MWV A7 너 하나님께 이끌리어	한국초연-2008년 대학합창단 고난과 부활 연주회
	내 영이 주를 찬양해	
F. J. Haydn (1732~1809)	Sanctus 거룩	
F. Schubert (1797~1828)	Intende voci(Offertorium), D. 963	
	Lebenslust, D. 609 삶의 즐거움	
	Die Nacht, D. 983 아름다운 저 별	
	The shepherdess / La pastorella al prato, D. 513	
	Psalm 92, D. 953 시편 92편	
H. Purcell (c. 1659~1695)	Come, ye sons of art away, Z. 323 음악하는 자여 나오라 중 II. Come ye Sons of Art 음악하는 자여 나오라 IX. See nature, rejoicing 만물아 즐겁게	
	In the beautiful forest 이 아름다운 숲속에	
	In these delightful pleasant groves 즐거운 숲속에서	한국초연-1971년 대학합창단 정기연주회
	Jubilate Deo, Z. 232 주 안에서 기뻐하라	

J. Brahms (1833~1897)	Der Englische gruss, Op. 22, No. 1 십자가 위의 주님을 생각할 때	
	Gaudeamus igitur 대학생의 노래	
	The last escort 마지막 싸움	
	Let nothing ever grieve thee / Geistliches Lied, Op. 30 슬픔의 주님	

	Liebeslieder-Walzer, Op. 52 사랑의 왈츠 중
	    Am Gesteine rauscht die Flut, No. 2 물결소리
	    Ein kleiner, hübscher Vogel, No. 6 내 작은 예쁜 새
	    Wohl schön bewandt war es, No. 7 아름다운 인생
	    O wie sanft die Quelle No. 10
	    Nein, es ist nicht auszukommen, No. 11 저들과는 어울리지 않아요	

	Lullaby(Wiegenlied), Op. 49, No. 4	
J. S. Bach (1685~1750)	God's time is the best, BWV 106	한국초연-1977년 대학합창단 정기연주회
	Christ lag in Todesbanden BWV 4 주 예수 우리 위해 죽으셨다 / 그리스도는 죽음의 포로가 되어도	한국초연-1993년 대학합창단 정기연주회
	Come sweet death / Komm, süßer Tod, BWV 478 오소서 주의 평안	
	Erfreut euch, ihr Herzen, BWV 66 기뻐하라 만민아	
	Ich weiß, daß mein Erlöser lebt, BWV 160 내 주가 살아계심을 나는 안다 / 내 주는 살아계시니	
	Nach dir, Herr, verlanget mich, BWV 150 내가 주를 진정 사모하나이다	
L. v. Beethoven (1770~1827)	Happy life 행복한 생활	
Orlando di Lasso (c. 1532~1594)	Missa super Il me suffit, LV 649	한국초연-1978년 대학합창단 정기연주회
P. I. Tchaikovsky (1840~1893)	How blest are they, TH 78, No. 7 복 있도다	
R. Vaughan Williams (1872~1958)	Fantasia on Christmas carols 크리스마스 환상곡	
	Festival Te Deum 하나님을 찬양합니다	한국초연-2001 대학합창단 정기연주회

	Five mystical songs 5개의 신비한 노래
	    1. Easter 부활
	    2. I got me flowers 주님은 나의 모든 것
	    3. Love bade me welcome 사랑의 주님
	    4. The call 부르심
	    5. Antiphon 만민들아 찬양하라	

	O how amiable 참 아름답도다	
	Psalm 100 시편 100편	한국초연-1988년 대학합창단 정기연주회
	A Song of thanksgiving 감사의 노래	
	The turtle dove 영원한 내 사랑	
	Whitsunday Hymn 거룩하신 주(성령강림절 찬양)	
	참 소망 되신 주	

R. Schumann (1810~1856)	Zigeunerleben, Op. 29, No. 3	
W. A. Mozart (1756~1791)	Ave verum corpus, K. 618	
	Regina Coeli, K. 276 축복받는 동정녀 마리아	
	Misericordias Domini, K. 222 자비의 주님을 찬양하리라	

성가

작곡가	곡명	비고
16th century melody	오소서 주의 영이여	
Almeda J. Pearce (1893~1966)	When He shall come 그가 오실 때(Arr. Paul Mickelson, 1928~2001)	한국초연-1974년 대학합창단 정기연주회
Arthur Bliss (1891~1975)	A prayer to the infant Jesus, F. 48 아기 예수께 경배	
Adam Geibel (1855~1933)	Anchor your bark 주께 오라	
Adam Gumpelzhaimer (1559~1625)	최후의 만찬	
Alan Hovhaness (1911~2000)	From the end of the earth 나의 외침을 들으소서	
	Jesus is all the world to me 예수는 나의 힘이요	
	주께 감사드리오리	
Albert Hay Malotte (1895~1964)	주 기도 The Lord's prayer	
Alessandro Scarlatti (1660~1725)	Exultate Deo	
Alice Parker (1925~2023)	Seekin' for a city 주의 나라 가네	
	Sing to the Lord 주께 찬양해	
Alice Parker (1925~2023) & Robert Shaw (1916~1999)	Easter Anthem 부활의 성가 · This joyful Eastertide 기쁜 부활의 계절 1. Christ the Lord hath risen 예수 부활했으니 2. Easter eggs 사랑의 부활절 3. Lord Christ, when first Thou cam'st to men 인간으로 오신 예수 4. O sons and daughters 아들과 딸 5. On Easter morin 부활의 아침 6. Love is come again 다시 찾아온 사랑 7. The strige is o'er 고통은 끝났네 8. Hilariter 즐거워라	한국초연-2011 대학합창단 고난과 부활 연주회(Hilariter는 2007년 연주함)
Allen Koepke (1939~2012)	Fanfare for triumph 부활의 승리 1. The king 왕의 왕 2. The lamb 어린 양 3. Risen 부활	
	Missa brevis	
	Wade in the water 요단강을 건너	

Amalia Herzogin von Sachsen (1739~1807)	Regina Coeli laetare	
Andraé Crouch (1942~2015)	My tribute 나의 찬미	
Anna Laura Page (b. 1943)	Take my life Lord 나의 생명 드리니	
Anonymous	Christ the Lord is risen today(from "Lyra Davidica", 1709) 예수 부활했으니	
	The cross of calvary 갈보리의 십자가	
	O bread of life(Traditional Lutheran) 생명의 양식	
	The humble heart is mine 나 겸손하려네	
	만세반석	
	주께 찬양드리세(Latin melody)	
Anton Bruckner (1824~1896)	하나님께서 사람이 되어	
Antonio Caldara (c. 1670~1736)	Stabat Mater	한국초연-1995년 대학합창단 고난과 부활 음악회
Antonio Lotti (1667~1740)	Feast of Easter and the ascension	
	Sing joyous christians(Arr. Walter E. Buszin, 1899~1973) 기쁜 소리로 주 찬양하라	
Arnold K. Williams	Give me Jesus	
August Hugo Distler (1908~1942)	Lobe den Herren 전능하신 주님께 찬양드리자	
Aurelia Scogin (1923~2008)	Agnus Dei 하나님의 어린양	
Beverly A. Patton	Exaudi! Laudate!	
Bob Burroughs (b. 1937)	Come unto me 내게 오라	
	A new song! 새 노래로써	
Bob Chilcott (b. 1955)	Irish blessing 축복의 노래	
Bob Ragland	내게로 오라	
Bradley Ellingboe (b. 1958)	Glory, glory, hallelujah 영광 할렐루야	
Brent Pierce (b. 1942)	Alleluia, Christ is risen 알렐루야 예수 부활하셨네	
	Hosanna to the son of David 호산나 다윗 자손에게	
	Hosanna in excelsis 호산나 주께 영광	
Bruce Greer(Arr.) (b. 1961)	주 다시 사셨네	
Bruce Saylor (b. 1946)	Awake, arise, lift up your voice	
Byron J. Smith (b. 1960)	Shout glory 영광 외치리라	

Cecil Effinger (1914~1990)	A cantata for Easter 　　Prologue 　　The passion 주님의 고난 　　The resurrection 주님의 부활 　　The ascension 주님의 승천 　　Epilogue	
	To wait quietly 주 기억하소서	한국초연-2001년 대학합창단 정기연주회
César Franck (1822~1890)	Les sept paroles du Christ sur la croix 십자가 위의 일곱 말씀	
Charles-Camille Saint-Saëns (1835~1921)	Gloria(from "Mass", Op. 4) 영광	
Charles Crozat Converse (1832~1918)	What a friend we have in Jesus 죄짐 맡은 우리 구주	
Charles Hutchinson Gabriel (1856~1932)	Higher ground 저 높은 곳을 향하여	
	Will the circle be unbroken(Arr. J. David Moore, b. 1962) 모두 함께 찬양하세	
Charles Knox (1929~2019)	A "Gloria"	
Charles Kyriakos	Alleluia! Christ is risen	
Charles Theodore Pachelbel (1690~1750)	Magnificat 마그니피카트	한국초연-1994년 대학합창단 정기연주회
Charles B. Blount	나를 이끄소서	
Charles Ives (1874~1954)	Easter carol 부활절 캐롤	
Chavar A. Gabriel	In the deep, deep sea	
Clarence Dickinson (1873~1969)	Great and glorious is the name of the Lord 주의 이름 크시고 영화롭도다	
Cleavant Derricks (1910~1977)	나와 함께 하시는 주님	
	Just a little talk with Jesus(Arr. Paul Mickelson, 1928~2001) 주께서 나의 죄를 용서하시고	
Connie Huggins	Thanksgiving Alleluia	
Craig Curry	Come, sound His praise abroad! 와서 주를 찬양하라	
Dale Jergenson (1935~2021)	Gloria 영광	
Dale Wood (1934~2003)	Who passes yonder through the throng? 누가 군중을 헤치리 / 호산나 예수 오시네	한국초연-1969년 대학합창단 정기연주회
Dana Mengel	I'm goin' to sing alleluia 나는 주를 찬양하겠네	

Daniel Pinkham (1923~2006)	Alleluia 알렐루야	
	Alleluia for the waters	한국초연-2005년 대학합창단 정기연주회
	Daniel in the lion's den 사자굴의 다니엘	한국초연-1986년 대학합창단 정기연주회
	Fanfares 팡파레	한국초연-2004년 대학합창단 정기연주회
	In heaven soaring up 천국을 향하여	한국초연-2010년 대학합창단 정기연주회
	Psalm 23 시편 23편	
David Halls (b. 1963)	Easter anthem 부활의 찬양	
David Henry Williams (b. 1919)	On the passion of Christ 그리스도의 고난	
David T. Clydesdale (b. 1954)	When I survey the wondrous cross 주 달려 죽은 십자가	
Deborah Govenor (b. 1954)	Remember me 기억하라	
Dennis Kam (1942~2018)	Continuum	
	Two moves and the slow scat	
D. H. Williams	Hosanna 호산나	
Dick Tunney & Melodie Tunney	I say rejoice! 기뻐하리라	
Dieterich Buxtehude (c. 1637~c. 1707)	Rejoice, beloved Christians / Nun freut euch, lieben Christen g'mein BuxWV 210 성도들아 기뻐해	한국초연-2002년 대학합창단 정기연주회
Dominick Argento (1927~2019)	Spirituals and Swedish chorales 6개의 스웨덴 합창과 영가	한국초연-2003년 대학합창단 정기연주회
	Gloria 영광	한국초연-2002년 대학합창단 정기연주회
Donald S. Marsh (1923~2010)	Great is Thy faithfulness 오 신실하신 주	
Don Besig (b. 1936)	An Easter fanfare 부활절 팡파레	
Don Hart (b. 1951)	Praise to the king	
Don Wyrtzen (b. 1942)	Praise him in the morning	
	Take my life and let it be 나의 생명 드리니	
	할렐루야 오 주 찬양	
Dottie Rambo (1934~2008)	I will glory in the cross 나는 찬양하리라	

Douglas Coombes (b. 1935)	Gloria(from "Mass")	한국초연-1995년 대학합창단 정기연주회
	Mass	한국초연-1996년 대학합창단 정기연주회
	Maia canticle 마이아 찬미가	
Edward Boatner (1898~1981)	Ride on king Jesus 왕으로 오신 주	
Edwin Othello Excell (1851~1921)	When upon life's billows 세상 모든 풍파 너를 흔들어	
Edwin Reuben Hawkins (1943~2018)	O happy day 오 복된 날	한국초연-1972년 대학합창단 정기연주회
Egil Hovland (1924~2013)	Saul, Op. 74 사울	
Emily Crocker (b. 1949)	Jubilate Deo 하나님을 찬양하라	
Emily Divine Wilson (1865~1942)	Kumbayah 주여 오소서	
	When we all get to Heaven(Arr. Otis Skillings) 우리 천국 갈 때에	
Eskil Hemberg (1938~2004)	Signposts 표적	한국초연-2003년 대학합창단 정기연주회
Eugene Butler (1935~2024)	How excellent is thy name 전능하신 하나님	
	O God, our help in ages past(St. Anne) 옛부터 도움 주시고	
Ed Lojeski (?~2020)	Just a closer walk with Thee 주께 가까이 / 나는 비록 약하나	
Edward G. Taylor (1830~1887)	There is life for a look 바라보아라	
Fela Sowande (1905~1987)	Steal away 어서 가	
Frank Pooler (1926~2013)	Gethsemane 겟세마네	
Frank Ticheli (b. 1958)	There will be rest 평안 있네	
Frederick Charles Maker (1844~1927)	Beneath the cross of Jesus 십자가 그늘 밑에	
Fred C. Mallory	When I survey the wondrous cross 십자가를 생각함	
Francesco Durante (1684~1755)	Magnificat(Attr. G. B. Pergolesi)	한국초연-1995년 대학합창단 정기연주회
Francis Poulenc (1899~1963)	Sanctus(from "Mass in G Major", FP. 89)	
Friedrich Ferdinand Flemming (1778~1813)	O holy Saviour	
Fredrik Melius Christiansen (1871~1955)	Lost in the night 어둠 속에 빠져	

Gary A. Cornell (b. 1940)	Alleluia 알렐루야	
	Come O Jesus 예수 오셔서	
Gary Fry (b. 1955)	Three psalms 3개의 시편	
Gary Lance Lanier (1943~2022)	There's a walk by faith 주의 길을 가세	
George Lynn (1915~1989)	O magnify the Lord with me 오 주를 높일지어다	
	Let us break bread together 함께 떡을 나누세	
Georg Gottfried Wagner (1698~1756)	Blessing, glory, wisdom and thanks, BWV Anh. III 162(Attr. J. S. Bach) 은혜, 영광, 지혜, 감사	*최근 J. S. Bach의 제자 G. Wagner의 곡으로 밝혀짐. 출처: 《요한 제바스티안 바하를 묻고 답하다》 (문성모 지음, 예솔)
Georg Philipp Telemann (1681~1767)	Alleluia 알렐루야	
Giacomo Puccini (1858~1924)	Gloria(from "Missa di gloria") 영광	
Gilbert M Martin (b. 1941)	When I survey the wondrous cross 십자가를 생각함 / 주 달려 죽은 십자가	
Giovanni Battista Martini (1706~1784)	Domine ad adjuvandum me festina	
	Magnificat	한국초연-2000년 대학합창단 정기연주회
Giovanni Battista Pergolesi (1710~1736)	Domine ad adjuvandum me festina	한국초연-2001년 대학합창단 정기연주회
	Agnude Dei 하나님의 어린 양	
G. L. Galbraith	For all the saints	
Gloria Gaither (b. 1942) & William J. Gaither (b. 1936)	Alleluia 알렐루야	
	God gave me the song 하나님이 주신 노래	
	He touched me	
	I have a song inside 내 맘 속에 노래가 있네	
Gordon Jacob (1895~1984)	Brother James' air 주 나의 목자 되시니	
Gordon Young (1919~1998)	Alleluia, Christ is risen 예수 부활하셨네	
	Build thee more stately mansions 거룩한 성소에서	
	Christus resurrexit	
	Glorificamus 여호와를 찬양해	
	When I survey the wondrous cross 십자가를 생각함	
	높으신 우리 주 찬양	
Graham Maule (1958~2019) & John Lamberton Bell(b. 1949)	Halle, halle, halle(Traditional Caribbean)	
Gregorian melody	When I survey the wondrous cross 십자가를 생각함	

Grzegorz Gerwazy Gorczycki (c. 1665~1734)	from Missa Paschalis 　　　Sanctus 　　　Benedictus	
	Laetatus sum 기뻐하라	한국초연-2010년 대학합창단 정기연주회
György Deák-Bárdos (1905~1991)	Eli! Eli!(from "Parasceve Suite")	
Gary Vacca	In Jesus name I go 날 위해 돌아가신 예수	
Harold DeCou (1932~2008)	사랑의 빛	
Harry Burleigh / Henry Thacker Burleigh (1866~1949)	My Lord what a morning 주여 이 아침에	
Heinrich Schütz (1585~1672)	Die sieben Worte Jesu Christi am Kreuz, SWV 478 십자가 위의 일곱 말씀	한국초연-1987년 대학합창단 고난과 부활 연주회
Heinz Werner Zimmermann (1930~2022)	Make a joyful noise unto God 기쁜 찬송을 하나님께 드리자	
Henry Thomas Smart (1813~1879)	Lead on, O king eternal 행진케 하소서	
Herald Rohlig (1926~2014)	O Clap Your Hands 손뼉을 처라	한국초연-1969년 대학합창단 정기연주회
H. Hungerford	Onward, Christian Soldiers 믿는 사람들은 군병같으니	
Horatio Parker (1863~1919)	Easter anthem	
	Gloria in excelsis(from "The Legend of St. Christopher", Op. 43)	
Howard Everett Titcomb (1884~1968)	Christ the Lord is risen today 예수 오늘 사셨다	
Howard Hanson (1896~1981)	The 150th psalm 시편 150편	
Imant Raminsh (b. 1943)	Ave verum corpus	
Jack Coleman (1920~1985)	Jesus never forgets 주님은 항상	
Jack Herman Ossewaarde (1918~2004)	예수는 모퉁이 돌	
James Alan Bland (1854~1911)	Oh dem golden slippers 금빛 신을 신어라	
James Furman (1937~1989)	할렐루야 Hehlehlooyuh	
James Holmes	Stabat Mater(1990)	
James Hotchkiss Rogers(1857~1940)	The Lord is my strength 주는 나의 힘	

James Michael Stevens(b. 1961) & Joseph M. Martin (b. 1959)	Without love we have nothing 내가 천사의 말 한다 해도(사랑)	
James M. Miller	I wanna be ready 나 준비하리	
Javier Busto (b. 1949)	Ave maris Stella	
	Gloria 영광	
	Holy is He 거룩하신 주	
	Laudate Dominum	
	O sacrum convivium 거룩한 주의 만찬	
Jean-Baptiste Faure(1830~1914)	The Palms 호산나 주 예수 오시네	
Jean Berger (1909~2002)	Alleluia(from "Magnificat") 알렐루야	
Jerry Reed Kirk (?~2009)	Ye shall be witnesses 내 증인 되리라	
Jester Joseph Hairston (1901~2000)	Elijah rock	
Jim Leininger (b. 1942)	Cantate sing to the Lord 새로운 노래로 찬양	
	Laughing song 웃음	
Joel Blahnik (b. 1938)	Easter fanfare	
Joe Roper (1919~1990)	We'll soon be done with troubles and trials 언젠가 나는 가리라	
John Bertalot (b. 1931)	Passion of our Lord according to St. Mark 성 마가에 의한 예수의 수난	
John Carter (1929~1991)	Love victorious 사랑의 승리	
John Daniel Summer (1924~1998)	Wonderful savior 놀라우신 주님	
John Edmond Thomas (1860~1946)	Hallelujah, we shall rise 할렐루야 주 찬양해(Arr. Paul Mickelson 1928~2001)	
John Leavitt (b. 1956)	Easter carol	
	Christ, around Your word assembled 부름 받은 주의 백성	
	Gloria Deo 주님께 영광	
	A jubilant song 새 노래로 주를 찬양하라	
	사랑 자비 있는 곳에	
	주님을 찬양하라	
John Ness Beck (1930~1987)	Song of exaltation 온 땅이여 기뻐하라	
John Knowles Paine(1839~1906)	Dona nobis pacem 우리에게 평화 주소서	

John Robson Sweney(1837~1899)	More about Jesus would I know 예수 더 알기 원함	
	My savior first of all 주가 맡긴 모든 역사	
John Rutter (b. 1945)	A Gaelic blessing 평안의 노래	
	Look at the world 세상을 보라	
	The Lord bless you and keep you 복 주시고 지키시네 / 주는 우리를 지키시네	
	Matthew, Mark, Luke, John 마태, 마가, 누가, 요한	
	All things bright and beautiful 주님 지으신 솜씨	
John Stainer (1830~1901)	God so loved the world 하나님께서 사랑하셨다	
John Wesley Work III(1901~1967)	This little light of mine 내 안에 오직 등불	
John Willard Peterson (1921~2006)	Leave your heavy burden at the cross(Arr. Dick Anthony) 너의 생은 여전히 / 십자가의 모든 짐 벗고	
	Praise him now	
	The solid rock(Arr. Don Wyrtzen, b. 1942)	
	So send I you 당신께로 갑니다	
	The springs of living water(Arr. Dick Anthony) 영생의 샘물	
	기도의 날개	
	주의 빛이 온 세상에 비치네	
	하나님이 주신 노래	
	하늘의 기쁨이 내게 임할 때	
Josef Gabriel Rheinberger (1839~1901)	Stabat mater 십자가 앞의 성모	
Joseph Linn	Wonderful savior	
	나는 주를 따르려네	
Joseph Roff (1910~1993)	Pour into our hearts 복 내리소서	
	Rejoice, rejoice, Alleluia! 기뻐 찬양하라, Alleluia!	
Joseph Waddell Clokey(1890~1960)	The Lord is my shepherd 주는 나의 목자	
Johann Michael Haydn(1737~1806)	Alleluia 알렐루야	
	Two motets 하나님의 아들	한국초연-1969년 대학합창단 정기연주회
John Bacchus Dykes(1823~1876)	Jesus the very thought of Thee 구주를 생각만 해도	
John Weaver (1937~2021)	Prayer for transfiguration day 현성용축일의 기도	
John Wyeth (1880~1858)	Come thou fount of every blessing 복의 근원	
Jonathan Willcocks (b. 1953)	Cantata "Gloria" 영광	한국초연-2010년 대학합창단 정기연주회
	Musical risotto	

작곡가	작품	비고
József Karai (1927~2013)	Alleluia 알렐루야	
John Thomas Grape(1835~1915)	Jesus paid it all 이 세상 험하고(Arr. Robert Sterling, b. 195?)	
Keith Hampton (b. 1957)	Praise His holy name 거룩하신 이름 찬양	
Ken Berg(b. 1955)	I'm going to sing 나는 노래하리라 / 주를 찬양하리라	
Kevin Hildebrand (b. 1973)	Alleluia	
Kirke Mechem (b. 1925)	Make a joyful noise unto God 기쁨으로 주를 찬양하라	
Knut Nystedt (1915~2014)	Missa brevis, Op. 102	한국초연-2000년 대학합창단 정기연주회
	Cry out and shout 소리 높여 외쳐라	
	Peace I leave with you 평안하여라	
Lajos Bárdos (1899~1986)	Cantemus 소리 높여 주 찬양 / 주를 찬양하라	
LaVahn Maesch (1926~1970)	승리의 기도	
Lawrence "Larry" Lapin(b. 1935)	The Lord's supper 최후의 만찬	
Lee R. Kesselman (b. 1951)	Jesus Christ the apple tree	
Lee Richard Kjelson (1926~2009)	Ye sons and daughters now shall sing 찬양하라 / 찬양하라 주의 영광	
Leonard Bernstein (1918~1990)	Missa brevis	한국초연-1993년 대학합창단 정기연주회
	Gloria tibi(from "Mass") 영광	
Leonard Stanley Glarum(1908~1976)	O clap your hands	
Leonard Stone	나는 가네	
	The wayfaring stranger 방황하는 나그네	
	Lord, Lord, Lord 주께서 날 구원하셨네	
Leoš Janáček (1854~1928)	Mass in B Major	
Linda Spevacek (b. 1945)	Glory to God	
	A jubilant gloria	

작곡가	곡명	비고
Lloyd Pfautsch (1921~2003)	Come thou fount of every blessing 나는 주의 궁에 가려네	
	Go and tell John 주님의 사랑을 전하리	
	Israel at the red sea 홍해의 이스라엘	
	Jubilate Deo 하나님께 찬양	
	Musicks Empire 음악의 왕국	
	Seven words of love 십자가 위의 일곱 말씀	
	We will praise the Lord 주를 찬양하리	
	부활하신 주를 찬양하라	
Luther Burgess Bridgers (1884~1948)	He keeps me singing(Arr. Ralph Carmichael, 1927~2021) 내가 노래하겠네	
Mack Wilberg (b. 1955)	Three Songs of Praise 주께 기뻐하며 경배하라	
Marion Vree (1920~2012)	Christ the Lord is risen today 예수 부활했으니	
Marshall Bartholomew (1885~1978)	We meet again tonight	
Marvin Beinema (1919~2004)	내 상한 맘과 한숨 가지고	한국초연-1969년 대학합창단 정기연주회
Marvin Curtis (b. 1951)	Praising song 주를 찬양하라	
Mary Lynn Lightfoot(b. 1952)	A festive alleluia 알렐루야	
Maurice Curtier	주님을 찬양해	
Maurice Duruflé (1902~1986)	Ubi caritas(from "4 motets sur des thèmes grégoriens") 사랑과 자비 있는 곳에	
Mae Taylor Roberts	The meeting in the air(Arr. Paul Mickelson, 1928~2001) 공중에서 만나리	
Michael. D. Mendoza(b. 1944)	Santo 거룩	
Mark Hayes (b. 1953)	All creatures of our God and king 온 천하 만물 우러러	
	Amazing grace 놀라우신 주의 은혜	
	Let the word go forth 주의 말씀을 선포하라	
	Joyful, joyful we adore Thee 기뻐하며 경배하세	
	Praise to the Lord, the almighty 전능하신 주님께 다 찬양하여라	
	Resurrection suite 부활절 조곡 　　예수 부활했으니 　　거기 너 있었는가 　　찬양하세 하늘 보좌에서	
	하나님께 영광	
Mike payne (b. 1953) & Ronny Hinson (1951~2019)	When He was on the cross 십자가에 못 박혔을 때	
Milton Dieterich	Ev'ry time I feel the spirit	

Milton Rausch	An easter symphony 부활의 교향곡	한국초연-2007년 대학합창단 고난과 부활 연주회
Moses Hogan (1957~2003)	Hear my prayer 나의 기도 들어주소서	
	Walk together children 너와 함께 가리라	
M. Parks	주의 이름 안에	
M. Roger	Come into my world 내게로 오라	한국초연-1974년 대학합창단 정기연주회
Nancy Mize Roberts(1931~2009)	Clap your hands 손뼉을 치며 찬양해	
Ned Rorem (1923~2022)	Today the holy spirit appeared 성령이여 오소서	
Noël Goemanne (1952~2010)	Alleluia 알렐루야	
	Cantate 주를 찬양하라	
	Gloria! Alleluia 영광 할렐루야	
	Song of praise	
	주께 경배하나이다	
Norman Leyden (1917~2014)	Gonna build a mountain(Spiritual) 산에 올라가세	
Norman Luboff (1917~1987)	Were you there 거기 너 있었는가	
Otis Skillings (1935~2004)	Come now to Jesus 주께로 오라	
	God is 하나님은…	한국초연-1972년 대학합창단 정기연주회
	I've got a reason to sing 노래할 이유 있네	한국초연-1972년 대학합창단 정기연주회
	Listen 들으소서	
	The Lord above 위에 계신 주	한국초연-1972년 대학합창단 정기연주회
	Now walk with God 주와 함께 걸으리	한국초연-1974년 대학합창단 정기연주회
	Talk about love	
	There is Joy in that Land 기쁨 넘치네	
	Young world 젊은 세계	한국초연-1972년 대학합창단 정기연주회
	주님의 사랑을 전하세	
Ozzie Westley	Abide with me 때 저물어 날이 어두니	
	The Lord is my shepherd 주는 나의 목자	
Paul Basler (b. 1963)	Gloria(from "Missa brevis") 영광	
	Sanctus(from "Missa Kenya") 거룩	

Paul Mickelson (1928~2001)	God spoke 하나님께서 말씀하셨다	
	The happy Jubilee 영원한 하늘 나라	
	He the pearly gates will open 진주문	
	I want to be ready 나 준비하리	한국초연-1974년 대학합창단 정기연주회
	Nothing is impossible	
	Then I met Jesus 내가 주님 만났을 때	
Paul V. Yoder (1908~1990)	Good news 기쁜 소식 가져오네	
Pavel Grigorievich Tchesnokov (Pavel Grigorievich Chesnokov)(b. 1944)	감사의 노래	
Peter Christian Lutkin(1858~1931)	The Lord bless you and keep you 주 너를 축복하시리	
Peter Williams	All men draw near	
	모두 함께 주 찬양해	
Percy M. Young (1912~2004)	모든 사람 앞에서 주 찬양하리	한국초연-1969년 대학합창단 정기연주회
	주님을 찬양하라	
Phillip Hayes (1738~1797)	Alleluia(Arr. Robert Preston)	
Phillip Young (b. 1937)	Christ's sacrifice complete 그리스도의 희생	
P. K. Biggs	Heavenly father / Father in heaven 하늘의 아버지	
P. Peterson	주의 동산은 어디로	
Priscilla Jane Owens(1829~1907)	We have an anchor	
Quirino Gasparini (1721~1778)	Adoramus te	
Ralph Carmichael (1927~2021)	그리스도 오늘 부활하셨다	
	He's everything to me 모든 것 되시는 주님	한국초연-1972년 대학합창단 정기연주회
Randall Dennis	You are exalted 존귀하신 주	
Randall Thompson (1899~1984)	Alleluia	
	Cantata "Concord"	
	Glory to God in the highest 영광을 주님께 돌려	
	The last words of David 다윗의 마지막 계명	
	From Requiem Part V: The leave-taking: Amen and amen, alleluia	
	The telephone 전화	
	우리 있을 곳	

René Clausen (b. 1953)	Communion 동행	
	Magnificat	한국초연-2003년 대학합창단 정기연주회
	Psalm 100 시편 100편	
Rhonda Sandberg	할렐루야	
R. Horne	십자가 위에서	
Richard Vernon Anthony / Dick Anthony (1932~2019)	Day of judgement 심판의 날	
	Guide me, O Thou Jehovah 전능하신 여호와여	
	I want to be there 그곳에서 만나리	
	O Mary, don't you weep	
	언덕 위의 예배당	
Robert H. Young (1923~2011)	Gloria 영광	
Robert Jackson (1840~1914)	하나님의 사랑은	
Robert Leigh Morris(b. 1941)	I thank you Jesus 주께 감사하네	
Robert Lau (b. 1943)	Hail the day that sees him rise 부활의 날을 맞이하라	
Robert Lowry (1826~1899)	Christ the Lord is risen today 무덤에 머물러	
	Far from the Lord I Wander'd Long 여러 해 동안 주 떠나	
Robert Milano (1936~2005)	Lord to Thee our song	
Robert Shaw (1916~1999)	If I Got My Ticket 내게 천국 가는 표가 있다면	
	모든 성도들	
Robert W. Thygerson (1921~2017)	Classical rock 부활의 기쁨	
Roh Roy Peery (1900~1973)	Spirit of God 내 마음속에 주의 영이 임하사	
Roger Wagner (1914~1992)	All creatures of our God and king / Alleluia 온 천하 만물 우러러 / 알렐루야	
	Go down Moses 가라 모세	
	Little David play on yo' harp 어린 다윗이 주님의 하프를 탄다	
Roger C. Wilson (1912~1988)	Lonesome valley 외로운 길	
Ruggero Vené (1897~1961)	저 물결이 잔잔한 제르돈	
Ruth Artman (1919~2010)	Were you there? 거기 너 있었는가	
Samuel Barber (1910~1981)	God's Grandeur 위대하신 주	한국초연-2001년 대학합창단 정기연주회
Samuel Webbe (1740~1816)	Come ye disconsolate(Arr. 홍명의) 목 마른 자들아 다 이리 오라	
S. D. Wolff	주여, 당신의 긍휼 안에	

Shawn L. Kirchner (b. 1970)	Wana baraka	
Spiritual (편곡자 미표기)	Do you think I'll make a soldier	
	My Lord loves me	White spiritual로 표기됨
	Now let us sing	
	I got a shoes	
	Put your hand	
	가리라	
	Deep river 깊은 강	
	나 준비하리	
	내 안에 오직 등불	
	I've got a home in a that rock 노래하며 천국 가리라	
	Somebody knock'in at your door 누가 네 문을 두드려	
	두 날개	한국초연-1972년 대학합창단 정기연주회
	Everytime I feel the spirit 항상 나는 성령을 느끼네	
	Sometimes I feel like a motherless child 때때로 느끼네, 고아처럼	
	Moses and Pharaoh's daughter 바로왕의 딸	
	Lord I want to be a Christian 신자 되기 원합니다	
	언제나 성령을 느끼네	
	Lonesome valley 외로운 길	
	은혜로운 길르앗	
	주여 이 아침에	
	주의 나라 가네	
	천성이라 불리우는 곳	한국초연-1972년 대학합창단 정기연주회
	Didn't my Lord deliver Daniel	
	Gonna build a mountain	
Jill Jackson Miller (1913~1995) & Sy Miller(1908~1971)	Let there be peace on earth 이 땅에 평화 주소서(Arr. 민인기)	
	God made our hands	
Tomás Luis de Victoria (c. 1548~c. 1611)	Passion according to St. John 성 요한 수난곡	
	당신은 하나님과 관계가 없는지요	한국초연-1969년 대학합창단 정기연주회
Thomas E. Fettke (b. 1941)	It is well with my soul 내 평생에 가는 길	
	Near the cross 예수 나를 위하여	
	고난받으신 주님	
	할렐루야 노래해	
Trond Kverno (b. 1945)	Ave maris stella	

Tullius Clinton O'Kane(1830~1912)	Children of the heavenly father / Traveling home 하나님의 자녀들	
Van Denman Thompson (1890~1969)	Sing, all the earth 온 땅아 찬양하라	
V. T. Ford	그의 은혜는 그치지 않으리	한국초연-1969년 대학합창단 정기연주회
Vytautas Miškinis (b. 1954)	Exultate Deo 하나님을 찬양해	
Wallingford Riegger(1885~1961)	Who can revoke 그 누가 지키리	
Walt Harrah (b. 1948)	The Lord's prayer(Arr. Joe Van Gilder) 주 기도	
Walter Rodby (1917~2005)	높은 곳에 영광	
Warren Martin (1916~1982)	Anthem of dedication	
Wayne Howorth	Rock-a ma soul	
William Appling (1932~2008)	We shall walk through the valley in peace 나 언제나 평안하리	
William Billings (1746~1800)	Easter Anthem 부활 송가	
	Our Father who in heaven art 주 기도	
William Byrd (c. 1540~1623)	Sacerdotes Domini 거룩하신 하늘의 아버지	
William Charles Macfarlane (1870~1945)	Open our eyes 우리 눈 여소서	
William Gould Tomer(1833~1896)	Benediction(Arr. John Ness Beck, 1930~1987) 우리 다시 만날 때까지	
William Harold Neidlinger (1863~1924)	내 맘에 주의 신이 임하사(Arr. Rob Roy Peery, 1900~1973)	
William Henry Smith(1908~1944)	Ride the chariot(Arr.)	
	Didn't my Lord deliver Daniel 다니엘	
William Howard Doane(1832~1915)	Near the cross 예수 나를 위하여	
William Jensen Reynolds (1920~2009)	Share his love 사랑을 나누어라	
William Knyvett (1779~1856)	The Bells of St. Michael's Tow'r(Arr. Robert Prescott Stewart, 1825~1894) 저 예배당 종소리	
William Lamartine Thompson (1847~1909)	Jesus is all the world to me(Arr. Harold Paul Pottenger, 1932~1994) 예수는 나의 힘	
William Levi Dawson (1899~1990)	Soon ah will be done 곧 이루어지리	
	Ain'-a that good news 기쁜 소식	
	은혜로운 곳은 길르앗	

작곡가	곡명	비고
William Mathias (1934~1992)	Alleluia! Christ is risen! 예수 다시 사셨다! / 알렐루야 주 부활하셨다	
	Let the people praise thee 온 백성아 주를 찬양하라	
	Missa brevis, Op. 64	한국초연-1994년 대학합창단 정기연주회
	Praise is due to you	
William M. Runyan (1870~1957)	Great is thy faithfulness 오 신실하신 주	
William Steffe (c. 1830~c. 1890)	Battle hymn of the republic 마귀들과 싸울지라	
Will James	Alleluia 알렐루야	
Winfield S. Weeden (1847~1908)	Sunlight	
W. R. Spencer	주 안에서 기뻐하라	
Zdeněk Lukáš (1928~2007)	Sanctus	
Zoltán Kodály (1882~1967)	Credo(from "Missa brevis") 사도신경	
김두완(1926~2008)	어지신 목자	
김진태	오늘 우리 모두가	
	창조주 하나님	
김한준	고난	
김희조(1920~2001)	Lord of glory 영광의 주님	
나운영(1922~1993)	시편 23편	
백경환(b. 1942)	할렐루야 찬양	
손효동	Cantate sing to the Lord 새로운 노래로 찬양	
윤민제	내 주를 가까이	
이교현	내 평생 듣는 말씀	
이문승(b. 1953)	감사하라	
	성소에서 하나님을	
	십자가 위에 나를	
	하나님께서 세상을 이처럼 사랑하사	
이영조(b. 1943)	I came to the garden alone 저 장미꽃 위의 이슬	
최훈차(b. 1940)	Glory hallelujah 영광 할렐루야	
	Slumber, O holy Jesus 귀하신 예수	
	Swing low, sweet chariot 내가 탄 마차는	
	Put your hand in the hand 손에 손을 맞잡고	
	What a friend we have in Jesus 죄 짐 맡은 우리 구주	
	사랑의 빛	
	이 몸의 소망 무엔가	
	저 천국으로	
	주여 우리를 불쌍히 여기소서	
	죽임 당하신 어린 양 / 죽임 당하신 주(Bach cantata no. 4 주제에 의한)	

마드리갈

작곡가	곡명	비고
Antonio Scandello (1517~1580)	The little white hen 작은 암탉	
Anonymous	검은 양	
Francis Pilkington (c. 1565~1638)	Rest, sweet nymphs 그대 안식 있으리 / 잘 자오 내 사랑, 어여쁜 요정	한국초연-1971년 대학합창단 정기연주회
Hubert Waelrant (1517~1595)	즐거운 노래	한국초연-1969년 대학합창단 정기연주회
John Bennet (c. 1575~c. 1614)	Weep O mine eyes 나의 눈에 눈물이	한국초연-1972년 대학합창단 정기연주회
John Farmer (c. 1570~c. 1601)	Fair Phyllis I saw 아름다운 필리스	
Johann Hermann Schein(1586~1630)	Die mit Tränen säen(from "Israelis Brünnlein") 시편 126편 / 눈물 흘리며 씨 뿌리는 자	
Josquin des Prez (c. 1450~1521)	El Grillo / The Cricket 귀뚜라미	
Luca Marenzio (c. 1553~1599)	Hear me now, beloved / Dissi a l'amata mia lucida stella 오 아름다운 별	
Orazio Vecchi (1550~1605)	So ben mi ch'ha bon tempo / So well I know who's happy 그 누가 행복한가	한국초연-1972년 대학합창단 정기연주회
Orlando di Lasso (c. 1532~1594)	Bonjour, mon coeur / Good-day, dear Heart 안녕 내 사랑	한국초연-1974년 대학합창단 정기연주회
	Could I but tell thee 사랑한다고 말할 수밖에 없네	한국초연-1974년 대학합창단 정기연주회
	Matona, lovely maiden / Matona mia cara 사랑스런 마토나	
	Mon cœur se recommande à vous / My heart doth beg you'll not forget(My heart is offered still to you) 내 마음 슬퍼하네 / 잊지 말아요	한국초연-1971년 대학합창단 정기연주회
	My lonely heart remembers you 내 외론 맘 벗된 친구	
	O bella fusa 오 니의 물레	
	O la, o che bon eccho! / Echo song 산울림	
	O occhi, manza mia / O Eyes of my beloved 오 사랑스런 내 눈	한국초연-1972년 대학합창단 정기연주회
Orlando Gibbons (1583~1625)	The silver swan 은빛 백조	
Pierre Passereau (1509~1547)	Il est bel et bon 우리 낭군 꼬꼬 정말 멋져요	
Robert Lucas Pearsall(1795~1856)	Who shall have my lady fair 아름다운 내 여인	
Thomas Augustine Arne(1710~1778)	Where the bee sucks(Arr. Wilberfoss George Owst, 1861~1928) 새들 노래하는 곳	

작곡가	곡명	비고
Thomas Morley (c. 1557~1602)	April is my mistress' face 봄의 미소	
	Fyer fyer 불타는 나의 마음	
	hoot, false, love I care not 당신의 거짓된 사랑	
	Lirum lirum 아기 예수 / 리룸 리룸	
	My Bonny lass she smileth 보니의 미소 그치지 않네	한국초연-1969년 대학합창단 정기연주회
	Now is the month of maying 오월의 축제	
	What saith my dainty darling	
	사랑의 속삭임	
Thomas Vautor (fl. 1592~1619)	그대, 나의 아름다운 사랑	
Thomas Weelkes (c. 1576~1623)	Grace, my lovely one, fair beauties 천사같이 아름다운 나의 사랑	

크리스마스

작곡가	곡명	비고
Alice Parker (1925~2023) & Robert Shaw (1916~1999)	Angels we have heard on high	
Arthur Warrell (1882~1939)	A merry Christmas 축하하세 기쁜 크리스마스	
Bernard de la Monnoye (1641~1728)	Patapan 북소리	한국초연-1969년 대학합창단 정기연주회
Czech melody	The rocking carol 어린 아기 예수	
Dale Wood (1934~2003)	Slumber, O holy Jesu 거룩하신 예수	
Dieterich Buxtehude (c. 1637~c. 1707)	Das neugeborne Kindelein 어린 아기 탄생했네	
Don Besig(b. 1936)	Santa Claus is coming to town 산타할아버지 마을에 오신다	
Ed Lojeski(?~2020)	Hap-Hap-Happy Snowman 행복한 눈사람	
English traditional	The Sussex carol	한국초연-1971년 대학합창단 정기연주회
	O come all ye faithful 참 반가운 신도여	
Eugene Weigel (1910~1998)	Star of the mountain 산의 별 / 산의 어린이	한국초연-1971년 대학합창단 정기연주회
German melody	Als ich bei meinen Schafen wacht / While by our sleeping flock We lay	
Gordon Young (1919~1998)	'Twas in the midst of winter-time 예수께서 나셨네	
Gus Levene (1911~1979)	Ring those Christmas bells 울려라 크리스마스 종	

Hamilton Forrest (1901~1963)	He's got the whole world in his hands	
Hans Leo Hassler (1564~1612)	Angelus ad pastores ait 구세주 나셨네	
Harry Simeone (1911~2005)	Go tell it on the mountain 산 위에 올라	
Ian Hare(b. 1949)	A Child is born 한 아기 나셨네	
James Lord Pierpont(1822~1893)	Jingle bells 징글벨(Arr. Ozzie Westley)	
Jan Bender (1909~1994)	Dear Christians, One and All, Rejoice 모든 만물아 기뻐해	
Jan Sanborn(b. ?)	Christ is risen 예수 부활	
John Jacob Niles (1892~1980) & Lewis Henry Horton (1898~1978)	I wander as I wonder 아기 예수 세상에 오셨네 / 아기 예수 나신 밤	
John Joubert (1927~2019)	Torches 횃불	한국초연-1969년 대학합창단 정기연주회
Joseph Carleton Beal & James Ross Boothe	Jinglebell rock 징글벨 락	
Jule Styne (1905~1994)	Alleluja baby / Hallelujah, Baby!	
Martin Shaw (1875~1958)	Fanfare for Christmas day 성탄절의 팡파아르	
Robert Shaw (1916~1999)	O come all ye faithful 신도들이여 기뻐하라	한국초연-1969년 대학합창단 정기연주회
Samuel L. Forcucci (1922~2019)	Alleluia and Chorale(from cantata "Child of wonder")	
Thoinot Arbeau (1520~1595)	Ding Dong Merrily on High 종소리 높이 울려라	
Thomas E. Fettke (b. 1941)	The birthday of a king 왕의 탄생	
Walter Rodby (1917~2005)	Hi ho nobody home	
West Indian traditional	The virgin Mary had a baby boy 마리아가 아기를 가졌네	한국초연-1971년 대학합창단 정기연주회
William Harold Neidlinger (1863~1924)	The birthday of a king 왕의 탄생 / 주 예수 나신 날	

성가를 제외한 합창곡

작곡가	곡명	비고
Aaron Copland (1900~1990)	Stomp your foot 즐겁게 춤추자	
Abel Baer (1893~1976)	I miss my Swiss 그리운 내 고향	
Alec Rowley (1892~1958)	Molly, my sister and I fell out	
Alexandru Pascanu (1920~1989)	Sârba pe scaun	
Al Hoffman (1902~1960) & Norman Gimbel (1927~2018)	Whale of a tale(from "20,000 leagues under the sea", Arr. H. R. Wilson, 1871~1915) 고래잡이	
American folk song	Old McDonald had a farm	
Anonymous	Hymn to man 대학생의 노래	
Arthur Sullivan (1842~1900)	Ra-ta-plan(from "Cox and Box")	
Austrian folk song	Holla-le 홀랄레	
Barney Fagan (1850~1937)	My gal is a high-born lady	
Brent Pierce (b. 1942)	Solitude of space 우주의 고독	
Carl Heinrich Maria Orff(1895~1982)	군중의 노래(from "Catulli Carmina" Act 3)	
Cat Stevens (b. 1948)	Morning has broken 아침이 오면	
Cecil Effinger (1914~1990)	Set of three 현대합창을 위한 세 개의 모음곡 　1. Trial by time 시간에 의한 시험 　2. This trail 이 자취 　3. Inner song while watching a square dance 스퀘어 댄스를 보는 내 마음의 노래	한국초연-1976년 대학합창단 정기연주회
Charles Edward King(1874~1950)	The Hawaiian wedding song (Arr. Gordon Jenkins, 1910~1984)	
Ch. Lieurance	황혼과 새벽이 만나는 시간	
C. P. Scott	In the eve, when the stars sine	
Danish toast song	Han Skal Leve	
Danny Green	How I love thee 얼마나 당신을	
Edgar Rogie Clark (1914~1978)	축제	한국초연-1972년 대학합창단 정기연주회
Engelbert Humperdinck (1854~1921)	난쟁이: Hansel und Gretel에서	
F. Harley	올빼미	
Frederick Loewe (1901~1988)	Get me to the church on time(from "My fair lady", Arr. William Stickles, William Stickles, 1882~1971) 교회로 결혼하러 가요	

Friedrich-Wilhelm Möller(1911~1993)	The Happy Wanderer 행복한 방랑자	
G. A. Alock	Humming Chorus	
George Rodway Poulton(1828~1867)	Aura Lee 오라 리	
Gerald Finzi (1901~1956)	My spirit sang all day 내 영혼 노래해	
Gwyneth Walker (b. 1947)	How can I keep from singing 어찌 찬양 안할까	
Harold Karr (1921~1968)	Happy hunting choral selection(from "Happy hunting") 행복한 사냥	
Harry Simeone (1911~2005)	밀밭에서	
	Walk hand in hand 손을 잡고 걸으면 / 두 손을 맞잡고	
Irving Berlin (1888~1989)	무도회에서 생긴 일(from "Miss Liberty")	한국초연-1969년 대학합창단 정기연주회
	Alexander's ragtime band 알렉산더 재즈 밴드	
	Happy holiday(from "Holiday Inn")	
	I love a piano(from "Stop, look, listen")	한국초연-1969년 대학합창단 정기연주회
	Say it with music 노래하리라	
	The ocarina(from "Call me, Madame")	
	There's no business like show business(from "Annie get your gun")	
Isham Jones (1894~1956)	Swingin' down the lane	
Jaakko Mäntyjärvi (b. 1963)	Pseudo-Yoik 원주민의 노래	
Jamaican rumba	Mango walk	한국초연-1972년 대학합창단 정기연주회
James Austin Butterfield (1837~1891)	When you and I were young, Maggie 매기의 추억	
John Høybye (b. 1939)	The slow spring 즐거운 5월	
Johnny Noble (1892~1944)	Hawaiian war chant 하와이 전송가	
Kentuckey mountain song	까마귀	
Korean folk song	새타령	
Lawrence "Larry" Lapin(b. 1935)	The boy from the New York city 뉴욕에서 온 남자	
	Look ma, I'm singin' jazz 엄마! 나 재즈를 노래해	
Libby Larsen (b. 1950)	A Hoopla(from "The Settling years") 후플라	
Maurice Jarre (1924~2009)	It was a good time 즐거운 한때	

Norman Dello Joio (1913~2008)	Of crows and clusters(Two old crows) 까마귀 두 마리	
Ozzie Westley	Grandfather's clock 할아버지의 벽시계	
Paul V. Yoder (1908~1990)	Aura Lee 오라 리	
	Old McDonald had a band 맥도날드 밴드	
	하나, 둘, 셋, 넷	
Raymond Granito	Ballad of Lila Bellaloo	
Richard Huggins (b. 1947)	Kumbayah 주여 오소서	
Richard Maltby (1914~1993)	Rock, rock, the lark 다 함께 노래합시다	
Richard Rogers (1902~1979)	Alleluia(from "The sound of music") 알렐루야	
	Carousel medley(from "The carousel") 회전목마 / 축제	
	Do Re Mi(from "The sound of music") 도레미	
	The surrey with the fringe on top(from "Oklahoma")	
Robert Shaw (1916~1999)	귀여운 동생과의 다툼	한국초연-1969년 대학합창단 정기연주회
	Fum, fum, fum 품, 품, 품	
Roger Wagner (1914~1992)	Beautiful dreamer	
	Oh! Lemuel 오 레무엘	
	Skip to my Lou 귀여운 루	
Sonja Poorman (b. 1954)	Sing we and dance 노래하고 춤추자	
	Take me to a rainbow 날 인도하시리	
Stephen Foster (1826~1864)	Beautiful dreamer	
	Jeanie with the light brown hair	
	Old black Joe	
	O Susanna	
Steven Sametz (b. 1954)	Ne sedi, Djemo(Bosnian Folksong)	
Theron Wilford Kirk (1919~1999)	Laughing song	

Various composers
 	
1, 2, 4. Jacob Kimball Jr.(1761~1826)
3. Jacob French
(1754~1817)
5. William Billings
(1746~1800)
	Six fuging tunes
	  1. How pleased and blest was I 오 놀라운 축복을
	  2. Think mighty God on feeble man 전능한 하나님께
	  3. Silent I waited with long suff'ring love 나는 주의
	    구원 기다렸네
	  4. O Thou who hear'st when sinners cry 오 이 죄인의
	    기도 들으소서
	  5. Salvation, oh the joyful sound 참 즐거운 소식
		한국초연-1979년
		대학합창단 정기연주회

Walter Ehret (1918~2009)	The sow took the measles 돼지는 죽었네	
김달성(1921~2010)	농부가	
김동진(1913~2009)	당달구	
김청묵(b. 1946)	모란이 피기까지는	

김희조(1920~2001)	아리랑		15 
	천안 삼거리		
나운영(1922~1993)	느리게 타령		
	늴리리야		16 
	밀양 아리랑		
	뱃노래		
문SH	새야 새야		
오JC	아리랑		17 
이문승(b. 1953)	강강수월래		
	거제도 뱃노래		
	도라지		18 
	새야 새야 파랑새야		
이수인(1939~2021)	고향의 노래		
이영조(b. 1943)	고향의 봄		19 
채동선(1901~1953)	새야 새야 파랑새야		
최훈차(b. 1940)	갑돌이와 갑순이		

20 

대학합창단 연주 프로그램

21 

QR 15 한국대학합창단 정기연주회(The Korale Annual Concerts) 영상 모음.

QR 16 정기연주회(1966~1979).

22 

QR 17 정기연주회(1980~1989).

QR 18 정기연주회(1990~1999).

23 

QR 19 정기연주회(2000~2010).

QR 20 창립기념 예배와 음악(1973~2011).

24

QR 21 한국대학합창단 고난과 부활 연주(The Korale Annual Easter Concerts) 영상 모음.

QR 22 고난과 부활(1985~2011).

QR 23 한국대학합창단 해외 순회연주(The Korale Global Tour Concerts) 영상 모음.

QR 24 해외 순회연주(1990~2011).

3_Episode

진리의 순간

사랑의 사명

우주인이라는 별명은 초창기에 제자가 지어 줬어요. 내가 대여섯 시간을 서서 지휘해도 지치지 않는다고 하면서요. 지방 순회 같은 때에는 단원들이 더워하고 땀 흘리면 "선생은 땀이 안 난다", 단원들이 배고파 해도 "선생은 배가 안 고프다" 했어요. 그랬더니 단원들이 선생님은 보통사람과 다르다, 우주에서 오신 모양이다 한 이야기 때문에 별명이 우주인이 된 거예요.

그렇게 선생은, 특히 지휘자는 단원들에게 절대적인 존재여야 해요. 지휘자를 전적으로 신뢰하고 사랑하며, 100퍼센트 다 받아들일 상태가 되어야 음악이 돼요. 나에게 있는 모든 게 단원들에게 다 들어가야 하는 거죠. 내 음악이 단원들에게 100퍼센트 전달되어야 단원들의 입을 통해서 그게 토해져 나와요. 그래야 지휘자의 음악이, 합창이 제대로 됩니다.

합창의 묘미는 융합해서 하나의 음악을 만들어 낸다는 것에 있어요. 나 혼자 잘한다고 되는 게 아니고 협동해서 하나의 음악을 만들어 내야 하는 거죠. 이것이 합창의 매력이에요. 저는 단원들에게 매번 순수함, 적극성을 강조했어요. 노래 잘하는 합창단은 많습니다. 대학합창단은 순수하게 정말 최선을 다해서 노래를 해요. 지방 순회나 해외 연주 장소는 우리를 평생에 한 번 보는 곳들이에요. 그래서 더욱 그 한 번의 연주에 최선을 다합니다.

순회 연주를 다니다 보면 처음 합창단의 연주를 보기 전에 맞이할 때와 연

QR 25 The Moment of Truth(진리의 순간)-한국대학합창단 50주년 기념 제작 다큐멘터리(연출: 안지선 감독).

주 후에 우리를 대하는 반응이 완전히 달라져요. 연주를 들으면서 단원도 청중도 함께 감동받아 눈물을 흘리고, 거기에 단원들이 생활에서 보이는 순수함, 적극성, 질서와 팀워크가 합창단의 모습에 묻어나 사람들로 하여금 더욱 감동을 얻게 합니다.

2003년 유럽 순회 때 헝가리에서 연주할 기회가 있었는데, 영어로만 연주 준비를 했어서 사실 헝가리 청중은 영어를 모르고 우리는 헝가리어를 모른 채로 연주를 했어요. 그런데 신기하게도 우리가 하나님을 찬양할 때 그분들도 눈물을 흘리면서 감동하는 모습을 봤어요. 그게 순수한 합창의 힘이고 찬양의 힘이에요. 하나님을 찬양하기에 청중도 그 순간 예수님의 사랑을 노래하는 우리와 함께 느낍니다. 하나님의 복음을 전하는 사명은 끝까지 예수님을 사랑하고, 순수성을 잃지 않는 것이 제일 중요하다고 생각합니다.

왼쪽 유럽 순회연주(2003).　**오른쪽** 유럽 순회연주-헝가리교회(2003).

대학합창단 30주년 때 어떤 신문기자가 물었어요. "최훈차 교수님, 합창단을 30년간 지휘하신 비결이 무엇입니까?" "나는 합창단을 사랑합니다"라고 대답했어요. 합창단을 사랑하면 지휘자는 단원들을 위해서 희생합니다. 부모가 자녀들을 위해서 희생하듯이요. 그게 맞는 것 같아요.

하늘의 아버지

'하늘의 아버지'를 모르면 대학합창단 동문이 아니고 간첩입니다. 대학합창단 창단부터 현재까지 부르는 곡입니다. 이 곡이 특별한 이유는 창단 후 처음 합창제에 출전해서 수석 입상을 한 곡이기도 하고 현재까지 부르기 때문이겠죠.　**QR 26** 대학합창단 유럽 순회연주 '하늘의 아버지'-오스트리아 짤츠부르크 성당(2003).

해외 에피소드: 변영기 선교사에게 신장 기증을 하고 싶었던 영국 버스 기사님

2009년 유럽 순회 말미에 영국 런던에서 만난 버스 기사님과의 에피소드가 합창단에도 큰 감동을 주었어요. 아주 점잖은 기사님이셨는데 그분의 평범한 일상 가운데 대학합창단과 사나흘 간의 짧은 만남은 굉장히 새로운 경험이었을 거예요. 우리야 늘 하던 대로 연주하고, 늘 하던 대로 버스 담당이 기사님을 돕고 정성을 보이는 건데 말이에요.

그때 기사 담당을 박우만 단원이 했어요. 기사님 조수처럼 주차할 때 뒤도 봐 주고, 커피와 간식 챙겨 드리고, 오가면서 챙기고 하니 기사님도 박우만 단원을 베스트프렌드라고 불렀어요. 게다가 합창단 모두가 기사님에게 감사하고 밝고 발랄하게 생활하는 모습이 영국 청년들과 다르게 보였던 모양이에요. 보통 기사분들은 운전만 하고 연주를 잘 안 보는데, 기사 담당들이 연주를 보러 오라고 권유를 많이 해요. 그 당시 박우만 단원이 기사님께 진심을 다해서 대하니까 나중에 영국 큰 교회 연주 때 보러 오셨고 큰 감동을 받으셨어요.

합창단과 헤어질 시간이 되었을 때는 본인이 노래를 하고 싶다고 하시면서 '아 목동아'를 불렀어요. 한국은 이런 청년들이 있어서 비전이 있다고 하시며 부럽다는 소감을 얘기해 주셨어요. 그 후 우리는 독일로 넘어갔는데 변영기 선교사로부터 놀라운 소식을 들었어요. 그 기사님이 변영기 선교사가 신장 투석하는 걸 알고는 신장을 기증하고 싶다는 연락을 해왔다는 거예요. 병원에서 검사해 본 결과 이식이 적합하지 않아서 실제 받지는 못했지만 그런 결심을 한 자체가 너무도 놀랍고 감사한 일이었죠. 사실 이 기사님은 단원들을 보면서도 감동했지만, 버스 안에서 무거운 장비를 들고 다니며 신장 투석을 하면서까지 영국지역 순회연주를 모두 진행하고 있던 변영기 선교사에게도 큰 감동을 받았던 거였어요. 그분이 감동하여 신장 기증까지 결심한 일이 합창단에게 큰 영향을 줬고, 남은 기간 더 열심히 순회에 임하면서 다른 해외 순회 때보다 감동이 컸습니다. 합창단은 이런 한 사람의 감동과 변화를 위해서 해외 순회연주를 하는 거지요.

반대로 해외 순회하면서 어렵고 힘들었던 기억들도 있어요. 한번은 프랑스 몽마르뜨 언덕에서 단체로 관광하며 걷고 있는데, 도둑이 단장님 손에 들린 가방을 훔쳐가려고 했어요. 가방 안에는 단원들의 모든 여권이 들어 있었죠. 다행히 가방에 끈이 달려 있어서 도둑 맞지는 않았어요.

그리고 버스를 타고 고속도로를 달리고 있는데 반대편에서 트럭이 차선을 바꿔서 달려오는 바람에 바로 방향을 틀어서 사고를 피할 수 있었어요. 알고 보니 트럭의 타이어가 갑자기 펑크 난 상황이었고 정말 큰 사고로 이어질 뻔했어요. 단원들 모두 하나님의 지켜 주심에 감사했고, 숨 쉬는 것 자체가 참 감사한 일이라고 고백하기도 했어요.

1997년 첫 유럽 순회 때는 영국 교회 위주로 순회를 하다 보니 단원들이 한식 먹을 기회가 없었고, 계속 샌드위치만 먹으면서 연주했어요. 너무 배가 고파 힘들어하다가 영국 지역 마지막 연주 때 한인 교회에서 한식을 준비해 주셨고, 단원들이 김치를 보자마자 손으로 허겁지겁 집어서 먹기도 했어요.

긴 시간 여러 지역을 다니며 연주를 하다 보니 이런 어려움들을 겪기도 했지만, 여러 명소들을 방문할 수 있었고 좋은 경험도 많이 했어요. 유럽 각 지역에 있는 큰 교회, 성당들을 방문하고 그 안에서 한두 곡씩 연주를 하기도 했어요. 관광지에서도 길거리 연주를 많이 했지요. 음악적으로 유서 깊은 장소들도 많이 가 보았고, 현지 음악회나 브로드웨이 뮤지컬을 관람하기도 했어요.

명소 연주. 작곡가 바흐가 음악 감독으로 일했던 교회에서 바흐의 합창곡을 연주하고 있는 대학합창단(2009).

1996년도 미주 순회 때는 성악가 신영옥 씨의 집을 방문했어요. 정신여고 틴라이프와 대학합창단 출신인 신명환 동문의 동생이라 저와 잘 알고 지냈는데, 합창단이 연주를 간다고 하니 초대해 줘서 단원들이 좋은 시간을 보냈죠. 그리고 민박을 제공해 주신 성도분들 중에는 거대한 저택에 초대해 주셔서 식사도 하고 작은 음악회도 열면서 좋은 시간을 보낸 적도 많았어요.

미국 아칸소(Arkansas) 주청사, 조지아 주청사, 마이애미 시청, LA 시청, 캐나다 코퀴틀람 시청 등에서 미국 제2의 국가(國歌)라고 하는 'America the Beau

미주 순회연주-LA 시청(2002).

미주 순회연주-마이애미 시청(2005).

tiful'과 캐나다 국가 등 여러 합창 연주를 하면서 국위선양도 했어요. 또 여러 주립대 음악대학에 초청받아서 수업 참관, 합동연주회 등도 많이 했어요. **QR 27**
America the Beautiful, O Canada 대학합창단.

특히 음악대학 방문은 단원들이 유학을 결심하거나 준비하는 데 도움이 되었기 때문에 해외 순회 때는 꼭 음악대학을 방문하거나 연주하려고 많이 노력했어요.

대학합창단과 카펠라합창단은 어떻게 그리 해외 순회를 자주 다닐 수 있는지 다른 지휘자들이 궁금해했어요. 한 달이라는 긴 시간 동안 여러 지역을 다니고 수많은 연주를 섭외해서 다니는 일이 어떻게 가능한지 상상을 못했어요. 돈이 많은 것도 아니고 도와주는 큰 단체가 있는 것도 아니었으니 다들 신기했겠죠. 재정은 넉넉지 않았지만 선교와 연주를 목적으로 순회연주를 다녔어요. 현지에서 민박을 하고, 교회에서 준비해 주시는 식사를 하면서 재정을 아꼈어요. 감동을 받은 현지분들이 해주시는 후원뿐만 아니라 많은 동문들과 제자들이 도움을 주면서 오히려 재정이 채워지는 경험도 많이 했어요. 합창단 초기부

왼쪽 노스텍사스 대학교 합동연주회(2002). **오른쪽** 신시내티 대학교 합창수업 참관(2002).

왼쪽 마이애미 대학교 합창수업 참관(2005). **오른쪽** 에모리 대학교 합동연주회(2005).

터 담당부서를 운영하면서 단원들의 생활훈련을 해왔고, 국내 여러 지역에서 순회연주를 다닌 경험들이 해외 순회까지 잘 이어졌던 것 같아요. 한 달 동안 순회연주를 다녀도 큰 사고 없이 단원들 모두가 연주에 집중해 주었어요. 민박하면서도 생활훈련을 받은 대로 잘 따라 주었고요. 모든 단원들이 한 지역 한 지역, 한 교회 한 교회, 작은 연주 큰 연주 할 것 없이 모든 것에 최선을 다해 주었기 때문에 가능했던 일이었어요. 하나님께서 이런 합창단을 너무 사랑해 주셔서 가능했다고 생각해요. 돌아보면 감사한 일들이 너무 많았고 감사한 분들도 많이 만났던 것 같네요.

합창을 시작한 계기

합창이 너무 좋아서 합창지휘를 전공했어요. 음악과 합창을 좋아하지 않으면 지휘자가 되어서는 안 된다고 생각해요. 교사는 가르치는 걸 좋아해야 하고, 간호사와 의사는 다른 이를 돕는 봉사정신이 있어야 하는 것처럼, 음악하는 사람은 음악을 사랑해야 합니다. 합창음악을 좋아해서 지휘를 해야지 할 게 없어서, 남들 하는 거 보니 멋있어 보여서 하면 안 된다고 생각합니다.

위부터 사우스캐롤라이나 대학교 합동연주회(2008).
루이빌 대학교 합창수업 참관(2008).
애리조나 대학교 합동연주회(2011).

대학교 2학년 합창수업 때 합창을 해보면서 너무 좋았어요. 그 시간이 기다려지는데 나 말고 친구들은 안 그런 것 같았어요. 다들 그냥 출석해야 해서 듣고, 결석도 자주 하는 것 같더라구요. 연세대에서 박태준 박사님이 지휘하실 때 조교가 따로 있는데도 먼저 오셔서 학생들 자리에 악보를 놓아 주셨어요. 그래서 일찍 와서 60여 명 악보 놓는 것도 도와드렸지요. 합창이 좋아서 수업 시간을 기다렸던 시기였는데, 그런 박태준 박사님의 모습을 보고 많은 영향을 받아 저도 수업 시간에 미리 와서 학생들 자리에 악보를 놓아 주곤 했어요.

대구 시골에서 자라서 성가대 수준에서만 합창을 하다가 음악대학 안에서 하는 합창은 차원이 다른 거예요. 화성이나 색채나 모든 것이 다 달랐죠. 베르디 오페라 'Aida'에 나오는 합창을 연습하는데 막 정신이 없을 정도로 황홀했던 기억이 있답니다. 그렇다고 그 당시 합창지휘를 해야겠다는 생각이 바로 들었던 건 아니지만, 이렇게 합창이 좋은데 왜 같이 수업을 듣는 학생들은 좋아하지 않을까라는 생각을 했어요.

그래서 합창지휘를 전공하면서 가장 중요하게 생각한 것은 "학생들이 합창음악을 좋아하게 만들어야겠다!"입니다. 그래서 항상 곡을 고를 때 학생들이, 단원들이 흥미를 가질 수 있을까를 고민하면서 선택했어요. 음악에 관심이 많은 단원들은 부활절연주와 정기연주에 어떤 곡을 하게 될지 기대하고 물어보기도 했어요.

합창단 지도 방법: 순수성, 적극성

합창단을 지도하면서 여러 시행착오를 겪었어요. 어떻게 하면 합창에 흥미를 갖게 할까 늘 고민했고, 이렇게 하면 되겠다, 이렇게 하면 안 되겠다 하는 경험으로 배우면서 이런 모든 게 쌓여 리허설 테크닉이 되었겠죠.

무엇보다 중요한 지도 포인트는 '순수함'이에요. 음악을 좋아하려면 순수해야 합니다. 신앙으로 봤을 때 어린아이와 같은 순수한 믿음이 좋은 믿음인 것과 마찬가지로. 합창단을 지도할 때 1학년 학생들이 합창을 좋아하도록 순수함을 일깨워 주는 것이 첫 목적이에요. 물론 쉽지 않은 학생들도 있어요. 순수하게 받아들이지 않고 삐딱하게 생각하는 학생들도 종종 있기 마련이니까요.

순수하게 음악을 대할 때만 음악에 최선을 다할 수 있죠. 순수한 마음이 있으면 음악을 금세 느끼고, 순수한 마음이 되면 지휘자의 음악이 쉽게 단원들에게 들어가고, 순수한 마음으로 음악을 최고의 수준까지 올릴 수 있습니다. 순수하게 만드는 비결은 합창단이 나와 한 편이 되는 것이에요. 주입식으로 너희는 내 말을 들어야 해 내가 시키는 대로 해야 해 이렇게 지도하는 것이 아닙니다.

물론, 지휘자는 단원들 개인과는 너무 가깝게 지내기보다 적당한 거리를 유지합니다. 개인과 친하지 않아도 정신적으로는 하나가 되면 아주 가까움을 느끼게 돼요. 그래서 선생님이 좋기도 하고 어렵기도 하지만, 어느 순간에는 아주 친밀함을 느낍니다. 그렇게 지휘자를 좋아하게 되어야 지휘자와 같은 음악을 표현할 수 있어요.

긍정적인 지도법도 학생들을 순수하게 만들어요. 학생들에게 비전을 제시하고 '안 될 것이다' 생각하는 것들이 '될 것이다'라는 긍정적인 암시를 주지요. 연주를 잘하게 될 것이다, 순회에 감동이 있을 것이다, 그 음이 소리가 날 것이다 등 긍정적인 예언적 말들을 하면 단원들은 그렇게 되기 위해서 노력하게 돼요. 틀린 부분을 지적하고 꾸짖기보다는 바른 방법을 알려 준 후에, "아까처럼 그렇게 다시 불러 봐라" 하고 얘기하면 단원들에게 웃음을 주고 오히려 틀렸던 부분을 다시 흉내 내 보면서 제대로 된 연주방법을 완벽히 익히게 되는 효과가 있어요. 고음을 내야 하는 곡을 연습할 때는, 차츰차츰 그 음에 가깝게 소리를 낼 수 있다는 긍정적인 암시를 주면 순수한 학생들이기에 선생님이 말한 대로 하려고 노력하게 되고, 그렇게 해내면 성취감과 자신감도 함께 오르게 됩니다.

1학년 때는 순수함, 적극성을 처음 배우는 기간이에요. 이전에는 본인만 생각하던 아이들이 순회연주를 경험하고 단체생활을 해보고, 또 인내해야 할 순간도 겪으면서 달라지기 시작해요. 2학년이 되어 후배가 들어오면 더 달라지고 차츰차츰 성장해서 3학년이 되면 그때는 내가 어떤 의도로 말하는지 정확하게 이해하게 되지요.

음악을 좋아하게 되고 음악을 느끼기 시작하기 때문에 단원들이 어려워도 합창단에 내가 끝까지 있어야 되겠다 생각해요. 합창단원으로서 깨닫는 부분이 생기고 진정한 대학합창단 사람, '대합인'이 됩니다. 그런 단원들은 졸업 후에도 항상 찾아오고 곁에 남아 있어요.

단원들마다 성격이 다 다르기에 누군가는 적극적이지만, 소극적인 단원들도 당연히 있지요. 소극적인 단원들에게서 적극성을 끌어내는 것은, 본인이 느낀 음악을 제대로 표현하기 위해 필요해요. 그래서 단원들에게 적극성을 강조하고, 합창단 생활 안에서 만나는 사람들에게 적극적으로 인사해 보는 훈련부터 시작합니다. 그리고 순회 기간 동안 본인의 담당 부서를 책임감을 갖고 맡아 보는 훈련 등을 통해서도 적극성을 배우게 해요. 이런 경험이 쌓이면 학년이 올라갈수록 자연스럽게 적극적인 음악 표현이 강력해집니다.

늘 간식시간마다 학생들에게 농담처럼 하는 말이 있어요. "이 음식 잘 못 먹겠어. 너희들이 잘 안 권해 가지고." 그러면 학생들이 이런 표현을 재미있어 하면서 한 번 더 선생님한테 권하게 되고, 다른 곳에서도 어른들께 먼저 음식을 권하고 가져다드리는 생활습관을 갖게 되면서 적극성이 생겨나게 돼요. 그리고 이런 적극성은 순회연주를 통해서 만나는 여러 사람들에게도 연주뿐만이 아닌 생활 속에서의 감동을 전달하는 원동력이 됩니다.

순회연주 부서 담당

합창단 초창기의 지방 순회는 정말 힘들었지만 감동적인 순간도 많았어요. 그래서 2회 지방 순회부터는 버스 옆에 낙서판이라고 달았어요. 감동문이든 기도 제목이든 단원들이 아무거나 쓰라고. 그 내용을 읽어 주기 시작하면서 나중에 발전이 되어 버스 앞에 나와 대표로 감사글을 읽어 주는 땡큐걸 담당을 만들게 됐어요.

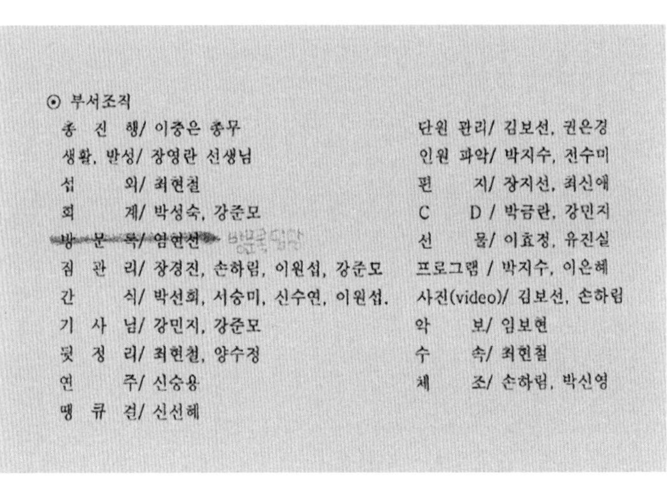

유럽 순회연주 부서별 담당(2003).

처음부터 모든 부서가 다 정해져 있던 게 아니에요. 많은 시행착오를 겪으면서 이런 걸 하면 좋겠다는 생각들이 모여 하게 되었죠. 단원 관리, 간식 담당, 버스기사 담당, 사진 담당, 짐 담당, 방명록 담당, 인원(체크) 담당, 땡큐걸 등.

단원이 노래만 하는 게 아니라 하나씩 담당을 맡으면 합창단 활동에 적극 참여하게 되고 책임감을 갖게 됩니다. 합창단을 위해서 무언가 해야겠다는 노력을 하게 돼요. 그렇게 해서 단원들이 얻는 보람도 컸습니다.

식사 노래 악보.

식사 노래를 시작하게 된 것은 그냥 기도해도 되지만 우리는 합창단이니까 노래가 더 중요하다 생각해서였어요. 제가 기존에 있는 찬송가(208장)와 노래에 가사를 붙였습니다. 이건 아주 단순한 생각으로 시작된 거예요. 식사 노래는 70년대 노래선교단 시절부터 불렀던 노래라서 아마도 제가 처음으로 시도했던 게 아닐까 생각해요. **QR 28** 날마다 우리에게(식사 노래)-대학합창단(2008).

누군가 합창단에 찾아오거나 만났을 때 말로 인사하기보다 우리는 노래로 하자라는 단순한 생각이 환영 노래의 시작이었어요. 그 당시 레크리에이션 책에 케냐 민요로 실린 곡이었어요. Unison곡에 재미로 웰컴! 등을 단원들이 외치게 하면서 재미를 주었죠. 1966년 첫 합숙 훈련에 '까낌야' 환영 노래를 가르쳤습니다.

그런데 언젠가 케냐 선교사님이 합창단에 방문한 일이 있었는데, 케냐 민요라고 했는데 무슨 말인지 하나도 모른다고 하시더군요. (웃음) 최근에 박강노 동문이 미국 유학 시절에 이 곡의 기원을 찾아서 공유해 줬는데, 케냐 민요는 아니고 인도-말레이어 계통이라고 하더군요.

해외 순회연주를 하다 보면 현지 교인분들 집에서 민박을 하게 되는데 그곳에서도 학생들이 민박해 주시는 분들께 감동을 줄 수 있도록 생활훈련을 참 많이 했어요. 우선은 헤어지기 전에 민박 호스트분들과 다 같이 손을 잡고 'Good night song'을 부릅니다. **QR 29** Good night song.

Good night song 악보.

식사 때마다 식사 노래를 부르고, 설거지는 꼭 돌아가면서 돕도록 했어요. 취침 시간, 기상 시간도 철저히 지키도록 했어요. 그리고 미국은 샤워 커튼 사용법이나 침대 시트 정리법이 우리나라와 달랐기 때문에 미리 숙지할 수 있도록 훈련을 다 하고 갔어요. 그리고 민박이 끝나면 작은 선물과 편지를 침대 위에 놓고 나오게 했고, 한국에 돌아와서도 엽서나 편지를 보내도록 했어요. 그렇게 해서 단원들이 민박했던 호스트분들과 나중에 연락을 하면서 유학생활 도움도 받고 좋은 관계를 유지했어요.

이런 훈련은 70년대 틴라이프 미주 순회연주 때부터 해왔어요. 한번은 한 미국분이 분명 학생들이 잠을 자고 갔는데 자기 전 방 상태 그대로인 걸 보고 깜짝 놀랐다며 그런 학생들의 모습에 엄청 감동을 받았어요. 그분께서 이 이야기를 편지에 담아 대통령에게 보냈고, 청와대에서 틴라이프를 초청해 청와대 근처에서 연주를 하기도 했어요. 그 이후에도 미국 사람들이 편지를 여러 번 써서 보내왔고, 서울시청과 국회에도 초청받아서 연주하기도 했어요.

이런 생활 속의 감동이 연주의 감동으로까지 연결되기 때문에 학생들이 해외 순회연주를 많이 기대했고, 연주와 생활 모두 열심히 해줬어요.

연주 프로그램

연주 프로그램도 수십 년에 걸친 여러 시도 끝에 지금의 순회연주 프로그램을 만들게 되었습니다. 처음에는 곡도 정말 많이 했고 연주도 길었지요. 여성중창, 남성중창도 합창만 하면 지루하겠다라는 생각에 시도해 보게 된 거고요. 솔로도 중간에 넣어 보고, 마드리갈(Madrigal)이나 쇼튠(Show Tune)도 연주해 보면서 여러 시도들을 했었습니다.

결국 중세시대 그레고리안 찬트 곡으로 입례를 하면서 연주를 시작해서 고전성가, 복음성가, 현대성가를 시대별로 연주했어요. 중간중간에 Spiritual, Show tune을 연주하고, 남성중창, 여성중창까지 넣어서 프로그램을 완성했어요. 마지막에는 청중과 같이 부르는 곡과 청중 속으로 들어가서 선교의 사명을 담은 메시지 있는 곡을 부르면서 마치게 됩니다. 청중은 한 시간 동안 다양한

QR 30 여성중창(Female Trio) 모음-대학합창단, 최훈차콰이어, 카펠라합창단, 아너스카펠라.

QR 31 남성중창(Male Quartet) 모음-대학합창단, 최훈차콰이어, 카펠라합창단.

QR 32 대학합창단 마드리갈, 쇼튠 모음.

시대의 다양한 형태의 합창곡을 감상할 수 있고, 마지막에는 합창단과 함께 노래하면서 연주를 통해 느끼는 감동을 최대로 끌어내고자 하는 의도로 구성했던 것이었어요.

지금은 합창단들이 안무가 들어간 곡들을 많이 연주하지만 90년대만 해도 그리 많지 않았어요. 그 당시 코레오그래피(Choreography, 창작안무)를 접목해서 '내가 천사의 말 한다 해도'를 연주했는데, 청중들이 가장 좋아했던 곡이었던 것 같아요.

앵콜곡에 대한 고민도 많이 했는데, 청중들이 많이 아는 찬송가를 다르게 불러 보는 시도를 여러 번 했어요. '내게 있는 모든 것을'(50장), '주 너를 지키시

QR 33 내가 천사의 말 한다 해도(Without love, We have nothing) with Choreography-Joseph M. Martin.

고'(638장)는 무반주로 아주 느리고 작게 연주하는 시도를 했고, '주 달려 죽은 십자가'(149장)는 숨을 한 번도 안 끊고 부르는 시도도 했어요. 특히 '주 달려 죽은 십자가'는 듣는 사람들이 숨이 멎을 정도로 몰입하게 만드는 효과가 있었고, 고난과 부활 연주 시 앵콜곡으로 많이 연주했어요. **QR 34 찬송가 638장 주 너를 지키시고**(arr. 최훈차). **QR 35 찬송가 149장 주 달려 죽은 십자가**(arr. 최훈차).

박동희 지휘자가 미국 신시내티 음악대학에서 유학할 때 지도교수가 닥터 리버스(Dr. Earl Rivers, 합창음악계의 거장)였어요. 1999년 미주 순회연주 때 신시내티 음악대학을 방문했는데, 그때 박동희 부지휘자가 실기시험을 볼 기회를 잡게 되어 대학합창단이 노래를 하면서 지휘를 하는 시험을 보기도 했어요. 그이후로 신시내티 음악대학을 여러 번 방문했고 매번 연주를 했었죠. 그때 닥터 리버스가 대학합창단의 순회연주 프로그램을 보고 이렇게 완벽한 프로그램이 없다면서 늘 칭찬을 했었고, 이 프로그램으로 박사학위 논문을 쓰라고 박동희 지휘자에게 얘기했을 정도로 프로그램에 대해 높은 평가를 해줬어요.

정기연주회 프로그램은 조금 달랐습니다. 대학합창단은 정기연주마다 다양한 현대합창곡을 국내에서 최초로 연주해 왔고요. 이렇게 초연한 합창곡이 정말 많았어요. 좋은 합창곡이 정말 많은데 알리는 일을 우리 합창단이 해야겠다 생각했습니다. 특히 고난, 부활에 대한 좋은 곡이 너무 많아서 따로 연주 프로그램을 해도 좋겠다는 생각을 해서 고난과 부활 연주를 정기연주와 따로 연례 연주로 정하게 되었어요. 그리고 여러 훌륭한 작곡가들의 현대합창곡도 많았지만 기존 곡들을 현대적으로 해석해서 연주하는 시도도 했어요. 대학합창단

QR 36 J. S. Bach Cantata BWV 4. Ⅷ "Wir essen und wir leben wohl"(arr. 최훈차).
QR 37 Come Sweet Death-J. S. Bach(arr. 최훈차).

30주년 연주 때 예술의전당에서 바흐 칸타타를 현대적으로 해석한 연주를 처음 시도해 봤는데 반응이 좋았어요. 그 이후 바흐의 다른 곡을 가지고 또 다른 시도를 해보기도 했어요.

현대곡이 어렵긴 하지만 청중들이 좋아할 수 있는 곡들을 골라서 연주를 많이 했어요. 교회 연주 때마다 했던 '사울'(Saul)이라는 곡이 그중 대표적인 현대곡이었어요. 사도행전 8, 9장에 나오는 사울이 예수 믿는 사람들을 핍박하다가 극적으로 예수님을 만나서 바울이 되는 장면을 현대합창으로 표현한 곡이에요. 불협화음을 사용해서 현대적으로 표현한 곡이라 다소 어렵게 들릴 수도 있지만, 극적인 장면을 합창과 오르간으로 연주하여 청중에게는 무섭기도 하고 극적이기도 해서 가장 효과가 좋은 곡이었던 것 같아요. **QR 38** 사울(Saul)-Egil Hovland.

이 땅에 평화 주소서-청중과 함께 부르는 노래

마이애미 유학 시절에 학교 근처 교회에서 어떤 합창단이 와서 연주하는 걸 보게 됐어요. 프로그램 중간에 소프라노 솔로가 '이 땅에 평화 주소서'를 부르는데 노래도 너무 잘 불렀고 감동이 느껴지는 곡이었어요. 연주가 끝나고 무대 뒤에 찾아가서 악보를 얻었어요. 가사를 보니 청중과 다 같이 노래하면 딱 좋겠다는 생각이 들었지요. **QR 39** 이 땅에 평화 주소서(Let there be peace on earth)-솔로 모음.

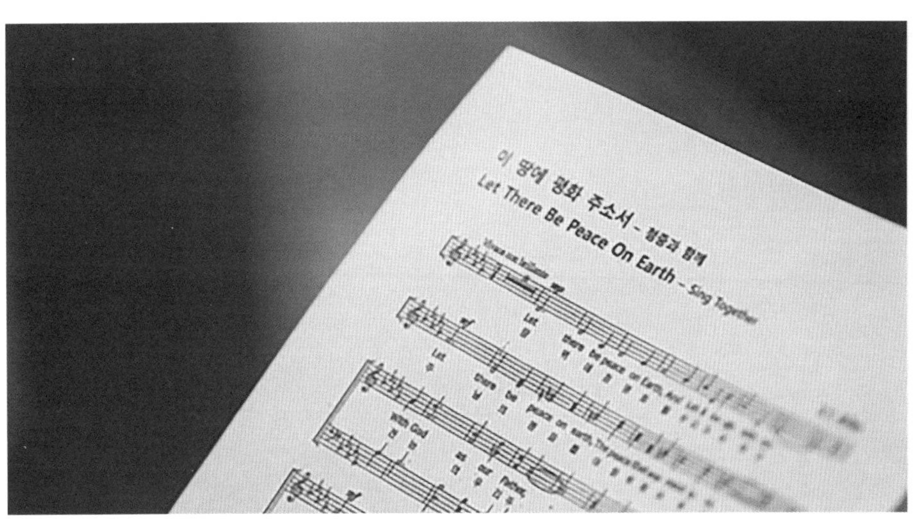

이 땅에 평화 주소서 악보.

내 증인 되리라-청중을 둘러싸고 연주하는 아이디어

앵콜곡을 연주할 때 청중을 둘러싸고 노래하면 좋겠다는 생각이 먼저였어요. 그래서 어떤 곡을 할지 신중하게 골랐습니다. 가사에 선교에 대한 사명도 있고 하니 이 곡이 좋겠다는 생각이었죠. 청중을 합창단이 에워싸면 하나가 된 것 같은, 한 가족이 된 듯한 마음을 느끼게 될 것이라고 생각했고 그 효과가 확실히 있었어요.

그래서 최훈차콰이어도 앵콜곡에 '진리의 순간'을 부를 때는 청중 사이로 들어가게 프로그램을 짰습니다. **QR 40** 청중 속으로-내 증인 되리라, 진리의 순간.

 **41**

최훈차 지휘 60주년 "감동"

"감동" 연주는 내 나이 80세를 맞이해서 대학합창단 동문이고 현재 대학합창단 3대 상임지휘자인 신승용 동문이 기획했습니다. 스무 살부터 시작한 합창지휘의 60주년을 기념하기 위해서 제자들이 마음을 모아 줬어요.

내게 합창음악과 지휘를 배운 제자들이 이끌고 있는 7개의 합창단이 연주를 했는데 어린이합창부터 여성합창, 혼성합창 등 다양한 구성으로 모였어요. 처음 기획 당시에는 8개 합창단이었는데, 동문 민인기 지휘자가 건강상의 문제로 참석이 어려워지면서 최훈차쾨어, 대학합창단, 아너스카펠라, 정신쾨어, 캔송키즈, 보컬앙상블 안젤라, 서울챔버싱어즈 총 7개의 합창단이 연주를 했답니다.

연합합창단은 내가 지휘를 했고 '이 땅에 평화 주소서'와 '기뻐하며 경배하세' 두 곡을 연주했어요. 참가하는 각 합창단은 반주가 있지만 연합합창단은 반주자가 없었어요. 신승용 동문이 말하기를 "동문 반주자 중에 선생님이 지정해 주세요" 하기에 동문 이성옥을 연합합창의 반주자로 정했습니다. 당시 이성옥 동문은 현역으로 음악 활동을 하지 않을 때라 모두 의외의 인물이라 생각했던 모양입니다.

아무튼 처음 이 연주를 기획할 때 예술의전당에 대관 신청을 하면서도, 그때는 내가 대학도 은퇴하고 현직이 아니다 보니 대관이 될까 했는데 승인이 되었어요. 그 후부터 본격적인 연주 준비가 되었다고 해요. 신승용, 정석오, 장민혜 동문이 애를 많이 썼고 실제적으로 대학합창단 동문들이 가장 적극적으로 펀드레이징을 해주어서 연주가 가능했지요.

내가 가르친 합창단들과 또 지휘 제자들이 함께 모여 60주년을 축하해주고 연주해 주었다는 것이 참 고맙고 감격스럽습니다. **QR 41** 최훈차 교수 합창 60년 기념연주회 "감동"-예술의전당(2019).

인터뷰: 박선희, 장지선, 임보현[2024년 8월 4일(일)]

합창 60년 기념연주회(2019).

해외 순회연주의 기억

순회연주를 다닐 때마다 방명록을 기록하는데, 합창단 연주와 생활에 감동받으신 분들이 좋은 후기를 많이 남겨 주셨어요.

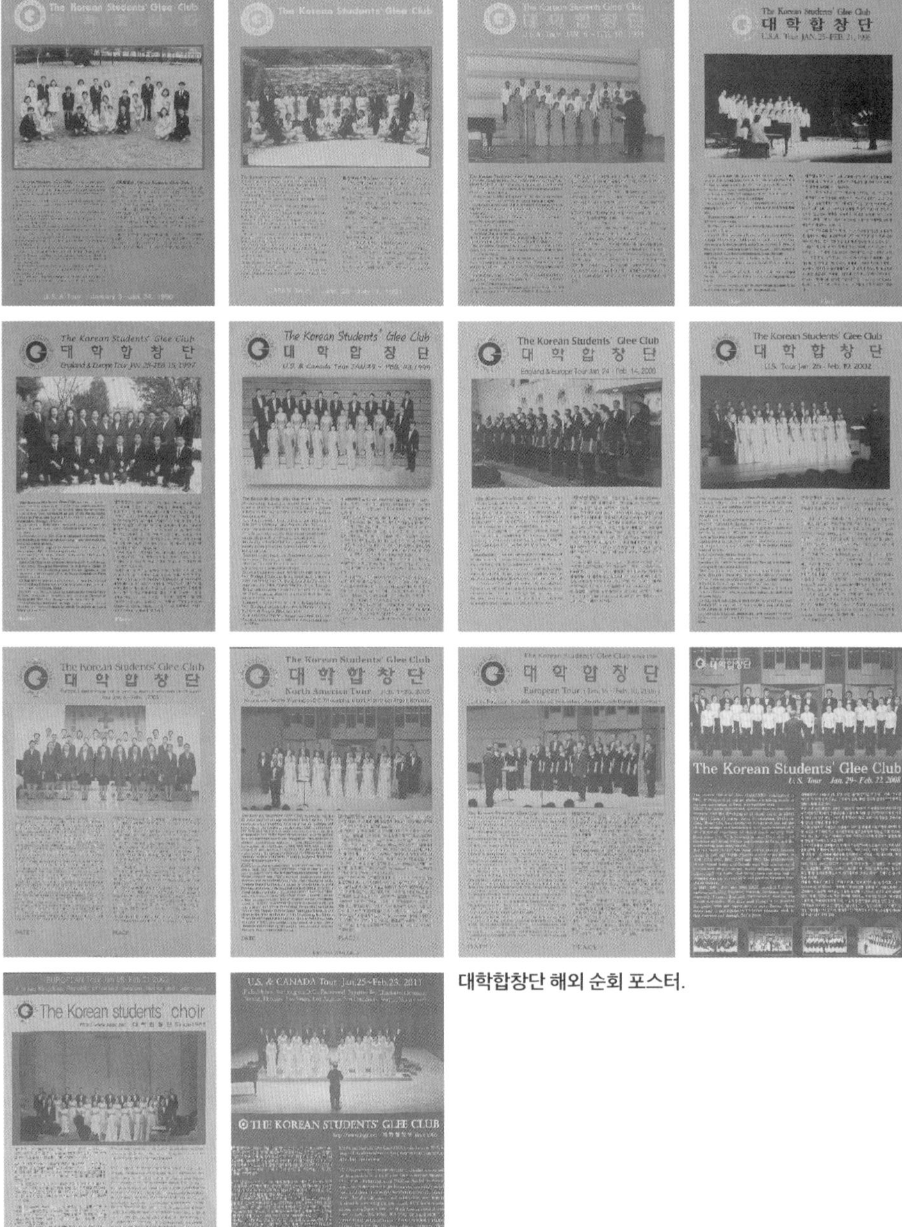

대학합창단 해외 순회 포스터.

대학합창단 제3회 미주 순회연주   1996. 1. 25.~2. 21.

(방명록을 기록한 분의 성함 및 정보를 확인할 수 없는 경우는 ■로 표시하였다. 한글 표기가 분명하지 않은 일부 기관, 학교, 교회 등의 장소 이름은 영문 그대로 기재하였고, 한글로 표기된 경우는 공식 명칭을 따랐다.)

미주 순회연주-워싱턴지구촌교회(1996).

타코마중앙장로교회 1/26 7:00 pm

주님께 찬양드립니다. 과연 대학합창단은 그 화음과 찬양이 참으로 귀합니다.

송천호 훼드럴웨이 예수교장로회 선교교회 담임목사

건강하신 몸으로 주님께 열심히 찬양하십시오! **박공주** 코리안저널 기자

대학합창단! 너무나 아름다운 선율의 찬양!! 너무나 아쉽게 끝난 연주! 언제 또 들을 수 있을까요. 안녕! **정남식** 타코마중앙장로교회 담임목사

라성 빌라델비아교회 1/27 7:30 pm

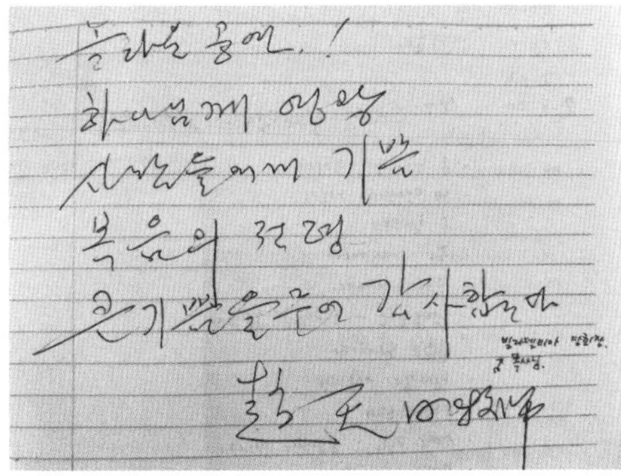

제3회 미주 순회연주를 갖게 되어 미주 동문과 이곳 교포 성도들을 주 안에서 더욱더 하나 되게 하신 주님께 감사드립니다. **이태섭** The Korea Central Daily 광고국 부국장, 동문회장님

서던 캘리포니아 대학교, 1/30 9:30 am

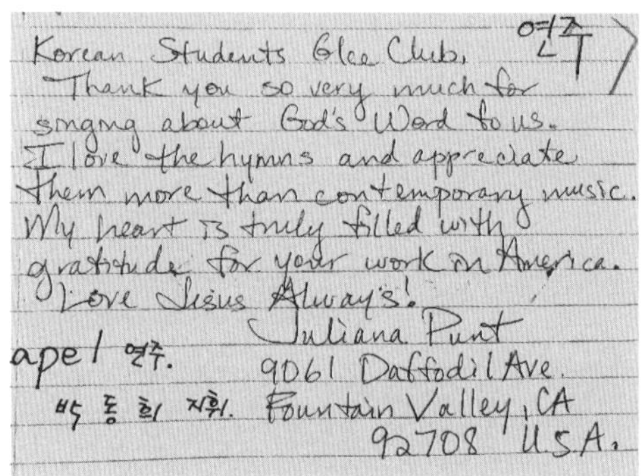

Juliana Punt(연주를 들은 학생으로 추정).

Your music was beautiful! May God bless you and your group! **Andrew Kenney**

California College Campus pastor

샌디에고 갈보리 장로교회 2/1 7:40 pm

정말 반갑습니다. 항상 주 안에서 살게 되기를 빕니다. **이동욱** 전 정신여고 교장

어스틴 한인장로교회 2/4 4:00 pm

어스틴에 1년간 체류하는 동안 대학합창단의 합창을 듣게 된 것을 감사하며 하나님께 영광을 드립니다. **김영길** 목원대학교 교수

금번 대학합창단의 공연에 대해 진심으로 감사드립니다. 수고하신 모든 대원들의 앞날이 주 안에서 형통하시기를 기도합니다. 여러분이 하나님께 드린 존귀한 찬양이 온누리에 넘치시기를 바랍니다. 교회를 대표해서 여러분의 은혜로운 찬양을 듣게 되어 다시 한번 감사드리며 귀 합창단의 무궁한 발전을 빕니다. **박은규** 어스틴 한인장로교회 담임목사

Presbyterian Church 2/6 3:00 pm

천사와 같은 음악으로 저희 미국장로교 총회에 덧입혀 주심을 감사합니다. 아름다운 음악으로 주님께 영광을 돌리시고 미국에 있는 여러 지역 방문공연을 통해 민간 차원 대사의 역할도 하심에 감사드립니다. 한국인의 자부심과 기쁨을 금하지 못합니다. 남은 여정에도 주님 은총이 함께하시기를 기원합니다. **김인식** 목사, 미국장로교총회 세계선교부

대학합창단 제6회 미주 순회연주 1999. 1. 23.~2. 23.

워싱턴 대학교, 1/25 12:30 pm

Thank you very much for bringing your music to us. You sing with great energy rhythm, precision, but mostly joy. You sing with much expression, not only with your voices but your eyes and smiles convey great emotion. Your vocal tone is energetic even though you still have jet-lag. Your ensemble is very unified in it's tone. Thank you especially for the messages you shared through "Without love, We have nothing" and "The Lord bless you and keep you" Best wishes and God Bless on the rest of your tour. **Geoffrey Boers** School of Music University of Washington(현 Director of Choral Activities; Ruth Sutton Waters Endowed Professor) **QR 42**

시애틀에 오셔서 많은 교민들, 교회 성도들, 미국인들에게 감동의 연주를 선사해 주신 것 깊이 감사드립니다. 개인적으로 큰 기쁨으로 여기며 자랑스럽게 생각합니다. 앞으로 많은 일정들을 남겨 두었으니 부디 한 건의 사건 사고 없이 아름다운 추억의 감동 어린 연주 모두 마치고 무사히 귀국하길 빌겠습니다. 기회 될 때 다시 뵙겠습니다. **차영회** 워싱턴 대학교에서 합창지휘 박사과정, 현 천안시립합창단 지휘자

코퀴틀람 시청, 캐나다, 1/27 11:00 am

원쪽 Cook(코퀴틀람 시청의 매니저). 오른쪽 Douglas Johnson(코퀴틀람 시청의 소방서장).

원쪽 Jon. D. H. Kingsbury(코퀴틀람 시청의 시장). 오른쪽 시장의 명함.

Summit Middle School, 캐나다, 1/28 11:00 am

Sandra Meister(음악 선생님), f. Shafer(교장 선생님), Gelsi, Leanne(학생).
QR 43 대학합창단 미주 순회연주-코퀴틀람 시청, Surrey 광림교회, 캐나다(1999).

광림교회, 캐나다, 1/28 7:30 pm

하나님의 귀한 은총이 전 대원 위에 항상 함께하시기를 바랍니다. 감사합니다. 전 정신여고 교목실장

정말 잘 들었습니다. 3년 후 다시 뵈었으면 좋겠어요. **김홍철**

오늘 이 저녁 영원히 잊지 못할 것 같습니다. 정말 감사드립니다. **원영자 QR 44**

'사랑' 너무 감명 깊었어요. 하나님 안에서 형제자매 되신 여러분 많은 축복 받으세요. **엄은숙**

소나무는 늙기 전에 찍어야 푸르고 백합은 시들기 전에 꺾어야 향기를 발합니다. 젊은 목소리로 하나님께 드리는 여러분의 발걸음을 통해 곳곳에 주님의 비전과 역사가 회복되길 기도합니다. **박신일** 광림교회 담임목사 **QR 45**

Austin High School, 2/4 11:00 am

I was quite impressed with your performance. The music was beautiful and the voices in the choir were extraordinary. I was moved to tears at many points! Thank you so much for visiting us here at Duluth High School. We all wish you luck & enjoy the rest of your tour! **Kathy Spedale** 음악 선생님 **QR 46**

Will Davis Elementary School, 2/5 11:00 am

Jamie Ruiz(Asst. Principal of Will Davis Elementary School).

The University of Texas At Austin School of Music, 2/5 2:00 pm

왼쪽 Joey M. Martin, Director of Choral Activities at The University of Texas At Austin School of Music.
오른쪽 C. D. Weaver, Theological Seminary Pastor.

어스틴 한인장로교회, 2/5 7:30 pm

찬양하시는 모습이 너무도 훌륭하고 아름다웠습니다. 항상 모든 삶과 여정이 찬양 가운데 기쁨으로 이루어지시기를 바랍니다. 타국에서 우리말로 찬양을 듣게 되어 매우 감격스러웠습니다. **송무경** 지휘자, 현 연세대학교 교수

99년 대학합창단 여러분께!

이제서야 이름과 얼굴이 연결되려는 시절인데 헤어지는 시간이 되었네요. 베드로가 변화산상에서 은혜를 받고 이곳에 초막을 짓고 싶다는 그 마음을 이해할 것 같은 아쉬움이 있습니다. 여러분을 모시고 지냈던 지난 3박 4일은 주님과의 첫사랑처럼 정말 감동적인 기간이었습니다. 엠마오 도상의 제자들과 같은 감격을 느꼈어요. 주님과 동행하면서, 주님께서 말씀하시고 성경을 풀어 주실 때에 엠마오의 제자들이 느꼈던 감동을 누가는 24장 32절에 이렇게 기록했어요. "우리 속에서 마음이 뜨겁지 아니하더냐." 저는 보통 버스나 교회 밴을 운전한 것이 아니라, 천국버스를 운행하는 기사였어요. 왜냐하면 천국버스에는 천국의 천사들이 타기 때문이죠.

여러분의 은혜 충만한 찬양을 들을 때마다, 제 마음이 뜨거웠어요. 노래를 잘해서가 아니라, 성령의 충만함 때문이었어요. 기교가 좋아서가 아니라, 하나님의 형상과 같은 자연스러운 순수함이, 진실함이 있었기 때문이었어요. 의무에서 부르는 것이 아니라, 주님을 너무 사랑하는 뜨거운 열정이 온몸을 통하여 터져 나왔기 때문이었어요. 많은 교민들과 미국 사람들이 눈물을 흘리며 감격했어요.

제가 받았던 은혜와 도전을 여러분을 위해서 나누고자 합니다.

첫째는, 여러분의 전문성(Professionalism)이었어요. 프로는 아름답다라는 말이 생각납니다. 프로다운 합창단만이 진한 감동을 줄 수 있어요. 그러기에 저도 프로다운 목회자가 되

어야겠다는 결심을 했습니다. 성경 열심히 보고, 연구하고, 은혜 받고, 기도 묵상 많이 하고, 여러분과 같이 은혜 충만, 말씀 충만, 능력 충만한 설교자가 되어서, 주님의 귀한 구속의 사랑을 이 세상 땅끝까지 전하여, 죽어가는 생명을 살리는 프로다운 목회자가 되기 위해서, 주님께 내 자신을 비워 드려야겠다는 결심이지요.

두 번째는, 효율적인 지도력(Leadership)이었어요. 단장님, 최 지휘자님, 부지휘자님, 총무님, 반주자님, 그리고 님들께서 각각 나누어 맡았던 궂은 잡일(Chore)들도 전 대원이 일치가 되어 충실히 감당하는 모습이 아름다웠어요. 인도자들의 대원을 아끼는 자상한 배려가 있었고, 대원들은 존경으로 따라 주었습니다. 선한 목자는 양을 위해서 목숨을 버린다는 말씀을 생각나게 해주었습니다.

세 번째는, 여러분의 훈련된 모습(Discipline)이었습니다. 잠자는 시간까지, 먹는 음식까지, 이동 시간 매 스텝마다, 리더의 지시에 철저히 복종하고 따르는 여러분의 모습은, 십자가 군병과 같은 신자의 훈련된 모습이었습니다. 저는 목회자라고 하면서도 성령의 9가지 열매 중에서도(갈 5:22-23), 절제의 은사가 많이 부족했거든요. 훈련되지 않는 군사는 어디에도 쓸모가 없지요.

네 번째는, 찬양 사역의 중요성을 깨닫게 되었습니다. 여러분의 찬양이 선포되는 곳마다, 눈물이 있었고요. 가슴 찡한 감격이 있었습니다.

찬양은 논리로, 머리로 이해하는 것이 아니라, 온몸과 마음과 정성으로 받는다는 귀한 체험을 하였습니다. "Saul, Saul, why do you persecute me?" why? why? why?(행 9:4) 저에게 주시는 주님의 음성이었어요. 여러분의 사랑에 감사드리고, 새벽이슬과 같은 젊은이들을 위하여 열심히 사역하시는 이 장로님 내외분과, 최 교수님 내외분을 통하여서도 작은 예수님의 모습을 보여 주심을 또한 하나님께 감사드립니다.

여러분들도 이 부족한 것을 위해서 늘 생각나실 때마다 기도해 주시기를 부탁드립니다. 특히 늦둥이 성경(Abraham) 군을 위해서 기도해 주세요. Baby 성경이는 오른쪽 귀가 여러분도 보시다시피 기형으로 태어났어요. 4~5세가 되면 귀를 만들어서 붙이는 큰 수술을 해야 되거든요. (어떤 한 분도 귀에 대해서 언급 안 하시고, 장군 같다고 칭찬해 주셨던 성숙된 여러분의 신앙에 참으로 감사했어요.)

아무쪼록 귀한 믿음의 추억들을 많이 만들고, 건강하시고 안전하셔서 가시는 곳곳마다 주님의 사랑을 찬양으로 뜨겁게 선포하시고, 2월 말에 귀국하시면 소속된 교회를 열심히 섬기다가 하나님께서 허락하시는 미래의 시간과 장소에서 여러분을 다시 만나 뵙고 오늘의 생생한 추억을 나누기를 간절히 소망합니다. 여러분의 귀한 사랑 천국까지 가지고 갈게요. 안녕.

P. S. 혹시 이곳에 유학 오기를 원하시는 분들은 연락을 주세요. 도움이 될 수 있으면 좋

겠습니다. 이 장로님께서는 은퇴하시면 오아시스가 보이는 호수 위에 저택을 사셔서, 최교수님 한 집 드리고, 나머지는 Glee Club 연습실 겸 휴양지로 사용하시길 바랍니다(Say 'Amen'). 1999년 2월 5일 밤에 **김동영 목사 올림** <u>QR 47</u> 

First Baptist Church, 2/7 7:00 pm

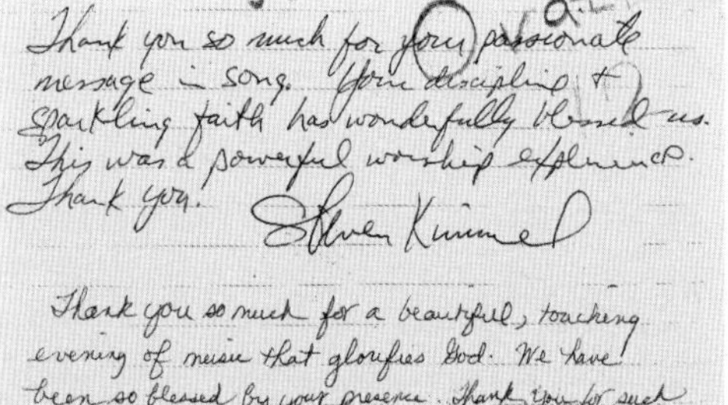

Steve Kimmel, Jim Wallace(Minister of Music).
QR 48 대학합창단 미주 순회연주-Atlanta First Baptist Church, U.S(1999).

사랑하는 대학합창단 여러분!! 선생님과 단원 모두를 사랑합니다. 만나게 돼서 너무 반갑고 더욱 아름다운 찬양으로 영광 돌리시기를 또한 하나님께 늘 사랑받는 귀한 합창단 되시길 진심으로 기도드립니다. 여러분을 사랑하는 여러분의 선배 **이오수** <u>QR 49</u>

조지아 주청사, 2/8 12:00 pm

Thank you for brightening our day in Georgia. You all have beautiful voices.

Ray Bagner Gov of Georgia

Thank you for your kindness and generosity. It was my pleasure to work with you! Your songs were a beautiful blessing to me. Your friend, **Karen D. Ewing**

Director of Proclamations Governor's Office Atlanta, GA **QR 50**

신시내티 능력교회(Power Mission Church of Cincinnati), 2/9 8:00 pm

너무나 사랑스럽고 훌륭한 연주였습니다. 한평생 하나님 앞에 가기까지 언제나 주를 찬양하는 우리 모두가 되기 바랍니다. 주님을 찬양하는 여러분의 얼굴은 천사의 얼굴이었습니다. 앞으로 제가 도울 일 있으면 꼭 연락 주세요. **윤의중** 현 인천시립합창단 지휘자

College-Conservatory of Music, 신시내티 대학교, 2/10 2:00 pm

You were Fantastic! **John Leman** Cincinnati College-Conservatory of Music 합창지휘 및 음악 교육학과의

 **51** 음악 교수, 1940년 5월 1일~2007년 9월 21일

켄터키 목회자 협회 주체 루이빌 공연(장소: St. Matthews Baptist Church), 2/11 7:45 pm

아름다운 성전에서 너무 은혜스러운 찬송을 연주해 주었습니다. 메마른 교포들의 심령에 하나님의 은총의 시냇물이 흐르게 해주셨습니다. 지휘자와 단원 모두에게 하나님의 크신 은총을 기원합니다. **노순구** 목사, 켄터키 목회자협회 회장

할렐루야, 주님의 이름으로 환영합니다. 하나님의 인도하심 속에 여러분을 루이빌에서 만나게 되었음을 우리 주님께 감사드립니다. 여러분의 기도와 정성과 사랑과 믿음이 담긴 아름다운 찬양을 진심으로 감사드립니다. 임마누엘의 주님께서 여러분 모두에게 함께 하시길 기도합니다. **두영규** 목사, 루이빌 한인교회 협의장

워싱턴 한인 성결교회, 2/14 7:00 pm

합창단(合唱團) 여러분 이 세상(世上) 어디 가든지 내 주(主)만 찬송하라. **김순해 장로님** 최훈차 선생님 어머님

Memorial Baptist Church, 2/17 7:00 pm

To all of my dear young friends, brothers, sisters, and to all my new "sons and daughters". I love you all so very much that I will have great difficulty finding the words to express this love adequately. I know in my heart of hearts that our precious Heavenly Father has so many joys to share with you. I am almost envious of you, but I know how much joy I have received because God gave me such a love for music. I have had my turn to share my unworthy voice in His service. Now it is your turn to allow Him to use you in a special way. When you let Him lead the way with you, He will also give you an unspeakable joy that overflows from your soul. I have missed you since I first met you in 1996 and will soon miss you again when we leave for Philadelphia tomorrow. I love you all more than you can possibly know or understand. I look forward to the time that we can be together again. If we do not see you here at our home on earth, I know that we shall all sing praises to God together forever. All my love to each of you, **Rick McCown** 장영란 사모님 동생의 남편, 최훈차 선생님의 동서, 미국 게티즈버그 거주 **QR 51**

대학합창단 제7회 유럽 순회연주   2000. 1. 24.~2. 14.

레드클리프 칼리지, 1/26 11:15 am

Thank you for bringing the spirit of God to us through word and music. We will remember your visit to Redcliffe for a long time. The Lord bless you richly. **Simon Steer** Principal

What a tremendous gift the Lord has given to you all. Thank you for sharing this gift of singing and music with us today. You have helped us praise our almighty God. With my warmest greetings in Christ. **Nick Cole** Communications Manager, Redcliffe College **QR 52**

Beechwood County Primary School, 1/27 9:10 am

The children were spellbound by your performance. A marvellous performance! Thank you! All of you are excellent ambassadors for your country. **D. Walden** Beechwood Primary School, Crewe, England **QR 53**

All Nations Christian College, 1/31 1:30 pm

What a wonderful privilege it has been to have you with us, and bless us with your ministry in song. May the Lord continue to use you all. **Liz Wright** All Nations Christian College **QR 54**

W.E.C. International, 1/31 8:00 pm

It has been a wonderful evening. We were all so blessed through His ministry in song. God bless you all in your work for God. **Norman Cuthbert** WEC INTERNATIONAL BULSTRODE GERRARDS CROSS BUCKS SL9 8SZ. **QR 55**

런던 바이블 칼리지, 2/1 11:00 am

A marvellous programme, full of joy & grace—much appreciated! Time was very limited—we could have enjoyed another hour of such ministry, but had to go to lectures. Many, many thanks—may the Lord go on using your ministry greatly. **Peter Hicks** London Bible College Green Lane Northwood Middx HA6 2UW **QR 56**

 **57**

This performance was a spiritual medicine for the soul. There was a beauty of imagery in the colours and smiles, a beauty of music with chords of the finest and voices of the sweetest. The imagination of the singers is inspiring, and I feel a better person for having been part of the audience. Thank you for coming to sing to us. **Alistair McKitterick** 9 Ferndawn Road South Oxhey WD1 6HU **QR 57**

 **58**

 **59**

HM Prison Maidstone(잉글랜드 메이드스톤의 교도소), 2/2 6:10 pm

신자님들의 방문을 진심으로 감사드리며 무궁한 발전이 있기를 빕니다. 정말로 즐거웠습니다. ■ **QR 58**

Thank you once again for a wonderful performance. There were several men in the audience who do not usually come to church, and I could see by their attention and silence how much you affected them. Thank you. **Stephen Edward** Chaplain. HT Pusen Maidstone-2/3/2000 **QR 59**

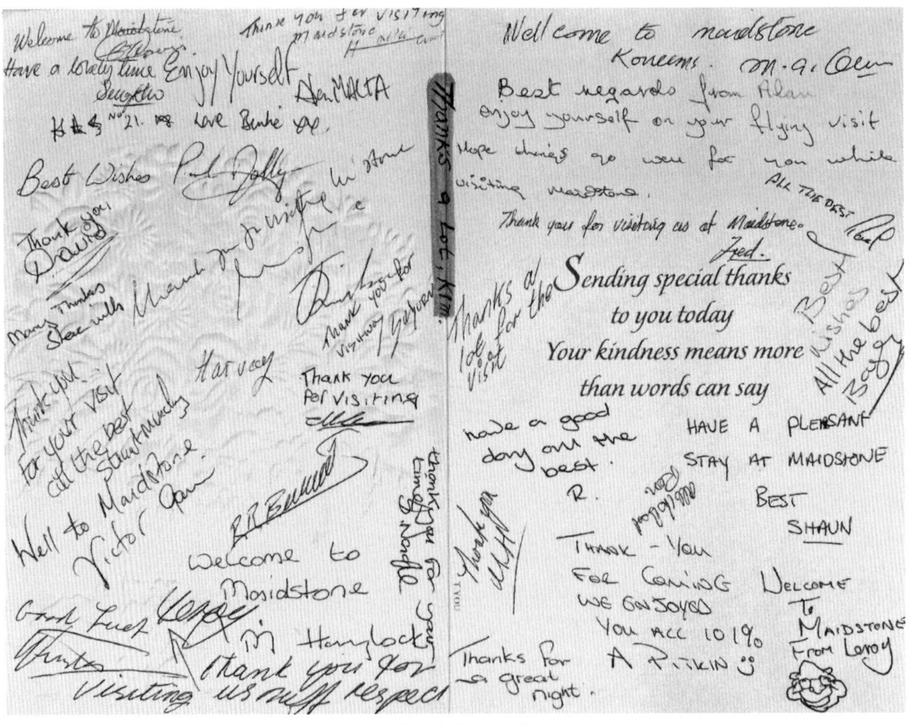

수감자들이 적어 준 카드.

영락교회(프랑크푸르트 교역자협의회 주최), 2/3 7:30 pm 

하나님께서 보내 주신 귀한 천사들께 우리 주님의 은혜와 축복이 늘 함께 하시기를 빕니다. 찬양으로 선교하는 길에 주님의 가호가 함께 하소서. **박남수** 목사, 프랑크푸르트 교역자협의회 회장

비엔나한인교회 2/6 7:30 pm

하나님을 찬양하는 목소리가 너무나 감동적이었습니다. 음악의 도시 비엔나를 무색하게 하는 최고로 수준 높은 찬양이었습니다. 많은 발전이 있기를 바랍니다. **한충희** 김경희 가족 

너무 반가웠고 활동할 당시가 생각나서 가슴이 뭉클했습니다. 하나님을 향해 찬양하는 모습 늘 간직하시고 이 시간을 더욱 충실히 보내시기를 바랍니다. **김정신** 동문

주 안에서 찬양하는 우리 젊은이들의 모습이 천사와 같이 아름답습니다. 더욱 영육으로 강건하시고, 하나님께 더 큰 영광 돌리시는 대학합창단 되기를 바랍니다. **장황영** 비엔나한인교회 담임목사

축하합니다. 다시 한번 비엔나에서 뵐 수 있으면 좋겠습니다. 주님 은혜 가운데 남은 일정 무사히 마치시기를 바랍니다. 정말 은혜 받은 멋진 밤이었습니다. **조성규** **QR 60**

QR 61 대학합창단 유럽 순회연주-비엔나한인교회(2000).

프랑크푸르트 공항에서, 2/3

하나님이 주시는 평안이 항상 넘치기 바랍니다. 합창단이 저에게 좋은 일을 맡겨 주신 것 영광으로 생각합니다. 젊은 시절에 좋으신 선생님과 함께 연주 여행하시는 여러분을 부러워했습니다. 계속 건강한 삶을 사실 수 있는 분들이라고 믿고 또 격려해 드립니다. 다시 만날 때까지 하나님이 잘 지켜 주시리라고도 믿으면서… **황영관** 2000년 2월 13일 **QR 62**

대학합창단 유럽 순회에서 황영관 사장님(2000).

대학합창단 미국 & 캐나다 연주   2005. 2. 4.~ 2. 26.

2/5

- **United Airline 기내(인천-나리타-시애틀)**

Your chorus was incredible! Beautiful and wonderful! Thank you so much.
Good luck on your journey!! **Midori Ishiuchi** 일본인 스튜어디스

- **St. Andrew's Wesley Church 연주**

I very much enjoyed your beautiful singing. Please come again to Vancouver! ▪

2/6

- **밴쿠버 한인연합교회 주일 예배 연주**

가끔 외롭고 쓸쓸한 이민 생활에 대학합창단의 찬양은 우리의 마음을 촉촉하게 적셔 주셨
답니다. 가을 들꽃처럼 은은한 향기를 항상 풍겨 주는 합창단이 되십시오. 감사합니다. **강
성심** 교회 반주자

제가 한국에서 자랄 때 본 여러분 모습을 떠올리며 감동의 시간을 보냈습니다. 평생을 통
해 음악, 특히 합창의 즐거움을 느끼시며 모든 이들에게 같은 감동을 주세요. 세계에 빛나
는 합창단이 되어 주십시오. Blessings. **심효일** 지휘자

- **시애틀 연합장로교회**

생각지도 않던 아름답고 은혜로운 찬양으로 마음이 깨끗해짐을 느끼며 더욱 주님의 사랑
을 마음 가득히 담았습니다. 감사합니다. 항상 기억할게요. **조혜정, 송옥순**

We enjoyed your performance very much! Especially fine choir and we're glad
you came all the way from Korea to perform here!! **Rob Biornstad** Kong-ju Biornstad

많은 사람들에게 감동을 주는 찬양 사역자들에게 감사와 감격의 마음을 전합니다. 남은
일정 건강하고 보람 있는 연주 되기를 기도합니다. **차영회** 서울신대 교수, 현 천안시립합창단 지휘자

은혜로운 찬양, 감동적인 찬양!! 너무 감사드려요. 대학합창단 여러분 앞길에 하나님의 크
신 축복과 인도하심이 있기를 바랍니다. **변인복** 시애틀 연합장로교회 담임목사

2/8

- **Magnolia United Church of Christ 연주**

I was very moved. Jesus Christ was here in your sings. ▪

I loved the sound of the choir, like angels in heaven. I saw tears of joy and

happiness when your song touched the air. You have a wonderful mission.
Happy new year! ▪

On behalf of the choir all congregation from Magnolia United Church of
Christ, I can only say Thank you, Thank you, Thank you! Your song was
beautiful and with such joy and conviction! Absolutely delightful in any way!
Phipp Tschopp Choir Director **QR 63**

2/10

● **지구촌교회(김만풍 목사) 연주** **QR 64** 워싱턴 지구촌교회.

너무나 아름다운 목소리로 찬양하는 합창단 여러분 너무너무 예뻐요. 워싱턴 밀알 **박기좌**

와우! 오래간만에 속이 시원하네. 인간의 목소리에 영혼을 담아 하나님께 찬양하네. 왜 우
린 이렇게 못할까. 맘속으로 따라 하네. ▪

3년 만에 다시 들어보는 대학합창단의 아름다운 하모니. 추운 오늘 잘 들었습니다. 지상에
서 천사의 소리를 들을 수 있다면 당신들의 소리가 아닐까요. **이인영 마리아**

2/11

● **체리힐장로교회(전동진 목사) 연주**

귀한 찬양 감사드리고 가는 곳마다 생명력 넘치는 찬양으로 많은 영혼을 살리며 하나님께
영광 돌리시는 합창단 되시길 기원드립니다. **정동진** 체리힐장로교회 목사

너무 감동적이었어요. 제가 했을 때보다 더 잘하는 것 같은데요. 앞으로 계속 좋은 순회 되
시길 기도할게요. **이승윤** 동문

나의 힘이 되신 여호와여 내가 수님을 찬양(사랑)합니다. 주님 인에서 모두 모두 사랑합니
다. 계속 기도할게요. 예수님 안에서 승리하세요. **이용민** 목사

모두모두 얼짱 몸짱 찬양짱이에요. 3년 후 만날 것을 기대합니다. **정택정** 목사, 워싱턴 밀알선교단

한 세상 사는 동안 아주 의미 있는 만남이 몇 있는데, 그중 하나가 대학합창단입니다. 너무
좋았습니다. **강미진** 최윤광 동문의 아내

2/13

● **Miami shores Presbyterian Church 연주**

Dear Sonny, I enjoyed very much having lunch with you at the Country Club
and hearing you sing today. God bless you and your group. Love, Bice Jonny ▪
Dear Korean Students' Glee Club. Thank you for blessing us with the gift of

glorious music. Our souls were lifted to heaven, our hearts laughed with joy, and we experienced the presence of God! **Dr. Sam Rutland** Pastor, Miami Shores Presbyterian Church 602 NE 96th St. Miami Shores, Florida 33138 **QR 65**

You were so wonderful. Good luck in the future. **Tom & Barbara McCale & Gladys McCale**
Beautiful, spiritual, warm & loving Glee Club **Betty Jean** **QR 66**

2/14

● 마이애미 시청 연주

Thank you for sharing your wonderful talent and love with the city of Miami.
Manuel A. Diaz 시장님 **QR 67**

2/15

● 최용화 박사님(최훈차 선생님의 형님)과 이별

모두들 마이애미에서 만나게 되어 너무 반가웠고 우리교회(Miami shores Presbyterian Church)에서 있었던 콘서트는 평생을 두고 잊지 못할 것 같습니다. 앞으로 남은 여정과 연주 여행에 주님과 동행하시길 기원합니다. **이연훈** 최용화 목사 사모

대학합창단을 진심으로 환영합니다. 감동스러운 연주에 감사합니다. 마이애미 방문을 특별히 감사하게 생각합니다. 하나님의 은혜가 합창단 위에 함께하시기를 기도드리고, 미주 연주여행이 하나님께 영광이 되기를 기도드립니다. **최용화** Dr. Charles chai

● EMORI UNIVERSITY Concert choir 협연

It was amazing! Great job! **Michael Alpert**

Thank you so much for sharing your beautiful voices with us! You are excellent! Bravissimi! **Elise Esken**

Thank you! Magnificent voices + Beautiful spirits. **Eric Nelson** Director of chor-al studies EU **QR 68**

너무너무 환상적인 소리였어요. 다음에 또 반갑게 만나요. **최낙기** EU 합창지휘 전공

2/16

● Collins Hills High School 수업 참관 및 연주 **QR 69**

● 아틀란타 연합장로교회

참으로 아름다웠습니다. **이향림** 정신여고 틴라이프 출신

귀한 연주 감사합니다. **오지영** 동문

너무나 좋은 연주였습니다. 계속 발전하는 합창단 되길… **심성식** 동문

반갑고 고맙고 예쁩니다. **김재윤** 동문

2/17

● **Korean American Hymn Festival 연주**

James T. Laney 전 주한미대사, 에모리 대학 총장 **QR 70**

● **Saint Mark United Methodist Church 연주**

Sounds of angels have inhabited this place and my soul. Thank be to God.

Gary W. Arnold 음악 목사님 **QR 71**

이자영(아틀란타 총영사관 영사).

2/18

● **LA 온누리교회 연주**

뜻밖의 사태로 많은 사람들이 참석하지 못한 상황 속에서도 최선을 다해 찬양하는 모습에 깊은 은혜를 받았습니다. 주님의 이름으로 축복합니다. 아름다움의 전파자가 되십시오. **유진소** LA 온누리교회 목사

하나님 앞에서 늘 진실한 마음으로 최선의 찬양을 드리는 모습에 은혜를 받았습니다. 하나님의 보호하심과 역사하심을 증거하는 아름다운 찬양팀 되시길 축복합니다. **이은수** 목사, '너는 내 아들이라' 작곡·찬양

2/19

● **선한목자장로교회 연주**

귀한 찬양을 소개해 주시고 아름다운 음악과 찬양을 나눠 주신 모든 분께 감사드립니다. 모두 건강하시고 더욱 귀한 찬양과 음악을 나누어 주세요. **고태형** 선한목자장로교회 목사

 **72**

● **나성영락교회(림형천 목사) 연주**

아! 대학합창단! 너무나 감동이었습니다. 계속 좋은 음악 만드시기 바랍니다. **Eileen Chang**
틴라이프 출신, 칼라 합창단 지휘자

대학합창단! 얼마나 벅찬 감동의 순간이었는지… 귀엽고 듬직한 후배 여러분들께 격려와 박수를 보냅니다. 많은 영접을 받을수록 더욱 겸손한 후배 여러분 되시고 평생에 남는 추억과 감동을 갖고 돌아가세요. 아름다운 찬양 들을 수 있어서 정말 좋았습니다. 늘 주님 찬양하는 데 부족함 없는 훌륭한 합창단으로 남길… 건강하시고 사랑합니다. **이용우** 84학번 동문

● **하와이 호놀룰루 한인기독교회 연주**

주 안에서 사랑하며 존경하는 대학합창단 여러분! 하나님께 영광을! 감사합니다. 주님의 이름으로 축복합니다. 항상 강건하시고 승리하시길 기도합니다. 사랑합니다. **송창현** 한인기독교회 목사

● **호놀룰루 한인장로교회 연주**

찬양 속에서 역사하시는 우리 주님의 생명력을 다시금 감사드립니다. **김기완**
살아 역사하시는 예수님을 만난 것 같고요. 다시금 첫사랑을 회복시켜 주시는 은혜의 찬양이었습니다. 할렐루야! **Christine Chovy**
하나님께 진심으로 감사와 찬미를 드립니다. I thank God for all of you!! **조일구** 담임목사

대학합창단 제12회 미주 순회연주   2008. 1. 29.~2. 22.

● **Adams county christian academy**

Very beautiful, wonderful. You have blessed us with your music. May God travel with you. **Jerry Arrison** Principal

Fantastic, I just loved it. The voices blended beautifully. Thank you for blessing my life today. **Barbara McIntyre** **QR 72**

● **Gettysburg Brethren Church**

Very beautiful singing and praises to our Lord and Savior. Thank you for your passion in praising our God. **The haris** QR 73

1/31

● 게티즈버그 대학교

We were very moved. 매우 인상 깊었습니다. **엄흥근** Shippensburg University 교수

은혜로운 시간 감사합니다. 한국인이 자랑스럽습니다. **박희재**

Such beautiful singing and such a wonderful and varied program! Please come back! **Sharon Ghatto** Gettysburg College **QR 74**

Thank you so much for coming! I was a joy to be able to sing with your wonderful choir. Peace and blessings. **Katie Mackellar** Gettysburg College **QR 75**

2/1

● 한미장로교회

하나님께서 주신 아름다운 은사와 열정으로 영광을 돌려주신 대학합창단 여러분께 깊이 감사드리고 평생에 하나님의 선하심과 인자하심이 함께 하시기를 빕니다. 감격과 기쁨 그리고 행복함으로 가득한 복된 밤이었습니다. **성상철** 한미장로교회 음악사역자

I was so blessed!! Thank you for coming and blessing our congregation. **주용성** 목사

하나님이 주신 좋은 은사로 하나님 기뻐하시는 일을 할 수 있음을 감사드립니다. 보람 있는 연주 여행이 되길 바라며, 이 여행을 통해 더욱 성숙한 사람들이 되길 바랍니다. **강미진** 최윤광 동문의 아내

미주 순회연주 축하합니다. **양미라** 동문

2008년 대학합창단 미주 순회가 보람 있고 재미있고 의미 있는 여행이 되기를 바랍니다. 은혜가 있는 연주가 되기를 기도합니다. **오충근** 동문

2/2

● 시카고 한인연합장로교회

오늘의 연주회는 시카고에서 들은 어떤 한국의 타 연주단보다 훨씬 감동적이었고, 성령의 감동이 넘치는 아름다움의 표본이었습니다. 너무 훌륭한 감격과 기억이 넘치는 연주회였습니다. 시카고에서 **장영주** 목사

가시는 길에 하나님의 은혜가 가득하시길 기도드립니다. 담임이 되면 다시 만납시다. **우병진** 목사

환상적인 목소리 가운데 하나님의 영광이 높여집니다. 사역 위에 놀라운 역사가 계속 나타나기를 기도합니다. **하순용** 장로

2/3

● **시카고 다솜교회(이승훈 목사) 주일예배 연주**
하나님의 사람으로서 하나님께서 주신 그 은사로 기쁘시게 해드리는 모습 속에서 누구보다도 그분께서 기뻐 미소 지으시는 모습을 상상하며 감동하였습니다. 항상 하나님의 은혜와 사랑 넘치시기를 기도합니다. 샬롬. **김영주**

2/5

● **루이빌 미국장로교회 총회본부 방문연주**(The Chapel in the Presbyterian Center)
아름다운 노래로 미국장로교 총회를 크게 은혜 끼쳐 주심에 감사합니다. 음악으로 감동의 선교를 해주셨습니다. 주님께서 축복으로 함께 하실 것을 믿고 감사드립니다. **김인식** 미국장로교총회 세계 선교부 아세아 총무

We heard the angels making a joyful song unto the Lord! Praise God and blessings on the Korean Students' Glee Club. **Linda Valentine** Executive Director General

Assembly Council Presbyterian Church, USA, February 2008

The music was inspiring and a special blessing to our staff. May the Lord bless you as you bless others. **Eric Hoey** Director, Evangelism & Church Growth **QR 76**

● **루이빌 대학교 수업 참관 및 연주**

The style of the Bach was especially amazing. The spiritual "Seekin' for a city" was also wonderful great tone in the piece. ▪

Congratulations on the beautiful blend and balance of your choir. I appreciate how you listen to each other in the ensemble. The tone quality is very attractive, and everyone has a sincerity to in their face when they sing. It's touching to hear you perform. **Kent Hattberg** 지도 교수 **QR 77**

● **루이빌 한인장로교회(한명성 목사) 연주**

이민 생활의 메마른 땅에 단비를 내려 주셨습니다. 귀한 사역에 많은 열매가 있기를 기도 합니다. 말로 표현할 수 없을 만큼 감사합니다. **한명성** 루이빌 한인장로교회 담임목사

이곳에 와서 너무 좋은 목소리, 아름다운 찬양 속에 함께할 수 있음에 참 행복했습니다. 간 만에 귀가 호강을 했네요. 많이 건조했던 가슴이 따뜻하고 촉촉해졌네요. 참 감사하구요. 앞으로의 일정에도 하나님께서 함께 하시리라 믿고 기도합니다. ▪

주님의 성호를 찬양드리는 여러분의 모습 너무나 예쁘고 아름다웠습니다. **김희선** 인디애나폴 리스에 있는 교수님 제자

QR 78 대학합창단 미주 순회연주-루이빌 한인장로교회(2008).

Your performance truly blessed us as we shared the love of God through Jesus Christ. May you continue to bless others with your God-given talents. We will remember you in prayer. **Bro. Johnny Poole** Colen Church **QR 79**

 80

● 아틀란타 순례자의 교회(유명화 목사) 연주

새벽이슬 같은 청년들의 천상의 목소리를 통해 찬양 받으실 주님께 모든 영광을!! God bless you all! **유명화** 순례자의 교회 담임 목사

● 아틀란타 연합장로교회

감동스러운 연주에 감사드립니다. God Bless you! 아틀란타 연합장로교회 담임목사

● 그린스보로 한인 제일장로교회(정재홍 목사) 노회 특별연주

하나님의 은혜를 마음껏 전해 주셔서 정말 감사합니다. **황혜진** 목사

● 샬롯제일장로교회 예배 연주

You are wonderful instrument for the glory of God. He tunes you and performs you forever! **이승태** 샬롯제일교회 담임목사

● 남부한인장로교회(송영성 목사) 연주

천상의 목소리로 하나님께 영광 돌리며 성도들에게 은혜를 끼친 대학합창단을 사랑하며 축복합니다. **신동민** 샬롯목양교회 목사

주님 안에서 항상 승리하며 영광 돌리시기를 기도드립니다. **이영근** 샬롯교회협의회 음악분과위원장 장로

미주 순회를 통해서 많은 은혜 받게 하신 것 감사드리며 더욱 많은 발전 있기를 기도합니다. **조광선** 목사

● University of South Carolina concert

Thank you for your very beautiful singing. Please come again. ■ **QR 80**

● 콜롬비아 한인연합장로교회(이상현 목사) 연주

귀하신 은혜와 사역에 감사드립니다. 언제나 은혜의 찬송과 능력이 충만합시다. **심수일** 목사

귀한 찬양 감사합니다. **이상현** 한인연합장로교회 목사

2/12

● University of North Carolina Pembroke 연주 **QR 81**

2/14

● **마이애미 대학교 수업 참관 및 연주 QR 82**

● **마이애미 한인장로교회(신정인 목사) 연주**

하나님 찬양하는 천상의 목소리로 영원히 주님만 찬양해 주세요. 사랑합니다. **신정인** 마이애미 한인장로교회 목사

3년 전에 마이애미에서 만나고 또 이렇게 만나게 되니 너무나 반갑습니다. 이번 연주 여행 무사히 마치고 귀국하시기를 기도합니다. **최용화** 목사

대학합창단 친구들 만나서 너무 좋았어요. 아름다운 찬양 고마웠고요. 다음에 다시 만나면 좀더 친해져서 같이 어울리고 노래할 기회까지 있길 바라요. **최낙기** 마이애미 한인장로교회 지휘자

2/15

● **스튜어드 기록(UAL) QR 83**

● **LA 선한목자 장로교회**

귀한 연주에 깊은 감사를 드립니다. **고태형** 담임목사

2/16

● **나성영락교회(림형천 목사)**

마음에도 그리던 대학합창단을 이렇게 만나니 그 기쁨 한량없도다. 대학합창단이여 주님의 은혜 가운데 영원하소서. **림형천** 목사, 동문

사랑하는 대합 여러분! 너무나 사랑스럽고 자랑스럽습니다. 나 또한 대합의 한 단원이었다는 것이 너무나 자랑스럽습니다. 계속 주님의 사랑을 전하는 귀한 사명을 이루시기를 바랍니다. **조성애** 동문

변함없는 그 모습으로 우리 합창단을 만나 보게 되어 좋습니다. 항상 성령의 인도하심 아래 많은 영혼들에게 기쁨을 전하기를 두 손 모아 기도합니다. **김성준** 목사, 88학번 동문

대학합창단 여러분을 만나서 감사합니다. 은혜로운 찬송으로 주님께서 명하신 복음 전파의 사명을 다하는 귀한 합창단으로 더욱 충성하시기 바랍니다. 건강하세요. **지성심** 68학번 동문

● 월셔 양로보건센터 연주

진정 주님의 이름으로 사랑하며 감사를 드립니다. 할렐루야. Activity **CHOI IN JA**

● 에브리데이교회 연주

너무너무 잘하셨습니다. 주 오실 날까지 영원한 찬양수가 되어 주세요. 사랑합니다. **최홍주** 에브리데이교회 목사

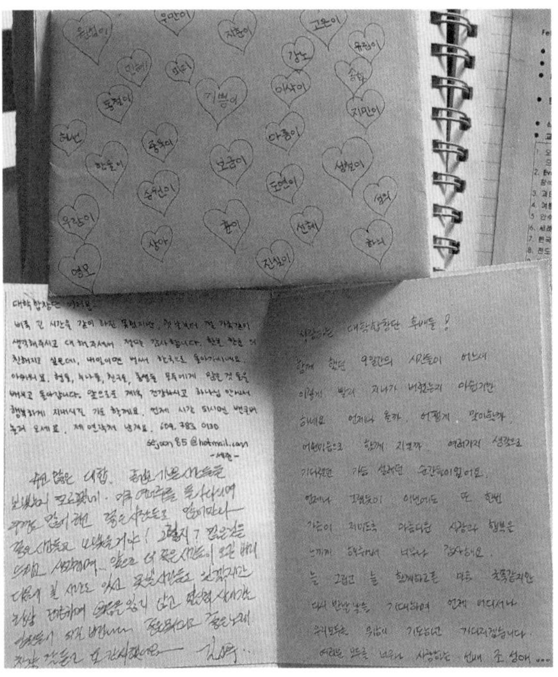

● LA 동문과의 마지막 인사

예쁜 우리 천사들과의 꿈같은 시간들이 지나고 정말 아쉽네요. 항상 하나님의 영광을 위해 하나님의 귀한 일꾼들로 사시기를 기도합니다. 사랑합니다. 축복해요. **백낙금** 78학번 동문

너무 감사하고 아쉽네요. LA에서 하나님의 사랑을 많이 전해 줘서 고맙고, 미국 순회에서 느낀 모든 것들을 평생 간직하며 기억하는 대학합창단 후배들이 되길 바랍니다. 사랑합니다. **김종인** 동문

나는 합창단이 좋다. 섬김이 있어서, 사랑이 있어서, 찬양이 있어서. 그리고 선생님과 너희들이 있어서. 꼭 또 보자. **박동희** 동문

하나님이 대학합창단을 사용하시는 은혜를 또 체험하게 해주셔서 감사드려요. 늘 하나님의 기쁨 되시는 모두들 되세요. **윤지원** 동문

대학합창단 제14회 미주 & 캐나다 순회연주　　　　　2011. 1. 25.~2. 23.

84 

1/25(순회 1일차)

85 

● 인천공항 배웅

귀한 사명 잊지 마세요. 건강하고, 승리하는 순회 되길 기도하고 있겠습니다. **박동희** 동문

86 

주님의 사랑과 성령의 감동과 역사하심이 가득한 귀한 순회 되길 기도합니다! 승리하세요! **배승현** 동문

● 델타항공 기내 승무원 <u>QR 84</u>

87 

1/26(순회 2일차)

● 필라한인연합교회(김재성 목사)-밀알선교회 24주년 기념 초청 음악회

할렐루야! 첫 연주들 은혜롭게 잘 들었습니다. 저는 거의 내내 울면서 들었네요. 아름다운 음악은 사람의 영혼을 감동시키는 힘이 있습니다. 저뿐 아니라 모든 성도들도 큰 감동을 받았습니다. 앞으로 가는 곳마다 큰 감동을 전해 주시기 바랍니다. **이태후** 83 동문

하나님의 은혜가 넘쳐 흐르고 평생에 남을 찬양을 가슴속에 갖게 합니다. **변국환**

오랜 친구들을 만나 반가웠어요. 끝까지 건강한 모습으로 순회 마치길 기도합니다. **박강노** 동문

감동적이고 영성을 회복하는 귀한 찬양이었습니다. **이재철** 100주년기념교회 담임목사

필라델피아 초연에서 만나 정말로 반가웠습니다. 눈이 많이 내려서 힘든 시간이지만 흰 눈과 같이 평화가 함께하는 즐거운 여정이 되시기를 기원합니다. 정말로 훌륭한 공연이었습니다. **김재성** 필라연합교회 목사

bravi! 너무너무 잘 부르고 은혜 많이 받았습니다. **전희근** KUL 상모

천상의 소리로 깊은 감동과 감격을 받게 되어 기쁘고 감사합니다. **심영석** 필라델피아 목사

1/28(순회 4일차)

● Duke ellington school(Duke art high school) 연주 <u>QR 85</u> <u>QR 86</u>

● 워싱턴밀알선교회 주관 초청연주

영원히 FOREVER! 축복받는 여러분이 되시길 기도합니다. **김수성**

참으로 감동했습니다. 큰 은혜 받았습니다. 여러분의 앞길에 주님의 가호가, 큰 은혜 주시기를 축복드리옵니다. ■ <u>QR 87</u>

I'm so very glad that we were able to see & hear KSGC again. We have missed you all very much and will miss you again when we go our different

ways! God bless you all as you work together to serve Him with your talents.

장영은 장영란 사모님의 동생, 최훈차 선생님의 처제 **QR 88**

부럽고요. 점점 세련되어 가는 것 같아서 감사해요. 앞으로 순회 끝날 즈음에는 꽉 찬 소리와 좋은 느낌으로 아주 은혜로우리라 기대합니다. 최 선생님… 마치 예수님께서 겟세마네 언덕에서 기도하실 때 땀방울이 핏방울로 되어 기도하셨던 것처럼. 우리 선생님, 한 곡한 곡을 그런 마음으로 지휘하시는 모습이 너무 감사하고요. 은혜 가득합니다. 평생 주님을 찬양하는 삶이 모든 단원들에게 계속되길. 그래서 빛과 소금의 역할 감당하는 모두 되길 기도합니다. 사랑해요. **이연경** 81학번 동문 **QR 89**

1/29(순회 5일차)

● **리치몬드 주예수교회(배현진 목사) 초청연주**

감사합니다. 아름다운 열정, 사랑과 목소리로 하나님께 영광 올리고 많은 영혼 구원에 쓰임받으시길. **오진욱** 리치몬드 밀알사역자

1/30(순회 6일차)

● **그린스보로 한인연합감리교회 연주**

하나님 감사합니다. 이 대학합창단에 축복 주시옵소서. ▪

이스라엘 찬양 중에 거하시는 하나님을 직접 보았습니다. 항상 하나님의 임재를 경험케 해주세요. ▪

3년 전에 본 그 감격의 몇 배 이상의 감동과 눈물이 나올 정도입니다. 당분간 은혜 속에 살아갈 것 같답니다. **장종훈, 방미숙** 서지민 단원이 2008년에 묵었던 민박집 호스트

1/31(순회 7일차)

● **UNC-Pembroke 협연 연주(김재윤 동문 재직 중인 학교 연주)** **QR 90**

2/1(순회 8일차)

● **랄리한인장로교회(조문길 목사) 초청연주**

(연주 전 식사) 한국대학합창단 최훈차 교수님 내외분, 박봉해 단장님과 단원들, 이번 방문과 연주를 진심으로 감사드리며 남은 일정과 연주에도 하나님의 인도를 기도드립니다. **랄리한인장로교회 교우 일동, 조문길** 목사

(연주 후) 너무 크신 하나님의 사랑과 은혜를 확인하는 귀한 시간이었습니다. 하나님의 은총 기원합니다. **조문길** 목사 **QR 91**

92 

● 샬롯제일장로교회(이승태 목사) 대학합창단 샬롯 연주회

대학합창단! 합창단 속에는 합창단만 있는 것이 아닙니다. 합창단 속에는 흔들고 계시는 분이 계십니다. **이승태** 목사 **QR 92**

많은 연주회를 대하였지만 오늘 만나 뵌 대학합창단의 찬양은 특별하였습니다. 한 사람 한 사람 모두 준비가 잘 되었을 뿐 아니라 영혼의 찬양이었습니다. 하나님께서 기뻐 받으실 줄 믿습니다. 메마른 심령에 단비와 같은 찬양과 위트 있고 재치 있는 율동도 매우 좋았습니다. **김기영** 목사, 샬롯 실업선교단

그대들은 시냇가에 심은 나무 같아 시절을 좇아 과실을 맺으며 그 잎사귀가 마르지 아니함 같은 복의 향기가, 복의 마음이, 복의 노래가 있습니다. 예수님의 사랑이 그대들의 찬양과 마음속에 언제나 충만하시기를 예수 그리스도의 이름으로 축복합니다. **홍주석** 목사

● 텍사스 휴스턴 한인중앙장로교회 연주

천사와 같은 하늘의 목소리로 몸과 마음과 뜻과 정성을 다하여 주님의 이름을 찬양하며 은혜의 시간을 나눌 수 있었음을 감사드립니다. 주님 안에서 항상 건강하시며 승리하세요. **조용한**

천사의 음성을 듣는 것 같았습니다. 먼 곳에서 오셔서 귀한 찬양으로 은혜 받게 해주신 모든 대원들과 단장님, 지휘자님, 반주자님께 정말 감사드립니다. **박은주**

아름다운 화음과 밝은 모습 그리고 성숙한 분위기가 잘 어우러져 매우 인상적이며 감명적이었습니다. 더욱 마지막 앵콜곡이 은혜로웠습니다. **조은경** 집사

● 투산 사과나무교회(이창언 목사) 연주

앵콜곡 할 때 너무 은혜였습니다. 단원 한 분 한 분이 관객들을 감싸고 찬양을 할 때 하늘에서 천사가 은혜를 뿌리는 듯한 감동을 받았습니다. 이렇게 아름답게 활동하시고 선교하시는 모습 영원히 잊지 않겠습니다. 감사하고 사랑합니다. 생각날 때마다 기도로 후원하겠습니다. 샬롬. ▪

Thank you so much for blessing me with God's love through your beautiful and profound praise! Your voices sounded like the music of angels. May you continue to praise God with all your talent. God bless. ▪

I'm so blessed. Thank you so much for coming to tucson all the way from

Korea. This truly will be remembered forever. May all are angels from heaven. Again, Thank you God bless you. ∎

2/7

● University of Arizona Symphonic choir 합동연주회 **QR 93** **QR 94**

The choir is wonderful so nice to⋯. **David Britton** Arizona State University Prof, 마스터 클래스 해주신 교수님 **QR 95**

QR 96 대학합창단 미주 순회연주-Univ. of Arizona(2011).

2/8

● 피닉스 템피 장로교회(윤정용 목사)

하나님의 은혜와 사랑으로 충만케 이루어진 대학합창단! 참으로 놀라운 하늘의 소리를 들은 오늘 저녁 너무너무 행복합니다. 감사합니다. 여러분 사랑합니다. **김태웅** 서울 문창교회 장로

천상의 소리를 이 땅에서, 특히 이 척박한 사막의 땅 애리조나에서 듣는 경험을 주셔서 감사합니다. 소리, 모습 모두 다 너무 아름답습니다. 우리보다 더 척박한 지역까지 그 소리가 널리 퍼지길 기도합니다. **오수경** 애리조나 템피 장로교회, 애리조나 한인회 부회장

2/10

● 라스베이거스 넬리스 공군기지교회 연주

Thank you very much for coming to the Nellis Chapel and touching our souls with such beautiful music. may our Lord JESUS Christ continue to bless you as you exalt him with song. by his grace alone. **James Galyon Pud** chaplain, captain **QR 97**

We truly enjoy the wonderful music. The choir was a blessing to our Nellis AFB community. Ch. Major **Julan Gaither** senior Protestant chaplain **QR 98**

2/15

● San Francisco Theological Seminary 연주

San Francisco Theological Seminary The Glee Club gave a beautiful and very moving performance. I could have listened for hours. You deeply touched my heart. (Virginia Stewart) **Mrs. David Stewart**

A most moving experience. I will long remember your beautiful music. **Carol Palmer Collins**

 This was a remarkable experience. The various types of music, the blending of the voices, the wonderful expressions, the affirmations of our faith. It was a blessing. The President of San Francisco Theological Seminary

Thank you for your wonderful gift. We received a blessing. God works through you. **Jim Morse** Pastor in Residence **QR 99**

2/18

● Mercer Island Presbyterian church 연주 **QR 100** **QR 101** **QR 102**

Absolutely Amazing Concert! 제가 대합 출신이라는 것이 자랑스럽습니다. 너무나 감동받았습니다. 사랑합니다. **김지은** 동문

2/19

● Tulalip Church 연주

Beautiful thank you so very much god bless you. Thank you for sharing your beautiful voices and your heart for Jesus with us. God bless you on your journey, keep touching other peoples hearts with your songs. **Lorrie Scott**
어려운 시간 내어 방문해 주셔서 감사합니다. 남은 모든 여정 안전하고 건강하게 마무리하시고, 주님의 은총이 합창단 위에 늘 함께 하시기를 바랍니다. **배수철** 선교사

2/21

● Pinetree secondary school(파인트리 고등학교) 연주

고등학교 선생님 소감 **QR 103**

방명록 정리: 강민정, 박선희

4_Thanks to

김진태 83학번, 1983~1987 | 서울공대 83학번 | 현 한국대학합창단 단장

좋은 합창단의 요건 그리고 기업 경영의 적용

대학 및 대학원 시절 최훈차 교수님과 함께한 대학합창단 활동은 40여 년이 지난 지금도 큰 감동으로 남아 있습니다. 공학을 전공한 저에게 '음악'과 '합창'이라는 새로운 세계는 마음을 정화시키고 머리를 맑게 하는 청량제와 같았고, 함께 만들어 내는 화음과 아름다운 음악을 통해 선사하는 감동은 참 가슴 뿌듯한 것이었습니다.

최훈차 교수님을 통해 배우게 된 좋은 합창단의 가장 중요한 요소를 꼽으라면 저는 다음의 3가지로 정리하고 있습니다.

첫째, Harmony입니다. 합창의 묘미가 바로 사람의 소리가 만들어 내는 화음이지요. 정확한 음정에 절묘한 Blending(섞임)을 이루는 화음은 좋은 합창의 기본이라 할 것입니다. 이런 화음을 내기 위한 가장 중요한 요소는 바로 옆 사람의 소리를 듣는 것이라 훈련을 받았지요. 옆 사람의 소리에 귀 기울이면서 자기의 소리를 얹어 화음을 이끌어 내는 것입니다. 아무리 개인기가 훌륭한 성악가라도 옆 사람의 소리를 듣지 않고 자기 소리를 낸다면 합창의 모든 화음이 깨져 버리게 되듯이 개인적인 능력뿐 아니라 듣는 귀가 매우 중요하다 들었습니다.

둘째, Balance입니다. 합창을 이루는 4성부 혹은 8성부의 균형입니다. 여성은 대개 멜로디인 소프라노를 선호하고, 남성은 대개 편하게 남성답게 여겨지는 베이스를 선호합니다. 그러다 보면 4성부의 균형이 안 맞아 전체 화성이 한쪽으로 치우쳐 버리게 됩니다. 이렇듯 합창단의 각 성부가 균형을 이루도록 구성되고 또한 Balance가 깨지지 않도록 배려하는 훈련이 되어야 좋은 합창이 됩니다. 선율을 끌고 가는 소프라노, 이를 받쳐 주는 알토, 현란한 화성을 끌고 가는 테너, 전 합창의 근간을 이루는 베이스기 각각 균형감가을 가지고 자기의 성부에 충실할 때 좋은 합창이 되는 것 같습니다.

셋째, Color입니다. 다르게 표현하면 음색입니다. 합창단마다의 독특한 음색이 있습니다. 밝은 음색, 파워 넘치는 힘찬 음색, 뾰족하고 날카로운 섬세한 음색, 넓게 퍼진 듯하지만 둥글둥글한 음색 등등… 각기 합창단 지휘자의 개성과 감각에 따라 저마다의 음색을 가집니다. 이는 듣는 사람들도 각기 다른 취향이 있을 수 있으므로 음색에 있어서 이것이 좋다 저것이 옳다 할 수는 없으나, 분명한 것은 좋은 합창단은 좋은 음색을 가진다라는 것입니다. 결코 평범한 합창단이 좋은 음색을 가질 수 없습니다. 최훈차 선생님으로부터 3대 지휘자가 이어받은 '한국대학합창단'의 독특한 음색이 이어지고 있음은 아마도 최 선생님의 지도하심과 단원 전체가 같은 생각을 갖고 훈련하고 연습하여 터득하게 되는 하나의 경지와 같은 것이라 여겨집니다.

이렇듯 저는 최훈차 선생님으로부터 좋은 앙상블로 화음을 만들어 낼 수 있고, 각 성부 간의 균형이 절묘하게 맞으면서, 독특한 음색을 가진 합창단이어야 좋은 합창단이 될 수 있다는 가르침을 배울 수 있었습니다.

저는 이 가르침을 두 번의 창업(코스닥에 상장되어 있는 유비케어와 유투바이오)과 30여 년이 넘는 기업 경영활동에 적용하고 있습니다.

첫째, Harmony는 바로 Team Work입니다. 화음은 듣는 소리를 통한 Blending이듯이, 기업은 바로 구성원 간의 팀워크로 하나가 되고 멋진 결과와 가치를 창조해 내는 곳일 것입니다.

둘째, Balance는 바로 Communication입니다. Balance가 각 성부의 균형감각이듯이 기업에서 Balance는 각 부서별, 팀별 이기주의의 장벽을 허물고 소통하는 Communication입니다. 이를 통해 전 부서, 전 기업이 균형감각을 갖고 시장과 환경에 대응해 가는 것입니다.

셋째, Color는 바로 Culture입니다. Color가 합창단의 고유한 음색이듯이, 이는 조직의 기업문화입니다. 경영진과 사원들이 모두 하나가 되어 비전을 공유하고, 소통하고 나누며 더 열정을 내고, 신바람 나는 일터를 만들고자 하는 그런 기업문화입니다.

이렇듯 좋은 기업은 소통으로 하나되고, 팀워크를 발휘하며, 그 기업만의 독특하고 자랑할 만한, 그리고 일할 맛 나는 기업문화를 가진 곳일 것이라 생각합니다.

한편으로 기업은 냉정한 자본주의하에 살벌한 경쟁과 생존의 처절함이 있는 곳이기도 하나 사람들이 모여 꿈을 나누고 대화하고 열의를 다하여 아름다운 화음과 독특한 음색을 내는 신나는 곳이라는 생각은 최 선생님의 가르침에서 배우게 된 것 같습니다.

최훈차 선생님을 통해 배운 좋은 합창의 요건은 단지 음악에서만이 아닌 기업활동에서도 매우 중요한 교훈이고, 가슴 깊이 공감하고 감사하는 가르침이셨습니다. 오늘도 그분의 가르침을 기억하며 그 시절의 감동과 울림을 간직하며 감사하고 있습니다.

문성모 74학번, 1974~1977 | 목사 | 전 서울장신대 총장
최훈차 선생님을 생각한다

한국에 내로라하는 음악가가 참 많이 있다. 그중에서 최훈차 선생님은 참으로 독특하고 매력이 있는 분이다. 내 기억 속에 있는 선생님을 되살려 몇 가지 적어 본다.

첫째로, 최훈차 선생님은 희로애락의 감정을 조화시킨 선비와 같은 분이다. 그는 사람을 처음 만나도 그리 화들짝 반가워할 줄 모르고, 화가 나도 기분이 나빠도 그 속내를 잘

드러내지 않는다. 선생님은 누구에게 아부할 줄도 모른다. 또한 그의 무표정한 얼굴 앞에 서면 누구라도 그에게 아부할 마음이 내키지도 않는다.

대체로 음악가들 중에는 성격이 고약하고 분노조절장애를 가진 사람이 많다. 그리고 그런 성격을 오히려 예술가의 캐릭터인 양 자랑하고 반성하지 않는 사람들도 있다. 그러나 선생님은 얼굴을 붉히며 누구에게 격노하는 모습을 보이지 않았고, 언성을 높이며 다른 사람에 대하여 험담하거나 비난하는 말을 뱉지 않으셨다.

언제나 변함없는 그 무표정 속의 정중동(靜中動)은 어디서 온 것일까? 세상적인 용어로 선생님의 내공이 높은 탓일까. 아니면 교회적 표현으로 신앙의 깊이가 남다른 것일까? 그냥 그대로 그는 참으로 독특하고 매력적이다.

둘째로, 최훈차 선생님은 정치적 쇼맨십이 거의 없는 순수한 삶의 자세가 귀감이 된다. 그는 출세나 자리를 위해 누구에게 아부하거나 부탁하는 일을 천성적으로 못하게 생겼다. 선생님은 소위 '줄 것은 주고, 받을 것은 받는' 정치적 흥정에 감각이 전혀 없는 사람이라고 얼굴에 쓰여 있다. 자신에게 도움이 될 만한 사람에게 기대려고 하거나 사람을 이용하여 이득을 취하려는 제스처가 어울리지 않는 분이다.

그는 야곱이 아니라 이삭이라고 해야 할까? 성경에는 야심가 야곱보다 마음을 비우며 살아간 이삭이 더 많은 복을 누린다. 그냥 주어지면 하나님의 은혜이고 빼앗기면 하나님의 뜻이라고 여기던 이삭은 드러나지 않는 족장이었지만 하나님의 사랑을 가장 많이 받은 사람이다. 그리고 이것이 선생님의 삶이 아닐까 생각해 본다.

선생님은 쟁취하려는 욕심으로 살지 않았으나, 하나님은 그의 삶을 부족함이 없는 푸른 초장 맑은 물가로 인도하셨다. 선생님은 다른 음악가들과 경쟁하거나 자리를 점하려고 투쟁하지 않았으나 하나님은 그의 잔을 항상 넉넉하게 넘치는 복을 주셨다. 다윗처럼 "나의 잔이 넘치나이다"라는 고백이 오늘 선생님의 신앙고백이리라!

셋째로, 최훈차 선생님은 진정한 음악가로서의 프로페셔널 정신이 남다르다. 그는 평소에 말이 별로 없지만 일단 연습이 시작되면 미주알고주알 잔소리가 많아진다. 무엇 하나 그냥 넘어가거나 소홀히 하는 법이 없다. 그는 보통 때 큰소리를 내지 않지만 음악을 만들 때만큼은 목소리 톤이 올라간다. 일상의 얼굴과 목소리와는 전혀 달라진 그의 변신에 제자들은 놀란 마음으로 연습하면서 그의 눈치를 보고 가슴을 졸인다.

선생님은 정말 음악가이다. 진정한 프로페셔널 뮤지션이다. 그는 아마추어 합창단을 가지고 최고의 소리를 만들어 내는 '소리의 마술사'이다. 그의 손에 들어온 음악은 민요건, 성가곡이건 간에 최상품으로 개조되어 청중의 귀에 전달된다. 선생님에게 다른 욕심은 없지만, 음악을 최고의 경지로 이끌어 놓겠다는 생각에는 욕심이 끝이 없어 보인다. 그 프로 정신에서 발원한 열정을 누가 따라올 수 있을까? 그런 면에서 그는 최고의 지휘자이고 음악가이다.

넷째로, 최훈차 선생님은 성가를 하나님께 드리는 제물이요 신앙고백의 경지에 올려놓은 진정한 교회음악인이다. 그는 대부분의 삶을 성가 합창지휘자로 살았다. 그에게 음악은 곧 성가요, 그 성가는 하나님께 드리는 제물이고 신앙고백이었다. 그는 성가 지휘자로 인간적인 과시욕이나 사람에게 박수받는 것을 목표로 살지 않았다.

대부분의 지휘자들이 성가곡을 하면서도 무대음악을 지향한다. 무대음악은 사람을 향한 음악이다. 그리고 마지막에는 박수 소리를 기대하는 음악이다. 그러나 성가곡은 교회음악이다. 교회음악은 하나님을 향한 음악이요, 그 마지막에는 '아멘'이 응답되는 음악이다.

오늘날 교회가 세속화되고 교회음악마저 무대음악화 되어 가는 세태 속에서도, 선생님은 교회음악다운 성가를 외롭게 고수하며 사셨던 보기 드문 최고의 지휘자이다. 그의 존재감과 교회음악의 자리를 고수한 뚝심으로 인하여, 한국교회는 하나님이 받으실 만한 제물로서의 성가란 무엇인가에 대한 영적 고민이 생겨났다. 그리고 단순한 소리의 전달이 아닌 신앙고백으로서의 합창을 귀로 듣고 마음으로 느끼는 행복을 누리게 되었다.

이 시대의 최훈차 선생님의 가치는 우리에게 이러한 삶과 신앙과 음악을 가르쳐 주신 스승으로서의 귀감이라고 할 수 있다. 그는 말이 아닌 생활로 우리를 가르치셨다. 그는 테크닉이 아닌 음악적 정신을 우리에게 전수하셨다. 그는 무대음악이 아닌 복음에 대한 응답으로서의 신앙고백으로 노래할 것을 우리에게 주문하셨다.

이제 선생님은 연로하시고 그의 음악적 활동은 쇠약해지는 시기를 맞고 있다. 그러나 그의 정신과 가르침은 오래오래 전수되고 살아남을 것이다. 이는 제자들의 몫이다. 그래서 선생님의 정신과 교훈을 담은 문집을 만들고 이를 남기려고 하는 것이다.

역사는 기록하지 않으면 기념되지 않는다. 정신은 누군가에 의해 계승되지 않으면 사라지고 말 것이다. 선생님을 역사적인 인물로 세우고 그의 삶과 신앙과 음악을 정리하고 되새기고 전수하는 일은 하나님께 영광이 되고, 선생님에게 기쁨이 되며, 우리에게 보람이 되는 귀한 사역이라고 생각한다.

다행히 선생님을 따르고 존경하고 스승으로 모시는 수많은 제자들이 있다. 그런 면에서 선생님은 행복하신 분이다. 돈이나 명예나 권력은 있다가도 떠난다. 그러나 제자는 영원하다. 한국에 어떤 음악가가 이렇게 많은 제자의 존경과 사랑을 받으며 노년을 맞이할까? 이런 면에서 선생님은 단연 최고의 스승이다.

민인기 80학번, 1980~1987 | 현 국립합창단 단장 겸 예술감독

존경하는 최훈차 선생님께 드리는 헌정의 글

저는 참으로 소중하고 특별한 관계 속에서 최훈차 선생님의 제자가 되었고, 합창지휘자의 길을 걷게 되었습니다. 그 특별한 이야기는 저의 어린 시절 다녔던 서울무학유치원으로부터 시작됩니다.

당시(1967년) 유치원의 원장님은 최훈차 선생님의 모친 되시는 故 김순해 장로님(당시 권사님)이셨고, 저의 어머니 故 김정희 집사님은 유치원 자모회 회장이셨습니다. 그런 두 분의 운명적 만남은 훗날까지 이어져 저희 모친께서 김 장로님을 신앙의 어머니로 모시게 되었고, 장로님께서도 저희 어머니를 친딸처럼 아끼고 사랑해 주셨습니다. 장로님께서는 당신의 아들 최훈차 선생님을 늘 자랑하시면서 어린 제게 "인기도 유정이 아빠(장로님께서 최 선생님을 생전에 부르시던 호칭)처럼 음악을 했으면 좋겠다"라고 권면하셨습니다. **QR 104** 김순해 장로님(대학합창단 미주 순회연주, 2008).

시간이 지나 중학교 3학년이던 저는 김 장로님의 바람대로 음악을 전공하기로 결심하였습니다. 어머니는 망설임 없이 바로 최 선생님 댁(당시 응암동 자택)에 가서 제가 음악을 전공할 수 있는 소질이 있는지 선생님께 오디션(피아노 및 청음)을 받게 하셨습니다. 그 후 시창·청음 그리고 화성학, 작곡 실기 등을 선생님께 사사받게 되었습니다. 그렇게 고교 시절이 지나 저는 드디어 선생님의 모교인 Y대학 작곡과에 진학하게 되었습니다.

1980년 2월 대학에 입학하기 전—당시 선생님께서는 매년 겨울방학 동안 정신 틴라이프를 인솔하시고 미국 순회연주를 다니셨습니다.—순회연주를 떠나시면서 당시 대학합창단 림형천 총무님(현 잠실교회 담임목사)께 저를 소개하시면서 대학합창단에 입단하게 되었고, 대학 졸업 후에는 선생님을 대신하여—1984년 선생님께서는 미국 마이애미대학에서 유학 중—대학합창단 부지휘자로 활동하였습니다.

그 후 선생님께서는 유학을 마치시고 서울신학대학교 교회음악과 합창지휘 전임교수로 부임하셨습니다. 저는 대학 시절부터 합창도 좋아했지만 교향곡, 협주곡 등에 관심이 많아 오케스트라 지휘자가 되기를 희망하고 있었습니다. 그러던 중 선생님께서 유학 시절 방학 중에 한국에 오실 때마다 "인기! 니(선생님의 정겨운 대구 사투리)는 합창지휘 공부해야 한다" "합창지휘가 훨씬 세련됐다[선생님만의 독특한 워딩(wording)]" 등 거절할 수 없는 강한 권유를 하셨고, 결국 저는 합창지휘를 공부하기 위해 미국 유학을 가게 되었습니다.

유학 중 선생님 내외분께서 미국을 방문하실 때마다 제가 있는 곳까지 오셔서 "공부 열심히 하라, 힘든 유학 생활 잘 견뎌 내라!" 격려해 주시며 용돈을 친히 챙겨 주시곤 했습니다. 저희 내외가 미국에 있는 동안 한국에 혼자 남아 있는 딸 지은이를 데리고 롯데월드

왼쪽에 검정 한복을 입으시고 안경을 끼신 분이 김순해 장로님,
오른쪽으로 한 분 건너 검정색 정장에 검정 모자를 쓰신 분이 내 어머니(김정희 집사).

왼쪽에 계신 분이 우리 어머니, 가운데 흰색 한복에 안경 끼신 분이 김순해 장로님,
그 오른쪽 남성(뒷모습)이 우리 아버지.

등을 데리고 다녀 주시던 선생님과 사모님. 제가 박사학위를 마칠 즈음 저의 첫 직장이 되었던 호남신학대학교 음악학과에 합창지휘 전임교수가 될 수 있도록 추천해 주셨던 분도 선생님이셨습니다. 선생님은 아버지 같은 스승이셨고 어머니를 일찍 여읜 제게 사모님은 어머니와 같은 분이셨습니다.

사랑하고 존경하는 최훈차 선생님! 진심으로 감사드립니다. 갚을 길 없는 선생님의 사랑에 부족한 제자는 이렇게 헌정의 글밖에는 감사의 마음을 전한 길이 없음에 늘 죄송한 마음뿐입니다. 선생님이 계셨기에… 선생님이 가르쳐 주셨기에… 선생님이 강하게 이끌어 주셨기에… 선생님이 사랑과 음악에 대한 열정을 보여 주셨기에… 오늘의 제가 있음을 감히 고백합니다. 선생님을 처음 뵙고 선생님께 음악을 처음 배웠고, 선생님의 지휘 아래 노래하고 선생님의 음악에 감동했던 지난 시간들… 어언 50여 년의 시간이 흘렀네요. 그 오랜 시간 동안 선생님은 항상 그 자리에 한결같이 서 계셨습니다.

선생님은 제게… 음악인의 모범적 삶을 보여 주셨습니다. 선생님은 제게… 음악에 있어서 절제하는 방법과 군더더기 없는 간결한 음악을 가르쳐 주셨습니다. 선생님은 제게… 음악에 있어서 감동이란 '표현의 절제'에서만 나오는 것이라 말씀해 주셨습니다. 선생님은 제게… 음악에 있어서 '세련됨'과 '촌스러움'을 가르쳐 주셨습니다.

그리고… 선생님은 최고의 합창지휘자는 지휘자의 목적과 음악적 도구로 합창단을 대하지 않고 오직 사랑의 대상으로 여김을 가르쳐 주시고 당신께서 몸소 그 진리를 제게 보여 주셨습니다. 사랑하고 존경하는 우리 선생님! 진심으로 감사드립니다.

박동희 86학번, 1986~1999 | 대학합창단 2대 지휘자 | 현 울산시립합창단 지휘자

제자 지휘자가 바라본 스승 최훈차의 음악세계

1986년부터 최훈차 선생님을 뵈었으니 근 50여 년이 되었다. 감히 스승님의 음악 세계를 생각하며 글을 쓰다 보니 스승님을 참 많이 닮아 가려고 한 나 자신을 정리하는 시간이 되었다.

오래전 나를 대학합창단에 데리고 온 선배님의 "'성실'하면 합창단 할 수 있어"라는 말에 약속을 하며 첫발을 내딛고 1학년에 들어왔었다. 아직도 선생님을 뵐 때마다 처음과 같은 생각을 하게 하시니, 선생님은 참 귀한 분임에 틀림없다.

먼저 선생님은 음악가이시다. 모두가 동감하듯이 음악을 대하실 때 최선을 나하신다. 음정을 맞추기 위해 연습을 한다. 파트 연습도 하지만 합창의 균형, 음색을 맞추려고 노력하신다. 한번은 전국순회를 가기 위해 무학교회에서 합식훈련을 하는데, '주 달려 죽은 십자가'의 마지막 화음인 A Major를 맞추기 위해 40분을 잔소리(?)와 더불어 연습시키신 일이 있었다. 곡의 마지막 화음이어서 완벽하게 맞아야 넘어가신다. 단원들도 그 화음을 맞추려고 땀을 흘려 가며 노래를 했다. 악상(Dynamic)의 경우도 Pianissimo(매우 여리게)를 하게 하기 위해 어떻게 하면 단원들이 작게 여리게 할 수 있을지 연구하시는 것 같다. 음악의 흐름도 매우 중요하게 생각하신다. 어떤 음악을 하든지 절대 타성에 젖으면 안 된다 하시고, 흐름이 처지거나 힘이 없이 대충 부르는 것 같을 땐 허리 펴고, 호흡하고, 적극적으로 음악에 임하게 하신다. 그리하여 무대에서 그 모든 훈련의 결과가 음악에 나타나도록 하신다.

또 하나, 최훈차 선생님의 음악적 큰 장점은 프로그램 구성을 잘 만드신다는 것이다. 짧은 위문 공연이든지, 1시간의 교회 순회연주든지, 정기연주회든지 절대 지루하지 않게, 절대 길지 않게, 청중들의 집중력이 흐트러지지 않게 잘 구성하신다. 일반적인 합창 연주 구성과는 확연한 차이를 가지고 계신다. 늘 내게 말씀하신 것 중 하나는 "연주회가 끝나면 돌아가는 길에 한두 곡은 꼭 생각나게 하는 것이 매우 중요하다"라고 하셨다. 이것은 달리 말하면, 선생님은 기량적으로만 뛰어난 합창보다 감동 있는 음악회를 만들려고 애쓰시는 분이라는 것이다. 여기서의 감동은 단원들의 표정과 몸짓, 정성스런 음악의 표현에서 나온다. 잘 구성된 프로그램에 더하여 단원들의 최선을 다해 찬양하는 모습이 함께해 감동 있는 음악회가 된다.

최 선생님의 음악은 그의 인격에서도 느껴진다. 수많은 제자들을 대하시면서 무례하거나 무시하거나 하지 않으신다. 물론 많은 제자들을 만나시다 보니 제자를 기억하지 못해 일어나는 해프닝은 종종 있으시다. 하지만 잘 성장시킨 제자들의 경우 졸업 후 소식이 없거나 뜸해지면 서운해하시기보다 그들을 위해 기도하시고, 잘 있으니 연락이 없겠지 하며 그 제자를 위한 걱정을 한가득 하고 계시는 모습을 곁에서 많이 보게 되어 마음이 따뜻해진다. 그의 합창 음악도 그런 따뜻함을 가지고 있다. 화려함보다는 꾸준함을 가진 분이시다. 인격적인 것은 배려를 바탕으로 한다. 단원의 입장, 상황, 능력 등을 고려한 음악적 지도가 선생님을 존경하게 하는 점이다. 리허설을 할 때면 단원들이 힘들어할까 봐 많은 생각을 하시면서 지휘하시고, 또 음악을 대하는 태도에 대해 지도하신다. '대학합창단은 학생들이니 연습이 끝나면 집에 일찍 보내야 한다', '대학합창단 갔다 오면 집에서도 잘해야 한다. 그래야 부모님들이 합창단의 큰 후원자가 된다' 등등… 학생인 단원들의 상황들을 앞서 걱정하시고, 미리 챙겨 주신다. 단원들은 선생님의 따뜻함에 감동받아 합창단을 더 열심히 하게 되는 것이다. 창립연주 때는 참석하신 단원들의 부모님들과 반갑게 인사하신다. 이러한 인격적이며 겸손하신 모습이 음악에도 잘 드러난다. 쉬운 노래더라도, 쉽게 (최 선생님 표현으로… 도매급으로) 노래하지 못하게 하고, 어려운 노래는 쉽게 연습을 시켜 모두 잘할 수 있도록 하고, 그 음악이 좋아지도록 만들어 주신다. 처음엔 어렵게 느껴지고, 어렵게 생각되었던 곡들이 차츰 단원들의 마음속에 아름다운 음악으로 자리 잡게 만들어 주신다.

마지막으로, 그의 음악은 신앙에서 나오는 것 같다. 그것은 최 선생님의 말과 행동에서 충분히 느껴지며 알 수 있다. 받는 것보다 주는 것을 더 좋아하시고, 강요된 희생이 아닌 자발적인 참여로 기쁘게 할 수 있게 하는 크리스천 신앙인의 모습을 보여 주신다. 학생들보다 일찍 오시고, 늘 학생들보다 더 체력이 좋다고 앞장서시고, 해외 순회를 가시면 시차 적응도 가장 먼저 하신다고 단원들을 깨우며 다니신다. 2008년 당시 나의 유학시절에,

대학합창단이 미주 순회로 LA에 왔을 때 호스팅하면서 최 선생님의 음악을 듣고 감히 이렇게 말씀을 드렸었다. "대학합창단의 찬양은 아직도 내가 아는 곡들이 많은데, 최 선생님의 음악은 들을 때마다 더 좋아지고 있습니다. 더 음악적이면서 마음에 진한 감동을 남기는 찬양이었습니다. 다음 번에는 더 발전된 최 선생님의 음악을 기대합니다." 선생님의 지휘는 화려하거나 산만하지 않으시고, 단아하면서도 그 음악이 요구하는 정교하고 정확한 내용을 품고 계신다. 그의 지휘를 받으며 노래하면 그 음악에 쑤욱 빨려 들어가는 듯한 매력을 가지고 있는 것 역시 하나님을 향한 신앙인의 모습이 보이기에, 그와 함께 노래하는 것을 즐거워하지 않나 생각한다. 몇 자 적은 내용으로 다 표현할 수 없는 지휘자 최훈차 선생님, 오랜 세월 곁에서 보고 느끼고 겪으면서도 존경할 수밖에 없는 최 선생님의 지휘와 지도는 우리 제자들의 삶에 참 좋은 모델이지 않나 싶다. 제자가 보는 그의 음악 세계에는 하나님의 사랑이 있음을 확인하며 이 글을 맺고자 한다.

변영기 81학번, 1977~1983 | 영국 선교사
선생님! 나의 선생님

1973년 봄, 가정의 갑작스러운 불행한 형편으로 중학교를 마친 저는 고등학교 진학은 꿈도 못 꾸고 집을 떠나 홈리스가 되었습니다. 서대문사거리 순복음중앙교회(여의도 이전) 방석 창고에서 겨우 새우잠을 자고 굶기도 하면서 제 인생의 가장 어두운 하루하루를 보내고 있었습니다.

어느 날 아침, 교회 앞에서 나눠 주고 있던 기독교방송국 창립기념 합창제의 홍보물을 반갑게 얻었고, 초등학교 시절부터 합창을 좋아했던 저는 흥분이 되어 며칠 후 연세대 대강당으로 달려갔습니다. 그 큰 강당에 울려 퍼지는 한국의 유명한 합창단들의 천상의 음악은 내 황량한 삶의 사막에서 오아시스로 옮겨진 감동을 선물해 주었습니다.

특히 이날 노란 단복의 여고생 합창 중 한 곡, '별빛 속에 빛나는 주님'은 제 평생 잊을 수 없는 너무도 소중한 선물이 되었습니다. 당시 이 곡의 선율과 리듬은 참 신선하고 독특하면서도 특별히 곡의 가사는 어린 제 깊은 마음을 강하게 헤집어 놓고 있었습니다.

태어나면서 얻은 청각장애 때문에 소통이 힘들어, 어린 학창 시절 단체로 친구들에게 당했던 심한 놀림의 상처, 아버지의 술 중독으로 가정에서 당했던 학대와 고통, 그로 인하여 가정을 떠나고 학업도 포기해야 했던 마음의 큰 상처를 갖고 있었던 저에게 가사 하나하나가 살아 움직이는 생명처럼 비집고 들어오는 것 같았습니다.

"별빛 속에 빛나는 주님, 바람결에 말씀하시네"로 시작하는 이 노래의 첫 가사는, 터

무늬없고 저와는 아무 상관이 없는 것으로 들려왔습니다. 그러나 뒷부분의 "그의 얼굴 대하기까지 그의 은혜 의심하였네. 나를 보호하시는 주를 나 지금 알았네. 내 곁에 계시면서 나와 함께하시는 주님, 나를 지켜 주시는 주님, 내 곁에 계시는 주는 모든 것 되시네" 이 부분에서 제 마음이 무너지기 시작했습니다.

그날 2층 첫 줄 중앙에서 이 곡을 듣고 있던 저는, 갑자기 너무도 힘든 제 모습에 고개를 떨구며 좌절감과 자기 연민에 눈물을 흘렸습니다. 그리곤 기도라기보다는, 깊은 좌절감에서 터져 나오는 일종의 푸념 같은 말로 중얼거렸습니다.

"주님, 저 사람도 주님의 얼굴 대하기 전에는 주의 은혜를 의심해서 주님을 몰랐다고 하네요. 그러나 이제는 그 주님을 알게 되고, 별빛 속에 빛나는 주님을 보고, 바람결에서 주님 음성을 듣는다고 하네요. 저도 이 사람처럼 주님을 알게 되어, 별빛 속에 빛나고 바람결에 말씀하시는 주님을 경험할 수 있으면 정말 좋겠어요. 저는 이제 중졸이라서 훌륭하신 선생님처럼 지휘는 할 수 없겠지만, 저 학생들처럼 저런 귀한 노래를 부를 수 있다면 얼마나 좋을까요!" **QR 105** 모든 것 되시는 주님(He's everything to me)-Ralph Carmichael.

그해 여름, 저는 친구의 도움으로 약 20가구 정도가 사는 아주 조그만 마을에 일주일 동안 여름성경학교 강사로 초청을 받게 되었습니다. 그곳은 전기도 들어오지 않는 남한 강가의 조용하고 고립된 '상심리'라는 곳이었습니다. 호칭은 허울 좋은 초청 강사이지만, 사실은 제대로 된 잠자리와 식사도 해결하지 못하는 제가 안쓰러워 주일만이라도 편하게 쉬고 제대로 식사할 수 있도록 배려한, 사랑하는 친구의 고육지책이었습니다. 이 작은 마을에서의 여름성경학교는 말이 여름성경학교이지 온 마을이 들썩이는 큰 잔치였습니다.

저와 어린 친구들에게 그렇게도 신나고 행복했던 성경학교가 끝나갈 무렵이었습니다. 꿈같은 시간에 대한 아쉬운 마음에 서울에서 온 선생님과 더 많은 시간을 갖고 싶은 어린 친구들은 집에 돌아가 부모님들께 매달려 간청을 하게 되었고, 이장님은 이장회의를 통해 저를 이 마을에 좀 더 머물게 할 방법은 없는지 목사님께 상의를 드렸습니다. 아무 갈 곳 없는 저는, 자연스럽게 마을에서 제일 깨끗한 주택인 교회 사택에 살면서 마을 어른들에게는 선생님으로 대접받으며 이전과는 비교할 수 없이 풍요롭게 살게 되었습니다. 학교를 마치고 나면 10명 남짓의 마을 친구들이 매일 저에게 찾아왔고, 우리는 함께 많은 시간을 보내고 합창 연습도 열심히 하며 여름성경학교 같은 행복한 시간을 이어 갈 수 있었습니다.

이 마을 구석 강가에는 마을에 어울리지 않는 예쁜 수양관이 하나 있었습니다. 사택에 살던 저는 목사님의 지시로 이 수양관 열쇠를 갖고 가끔 건물을 돌아보곤 했습니다. 몇 달 후 가을, 서울에서 합창단이 합숙 훈련을 온다며 문을 열어 주라는 부탁을 받고 수양관에서 기다리고 있었습니다. 그리고 그때 지휘자 선생님과 눈부시게 밝고 화사하고 정말 아름다운 30여 명의 정신여고 학생들을 맞이하였습니다.

수양관 건물 앞에서 지휘자 선생님이 저를 학생들에게 소개하자마자 그 조용한 시골 마을에 울려 퍼지는 아름다운 학생들의 환상적인 화음의 환영 노래와 감사의 노래… 감동을 뛰어넘는 무아지경에 눈물마저 핑 도는, 평생 잊을 수 없는 충격적인 경험을 하였습니다. 나중에 알게 되지만 이 합창단은 지난 봄 연세대 대강당에서 '모든 것 되시는 주님'을 연주했던 정신여고 노래선교단이었으며, 지휘자님은 최훈차 선생님이셨습니다. 그저 우연이라고 여기기에는 너무도 경이로운 만남이었습니다. 이렇게 해서 최훈차 선생님과의 소중한 50년 인연의 장을 열게 됩니다.

다음 해 크리스마스 즈음에 이곳 교회의 오세철 목사님의 초청으로 최훈차 선생님과 4명의 정신여고 틴라이프가 다시 방문하였습니다. 미국 연주를 떠나기 전, 이 외딴 마을 교회의 바닥에 앉은 사오십 명의 성도들을 바라보며 흐릿한 호롱불 밑에서 너무도 인상적인 연주를 해주었습니다. 그리고 마지막 순서로 그동안 저와 함께 연습한 마을 친구들의 실력을 자랑하고 싶으셨던 목사님의 제안으로 최훈차 선생님 앞에서 성탄 캐럴을 연주하게 되었습니다. 그때 연주한 '고요한 밤 거룩한 밤'에서 "밤"의 아주 촌스럽고 요상한 발음을 들으신 선생님은 이후 저를 언급할 때마다 대학합창단에서 그 흉내를 내셨고, "밤"은 지난 50년 동안 대학합창단 출신들에게 회자되어 지금까지도 저를 아주 부끄럽게 합니다.

이 연주 후에 최 선생님은 저에 대하여 무슨 생각을 하셨는지, 교회 목사님과 저의 장래에 관하여 상의를 하셨습니다. 그 결과 선생님의 부르심으로 저는 꿈같은 시간을 함께 했던 상심리 친구들과 눈물의 이별을 하고 서울로 입성하였습니다.

정신여고의 선생님 사무실에서 그 바쁘신 학교 일과 중, 틈틈이 시간을 내어 선생님은 저에게 정성껏 작곡 이론을 가르쳐 주셨습니다. 나중엔 대학합창단 출신 중 작곡을 전공하신 홍명의 선배님, 서울대 백병동 교수님까지 연결해서 계속 레슨을 받을 수 있게 해주셨습니다. 경제적인 여유가 전혀 없었던 저는 한 번도 레슨비를 내 본 적이 없었고, 오히려 선생님께서 용돈을 주시며 사모님께서는 댁에서 식사 준비까지 해주시면서 저를 돌보아 주셨습니다. 그리고 선생님의 이러한 노력으로 마침내 저는 전혀 기대할 수 없었던 서울대 음대 작곡과에 기적적으로 입학하게 되었습니다.

이렇게 선생님께 레슨을 받으면서 대입을 준비하던 중, 아무도 말릴 수 없었던 특유한 선생님의 고집으로 저는 대학합창단의 역사상 대학생이 아닌 입시생으로, 유일한 부정단원으로 활동하게 되었습니다. 합창단과 단원들에게 너무 큰 폐가 되는 부담에 참을 수 없어 괴로워하다가 당시 친구이던 림형천 동문을 저 대신 합창단에 소개하고, 선생님께 간곡하게 부탁을 드리곤 겨우 합창단을 빠져나오게 되었습니다.

1981년, 저는 7년 늦깎이로 대학에 입학하면서 정식 단원으로 들어올 수 있었습니다. 저에 대하여 너무 큰 기대감을 갖고 계셨던 선생님은 제가 합창단에 들어오자마자, 그분의 고집으로 합창단 총무를 맡기셨습니다.

선생님께 너무도 큰 사랑의 빚을 지고 있던 저는 최선을 다해 그 빚을 갚고 싶은 마음과 열정은 차고 넘쳤지만, 마음처럼 되지 않았습니다. 7년 늦깎이 단원에 검정고시 출신으로 사회성도 많이 부족했고, 늦은 신입생으로 어린 단원들과의 소통과 관계도 쉽지 않았을 뿐 아니라, 경험 부족으로 일 처리 능력은 턱없이 부족했습니다. 더욱이 당시 선생님은 미국 유학 중이셨고 한동안 한국에 계시지 못한 상황에서 총무의 역할과 리더십이 그 어느 때보다도 가장 중요한 시절이었습니다. 그런데 저의 턱없이 부족한 리더십으로 어린 단원들과 선생님께 너무 큰 부담을 드린 사실에, 저 자신이 실패한 총무라는 기억으로 그 이후에도 합창단을 생각할 때마다 오랜 시간 고통에 시달려 왔습니다.

저는 1983년 대학 3학년 때 좋은 선교의 기회를 얻어 고통스럽던 대학합창단으로부터 탈출하듯이, OM선교회의 로고스 선교선을 타고 유럽으로 떠나 2년의 선교사 사역에 동참하였습니다. 2년 후 고국으로 돌아온 1985년 가을, 한국에 돌아온 저는 당시 갈보리교회를 창립하셨던 박조준 목사님의 부탁으로 성가대 지휘를 하게 되었습니다.

하루는 박 목사님께서 저와 식사하시던 중 한 가지 간청을 하셨습니다. 목사님께서 영락교회 당회장 시절 최훈차 선생님을 지휘자로 모시려고 여러 가지로 최선의 노력을 다하셨지만 결코 모실 수 없었다고 하셨습니다. 그것이 목사님의 마음에 한이 되어 어떻게 해서든지 이번엔 꼭 모셔 오고 싶은데, 방법이 없는지 물으셨습니다. 저는 목사님께 "최 선생님은 자신의 스승이신 박태준 선생님의 부탁으로 오랫동안 남대문교회에서 지휘하시면서 한 번도 교회를 옮기신 적이 없고, 아마 힘들 것"이라고 말씀드리곤, 그래도 선생님께 한번 잘 말씀드려 보겠다고 약속을 드렸습니다.

저는 선생님을 찾아뵙고 이 내용을 전하며, "선생님, 저와 같은 교회에서 지휘하시면 제가 선생님 곁에서 지금까지 진 너무도 큰 빚을 조금이라고 갚고 싶습니다"라고 부탁의 말씀을 드렸습니다. 놀랍게도 선생님은 주위의 모든 분에게 충격을 주시면서 정말 처음으로 남대문교회를 떠나 갈보리교회로 오셨습니다. 너무 놀라고 기뻐하시던 박 목사님께서 어떻게 그런 결단을 내리셨는지 최 선생님께 여쭈셨을 때, "저는 변영기 때문에 이 갈보리교회에 왔습니다"라는 대답을 들었습니다. 대합합창단 일로 늘 선생님께 깊은 죄책감을 갖고 있었기에 전혀 상상할 수도 기대할 수도 없었는데, 저를 특별하고 소중히 여기는 선생님의 마음이 충격적으로 전달되면서 속으로는 목 놓아 울고 있었습니다.

그 후 1989년 봄, 주님의 부르심을 느끼며 선교사가 되기로 결심하고 선생님께 상의를 드렸습니다. 영국에 신학을 공부하러 간다는 저에게 선생님은 "왜 지휘자가 선교사로 나가나? 이렇게 어렵게 공부해서 이룬 성과인데… 나를 도와서 함께 지휘하겠다고 해서 내가 갈보리교회에까지 왔는데… 약속도 안 지키고 자기는 혼자 왜 떠나나?" 그렇게 안타깝게 저를 설득하셨습니다. 너무도 속상해 어쩔 줄 몰라 하시며 격렬하게 화를 내시던 선생님의 얼굴은 한 번도 본 적 없던 모습이었고 지금까지 절대 잊히지 않습니다. 그러고 보니, 저는 선생님의 기대와 약속에 한 번도 제대로 부응한 적이 없었다는 사실에 너무도 죄송했습니다. 심지어 선생님 앞에서 정말 부끄럽고 수치스러운 죄책감까지 들었습니다.

그 후 저는 선교 신학을 수학하기 위하여 영국으로 오게 되었습니다. 1993년 여름에 신학 과정을 마칠 즈음, 신장에 심각한 손상이 생겨서 몇 년 안에 신장 투석을 하게 될 수도 있다는 청천벽력 같은 의사의 통보를 받게 되었습니다. 선교사 지위도 잃고, 선교지로 파송도 못 받고, 하나님께 버림을 받았다는 깊은 절망감과 혼란 속에 다시 힘든 시간이 시작되었습니다.

그러다가 1995년 말에 대학합창단이 1997년 1월 처음으로 영국 순회연주를 희망하고 있다는 소식을 들었습니다. 순간 선생님에 대한 그리움, 감사함, 죄책감 등등 여러 복잡한 감정들이 뒤섞이며, 그렇게 선생님에 대한 생각이 봇물처럼 제 마음에 솟구쳐 올랐습니다. 그리고 제가 선생님께 진 그 빚을 조금이라도 갚을 수 있는 소중한 기회라는 생각이 들었습니다. 이에 아무 두려움과 주저함 없이, 거의 말기 신부전증의 심각하고 불가능해 보이는 상황 속에서, 어떻게 하는지도 모르면서 부지런히 영국과 프랑스의 모든 일정을 세웠습니다.

여러 우여곡절 끝에 1997년 1월 말, 영국 런던 히드로 공항에서 그렇게 오랜 시간 사무치게 그리던 선생님을 뵈었을 때 그 감격은 평생 잊을 수 없는, 가슴이 터질 듯 벅찬 것이었습니다. 저의 능력 부족으로 수많은 실수와, 연속적인 샌드위치 식사의 악명으로 얼룩진 10일 정도의 대학합창단의 영국 일정을 모두 마치게 되었습니다. 공항에서 눈물의 이별을 고하고는 그 슬픔을 느낄 겨를도 없이 저는 그대로 병원에 입원해서 그날 저녁부터 13년의 신장 투석을 시작하며 또 다른 삶의 장을 열게 되었습니다.

투석을 하는 13년 동안 절대 불가능해 보였던 4회의 대학합창단 연주, 첫 번째 최훈차콰이어 연주, 이식 수술 후 다시 두 번째 최훈차콰이어와 첫 번째 정신콰이어를 포함, 총 9회의 영국 순회연주를 주님의 기적적인 은혜로, 20년 동안 한 번도 빠짐없이 계속할 수 있었습니다. 합창단 버스 안에 투석 기계와 300kg 이상의 약을 싣고 하루 4번의 투석을 하며 공연을 이어 나가기도 했습니다. 어떤 해에는 순회연주 중 2, 3일마다 스코틀랜드, 북아일랜드 등 어디서든 연주 후 늦은 밤 비행기로 런던의 병원에 와서 밤새워 4~5시간의 투석을 하고 이른 아침 비행기로 돌아와 다시 순회를 이어 가기도 했습니다.

그 시절 육체적으로 정말 힘든 시간이었지만, 제가 그토록 사랑하며 그리워하던 선생님과 함께하던 그 소중한 순간순간은 제 인생에 있어서 말로 표현할 수 없이 정말 행복했고 감사한 시간이었습니다. 매번 모든 일정을 마치고 런던 히드로 공항에서 선생님과 합창단을 떠나보낼 때마다 순회 후유증으로 약해진 몸을 이끌고 병원에 입원해 선생님과 합창단원들을 그리는 커다란 공허감 속에 눈물 흘리곤 했습니다.

드디어 2010년 3월, 2번째 신장 이식수술의 성공으로 13년간의 투석으로부터 자유로운 저는 한국에 들어올 기회가 여러 번 있었습니다. 선생님은 누구보다 가장 기뻐해 주셨으며, 함께 특별한 시간을 내어 주시곤 했습니다.

특별히 제가 감사하는 것이 있습니다. 한국에 머무는 동안 선생님은 시간만 맞으면 최훈차콰이어의 중요한 3번의 해외 순회연주(대만, 중국, 일본), 3번의 예술의전당 연주에 함께해 주기를 원하셨고, 참여할 수 있도록 특별한 배려를 해주셨습니다. 영국에서 잠깐 귀국할 때마다, 단원들과는 비교할 수 없이 연습이 턱없이 부족해서 60이 넘은 흰머리의 늙은 제자가 다른 연주자들에게 민폐가 될 줄 뻔히 아시면서도, 완벽한 음악을 늘 추구하시는 선생님답지 않게, 선생님은 여전한 고집으로 저와 함께하기를 원하셨습니다. 저에 대한 이런 선생님의 마음은 너무도 큰 삶의 위로였으며, 말할 수 없는 큰 영광의 감동이었습니다.

무대 연주 중에 선생님 눈과 마주칠 때면 "영기야, 네가 여전히 그 자리에 나와 함께 있어줘서 난 행복해"라는 선생님의 마음을 읽습니다. "60이 넘은 이 나이에 제가 평생 사랑하는 선생님의 지휘에 따라 여전히 이렇게 노래할 수 있어서 제 마음이 얼마나 영광스럽고 행복한지 아세요?"라며 억제할 수 없는 눈물과 감동의 마음을 보내며 나의 소중한 선생님과 은밀하고 행복한 대화를 나눕니다.

이 글을 쓰면서도, 지난 50년간 선생님과의 긴 시간 속에 겹겹이 포개진 끊임없는 감동과 사랑의 분량이 느껴지며, 억제할 수 없는 감사와 행복의 눈물이 흐릅니다. 선생님과 지내온 오랜 시간 동안 선생님이 어떤 사람에 대한 부정적인 말씀을 하시는 것을 한 번도 들어 본 적이 없습니다. 반면에 나쁜 의도로 선생님과 가족들을 힘들게 하신 분들을 여러 번 보고, 또 듣기도 했습니다. 그래서 어느 날 선생님께 여쭤보았습니다. "선생님을 제일 힘들게 한 사람이 누구인가요? 선생님을 섭섭하게 하신 분들이 누구인가요?"

그러나 선생님은 너무도 당당하고 주저함 없이 "나에게 그런 사람은 한 명도 없다. 미운 사람도 이 세상엔 아무도 없다"라고 대답하실 때, 그 순간 로마서 13장 8-10절 "남을 사랑하는 자는 율법을 다 이루었느니라"라는 말씀이 떠올랐습니다. '이 세상에는 이런 분도 계셨구나' 하는 새삼스러운 감동에 최훈차 선생님을 통해 나의 인생을 이토록 축복해 주신 주님께 넘치는 감사와 찬양을 올려 드립니다.

51년 전 봄 어느 날, 연세대 강당 2층 중앙 앞자리에 홀로 앉아 있었던, 절망 속에 어둡고 초라한 한 아이의 모습이 보입니다. 반대로 무대 위에는 밝고 귀여운 노란색 단복의 정신여고 노래선교단이 소망과 생기가 넘치는 모습으로 부르는 노래 '별빛 속에 빛나는 주님'이 그 넓은 강당을 감동으로 가득 채웁니다. 그 곡에 압도되어 당황해서 어쩔 줄 모르는 그 아이의 애절하고 소박한 눈물의 읊조림이 머리에 생생하게 떠오릅니다.

신승용 93학번, 1993~2003 | 한국대학합창단 3대 지휘자 | 순천시립합창단 지휘자

한국대학합창단 지휘자로 바라본 선생님의 교육 철학

한국대학합창단의 3대 지휘자로 선임되어 책무를 감당하기 전 과연 내가 이 일을 감당할 수 있는지에 대한 많은 부담감이 있었다. 선생님이 이제껏 해오셨던 음악과 교육에 관한 존경심이 나로 하여금 지휘자의 길을 걷게 만든 모토가 되었지만, 선생님께서 수십 년 지도하신 단체를 직접 맡아야 하는 부담감은 그 일을 맡게 된 영예로움을 훌쩍 뛰어넘는 일이었기 때문이다.

사실 이 글을 쓰기까지 너무나도 많은 고심이 있었다. 학생 시절 선생님께 배웠던 많은 것들을 내 하찮은 글로 인해 과소평가 될 수 있지 않을까. 또한 직접 체험하며 순간순간 느꼈던 것들을 글로 다 담아낼 수는 있을까. 이런 고민들이 글을 쉬이 쓰지 못하게 만들었던 것 같다. 하지만 대학합창단 학생으로서의 10여 년 생활과 유학 후 귀국해서 최훈차과 이어를 도우며 선생님을 대했던 5년여 그리고 대학합창단을 맡아서 경험한 또 다른 5년의 경험을 통해 선생님의 가르침을 다시 한번 정리한다는 생각으로 어렵게 글을 쓰려 한다.

긴 세월 동안 지휘를 하는 제자로 선생님을 최측근에서 바라보며 정말 많은 것을 배울 수 있었고, 이는 지휘자인 나를 만들어 가는 귀한 시간이 되었다. 선생님께서 학생들(정신여고, 서울신학대학교, 한국대학합창단 등)을 지도하며 강조하셨던 부분은 크게 두 가지 '순수성' 과 '적극성'이다. 이 부분은 내가 특별히 강조하지 않더라도 많은 제자들이 언급할 것이라 생각되어 생략하고자 한다. 하지만 이 두 가지 큰 명제를 바탕으로 하여 실제 합창단의 생활과 음악을 지도하며 느꼈던 몇 가지 교육적 철학을 소개하고자 한다.

먼저 '감사'에 관한 말을 꺼내고 싶다. 내가 대학합창단의 총무 시절 순회연주를 하거나 교회 등에서 연주를 할 때 선생님께서 가장 강조하셨고 임원들에게 놓치지 않게 당부하셨던 부분이 연주를 위해 수고해 주신 분들에 대한 감사와 그에 대한 표현이었다. 연주를 초청해 주시거나 연결시켜 주셨던 분들, 그리고 연주를 위해 후원이나 직접적인 도움을 주신 분들(주로 합창단의 동문이나 선생님의 지인)에게 합창단은 감사의 노래와 작은 선물을 통해 우리의 감사함을 전달하였다. 지방 순회를 할 때는 그런 분들이 너무 많아 때로는 정신없는 진행으로 가끔 감사의 표현을 놓칠 때가 있었다. 그때마다 단원들의 대표, 총무인 내게 "너희들은 감사하는 마음이 없어졌다"고 큰 꾸지람을 하셨다. 그 당시에는 분주함으

로 인한 실수를 용납하지 못하는 선생님에게 섭섭한 마음이 들기도 했고 한편으로는 그 많은 감사의 대상을 일일이 다 챙겨서 말씀하시는 선생님이 대단하게 느껴지기도 했다. 하지만 지금 합창단의 지휘자로 그런 일들을 신경 쓰다 보니 그러한 감사의 표현이 감사의 대상이나 합창단에게 얼마나 중요하고 필요한 일인지 절실히 느끼게 되었다.

보통 합창단을 위해 연주를 준비해 주시는 분들은 경중의 차이는 있겠지만, 꽤 많은 시간과 노력을 들이고 경제적인 후원까지 아끼지 않으시며 준비해 주시는 경우가 많다. 개인적으로 어떠한 이득을 바라고 하는 것이 아니라 합창단의 연주를 통해 청중과 회중들에게 감동과 은혜를 전달하기에 가장 좋은 조건을 만들어 주시려 노력하심이 전부이다. 연주 이후에 느껴지는 감동으로 그분들은 만족을 얻으시고 여기에 합창단의 감사의 표현이 더해질 때 온전히 합창단의 찐 팬이 되어 버린다. 이후 그들은 합창단의 일에 누구보다 적극적인 후원자로 바뀌게 된다.

2011년 나는 선생님과 대학합창단의 마지막 미주 순회연주를 내가 유학하던 지역으로 초청하는 호스트가 된 적이 있다. 2월에 있을 연주를 위해 전해 8월부터 근 6개월을 대학합창단 출신의 아내와 함께 준비했다. 5일 동안의 식사와 숙박, 연주와 학생들을 위한 스케줄을 위해 예산을 계획하고 후원자와 후원금을 모으며 열심히 준비했었다. 합창단의 총무와 부지휘자를 했던 나의 경험과, 또 그런 선배인 나에 대한 합창단의 기대에 부응하기 위해 정말 열심히 준비했던 것 같다. 이 일을 하는 데에 아내는 나보다 더 앞장섰고 더 좋은 스케줄을 만들기 위해 노력했다. 이것은 쉽지 않은 일이었지만 지나고 보니 이를 준비하는 시간이 유학 기간 전체 중 가장 행복했던 것 같다. 나름 철저한 계획으로 순회는 성공적이었고 우리 지역의 교회들과 학교에 큰 감동을 안겨 주었다. 그리고 우리 지역을 떠나는 날 우리 부부는 합창단이 불러주는 감사 노래에 한없이 눈물을 흘렸던 것 같다. 일면식도 없었던 합창단원들도 우리를 보며 함께 감사의 눈물을 흘렸는데 모르는 사람들이 봤으면 정말 큰 일이라도 난 줄 알았을 것 같다. 그들이 불렀던 감사 노래를 듣는데 지난 6개월의 노고는 전혀 기억도 나지 않았고 오히려 그 추억이 유학을 마치는 시간까지 큰 위로가 되었다.

감사는, 그리고 그 표현은 많은 노고를 치하한다. 또한 그 일들을 다음에도 기꺼이 하고자 하는 마음을 갖게 한다. 이러한 선생님의 가르침으로 인해 60년이 다 되어 감에도 지금까지 지속적으로 많은 곳에서 초청을 받는 합창단이 될 수 있었던 것이다. 선생님께서 총무인 나에게 꾸지람하셨던 그 일들을 이제 나는 200퍼센트 이해하고 있다. 그리고 지금 합창단을 지도하며 단원들에게 이 감사의 중요성과 진심이 담긴 감사의 표현을 항상 강조하고 있다. 올해 미주 순회연주는 이에 중점을 두고 노력했고 많은 미국의 동문과 동역자들을 통해 이런 부분이 충분히 전달되었다는 이야기를 들었다.

보통은 교회에서 감사나 축복의 의미로 노래를 부를 때 두 팔을 감사의 대상에게 뻗어야 하는데 대학합창단은 그렇지 않다. 선생님께 이에 대해 여쭤본 적이 있는데 선생님은 손을 뻗어 노래하는 것보다 감사와 축복의 대상에게 눈을 맞추는 것이 훨씬 그 마음이 잘 전달된다고 하셨다. 맞는 말이다. 이런 진심을 담아 노래하는 전통은 지금까지 잘 이어져 오고 있다.

합창단을 지도하며 선생님의 교육 철학을 느끼는 또 한 가지는 바로 자율성이다. 전통적으로 대학합창단은 학생들이 자율적으로 운영해 왔다. 임원단을 구성할 때에도 전임 임원들의 추천을 통해 지휘자의 재가로 정했고, 연간 일정을 정할 때도 단원들이 직접 회의를 통해 정해 왔다. 실제로는 선생님께서 많은 부분들을 미리 계획해 놓으시지만 그 일을 진행함에 있어 자세한 사항들은 학생들 스스로에게 많은 결정권을 주셨다. 초창기부터 근 20년간은 합창단이 재정적으로 환경적으로 그리 쉽지는 않았다. 연주를 위해 단원들이 직접 모든 준비를 발로 뛰어야 했고, 가족들의 지원과 선생님의 헌신으로 어려운 환경들을 극복하며 단체가 유지되었다. 이러한 합창단의 역사 속에 몇몇 동문들의 큰 헌신이 있었기에 지금의 역사가 가능할 수 있었던 것 같다. 당시에는 연주 장소의 섭외부터 프로그램과 포스터를 만드는 일, 홍보와 재정을 만들어 내는 모든 일들을 학생들이 발로 뛰며 감당했다. 이런 합창단의 역사는 지금 학생들에게 '라떼'의 이야기처럼 들리겠지만 선배들이 보여 줬던 합창단에 대한 애정과 사랑은 그리고 자율적으로 그 일을 해왔던 경험들은 후배들에게 전설과도 같이 느껴지게 된다. 이를 위해 선생님은 합창단의 일을 함께 고민하고 운영하셨다. 또한 그런 교육을 통하여 사회에서 필요하고 준비된 사람이 되기 위한 훈련을 시키신 것 같다. 단체를 운영하다 보면 개인의 편의와 사정보다는 단체의 목적이 우선될 때가 많고 그때마다 리더는 고민하게 된다. 쉬운 방법을 통해 개인의 불편을 덮을 것인지 그런 어려움을 다 이해하고 배려하며 조금 느리게 갈 것인지, 이러한 결성에 있어 선생님은 항상 단원들의 형편을 고려하셨다. 단원 하나하나가 이 단체를 구성하는 중요한 구성원이기에 누구나 대치할 수 있는 단체를 위한 소모품이 아니라 인격적으로 성숙해서 책임감을 가질 수 있는 구성원이 되길 원하셨다. 합창단의 스케줄로 학생으로서의 본분을 다하지 못하는 상황이 되지 않아야 한다고 교육하셨고 모든 것에 밸런스를 맞추어 합창단을 하는 것이 다른 것에 피해가 되는 것이 아니라 도움이 되어야 한다고 강조하셨다.

내가 대학합창단을 맡은 후 선생님은 자주(거의 매주 맥도널드에서 조식을 함께하며) 지휘자에게 필요한 조언을 해주셨다. 코로나의 여파로 합창단이 잘 모이지 못할 때에도 선생님은 내게 합창단의 모임으로 인해 단원들이 가정과 학교에 피해를 주지 않아야 하고 단원들 스스로가 합창단 활동으로 인해 다른 것을 소홀하지 않도록 교육해야 한다고 말씀하셨다. 실제 합창단의 활동이 많을 때 그 스케줄을 소화하느라 정신없이 지내다가 번아

웃 되어 합창단을 중간에 그만둔 단원들을 말씀하시며 개인의 차이는 있겠지만 그들 스스로 자주적으로 본인을 조절할 수 있는 사람으로 교육시켜야 한다는 것이 그 중심이었다.

합창단을 처음 맡아 지방 순회를 준비하며 이런 일이 있었다. 임원들이 회의 도중 내게 학생들이 휴대전화를 순회 중 사용하지 않도록 아예 가져가지 않았으면 한다는 것이었다. 순회 기간 동안 연주나 생활에 집중도를 떨어뜨리고 지장이 있을 것이라는 우려였다. 내가 학생 때는 휴대전화가 보편화되지 않을 때라 이런 문제가 없었지만 지난 20년간 서서히 문제화된 것이다. 임원단의 의견을 듣고 보니 일리가 있는 말이었기에 고민하다가 선생님께 의견을 여쭈었다. 내심 학생들이 그렇게 할 수 있다면 좋은 생각이라 하실 줄 기대하고 있었다. 그런데 선생님은 뜻밖의 의견을 말씀하셨다. 휴대폰은 가지고 가지 않거나 순회 중 걷어서 보관하면 학생들은 그것에 대해 자유로울 수는 있겠지만 지속적으로 사용하던 요즘 학생들이 그것에 대한 불만이 생길 것이고 사진을 찍거나 급한 연락을 해야 하는 경우 휴대폰은 오히려 유용하게 사용될 수 있기에 지금 시대에 휴대폰을 임의대로 걷는 것은 그리 좋은 방법이 아닌 것 같다. 또한 스스로 순회를 생각하며 절제를 배우는 것도 훈련이며 휴대폰은 사용하고 싶은 생각이 들지 않을 정도로 순회 일정이 좋다면 학생들 스스로 잘 조절할 것이라는 의견이셨다. 선생님의 말씀은 하나도 틀린 것이 없었고 오히려 내 생각을 완전히 바꿔 놓으셨다.

마지막으로 언급하고 싶은 것은 선생님의 설득의 기술이다. 선생님은 설득의 달인이시다. 합창단의 생활 중 일정이 맞지 않거나 생활의 어려움을 표출하는 단원들을 선생님은 한 번도 무시하지 않으셨다. 먼저 임원들이나 선배 단원이 면담하고 그래도 해결되지 않을 때는 선생님이 직접 나서서 면담하셨다. 선생님은 설득하는 재주가 굉장히 뛰어나셔서 몇 분만 대화를 하면 거의 모두가 설득당하고 만다. 분명히 개인 스케줄로 인해 합창단의 일정이 어려웠는데 면담 후엔 그 스케줄을 바꿀 수 있는 묘안이 떠오르기도 하고 불가능하다고 생각했던 일들이 가능할 것 같다는 마음이 들게 하신다. 선생님은 그리 달변가가 아님은 많은 사람들이 아는 사실이다. 말끝을 흐리시면서 말씀하시는 특유의 화법으로는 선생님의 생각을 제대로 이해하기가 쉽지 않을 뿐 아니라 대화 중 생략되어지는 부분이 많아 때로는 문장들을 유추해서 이해해야 할 때가 많다. 하지만 이것과는 별개로 대화를 통해 진심으로 학생들의 마음을 움직이도록 만드는 정말 특별한 재주가 있다.

내가 선생님께 지휘를 배우던 대학원생 때의 일이다. 지휘자로서 공부해야 할 것이 너무도 많아 한번은 레슨 준비를 충분히 해 가지 못한 적이 있었다. 레슨을 받던 중 준비의 부족함을 느낀 선생님은 내게 "만일 네가 레슨 준비를 이렇게 해오면 난 네가 음악성이 없는 사람으로 생각할 수 있다"라고 말씀하셨다. 꾸지람을 하는 말이 틀림없었고, 당시에는 힘들고 바쁜 나를 이해해 주시지 못하는 섭섭한 마음도 들었지만, 사실 그리 기분 나쁘지가 않았다. 선생님은 내가 좋은 음악성을 가지고 있는데 노력이 부족했음을 말씀하신 것이기 때문이다. 이 날을 계기로 최선의 노력을 다해 공부했던 것 같다. 선생님의 말 한마디가 지금의 나로 조금 더 준비된 지휘자가 되게 하신 설득을 당한 것이었다.

선생님은 당신의 교육철학을 실천함에 직접적으로 그 원리나 원칙을 말씀하시기보다 학생들에게 필요한 것을 그들 은연중에 훈련이 되어 있도록 자연스레 필드에서 녹여 내셨다. 이러한 방법을 합창단을 지도하며 따라 해보려 노력했지만 그리 쉬운 일은 아니었다. 나는 대학합창단을 지도하면서 선생님이 지도하신 방법을 따라 하기보다는 그 철학과 정신을 유지하며 내가 가진 것으로 녹여 내는 일이 숙제인 것 같다. 우리 각자가 선생님을 통해 배우고 겪은 이러한 다양한 경험은 우리 자신도 모르는 사이 이 사회에서 다양하게 표현되며 선한 영향을 끼치며 또 그들을 통해 새롭게 교육되고 있을 것이다.

장민혜 05학번, 2005~2011 | 인천시립합창단 부지휘자

선생님이 걸어오신 길을 따라갑니다

아무것도 모를 대학교 1학년 시절 대학합창단 첫 연습을 참여했던 때가 아직도 생생합니다. 허리를 세우고 누구 하나 떠들거나 졸거나 혹은 딴짓하는 사람 없이 오롯이 지휘자 선생님께 모든 신경을 집중하며 연습하던 모습에 홀로 꽤 긴장했던 기억이 납니다. 어떻게 소리를 내고 어떻게 지휘자 선생님의 음악에 맞춰야 하는지 몰랐던 터라, 저도 모르게 발을 박자에 맞추어 아주 살짝 구르며 노래를 했습니다. 그런데 그때 지휘자 선생님은 연습을 중단하시더니 발 구르는 사람 그만하고 본인을 보면서 노래하라고 이야기하시고는 다시 연습을 시작하셨습니다. 조금 민망하기도 했지만 한편으로는 선생님이 정말 집중도 있게 연습을 이끄신다는 생각을 홀로 했던 기억이 납니다. 이것이 제 인생의 멘토이시고 길잡이가 되어 주신 최훈차 선생님을 처음 뵈었던 날의 기억입니다.

오르간을 전공하면서도 합창단에서 노래하며 화음을 맞추고 음악 만드는 것이 너무 즐거웠던 저는 학부를 졸업한 후 지휘로 전공을 바꾸어 현재는 지휘자의 길을 걷고 있습니다. 지휘자가 되고 보니 최훈차 선생님께서 저희에게 가르치셨던 모든 것들이 선생님의 뛰어난 리더십과 교육자의 사명감에서부터 비롯된 것임을 매순간 더 깨닫게 됩니다. 선생님이 왜 훌륭한 지휘자인지 이야기해 보며 헌정글을 드리려 합니다.

선생님께서 합창단에게 하셨던 말들, 생활지도, 리허설 내용 등 모든 것은 '감동이 있는 연주'로 귀결됩니다. 대학합창단 출신이라면 모두 알 듯이 순회연주를 가게 되면 뒷정리, 인원 파악, 간식, 체조, 기사 담당 등등 아주 세세하게 20개 이상의 담당을 나누어 각

사람에게 배정합니다. 이것으로 누구 하나 소외되지 않고 모두가 이 단체에 대한 공동체 및 주인 의식을 가지며 적극적으로 이 순회에 참여하게 됩니다. 식사나 간식을 먹기 전에는 항상 식사노래를 다 함께 부르고, 감사한 분 혹은 감사한 일이 있을 때 또한 감사 노래를 다 함께 부릅니다. **QR 106** 감사 노래(2011).

이같이 연주를 준비하지 않는 일상의 생활에서도 단원 모두가 적극적으로 참여하고 함께 노래하며 '감동이 있는 연주'를 위한 마음가짐을 갖게 됩니다. 선생님은 이 상황을 그대로 두지 않으시고 연주 전 리허설 때 감사의 마음을 가질 수 있도록 자연스럽게 일상 생활과 연주를 연결시켜 주셨습니다. 단순히 음정, 박자, 음악을 만드는 리허설이 아니었습니다. 단원들의 마음 상태를 주의 깊게 관찰하셔서 그것에 맞추어 리허설을 진행하셨습니다. 특별히 연주 직전의 준비가 정말 중요하다고 말씀하셨던 선생님의 가르침에 따라 학생들끼리 갖는 그 잠깐의 모임은 단순히 서로 화이팅을 외치며 끝났던 시간이 아니었습니다. 자연스럽게 하나가 되어 모두가 눈물을 흘리며 기도하고 감사의 마음을 표현하는 진심의 시간이었습니다. 연주에 올라가서는 그 진심을 다하지 않을 수 없는 상태가 되어 정말 온 마음 다해 찬양하며 하나님께 영광 돌릴 수 있게 되었습니다. '감동이 있는 연주'는 연주 때만 집중해서 나올 수 없는 것이라 생각하셨던 선생님의 세심한 통찰력으로 인해 가능했습니다. 일상 생활이 준비되어야 좋은 연주를 할 수 있음을 우리가 깨달을 수 있게 시스템을 만들어 놓으셨던 것입니다. 지휘자로, 교육자로서 생각해 봐도 정말 획기적이고 기발한 생각이며, 그 리더십에 찬사를 보내지 않을 수 없게 만듭니다.

앞에서 리더의 역할을 하는 사람 중 언변이 좋지 않은 사람은 드뭅니다. 지휘자가 되어 보니 그런 분을 지휘자 중에서 찾는 건 더 어려운 일인 듯합니다. 제가 아는 지휘자 중 가장 언변이 뛰어나지 '않은' 분은 최훈차 선생님이십니다. 그때는 그냥 그런가 보다 했지만, 지금 다시 그때를 돌아보면 우리 최훈차 선생님께서는 곡 제목도 제대로 끝까지 말씀을 마치지 못하시고 뒤돌아 지휘를 시작하셨던 그런 분이셨습니다. 지휘자로서 어떻게 그럴 수 있지라는 생각이 들 수 있는 포인트입니다. 하지만 제가 선생님을 만나지 않았다면 저도 앞에서 말을 잘하고 싶어 하는 지휘자 아니, 말만 잘하는 지휘자가 되었을지도 모릅니다. 선생님은 생활에서는 말이 아닌 행동으로, 연주에서는 말이 아닌 지휘로 보여 주시는 지휘자이셨습니다. 단 한 번도 연습, 회의, 행사, 사적인 약속에서도 지각한 적이 없으시고 심지어 단원보다 먼저 와 계셨습니다. 대학원에서 수업을 가르치실 때는 항상 10분 전에 모든 강의 준비가 완료된 상태로 의자에 앉아서 학생들을 기다리시는 분이셨습니다. 임원 회의를 할 때나, 레슨을 하실 때나 전달할 내용을 메모지에 꼭 적어서 준비하셨고, 상대방의 시간을 귀중히 여겨 시간을 낭비하지 않도록 항상 상대방보다 먼저 준비가 되어 있는 분이셨습니다. 연주에서 선생님의 지휘는 청중석에서 볼 때 그리 특별해 보이지 않습니다. 전혀 화려하지도, 멋있어 보이지 않습니다. 굉장히 삭고 단순합니다. 하지만 음악이 가지고 있는 느낌, 내용, 감정, 색깔 모든 것이 절제되어 있는 지휘에서 뿜어져 나오는 마법 같은 순간을 선생님 지휘 아래 노래하면서 자주 맞이하였습니다. 지금까지 많은 지휘자 선생님들께 배우고 많은 지휘자 밑에서 노래하면서 그런 경험을 했던 적은 거의 없습니다. 그런 감동적인 순간은 최훈차 선생님의 지휘 아래 노래했던 것이 유일한 것 같습니다. 섬세하게 표현되어지는 손의 감각, 진심으로 음악을 대하시며 선생님의 음악성으로 해석하셔서 표현하셨던 능력, 이 모든 것을 마음 다해 단원들에게 내뿜어 주셨던 표정과 제스처 등을 바라보며 노래할 때는 아무런 생각도 들지 않고 음악에만 집중할 수 있었습니다. 그리고 청중들은 이를 통해 벅차오르는 감동을 느낄 수 있었습니다. 음악을 할 때는 그 어떠한 수려한 말도, 꾸며 내는 제스처도 중요하지 않다는 것을 몸소 보여 주셨습니다.

지휘자의 길을 밟은 연차가 얼마 되지 않았지만 내가 어떤 지휘자가 되어야 할까 고민할 때면 항상 최훈차 선생님의 모습을 떠올립니다. 많은 지휘자들은 단원 위에 군림하는 독재적인 리더십이 지휘자가 가져야 할 모습이라 착각할 때가 많습니다. 하지만 최훈차 선생님은 그와 정반대입니다. 오히려 단원들을 먼저 생각하고, 그들의 필요를 미리 파악하시고, 단원들을 섬기며 배려하는 자세를 가지셨습니다. 그리고 합창단을 참 사랑하셨습니다. 그리하여 단원들이 알아서, 자연적으로 지휘자를 진심으로 대하며 따를 수 있었습니다. 여러 사람을 다루고 이끌면서 지휘자가 이러한 모습을 유지하기가 너무 어렵다는 것을 몸소 깨달으며 선생님이 걸어오셨던 그 길과 모습들이 더욱 존경스럽게 느껴집니다.

제가 최훈차 선생님을 만난 것은 행운입니다. 특히 지휘자로서는 더욱 그러합니다. 지휘 사사를 받을 때 선생님의 지휘를 따라 하고 싶은데 그렇게 되지 않아 속상하던 때도 많았지만 그 모든 고민과 연주를 포함한 저의 모든 경험늘의 기조가 되셨던 분이 최훈차 선생님이셔서 너무 다행이라는 생각이 참 많이 듭니다. 그 모습들에 비추어 볼 때마다 지휘자로서 부족한 제 모습이 보여 더욱 겸손한 자세로 이 길에 정진할 수 있게 됩니다. 훌륭한 지휘자 밑에 너무나 부족한 제자이지만 항상 마음 다해 진심 어린 조언으로 이끌어 주셔서 감사합니다. 선생님 사랑합니다.

유희경 66학번, 1966~1969

지금도 5월이면 뽀족한 빨간 종탑의 육본교회를 떠올리며, 군복 차림의 까까머리 최일병 지휘자 선생님과 고등부 한빛골 합창단원들의 모습을 생각해 봅니다. 누구도 비켜 갈 수 없었던 60년대의 그 모든 결핍을 우리는 선생님과 함께하는 합창으로 채우며 지냈던 것 같아요. 첫 지방 순회 때 부강 모래사장 위에 천막을 치고 단원들 가방으로 바리케이트를 쳐 남녀 단원을 나누고 불침번을 세우고 지내며 연주를 하던 기억이 나네요. 대학합창단의 시작부터 최훈차콰이어 마지막 연주까지 오랜 시간 선생님의 지휘에 맞춰 합창을 할 수 있어서 너무나도 행복했습니다.

장정자 66학번, 1966~1968

우리에게 음악이 무엇인지 알려 주시고, 두성 발성과 은혜롭게 노래하는 법을 가르쳐 주셔서 지금까지도 기쁨으로 찬양 부를 수 있게 해주신 선생님께 진심으로 감사드립니다. 선생님이 군에 입대하셔서 쫄병으로 육군본부 교회에 근무하시며 성가대 지휘를 맡아 하시던 때에 우리 한빛골 사중창단은 성가대 대원으로 활동하며 가장 행복한 시절을 보냈습니다. 육군 참모총장님도 제일 앞자리에 앉으셔서 함께 예배드렸고, 크리스마스 때는 총장관저로 새벽송도 부르러 갔으며, 군인들의 에스코트를 받으며 일선장병 위문공연도 갔던 기억이 납니다. 그때 그 시절이 저의 인생 황금기였으며, 가장 아름다운 추억으로 남아 있습니다.

최순희 66학번, 1966~1969

고희를 지난 이 늦은 시기에 선생님을 향한 기억을 꺼낼 기회가 주어져 설레는 부담과 함께 행복을 느낍니다.

따뜻한 햇볕이 들던 육본교회 뒷마당에서 선생님의 첫 중창단 한빛골이 탄생했습니다. 데뷔곡 '켄터키 옛집'. 왠지 아련히 슬프다는 느낌으로 연습하던 생각이 납니다. 저의 좌우명이 된 또 하나의 레퍼토리 '주기도문'. 평생 읽으며 외우며 부르며 살아온 세월 속에 선생님이 계셨다는 걸 다시 깨닫게 됩니다. 지금도 불리는 '홀랄레 홀랄로'. 그 시절, 그 쇼맨십은 혁명에 가까웠습니다. 무심한 선생님의 코믹한 모션, 손뼉 치며 깔깔대던 한빛골 멤버들, 모두 모두 그립습니다. 아침마다 거울 보며 기도하는 법도 알려 주셨지요. "나는 해피 앤 럭키 우먼" 거기다 하나 더해 "Blessed Woman!"

지금까지 실천하고 있는 신념의 마력이지요. 그것이 믿음이 되어 신앙의 테두리 안에 풍성한 삶을 이어 가고 있는지도 모르겠습니다. 한빛골이 대구 순회연주를 가게 되었을 때 떠나기 전날 흥분해서 잠 못 잤다고 신나게 떠드는 우리에게 정색을 하시며 공연이 우선순위에 있어야 한다고 엄히 말씀하셨습니다. 그때 우린 절제를 배웠습니다. 남의 집에 들어갈 땐 덧신을 꼭 신어야 한다는 예의범절까지… 그 시절 꽃 같던 나이에 어린 감성으로 잘 웃고 잘 울며 철없던 우리를 가르치고 토닥이며 지혜를 나누셨습니다. 지금 이렇게 다른 지구 한쪽에서도 꼿꼿이 반듯하게 예의, 절제 잊지 않고 해피하게 축복받은 날 지키며 살고 있음을 만방에 말할 수 있어 더욱 행복합니다.

선생님! 세월이 많이 흘러 저희도 팔순을 바라보는 나이가 되었습니다. 아마도 수 없이 많은 기억들이 묻혀 있을 겁니다. 다 찾을 수 없어 안타깝지만… 낙엽에 묻혀 쳐다보면 무지 많던 별들도, 숨바꼭질 하다 넘어져 팔에 나던 핏방울도, 연탄난로 위 찌그러진 주전자의 따뜻한 물도, 주일 아침 교인들 픽업 다니던 군버스 앞자리도, 지금은 모두 가고 없지만 들추어진다는 것이 매우 신기합니다. 정신여고 음악 선생님이 되시던 날, 처음으로 헤어질 수도 있다는 투정으로 일으킨 반란! 주일날 성가대를 무더기로 결석하고 남학생들과 캠핑 가던 그 들끓던 불안은 지금도 다시 가슴을 뛰게 합니다. 그 순수하던 세월이 있었기에 이렇게 단단한 노후가 자랑스럽게 남겨진 건 아닐까 싶네요.

선생님! 부디 강건하시고 남은 날들 평안하시기를 기도합니다. 이렇게 옛 시간을 떠올려 보는 시카고의 아침은 지금 찬란합니다. 최훈차 선생님! 사랑합니다.

김성심 68학번, 1968~1971

1967년, 정신여고 음악 선생님으로 처음 만나게 된 최훈차 선생님은 그때부터 제 인생에 깊은 영향을 주신 분입니다. 대학에 입학하면서 선생님의 권유로 '대학합창단'에 들어갔고, 1968년도에 입단한 제게 합창단 생활은 잊을 수 없는 소중한 시간이었습니다. 특히 최훈차 선생님과 함께했던 육군본부교회에서 시작한 합창단 활동은 아직도 제 마음을 설레게 합니다. 연습, 순회연주, 새벽송, 그리고 제1회 합창경연대회에서 1등을 했던 순간과 국립극장에서의 첫 연주공연은 우리에게 큰 자부심과 기쁨을 안겨 주었습니다.

가장 잊을 수 없는 기억 중 하나는 논산훈련소와 (정확한 이름은 잊었지만) 오류동 군인병원에서의 순회공연입니다. 20년 동안 병상에서 고초를 겪는 6·25 전쟁 상이용사들과 베트남 전쟁 상이용사들, 군복무 중 사고로 인한 병사들의 처절한 모습을 마주한 그때, 선생님과 함께한 찬양은 눈물과 함께였습니다. 그들에게 작은 위로가 되었을 뿐만 아니라, 우리는 나라를 위해 몸 바친 용사들의 희생과 헌신 덕분에 이렇게 편안한 삶을 살고 있음을 깨닫게 되었습니다. 그 순회연주들로 인해 우리 군인들에게 진심으로 감사하는 마음을 갖게 되었고, 선생님의 굳건한 믿음과 찬양을 통해 우리는 진정한 믿음의 의미와 실천을 배웠습니다.

선생님의 지도 아래, 우리는 음악뿐만 아니라 바른 생활과 신앙의 중요성을 깨달았습니다. 항상 굳건하게 자신의 길을 걸어가시는 선생님의 모습은 저희에게 큰 본보기가 되었고, 저와 고인이 된 남편 지금성 동문은 선생님께 항상 존경과 사랑을 담아 감사의 마음을 전하곤 했습니다.

이제는 한국 음악계의 역사가 되었고, 지금의 대학합창단이 한국대학합창단으로 이렇게 우뚝 서게 된 것은 선생님의 신앙과 뜻을 제자들에게 잘 전수해 주신 덕분입니다.

선생님의 헌신과 열정에 깊이 감사드리며, 선생님의 가르침을 추억하며 사랑의 마음을 전합니다. 감사합니다.

김원식 72학번, 1972~1978

50년 전 즐거웠던 시간 중에 늘 함께 계셨던 최훈차 선생님과 대학합창단을 추억하니 같이 웃고 노래했던 선후배 친구들이 눈에 선합니다. 랜드로바 신발과 함께 선한 웃음을 웃으시던 선생님의 건강과 행복을 언제나 기원합니다.

염혜원 78학번, 1978~1982

저의 신앙생활과 음악에 관련하여 선생님은 절대 뗄 수가 없습니다. 불신가정의 저는 선생님의 권유로 남대문교회에서 믿음생활을 시작하여 지금까지도 섬기고 있습니다. 그리고 대학 4학년 때부터 음악적 기량이 향상되어 합창단과 교회 성가대의 솔로를 도맡아 하는 영광을 누렸습니다. 특히 '땅 위의 참평화를 우리가 이루자'는 제가 처음 초연을 했고 매년 정기연주회 마지막 곡으로 오랫동안 불렀습니다.

선생님은 화를 내지도 않으시고 설사 화가 나셨더라도 "나 화났다!" 하시거나 혼내실 때도 "혼" 하시는 게 다였습니다. 어떤 자세와 마음으로 찬양을 해야 하는지에 대해서도 쉽고도 간략하게 말씀해 주셨던 것이 평생 마음속에 각인되었습니다.

선생님의 너무도 소박한 넥타이와 구두는 아직도 생생히 기억납니다. 또 특유 억양의 "주님!"으로 시작되는 선생님의 기도는 어떤 미사여구도 없이 간략하면서도 은혜롭기 그지없어 그 기도가 지금도 그립습니다.

유정, 유향이에게 아빠는 외계인이라고 웃지도 않으시며 그럴 듯하게 뻥(?) 치시기도 하고… 우리에게도 깜빡 속는 유머를 날리시고 흠뻑 웃게 하시고 정작 본인은 웃지도 않으셨던 선생님은 개그맨 소질도 풍부하셨던 게 분명합니다!

저의 젊은 시절은 대학합창단과 남대문교회가 거의 전부인데 이것은 모두 최훈차 선생님으로 연결되는 것입니다. 저도 이미 반백이면서 흰머리의 선생님이 아직도 낯선 것은 자주 찾아뵙지 못한 저의 잘못이기도 하지요. 선생님께서 계속 건강하게 우리 곁에 계셔 주시길 기도합니다.

박봉해 78학번, 1979~1986

최훈차 선생님을 처음 뵌 것은 고등학교 2학년이던 1976년 가을, 내가 다니던 신촌장로교회에서였다. 우리 교회 저녁예배에 정신여고 노래선교단이 순회를 왔었는데, 같은 교회에 노래선교단에 속해 있던 동기 여학생이 2명 있던 것이 방문의 계기가 되었다. 나는 그날 저녁 연주를 보고 크게 감동을 받았으며, 그날 밤 일기의 마지막 부분에 "하나님 저도 이와 같은 훌륭한 합창단에서 찬양하게 해주십시오"라고 기도문을 썼다. 이 기도가 응답된 것은 그로부터 3년 후인 대학교 2학년이던 1979년이었다. 같은 교회 노래선교단 출신의 여학생의 강권함에 이끌려 한 합창단에 가게 되었고, 그곳이 바로 대학합창단이었다. 거기서 최 선생님을 처음으로 만나게 되었다. 그날 처음 대학합창단 연습에 참석하고는, '아~ 기도문의 그 합창단이 바로 이곳이구나'라는 확신이 들었고, 그날로부터 나의 취미와 특기는 대학합창단이 되어 버렸다.

연주에 빠지지 않는 것은 물론이고 연습도 그렇게 좋을 수가 없었다. 특히나 여름에 처음으로 지방 순회연주를 다녀오고는 합창단과 사랑에 빠지게 되었고, 합창단의 일이 학교나 교회생활보다 우선이 되었다. 심지어 학생의 신분을 망각하고 공부까지도 후순위가 되어 버렸다.

"이렇게 대학합창단을 사랑하게 된 이유가 뭘까?"라고 질문한다면, 대학합창단을 통해서 신앙이 더 깊어졌고, 선교가 삶의 방향이 되어야 한다는 생각을 하게 되었기 때문이었다. 그리고 이러한 것을 가르쳐 주시고 알게 해주신 분이 최훈차 선생님이셨다.

합창단 생활을 남들보다 열심히 하다 보니 총무를 맡아서 활동하였다. 대학을 졸업하고도 대학합창단의 근처를 멀리 벗어나지 못하고 합창단 행사 때마다 참석한 결과 대학합창단 동문회장이 되었다. 사회인으로 자리 잡고 경제적으로 안정되면서 운영이사가 되었고, 결국에는 대학합창단의 단장으로 4년간 일하게 되었다. 졸업 후 합창을 듣기만 하는 것이 답답하여 최훈차콰이어를 만들어서 단원으로, 운영위원장으로 지금까지 최 선생님과 같이 활동하고 있다.

요즘도 월요일마다 최훈차콰이어 합창연습이 끝나면 최 선생님을 댁까지 모셔다 드린다. 아직도 귀가 어둡지 않으셔서 대화에 문제가 없음을 확인하고는 아직 우리 선생님 짱짱하시네 하다가도, 차에서 내리실 때 어눌한 발걸음을 발견하고는 이제 많이 연로하셔서 건강이 예전만 못하심에 안타까운 마음이다.

늘 최 선생님의 선한 영향력이 내 삶에 큰 변화를 주었고 좋은 길로 인도해 주셨음을 기억하며 살고 있고, 선생님에 대한 감사가 마음속에 늘 함께한다.

"선생님 사랑합니다."

정계숙 78학번, 1978~1981

하나님을 바라보시며 한결같은 모습으로 살아오신 선생님께 감사와 존경의 마음을 드립니다. 감사합니다.

노주원 반주자 | 84학번, 1984~1987

존경하고 사랑하는 최훈차 선생님과 음악 인생을 쭉 이어 간다는 것이 큰 기쁨이고 영광입니다. 음악을 통해서 인생을 마주하는 마음가짐과 자세를 몸소 보여 주시고 가르쳐 주심에 감사와 존경으로 고개 숙입니다.

배서영 85학번, 1985~1987

사랑하는 선생님. 선생님과 함께했던 교회 연주들과 순회연주 때 느꼈던 감동을 잊을 수 없습니다. 연주 후 함께 원을 만들어 둘러앉아 평가회를 하며 웃고 울던 시간들. 이 모든 감사했던 추억들이 제 삶에 큰 자양분이 되어 지금까지 저도 아이들과 어른들과 합창을 하며 보내고 있습니다. 선생님의 따뜻한 마음과 많은 이를 하나로 만들기에 부족함 없는 카리스마는 지금까지도 제자들이 선생님을 존경하는 이유입니다.

멀리 있다는 이유로 자주 찾아뵙지 못하고 연락도 자주 못 드려 죄송스러운 마음뿐입니다. 선생님, 감사드립니다. 그리고 사랑합니당!

김지호 86학번, 1986~1992

선생님과의 대학합창단 생활과 연주, 가르침이 제가 평생을 전문 합창단원과 음악인으로 살아가는 지식의 전부입니다.

김남수 88학번, 1988~1994

사랑하는 최훈차 선생님. 1988년 대학 새내기일 때 선배들 손에 이끌려 안동교회로 가서 오디션을 보고 연습을 시작했던 기억이 생생합니다. 인자한 모습의 선생님과 편안하게 대해 주신 선배님들 덕분에 합창단에 빠르게 적응하게 되었고, 매주 연습을 가는 시간이 참 행복했습니다. 지금까지 살아오면서 음악적으로나 신앙적으로 좋은 영향을 주신 최훈차 선생님께 감사의 말씀을 드리고 싶습니다. 어린 시절 인생 최초로 존경심을 갖게 하신 최훈차 선생님. 늘 건강하시고 행복하시길 기도하겠습니다.

이연성 88학번, 1989~1995

총학생회 임원으로 투쟁 중에 14일을 단식하고 합창단 연습에 참석했을 때, 선생님이 연습 전에 사 주신 '투모로우 타이거'의 햄버거 맛을 아직 잊지 못하고 있습니다. 제 인생에 선생님과 함께 노래할 수 있어서 영광이고 감사합니다.

최유향 선생님 차녀, 90학번, 1990~1993

찬양하는 일에만 평생을 보내신 최훈차 선생님! 그 축복을 자녀인 저희가, 그리고 제자들이 받고 있는 것 같습니다. 음악하는 사람은 돈때가 묻으면 안 된다. 타성에 젖으면 안 된다. 순수해야 한다. 음악인의 진정한 자세와 바른길을 보여 주신 그 모습 따라 평생 살겠습니다. 존경하고 사랑합니다.

정석오 90학번, 1990~1998

저의 저 된 것은 선생님의 가르치심을 통해 베푸신 주님의 은혜라 고백할 수밖에 없습니다. 사랑합니다, 선생님.

이선린 93학번, 1993~1997

"사랑의 전달자"

도체: 금속과 같이 전류가 흐르기 쉬운 물질, 즉 도체에는 자유전자가 많이 있으므로 작은 전압만 가하여도 그 방향으로 자유전자가 움직여서 전류가 된다

대관절 왜 도체를 서두에 꺼내는가 하면 도체가 영어로 'conductor'임을 2023년 8월 18일 오전 10시에야 알고서 그간 미뤄 왔던 글을 쓰기 시작했기 때문입니다.

선생님께는 하나님을 향한 순수한 사랑과 감사가 가득하신데 성령의 인도하심을 받으시니 하나님께 드려지는 찬양을 더욱 아름답게 지휘하실 수 있었겠지요. 그같이 귀한 모습으로 어느새 제게도 선한 영향을 끼치셔서 선생님의 몸짓과 언어로 찬양대원들이나 가르치는 이들에게 표현을 하고 있는 저를 발견하게 됩니다.

글을 어찌 써야 할지 모르겠다고 대학합창단 선배님과 식사하며 얘기를 나누었는데 "선생님이 대학합창단을 꾸준히 오래도록 하셔서 이렇게 좋은 사람들과 알게 되고 또 합창단을 통한 해외 순회 경험을 통해 유학도 다녀오게 되고 이제는 아름다운 음악을 가르치고 부르고 있으니 삶이 다채롭고 더욱 풍성해졌다"고 말하고 있더군요. 게다가 최훈차 콰이어에서 여전히 선생님의 지휘와 한층 업그레이드되신 유머에 함박웃음을 지으며 대학 시절로 돌아간 듯하니 젊음까지 선물로 받고 있습니다.

하나님이 사람에게 주신 큰 선물인 음악은 선생님을 통해 저희 제자들을 통해 이 세상에 멀리 더 아름답게 퍼져 나가고 있답니다. 하나님 사랑의 전달자(도체, conductor)로 계셔 주심에 감사드려요. 저도 사랑의 미세전류라도 흐르게 찬양을 가르치고 부르겠습니다. 사랑하고 축복합니다. 건강하세요. 찌릿찌릿.

김지은 94학번, 1994~1998

순수한 마음으로 음악을 만들 수 있도록 가르쳐 주셔서 감사합니다. 짧은 시간이었지만 선생님의 말씀 소중하게 간직하고 있습니다.

유민성 94학번, 1994~2000

선생님은 늘 순수함과 최선 다함을 강조하셨습니다. 정말 그 당시에는 레트로하고 고리타분하며 재미없는 이야기라고 생각했는데 지금은 제 삶의 모토가 되었습니다. 하나님을 죽기까지 따를 때에 어린아이같이 순수하게 순종하고, 내가 할 수 있는 최선을 다할 때에 하나님께 칭찬받고 주위에 감동을 전할 수가 있을 것입니다. 하나님은 한결같이 외길 인생을 걸은 우리 선생님을 얼마나 사랑하실까요? 우리 제자들도 이렇게나 사랑하는데… 인생을 배우게 해주신 선생님께 무한 감사드립니다.

민수연 94학번, 1995~1998

무엇과도 비교할 수 없이 소중한 시간들과 작별인사를 해야 하는 때가 기어이 왔습니다. 덤덤하게 맞으려고 애쓰며 꽤 잘 받아들이고 있다고 생각했는데 마지막 연습날…. 역시 그럴 수는 없나 봅니다. 1995년 대학합창단을 시작해 동문 선배님들과 최훈차콰이어 창단으로 계속된 선생님과의 시간은 수많은 멋진 추억으로 가득합니다. 짧은 말로 표현하기 너무 어려워 감사 인사조차 제대로 못하고 울어 버렸는데 이 눈물의 의미는 아쉬움보다 긴 시간 그 수많은 행보 속 무사히, 이렇게 아름답게, 끝까지, 마치게 하신 안도와 감사겠지요….

앞으로 선생님과 함께한 시간보다 더 오래도록 이 모든 걸 추억하게 되겠지요. 그리도 긴 시간 동안 굳건히 지키시고 버텨 주시고 모든 걸 가르쳐 주시고 언제나 믿어 주시고 늘 사랑해 주신 최훈차 선생님…너무 존경하고 감사하고 사랑합니다.

문세현 94학번, 1994~1997

언제나 초심을 잃지 않으시고 한결같이 제자들을 지도하시고 합창과 음악에 대한 열정을 끌어내 주시고 격려해 주셨습니다. 그래서 합창과 관련한 여러 분야로 나가 각기 다른 위치에서 공부하고 또 다른 제자들을 키워 내고 영향력을 끼치게 된 우리 대학합창단 제자들. 모두 선생님을 사랑하고 존경합니다. 건강하게 주님의 은혜 속에 하루하루 살아가시길 기도합니다.

김승현 95학번, 1995~2003

함께해 주신 모든 것들이 감사합니다.

하지원 95학번, 1996~1999

최고의 스승이자 멘토이십니다. 뚜렷한 삶의 나침판이 되어 주셨습니다. 좋은 친구처럼 선배처럼 아버지처럼 늘 그 자리에 계셔 주셨어요. '순수성'과 '감동'에 관해 가슴 깊이 와닿는 교집합을 만들어 주셨습니다. 우리는 다르지만 절제와 훈련을 통해 하나가 되어 갈 수 있었습니다. 흩어졌다 모이면 하나가 되었고, 그 순간은 감동이 되어 전파되었습니다. 이 기억이 기록이 되어 영원히 뛰는 가슴으로 살아남기를 간절히 기도합니다.

강유진 97학번, 1997~2001

살면서 이렇게 존경할 수 있는 분을 만날 수 있다는 것만으로도 행운이라 생각합니다. 선생님의 가르침에 따라 순수, 열정, 감동, 적극성을 지닌 신앙인, 음악인으로 살겠습니다. 선생님, 존경하고 사랑합니다!!!

이충은 97학번, 1997~2005

순수한 지휘자 최훈차 선생님. 선생님은 세상의 저명한 스타 음악가는 아니시지만 대학합창단을 45년간 지휘하시고 최훈차콰이어를 22년간 지휘하셨다는 사실만으로도 이전 이후 세대에서 이 활발한 합창의 여정을 쉽게 밟을 순 없으리라…. 그런 여정을 이룰 수 있었던 것은 선생님의 순수한 음악의 표현력과 제자들을 인애와 사랑으로 대해 주시는 그분의 성품에 있다. 요리 보고 저리 보아도 그러한 선생님의 모습에 수많은 제자들이 온갖 성격을 불문하고 따른다. 선생님과의 회의나 식사 또는 만남을 가져 보아도 선생님 대화의 주는 합창단의 음악과 제자들 사랑에 있다.

'복 주시고 지키시네'는 단원이었던 우리도 수없이 불렀을 곡이다. 그런데 선생님이 지휘하시고 면전에서 부르는 곡과 아닌 곡은 전수에서 곡의 첫 소절 빨려 들어가는 부분의 날카로움부터가 완전히 다르다. 이는 선생님이 그 곡에 대한 애정이 남다르시고 그 모습에 깊이 반영되어 표현되기 때문이라 생각된다.

선생님이 시무하셨던 서울신학대학교 교수실에 가 보면 공강시간마다 마치 휴게공간에 오듯 선생님 방에 들어와 있나 싶을 정도로 학생들이 즐비했다. 선생님께 음악적 컨펌을 받으려는 학생과 조교에서 중창연습 지도를 받으려는 학생들, 심지어는 선생님 냉장고를 자유롭게 여닫는 학생들까지 도무지 교수실이라고 생각할 수 없는 학생들의 음악공간 라운지 같은 곳이었다.

선생님은 그런 분이시다. 그 어떤 보잘것없는 제자가 와도 반가이 대해 주시고 또 어떤 대단한 제자가 와도 적당히 악수하고 끝내시곤 한다. 이토록 사람을 대함에는 일관된 심플함을 갖고 계시지만 어디에서도 선생님의 존재는 빛이 나는데 감사함을 표현할 때는 왜 그 당사자에게 감사하는지, 명확하게 우리가 어떻게 표현해야 하는지 날카롭게 말씀하시는 분이다 '이런 부분 감사하지 않나?' '왜 감사할 줄 모르나' 하시며 말이다.

선생님과 오랜 시간 대화해 보면 알 수 있다. 선생님도 사람이신지라 누가 더 따뜻하고 선생님 따르는 제자인지 그 마음속에는 우열이 있으실 게다. 하지만 전혀 내색 않으시고 각기 제자들의 좋은 면만을 기억해서 마치 그 사람 기억 폴더의 키워드로 첫머리에 적어 놓으신 듯하다. 아무리 아픔을 줬던 제자도 선생님은 연습하시는 때 "그 아무개가 이 노래 번역했다" "그 아무개 번역을 잘했다"라고 좋은 기억을 꺼내신다. 그 제자가 찬란하게 활동했던 합창단 시절을 회상하셔서 결국 순수하고 좋은 음악과 좋은 신앙의 삶을 살아가도록 키우신다.

이제는 그 정신이 우리를 거쳐 또 후대에 함께 합창하고 음악 하는 많은 후배들에게 전해져 가기를 진심으로 바라고 잘 조력해 가고 싶다.

전혜원 98학번, 1998~2002

늘 고마운 선생님, 저희 마음속에 합창을 통해 멋지고 아름다운 추억을 만들어 주셔서 정말 감사합니다!!

최현철 98학번, 1998~2005

음악을 전공하지 않았던 저에게 대학합창단 활동과 최훈차 선생님의 가르침은 정말 특별했습니다. 고전시대부터 현대까지 시대별 성가 합창뿐만 아니라 마드리갈, 쇼튠과 같은 다양한 합창 음악을 경험할 수 있었습니다. 특히 높은 수준의 블렌딩을 요하는 남성 4중창, 여성3중창은 오로지 선생님만이 만들어 내실 수 있는 음악이었기 때문에 그 특별함이 더했던 것 같습니다.

뿐만 아니라 간식 먹기 전에 어린 시절 불렀던 '날마다 우리에게'를 무반주 합창으로 부르고, 감사한 일이 있을 때마다 감사한 분을 향해 역시 무반주로 멋진 합창을 선물로 드렸던 일. 교회 순회연주 마지막에는 단원들 모두 객석을 향해 걸어가 교회 전체를 둘러싸고 찬양을 하는 등 선생님만의 합창음악 활용법은 감히 그 누구도 흉내 낼 수 없을 만큼 특별했습니다. 또 그 효과는 듣는 사람뿐만 아니라 부르는 사람까지도 감동시킬 수 있을 정도로 엄청났다고 생각합니다.

지금 생각해 보니 선생님께서는 합창이라는 음악의 효과를 어떻게 하면 극대화할 수 있을까, 어떻게 하면 사람들을 감동시킬 수 있을까를 누구보다도 깊이 고민하면서 여러 시도를 통해 좋은 사례들까지 만들어 내신 창의적인 지휘자이셨던 것 같습니다. 그리고 해외 순회연주를 가는 비행기에서 한숨도 안 자고 현지 시간으로 저녁에 도착하자마자 푹 자야 시차적응을 할 수 있고, 그래야 첫날부터 연주를 잘할 수 있다고 하셨을 정도로 최고 수준의 연주를 위해 할 수 있는 모든 것을 쏟아부어야 함을 가르쳐 주셨습니다. 홈스테이 하는 곳에서 훈련받은 대로 예절과 에티켓을 지켰을 때 호스트분들이 연주에 더 큰 감동을 얻는다고 가르쳐 주셨습니다. 늘 순수함과 최선을 강조하셨기 때문에 최고의 연주를 위해 가르쳐 주신 그대로 실행했던 저와 많은 제자들은 평생 마음속에 간직할 수 있는 감동적인 연주와 순간들을 경험할 수 있었습니다.

음악을 전공하지 않았지만, 선생님을 만나 지금까지 아마추어 성악가로, 교회 찬양대 지휘자로의 삶도 살고 있습니다. 저에겐 최훈차콰이어에서 남성4중창 멤버로 노래할 때가 아마도 가장 특별한 시간이 아닐까 생각합니다. 제 인생의 밑바탕이 합창 음악과 찬양 사역이 될 수 있게 만들어 주신 선생님의 가르침을 평생 감사하며 간직하고 살아가겠습니다. 사랑하고 존경합니다. 선생님!

권은경 98학번, 1999~2003

항상 그리운 최훈차 선생님. 제 삶에 선생님과 대학합창단을 만나게 해주신 것은 특별한 은혜임을 살아갈수록 더 느낍니다. 사실 신입생일 때는 제게 부르심이 없었는데 대학 동기 전혜원이 합창단 하는 걸 보며 소원하게 되었습니다. 2학년이 되어서 함께할 수 있게 허락된 만큼 제 청년시절은 꿈만 같은 합창단에 대한 추억만 남았습니다.

선생님은 같은 곡을 수십 년간 다양한 제자들에게 반복해 가르치시면서도 익숙함이 아닌 순수한 열정의 본을 보여 주셨습니다. 또 어린아이처럼 말씀대로 행하는 것이 무엇인지 삶으로 살아 내시며 단원들에게 그리스도인의 삶. 찬양의 삶을 훈련하신 것은 주님이 저를 빚어 주시는 귀한 시간이었습니다.

해외 순회연주 때마다 낯설고 의사소통도 잘할 수 없어 인사만 할 뿐인 운전기사님들이 합창단의 찬양하는 삶에 감동하여 전도되게 하셨던 것이 제 마음에 새겨졌습니다. 찬양하는 삶으로 증인 되는 것… 나의 만족과 유익이 아니라 오직 주님과 형제를 사랑하는 순수한 마음으로, 청중의 숫자와 상관없이 마음 다해 찬양하도록 선생님을 통해 가르쳐 주신 대로 저도 그 길 가길 기도하겠습니다.

선생님, 자주 뵙지 못해 늘 아쉽고 그립습니다. 새벽부터 밤 늦게까지 바쁘신 선생님 곁에서 모든 가사일을 혼자 감당하시며 선생님과 단원들까지 챙겨 주시던 사모님도 너무 그립고 감사드립니다. 주님 부르시는 그날까지 두 분께 주님이 은혜 베풀어 주시길 기도합니다. 선생님, 사모님 사랑합니다.

박성숙 98학번, 1999~2003

최훈차 선생님께. 선생님! 대학 합창단 박성숙입니다. 제가 선생님을 존경하게 된 계기는 "인사 잘해라"라는 말부터 시작되었던 것 같습니다. 다 큰 대학생 아이들에게 유치원에서나 배울 법한 기본적인 교육을 하는데, 저는 그 말씀들이 다 새롭게 와닿았습니다. 예전부터 알고 있던 그 뻔한 말들이 왜 새롭게 느껴졌을까요? 선생님이 항상 강조하셨던 '순수성'이 머리가 아닌 가슴으로 받아들여졌기 때문이 아닐까 싶습니다.

선생님의 가르침이 있었기에 음악뿐 아니라 제 인생의 중심을 잘 잡을 수 있었습니다. 제 인생의 훌륭하신 스승님들이 많이 계시지만 단연코 No. 1이라고 할 수 있는 분은 최훈차 선생님이십니다. 항상 감사하고, 존경합니다!!

장경진 98학번, 1998~2004

젊은 제 인생의 한 페이지를 잊을 수 없고 행복한 시간들로 채워 주신 최훈차 선생님. 평생 존경하고 감사하며 합창단에서 배운 타성에 젖지 말라는 가르침대로 살아가겠습니다.

나영오 99학번, 1999~2006

학교 선배의 손에 이끌려 간 세실 연습실에서 대학합창단의 연습을 참관하고, 연습이 끝난 후 선생님 앞에서 노래 한 곡과 시창을 했던 오디션 날의 기억이 아직도 생생합니다. 긴장 속에서 노래는 어찌어찌 한 곡을 불렀지만, 워낙에 시창을 못하던 터라 틀리고 또 틀리고…. 선생님께서 괜찮다시며 세 번까지 다시 하도록 기회를 주셨는데도 결국 엉망진창으로 시창을 끝냈었습니다. 너무나도 긴장해서 온몸이 땀으로 범벅이 된 상태에서 내 다음으로 합창단 입단 동기인 전수미의 노래와 시창을 들으며 '아… 쥐구멍이라도 있으면 들어가고 싶다…'라는 생각을 했었습니다. 수미가 시창을 얼마나 잘했던지 4마디밖에 안 불렀는데 "됐다 그만해라"라고 하시던 선생님의 말씀을 듣는 순간 깊은 좌절감이 들며 '아… 오지 말걸… 오늘 내가 여기 왜 왔을까…'라는 막심한 후회를 했었습니다. 그런데 후회하던 그날 만약 세실아트홀에 가지 않았더라면 선생님의 주옥같은 귀한 가르침들과 대학합창단에서의 좋은 추억들을 하나도 가지지 못했겠구나라는 생각에 머리가 아찔해져 옵니다. 선생님, 부족한 저를 합창단원으로 받아 주셔서 음악인으로서뿐만 아니라 신앙과 생활 모든 면에서 그리스도인답게 살아가도록 본을 보여 주시고, 큰 가르침을 주신 것 진심으로 감사드립니다. 선생님의 두 손을 바라보며 노래했던 그 순간들, 찬양의 기쁨과 감동으로 울고 웃었던 행복했던 그 모든 시간들 평생 잊지 못할 겁니다. 선생님, 부디 건강하시어 오래오래 우리 제자들과 함께해 주세요. 사랑하고 축복합니다!

장지선 00학번, 2000~2005

최훈차 선생님께 배운 음악과 대학합창단을 통해 훈련받은 모든 것들은, 제 삶의 모든 영역에 가장 큰 영향을 주고 저의 가치관을 바꿔 주었습니다. 선생님께 배운 음악을 통해 정말 특별하고 기쁜 경험을 많이 누리며 살고 있습니다. 마음을 다해 존경하고 사랑하는 선생님이 계셔서 감사하고 또 감사합니다.

박금란 00학번, 2000~2005

선생님의 가르침과 훈련들이 있었기에 저의 20대는 너무나 감사한 시간들이었습니다.

박선희 00학번, 2000~2004

최훈차 선생님과 함께한 24년간 선생님께서는 제게 같은 질문을 3번 하셨습니다. "선희는 사명이 있나?" 이 무거운 질문에 2004년 처음 교단에 서던 철부지 교사의 대답은 자신감 넘치는 "네!"였고, 선생님께 처음 지휘를 배운 2014년의 제 대답은 "그래서 공부합니다"였고, 정신여고 노래선교단 지휘를 맡던 2018년의 대답은 '저도 모르게 흘러내리던 눈물'이었습니다. 오늘이라도 다시 물어보시면 어떻게 대답해야 할지요. 선생님의 질문은 앞으로도 제 인생의 마디마다 귓가에 맴돌 것 같습니다. 제가 아는 최훈차 선생님은 하나님께서 부여하신 자신의 사명을 다한 사도 바울을 닮은 분이십니다. 주어진 사명을 다하기 위해 성장했고 배웠으며, 고민하고 실험했으며, 훈련하고 가르치고 나누셨습니다. 그리고 이제는 제자들에게 그 길이 가장 선한 것임을 삶으로 증명하고 계십니다. 선생님이 흘려보내 주신 사랑과 음악의 순수성으로 충만했던 나의 가장 여리고 빛나던 시간들. 무엇과도 바꿀 수 없는 선물을 주신 선생님께 드릴 깃은 선생님의 질문을 기억하며 증명하는 삶을 사는 것 같습니다. 평생의 귀한 난제를 주신 선생님. 사랑하고 존경하며 깊은 감사를 올립니다.

이은혜 01학번, 2001~2006

이름 석 자만 들어도 가슴이 뭉클하고 눈물이 쏟아져 내릴 것 같은 최훈차 선생님. 대학교 1학년 방학 때 그저 열심히 배워 보겠다는 생각으로 당시 지도 교수님이셨던 박원선 선생님(대학합창단 동문) 댁으로 오르간 레슨을 받으러 갔다. 레슨이 끝나고 선생님께서 악보 몇 개를 주시면서 한번 쳐 보라고 하셨다. 그리고 혹시 대학합창단에서 반주해 보는 게 어떠냐고 하셔서 그저 순종하는 마음으로 세실아트홀로 가서 오디션을 보게 되었다. 그날의 기억이 아직도 생생하고 대학합창단은 나에게 너무나도 귀하고 값진 경험 그리고 추억이다. 또한 만남의 축복이기도 하다. 14년이라는 시간을 독일에서 지내면서 선생님의 가르침과 합창단에서 경험한 모든 것들이 얼마나 소중한 것들인지 매순간 깨닫게 된다. 내성적이고 먼저 나서기를 두려워하던 내가 대학합창단에서 받은 훈련 덕분에 어디를 가든 사람을 두려워하지 않고 웃으면서 먼저 다가갈 수 있는 적극적인 사람이 되었다. 그리고 선생님의 가르침을 이어받아 독일 아이들에게는 음악을, 독일 대학생들에게는 언어를 가르치는 선생이 되었다. 스승이라는 자리는 참으로 어려운 자리임을 매일 실감하면서 맹인이 맹인을 이끄는 어리석음을 범하지 않기를 바라며 오늘도 멀리서 최 선생님을 그리워한다. 초심을 잃지 않고 끝까지 순수함을 지키며 마음을 위로하고 감동을 흘려보내는 음악가이기를 간절히 소망하며… 그리고 매순간 감사하고 가감 없이 표현하며 하나님께 모든 영광을 돌리는 영원한 선생님의 제자이기를 기도한다.

염현선 01학번, 2001~2005

선생님 덕분에 순수한 마음으로 찬양할 수 있었고, 선생님 덕분에 찬양하면서의 감동을 느낄 수 있었고, 선생님 덕분에 지금도 찬양할 수 있는 것에 감사하며 겸손하게 세상을 살아가고 있습니다. 감사하고 사랑합니다. 선생님!

강민지 01학번, 2001~2005

음악에 대한 그 순수한 마음과 변하지 않으시는 그 열정. 모르시는 것 같지만 단원들의 특징은 모두 파악하고 계시는 관심. 종종 선생님식 개그로 저희들의 마음을 편하게 만들어 주시는 유머러스함. 무엇보다도 하나님을 향한 신앙심과 사명감으로 선교를 하시는 그 신실하신 믿음. 이 모든 것들이 제자들에게 본이 되시고, 말이 아닌 행동으로 보여 주시어 제자들은 깊이 감동받고 선생님을 따르게 되는 것이 아닐까 싶습니다. 자주 찾아뵙지는 못하지만 대학 시절의 추억인 대합 시절과 선생님을 종종 기억합니다. 항상 좋은 일들 가득하시고, 건강하시길 기도드립니다.

최신애 02학번, 2002~2006

"타성에 젖지 말아라." 선생님께서 저희에게 자주 하셨던 말씀이고, 지금까지 마음에 가장 깊이 남아 있는 선생님의 가르침입니다. 어릴 때에는 이 말씀이 지금처럼 와닿지는 않았습니다. 하지만 나이가 들어 가며 이것을 지키는 일이 참 어려움을 깨닫습니다. 그리고 왜 이 말씀을 항상 우리에게 하셨는지 선생님의 그 마음이 조금 이해가 됩니다.

주님께서 저에게 베푸신 삶의 모든 순간마다 타성에 젖지 않기를 항상 기도합니다. 항상 새 마음으로 새 노래로 주님을 찬양하며 나아가기를 소망합니다. 그리고 이런 가르침을 몸소 보여 주시고 가르쳐 주신 최훈차 선생님께 감사를 드립니다.

유진실 02학번, 2002~2008

학부에서 합창지휘를 전공했지만 합창에 무지했던 제가 석박사까지 합창지휘를 공부할 수 있었던 건 음악의 방향성을 제시해 주시고 합창의 매력을 알게 해주신 선생님의 영향력이 너무나도 큽니다. 부족하고 떨리는 마음에 합창단의 부지휘자 역할을 피하고 싶었을 때에, 할 수 있다 하시며 격려해 주신 따스한 말씀은 지금도 큰 울림으로 다가와 힘들 때마다 제 자신을 격려할 수 있는 힘이 되곤 합니다.

선생님께선 아무런 대가 없이 한결같은 마음으로 제자들을 사랑해 주셨고, 음악인으로서 가져야 할 순수성과 열정을 몸소 실천해 주셨으며, 땅끝까지 이르러 증인이 되라는 귀한 말씀을 통해 음악을 하는 신앙인으로서 가져야 할 사명감을 심어 주셨습니다. 선생님의 귀한 뜻 마음에 새기고 평생 잊지 않고 살아가겠습니다. 선생님! 부디 오래오래 저희 곁에 있어 주세요. 사랑하고 존경합니다.

김지훈 02학번, 2006~2011

최훈차 선생님… 내 인생에서 음악의 중심을 잡아 주시고 음악가로서 어떻게 살아가야 할지 그리고 찬양 사역자로서 어떻게 찬양해야 할지를 몸소 보여 주신 그런 인생의 멘토 같은 분… 한 번의 찬양, 한 번의 연주가 한 사람의 인생을 바꿔 놓을 수 있는 큰 힘을 가지고 있다고 말씀하시고 그 한 번의 연주를 위해서 얼마나 많은 준비와 마음가짐이 있어야 하는지를 삶 속에서, 대학합창단과 함께 걸어가며 보여 주신 선생님… 순수한 사람이야말로 가장 높은 수준의 음악을 보여 줄 수 있다고 강조하셔서 순수하지 못했던 내 마음속에 '순수'라는 두 글자를 아주 깊고 진하게 새겨 주신 선생님… 합창단 시작하고 1년 만에 처음 내 이름을 불러 주셔서 순회 기간 내내 설렘을 안겨 주셨던 밀당 잘하시는 선생님… 총무, 부지휘자 할 때 항상 새벽 6시에 "지훈이 니 자나?" 전화하셔서 새벽에 자다 깨서도 온전한 목소리로 전화 받을 수 있는 스킬을 안겨 주신 때로는 이기적인 선생님… 짧은 글을 쓰면서 선생님 생각을 잠시 했는데도 눈물이 앞을 가려 키보드조차 못 치게 만드는 그런 선생님… 어떠한 말로도 어떠한 글로도 표현할 수 없는 너무 사랑하고 존경하는 그런 선생님… 우리 최훈차 선생님….

박신영 02학번, 2002~2007

오롯이 한 곳에만 시선을 두고 평생을 헌신하신 최훈차 선생님의 진심 어린 가르침 덕분에 여전히 삶의 많은 부분에 영향을 받으며 살고 있습니다. 최훈차콰이어 해단을 앞에 두고 마지막 교회 순회연주 중 마지막으로 하고 싶은 말씀이 무엇인지의 질문에서 "항상 최고의 연주를 위해 최선을 다하는 것입니다"라며 끝까지 음악에 대한 순수함과 열정을 보여 주신 선생님의 명언을 들은 순간! 단원들 모두 전율을 느끼며 눈물을 멈출 수 없었습니다.

전 세계 수많은 영혼들에게 울림을 주신 최훈차 선생님. 동시대에 함께할 수 있었다는 것에 감사드립니다. 영원한 스승! 사랑합니다. 선생님!

이병일 03학번, 2003~2011

제 인생에 있어서 가장 존경하는 선생님입니다. 항상 변함없으시고 주님을 깊게 만날 수 있게 인도해 주시고 인생에 있어서 감사함으로 살아갈 수 있게 해주셔서 너무 감사합니다.

박성우 03학번, 2004~2012

살면서 많은 선생님들을 만나 왔지만 최훈차 선생님처럼 인생과 신앙에 큰 영향을 주신 분은 없었습니다. 20대의 대부분을 선생님을 통해 합창단에서 찬양할 수 있어서 영광이었고 큰 기쁨이었습니다. 어느덧 합창단을 졸업하고 지내 온 햇수가 나름 길게 활동했던 9년의 합창단 활동 기간보다 더 길어지고 있지만 아직까지 많은 추억과 이야깃거리, 마음에 남아 있는 그 정신은 선생님께 배운 그것입니다. 다시 한번 진심으로 감사드립니다.

강민정 03학번, 2003~2007

지나고 나서 돌아보니 선생님께서 저희에게 가르쳐 주셨던 것은 바로 '사랑'이었습니다. 정말 사랑한다면 어떻게 해야 하는지 항상 깨닫게 해주셨던 것 같아요! "사랑한다면 최훈차 선생님처럼! 사랑한다면 우리처럼!"이라고 모두에게 전하고 싶습니다! 진정한 사랑을 가르쳐 주신 선생님!! 감사드리고 사랑합니다!!!

임우람 03학번, 2004~2009

음악이 무엇인지, 음악가로 살아간다는 것이 무엇인지 삶으로 가르쳐 주신 분. 선생님 같은 음악가가 되고 싶다는 꿈을 갖게 해주셔서 오늘도 열심히 살아가게 만들어 주셨습니다.

박강노 03학번, 2003~2009

대학합창단과 최훈차콰이어에서 선생님과 함께한 시간은 가슴을 뭉클하게 합니다.

선생님의 제자가 되지 않았다면 음악인으로서도, 사람으로서도 바로 서지 못했으리라 생각합니다. 가르쳐 주신 대로 맡은 자리에서 신앙과 생활과 음악이 하나가 될 수 있는 사람으로 살아갈 수 있게 노력하며 정진하겠습니다.

이대환 05학번, 2005, 2009~2014

안녕하세요. 저의 활동 시기는 조금 특이합니다. 2005년 활동을 시작하지만, 약 3~4년의 방황기를 거친 후 컴백하였기 때문입니다. 06년 유럽 순회연주를 앞두고 약간의 걱정과 두려움 때문에 최훈차 선생님의 설득에도 불구하고 합창단을 그만두었었죠…. 그리고 약간의 방황기를 거쳐 군대를 다녀온 후 돌아온 탕자처럼 합창단에 컴백하고자 했었죠.

그 몇 년 전의 최훈차 선생님의 만류에도 합창단을 박차고 나갔다가 다시 컴백하려 했을 때, 다시 돌아가도 되는가 하는 걱정이 조금 있었지만 그 걱정은 아무것도 아니었죠. 환한 얼굴로 반갑게 맞이해 주시던 최훈차 선생님의 모습이 아직도 생생합니다. "그때 날 엄청 힘들게 하더니… 잘 돌아왔다." 이후에는 방황기 없이 열심히 합창단을 활동하였네요. 최훈차 선생님에서 박동희 선생님으로의 전환의 시기에 활동을 하기도 했던 특별하고 소중한 경험을 한 단원이기도 했습니다.

마흔이 되어 지난 20대, 30대를 돌아보면, 최훈차 선생님의 지도를 받으며 찬양하고 생활하며 성장해 온 것 같습니다. 그 모든 시간이 합해져 지금의 시간이 만들어진 것 같습니다. 저의 삶의 밑거름이자 삶의 목표 설정 등 많은 영향을 받았던 것 같아요. 감사합니다. 선생님! 사랑합니다.

김동철 06학번, 2006~2017

선생님께 배웠던 모든 순간들이 저에게는 영광이었습니다. 사랑합니다. 감사합니다.

박우만 07학번, 2007~2015

이름 석 자만으로도 눈시울을 붉게 만들 수 있는 분. 아마 선생님도 그중 한 분이 아닐까 싶습니다. 선생님께서 보여 주신 사랑을 통해 예수님의 사랑을 느낄 수 있었습니다. 선생님께서 몸소 실천하시던 행동 하나하나는 제 삶의 기준이 되어 버렸습니다. 저처럼 부족한 제자도 사랑으로 보듬어 주셨다는 것을 기억하며, 저 역시 함부로 살아가지 않게 되었습니다. 선생님, 선생님께서 보여 주신 사랑의 씨앗이 이제는 장성하여 각자의 열매로 나타나고 있습니다. 저도 단 한 사람의 영혼을 변화시킬 수 있게 쓰임받는 자가 되고 싶습니다. 그래서 언젠가 선생님께 제가 받았던 사랑이 잘 전달되었다고 말씀드리고 싶습니다. 선생님 감사합니다. 사랑합니다.

채송아 07학번, 2008~2011

존경하는 최훈차 선생님께. 직접 찾아뵙고 인사드려야 하는데 글로 인사를 전해 죄송합니다. 철없던 제가 선생님의 가르침과 대학합창단 생활을 통해 어디에서도 배울 수 없는 하나님의 사랑은 물론이고 배려, 감사, 질서 등 많은 것을 배웠습니다. 그 힘으로 지금은 한 가정을 평온함 속에서 잘 꾸려 가고 있습니다. 더 늦기 전에 찾아뵙고 인사드리겠습니다. 선생님 존경하고 사랑합니다. 언제나 멀리서 선생님의 평안함을 기도하겠습니다.

김도연 07학번, 2007~2010

해외살이 중에도… 선생님과 함께 찬양했던 시간이 많이 생각납니다. 그립고 보고 싶고 사랑합니다.

정태양 08학번, 2008~2014

철없던 신입생 시절, 선배 형의 손에 이끌려 온 대학합창단 오디션에서 꽤 복잡한 찬송가와 몇 개의 초견을 하고 첫 남자, 선생님 시대의 마지막 반주자가 되었습니다. 당시 규율은 어찌나 제 마음을 어렵게 했던지 결석이 일쑤였습니다. 결국 임원회의에서 저를 내보내기로 결정을 했지만 "태양이를 기다려 줘라"라고 하셨다는 이야기는 훗날 듣게 되었습니다.

이 정도면 괜찮겠다 할 때 더 잘하고 싶지 않느냐는 선생님의 말씀이, 피곤하고 지칠 때 저보다 먼저 힘차게 걸으시던 선생님의 걸음이, 처음 뵌 지 15년이 흘러가는 지금도 선명한 제 삶의 가장 큰 울림입니다. 선생님, 사랑하는 음악을 하고 살아가게 된 저는 선생님께서 주신 모든 것 중에 아주 조금이라도 따라갈 수 있는 사람이 될 수 있을까요? 무엇보다 제게 감사하는 마음을 선물해 주셔서 감사드립니다. 선생님.

노소정 08학번, 2008~2012

대학합창단은, 그리고 최훈차 선생님은 하나님께서 저의 인생 가운데 진리를 따라 살아가는 이정표로 단단히 세워 주신 소중한 선물입니다. 가장 힘들었던 시간을 지날 때, 묵묵히 스승으로서 이끌어 주시며 늘 격려와 따뜻한 미소로 참된 가르침을 주셨던 선생님과 장영란 선생님은 진정 제 마음속의 영원한 제2의 부모님이십니다. 그리고 언제나 그립고 보고 싶은 나의 할아버지 할머니이십니다. 숱하게 많은 제자들 중 한 명일 뿐인 저의 부탁에도 갑자기 일어난 상 중에 미리 말씀하지 않으시고 일정이 다 끝난 후에 병원으로 데려다 달라고 하셨던, 그제야 선생님이 처하신 상황을 알게 되었던 이 부족한 제자는 그날 정말 뜨거운 눈물로 말로는 다 형용할 수 없는 수많은 감정들을 대신하며 선생님의 그 엄청난 책임감과 제자를 향한 사랑에 무한히 감사했습니다. 여전히 그때만 생각하면 가슴이 저리며 뭉클합니다. 그래서 더더욱 먼 타지로 오면서 더 자주 뵙지 못하고 끝까지 선생님과 최훈차콰이어의 마지막 연주까지 함께하지 못했던 시간들이 정말 사무치게 아쉬운 마음입니다. 하지만 늘 마음 가운데에 선생님의 가르침을 되새기며 언제 어디서든 선생님과 여전히 동행하는 마음으로 살아가려 합니다. 선생님께서 우리에게 가르쳐 주신, 음악을 통해 진리를 세상 끝까지 전하는 그 사명을 감당하며 살아가는 모든 순간순간이 늘 선생님과 동행하는 삶이 될 것입니다. 정말 존경하며 마음 깊은 곳에서부터 뜨겁게 벅차오르게 사랑합니다. 선생님!

송원혜 09학번, 2009~2012

제 인생 최고의 만남의 축복은 최훈차 선생님과 장영란 선생님을 만난 것입니다. 선생님을 만나고 하나님을 더 사랑하며 찬양하게 되었고, 합창이 주는 감동도 느껴 보고 어디서도 만나 보지 못할 선후배를 만나게 되었습니다. 선생님과 함께한 시간을 인생에서 영원히 기억하고 추억하겠습니다.

김선웅 10학번, 2010~2017

사랑하는 최훈차 선생님께! 선생님! 선웅입니다. 언제나 저희에게 참된 음악인, 올바른 신앙인으로서의 모범을 보여 주심에 감사합니다. 선생님의 가르침 덕분에 최고의 음악은 가장 순수할 때 완성될 수 있다는 것과 최고이신 하나님께 최선의 찬양으로 영광 돌리는 것이 찬양하는 이들의 본분임을 알게 되었습니다.

언제나 적극성을 가지고 모든 일을 대할 때 최선의 결과가 나올 수 있음을, 그리고 늘 하나님 앞에서 감사한 마음과 겸손한 태도로 섬기며 나아갈 때 하나님께서 그러한 사를 사용하시고 높여 주심을 깨닫게 되었습니다. 정말 감사합니다.

이러한 선생님의 가르침을 본받아 저도 언제나 제가 있는 그 자리에서 선한 영향력을 끼치며 살도록 힘써 노력하겠습니다. 선생님 오래도록 건강하시고 늘 저희와 함께해 주세요! 감사합니다. 사랑합니다.

윤지나 11학번, 2012~2019

음악과 신앙, 생활을 가르쳐 주신 선생님, 정말 감사드립니다. 실천이 수준이라고 일러 주신 선생님의 가르침대로, 순수함을 간직한 음악인이 되고자 노력하겠습니다. 사랑하고 존경합니다!

박태영 13학번, 2013~2019

선생님께 배운 순수함과 열정. 평생 마음에 새기며 살아가겠습니다. 감사합니다. 사랑합니다. 선생님!

최예린 21학번, 2022~2024

당연하다고 생각하는 것들이 당연한 것이 아닌, 모든 것이 하나님의 은혜이고 범사에 감사하고 겸손하게 살아야 함을 깨닫게 되었습니다. 남들은 감히 할 수 없는 활동들을 할 수 있음에 너무나도 감사드리고 제가 대학합창단이라는 단체에 소속되어 있음에 감사드리고 자랑스럽습니다. 항상 감사드리고 감사드립니다. 선생님의 삶처럼 살아가고 싶습니다. 오래도록 저희 곁에서 신앙적으로도 음악적으로도 인격적으로 알려 주세요. 심심한 저의 일상에 살짝쿵 들어와 주셔서 감사합니다.

"영원한 대학합창단으로…"

대학합창단을 시작하고 얼마 안 있어(1966년) 교회 순회연주를 마치고 평가회로 모였을 때입니다. 단원 중에 몇 사람(현재 미국 LA 거주 중인 최해철 동문, 홍명의 동문)이 "선생님, 우리 합창단이 앞으로 언제까지 계속할 수 있을까요? 또 우리가 죽을 때까지 평생토록 합창단에서 노래할 수 있을까요?" 하고 나에게 물었습니다. 때로는 어렵고 힘든 일도 있었지만, 우리는 전국 방방곡곡은 물론 전 세계를 누비며 하나님의 사랑과 평화를 노래로 외쳤습니다. 지난 40년 동안을 지휘하면서 나는 매 연주 때마다 단원들의 순수한 참된 눈물을 보아왔습니다. 이것은 노래를 통해서 느껴지는 아름다운 생활과 최선을 다하는 연주와, 또 훈련을 통해서 이루어지는 영적인 능력(신앙의 힘)이라고 생각하고 싶습니다. 대학합창단을 통하여 무엇을 이루시려고 하신 하나님, 그동안 합창단을 졸업한 많은 동문들, 현재 단원들, 앞으로 영원한 대학합창단 단원이 되기를 바라며 40년을 맞는 저에게 오직 감사와 감격뿐입니다.

지난 40년 동안의 긴 세월은 나에게 참으로 즐겁고 보람된 시간이었고, 그동안 불렀던 많은 노래들은 마음속 깊이 새겨지는 영원한 것이었으며 합창단원들이 오히려 나를 순수하게 만들었습니다.

-창단 40주년에 지휘자 최훈차

대학합창단 단원 명단

강민정 강민지 강숙경 강유진A 강유진B 강인숙 강일철 강주원 강준모 강희순 고광덕 고광훈 고병호 고창록 곽중욱
곽진모 구정미 권동윤 권무정 권오현 권은경 권주용 김경란 김경옥 김경자 김경진 김경희 김계환 김광철 김국진
김귀엽 김근숙 김기홍 김길영 김남수 김누리 김덕희 김도연 김도희 김동수 김동은 김동철 김만철 김미 김미란
김미리 김미숙 김미슬 김미예 김미화 김범진 김병진 김보름 김보선 김복희 김봉애 김상신 김선영 김선웅 김선일
김성록 김성숙 김성심 김성은 김성준 김성희 김세엽 김승현 김아용 김애숙 김양근 김양미 김연미 김영미 김영식
김영웅 김영자 김영재 김영혜 김옥 김옥선 김용주 김용호 김원근 김원식 김윤희 김은비 김은옥 김은제 김은지
김은혜 김이삭 김이현 김인선 김인혜 김재민 김재윤 김재형 김정신 김정연 김정옥 김정웅 김정은 김정현 김종숙
김종인 김종화 김주민 김주영 김지민 김지은 김지호 김지훈 김지희 김진석 김진영 김진태 김진현 김진희 김찬수
김춘희 김학성 김한울 김현숙 김현심 김현태 김혜경A 김혜경B 김혜경C 김혜영 김혜인 김혜중 김홍일 김훈 나실인
나영오 남궁정민 남미호 남완 남지우 노미애 노소정 노숙경 노아람 노주원 노형건 노혜란 노혜일 류영재 류한필
림형천 문명숙 문성모 문세현 문혁 문혜옥 민복희 민성규 민수연 민윤식 민인기 박강노 박고은 박금란 박금주
박노현 박동희 박명식 박문진 박미영 박병우 박봉해 박상순 박상운 박상윤 박상일 박선우 박선이 박선희 박성빈
박성숙 박성우 박성의 박송이 박수남 박수희 박승우 박신영 박연화 박영원 박영훈 박우만 박원선 박윤식 박은숙
박은주 박인영 박정수 박지수 박지웅 박태영 박형하 박혜경 박희선 방길호 배서영 배승현 배영주 배제홍 배종수
백경현 백낙금 백선혜 백지현 변광립 변수영 변영기 변용규 변우석 변준희 서림 서명숙 서승미 서유진 서정아
서지민 손하림 송기복 송동섭 송민호 송승근 송영규 송원혜 송정현 송제율 신명환 신선혜 신수연 신승복 신승용
신현덕 신혜련 신효숙 심선숙 심성식 안경자 안신욱 안정희 안준옥 안혁지 양미라 양성택 양수정 양오수 양운실
양은희 양태종 엄일 염영란 염충국 염현선 염혜원 오경란 오경택 오동은 오성택 오승민 오영주 오윤식 오정자
오지영 오충근 오혜자 오희연 우정선 원경희 유광목 유민성 유병금 유영욱 유정희 유진경 유진실 유찬미 유찬주
유한경 유혁 유현정 유형철 유희경 유희정 윤기명 윤동로 윤민제 윤서명 윤소연 윤지원 윤창근 윤혜준 윤희중
이광식 이귀임 이근자 이기쁨 이기원 이기윤 이남희 이단영 이대환 이도식 이동숙 이명덕 이명숙 이명재 이명철
이병오 이병일 이상혁 이선린 이선주 이성경 이성업 이성옥 이성은 이소영 이수용 이수현 이승윤 이승택 이시재
이애은 이연경 이연성 이연주 이염희 이영 이영문 이요정 이용우 이원섭 이원일 이유진 이윤경 이윤숙 이은주
이은혜 이인숙 이인호 이재욱 이재형 이정근 이주영 이준현 이지령 이지영 이지현 이진수 이창철 이창희 이충은
이태준 이태후 이팔형 이하늬 이한숙 이현진 이현호 이혜선 이혜진 이효정 임경식 임병주 임보현 임봉석 임소연
임신희 임우람 임원태 임은애 임종원 임준희 임지희 임혜자 장경진 장기웅 장다영 장민혜 장보금 장숙희 장연화
장영숙 장원상 장유리 장은진 장정자 장지선 장혜선 전미나 전수미 전수진 전영선 전유경 전은배 전정신 전정희
전혜원 정강일 정계숙 정국강 정두영 정석오 정석훈 정성순 정성옥 정신진 정애주 정연주 정영모 정영해 정윤태
정은영 정인영 정종진 정진성 정진영 정태양 정형신 정혜숙 정효식 정희권 정희덕 조들림 조성애 조성현 조세경
조순옥 조시내 조종원 주성호 지금성 지정현 진명희 차민형 차은미 채송아 최경희 최귀영 최기순 최덕기 최두찬
최명숙 최명희 최문영 최미자 최복희 최상덕 최상아 최성옥 최순정 최순희 최승원 최신애 최신일 최연성 최영덕
최영희 최용웅 최원각 최유림 최유미 최유정 최유진 최유향 최윤광 최은미 최인자 최인혜 최재성 최해철 최현수
최현철 최훈진 추광현 하동욱 하지원 한귀란 한나숙 한수경 한승은 한아름 한인주 한종숙 허옥남 허진호 홍경희
홍명선 홍명의 홍성강 홍성림 홍수연 홍순덕 황고은 황나래 황서광

3부

정신여자고등학교

노래선교단　　　1969＿＿＿＿1985

1_Birth

1967년, 정신여고에 첫발을 내딛다

대학을 졸업하고 처음으로 간 학교는 한영고등학교였어요. 인사성이 없다, 지휘를 못한다는 이상한 이유로 괴롭힘을 당했고, 다른 학교로 옮기고 싶은 마음이 있었습니다. 그즈음 박태준 박사가 정신여고에 추천해 주었어요. 사실 그 당시 7명의 지원자 중 저를 제외한 6명은 경력도 많고 지휘도 잘하는 사람들이었어요. 그런데 경험도 없고 교사 자격증마저 없는 상태였던 제가 합격하게 된 것은 놀라운 일이었지요. 또 정신여고에 있던 음악 선생님이 여학생과의 불미스러운 일로 그만두시게 된 상황이었기 때문에 당시 총각이던 제가 합격할 거라고는 생각도 하지 못했습니다. 이렇게 정신여고에 첫발을 내딛게 된 것이 다 하나님 계획에서 이루어진 일이 아니었을까, 하나님 뜻이 없었다면 가능하지 않았을 거라고 지금도 생각합니다.

'정신여고 합창단'을 향한 남다른 열정

정신여고에 음악 선생으로 부임해(1967년) 여러 가지 일을 했는데 지휘자의 경험은 전혀 없었지만, 고등학교 3학년 학생 세 명을 데리고 광주에서 열렸던 전국 중창경연대회(YFC 주최)에 참가해 1등을 하게 되었어요. 또 음악 교사로 재직했던 1968년 결혼을 했는데 학생들 노래 연습을 시키기 위해 신혼여행 기간에 시간을 내서 나올 정도로 정신합창단에 대해 진심이었어요. 당시 학생들 몇 명도 아프다는 핑계로 조퇴를 하고 내 결혼식에 몰래 올 정도로 정신합창단에 대한 지휘자와 단원들의 신뢰가 있었지요.

1969년, 기도와 도움의 손길로 노래선교단의 탄생

선교사에 의해 설립된 정신여고에 선교의 사명을 가진 합창단을 만들어 노래로 선교하는 전국 순회연주를 해야겠다는 생각을 하게 되었어요. 여러 차례 학교에 건의했지만, 예산 부족 등의 이유로 창단이 이루어지지 않았죠. 그럼에도 포기하지 않고 정신여고 박희경 교장 선생님과 오세철 목사님을 찾아가 간절히 부탁드렸고, 결국 오세철 목사님의 도움을 받게 되었어요. 학교에서는 예산 지원은 어렵고 행정 지원만 해주겠다는 약속을 받아 냈어요. 하지만 지방 순회를 하려면 연주장소 섭외는 물론 이동 버스를 빌려야 했고, 숙식 문제도 해결해야 했지요. 여러 가지 문제에 확실한 대책이 없어 하나님께 기도할 수밖에 없었어요.

아쉬운 대로 학생들이 연주 순회비를 냈고 여유 있는 학생들은 더 많이 내기도 했어요. 뜻 있는 동료 선생님들도 찬조금을 마련해 주셨고, 선교단이 아닌 다른 학생들 부모님의 후원 그리고 교회 연주 후에 후원금도 받을 수 있었어요. 또 숙소인 여관조차 잡을 수 없는 형편이어서 지방에 큰 집을 가지고 있는 학부형들이 숙소를 제공해 주기도 하셨습니다. 학생에서 학부형까지 그리고 선생님과 여러 교회의 도움들이 하나둘 모여 1969년 4월 노래선교단이 창단되었고, 그해 7월에 대구, 진해, 마산, 부산으로 40명이 순회 여행을 떠날 수 있었어요.

총 39명의 단원으로 창단한 1회 노래선교단.

노래선교단이 창단되고 순회연주를 떠났지만, 가장 어려운 숙제가 남아 있었는데 40명의 학생 중 절반이 믿지 않는 아이들이라는 점이었어요. 여러 어려움이 있을 때마다 총무 등 다양한 일을 맡아 주셨던 동료 선생님들의 많은 도움이 있었어요. 특별히 창단 시점부터 나의 재직 마지막까지 학생들의 생활 지도를 전담해 주신 김윤숙 선생님의 도움이 상당히 컸어요. 일일이 열거할 수 없을 정도로 도와주신 분들이 많았고 너무나도 감사하게 생각합니다.

'정신여고, 이것이 내 사명'이라는 어머니의 기도 응답

노래선교단 2회 일정을 마칠 즈음 마음을 흔드는 것이 있었는데, 바로 '선명회합창단'이었어요. 선명회합창단을 맡게 되면 미국에 갈 기회를 얻을 수 있을 거란 생각에 마음이 흔들렸어요. 정신여고에 남을 것인가 선명회합창단을 맡을 것인가 둘 중 하나를 선택해야 하는 시기가 있었고, 그 결정은 쉬운 일이 아니었지요.

그때 늘 기도하시는 어머니를 찾아가 기도 부탁을 드렸어요. 하룻밤 기도를 하신 어머니께서 "너는 정신여고에 사명이 더 있는 것 같으니 정신여고에 남으라"고 말씀해 주셨어요. 어머니의 기도 응답으로 정신여고 음악 교사로 정착(1970년)하게 되었고, 마음속에 아쉬움으로 남아 있던 미국으로 가는 길 역시 '틴 라이프'를 통해 이루게 되었어요. 또 오랜 세월이 지난 후 '정신콰이어'를 맡게 된 이유 또한 '이것이 내 사명'이란 생각이 강했기 때문입니다.

노래선교단을 지도하며 가장 어려웠던 점

노래선교단 학생들을 지도하면서 학생들의 신앙, 부족한 경비, 그리고 무대에서 불러야 할 곡들이 많지 않다는 점들이 가장 어려웠어요. 신앙이 없는 학생들을 지도하는 것이 어려워 목사님들에게 도움을 요청하기도 했지만 쉬운 일이 아니었어요. 보통 아침 수업이 시작되기 전에 노래 연습을 했는데 그때마다 기도회가 필요하겠다는 생각이 들었어요. 그래서 교장 선생님부터 주임 선생님 그리고 평교사들까지 많은 분이 오셔서 짧게는 5분에서 10분까지 기도회를 인도해 주시는 기회를 얻었고, 이 기도회는 큰 효과가 있었어요.

그 당시 정신여고 교사합창단. 최훈차 선생님 미국 유학 시 부인 장영란 선생님이 지휘를 맡아 주셨다.

또 각 반에 흩어져 있는 학생들이 연습을 위해 음악실로 모이는 일도 쉽지 않았어요. 일부러 학생을 빨리 보내 주지 않는 선생님도 계셨고 마지못해 보내 주는 선생님도 있었지만, 선생님들과 다투기보다는 늘 웃음으로 대해야 했던 점도 쉽지 않은 일이었지요. 선생님들의 인식을 바꾸기 위해 교사합창단을 만들어야겠다는 생각을 했고 노래를 좋아하시는 선생님들로 조직해 지도하기도 했어요. 교사합창단 조직과 활동이 선생님들의 의식 변화에 큰 도움이 되었고 그 뒤로 선생님들의 협조도 예전과 달리 좋았던 것으로 기억됩니다. 이 교사합창단은 제가 정신여고를 퇴임하는 날까지 계속되었습니다.

어렵게 허락을 받아 노래선교단이 창단되었지만, 학교로부터 받을 수 있는 도움은 행정적인 지원뿐이었어요. 선교단을 운영하는 경비가 없어 학생들에게 간식을 주는 것도 사치스러운 일이었고, 선교단 마크를 만들지 못해 학생들이 도화지에 물감으로 그려 가슴에 달았어요. 단복은 직접 천을 끊어다 만드는 시도를 하기도 했었지요. 결국, 단복을 직접 만드는 일은 실패해 돈을 들여 제작을 맡겨야만 했어요. 순회연주를 떠나는 날 식비를 아끼기 위해 점심 도시락을 싸 오게 했는데 이것은 후대에까지 전통으로 남게 되었습니다.

돈이 너무 없어 내 월급이라도 내놓고 싶었지만, 그때의 교사 월급이 너무 적어 할 수 있는 일이 아니었어요. 훈련 경비부터 단복, 그리고 숙박까지 해결해 줄 테니 자신의 딸을 선교단이나 틴라이프 단원으로 뽑아 달라는 황당한 부모님

4회 틴라이프 당시 최훈차, 송창규, 이혜숙, 이태근 선생님, 오세철 목사님.

을 만났던 일도 있었어요. 하지만 잘못된 유혹에 현혹되지 않았던 건 순수하게 도움을 주시는 분들이 주위에 많이 있었기 때문입니다.

많은 분의 도움이 있었지만 어려움이 없어진 것은 아니었어요. 3회 선교단에서 1회 틴라이프를 조직해 미국에 연주하러 떠났고 그곳에서 좋은 곡들을 많이 가져와 국내에서 번역, 편곡해 복음성가 책《노래할 이유 있네》를 만들었어요. 이 책을 전교생에게 보급했고 레코드판과 카세트테이프도 제작했어요. 이 음반들은 불법 복제품이 나올 정도로 인기가 있었고 큰 수입으로도 이어졌어요.

지방 순회연주 후 2학기 때는 서울에서도 연주회를 열었는데 입장권이 완판되는 것은 물론 암표까지 돌기도 했어요. 또 노래선교단의 회가 거듭될수록 졸업한 선배들이 간식을 갖고 방문하는 횟수가 늘어났고 후원금도 아끼지 않았어요. 이런 후원금들을 모아 3회 때는 단을 제작하게 되었고 8회 때는 앰프나 마이크 시설도 갖출 수 있었어요. 선교단 운영 경비가 안정되기 시작하면서 선교단 운영도 체계를 갖추기 시작했습니다.

3, 4회경부터는 처음으로 파송연주회를 만들어 학부모님들을 초청하기 시작했고 순회연주회 전 정기적으로 합숙 훈련도 시행할 수 있었어요. 또 60~70명의 고1 합창반 학생들도 합숙 훈련을 하는 동시에 그다음 해에 뽑을 선교단 단원들을 여러 선생님이 미리 눈여겨보았다가 면담을 통해 선발하게 되었어요. 이런 과정들이 있었기에 가창 실력뿐만 아니라 성적이나 가정환경 그리고 선교단원으로 가져야 할 사명, 거기에 신앙적인 면까지 고려해서 선출할

수 있었습니다.

　노래선교단을 잘 운영할 수 있었던 것은 헌신적으로 도와주신 동료 선생님들이 계셨기 때문이에요. 초대 단장으로 수고해 주신 오세철 목사님을 비롯하여 김철환 목사님, 김천수 목사님, 지동소 선생님, 이태근 선생님께 감사드립니다. 그리고 총무로 수고해 주신 전우식, 송창규, 김진권 선생님, 생활지도로 수고해 주신 김윤숙, 이혜숙 선생님께도 진심으로 감사드립니다.

신앙의 생활화, 음악의 생활화

　노래선교단을 시작하고 많은 어려움이 있었지만, 그때마다 하나님께서 하나씩 지혜를 주셨습니다.

　먼저 생활 속에서 믿음을 실천해야 하는 '신앙의 생활화', 그리고 재미있는 노래로 학교생활이 즐거워야 한다는 '음악의 생활화' 이 두 가지가 실현된다면 노래선교단은 성공이라는 생각을 하고 있었어요. 그래서 선교단이 된 후 마음이 기쁘면 공부도 열심히 할 것이고 능률도 오르지 않겠는가 하는 생각에 선교단에 들어올 때보다 성적이 떨어지면 안 된다고 강조했고, 공부도 잘하고 노래도 잘해야 사명을 다할 수 있다고 끊임없이 가르쳤어요. 8회 노래선교단부터는 2학년 시기의 단원들을 한 반으로 구성해 운영했는데 지금 생각해 보면 반을 따로 만들지 않고 다른 학생들과 섞여 있는 것이 교육적으로 더 좋지 않았을까 하는 아쉬움도 남아 있습니다.

　또 선교단 단원들에게 마인드 컨트롤을 가르지며 성신 교육을 하는 것을 중요하게 생각했어요. 학생들을 지도하기 위해 두꺼운 프로이트 책을 다 읽고 적용했고 최면을 걸거나 암시를 주면서 계속 노력을 하면 모든 건 신념으로 이루어지기 때문에 반드시 이루어진다고 끊임없이 이야기했어요. 숨어서 봉사를 많이 해야 하는 것을 중요하게 이야기했고 적극성도 강조했지요. 그리고 '신앙'이란 내가 가진 하나님의 사랑을 표현하는 것이라고 말해 주었어요. 이것이 노래선교단의 사명이라고 강조해 표현하는 연습을 시켰고 그런 표정으로 무대에서 노래하게 했어요. 당시 시도했던 여러 가지 교육들은 그 당시 학생들이 순수했기에 모두 잘 따라 주었고 감사하게 생각합니다.

인터뷰: 강순주, 유미라, 박혜성, 최혜욱(2023년 8월 22일~12월 21일 매주 화요일 정신콰이어 연습 전 17회 진행)
기록: 공혜량, 최혜욱

2_Repertoire

노래선교단 역대 연주곡목

작곡가	곡명
Adolphe Adam(1803~1856)	O holy night 오 거룩한 밤
Albert Hay Malotte (1895~1964)	The Lord's prayer 주기도문
Alfred Henry Ackley (1887~1960)	내 영혼을 자유케 하심
Andraé Crouch(1942~2015)	My tribute 나의 찬미
	나 항상 노래하리
Antonio Lotti(1667~1740)	거룩 거룩 거룩
Antonio Scandello(1517~1580)	The little white hen 작은 암탉

Benjamin Britten(1913~1976)	A ceremony of carols, Op. 28 캐롤의 제전 중
	    7. This little Babe 어린 아기 예수
	    11. Deo Gracias 데오 그라시아스

	밤의 소리
Bob Burroughs(b. 1937)	A new song! 새 노래로써 / 주께 찬양하라
	주께로 향한 길
Bob Marlowe	I've got a Jesus style 예수 같이 되기를 / 예수 스타일
César Franck(1822~1890)	Panis angelicus 생명의 양식
Charles-Camille Saint-Saëns (1835~1921)	Praise ye the Lord 만군의 주님
Chester G. Allen (1838~1878)	Joyful song 찬양하라 복되신 구세주 예수
Daniel Webster Whittle (1840~1901)	Moment by moment 시시때때로 주를 봅니다(구주와 함께 나 죽었으니)
David Stanley Smith (1877~1949)	Sing unto the Lord 새 노래로 주 찬양하라
Diane Ball(b. 1941)	주 오실 때(주님의 시간에)
Don Hustad(1918~2013)	Amazing grace 놀라운 은혜
	Angels we have heard on high 높이 계신 주께 영광(천사들의 노래가)
Don Wyrtzen(b. 1942)	O give me a soap box
Edwin Othello Excell (1851~1921)	When upon life's billows / Count your blessings 세상 모든 풍파 너를 흔들어
Edwin Reuben Hawkins (1943~2018)	O happy day 오 복된 날 / 오 기쁜 날
Emily Divine Wilson (1865~1942)	When we all get to Heaven(Arr. Otis Skillings) 우리 천국 갈 때에 / 천국 문 들어갈 때
Felix Mendelssohn Bartholdy (1809~1847)	Hebe deine Augen auf den Bergen-Elias Op. 70 눈을 들어 산을 보라
Friedrich Wilhelm Möller (1911~1993)	Joy and laughter 구름의 웃음
F 하링	저 수평선 너머로
Gary Pfeiffer	It's a happy day 맑고 밝은 날

Gene MacLellan(1938~1995)	Put your hand in the hand
George Job Elvey(1816~1893)	Crown Him with many crowns 면류관 드리세
George Michael Cohan (1878~1942)	Give my regards to broadway 브로드웨이의 추억
George William Cooke (1884~1951)	Joy in my heart 주 예수 사랑 기쁨
Gerke	감람나무
Giovanni Pierluigi da Palestrina(1525~1594)	귀하신 예수
Gloria Gaither(b. 1942) & William J. Gaither(b. 1936)	Something beautiful 모든 것 아름답게 하셨네
	There's something about that name(from "Alleluia") 그 이름 예수
	Because he lives 그가 다시 사심은, 살아계신 주
Gloria Shayne Baker (1923~2008)	Do you hear what I hear? 듣느냐 이 노래를
Gordon Young(1919~1998)	Roundelay Noel 노엘
Gus Levene(1911~1979)	Ring those Christmas bells 울려라 크리스마스 종
Harold DeCou(1932~2008)	Count your blessings 복을 세어라
	주가 오실 때
Harry Dixon Loes(1892~1965)	All things in Jesus 모든 사람들이 예수 알기 원하네
Harry Nilsson(1941~1994)	용감한 뽀빠이(영화 '뽀빠이' 중에서)
Harvey Enders(1892~1947)	Russian picnic 러시안 피크닉
Henry Purcell(c. 1659~1695)	축제의 영광
Horatio Richmond Palmer (1834~1907)	Memories of Galilee 아름다운 갈릴리
H. J. 스톨	기도
Harold Arlen	Over the rainbow(from "The wizard of Oz") 무지개 뜨는 언덕
Ira F. Stanphill(1920~1993)	Happiness is the Lord 주님은 나의 행복
Irving Berlin(1888~1989)	There's no business like show business(from "Annie get your gun") 노래처럼 즐거운 것은 없다
Jeannine Deckers/ Sœur Sourire(1933~1985)	Dominique 도미니크
Jerrold "Jerry" Lewis Bock (1928~2010)	Fiddler on the roof(from "Fiddler on the roof") 지붕 위에서 바이올린 켜는 사나이
Jill Jackson Miller(1913~1995) & Sy Miller(1908~1971)	Let there be peace on earth 이 땅에 평화 주소서
Jim Strathdee(b. 1941)	I am the light of the world 나는 세상의 빛이라
Johann Strauss II(1825~1899)	Tritsch-tratsch-polka 트릿취 트랏취 폴카
John Francis Wade(attr.) (1711~1786)	O come all ye faithful 아기에게 절함 / 참 반가운 신도
John Goss(1800~1880)	O saviour of the world 오 사랑의 구주(Arr. Chas Dews)
John Robson Sweney (1837~1899)	More about Jesus would I know 예수 더 알기 원하네
	Sunshine in the soul 내 영혼에 햇빛 비치니

John Willard Peterson (1921~2006)	Heaven came down and glory filled my soul 하늘의 영광 내게 임할 때 / 하늘의 기쁨이 내 마음속에 임할 때
	I just keep trusting my Lord 나 주의 믿음 갖고 / 나는 오직 주만 의지하네
	The solid rock(Arr. Don Wyrtzen) 굳건한 반석
	기도의 향연
	주께서 오신다
	주께 찬양하라
	주를 찬양하라
	주의 동산은 어디로
	주의 빛이 온 세상에 퍼지네
	행복의 길
	Surely goodness and mercy 진실로 선함과 인자하심이
John Wimber(1934~1997)	Spirit song 오셔서 채우소서(오 나의 자비로운 주여)
Joseph J. Lilley(1913~1971)	Jingle jangle jingle 징글 징글 징글
Karen Lafferty(b. 1948)	Matt 6:33 마태 6장 33절 / 먼저 그의 나라와 의를 구하라
Karol Rathaus(1895~1954)	Oh yody yody(Polish folk) 오 요디 요디
Kurt Kaiser(1934~2018)	The moment of truth 진리의 순간
	That's for me 알았네
	Oh how he loves you and me 사랑이 많으신 주님 / 주님께서 주시는
	Pass it on 전파하세(작은 불빛 하나가)
Lani Smith(1934~2015)	My Lord is like a shepherd 주는 나의 목자같이
Leonard Bernstein (1918~1990)	I feel pretty(from "West side story") 나는 예뻐
Lowell Mason(1792~1872)	My faith looks up to thee 어린양을 믿음
Luigi Denza(1846~1922)	Funiculì, Funiculà
Luigi Zaninelli(b. 1932)	The bells of Christmas 크리스마스 종
Luther Burgess Bridgers (1884~1948)	He keeps me singing(Arr. Ralph Carmichael) 내가 노래하겠네
Medical Mission Sisters(MMS)	Come, Lord Jesus 주여 오소서
Meredith Willson (1902~1984)	Seventy-six trombones(from "The music man") 일흔여섯 개의 트롬본
	나는 잠꾸러기(from "The unsinkable Molly Brown")
	안녕 내 사랑(from "The music man")
Orlando di Lasso(c. 1532~1594)	Come holy spirit 성령이여 오소서
	O la, o che bon eccho! / Echo song 산울림
	즐거운 시간
Orlando Gibbons(1583~1625)	The silver swan 은빛 백조
Otis Skillings(1935~2004)	The bond of love 사랑의 띠 / 우리는 사랑의 띠로
	Come now to Jesus 주께로 오라
	God is 하나님은…
	I've got a reason to sing 노래할 이유 있네
Paul Makai	God is so good 사랑의 주 / 좋으신 하나님

Paul Mickelson(1928~2001)	God spoke 하나님께서 말씀하시되
	The happy Jubilee 영원한 하늘 나라
	The happy side of life 나와 함께 하시는 주님
	Jesus is coming again 주께서 다시 오시리
Percy Eastman Fletcher (1879~1932)	A madrigal of spring 봄의 마드리갈
Pete King(1914~1982)	O clap your hands 손뼉을 쳐라
Philip Paul Bliss(1838~1976)	Wonderful words of life 달고 오묘한 그 말씀
Phoebe Palmer Knapp (1839~1908)	Blessed assurance 예수를 나의 구주 삼고 / 내 마음속에 주를 확신함
Pyotr Ilyich Tchaikovsky (1840~1893)	How blest are they, TH 78, No. 7 복 있도다
P. K. Biggs	Heavenly father / Father in heaven 하늘의 아버지
Ralph Carmichael(1927~2021)	He's everything to me 모든 것 되시는 주님
Raymond Robert Repp (1942~2020)	Allelu 알렐루
Ray Overholt(1924~2008)	Ten thousand angels 천사의 합창
Richard Eugene Blanchard Sr. (1925~2004)	Fill my cup, Lord 오 주여 나의 잔을 채우소서 / 우물가의 여인처럼
Richard Rogers(1902~1979)	Carousel medley(from "The carousel") 회전목마 메들리 축제 결코 외롭지 않으리 바다로 가자 내가 당신을 사랑할 때 화창한 유월
	Do Re Mi(from "The sound of music") 도레미
	Edelweiss(from "The sound of music") 에델바이스
	My favorite things(from "The sound of music") 내가 좋아하는 것
	Oklahoma(from "Oklahoma") 오크라호마
	목동의 노래(from "The sound of music")
	저 멀리 푸른 언덕에서(from "The sound of music")
Robert Bernard Sherman (1925~2012) & Richard Morton Sherman (1928~2024)	A spoonful of sugar(from "Mary Poppins", Arr. Dick Anthony) 달콤한 설탕 한 숟갈
	It's a small world(Disneyland theme) 작은 세계
	하늘로 날아라(from "Mary Poppins")
Roye Freeburg(Arr.)	Jingle bells 징글벨
Sammy Fain(1902~1989)	사랑은 아름다워라(from "Love Is a many splendored thing" / 모정)
Sebastián Iradier Salaverri (1809~1865)	La Paloma 라파로마

Spiritual	Ezekiel saw the wheel 에스겔이 하늘의 수레를 보았네
	If I got my ticket 내게 천국 가는 표가 있다면
	Just a closer walk with Thee 주께 가까이 / 나는 비록 약하나
	Peace like a river 내게 강 같은 평화
	가라 모세
	기쁜 소식 가져오네
	깊은 강
	나는 외로운 길 가려네
	나의 이름을 쓰게 해 다오
	내가 하늘 문 들어갈 때
	마차를 타라
	바닷가의 마이클
	신자 되기 원합니다
	여리고의 싸움
	영혼의 반석
	톰은 갔구나
Stephen Schwartz(b. 1948)	All good gifts(from "Godspell") 귀한 선물
	Prepare ye(from "Godspell") 주의 길을 예비하라
	Save the people(from "Godspell") 그 백성을 구원하라
	우리의 주를 찾으리(from "Godspell")
	이것이 최선이다(from "Godspell")
	주께로 돌아오라(from "Godspell")
Terrye Coelho(b. 1952)	Matthew 16:24 마태 16:24
Thomas Morley(c. 1557~1602)	Now is the month of maying 즐거운 축제
William M. Runyan (1870~1957)	Great is thy faithfulness 오 신실하신 주
가나 민요	Johnny's my boy(Ghanaian folk) 귀여운 쟈니
김규환(1925~2011)	님이 오시는지
김동진(1913~2009)	가고파
	내 마음
김성태	정신학원 교가
김희조(1920~2001)	강강수월래
	추천가
	춤추는 춘향이(뮤지컬 '춘향전')
	한오백년
나운영	예루살렘 입성
	여호와는 나의 목자시니 / 시편 23편
	주는 나의 친구

노블케인(Arr.) (Noble Cain, 1896~1977으로 추정)	나는 세상의 고통 마치리라
	위대한 날
	유모레스크
뉴질랜드 민요	Pōkarekare ana 나를 사랑하는 주님 / 연가
데이비스(Arr.)	예배당 종소리
독일 민요	Holla-le 홀랄레
독일 캐롤	Resonet In Laudibus / Christ was born on a Christmas day 거룩하신 아기 예수
돈 버거스	주께 감사드리자
딕슨	주께 감사하라
라이즌(Arr.)	굳건한 반석
레스리 벨	귀여운 루
로브레스	찬양하라
마드리갈	나의 사랑 말해주오
마샬	하나님은 위대하시다
메터슨	크리스마스 종을 울려라
맥레오드	노래하여 춤추자
맥브라이드	헤이호
멕시코 민요	Las Chiapanecas(Mexican folk) 차파네스카스
미국 민요	난쟁이처녀
미국성가	물가로 나오라
	저 천국에서 주 오시리
박태준	동무생각
	우리집 콩나물죽
버클리	너희는 세상의 빛
빌 시몬	온 땅아 찬양하라
셀-만	좁은 길 위를 나는 간다
쉘리반스	기쁨으로 주께 찬양드리자
스카라티 Alessandro Scarlatti (1660~1725) 혹은 Domenico Scarlatti (1685~1757) 추정	아멘
쉐인	목동의 노래
스톨그	주 하나님 크시도다
스틸만	나는 믿네
신귀복(b. 1937)	물새알 산새알
아바로스	알렐루야 노래하자
알렌	어린 아기 예수
영국 캐롤	Deck the halls 홀을 장식하라
	I saw three ships 세 척의 배
	O come all ye faithful 참 반가운 신도여

오스트리아 민요	아름다운 스위스 아가씨
올리벳	어린 양을 믿음
우크라이나 캐롤	Carol of the bells 들려온다 크리스마스 종
위버	은혜의 찬양
윌트에트 / 왈터이터(Arr.)	나는 날고 싶네(뮤지컬 '피터팬' 중에서)
	나에게 힘을 주신다면(뮤지컬 '피터팬' 중에서)
	하늘로 날아라(뮤지컬 '피터팬' 중에서)
윤용하	보리밭
월터베리	즐거운 생활
이흥렬	부끄러움
(1909~1980)	코스모스를 노래함
장수철(Arr.)	농부가
제이머	즐거운 노래
젠하렐	주님을 기억하라
존슨	나는 참 좋은 주를 가졌네(from "Godspell")
존 오쉐아	짚시들의 노래
죤 클레인(Arr.)	그라나다(스페인 환상곡 중에서)
최훈차(Arr.)(b. 1940)	Give me oil in my lamp 기름을 채워라
	Glory hallelujah 영광 할렐루야
	Put your hand in the hand 손에 손을 맞잡고
	감사하는 손 위에
	경복궁 타령
	대머리 총각
	모든 사람들이 자유케 되리
	보리 타작의 노래
	오 주여 나의 잔을 채우소서
	이것이 소망이다
	주께 찬양하라
캠프송	뎀럽렘럽
케이지(Arr.)	그 나라를 구원하라
티얼슨	고전음악가
티켈슨(Arr.)	노래 부르자
	맥도날드 영감의 악단
	모두 함께 피아노를
	성도들의 행진
파멜라 피터슨	영혼의 반석
팔레스타인 민요	Havah Nagilah 하바네길라
풀만	모두 함께 영원히
프랑스 캐롤	횃불을 밝혀라
프랜트	기억하소서

피지 민요	This is the day(Fijian folk) 이날은 주의 날
핏쳐(Arr.)	산의 노래
하리 윌슨	농가의 펌퍼
한국 민요	도라지
	상당굴레
	새야 새야 파랑새야
	울산아가씨
한국성가	내 평생 듣는 말씀
황철익(b. 1932)	신 몽금포타령
헤리윌란	거룩하신 주
헤슬러	새 노래로 주를 찬양
현제명(1902~1960)	희망의 나라로
힐 톤	즐겁게 노래할 때
작자 미상	Alleluia 알렐루야
	I know him 우리는 보았네
	Jesus, the joy of the world 주는 우리의 기쁨
	Little David play on yo' harp 어린 다윗이 주님의 하프를 탄다
	Lonely voice 외로운 음성
	Sing 알렐루야
	거룩, 거룩, 거룩
	겸손하라
	금과 은 나 없어도
	기다리시는 구세주
	나는 기쁘다 / 오 이 기쁨
	나는 주를 기다리네
	나는 주만 따라가리
	나의 새 기쁨
	날 보내소서
	내가 주를 찬양하리
	내 마음속에 울리는 노래
	노래하자 노엘
	놀라운 구주
	느헤미야 8:10
	마음이 상한 자는
	서로 사랑하라
	승리하리라
	예수는 나의 주
	예수 물 위를 걸으시네
	외치리라
	요나

	우리 주	**107** 
	주님 나를 도우시네	
	주님 만났을 때	
	주님 왜 날 사랑했나	
	주님이 이끄시네	
	주님이 품으니	
	주를 바라보라	
	주 안에 살리라(예수는 참 포도나무)	
	지각에 뛰어나신 하나님	
	찬송을 부르세요	
	하나님의 독생자	
	하늘나라	
	황혼의 저녁 되어	
	흔들리지 않게	

노래선교단 연주 프로그램 **QR 107**

발매 음원   <u>QR 108</u> 정신여자고등학교 노래선교단(Chung Shin Singing Mission) 음원 모음.

3회 노래선교단(1971)

4회 노래선교단(1972)

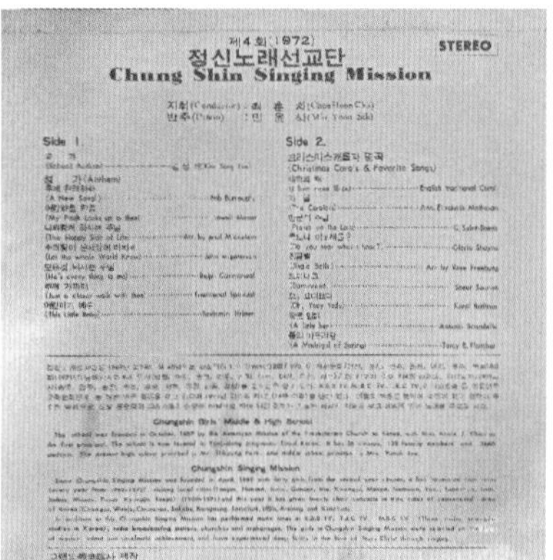

5회 노래선교단(1973), 2회 틴라이프(1972)

6회 노래선교단(1974), 4회 틴라이프(1974)

8회 노래선교단(1976)

8회 지동소 단장님(앞줄 맨 오른쪽), 이혜숙 선생님(둘째 줄 맨 오른쪽), 이영주 기사님(가운데)과 함께.

〈노래할 이유 있네〉 제1집 8회 노래선교단(1976), 9회 노래선교단(1977)

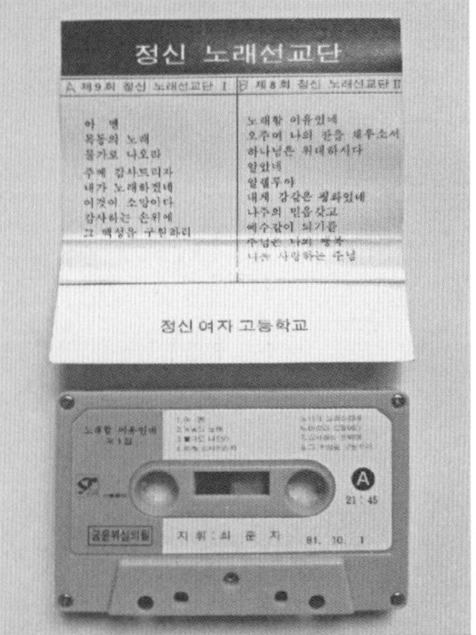

〈노래할 이유 있네〉 제3집 10회 노래선교단(1978)

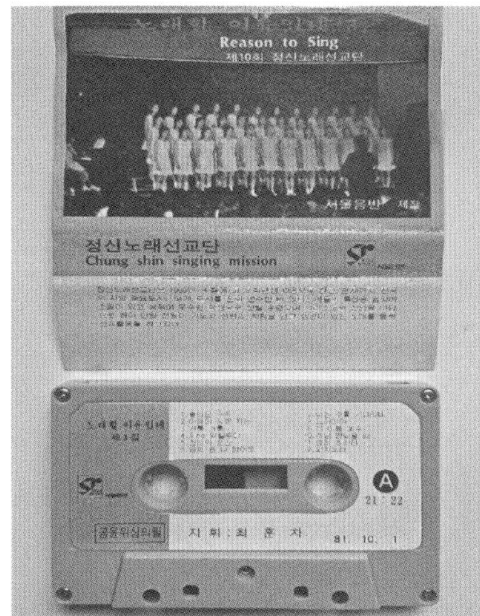

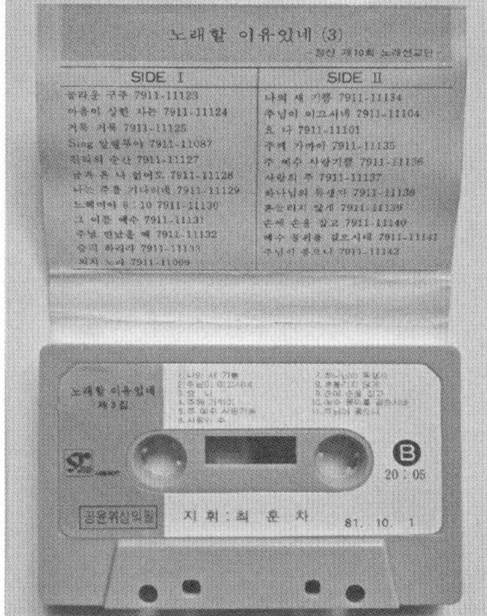

〈노래할 이유 있네〉 제4집 11회 노래선교단(1979)

11회 서울 연주회-YMCA 대강당(1979. 9. 13).

〈노래할 이유 있네〉 제5집 13회 노래선교단(1981)

〈노래할 이유 있네〉 제6집 14회 노래선교단(1982), 15회 노래선교단(1983)

〈노래할 이유 있네〉 제7집 16회 노래선교단(1984)

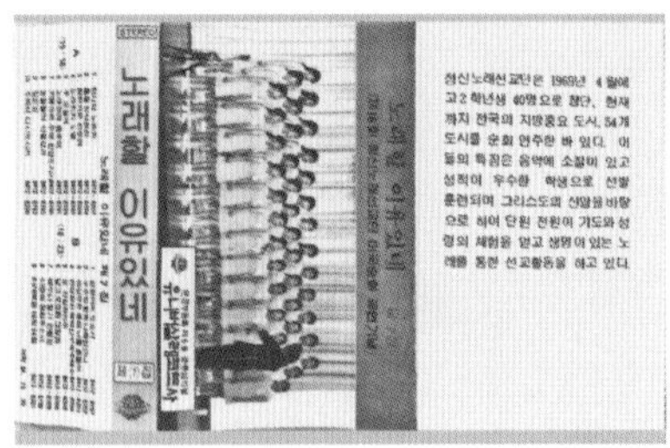

최훈차 선생님이 최초로 번역·녹음한 복음성가들

1969년에 정신여고에서 노래선교단을 창단한 가장 큰 목적은 학생들을 전도하기 위함이었어요. 그러려면 학생들이 좋아하는 음악이 필요하다고 생각했는데, 아직 우리나라에 복음성가가 널리 알려지지 않았을 때였죠.

1971년부터 틴라이프를 데리고 미국 순회를 다니기 시작했는데, 그때 미국 교회를 다니면서 들었던 복음성가들을 가져와서 본격적으로 부르기 시작했어요. 악보집을 만들어서 여러 교회에 전파하기도 했어요. 매년 미국에서 많은 교회를 다니다 보니, 여러 교회에서 유행하는 복음성가들을 선별해서 악보를 사 오거나 채보해서 연습을 했어요. 그런데 미국에서는 이미 복음성가가 널리 퍼지고 있는 시기였지만, 우리나라에서는 기타를 치면서 노래하는 것은 상상도 못할 때였어요. 실제로 노래선교단이 교회를 다니며 연주할 때 어떤 장로님께서는 치고 있던 기타를 빼앗아 가더니 노래를 못 하게 한 적도 있었어요.

그래도 젊은 세대에게는 이런 복음성가가 빠르게 보급됐고, 특히 믿지 않는 학생들을 전도할 때 쉽게 다가갈 수 있었어요. 노래선교단은 매년 전국을 다니면서 순회연주를 했고, 그 지역 학교들도 12~15곳씩 다니면서 연주를 했어요. 하나님을 믿지 않는 학생들도 많았고 학교에서 찬양을 부르지도 못하게 하는 경우가 많았는데, 악기와 함께 복음성가를 부르고 안무까지 넣어서 연주를 하면 학생들이 좋아하면서 마음을 열었던 것 같아요.

어떻게 하면 연주를 통해서 복음을 전할 수 있을까 많은 고민을 했어요. 방문하는 학교 교가를 3성부로 편곡하고 반주도 만들어서 외워서 부르기도 했고, 중간에 단원들의 간증 시간도 넣었어요. 무엇보다 악기와 안무를 섞어서 불렀던 이 복음성가들이 학생들을 전도하고 노래로 선교하는 데 있어 가장 좋은 도구가 될 수 있었던 것 같아요. 이런 복음성가들을 널리 전파하기 위해서 악보집도 만들고 LP와 테이프도 녹음했는데, 빠르게 유행하기 시작해서 전국적으로 각 학교마다 노래선교단이 생기기 시작했어요. 살아계신 주, 나 주의 믿음 갖고 등 그때 많이 불렀던 복음성가들이 아직도 불리고 있다니 참 감사한 일이지요. **QR 109** 최훈차 최초 번역·녹음 복음성가 모음.

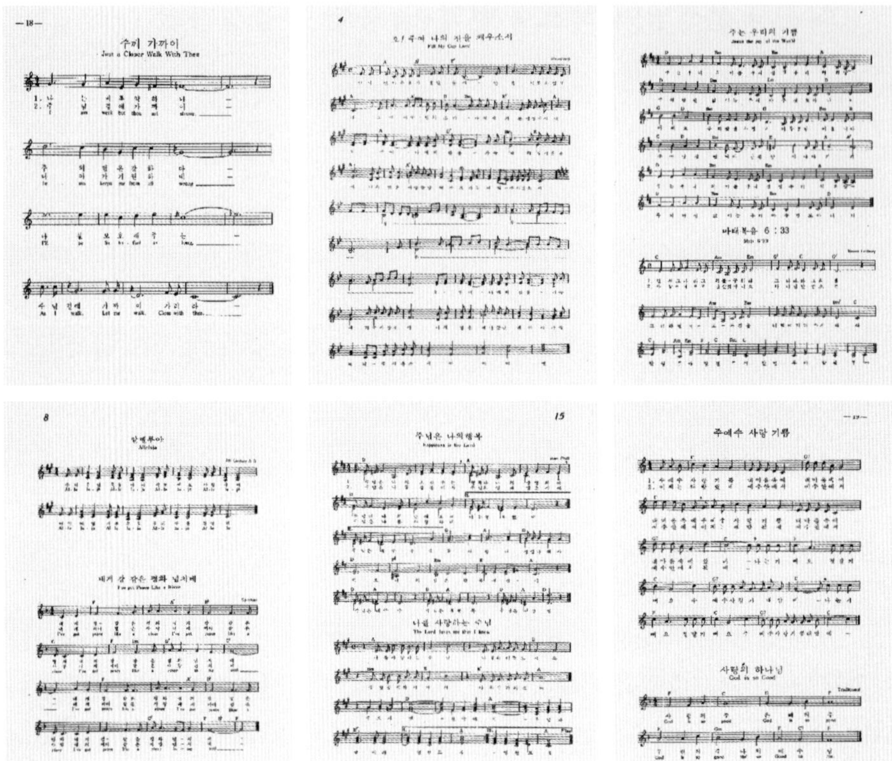

여호와는 나의 목자시니 - 3회 노래선교단(1971)

주기도문 - 3회 노래선교단(1971)

나는 오직 주만 의지하네(나 주의 믿음 갖고) - 2회 틴라이프(1972)

주께 가까이(나는 비록 약하나) - 4회 노래선교단(1972)

그가 다시 사심은(살아계신 주) - 6회 틴라이프(1976)

오 주여 나의 잔을 채우소서(우물가의 여인처럼) - 8회 노래선교단(1976)

마태 6장 33절(먼저 그 나라와 의를 구하라) - 8회 노래선교단(1976)

내게 강 같은 평화 - 8회 노래선교단(1976)

나를 사랑하는 주님(연가) - 8회 노래선교단(1976)

이 날은 주의 날 - 8회 노래선교단(1976)

주께 감사드리자(감사해) - 9회 노래선교단(1977)

금과 은 나 없어도 - 10회 노래선교단(1978)

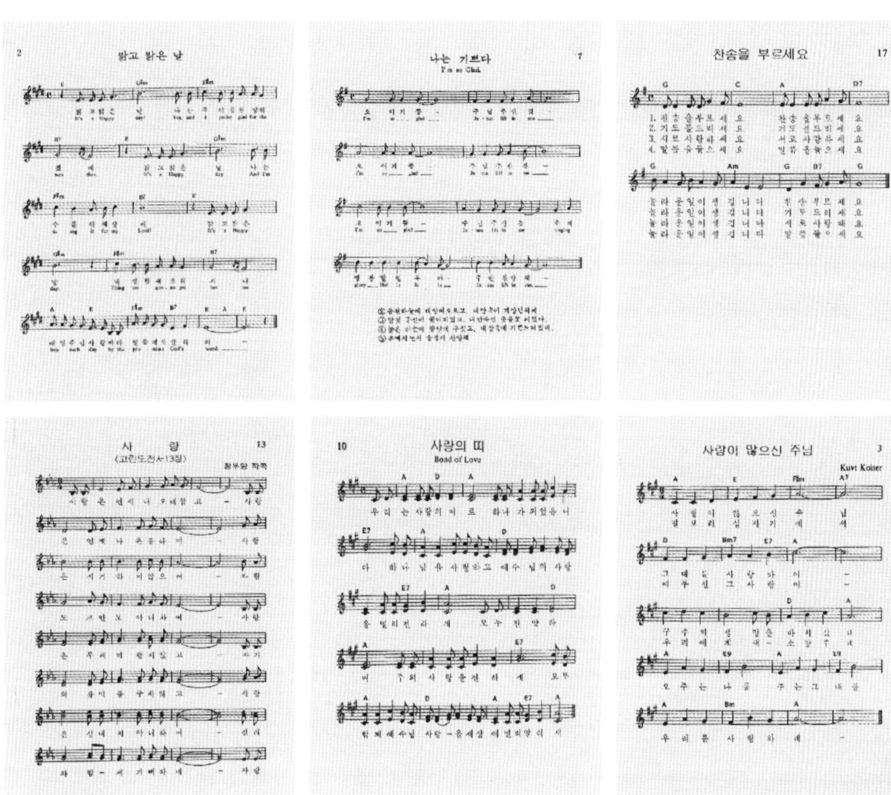

주께 가까이(나는 비록 약하나) – 10회 노래선교단(1978)

주 예수 사랑 기쁨 – 10회 노래선교단(1978)

사랑의 주(좋으신 하나님) –10회 노래선교단(1978)

맑고 밝은 날 – 11회 노래선교단(1979)

나는 기쁘다(오 이 기쁨) – 11회 노래선교단(1979)

찬송을 부르세요 – 13회 노래선교단(1981)

사랑은 언제나 오래 참고 – 13회 노래선교단(1981)

사랑의 띠 – 13회 노래선교단(1981)

사랑이 많으신 주님(주님께서 주시는) –

13회 노래선교단(1981)

그 외 다수.

**복음성가집《노래할 이유 있네》
악보들.**

기별 명단과 연주 기록

정신노래선교단
'69.7.23-28 지방순회
효響樂器社

정신노래선교단
'70. .18-23 지방순회
종로피아노사

정신노래선교단
지방순회
1971.7.17~23
대구.경주.부산.진해.마산.
진주.순천. 여수.남원.
주최:정신여자중고등학교
후원:기독교방송 기독공보사
鍾路音楽社

정신노래선교단
지방순회
'72.7.15~21강원도
지 역:충주.원주.속초.강릉.춘천
삼척.울진.안동.김천
시일 : 1972.7.   시
장소 :
주 최:정신여자중고등학교
후원:기독교방송

정신노래선교단
지방순회
'73.7.14~7.21
지역:수원.천안.공주.군산.이리.논산.
대전.대구.포항.울산.부산
73.7
곳:
주 최:정신여자중고등학교
후 원:기독교방송

정신노래선교단
지방순회
제6회
'74.7.13~19
지역:인천.전주.광주.목포.여수
순천.진주.진해.마산.영천
때:74.7
곳:
주 최:정신여자중.고등학교

貞信 노래선교단
제7회 지방순회연주
月 日 時
'75年7月15~21日
순회지역/원주. 춘천. 속초. 강릉. 묵호. 울진. 안동. 대구/정신여자고등학교

貞信 노래선교단
제8회
지방순회연주회
정신여자고등학교

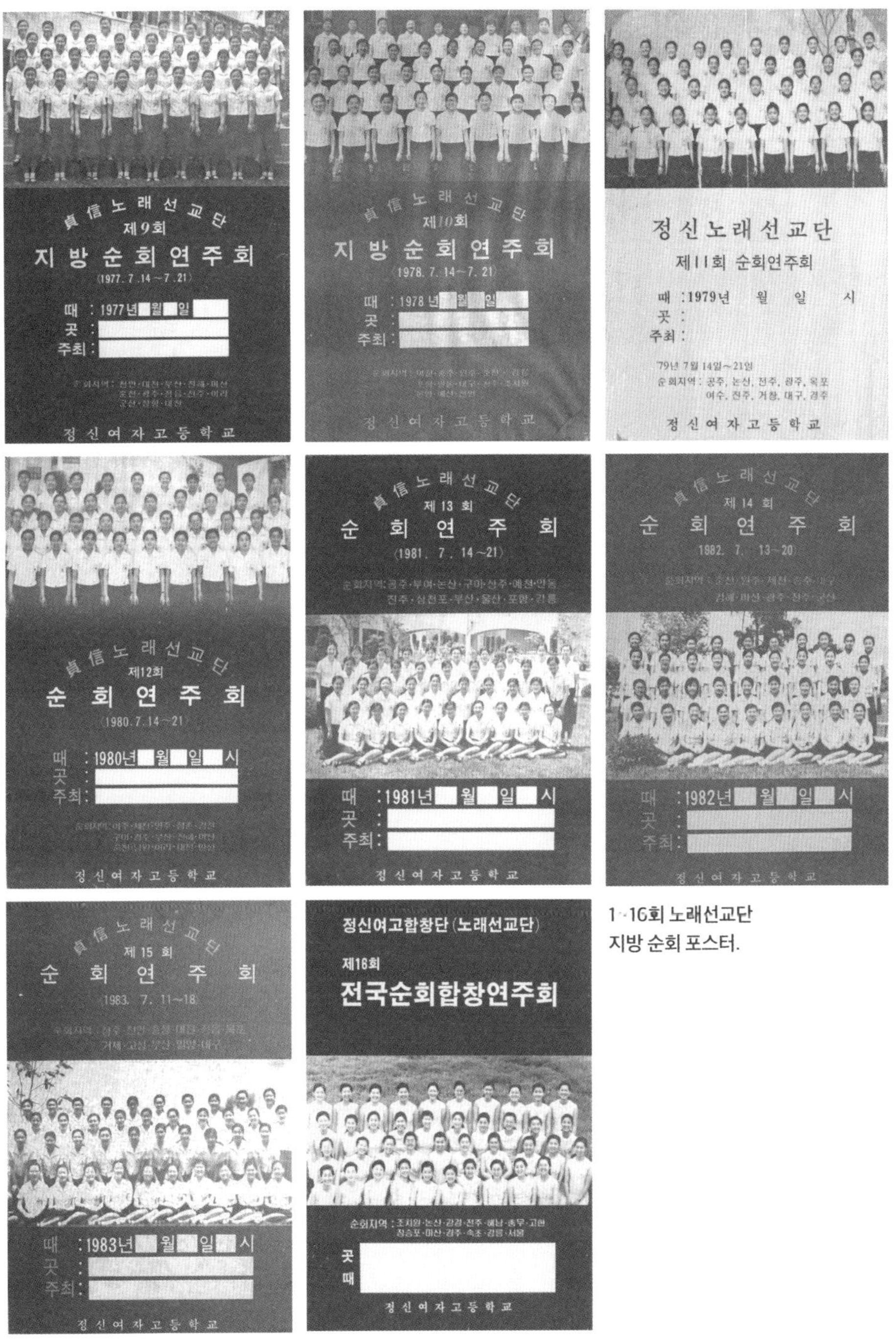

1·16회 노래선교단
지방 순회 포스터.

정신합창단(창단 2년 전)   **1967**

단원 명단(37명)

강신자 고순정 권명희 김남순 김옥희 김원경 김혜란 남진우 박선재 박옥희 박정순 박혜영 백신애 송숙자 송영실 신난식 오정옥 왕승희 유영순 윤덕미 윤숙정 이명자 이수용 이원순 이정자 이주훈 이향희 이해선 이혜영 임선혁 장은상 정선경 정명숙 정봉순 정애련 최영경 한명희

개교 80주년 기념예술제.

- 4월 육군 정훈학교 초청 부활절 음악회, 연합 대부흥회(영락교회) 특별찬양
- 5월 졸업생 초청 음악 연주회
- 6월 공군사관학교 초청 음악예배, 농아연주단 초청음악회, 기독교방송국 녹음 방송
- 8월 YFC 주최 전국 중창경연대회 1등 입상, 개교 80주년 기념예술제(시민회관)
- 9월 전국여전도대회 개회식 특별찬양, 영동교회 순회 음악 연주, KBS 녹음방송, 동양방송(TBC) 녹음 방송, 후암교회 순회 연주
- 10월 KBS 녹음 연주, 전국학생합창제(시민회관), 시교육위원회 주최 합창경연대회 1등 입상, 영락교회 순회 음악 연주
- 11월 전국학생음악제(시민회관), 동아방송(DBS) 녹음 방송, 미7사단 초청연주 2회
- 12월 크리스마스 축하 음악회(영락교회), 육군 정훈학교 초청 크리스마스 음악회

정신합창단(창단 1년 전)   **1968**

단원 명단(39명)

강숙경 김기연 김경혜 김성보 김세향 김숙인 김영희 김월성 김은희 김정순 김화식 김화진 김희성 나경 나윤주 나혜숙 박복련 배경애 서수영 송동수 송만빈 신은혜 오숙방 유지수 이관신 이숙영 이숙자 이연희 임경님 임상춘 임진선 정숙란 조향옥 최남희 최은숙 최인옥 최주희 홍명신 황혜련

-1회 정신합창음악제에서 이혜숙 선생님과 함께(1968. 11.).

- 6월 기독교방송국 녹음 방송, 영락교회 순회 음악예배
- 7월 졸업생 초청 합창반 합동음악회, YFC 주최 전국 중창경연대회 1등 입상
- 9월 동양(TBC) TV 방송 출연
- 10월 서울시교육위원회 주최 지구별 합창 콩쿠르 입선, 전국학생 합창경연대회 입상(음악협회)
- 11월 곽안전 목사 회갑 축하 예배 특별찬양, 전국 찬양합창제 출연(삼일당), 서울노회 개회 예배 특별찬양, 미1군단 초청 감사절 예배, 제1회 정신합창연주회(시민회관)
- 12월 크리스마스 축하음악회(영락교회)

1회 노래선교단   **1969**

단장 목사 오세철

총무 없음

생활지도 교사 이혜숙 김윤숙

피아노 조인선(고1)

소프라노 김선목 김영희 김원자 김인자 백낙화 안혜덕 양미라 오화정 이영주 임옥빈 장재화 한귀란 한선혜

메조 강혜영 김경희 김길숙 김미선 김신환 김현숙 박여실 양의경 유덕희 조선연 지성란 한만숙 허진숙

알토 김길분 박경미 박은숙 박수애 유명신 이군자 이명숙 이경애 이혜자 조안숙 정호남 최영민

왼쪽 시민회관(1969. 11. 25.). **오른쪽** 제일진해교회.

- 서소문교회, 후암교회, 성도교회, 종로교회, 동선교회, 새문안교회, 신광교회, 영락교회
- 총회신학대학교, KBS-TV 출연, 안창호 부인 추도식, TBC-TV 출연, 흥사단 본부 초청음악회, 전국학생합창제(시민회관, 삼일당), 82주년 예술제, 제2회 정신합창 연주회(시민회관), 유엔군 총사령부, 미1군단 초청음악회, 원호병원 및 해군병원 위문공연
- 7월 23일(수) 대구남산교회
- 7월 24일(목) 대구 신명여자고등학교, 대구 동산기독병원, 대구방송국
- 7월 25일(금) 진해 해군병원, 진해 해군사관학교, 제일진해교회
- 7월 26일(토) 마산 국립요양소, 마산 문창교회
- 7월 27일(일) 부산영락교회, 부산 동광교회

2회 노래선교단   1970

단장 목사 김철환
총무 교사 전우식
생활지도 교사 김윤숙

피아노 조인선
소프라노 김미란 김복희 김희선 마혜자 박혜경 심혜숙 오윤숙 윤명숙 이경숙 이승희 이은숙 정경숙 조영숙 최상숙
메조 강신덕 김성희 김용희 박경애 박민경 백금희 이귀주 이혜규 이혜영 임현숙 전경원 전정옥 최영희 홍현숙
알토 계영희 김경희 김화숙 신영희 신현숙 심영혜 오희열 유영출 전정애 조선희 천희자 최명규 최미례

군산신흥교회.

왼쪽 전주여중에서 스스로 만든 노란색 단복을 입고.
오른쪽 샛노란색 짧은 원피스 단복은 이때부터 노래선교단의 상징이 되었다.

목포 정명여고(1970).

- 안동교회, 보문제일교회, 한성교회, 중앙교회, 영락교회, 승동교회, 육군본부교회, 후암교회, 송학대교회, 영은교회
- 총회신학대학교, YFC주최 중창경연대회 1등 입상, 기독교도서관 개관식 특별 찬양, 스코필드 박사 장례식 특송, 숭실대 초청연주, 공군사관학교, 기독교방송국, MBC-TV 출연, 공군기교단, 신사임당 동상 제막식, 전국학생합창제, 제3회 정신 합창 연주회(시민회관), KBS-TV 출연, 미1군단 초청음악회, 자선음악회(수원), 30 사단 연주
- 7월 18일(토) 청주여자고등학교, 대전 호수돈여자중·고등학교, 대전제일교회
- 7월 19일(일) 논산 제2훈련소, 군산신흥교회, 이리신광교회
- 7월 20일(월) 이리여자고등학교, 전주 신흥고등학교, 전주여자고등학교, 전주서 문교회
- 7월 21일(화) 전주여자중학교, 광주제일교회
- 7월 22일(수) 광주 제중병원, 수피아여자고등학교, 전남여자고등학교, 광주 KBS 방송국, 광주 일신방직
- 7월 23일(목) 목포 정명여자고등학교, 목포상업고등학교

3회 노래선교단 **1971**

단장 목사 오세철
총무 교사 송창규
생활지도 교사 이혜숙

피아노 민윤식(고1)
소프라노 김순희 김영선 노혜원 박정숙 유복영 임영희 정규주 조혜숙 홍순덕
메조 김병호 김선애 김용자 김정혜 김춘미 박경희 백은주 이영미 정연각 정영해 정자경 조호선 채승원 최연신 최윤정
알토 김경실 김경혜 김정은 김향미 김향순 신동수 신성숙 심우현 오향복 오혜란 이숙 이은희 전애소 정희선 최애경

진주 일반연주(YMCA 주최, 진주문화관).

3회 지방 순회 직전 부모님 모시고 파송연주 후 강당 앞에서 기념촬영.

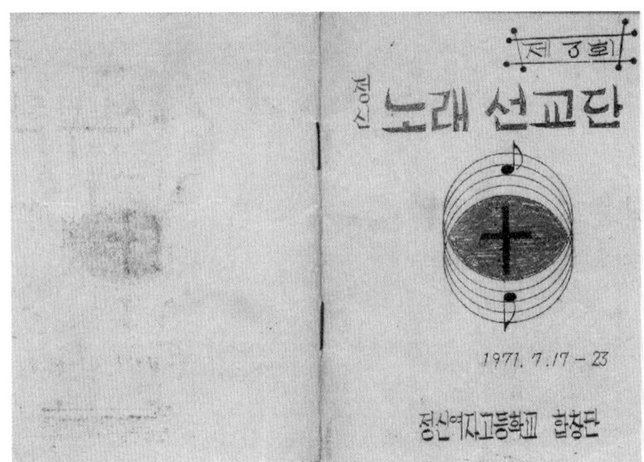

3회(1971. 7. 17.~7. 23.) 전국 순회 방문 고등학교 교가 모음집.

- 육군본부교회, 창현교회, 명륜중앙교회, 청량리중앙교회, 새문안교회, 미아리 신성
  북교회, 삼선교회, 아현감리교회, 영암교회, 종로교회, 후암교회
- 공군사관학교 초청연주, KBS-TV 중창 및 합창 출연, CBS 음악회 출연
- 7월 17일(토) 남원동북교회, 남원 유격여단
- 7월 18일(일) 순천동부교회, 순천제일교회, 여수중앙교회, 여수성광교회
- 7월 19일(월) 순천 매산고등학교, 진주고등학교, 진주일반연주(YMCA 주최, 진주문화관)
- 7월 20일(화) 마산여자고등학교, 진해 해군사령부, 통제부교회
- 7월 21일(수) 진해여자고등학교, 부산 이사벨여자고등학교, 부산 수정여자중학교,
  부산 초량교회
- 7월 22일(목) 경주 문화고등학교, 대구 계성고등학교
- 7월 23일(금) 대구 경북여자고등학교

4회 노래선교단　　　　　　　　　　　　　　　　　1972

단장　목사 김철환
총무　교사 지동소
생활지도　교사 김윤숙

피아노　민윤식
소프라노　고영련 김난 김옥희 신명환 양복실 이정의 이혜경 장명희 최인자
메조　김은희 설경애 우은주 유진경 이명재 이미진 이현애 이화진 정종옥 최미령 최정희 최화경 한성희 한은숙 홍향미
알토　김경애 김경희 김은엽 김혜원 김희영 박란순 복혜경 심동애 이규의 이정심 이충옥 장혜성 최영숙 한나숙

왼쪽 4회 파송연주회(7. 15.).　**오른쪽** 원주청년회관.

- 신용산교회, 종암교회, 아현중앙교회, 염산교회, 새한교회, 신흥교회, 서소문교회, 신광교회, 성남교회, 성일교회, 종로교회, 남대문교회, 후암교회, 동신교회
- 미8군 초청음악회, 숭전대학 초청음악회, 공군사관학교 초청음악회, MBC-TV 출연, 육군사관학교 초청음악회, TBC-TV 출연
- 7월 15일(토) 충주여자고등학교, 원주 일반연주(청년회관 주최)
- 7월 16일(일) 원주제일감리교회, 원주제일장로교회, 1군단사령부, 2군단사령부(군인극장)
- 7월 17일(월) 춘천 제헌절 기념식 참석(특별 출연), 학생을 위한 일반연주
- 7월 18일(화) 속초여자고등학교, 강릉상업고등학교, 강릉 동광교회(교회연합)
- 7월 19일(수) 강릉여자고등학교, 삼척 삼일중학교, 울진장로교회
- 7월 20일(목) 울진여자중·고등학교, 안동교회
- 7월 21일(금) 안동 경안여자상업고등학교, 김천고등학교

5회 노래선교단　　　　　　　　　　　　　　　　　　　　　　　　　**1973**

단장　목사 김철환
총무　교사 송창규
생활지도　교사 이혜숙

피아노　김순배
소프라노　강순주 박현희 배영미 유미라 윤서명 이숙희 이용애 이혜숙 진회숙 최병순 홍수연 홍희숙
메조　김경희 김애란 김혜주 노미애 백은미 오남균 유진희 이미화 이정미 이화병 최영희 최혜경
알토　김영신 김혜영 문성희 방혜원 심재영 안혜경 엄희숙 이대옥 이명희 이정옥 이혜자 임현숙 전애경 차서경 최정원

5회 서울 연주.

- 서소문교회, 서대문교회, 상도동교회, 휘경동교회, 중앙감리교회, 홍제동감리교회, 상동교회, 수색장로교회, 종로교회, 새문안교회, 남부교회 빌리그레함 대회 연주
- 공군사관학교, 30사단, 안양교도소, 국군수도통합병원, TBC-TV 출연
- 7월 14일(토) 수원 매향여자고등학교, 천안농업고등학교, 천안 애육원, 공주제일 감리교회
- 7월 15일(일) 논산 제2훈련소, 이리신광교회, 군산성광교회
- 7월 16일(월) 군산여자고등학교, 대전여자고등학교, 대전 공군기술교육사령부

- 7월 17일(화) 대구 애락보건병원, 포항북부교회
- 7일 18일(수) 해병 1상륙사단, 포항여자고등학교, 울산여자고등학교, 부산 일반연주(YMCA 주최, 동주여상 강당)
- 7월 19일(목) 부산 이사벨여자고등학교, 부산여자고등학교, 대구 일반연주(YMCA 주최, 계성고등학교)
- 7월 20일(금) 경북사대부속고등학교, 대구여자고등학교, 울산 한국비료 공장

6회 노래선교단　　　　　　　　　　　　　　　　　　1974

단장 교감 이태근
총무 교사 송창규
생활지도 교사 이혜숙

피아노 우현옥
소프라노 김양숙 김혜연 김희재 박성우 손소희 안정희 정나영 조정래 한복희
메조 강무환 김은주 남은경 박미현 백현숙 안옥희 유정숙 이현선 임신덕 장미화 정미숙 정지선 조수경 최은미 한정라
알토 곽남 김연희 김채연 김현미 김혜정 문성애 민순기 박선아 박화숙 신동심 오선영 정엔다 채승옥 최혜영 현남영

마산 창신공업고등학교.

왼쪽 위부터 시계 방향 전주교도소 2부 무대. 양동제일교회(가운데 이혜숙 선생님).
양동제일교회 연주. 여수 오동도 앞바다에서 기념촬영.

- 한성교회, 을지로교회, 대현교회, 영락교회, 수유동교회, 영암교회, 동숭교회, 보문교회, 동막교회, 신덕교회, 동도교회, 남대문교회, 청파교회, 신목교회, 봉천교회, 정릉교회

- 장로회신학대학, 정의여자중학교, MBC-TV 출연, 육군사관학교, 인천 초청 일반연주(2회), 대한신학대학, 공군사관학교, 안양교도소, 수원교도소, 인천소년교도소, 영등포구치소, 영등포교도소, 오산미군기지, TBC-TV 출연

- 7월 13일(토) 전주 예수병원, 전주 기전여자고등학교, 전주교도소, 전주 일반연주(YMCA 주최)

- 7월 14일(일) 전주성결교회, 전주완산교회, 광주양림교회

- 7월 15일(월) 광주고등학교, 수피아여자고등학교, 육군 6138부대(31사단), 목포 양동제일교회

- 7월 16일(화) 목포 정명여자고등학교, 여수여자고등학교, 순천 일반연주

- 7월 17일(수) 순천 매산고등학교, 진주교회

- 7월 18일(목) 마산고등학교, 진해 함대사령부, 진해 일반연주

- 7월 19일(금) 마산 창신공업고등학교, 영천 3사관학교

7회 노래선교단　　　　　　　　　　　　　　　　　　**1975**

단장 목사 김천수
총무 교사 송창규
생활지도 교사 이혜숙

피아노 최귀영
소프라노 김양미 김은희 김정식 박현지 유경원 이경희1 이경희2 이향림 정아영 정혜련 정희영 홍영우
메조 구본경 김은선 민무숙 백낙금 서경원 신경숙 유은숙 이경옥 이미나 이임경 임화라 장임숙 장현자 전혜선 차은희
알토 김경혜 김경희 민경원 문혜옥 박남옥 박혜련 서종숙 송혜정 유희주 이경숙 이옥경 주정숙 조마리 한영진 한은혜 허귀선

7회 서울 연주.

- 평동감리교회, 종로감리교회, 성원교회, 금호감리교회, 은광교회, 신용산교회, 신사동교회, 의정부교회 연합연주, 종교감리교회, 영암교회, 내수동교회
- 장로회신학대학 초청연주, 안양여고 초청연주, 파송 연주(고등학교), 신일고등학교 초청연주(2회), 서라벌고등학교, 경인여자중·고등학교 초청연주(2회), TBC-TV 출연, 학부모 초청 음악회
- 7월 15일(화) 원주여자고등학교, 원주고등학교, 육군 3037부대(1군단사령부), 원주 일반연주(청년회관 주최)

속초중앙교회.

- 7월 16일(수) 춘천여자고등학교, 춘천고등학교, 2군단사령부, 춘천 일반연주
  (YMCA 주최, 도립문화관)
- 7월 17일(목) 춘천 101후송병원, 속초중앙교회(교회연합)
- 7월 18일(금) 속초여자고등학교, 강릉여자고등학교, 강릉 일반연주(CCC 주최)
- 7월 19일(토) 묵호여자고등학교, 울진제일교회(교회연합)
- 7월 20일(일) 안동 일반연주(CCC 주최), 안동교회(교회연합)
- 7월 21일(월) 안동 경안여자상업고등학교, 대구 신명여자고등학교

8회 노래선교단   **1976**

단장 교사 지동소
총무 교사 송창규
생활지도 교사 이혜숙

피아노 임미원
소프라노 고미옥 이경애 이현옥 임준희 임지선 장화경 정애주 차미숙 하영주
메조 권지혜 박경미 서은순 오현주 우수진 윤경자 이동주 이명숙 이윤선 정미경 정윤정
한승연
알토 문희영 박선이 연현주 염지선 오경미 오현미 이전순 이혜지 정재향 한경숙 함부성
홍종애

위 8회 지방 순회 때. **아래** 8회 방송 출연 중.

- 서부중앙교회, 녹번감리교회, 서남교회, 노량진교회, 신촌교회, 한남중앙교회, 금호중앙교회, 번동교회, 흑석동감리교회, 영암교회, 면목교회, 순복음교회, 장석교회, 삼양제일교회, 동신교회, 용문교회
- 배화여고 초청연주, 배재고등학교 초청연주, 용문고등학교, 양평여자상업고등학교, 안양교도소, 인천소년교도소, 평택공업고등학교, 평택여자고등학교, 평택중학교, KBS-TV 출연, 학부모 초청연주
- 7월 14일(수) 청주 일신여자고등학교, 부여여자고등학교, 부여교회(교회연합)
- 7월 15일(목) 공주여자고등학교, 논산 제2훈련소, 김천 일반연주(YMCA 주최)
- 7월 16일(금) 김천여자고등학교, 의성여자고등학교, 영주제일교회(교회연합)
- 7월 17일(토) 영주 영광여자고등학교, 충무제일교회(충무 SFC 주최)
- 7월 18일(일) 충무교회, 삼천포성결교회(교회연합)
- 7월 19일(월) 삼천포여자고등학교, 부산 이사벨여자고등학교, 경주제일교회(교회연합)
- 7월 20일(화) 영천 3사관학교, 경북여자고등학교, 대구 삼성원(보육원), 대구서부교회(교회연합)
- 7월 21일(수) 대구 영남고등학교, 경북예술고등학교, 경북여자상업고등학교

9회 노래선교단   1977

단장 목사 김천수
총무 교사 송창규
생활지도 교사 이혜숙

피아노 오은실
소프라노 고선미 김미혜 김성희 김희정 양영아 윤주혜 이인선 전창선 조필형 최영주 최영희
메조 강성숙 김미혜 김철란 김혜영 박지혜 심영은 이경희 이은희 임갑영 임보인 최순희 한혜림
알토 강선희 강성본 김은희 김혜경 남미호 문혜진 박경자 양미선 이옥자 이효숙 최정화 홍정숙

광주 숭일고등학교.

- 돈암성결교회, 동일교회, 일신교회, 묘동교회, 영산교회, 송학대교회, 광서교회, 충신교회, 송탄미군교회, 원동교회, 옥인교회, 연예인교회, 성도교회
- 정신여·중고 파송, 의정부 YMCA 초청, 공군사관학교, 성신사대여자부고, 정의여자고등학교, 의정부학생연합, TBC-TV 출연, 안양교도소, 불광동 소년원, 영등포 교도소, 인천소년교도소, 학부모 초청음악회
- 7월 14일(목) 천안여자상업고등학교, 대전 호수돈여자고등학교, 대전중앙교회(교회연합)
- 7월 15일(금) 대전고등학교, 부산 경남여자고등학교, 부산 영락고등학교
- 7월 16일(토) 해군사관학교, 진해여자고등학교, 학생연합(마산), 마산동광교회(경남교회음악협회 주최)
- 7월 17일(일) 진해 해군통제부교회, 진해 해군병원, 순천 동부병원
- 7월 18일(월) 순천여자고등학교, 광주 숭일고등학교, 정읍성광교회(교회연합)
- 7월 19일(화) 정읍여자고등학교, 전주여자고등학교, 이리여자고등학교, 군산 개복교회
- 7월 20일(수) 장항 정의여자고등학교, 장항 일반연주(학생연합), 장항 동부교회(장항 교회연합)
- 7월 21일(목) 대천 일반연주(학생연합)

10회 노래선교단   1978

단장 목사 김천수

총무 교사 김진권

생활지도 교사 김윤숙

피아노 이은경

소프라노 김승미 김인선 백미혜 안미선 오난희 오미정 오상숙 이미경 이애영 이현주 최선미 최원길

메조 김명신 김애경 김은희 맹영한 박미경 박혜성 이영미 이정숙 이태연 장혜정 정정숙 조명화

알토 구정주 김형미 박연신 박현숙 백은빈 심선옥 윤여경 이귀임 이은정 이정림 조희경 최난영

왼쪽 위부터 시계 방향 충주여상 운동장 연주. 청주 세광고. 매부대 위문공연(원통). 1차 합숙 훈련(불광동).
QR 110 손으로 그린 10회 지방 순회 계획표.

춘천 YMCA(7. 15.).

- 장안교회, 신촌장로교회, 중곡교회, 벧엘교회, 성은교회, 봉천중앙감리교회, 개봉
  영남교회, 공덕감리교회, 동산교회, 연희동교회, 용두동감리교회, 종교감리교회,
  신암교회, 영월교회
- 한국은행, 전국교역자사모님대회, 면목여자중학교, 공군부대 위문, KBS-TV 출
  연, 정윤고등학교, 오산 미공군부대, 한일피아노사, 인천시민회관(예총), 인천 신명
  여자고등학교
- 7월 14일(금) 이천농업고등학교, 충주여자상업고등학교, 충주제일교회
- 7월 15일(토) 원주 북원여자중학교, 진광고등학교, 제6908부대, 춘천문화관
- 7월 16일(일) 춘천동부교회(학생연합), 강릉중앙교회
- 7월 17일(월) 포항제일교회(포항시공관)
- 7월 18일(화) 포항여자고등학교, 포항대동고등학교, 해병대 부대, 안동교회
- 7월 19일(수) 안동여자고등학교, 대구 정화여자고등학교, 청주제일교회
- 7월 20일(목) 청주 세광고등학교, 조치원여자고등학교, 온양제일교회
- 7월 21일(금) 예산여자고등학교, 천안 북일고등학교, 천안고등학교

11회 노래선교단   1979

단장 목사 김천수
총무 교사 송창규
생활지도 교사 김윤숙

피아노 천혜미
소프라노 김경진 김경희 문윤진 민명숙 박남주 양창애 유에스더 윤금선 이연경 이이영 조은희 황수원
메조 고정숙 공경애 공혜량 김명주 김민애 김영완 김정숙 심혜경 양미순 이애향 이혜경 이효숙
알토 김혜중 방혜림 성명모 송은미 심혁부 양사라 이선희 이은영 이혜숙 정은주 조성애 홍젬마

위 지방 순회 떠나기 직전 학부모 초청연주 후 가족들과 기념촬영. **아래** 대구 서문로교회.

- 신광교회, 정릉교회, 미아중앙교회, 연동교회, 서울시민교회, 청운교회, 성동중앙
  교회, 삼양장로교회
- 유한공업고등학교, 특전사령부, 정신여자중·고등학교 파송, 한국은행 초청음악회,
  TBC-TV 출연, 학부모 초청음악회
- 7월 14일(토) 공주여자고등학교, 논산 쎈뿔여자고등학교, 논산중앙교회(교회연합)
- 7월 15일(일) 논산 제2훈련소, 전주학생연합(YWCA 주최), 전주완산교회(교회연합)
- 7월 16일(월) 전주 예수병원, 전주 신흥고등학교, 광주 수피아여자고등학교, 광주
  일반연주(YWCA 주최)
- 7월 17일(화) 광주교도소, 목포 양동제일교회(교회연합)
- 7월 18일(수) 목포 정명여자고등학교, 광주 전남여자고등학교, 여수 성광교회(교회
  연합)
- 7월 19일(목) 여수여자고등학교, 진주여자고등학교, 거창 일반연주(거창고 주최)
- 7월 20일(금) 거창고등학교, 대구여자고등학교, 대구 서문로교회(교회연합)
- 7월 21일(토) 대구 경북여자고등학교, 경주 문화고등학교

12회 노래선교단   1980

단장 목사 김천수
총무 교사 김진권
생활시노 교사 심윤숙

피아노 김미연
소프라노 김명덕 김수연 김용선 김유숙 김인숙 김효신 박인경 성은경 이임숙 장은숙 차미
경 황순영
메조 김연희 박춘신 박희숙 손영아 심정은 이소현 이애경 전수경 조경숙 조광순 최명숙
허준희
알토 강미순 김남혜 김미혜 김정원 김혜영 박옥화 석경숙 이은주 이정희 이혜영 전미경
허영

위 12회 서울 연주회. 김천소년교도소.
아래 9회 틴라이프가 후배인 12회 노래선교단 지방 순회연주에 게스트로 출연, 구미 금오공고.

- 잠실교회, 성내교회, 성은감리교회, 부광교회, 충무교회, 육군교도소교회, 남산제
  일교회
- 서울고등학교, 정신여자중·고등학교 파송, 한국은행 직장선교회, 기독교학교연합
  초청, 학부모 초청연주, 경기고등학교, YMCA 서울 연주
- 7월 14일(월) 여주여자고등학교, 여주 여흥고등학교, 제천중앙교회
- 7월 15일(화) 영주 영광고등학교, 영주 영광여자고등학교, 영주제일교회
- 7월 16일(수) 점촌 문경여자고등학교, 김천 한일여자고등학교, 김천 황금동교회
- 7월 17일(목) 김천소년교도소, 구미 금오공업고등학교, 경주제일교회
- 7월 18일(금) 부산 브니엘고등학교, 마산 창신공업고등학교, 제일진해교회
- 7월 19일(토) 진해 함대사령부, 순천교도소, 순천중앙교회
- 7월 20일(일) 남원동북교회, 이리학생연합, 대전중앙성결교회
- 7월 21일(월) 대전 대성여자상업고등학교, 안성여자고등학교

13회 노래선교단   1981

단장 목사 김천수
총무 교사 송창규
생활지도 교사 김윤숙

피아노 송영희

소프라노 김미경 김주리 김지은 김태신 김현지 박혜원 오영숙 유수진 이유미 정은정 정호연 황차정

메조 김난수 김정신 박은주 설혜정 송민선 송은애 송현숙 이명숙 정재경 정혜영 최윤선 한애리순

알토 김연희 박정아 박정원 엄윤진 오영주 이선모 임선애 전미진 주혜영 최정삼 최혜욱 황은주

왼쪽 위부터 시계 방향 뽀빠이와 올리브 율동. 공주사대부속고등학교. 강남중앙침례교회. 교내 추수감사절 예배.

- 동부제일교회, 성광교회, 강남은평교회, 흑석동감리교회, 성광감리교회, 남대문교회, 새서울중앙교회, 강남중앙침례교회
- 한국합창제(유관순기념관), 부천 소명여자고등학교 초청, 정신여자중·고등학교 파송 연주, 한국은행 초청, 휘문고등학교, 경기고등학교, 학부모 초청연주

- 7월 14일(화) 공주사대부속고등학교, 부여여자고등학교, 부여교회
- 7월 15일(수) 논산 제2훈련소, 구미 금오공업고등학교, 구미제일교회(기독교연합 주최)
- 7월 16일(목) 상주여자고등학교, 예천 대창고등학교, 안동 일반연주(CCC 주최)
- 7월 17일(금) 36사단(안동CCC 주최), 진주교회
- 7월 18일(토) 진주 삼현여자고등학교, 삼천포여자고등학교, 부산 수정동성결교회
- 7월 19일(일) 부산 광복교회, 울산제일교회, 포항북부교회
- 7월 20일(월) 포항 동지여자상업고등학교, 강릉교회
- 7월 21일(화) 강릉여자고등학교, 강릉농공고등학교

14회 노래선교단 1982

단장 목사 김천수
총무 교사 송창규
생활지도 교사 김윤숙

피아노 고명지
소프라노 김경 김경선 김영미 김이정 문명숙 이금필 이영아 이인원 이진희 채혜숙 최영원 한주화
메조 김미경 김지은 김혜주 김희정 신홍연 이민정 이복실 이하나 최순정 최재희 한은주 황지영
알토 강승희 고윤경 김혜영 나수경 박은미 박정희 신차경 이성희 전이수 정선 진주영 최성희

왼쪽 14회 단원. **오른쪽** 광주YFC 창립 10주년 기념공연.

- 신천교회, 양문교회, 대광교회, 잠실중앙교회, 서울영동교회, 서소문교회, 서울침
  례교회, 광성교회, 충성교회, 정락교회
- 한국합창제, 정신여자중·고등학교 파송, 한국은행 초청, 동북고등학교, 재미·재독
  교포 여름학교 연수 초청, 학부모 초청 음악회
- 7월 13일(화) 춘천여자고등학교, 춘천고등학교, 춘천 일반연주(YMCA 주최)
- 7월 14일(수) 춘천부대, 원주고등학교, 원주 일반연주(YWCA 주최)
- 7월 15일(목) 제천여자고등학교, 충주공업고등학교, 충주제일교회
- 7월 16일(금) 대구 신명여자고등학교, 대구 삼덕교회
- 7월 17일(토) 김해 육군공병학교, 마산 문창교회
- 7월 18일(일) 마산동광교회, 광주학생연합(광주YFC 주최), 광주중앙교회
- 7월 19일(월) 광주 사레지오여자고등학교, 전주 기전여자고등학교, 군산 개복교회
- 7월 20일(화) 군산 영광여자고등학교, 전주 영생여자상업고등학교

15회 노래선교단   1983

단장 목사 김천수
총무 교사 송창규
생활지도 교사 김윤숙

피아노 이기숙
소프라노 강희정 김성은 김연아 김예주 김지희 박경숙 박영주 우정선 윤은주 이자숙 주정
은 한연 한효정
메조 김미경 김정미 명채영 박미정 배주은 신경승 안미리 이신아 이은영 장윤아 조선희 최
미영 최정윤
알토 김소영 김영지 김은진 김희수 남궁미 류영미 문성혜 박미경 배서영 우경순 이수연 최
윤정 한혜승

정읍여자고등학교.

- 잠실교회, 성내교회, 성은감리교회, 부광교회, 충무교회, 육군교도소교회, 남산 제
  일교회
- 기동대 연주, 서울고등학교, 정신여자중·고등학교 파송, 한국은행 초청, 직장선교
  회, 기독교학교연합 학부모 초청연주
- 7월 11일(월) 청주 일신여자고등학교, 천안 북일고등학교, 온양제일교회
- 7월 12일(화) 홍성고등학교, 대전 동방여자고등학교(장소: 대전중앙교회), 대전 일반
  연주(YFC 주최, 대흥침례교회)
- 7월 13일(수) 대전여자상업고등학교, 육군통신학교 32사단, 정읍성광교회
- 7월 14일(목) 정읍여자고등학교, 목포 정명여자고등학교, 목포 양동제일교회
- 7월 15일(금) 고성여자고등학교, 거제 성로원, 거제제일교회
- 7월 16일(토) 부산 이사벨여자고등학교, 부산 일반연주(부산YFC 주최, 데레사여고)
- 7월 17일(일) 부산영락교회, 밀양교회, 대구 대봉교회
- 7월 18일(월) 대구 영신고등학교, 대구 남산여자고등학교

16회 노래선교단 **1984**

단장 목사 김천수

총무 교사 송창규

생활지도 교사 김윤숙

피아노 박미경

소프라노 권수경 김지희 박소연 배주은 백경심 변정혜 서은지 이기영 전주희 최보라 한수경 한현미

메조 권보영 권소연 김여일 김영 김재현 박성연 박윤주 박화영 안성은 이승은 이정화 이해지 조혜영 탁민정 한소영

알토 고지영 김부경 김선기 김은경 김은정 김정혜 송수연 심우혜 오승민 오은정 이부점 이은영

왼쪽 광주 경신여자고등학교. **오른쪽** 16회 때만 입은 점퍼.

- 성복교회, 넝성교회, 특전사령부 군인교회, 일신교회, 목양교회
- 수도전기공업고등학교, 지구별합창대회 찬조, 대우선교회 초청, 제3공수여단, 육군교도소, 학부모 초청음악회
- 7월 11일(수) 조치원고등학교, 논산 연무고등학교, 논산제일감리교회
- 7월 12일(목) 강경상업고등학교, 전주여자상업고등학교, 전주 일반연주(YMCA 주최)
- 7월 13일(금) 광주 경신여자고등학교, 해남여자고등학교, 해남읍교회
- 7월 14일(토) 순천 매산고등학교, 순천교도소, 충무교회
- 7월 15일(일) 거제 고현교회, 거제 새장승포교회
- 7월 16일(월) 마산여자고등학교, 경주중앙교회
- 7월 17일(화) 경주교도소, 속초중앙교회
- 7월 18일(수) 강릉상업고등학교

3_Episode

마이너스 2회 노래선교단(1967)

Episode 1. 첫 만남

최훈차 선생님의 정신여자고등학교 첫 부임. 단정하면서도 다소 수줍어하는 선생님의 모습은 괜스레 5층 음악실을 들락거리는 친구들이 생길 정도로 여고생들 마음을 흔들어 놓기에 충분했다.

크리스마스 즈음 우리 합창단이 미군 부대에서 캐럴을 부르게 되었는데, 선생님이 귀엽고 애교 많은 여인을 데리고 오셨다. 약혼자라는 소문에 몇몇 합창단 친구들의 가슴은 무너졌을 듯…. 그렇게 고교 시절의 설렘은 졸업과 함께 사라지고 말았다.

-2회 음악실(1967).

Episode 2. 정신 사중창단

최훈차 선생님께서 고2 합창단원 중에서 이름하여 '정신 사중창단'을 만드셨는데, 내가 고2가 되었을 때 친구 3명과 함께 '정신 사중창단'을 이어받게 되었다. 주로 예배 시 특송을 하고 가끔 다른 행사가 있을 때 노래를 하곤 했다.

한번은 예배 때 특송을 하러 무대에 올라가서 공손히 인사하고 찬송가 30장(새찬송가 14장) "여호와 하나님~"을 경건하게 부르기 시작했다. 소프라노 1, 2가 찬송가 한 권을 함께 보고 또 알토 1, 2가 악보를 함께 보며 노래를 불렀다. 1절 가사는 다 외우고 있어서 악보를 보지 않고 부를 수 있었는데 외우지 못한 2절을 부르려고 악보를 보니 다른 악보가 보이는 게 아닌가? 알토 부분을 맡았던 친구들은 2절은 부르고 있는데 너무 당황스러워서 노래를 부르지 못하게 되었고 그때 옆의 친구가 킥 하고 웃는 바람에 나도 웃음을 참지 못했다. 우리들의 웃음은 전염이 된 듯 알토를 하던 친구들도 노래를 멈추고 덩달아 킥킥거렸다.

그 나이엔 낙엽만 굴러도 깔깔댄다고 하지 않는가…. 이를 악물고 웃음을 참고 다시 노래를 하려고 했지만 마치 허파에 바람이 든 것처럼 번갈아 킥킥대는 바람에 결국 한 선생님이 "내려와!"하고 소리치셨다. 경건한 예배시간에 어찌 이런 해프닝이 벌어진 것인지…. 지금 생각하니 그게 뭐가 그리 우스웠을까? 그렇게 한심한 철부지들도 없을 듯하다.

예배 후 이봉순 영어 선생님께 한차례 꾸중을 듣고 난 후 우리는 밖으로 나와서 꾹꾹 참았던 웃음을 마저 토해냈다. 그 일이 생긴 이후엔 예배 특송을 못했던 것 같다. 중창을 지도하신 최훈차 선생님은 얼마나 난처하셨을까? 그래도 고운 천성의 선생님은 별로 나무라시지 않았다. 아니 선생님은 아무리 화나셔도 표시를 내지 않는 재주가 있으신 걸까? 아마 당시 크게 화가 나셨다 해도 우린 전혀 그렇게 느끼지 못했을 거다.

선생님 죄송합니다. 아마 기억이 전혀 안 나실 수도 있겠지만…. (신난식 단원)

마이너스 1회 노래선교단(1968)

Episode. 수상한 사람으로 신고를 당하다

음악에 대한 사랑이 누구보다 각별했던 최훈차 선생님. 새벽부터 학교 음악실에 나와 수업 준비를 하는 일상은 습관이 되셨다. 학교에 새 교장 선생님(후에 이동욱 교장님이란 걸 알았다)이 부임한 어느 날, 최훈차 선생님을 알지 못했던 새 교장 선생님이 새벽에 교내 순시를 하다 낯선 남자가 음악실에 있는 것을 발견하고 신고를 하기도.

-1회 음악실(1968).

정신여고 강당에서 학부모님들을 모시고 -1회 노래선교단 음악회를 했다(1968. 5.).

1회 노래선교단(1969)

Episode 1. 파출소 체포

1회 때 부산을 가게 되었다. 여관에 갈 예산이 없어 그 당시 각 담임 선생님들이 지방에 큰 집을 가지고 있는 학생 집을 알아봐 주었다. 내가 아무 경험이 없으니 답사도 가보지 않고 무턱대고 집 주소만 들고 찾으려다 우리 순회 버스가 그 지역에서만 1시간을 헤매었다. 가까스로 전화 통화까지 했는데도 집을 찾을 수가 없었다. 12시부터 통행금지 시간이 시작되는데 결국 11시 50분까지 헤매고 다니다 그 동네의 파출소에 통행금지로 내가 체포되었다. 남자는 나밖에 없고 너무 더워 러닝 바람으로 뛰어 돌아다닐 정도로 힘이 많이 들었고 결국 그 지구대의 도움으로 가까스로 숙소를 찾을 수 있었다. (최훈차 선생님 인터뷰)

Episode 2. 더위와의 싸움

날씨가 너무 더웠다. 마산에 가포해수욕장이 있었는데, 너무 더워하는 학생들을 놀게 해주려고 바닷물에 들어가게 했다. 한 학생이 물에 빠지겠다며 농담을 하다 그만 진짜로 물에 빠져 버렸다. 물에 빠지면 빠진 사람과 구하는 사람 둘 다 죽는다는 속설이 있듯이 내가 뛰어들어 아무리 구조를 하려 해도 이 학생이 나를 놓아주지를 않았다. 몸이 너무 힘들었지만 구해야겠다는 생각뿐이었다. 잠수를 해서 육지 쪽으로 아이를 두 번 정도 던졌더니 발이 땅에 닿을 만큼의 물 높이가 되어 결국 구해 낼 수 있었다.

이때 아이들 7명이 쓰러졌다. 더위에 쓰러지고 아파하는 아이들을 업어서 버스에 실어 올려야 했다. 육체적 정신적으로 너무 힘이 들어 울고 싶었다. 그러면서 '돈도 없고 믿음도 없고, 오직 주님의 복음을 전하러 온 저에게 왜 이렇게 시련을 주십니까' 하고 하나님 원망도 많이 했다. 이때 마산 국립요양소 환자들이 와서 거꾸로 학생들을 간호해 주고 약을 타다 준 웃지 못할 에피소드가 있었다. (최훈차 선생님 인터뷰)

Episode 3. 땀 안 나는 약

대구 동산병원의 환자 위문연주에서 땀이 비 오듯 내려 공연 도중 한 사람이 쓰러지는 일이 발생했다. 연주 후 의사에게 "땀 안 나는 약이 있으면 좀 주세요"라고 했더니 의사가 하얀 약을 주셨는데 그 약은 다름 아닌 소금! 한바탕 웃음바다가 되기도 했다.

Episode 4. 식사 & 감사 노래 시작

대학합창단에서 이미 시작해서 부르고 있었던 식사 노래와 감사 노래를 1회부터 불렀다.

2회 노래선교단(1970)

Episode. 기숙사와 샤워장

1회 때를 거울삼아 2회부터는 미리 대책을 세웠다. 호남신학대학에 아는 목사님이 계셔서 그곳 기숙사를 사용하기로 했다. 이 당시는 대전에서 광주까지 8시간, 대구에서 마산까지 7시간이 걸리는 데다 버스에 에어컨이 없는 건 당연했다. 창문을 열면 먼지가 들어와 학생들에게 손수건으로 입을 가리게 했다. 온종일 땀 흘리며 연주를 하고 기숙사에 갔는데 안에 샤워 시설이 없었다. 씻을 수 있는 곳이라곤 운동장 주변에 수도가 있는 곳에서 물을 퍼서 씻어야 했다. 같이 가신 이혜숙, 김윤숙 선생님이 보초를 서고 학생들을 몇 조로 나누어 불을 다 끄고 씻게 했더니 1시간 이상이 걸렸다. 학생들이 다 씻은 다음엔 두 여선생님이 또 씻었는데, 이때는 내가 멀리 떨어져 망을 봐야 했다. 다 끝나고 12시가 넘어서야 내가 씻을 수 있었다. (최훈차 선생님 인터뷰)

2회 때 최초의 틴라이프 1회 파송예배 후 기념촬영.

3회 노래선교단(1971)

Episode 1. 식중독

지방 순회 전라도 지역 순방 중 여수에서 저녁 식사를 하고 여러 명이 식중독에 걸려 다음 날 링거까지 맞으며 눕게 되었다. 선생님이 여기서 한 명만 더 쓰러지면 더는 연주를 할 수 없다고 말씀하셨던 아찔한 순간이었다. (최윤정 단원)

Episode 2. 남학생의 쪽지

진주고등학교 연주 때 교가가 끝나자 강단 가득 서 있던 수많은 학생이 땅바닥에 한꺼번에 앉자 어지러웠던 기억이 난다. 연주 후 한 남학생이 다가와서 쪽지를 건네며 왼쪽에서 두 번째 여학생(오혜란이었음)에게 전해 달라고 하여 엄청 실망한 기억이 난다. (최윤정 단원)

Episode 3. 눈물의 주기도문

진해 통제부 교회 연주 시 '주기도문'을 부르는데 우리가 눈물이 터져 울면서 불러서 음악적으로 엉망이 되었다. 연주 후 유치원생 의자에 앉아 리셉션을 신나게 마치고 숙소로 돌아가는 길에 선생님은 "감정을 주체 못하면 음악적으로 실패한다"라고 하셨다. 그 후 난 평생 노래할 때 아무리 감동이 되어 눈물이 나려고 해도 절대 울지 않는다. (최윤정 단원)

순회연주 시 지휘하시는 최훈차 선생님.

4회 노래선교단(1972)

Episode 1. 남자샤워장에서 샤워를

여자샤워장에 사람들이 너무 많아서 남자샤워장에 들어가게 되었다.

누군가가 "이를 어째? 기분이 이상하잖아. 에라, 들어온 김에 실컷 물이나 뿌리고 나가자."

그때 밖에서 버티고 섰던 선생님께서 "빨리 나와! 나오라니까! 내가 들어갈 거야!"

어떤 학생 왈 "엄마가 우리와 같이 있는데 무슨 걱정이야~."

Episode 2. 찬양은 두려움을 이기고

춘천 도립 문화회관 연주 전, 점심을 먹는 중에 누가 프로판 가스 새는 소리가 피-피- 난다고 해서 친구들이 웅성거리고 좀 무서워했다. 그때 어떤 학생이 '내 주여 뜻대로 행하시옵소서~' 찬양을 시작하니까 모든 친구가 다 같이 '살든지 죽든지 뜻대로 하소서~' 찬양을 계속하면서 마음의 평안을 찾았다.

Episode 3. 선생님의 땀방울

마지막 연주다. 너무 덥고 후덥지근해서 팔, 다리, 온몸에서 구슬 같은 땀방울이 흘러내렸다. 무대 위에도 땀 바다가 되었다. 그때 어느 학생이 "선생님 얼굴이 예수님처럼 보여~"라며 겟세마네 동산에서 피땀 흘리시는 예수님 모습처럼 보였다고 한다.

위부터 4회 교복 사진.
4회 미국 틴라이프 순회를 다녀오신 후 일본 연주를 위해 틴라이프와 똑같이 맞춰 입었다(1973).
4회 일본 연주를 위한 새 단복을 입고(나중에 무산되었다).

5회 노래선교단(1973)

Episode 1. 나환자와 악수

대구애락보건병원은 나병 환자들이 생활하던 곳이다. 지방 순회 일정을 보신 학부모님들 중에 그곳을 방문하면 절대로 우리 딸을 보내지 않겠다고 하신 분들이 많았다. 그런데도 용기 있는 반장 이혜숙이 그런 분들께 가서 더욱 선교해야 한다고 밀어붙였는데 우리는 다른 때보다 더 은혜롭게 연주를 마칠 수 있었다.

연주 후 헤어질 때 일렬로 나가며 한 분 한 분 손을 붙잡고 인사를 했고 마지막엔 선생님까지도 손잡고 악수를 하였다. 선생님이 휴게실에서 손을 깨끗이 씻으라고 하셔서 우리 모두 손을 씻고는 잔잔한 감동을 느끼며 버스에 올라 탔다.

위 대구애락보건병원(나병환자전문병원, 1973. 7.).
아래 대구애락보건병원에서 연주 후 나병 환자들과 악수하며 헤어지는 장면(1973. 7.).

Episode 2. 기도의 힘

　노래선교단원 중에 몸이 허약한 최○○. 지방 순회는 절대 무리라는 의사의 말에 따라 보낼 수 없으니 선생님께서 말려 달라는 부모님의 부탁이 있었다. 선생님은 연지동 강당 2층에 있는 겟세마네 기도실에서 해당 학생과 간절히 기도하였고 마지막까지 설득하려 했으나 그 친구는 오히려 더 확신을 얻고 부모님을 안심시킨 후 순회에 참여하였다. 우리 5회 단원들은 6박 7일간 연주 때마다 친구를 위해 간절히 기도했고, 하나님께서는 선생님과 우리의 기도를 들어주셔서 한 사람의 낙오자 없이 무사히 지방 순회를 마치고 돌아왔다. **QR 111** 5회 노래선교단·2회 틴라이프 음반.

위 5회 노래선교단 선서식.　**아래** 5회 연주 전 준비 기도(1973. 7.).

5회 포항해병대 제1상륙사단 도솔관 앞에서(1973. 7.).

6회 노래선교단(1974)

Episode 1. 페넌트 교환식

마산고등학교에선가였다. 우리의 연주가 끝나고 우리 학교와 마산고등학교의 페넌트 교환식이 있었다. 우리 학교 여학생과 마산고등학교 남학생이 각 페넌트를 들고 양쪽 끝에서 나와 가운데서 만나 교환하려는 순간 둘 다 너무 긴장해서일까 꽝! 머리를 부딪치고 말았다.

Episode 2. 5분 목욕

단체 40명이니 5분 목욕이라는 것이 최대의 과제였다. 과연 5분 안에 목욕할 수 있을까? 머릿속으로 어떻게 물을 뿌리고 어떻게 닦고 어떻게 어떻게 딸딸 외우고 시작! 하는 순간 파트별로 목욕탕에 뛰어들어가 정말로 후다닥 5분 이내에 끝내던 목욕. 우리가 해낼 수 있음에 너무 놀랐다. 5분 만에 머리 감고 온몸을 닦는 게 가능하다니. **QR 112** 6회 노래선교단과 4회 틴라이프 음반. **QR 113** 《노래할 이유 있네》악보집 전체.

6회 정의여고.

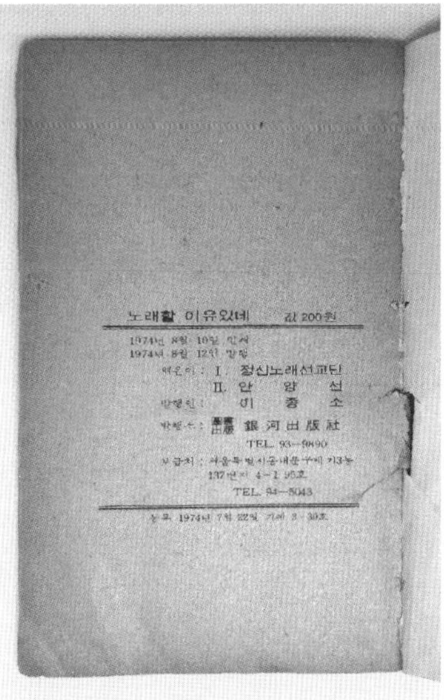

6회 때 발행된 최초의 《노래할 이유 있네》 악보집(1974. 8. 12. 발행).

7회 노래선교단(1975)

Episode 1. 보리밭

강원도 지역에 연주하러 갔는데 그곳에서 보리밭길을 우연히 걷게 되었다. 레퍼토아에 '보리밭'이 명곡 파트에 있었는데 약 20여 분 보리밭길을 걸으며 학생들이 그 노래를 안 부르는 게 너무 센스도 없고 낭만도 없다고 하면서 마구 혼을 내었다. 7회는 유독 눈물이 많았는데 지금 생각하니 아마도 그게 보리밭이었는 줄 몰랐던 것 같다. 7회뿐 아니라 모든 학생에게 너무 엄했던 것이 지금까지도 많이 미안하다. (최훈차 선생님 인터뷰)

Episode 2. 선생님의 미소

불광동 기독교수양관에서 있었던 수련회 때 엉뚱한 우리의 대답에 돌아서서 웃으시는 선생님의 미소를 잊을 수가 없습니다. 선생님의 순수한 미소는 80이 넘은 지금도 발견할 수 있습니다.

선생님! 늘 건강하셔서 저에게 배움도 주시고 순수한 미소 오래 볼 수 있도록 해주세요. 선생님 사랑합니다. 존경합니다. (이옥경 단원)

7회 불광동 기독교수양관에서 엉뚱한 우리의 대답에 돌아서서 웃으시는 선생님의 미소.

8회 노래선교단(1976)

Episode 1. 목욕 사건

노래선교단의 필수사항 5분 목욕. 부여에서 연주를 마치고 숙소로 돌아와 5분 목욕을 할 때 너무 빨리하려다 문이 밖으로 넘어지는 사고가 생기기도….

Episode 2. 첫 야외 연주

처음으로 대형 앰프와 스피커 시설을 갖추게 되었고, 노래선교단 처음으로 야외 연주도 할 수 있게 되었다.

Episode 3. 새로운 단복

8회 때 처음으로 무용복 겸 한복을 입기 시작했다. 최훈차 선생님이 여러 가지 디자인이나 색상에 관한 책을 참고하시며 고심 끝에 정한 노래선교단 한복은 흰 저고리에 파란 치마.

9회 노래선교단(1977)

Episode. 정전

연주 도중 갑작스러운 정전에 대비하기 위해서 음악실에서 불을 끄고 옷 갈아입는 연습을 했다. 특징 있게 옷을 놓으면 아무리 캄캄한 어둠 속에서도 자기 옷을 잘 찾을 수 있도록 훈련을 반복했더니 한 달 후엔 자기 옷을 잘 찾아 입을 수 있었다. 드디어 순회를 떠났는데 정전이 되지를 않자 학생들이 서운해하고 있었다. 그러다 대전중앙성결교회에서 연주할 때 드디어 기다리던 정전이 되었다. 내가 "여기서는 정전이 꼭 될 거야"라며 농담을 했었는데 진짜로 된 것이었다. 관중은 너무 많아 객석 밖에까지 미처 들어오지 못할 정도였다. 마침 한복으로 갈아입을 차례였는데 학생들이 와~ 하며 너무들 좋아했다. 예전에 여러 번 학생들에게 '긍정적인 사고방식'을 가르쳤던 것이 이 순간 빛을 발했다. 세월이 한참 지난 후 음악 교사 협의회에 내가 강사로 초빙이 되어 '긍정적인 지도 방법'에 관해 강의하는 일이 있었다. 그 당시 그 자리에 있었던 대전고등학교 2학년 학생이 후에 음악 교사가 되어 "제가 그 증인입니다!"를 외치는 것이었다. 너무나 놀라웠고 반가워서 잠시 그때의 얘기를 해달라고 청해서 9회의 정전 사건을 다시 한번 들을 수 있던 일이 있었다. 이 선생님 덕분에 내 강의가 얼마나 힘이 되던지 몰랐다. 한편 학생들이 한복으로 다 갈아입고 나올 때까지 불은 들어오지 않았는데 무대에 모두 서자 바로 불이 들어왔다. 이 모두가 하나님의 축복이었다. '긍정적인 마인드!!!'(최훈차 선생님 인터뷰)

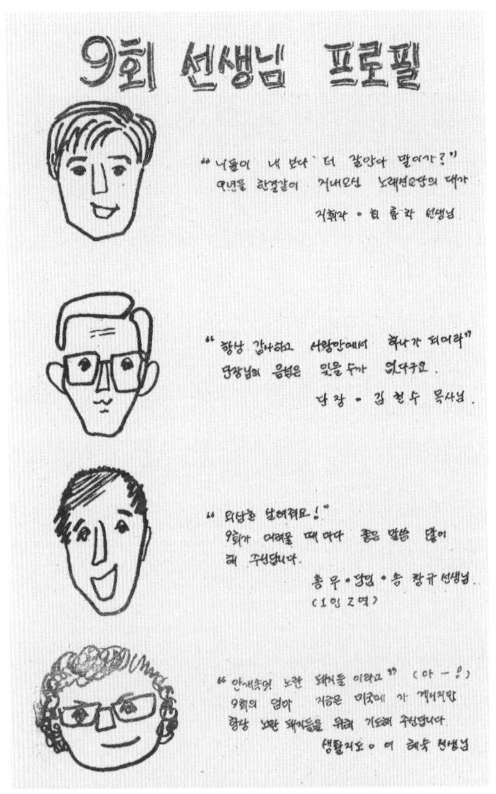

위 합창지에 학생들이 직접 그린 선생님 프로필 삽화.　**아래** 9회 노래선교단.

10회 노래선교단(1978)

Episode. 토끼 뜀뛰기

　　노래선교단의 지방 순회 일정은 매우 빠듯하게 짜여 있었다. 하루 평균 3회 정도의 연주를 소화해야 했고 4회 공연을 해야 할 때도 있었다.

　　순회 둘째 날, 원주에서 3회 공연을 하고 춘천문화관에서 저녁 공연을 하기 위해 춘천으로 이동하던 중이었다. 지금은 원주와 춘천 사이에 고속도로가 뚫려 있어 한 시간 정도면 도달할 수 있고 도로 사정도 좋아 이동에 큰 불편이 없지만, 당시에는 꼬불꼬불 고갯길을 이용해야 했다. 세 차례나 연주를 마치고 난 후 많이 지친 상태이기도 해서 단원 중 일부는 버스 안에서 멀미를 하기도 하고 또 일부는 피곤한 나머지 졸고 있었다. 그런데 갑자기 최 선생님께서 차를 갓길에 세우게 하고는 우리 모두를 내리라고 하셨다. 영문을 모르는 우리에게 선생님께서는 "다음 연주를 앞두고 차 안에서 졸면 목소리가 잠겨 연주를 제대로 할 수가 없다. 모두 정신 상태가 해이해 있으니 조는 것이다. 이런 마음으로는 연주할 수가 없다"라고 하시며 야단을 치셨다. 그러고는 모두 토끼뜀을 하라고 하셨다. 피곤한 와중에 토끼뜀에 벌까지 서느라 우리는 모두 눈물을 흘려야 했다. 정말 힘들었지만 모두 정신이 번쩍 들었고 저녁 연주를 잘 마칠 수 있었다. 춘천문화관 연주에는 예전에 춘천에서 연주했었다며 4회 선배 언니들이 찾아와 응원해 주기도 하셨다.

지방 순회 중 피곤해서 졸려 한다며 단체로 혼이 났다.

지금 돌이켜 보면 피곤함에 지친 어린 학생들이 고된 일정에 졸거나 멀미를 하는 게 당연한데 선생님이 참 너무 심하셨다 싶기도 하지만 노래선교단 시절 선생님은 정말 혹독하게 훈련을 시키셨고 우리가 그러한 훈련과 연습을 통해 성장하기를 바라셨던 것 같다. 그런 방식이 아니면 노래선교단의 그 많은 연주 일정을 소화할 수 없다고 생각하신 듯하다. 그리고 우리는 그 훈련을 잘 견뎌냈다. 선생님의 말씀은 그대로 진리이고 선생님은 우리의 '교주님'이셨으니까….

그런데 세월이 한참 흘러 정신콰이어에서 다시 만난 선생님은 그 옛날 무섭던 교주님이 아니었다. 첫 연습에서 우리에게 "고등학교 때 너무 심하게 훈련한 것 정말 미안하다. 그때는 내가 젊어서 너무 의욕이 앞섰던 것 같다"라고 하시며 사과하셨다. 그리고 지금 정신콰이어에서는 말씀을 너무 재미있게 하셔서 연습시간 내내 웃음이 끊이질 않는다.

그 옛날 엄격하시던 선생님의 모습도, 지금의 유쾌한 선생님의 모습도 다 사랑하고 존경하는 마음으로 바라보게 된다. (박혜성 단원)

11회 노래선교단(1979)

Episode 1. "우리 거창 한번 가보자"

7월 19일 전국순회 5일째 일정을 모두 마치고 평가회를 가지는 자리가 있었다. 식중독으로 몸이 불편했던 친구들이 많아 다음 날 일정에 어려움이 생겨 모두 힘이 빠져 있을 때 한 친구가 이렇게 외쳤다.

11회 거창 공연.

"우리 거창 한번 가보자."

힘차게 외친 그 한마디에 11회 단원들은 내일 아침 아무 일 없던 것처럼 일어나자고 약속했다. 모두가 한마음이었던 것일까? 거창 고등학교 일정이 잡혔던 6일 차 아침, 선생님 기상 소리는 예전처럼 우렁찼고 11회 모두 예전 모습으로.

'우리 거창 한번 가보자'란 친구의 용기 있는 외침이 거창에 첫발을 내딛게 해줬고, 그 이후로 거창에 노래선교단의 노래가 계속 울려 퍼졌다는. (이혜경 단원)

Episode 2. 동그라미

11회 노래선교단의 마지막 무대는 경주 문화고등학교. 마지막 무대를 무사히 마치고 다시 한자리에 모였을 때 11회가 부른 '나의 찬미'에 동그라미를 주겠다는 최훈차 선생님의 말씀. 순간 숨이 멎을 듯한 침묵이 흐르고 누가 먼저라고 할 것도 없이 기쁨의 함성과 눈물이 쏟아졌던 날 짧은 단복을 입었다는 사실조차도 잊어버리게 만든 환희의 순간이었다.

치마가 올라갔는지도 모를 정도로 서로 끌어안고 울었던 그날의 감동과 웃음을 담은 이 사진 한 장은 지금도 11회 노래선교단원들 기억 속에 지워지지 않는 순간으로 남아 있지 않을까!!! 노래선교단에 동그라미는 기쁨, 그리고 감사다.

기쁨의 눈물을 흘리며 부둥켜안은 11회 단원들.

12회 노래선교단(1980)

Episode 1. 청바지 & 티셔츠

본격적으로 가스펠을 연주한 12회는 청바지에 티셔츠 차림으로 연주하기도 하였는데, 노래선교단 단복, 그리고 율동과 함께 청바지에 티셔츠까지… 시대를 많이 앞서갔다. (최훈차 선생님 인터뷰)

12회 청바지에 티셔츠 차림으로 가스펠 연주.

Episode 2. 어느 재소생의 편지

"항시 우리 곁에서 우리를 염려하여 주시고 보살펴 주시며 오늘 이 자리를 마련하여 주신 주님께 감사드립니다. 저는 이곳 김천교도소에서 지난날의 못된 행동들을 반성하고 있는 ○○라는 재소생인데 합창단 여러분께 인사드립니다.

합창단 여러분! 우리는 사회에서 온갖 나쁜 일만 일삼아 오던 못된 청소년이었습니다. 못된 소년임에도 불구하고 우리에게 주님의 찬송가를 불러 주시고 우리에게 웃음을 가득히 담겨 주신 합창단 여러분께 다시 한번 감사드립니다. 저는 오늘 그 자리에서 합창단 여러분의 모습 하나하나를 감명 깊고 뜻있게 지켜보았습니다.

저는 사회에서는 주님을 알지 못하였습니다. 그런데 이곳에 와서 우리 고향 제일교회 친구들로부터 여러 통의 편지를 받아 보고 나서 옳지, 내가 여태껏 잘못해 온 행동들을 용서받고 착실히 살려면 나는 주님을 믿어야만 악에서 빠져나오겠구나! 생각하고 옛날의 잔인하고 못된 행동들을 주님께 깨끗이 속죄하고 주님을 알고 난 이후부터는 참으로 선한 생활을 해가려고 노력하고 있습니다. (후반부 생략)"

김천소년교도소에서 12회의 연주를 보고 감명받은 한 재소생이 학교로 편지를 보내왔다(1980. 7.).

13회 노래선교단(1981)

Episode. 앰프 고장

1981년의 여름은 40도에 육박하는 뜨거운 날씨였다. 순회연주 시 구미에 있는 금오공고에서 노래하던 중에 우리가 가지고 다니던 앰프가 고장이 났다. 바로 강당에 있던 시설을 사용하여 그 연주는 무사히 마칠 수 있었다. 그런데 고장이 난 앰프 때문에 당장 1주일 정도 남아 있는 연주가 큰 걱정이었다. 바로 그때 '금메달의 산실인 우리 금오공고가 못 고칠 리 없다'며 전자과 학생들이 고쳐 주겠다고 와 주었다. 아무리 해도 안 되니까 나중엔 선생님들까지 오셔서 결국 기계를 고쳐 주셨고, 성능이 훨씬 좋아진 앰프 덕분에 나머지 연주를 성공적으로 해낼 수 있었다. 우리는 순회 도중에 감사한 마음을 엽서에 담아 학교로 보내 드렸다. 금오공고 기독학생회 주최의 행사였기에 그 엽서 내용은 고스란히 학생회 회지에 인쇄되어 출판되었다. 이 엽서 덕분에 40여 년이 지난 어느 날, 금오공고 기독학생회 창립 50주년 행사에 노래선교단을 기억해 낸 행사 주최 측은 정신학교로 수소문을 하였고, 급기야 그들로부터 정신콰이어 연주 섭외를 받게 되었다. 아직도 노래하고 있는 우리를 본 그들도 놀랐고, 어릴 적의 노래선교단을 잊지 않고 기억해 준 그들을 본 우리도 놀랐다. 이에 정신콰이어는 2023년 9월 10일에 다시금 최훈차 선생님의 지휘 아래, 김윤숙 선생님까지 한걸음에 달려와 주신 무대에서 40여 년 만에 다시 연주를 하는 영광을 누리게 되었다. 말 그대로 감개무량할 따름이었다. (최혜욱 단원)

위 금오공고 연주 당시(1981. 7.). **아래** 금오공고 개교 50주년을 기념하여 다시 무대에 선 정신콰이어 연주(2023. 9.).

14회 노래선교단(1982)

Episode 1. 14회가 좋아한 노래

뮤지컬 〈Natural High〉 중에 나오는 '진리의 순간'이라는 이 노래는 14회가 가장 좋아하던 노래 중 하나였다. 순서 속의 곡 중에는 포함되지 않았지만, 훈련 기간에도 하루를 마치는 시간이면 꼭 불렀고, 연주회 때에도 연주가 끝나고 청중들과 헤어질 때면 언제나 이 노래를 불렀다.

Episode 2. 최훈차 선생님의 미국 유학

14회가 지방 순회를 마치고 최훈차 선생님이 바로 미국 유학을 떠나셨기 때문에 2학기부터 16회까지 사모님이신 장영란 선생님이 뒷일을 담당해 주셨다. 최훈차 선생님의 부재로 틴라이프는 결성되지 못했다.

15회 노래선교단(1983)

Episode. 유학 중 공연

유학하던 중 잠시 한국에 들어와 나 대신 집사람이 지도하던 15회를 데리고 순회연주를 다녀왔다. 형님 추천으로 가게 된 마이애미 대학의 등록금이 너무나도 비싸 하루에 두 끼만 먹으며 생활하였는데도 당연히 감당이 안 되었다. 당시 살던 장미아파트를 담보로 잡고 나머지 등록금을 냈다. (최훈차 선생님 인터뷰)

15회 장영란 사모님이 지휘하신 서울 연주회(1983. 10. 20.).

15회 죽전휴게소 앞에서.

16회 노래선교단·12회 틴라이프(1984)

Episode. 옷 갈아입기

미국에서 교수직을 하시던 친형님의 추천을 듣고 가장 유명하고 훌륭하시다는 스웨덴인 Dr. Richarlson 교수가 있는 마이애미 대학으로 유학을 가게 되었다. 나는 논문으로 'Quick Change Dress'를 쓰고 합창단이 왜 옷을 빨리 갈아입어야 하는지에 대해 설명했다. 청중을 오래 기다리게 해서는 안 된다는 것이 이유였다. 그런데 이 교수님이 본인이 하시게 된 500~600석 규모의 합창세미나에 16회를 불러 연주를 하게 하셨다. 그 무대에서 옷 갈아입는 것도 보여 주라는 것이었다. 16회는 영 점 몇 초 만에 옷을 갈아입고 나와 모두를 놀라게 했고 기립 박수도 받았다. (최훈차 선생님 인터뷰)

인터뷰: 강순주, 유미라, 박혜성, 최혜욱(Birth 인터뷰 기간과 동일)
기록: 공혜량, 최혜욱

4_Thanks to

지동소 전 정신여고 교장 | 4회 노래선교단 총무 | 8회 노래선교단 단장 | 6회 틴라이프 단장 | 에코합창단 단장 5년

최훈차 정신

'정신(貞信)노래선교단' 하면 최훈차 선생이다. 최훈차 선생은 하나님이 세우신 정신여고에 하나님의 명을 받고 찾아온 하나님의 일꾼이다. 내가 정신여고에 전임교사로 부임한 1969년에 공교롭게도 노래선교단이 창단되었다. 다음 해에 내가 학생부장이 되면서 노래선교단은 학생회 조직의 하나인 합창단으로 더 가까이 함께 뛸 수 있었다.

정신여고에 최훈차 선생이 남긴 굵은 발자취가 있다. 바로 '최훈차 정신(精神)'이다. 첫째로 신앙의 생활화, 둘째로 인성훈련의 생활화, 셋째로 합창의 생활화이다. 정신여고 노래선교단은 최훈차 정신으로 훈련되고 다듬어진 공동체이다. 노래 자랑하는 합창단이 아니고, 하나님을 믿는 신앙인으로 하나님을 찬양하는 선교단이다. 따라서 거기에 맞는 훈련이 필요하다.

기도로 시작하고 기도로 끝난다. 출석부가 필요 없다. 자기에게 맡겨진 일은 물론이고 다른 사람의 일도 살피는 여유를 가진다. 신속성을 발휘하여 단복을 갈아입는 데 시간을 낭비하지 않는다. 자기 반성 시간을 가지며 다른 사람의 장점을 칭찬해 준다.

정신여고 노래선교단은 자기 회(回)로 끝나지 않고 졸업한 후에도 계속 합창이 메아리쳐 울리게 하고 있다. 노래선교단 선배들이 지휘하는 에코합창단으로 이어지고, 최훈차 선생이 직접 지휘하는 정신콰이어로 이어진다.

〈정신노래선교단의 기도문〉

지동소 작

사랑의 주님!
저희들의 찬양을 주님께 드립니다.
교만한 마음이 변하여 겸손하게 해주시고,
영혼의 귀로 주님의 음성을 듣게 하옵소서.
저희들의 찬양이 신앙의 간증이 되게 해주시고,
은혜 충만케 하옵소서.
모든 영광을 주님께 드립니다.
예수님의 이름으로 기도드립니다. 아멘.

최훈차 선생의 부탁이 있었다. 연주 전에 단원이 드릴 1분짜리 기도문이 필요하다는 것이었다. 교회 연주 전에 드리는 기도문이라 더욱 신경이 쓰였다. 하나님께 드리는 기

도문에는 빠져서는 안 될 것이 있다. 우선 누구에게 기도하느냐 그 대상이 하나님이심을 분명히 밝혀야 되고, 마지막에는 '예수님의 이름으로 기도합니다'이다. 노래선교단이니만큼 최훈차 정신이 깃들어야 함은 물론이다. 노래선교단이 많이 부르는 노래 가사를 들여다보기도 하고, 단원들의 생활 속에서 느껴지는 감격을 정리하기도 하였다. 무엇보다도 노래선교단 출신들이 나아가야 할 비전을 담으려 했다.

1995년 7월 31일은 정신학원에 하나님의 역사가 일어난 특별한 날이다. 노래선교단 8회 출신이고 6회 틴라이프 출신인 정애주 동문이 남편 되신 이재철 목사와 함께 교장실에 찾아왔다. '정신여자중ㆍ고등학교 대강당'을 본인이 섬기고 있는 주님의교회가 세워주고자 하니 허락해 달라는 요청이었다.

이재철 목사를 나는 잘 모른다. 다만 정애주 동문의 남편이라는 사실만 알 뿐이다. 그런데 그와 함께하면 되겠다는 믿음이 생겼으니 하나님의 역사라 할 수밖에 없다.

1994년 3월 김마리아 선생 제50주기 추모행사의 하나로 대음악회가 세종문화회관 대강당에서 열렸다. 여기에는 노래선교단이나 정신OB팀이 출연한 것이 아니고, 일반 저명 성악가로 꾸려졌다. '김마리아 대강당'을 세우기 위한 모금을 목적으로 열린 음악회였다.

대음악회 총 비용 3천 7백만 원을 지불하고도 남은 돈이 8천 5백만 원이었다. 총동창회가 총동원되고, 전국여전도회도 합세하고, 우리학교에서도 공짜표는 없이 교장이 5만 원짜리 10매, 교감이 6매, 부장이 2매, 일반교사가 1매씩 부담하게 하였다. 학부형이나 학생은 참여시키지 않았다. 이것이 큰 힘이 되었다. 더욱 하나님께 기도하며 모금운동도 활발히 진행하였다.

'김마리아 대강당' 건립을 위해 함께 기도하며 모금운동도 열심히 하지만 목표액을 달성하기란 요원한 꿈같았다. 김마리아 선생 50주기 행사를 마치고, 1년 4개월이 지난 1995년 7월 31일 이재철 목사 부부가 찾아옴으로 대강당 건립문제는 당일에 잠정 합의하게 되었다. 하나님께서 노래선교단으로 연결해 주신 특별한 은혜 덕분이다.

이재철 목사에게는 남다른 목회철학이 있다. 하나는 담임목사 10년 등 임기제이고, 둘째로 예배당 무소유이고, 셋째로 교회재정 50퍼센트를 구제와 선교에 사용한다는 철칙을 가지고 있다. 지금 '김마리아 회관'은 학교와 교회가 함께 사용하고 있다. 건물의 소유주는 정신학원이고, 주님의교회는 50년을 기한으로 빌려 쓰고 있다.

나는 정년퇴임 후 에코합창단 단장으로 5년간 함께했다. 합창단원은 20명 내외, 지휘는 노래선교단 25회 출신 김미정 선배였다. 단원이나 지휘자가 모두 최훈차 선생에게 직접 지도를 받은 사람이 아니다. 여기 에코합창단에 최훈차 선생은 없지만 최훈차 정신이 깊게 자리 잡고 있음을 확인할 수 있었다.

충청북도 어느 시골교회 나이 많은 어르신들을 위한 연주였다. 교회 안에 병설 양로원이 있다. 처음에는 교회가 양로원을 세운다는 소문이 퍼지자 동네사람들이 시위를 하는 바람에 중단했다고 한다. 기도 중에 된장공장 생각이 났다고 한다. 그 마을에 콩이 많이 생산되는데 그 콩을 전부 사들이는 방법이 된장공장만 세우면 되겠다는 것이다. 그래서 교회 옆에다 된장공장을 건립하게 되었다고 한다. 그랬더니 마을에서는 대환영이고 양로원도 겸해서 허락이 되어, 그 어르신들을 대상으로 연주하게 된 것이다.

70·80대 어르신들 60여 명이 모였다. 우리 단원들이 노래하는 중에 단 아래로 내려가 어르신 한 분 한 분 손을 맞잡고 함께 노래를 부르기 시작했다. 웃음이 없던 그분들이었는데 차츰 가슴이 열리기 시작했다. 우리 단원들이 다시 단 위로 올라가 그 할머니, 할아버지 어르신들을 뚫어지게 바라보며 눈물을 흘리면서 노래를 계속 부르니 참여한 모든 분들이 눈물을 흘리며 감격했다. 담임목사도 나도 눈시울이 뜨거워지지 않을 수 없었다. 연주를 마친 다음 담임목사가 우리에게 90도 절을 하면서 자기가 10년 동안 설교를 암만 잘해도 웃지도 않고 감격이 없었는데 여러분이 처음 이 노인들을 감격시켰다고 하면서 감사 감사를 연거푸 되풀이했다.

우리 일행이 20여 명이 되니 전세버스를 이용하여 4박 5일 동안 운전기사분도 함께 생활하게 된다. 노래선교단 지방 순회 때와 마찬가지로 우리 단원 조직에는 기사 당번이 별도로 정해져 있다. 그 임무가 철저하다. 식사시간에 식사와 커피를 챙겨 드리는 것은 기본이고, 땀이 많이 날 때에는 얼음수건을 대비한다. 교회에서 연주가 시작될 때에는 꼭 교회 내로 모셔서 자리를 마련한다.

강화도 순회연주를 위해 수고할 버스기사를 만나 박수로 환영했다. 첫 번째 교회연주에서 기사당번이 버스기사를 교회 내로 안내했다. 그러나 금방 바깥으로 나가서 서성거리다가 거의 연주가 끝날 무렵에 나타났다. 그 다음 날 역시 당번이 교회 안으로 안내하니 마지못해 뒷자리에 겨우 앉아서 구경을 하는 것 같았다.

시간이 흐르면서 교회연주에 관심을 갖게 되었다. 도대체 어떤 합창단이기에 학생들이 피로를 모른 채 자기 일에 최선을 다하는 것일까 하면서, 처음에는 무뚝뚝했던 그 기사가 얼굴을 펴기 시작했다. 우리 단원들이 운반하던 짐까지 대신 날라다 주곤 했다. 마지막 날에는 교회 앞쪽 자리에 앉아서 연주를 경청하였다. 끝나게 되는 것을 아쉬워하는 눈치였다.

강화도 연주를 다 마치고 출발하기 전 식사시간이었다. 우리 단원들이 그동안 수고한 기사에게 감사노래와 함께 조그마한 선물을 전달했다. 선물을 받아든 기사는 눈물을 글썽거리면서 다소 흥분된 어조로 말을 했다. "나도 여러분이 나가는 교회를 나가겠습니다. 내가 어렸을 때는 교회에 나갔었는데 계속하지 못했습니다. 감사합니다." 마침 내가 새로

구입한 얇은 성경·찬송가 합본 책이 있어서 전달할 수 있었다. 박수소리가 요란하였다.

이혜숙 전 정신여고 음악교사(현재 미국 거주)

참 오랜만에 그리움을 꺼내 봅니다

최훈차 선생님은 1969년 정신여고 노래선교단을 창단하기 위해 많은 눈물의 기도를 하셨던 것으로 기억합니다. 저는 당시 성악을 전공한 음악 선생으로 합창이 무엇인지 잘 몰랐어요. 그런데 지금 생각하니 미국 이민 생활에서 가질 수 있었던 용기, 사랑, 믿음, 인내는 모두 그 옛날 최훈차 선생님과 함께 지도하고 고민했던 노래선교단이라는 씨앗으로 인해 열매를 맺은 것이라고 확신합니다.

최 선생님은 당시 워낙 바쁘시게 열심으로 움직이시며 학생들 지도하시는 일 외에는 신경을 못 쓰셨지요. 점심 먹을 시간도 잊으시며 그 시간이 아깝다 하여 내가 선생님을 챙기면서 여학생들로만 구성된 노래선교단의 여러 민감한 문제들을 함께 의논한 기억도 생생합니다.

내 삶의 사랑도 봉사도 생활의 변화도 노래선교단 합창단과 함께 하면서부터입니다. 다행히 미국 이민 생활에서의 어려움을 잘 견디고 노래선교단의 감동을 그리움으로 간직하고 행복하게 잘 지냅니다.

저도 1977년에 미국에 와서 고3부터 이민을 와 외로워하던 한국 젊은이들을 모아 노래선교단 같은 청소년 성가대를 만들었지요. 당시 노래선교단이 부르던 여러 복음성가들을 그대로 부르게 하며 지도했어요. 감사하게도 지금 그때의 젊은이들이 대부분 신앙의 지도자인 목사, 장로, 권사, 목사 부인이 되어 있어요.

5년 전에는 교회 창립 40주년에 흩어져 있는 교회 동창회도 했답니다. 모두가 최 선생님께 배운 합창으로 다져진 귀한 믿음의 열매라고 확신합니다. 지금도 잊히지 않는 것은 노란 단복을 입고 그 무더운 여름에 땀과 눈물로 하나님을 찬양하며 복음을 전한 노래선교단원들의 모습입니다. 그 아름다운 기억이 지금의 나를 지탱해 줍니다.

어느 날 집에 도둑이 들어와 패물을 다 가져갔는데, 그때 내 목에 남아 있는 유일한 틴라이프 목걸이는 하루도 빠짐없는 그리움의 행복 표시가 되어 있습니다.

이제 저는 '나 가난 복지 귀한 성에 … 길이 살겠네' 하는 찬송에 은혜받는 나이에 와 있지요. 이 글을 쓰며 최훈차 선생님과 노래선교단들과 함께했던 시간들을 떠올려 보니 감사하며 행복합니다.

최 선생님, 부디 건강하시고 주 안에서 항상 즐거우세요.

강순주 5회 노래선교단 | 3회 틴라이프 | 정신콰이어 | 건국대학교 명예교수

나의 인생과 최훈차 선생님

정신여고와 선생님

나는 1969년 최초의 중학교 무시험 입학이라는 뺑뺑이세대이기에 고등학교는 입학시험을 통해 선택할 수 있었다. 그런데 1차 시험에는 낙방을 하게 되었고, 당시 2차는 명문여자 고등학교로 알려진 정신여자고등학교(당시 종로구 연지동 소재)에 응시하여 합격하고 입학했다.

그 당시 정신여고에 입학한 친구들은 어린 나이에 모두 시험 실패의 쓰라림을 경험하였기에 서로가 조심스러웠던 것으로 기억하지만, 나는 정신여고에서 노래선교단이라는 합창단이 가장 마음에 와닿았다. 입학식 날 노란 단복을 입고 율동하며 노래하는 선배들은 선망의 대상이었다. 나는 무조건 단원이 되어야겠다는 생각을 했고, 합창단원 선발 시험에서는 어릴 적 교회 학교를 다녔기에 친숙한 찬송가를 자신 있게 부른 기억이 있다. 다행히 시험을 통과해 합창단원이 되었고, 우리를 지도하신 분이 바로 최훈차 선생님이었다.

학창 시절에 나는 선생님이 걸어 다니신 것을 본 적이 없다. 학교에 제일 먼저 출근하시고 늘 바쁘게 뛰어다니셨다. 밥 먹을 시간도 아깝다고 하시며 모든 일에 최선을 다하신 모습이 학생인 나에게는 늘 존경의 대상이었다. 선생님의 가르침 중에 수없이 많이 들은 '순수, 겸손, 인내, 세련, 최선…'의 단어들은 지금도 내 삶 속에서 인생의 지표가 되고 있다.

선생님은 단원들에게 신앙과 음악의 생활화를 강조하셨다. 당시는 시대적으로 자기의 감정을 잘 표현하지 못했던 시기였다. 하지만 선생님은 우리에게 순수성을 강조하시면서 음악의 리듬에 맞춰 몸을 움직이거나 박수가 절로 나올 수 있는 감성의 교육은 물론이고, 신앙에 기초한 예의 바른 생활 태도 및 정신적으로 이겨 내는 훈련도 함께 시키셨다. 이러한 가르침과 훈련을 통해 나는 인생에서, 그것도 가장 감수성이 예민하고 방황할 수 있는 청소년 시기에 순수한 마음으로 하나님을 나의 구주로 고백하며 영접할 수 있었다. 더불어 다른 이에게 노래로 구원의 기쁨을 전할 수 있는 놀라운 사명까지 감당할 수 있었으니 이것은 오롯이 하나님의 은혜이다. 5회 노래선교단은 타 선배들에 비해 상대적으로 음악적 테크닉이 부족하다고 설움(?)을 많이 받았지만, 우리는 약할 때 더 강하게 하신다는 주님의 말씀을 믿고 의지하면서 강당 2층에 있는 겟세마네 기도실에 자주 모여 간절히 기도하였다. 하나님은 그런 우리의 기도를 들어주셨고, 어느 회 못지않은 감동적인 순회연주를 할 수 있었다. 노래선교단 활동에 이어 3회 틴라이프 멤버로도 선발되어 두 달

간 미국 순회 활동까지 할 수 있었던 것도 하나님이 준비해 주신 나의 인생 과정이었으리라 믿고 있다.

나는 정신여고에서 하나님을 두려워하고 섬기는 인생의 으뜸가는 지식을 얻었다. 그리고 최훈차 선생님이 지도하시는 노래선교단을 통해서는 어떻게 살아가야 하는지 인생의 방법을 얻을 수 있었다. 인생에서 최고의 고등학교와 스승을 만났으니 나는 하나님이 주신 최고의 선물을 받은 것이다.

일본 유학과 선생님

고등학교 3학년 말, 부친의 일본 발령으로 한국에서 대학을 포기하고 어머니와 함께 일본으로 가게 되었다. 만약 내가 한국에서 대학을 다녔으면 최훈차 선생님이 이끄시는 대학합창단 단원(틴라이프 출신은 음악 전공이 아니더라도 단원으로 활동할 수 있는 자격이 주어짐)으로 활동했을 텐데, 그러지 못한 것을 제일 아쉬워했던 기억이 있다. 그러나 일본 대학생활에서도 일본인들과 합창단 활동을 4년간 하였고, 일본 남학생들과 중창(미국 포크음악그룹 Peter Paul & Mary의 노래에서 Mary 역할)도 하며 무대에 섰으니 나의 노래 사랑과 합창 열정은 끊이지 않았다. 한인 교회에서는 찬양대 봉사를 하기도 했다. 나는 정신여고 노래선교단과 최 선생님의 제자임을 누구보다도 자랑스럽게 생각하며 합창과 찬양의 기쁨을 누렸고, 항상 선생님께 감사하는 마음을 잊지 않았다. 선생님이 늦은 나이에 미국으로 대학원 유학 길에 올랐다는 소식을 일본에서 접했을 때, 하나님께서는 주님의 도구로 쓰시려는 선생님에 대한 큰 계획이 있으심을 믿었다. 그리고 선생님을 위해 열심히 기도한 기억이 생생하다. 유학을 경험한 사람들은 대부분 다 겪는 일이지만, 외롭고 어려운 상황이 닥칠 때면 모든 것을 합하여 선을 이루게 하신다는 주님의 말씀에 의지하며 긍정적인 마음으로 믿음 생활을 하면서 이겨 냈다. 이는 오롯이 최훈차 선생님이 지도하신 정신여고 노래선교단과 틴라이프를 통해 귀하게 얻은 나의 하나님 사랑에 대한 믿음의 덕이다.

교회 찬양대와 선생님

일본에서 박사학위까지 마치고 한국에 와서 교회는 단연코 최훈차 선생님(당시 서울신학대학교 교회음악과 교수)이 지휘하시는 남대문교회로 정하고 찬양대 활동을 시작했다. 1987년 9월 26일 당시 남대문교회 임영수 담임목사님의 주례로 지금의 남편과 결혼을 하였다. 그 후로 남편 조대윤은 나와 함께 최훈차 선생님과 사모님을 최애 은사님으로 모시게 되었다. 특히 남편은 음악에 대한 조예가 깊어 선생님과 잘 통하였고 특히 음악 관련 음반과 기계 이야기가 시작되면 두 사람의 이야기는 끊이지 않았다.

그 후 선생님은 박조준 목사님이 시무하시는 갈보리교회 음악감독으로 가시게 되었는데, 나는 남편과 의논하여 함께 갈보리교회로 옮겼고 남편은 찬양대 대장으로도 봉사하였다. 그 후 선생님은 서울 신학대학이 성결교단이기에 성결교 교단 교회에서 지휘해야 한다는 대학의 방침에 따라 다시 신촌 성결교회로 옮기게 되었다. 그때도 우리 부부는 선생님을 따라 교회를 옮겼다. 선생님은 찬양대의 찬양은 교회 예배에서 중요한 예식이며, 그러기에 찬양대원의 사명과 마음가짐을 늘 강조하셨다. 또한 하나님께 찬양드리는 영광스러운 일에 우리가 쓰임받는 사실 자체가 은혜이고 감사임을 늘 일깨워 주셨다. 아마도 나는 예배 중에 올려 드리는 찬양의 감동을 선생님 지휘가 아닌 다른 분의 지휘에서는 느낄 수 없을 것이라는 생각을 한 것 같다. 선생님의 지휘하시는 모습과 우리를 감동으로 이끄시는 조용한 리더십은 어디에서 나오는 걸까? 그건 선생님의 하나님에 대한 순종과 삶의 태도에서 나오는 것이리라. 고등학교 때 배웠던 선생님의 가르침은 하나도 변함없이 곧 선생님의 모습이기 때문이다. 그래서 선생님에게 가르침을 받은 제자들은 선생님 곁을 떠나고 싶어 하지 아니하고 선생님과 함께 합창하기를 원하는 것이리라….

선생님이 다시 새문안교회 지휘자로 가실 때 우리 부부는 또 따라가야 할지를 고민하였지만, 이번엔 우리도 교회를 정해야 한다고 생각하며 집 가까이 있는 주님의교회 교인으로 등록하였다. 그리고 이제 선생님을 따라다니며 봉사했던 찬양대 활동은 접었다. 이제는 선생님께 배운 찬양대원으로서 갖추어야 할 자세와 태도 그리고 음악적 테크닉까지 머리에 모두 입력되어 있기에 선생님이 아닌 다른 지휘자 선생님 밑에서도 찬양대 사역을 잘 감당할 수 있게 된 것 같다. 그러고는 다른 방법으로 선생님과의 관계를 유지하고자 하였는데, 그것이 내 나이 60이 되던 때 정신콰이어 멤버로서의 활동의 시작이다.

정신콰이어와 선생님

나이 60이 되면서 나는 퇴직 이후의 인생을 시작하며 3가지 일을 준비하고 시작했다. 그중 하나가 정신여고 노래선교단 출신이 활동하는 정신콰이어 입단이다. 2016년 정신콰이어 10주년 홈커밍데이 때 선생님이 지휘하시는 후배들의 연주를 보면서 정신여고 노래선교단 활동들이 주마등처럼 지나가며 그때의 감격이 되살아났다. 마침 2017년부터는 매주 연습 시간도 퇴근 후 저녁 시간으로 변경된다 하여 합창 단원으로 입단할 수 있겠다는 용기를 낼 수 있었던 것 같다. 선생님 지휘하에 합창할 수 있는 마지막 기회라 생각하였고, 선생님이 지휘를 내려놓는 시간까지 함께하고 싶은 제자의 바람이었으리라…. 나이 60이 되면서 입단하였기에 후배들에게 혹여나 누가 될까 싶어 지금까지도 실천하고 있는 것은 연습시간에 빠지지 않기와 호흡으로 노래하기 위한 체력 유지이다. 덕분에 지금도 유산소운동과 필라테스 등으로 나름의 체력관리를 잘하고 있다. 아쉽게도 코로나 시기가 있었으나 이제 나는 선생님이 정신콰이어 지휘를 그만두실 때까지 선생님 지휘하에 하나님을 찬양하는 일을 멈추지 않을 것이다.

나는 내 인생에서 우리나라 여성 교육을 이끌고 있는 정신여고 졸업생임을 누구보다도 자랑스럽게 생각한다. 그리고 무엇보다도 그 학교에서 최훈차 선생님 지도하에 노래선교단의 단원으로 하나님을 구주로 영접하고, 그 감격을 노래로 전하는 선교의 사역을 감당했던 경험은 지금의 나를 견인해 준 원동력이 되었다. 이제 내 나이 70을 향해 가는 여정에서 지금도 건강하게 선생님이 이끄시는 정신콰이어 단원으로 작은 사역을 이어 가고 있으니 이보다 더 귀한 은혜가 어디 있을까 생각하며 더욱 겸손해진다.

50여 년간 선생님과 함께한 제자로서 선생님을 생각해 본다. 선생님은 단순히 말로서가 아니라 생활로서 우리를 가르치셨다. 선생님은 하나님께 올려 드리는 찬양을 신앙고백으로 승화시켜 합창의 최고 경지인 감동으로 이끌게 함으로써 많은 이들을 하나님께로 인도한 기적을 만들어 내신 분이다. 선생님의 존재는 그 자체가 기적이다.

안정희 6회 노래선교단 | 4회 틴라이프 | 전 백석대 문화예술학부 교수

고맙습니다

늘 가슴 한 켠에 고마운 선생님! 음악도, 삶의 방향도, 신앙의 색깔까지 모든 면에서 영향을 받았던 소중한 노래선교단 시절… 그냥 노래가 좋아서 합창반이 되었다(하나님은 그 이전부터 우릴 보고 계시다가 정신여고 노래선교단에 집어넣으신 것 같다).

합창이 너무나 재밌었고 화음이 이루어지는 게 무지개가 퍼지듯 아름답게 가슴에 와닿았다. 연습할 때마다 더, 더 잘하고 싶었다. 선생님의 표정과 손끝에서 음악이 살아 움직이며 우리의 마음이 무대 저 편 청중과 하나되는 놀라운 체험을 노래선교단이 아니면 그 나이에 할 수 있었을까?

다소 늦은 나이에 유학을 떠나 공부하면서 내 음악의 밑바탕이 된 지식과 색깔은 어디에서 왔을까 종종 생각해 본 적이 있다. 공부를 하면 할수록 느끼게 되는 언어와 발음의 중요성, 절대로 과하지 않은 절제되고 진심 어린 표현들, 음악에 대한 계산 없는 순수한 열정. 나도 모르는 사이에 내게 배어 있는 선생님께 배운 소중한 자산들이었다.

선생님 감사합니다. 음악이 얼마나 아름다운지를… 음악이 얼마나 소중하고 가치 있는 것인가를… 그리고, 음악은 어떤 상황에서나 최선을 다해야 한다는 것을… 가르쳐 주셔서 감사합니다. 살아가며 무엇을 선택하고 결정해야 할 때 늘 정신여고 노래선교단으로서 부끄럽지 않게 살겠습니다. 감사합니다. 오래오래 건강하세요.

임준희 8회 노래선교단 | 6회 틴라이프 | 현 한국예술종합학교 교수

하나님의 사랑과 노래할 이유를 알려주신 선생님…

오월

온 천지에 은은히 퍼져 가는 꽃향기와 함께 눈부신 햇살이 온 세상을 반짝이게 하는 계절. 약 50여 년 전의 나에게 찾아왔던 제8회 노래선교단과 제6회 틴라이프의 경험은 5월의 햇살처럼 가장 빛나고 찬란했던 삶의 순간 순간들로 기억된다. 그리고 그 가운데에는 항상 나의 선생님, 최훈차 선생님이 계셨다.

최훈차 선생님께서 열여섯 살의 소녀에게 안겨 주셨던 가장 값진 선물은 하나님의 따뜻한 사랑과 노래하는 기쁨을 깨닫게 하신 것이었다. 그때의 아름답고도 감동적이었던 노래들을 통해 느낄 수 있었던 하나님의 사랑은 긴 인생의 여정에서 매 순간 나를 이끌어 왔다. 지금까지도 항상 감사하는 삶을 살게 하는 원동력이 되어 주고 있기에 선생님에 대한 평생 감사의 마음을 지니고 있다.

나는 약 여섯 살 때부터 개척교회(신촌장로교회) 봉사중창단에서 어린이 노래 활동을 시작으로 서울시립 소년소녀합창단, 향성 합창단, 중학교 때 성악 레슨 등을 통해 계속해서 노래를 해왔다. 그러나 성악으로 전공을 택하라는 중학교 음악 선생님의 권유가 있었음에도 예고를 가지 않고 인문계 학교인 정신여고에 입학해서 좀 더 다양한 공부를 하고자 하였다. 그러나 고등학교 1학년때 노래선교단 오디션 공고를 보고 나도 모르게 이끌리듯 지원하여 합격하였고 노래선교단 반장까지 맡게 되었다.

평소 노래에 있어서나 신앙적으로나 여러 가지 면에서 자신감이 없었던 나에게 반장으로서의 책임감은 무겁게 다가왔다. 그러나 이것 또한 하나님의 큰 선물이라고 생각하고 부족하지만 열심히 할 수 있는 일을 하고자 하였다.

특히 최훈차 선생님께서는 미국에서 들어온 너무나 아름답고도 사람들의 마음을 울리는 가스펠 송, 흑인 영가, 성가, 민요 등을 가르쳐 주시고 이 노래들을 통해 많은 사람들에게 하나님의 진정한 사랑을 전하고 감동을 줄 수 있도록 이끌어 주셨다. 지금 생각해도 너무 감사한 일이었다. 그러면서 그동안 아무 의미 없이 불러왔던 노래하는 진정한 기쁨을 깨닫게 되었고 그야말로 매일 매일 노래할 이유를 찾게 된 것이었다.

나는 노래선교단, 틴라이프 공연에서 주로 기타 연주를 맡았는데 사실 기타는 그전에 한 번도 연주해 본 적이 없었다. 그런데 최훈차 선생님께서 코드 하나 하나 치는 법을 가르쳐 주셨다. 선생님의 가르침 덕분에 공연을 더욱 활기차게 하는 데 일조를 한 것 같아 뿌듯했고 나름 매 공연마다 뛰어다닌 보람이 있었는지 노래선교단 '팔팔상'(팔팔하게 생동감 있다는 뜻)을 받기도 하였다.

동그라미

최훈차 선생님은 음악에 있어서는 완벽주의자이셨다. 합창에 있어서 한 마음 한 목소리로 내는 음악의 순수성을 강조하셨고 특히 이러한 완벽한 음정 관계가 만들어 내는 배음의 공명이 사람들에게 감동을 준다고 누차 말씀하셨다. 그래서 우리들은 그 합창의 완벽한 경지를 위해 연습에 연습을 거듭했다. 선생님께서는 한 공연 공연마다 그 곡이 완벽한 공명을 만들어 내었을 때에는 지휘 끝에 손가락으로 동그라미를 만들어 주셨는데 우리는 그럴 때마다 너무 감격하여 서로 끌어안고 울기도 하였다. 한 곡 한 곡 담겨 있는 가사 전달과 진실을 담은 마음들 그리고 부단한 연습을 통해 다듬어진 음악적 아름다움이 진정으로 사람들에게 감동을 안겨 준다는 사실을 일깨워 주셨던 것이다. 지금도 기억나는 아름다운 노래들, '별빛 속에 빛나는 주님(모든 것 되시는 주님)', '알렐루야', '서로 사랑하라' 등은 지금도 내 마음을 울리고 설레게 한다. 그리고 그 시절 모든 것을 가능하게 옆에서 함께 지도해 주시며 도와주셨던 지동소 선생님, 송창규 선생님, 이혜숙 선생님 등⋯ 모두 감사드린다.

복을 세어라

고등학교 2학년 때 틴라이프에 선정된 일은 기적과도 같았다. 그때에는 성악 전공하는 학생들도 많아 내가 선정되리라고는 꿈에도 생각 못했었다. 아마 부족함 속에 어떤 가능성을 보셨는지⋯ 틴라이프에서 2nd 소프라노를 맡았다. 작곡 전공을 권유해 주신 것도 선생님이셨다.

미국 순회를 하며 내가 소화기관이 약해 초대된 집에서 번번히 밥을 제대로 먹지 못해 신경 쓰게 해드린 일들, 노래할 때 고음이 잘 안 올라가 속상해서 울었던 일들, 많은 아름다운 노래들을 미국 청소년들과 교인들 앞에서 부르며 감동의 눈물을 흘렸던 일들, '내가 탄 마차는'(Swing low, Sweet chariot), '영혼의 반석', '그가 다시 사심은(살아계신 주)', '옛 것이 좋다' 등 수없이 많은 노래들⋯ 이 모든 것들이 그야말로 "복을 세어 보아라"의 가사처럼 나에게는 하나님께서 주신 큰 복이었고 그 중심에 최훈차 선생님이 계셨다는 점에 다시 한번 선생님께 깊이 감사드린다.

지금도 여전히

며칠 전 유튜브에 6회 틴라이프 음반이 복원되어 올라와 그때의 노래들을 들을 수 있었다. 약 50여 년 전의 사람들에게 감동을 주기 위해 했던 노래들이 이제는 긴 세월을 거쳐 나에게 또 다른 감동과 선물이 되어 돌아왔다.

김정신 13회 노래선교단 | 전 최훈차콰이어 운영위원장

음악에 대해, 인생에 대해, 신앙에 대해

1980년, 정신여고에 입학한 17세 소녀의 눈에 가장 먼저 들어오는 곳이 있었습니다. 합창단이었습니다. 노래가 좋았고, 새로운 세계를 폭넓게 경험해 보고 싶었던 제게 정신여고 합창단은 최고의 안성맞춤이었습니다. 집을 떠나 지방과 해외를 순회하며 많은 사람들 앞에서 화려한 음악회를 열고, 버스와 배, 비행기로 온 세상을 맘껏 체험해 보는 자유의 장! 공동체 생활을 하며 많은 친구들과 우정을 쌓고, 새로운 문화를 체험하며 글로벌한 매너와 품위를 배울 수 있는 곳! 10대의 짧은 연륜으로는 도저히 다가갈 수 없는 큰 세상으로 나아가게 하는 곳! 그렇게 정신여고 합창단은 제 마음을 온통 사로잡을 만큼 매력적이었습니다.

최훈차 선생님을 처음으로 보던 순간을 생생하게 기억합니다. 3월 봄 햇볕이 따뜻하게 느껴지던 어느 날, 합창단을 뽑는다는 공고문을 보고 망설임 없이 오디션을 보기 위해 음악실을 찾았습니다. 떨리는 마음으로 문을 열고 들어갔을 때, 세련된 느낌의 세미 캐쥬얼한 복장을 하신 40대로 보이는 남성분이 음악 선생님 옆에 앉아 계셨습니다. "준비한 노래 불러 보세요!" 평범한 어투의 말씀이셨지만, 제 마음은 온통 떨림으로 긴장했습니다. 무슨 노래를 어떻게 불렀는지 생각이 나지는 않지만, 선생님은 아무런 표정도 반응도 없으셨습니다. 그게 선생님에 대한 생생한 첫 인상입니다. '아! 떨어졌구나!' 내 인생에 처음으로 절망감을 느끼게 해주신 분! 그분이 저의 영원한 스승이신 최훈차 선생님이십니다.

지금 와서 정신여고 합창단에 들어갔던 과거의 기억으로 그때 그 순간을 해석해 보자면, 무뚝뚝해 보였던 선생님의 표정과 반응은 공정하게 학생들을 선발하여 멋진 합창단을 만들고 싶었던 선생님의 음악에 대한 일평생이 남긴 신성성이 아니었나 생각해 보게 됩니다.

선생님과 함께했던 2년간의 배움은 제 인생 전체에 영향을 주는 결정적인 순간이었습니다. 삶의 태도와 자세, 사람에 대한 매너와 특별히 하나님을 향한 순수한 신앙을 오로지 음악을 통해서 배울 수 있다는 신비한 체험! 음악이 단순한 예술이나 기능이 아니라, 사람의 정신과 마음, 영적인 깊은 곳까지 새롭게 할 수 있는 전인적인 힘이 될 수 있다는 체험을 저는 최훈차 선생님을 통해 알게 되었습니다.

처음 1년 간의 합창단 생활을 통해 소리를 내는 법, 화음을 만드는 법, 다른 사람과 함께 노래하는 법, 그리고 음악에 집중하는 법을 배웠습니다. 선생님의 이런 가르침이 단순히 음악에 국한된 것이 아니라, 세상에 내 소리를 내는 방법, 사람들과 더불어 조화롭게 살아가고, 삶의 문제들에 집중하는 법을 배우는 훈련과 같았습니다. 선생님은 음악을 이

야기하면서 삶을 이야기하셨고, 삶을 이야기하시면서 하나님을 이야기하셨습니다. 선생님에게 음악은 삶이며, 하나님을 향한 신앙의 고백이었습니다.

그 후 2학년이 되면서 합창단에서 양육받은 저는 선생님이 이끄시는 노래선교단으로 올라가게 되었습니다. 합창단은 마치 예수님께서 천국 비유로 말씀하신 씨를 뿌리고 저의 영혼이 자라 가는 성장의 요람이었다고 한다면, 노래선교단은 만개한 꽃이 되어 음악으로 복음의 씨를 뿌리는 자유와 행복이었습니다. 노래선교단을 통해 내가 되고 싶어 하는 진정한 내가 무엇인지! 내가 느끼는 행복이 어디에 있는지! 알게 되었습니다. 소명의식 정도까지는 아니지만, 일평생 진정 나이고 싶은 자아상의 밑그림을 그리게 되었습니다.

13회 노래선교단 서울 연주회-숭의음악당(1981. 10.).

그렇게 정신여고를 졸업하고 대학을 가서도 선생님이 지휘하시는 대학합창단과 최훈차콰이어에 들어갔고, 아기 엄마가 되어서도 선생님께 합창을 더 배워 보고 싶어 대학원에 들어갔습니다. 그렇게 선생님 곁을 떠나지 않고 지금 환갑에 이를 때까지 지방과 해외 순회연주를 지속하고 있습니다. 그렇게 할 수 있었던 건 그때 그 시절 10대 소녀가 느꼈던 스승님을 향한 '놀람'과 '경이로움'이 제게는 조금도 시들지 않을 만큼 생동감 있는 힘으로 자리잡았기 때문입니다. 결혼을 하고, 아이들을 낳고 선한목자병원을 운영하는 지금 60대의 노년을 바라보는 순간에도 진정 제 영혼과 인생과 신앙을 영원히 붙잡고 있는 단전과 같은 중심에 여전히 최훈차 선생님은 그때 그 모습처럼 세미 캐주얼한 이미지로, 무표정한 표정으로 앉아 계십니다. 그 모습은 그때의 첫인상처럼 저를 향해 말하고 있는 듯합니다.

음악에 대해, 인생에 대해, 신앙에 대해! 집중하라고! 네 목소리를 내라고! 다른 사람과 조화를 이루라고! 그리고 하나님을 사랑하라고!

박준형 16회 백경심 남편

한결같이

"아내와 연애 중에 한 남자 때문에 질투를 느낀 적이 있다. 다름 아닌 아내의 고등학교 시절 스승이요 한국교회 합창사의 한 획을 그으신 최훈차 선생 때문이다. 그는 아내가 정신여고 틴라이프 선교합창단의 일원으로 활동할 때 지휘를 맡은 이후 줄곧 아내의 정신적 스승으로 자리 잡았다. 시도 때도 없이 최훈차 선생의 이름이 거명되는 바람에 도대체 어떤 남자이길래 아내를 포함해서 그를 거쳐간 모든 제자들의 추앙의 대상이 되었는지 궁금했다. 결국 알게 되었지만 그에 대한 존경의 근저에는 '일관성'이라는 어마어마한 단어가 자리잡고 있었다. 늘 한결같은 믿음으로 산 최훈차 선생. 세상적인 명예를 뒤로하고 세상과 타협하지 않고 교회 합창의 한 길만을 걸어온 최훈차 선생. 그는 정말 존경받아 마땅한, 일관성 있는 신앙의 선배임을 나이 들어 알게 되었다." -박준형의《변화의 파도를 타라 1: 자기관리 편》(SFC, 2004), '일관성' 중

밴쿠버에 대학합창단이 온다는 소식을 아내의 합창단 선배 소개로 알게 되었다. 이때가 아마 2004년 늦가을 정도 되지 않았나 싶다. 대학 연애시절부터 최훈차라는 이름은, 연애 대상인 내가 뭔가 실수할 때마다 귀가 따갑게 들어왔던 터라, "최훈차 선생님이시라면…", 나는 은근히 벼르고 있었다. 도대체 어떤 분(자)인지….

아내의 말을 종합하자면 그는 늘 한결같은 분이셨다. "그럼 나는?" 아마 합창단 그 어느 기수 누구의 남편이라도 자기 아내를 자기 몸같이 사랑한다면, 그래서 그녀의 청순했던 정신합창단 시절조차 사랑하게 된다면, 그런 기억의 양에 비례해 그 합창단의 주역인 최훈차 선생에 대한 질투가 생기는 것은 당연할 거다. 그 아내의 삶에 '최훈차'라는 세 글자만큼 큰 영향력은 없을 테니…. 우리네 남편들은 그에 비교당하는 원지않는 '은혜'를 늘 입어야 한다.

실제로 현장에서 만난 최 선생님은 나를 안심하게 했다. 첫째는 나보다 연로하셨다는 것이고, 둘째는 얼굴색이 강남 출신이라는 것을 대변하지 못했고(그의 얼굴색은 세상 짐을 다 짊어지고 가는 그 누군가를 생각나게 한다), 마지막으로 셋째는 그의 말주변은 세련되지 못했다는 것이다(말수가 적으니 사실 알 길이 없다).

이제는 아내에게 대들 준비가 되지 않았겠는가? "그저 그렇던데…"

돌아오는 길에 뭔가 뇌리를 번뜩하고 내려치는 것이 있었다. 성령이 이렇게 오시는 것 같기는 한데…. '네가 보기에 저런 선생님이, 허리가 굽고, 까만 얼굴색이 영양분이 균형 잡히지 않았는지 의심하게 하고, 말수가 적고, 굳이 한다고 해도 사투리를 숨길 수 없는 그런 분이 어떻게 그 많은 사람들로부터 한결같이 존경을 받고 있는지는 안 고민해 봤니?'

아, 그러니, 나는 저분의 외양만 봤네. 하나님은 늘 우리에게 겉만 보고 판단하지 말라고 하지 않았던가. 속이 중요하다고, 그 중심이 중요하다고. 사실, 죄송하네. 사실 나는 저분의 속을 모르지 않는가? (아마 저 깊은 속은 그 누구도 모르지 않을까?)

그 후 20여 년이 흘렀고 최 선생님과 나는 대면할 기회조차 없었다. 여전히 그분에 대한 소식은 아내의 입을 통해 전해질 뿐. 하지만 아무리 세월이 흘러도 여전히 내 마음 한 구석엔 그분에 대한 질투심의 앙금이 가시지를 않는다. 물론 더 이상 외모를 비교할 필요는 없어졌지만… (이젠 나도 육십이 넘어 허리가 굽을 지경이니)

그는 여전히 한결같으시기 때문이다. 내가 2004년《변화의 파도를 타라》는 책에서 최 선생님의 일관성에 대해 언급한 것은 여전히 사실로 증명되었다. '최소한 나는 거짓말을 하지 않았다. 그래, 나는 백경심의 남편이다, 거짓말은 하지 않겠다.'

여전히 그는 한결같이, 아마 말수가 적으실 것이다. 한결같이, 아마, 같은 교통수단과 같은 노선을 이용하실 것이다. 한결같이, 아마 그때 드시던 음식—주로 초등 입맛으로 알고 있다—을 지금도 드시고 계실 것이다. 한결같이, 아마 만나는 지인이나 학생들을 편애하지 않으실 것이다. 한결같이, 아마 교회에서 주어진 일에 묵묵히 충성을 다하실 것이다. 한결같이, 아마 여전히 모든 약속시간 전에 예정된 장소에 미리 도착해 계실 것이다. 한결같이, 아마 합창을 사랑하고 계실 것이다. 한결같이, 아마 이 지상 이후의 삶을 차분히 준비하고 계실 것이다. 마지막으로, 한결같이, 아마 주님을 사랑하고 계실 것이다.

'한결같다'는 말은 아마 세류에 흘러가며 그때그때 순응하며 사는 인간에게 붙여지는 가장 수준 높은 경지의 덕목이 아닌가 싶다. 주님의 으뜸가는 성품이 '한결같음'(steadfastness) 혹은 '신실하심'(faithfulness) 아니던가? 그런 주님의 성품을 온전히 본받은 최훈차 선생님을 아내를 통해 간접경험한 것만으로도 나는 충분히 복받은 남편이 아닌가 싶다. 주님, 그리고 아내님, 앞으로도 계속 이분과 비교당하는 은혜를 허락하'야~'(이때는 표준말 '하여' 보다는 '하야'가 더 극적인 표현이겠다.) 주시옵소서! 이런 은혜로 저 역시 한결같은 믿음을 갖게 하소서.

김남순 -2회 노래선교단, 창단 2년 전

최훈차 선생님, 제가 고등학교 때 선생님을 짝사랑했었어요. 나이가 있으신데도 아주 멋지시네요. 건강하세요. God Bless You and Shalom!!!

신난식 -2회 노래선교단, 창단 2년 전

최훈차 선생님께 큰 감사를…

아마 내가 고2 때 선생님께서 정신여고로 부임해 오신 걸로 기억한다. 동글동글 깎은 밤톨처럼 단정하게 생기신 귀염성(죄송) 있는 외모에다 첫 여학교 부임이시라 그런지 엄청 수줍어하셔서 그 모습에 더욱 여학생들은 열광! 학생들이랑 눈도 제대로 못 맞추시는 데다 학생들이 떠들면 큰소리 한 번 안 내시고 그저 조용히 하라고 "쉿!" 하고 입술에 손가락을 갖다 대실 때마다 그 표정이 웃긴다고 킥킥거리는 어수선한 분위기에서도 은혜롭고 완성도 있는 합창단을 만들어 내셨다.

젊은 패기로 의욕에 불타는 선생님 덕으로 시민회관에서 열린 합창제 참가 그 외 방송국, 군부대, 교회 등 여러 곳에서 연주를 했다. 고3이 되어 음대 교수님에게 실기 레슨을 받게 되었는데, 교수님은 음악이론시험 대비를 위해 자기의 레슨생들을 이웃에 사시는 작곡과 교수에게 배우게 하셨다. 나는 성악을 취미 삼아 고1 때부터 외부 선생님께 쭉 배웠고, 고3 때 학교 음악 선생님이신 이혜숙 선생님께 레슨을 받았다. 그러다가 입시가 임박한 가을이 되어서야 해당 대학 교수님께 레슨을 받으러 간 데다가, 음악이론마저 고교 음악선생님께 배우겠다고 했으니 미운 털 서너 개는 박히지 않았을는지…. 당시 음대 지망 친구들 몇몇과 함께 최훈차 선생님께 음악이론 레슨을 받았는데 워낙 꼼꼼하게 잘 가르쳐 주신 덕분에 입시고사 음악이론 문제를 못 푼 건 거의 없는 걸로 기억한다. 게다가 웬일로 영 취미 없는 수학을 한 문제 빼곤 몽땅 풀어 버리는 돌발사고가 발생하고, 또 전날 슬쩍 읽어 본 시조가 국어시험에 나오질 않나…. 결국 운이 좋았던 덕에 지망한 대학에 좋은 성적으로 합격했다. 최훈차 선생님의 열정 덕분에 많은 연주 경험을 할 수 있었던 학창 시절은 너무도 소중하고 아름다운 추억이다. 선생님 감사합니다!

강숙경 -1회 노래선교단, 창단 1년 전

최 선생님을 빼고는 제 젊은 날을 이야기하기 어려울 만큼 제 인생에 가장 큰 영향을 받았습니다. 선생님께서 정신여고에 부임하시고 만드신 정신여고 합창단에 참가하였고, 여성 트리오를 만들어 주셔서 저희 팀이 전국대회에서 수상을 했습니다. 또 매주 있는 전체 예배시간에 선생님께서는 오르간을, 저는 피아노로 함께하며 반주자가 연주자가 아닌 예배자임을 배웠습니다. 선생님의 영향으로 작곡과에 진학했고, 선생님이 이끄시는 대학 합창단원으로 결혼 전까지 오래 활동했습니다. 선생님은 저희들에게 하나님께 드리는 예배와 찬양을 가르쳐 주셨고, 조용하지만 항상 적극적으로 맡으신 모든 일을 즐겁게 완성시키시는 귀한 신앙인의 모습을 몸소 보여 주셨다고 생각합니다. 많은 사랑을 베풀어 주신 사모님께도 오랜 해외 생활로 보답을 못한 것 항상 마음으로 죄송합니다.

김은희 -1회 노래선교단, 창단 1년 전

꿈 많던 여고 시절, 합창단을 모집한다고 하네요. 가슴 콩닥거리며 강당 무대에 서서 오디션을 보던 그때는 아련한 추억입니다. 인기 절정이셨던 검정색 정장 슈트 차림의 빠른 발걸음은 아직도 눈에 선합니다. 방과 후 음악실에 모여 합창 연습을 할 때는 참 행복했습니다. 점점 두꺼워지는 악보는 보람이었지요. 방송국, 교회, 시민회관 등등에서 연주를 하고 나면 참 뿌듯했습니다. 무대에서의 율동, 무대에서의 박수 치기… 왜 그리 박자도 못 맞추고 어렵던지요. 그때 배웠던 아름다운 노래들은 신앙생활에 많은 힘이 되었으며, 고운 심성을 키워 가는 버팀목이 되었습니다. 시간이 많이 흐르고 선생님의 환갑 모임에 참여하게 되었을 때는 격세지감의 감회도 있었습니다.

또 시간이 흐르며 선생님께 드리는 헌정 음악회에 참석하며 올곧은 선생님의 귀한 삶에 존경심도 깊어졌습니다. 선생님! 많이 감사드립니다. 많이 존경합니다. 부디 건강하시고 행복하시기를 기도드립니다.

박복련 -1회 노래선교단, 창단 1년 전

1967년 연지동 캠퍼스에 20대 청년의 멋진 모습으로 선생님께서 첫 부임하셨을 때, 여고 1년생으로 만나서 합창반을 시작한 것이 제게는 평생의 자랑거리입니다.

송동수 -1회 노래선교단, 창단 1년 전

합창의 새로운 세계를 가르쳐 주신 별빛 같은 선생님! 연지동 교정… 음악실에서… 강당에서 노래하던 그때가 그립습니다. 선생님 존경하고 감사드립니다.

조인선 반주자 | 1회, 2회 노래선교단

순수한 열정으로 합창 음악의 세계로 저희들을 이끌어 주셨습니다. 그 시간의 여운이 각자의 마음에 그림자를 드리우고 있겠지요. 선생님의 손끝에 소리를 만들었던 그 시간으로 다시 돌아가 보고 싶습니다. 그 시간이 있기에 제가 음악의 길을 걸어갑니다. 선생님! 감사합니다!!!

김원자 1회 노래선교단

최훈차 선생님 안녕하세요? 1회 노래선교단 김원자예요. 선생님 너무나 뵙고 싶습니다. 저희 때는 경상도 지방 순회공연이었습니다. 그때만 해도 에어컨이 그렇게 많지 않았습니다. 오전에 대구방송국. 점심 때 신명여고 강당에서 연주를 마치고 우리들이 인사할 수 있도록 손을 높이 올리셨는데 그 순간 무대 바닥에는 땀으로 라인이 생겼습니다. 다시 저는 교회를 향해 버스에서 내려 걸어가고 있는데 그때 기온이 38도. 그때 우리들은 대구사람한테는 절대 시집을 안 간다고 떠들었습니다. 교회에서 연주를 마치고 저는 일을 저

질렸습니다. 마당에 서 있는데 갑자기 손가락 하나도 움직이질 못하겠더니 앞이 캄캄해지고 그 다음은 생각이… 선생님들을 그리 고생시켰던 저는 가을 수학여행도 못 갔습니다. 놀란 부모님이 안 보냈답니다. 결혼 후 병원에 입원해 있을 때 같은 경험을 했습니다. 아하 그것은 땀을 많이 흘려 전해질 수치가 뚝 떨어졌던 것이지요. 그때 함께했던 친구들이 모두 미국에 있답니다. 선생님, 몇 년 전 강남교육청 주관 초, 중, 고교생이 모두 참여하는 예술제에 교사, 학부모, 아동 연합합창으로 멋있게 피날레를 장식했습니다. 모두 선생님의 가르침 덕분이지요. 샘 사랑합니다. 늘 건강하세요.

1회 노래선교단 대구신명여고 대강당(1969. 7. 24.).

허진숙 1회 노래선교단

처음 선생님을 만난 그날, 풋풋하고 수줍은 듯 눈도 못 마주치는 어설픈 모습으로 우리 앞에 서 계셨던 모습이 생생합니다. 그렇게 합창단원이 되었고 명동 YWCA에서 있었던 선생님의 결혼식에 친구와 함께 학교 수업도 빼먹고 참석하여 연신 카메라를 눌러대며 사진을 찍었던 추억도 있지요. 그리고 1회 노래선교단으로 지방 순회하며, 또 선생님이 짝지어 주신 3명의 중창단 일원으로 교회, 용산 미8군부대, 교도소 등을 순회연주하며 선생님과 함께했습니다. 음대 진학을 목표로 응암동에 있는 선생님의 신혼집을 드나들며 특별 레슨을 받기도 했지요. 그리고 대학을 졸업하고 결혼해서 미국으로 이주해 살고 있던 중 선생님이 미국 유학을 마치고 돌아오셔서 저의 아버지가 재직하셨던 서울신대에 음악과 교수로 부임하셨어요. 같은 음악과엔 저의 시숙이 성악과 교수로 재직을 하셨는데 그렇게도 선생님과 저의 인연은 또 연결이 되었어요. 그리고 제가 미국에서 사는 동안에도 선생님은 노래선교단, 대학합창단, 서울신대 카펠라합창단, 정신콰이어 연주 등으로 미국에 오셨고 그때마다 선생님을 다시 뵐 기회가 주어졌습니다. 개인적으로 미국 방문을 하셨을 땐 우리집으로 모셔서 함께할 기회도 갖는 등 선생님과의 인연은 태평양을 넘나들며 계속 이어졌습니다. 미국에선 노래선교단 후배들과 중창단의 멤버로 여태껏 끈끈한 정을 쌓고 있는 등 저의 삶 속에서 노래선교단과 최훈차 선생님은 아주 깊숙이 자리 잡고 있습니다. 선생님을 만나지 않았다면 어쩌면 음악 전공을 안 했을 수도 있고, 그렇다면 오늘의 내가 아닌 다른 삶을 살고 있을는지도 모릅니다. 처음 만난 50여 년 전이나 지금이나 선생님은 늘 변함없는 그 모습이십니다. 옛날 제자를 기억하시고 만날 때마다 절대 과하지 않는 반가움으로 대해 주시는 그 모습은 예나 지금이나 한결같으십니다. 선생님 저의 스승이셔서 감사합니다.

천희자 2회 노래선교단

노래선교단 입단 시 알토로 지정해 주셔서 지금까지 귀한 대접받는 알토만 하고 있습니다.

오윤숙 2회 노래선교단

아직 음악하고 있어~~ 노래하고 있어~~~ 최훈차 선생님의 지휘 손끝에 이어지는 테누토 같은 긴 여운. 끝나지 않은 음악!! 고생과 헌신으로 개척 순회연주를 마친 1회 노래선교단에 이어 무대훈련, 단복 갈아입기, 운동장에서 고된 체력 훈련 등으로 건강하게, 먹교단이라는 별명까지 얻은 2회 노래선교단이었습니다.

각자의 개성이 강하여 화합에 어려움이 있던 저희들을 선생님께서는 "너희 학년은 죽을 때까지 평생 못 잊을 거야"라고 하셨습니다. 순회연주 중 저희들의 작은 실수로 7.18 혁명(?)을 겪고 변화된 마음가짐으로 서로 배려하며 불평하지도 않고 은혜 속에 연주를 잘 마쳤습니다. 여러 면에서 선생님 속을 많이 썩여 드린 것 같으나, 미운 정 고운 정도 든 듯합니다. 또 한 가지 선생님께서 매우 기뻐하셨던 일은 저희가 고3 때 전 학년 학생들이 추천과 투표로 봉사상을 뽑는 미스 서어비스 진선미에 오윤숙, 백금희, 최명규 3명 모두가 노래선교단에서 뽑힌 일이었습니다. 졸업하고 오랜 시간이 흐른 후 선생님의 미국 연주 중에 우리 단원이 선생님을 만나 목을 끌어안고 펑펑 울었다는 이야기도 들었습니다. 선생님의 많은 가르침의 결과로 정신콰이어에도 저희 2회 대원 여러 명이 참석하는 등 많은 애정들을 갖고 있습니다.

"연주자는 작은 무대나 큰 무대나 항상 최선을 다해야 한다"는 선생님의 말씀을 새깁니다. 선생님! 건강하시기를 기도합니다. 선생님의 음악은 영원히 끝나지 않을 것입니다. 최훈차 선생님! 진심으로 사랑하고 존경합니다.

2회 오윤숙.

김용희 2회 노래선교단

최훈차 선생님은 1967년 정신여고에 총각 선생님으로 부임하시어 선배들에게 상당히 인기가 있으셨다. 그 당시 우리 학교는 학생들이 남녀 혼성 동아리 활동이나 남학생과 사귀면 정학이라는 중징계가 취해지는 시기였다. 우리가 보는 남자는 가족 이외는 선생님들뿐이었다. 선생님은 외모로 보나 성격으로 보나 학생들에게 주목을 받기에 충분하셨다. 경상도 사나이로 무뚝뚝하시면서도 곱상하게 생기셔서 단연 인기가 좋으셨다. 선생님은 열의를 갖고 우리를 지도해 주셨다. 우리는 선생님께 서로 칭찬받는 학생이 되려고 신경전이 벌어지곤 했다. 선생님 책상에는 항상 꽃이 꽂혀 있었고 특별한 날이면 선물이 책상 위에 가득해 인기를 짐작할 수 있었다. 선생님은 무뚝뚝해서 더욱 인기가 있었다. 그런데 아는 분을 통해 선생님이 우리 학교에서 학생들이 너무 관심을 가져 피곤하다는 푸념의 소리를 하신다고 들었다. 나는 그 소리가 우리 학생들의 아름답고 순수한 마음을 무시하는 것 같아 마음이 상했다. 물론 나도 선생님을 좋아했다. 하지만 귀찮다는 그 말은 우리를 무시했다는 느낌이 들어 선생님께 편지를 썼다. '선생님이 우리를 위해 수고하시는 데 대한 고마움과 사춘기인 우리가 만나는 사람은 오로지 선생님뿐으로 사춘기에 나올 수 있는 현상으로 우리 나이에 있는 일이니 그런 것을 이해해 주시고 심각하게 생각하지 마시라'는 내용으로 보냈다. 며칠 후 복도에서 선생님과 마주쳤는데 그 무뚝뚝한 선생님이 "네 편지 고맙게 잘 받았다"고 하셨다. 선생님은 인기가 좋다 보니 귀찮은 면도 있으셨으리라 생각된다. 그 후 선생님은 우리를 더욱 이해하시며 슬기롭게 잘 지도해 주셨다. 덕분에 나는 원하는 음악대학에 무난히 들어갈 수 있었다. 선생님께서 열과 성의로 가르치신 덕분에 우리는 음악을 통해 즐겁고 많은 추억을 간직할 수 있는 학창 시절을 보낼 수 있었다. 그때 선

생님께 지도를 잘 받아 지금 교회 찬양대에서 20년 가까이 지휘를 하고 있다. "선생님 예
~ 고맙습니더~!" - 김용희 수필집《희망의 단비를 맞으며》중에서 발췌

백은주 3회 노래선교단

아직도 열정적으로 활동하시는 모습 멋지십니다. 노래선교단의 경험이 제 일생의
큰 밑거름이 되게 이끌어 주신 선생님께 늘 깊은 감사드립니다.

정영해 3회 노래선교단 | 1회 틴라이프

선생님, 인생의 정말 중요한 기간에 절 가르쳐 주셔서 고맙습니다. 선생님께서 가
르쳐 주신 것들은 평생 기준이 되고 기초가 되었습니다. 선생님 덕분에 합창에 대해 조금
아는 척하며 살았습니다. '공격'(attack)을 제대로 해야 한다는 가르침대로 선생님의 작
은 손짓에 맞춰 동시에 노래를 시작했습니다. 선생님은 손도 많이 움직이지 않으셨지요.
지휘자와 단원들의 호흡이 잘 맞으면 크게 움직일 필요가 없다시면서요. 지금도 다른 합
창단의 노래를 감상할 때면, 지휘자가 손을 얼마나 크게 움직이는지, '어택'이 제대로 되
는지 유심히 본답니다.

완벽한 하모니로 부르면 하모닉 사운드가 난다 하셨지요? 순회 마지막 공연장에서
마지막 곡을 부르며 겨우 느껴 본 듯합니다. 경북여고에서 주기도문을 부를 때, 맨 끝의
'영원~히'에서요. 그때 왜 그리 눈물이 나고 가슴이 벅차오르는지, 붕~ 뜨는 느낌이었어
요. 공연 끝난 뒤 다들 그 느낌에 한동안 취해 있었던 기억이 납니다. 다른 사람들은 이해
하지 못하니 이 경험은 평생 혼자만 즐기는 보물이 됐습니다.

순회연주 전 뙤약볕 아래 운동장 계단에 서서 한 훈련이나 다른 무대 훈련도 이후
제 활동의 기준이 되는 훈련이었습니다. 선생님께서 오른손을 올리시면 같은 속도, 같은
깊이로 인사했고, 교복 입은 학생들이 무대에서 퇴장하자마자 노란 단복으로 갈아입은 채
로 바로 입장하는, 환상적인 무대를 보여 주게 됐지요. 그때 배운 대로, 지금도 무대에 서
면 저절로 미소 짓는다니까요? 합창을 하는 데 합숙훈련이 필요한 것도 그때 배웠습니다.
선생님께 합창을 배우지 않은 학생들은 그런 힘든 과정이 있다는 걸 전혀 모를 거예요. 물
론 약식 가장무도회 같은 즐거운 이벤트도 있었지만요. 합숙덕이었을까요? 실로폰을 옮
기거나 무대 준비에 필요한 여러 가지 작은 일에 다들 손발이 척척 맞고 서로 돕는 게 자
연스러웠답니다.

제1회 틴라이프에 동참하게 된 건 큰 영광이었습니다. 저처럼 노래도 못하는 녀석
이 중창단에 끼게 된 데는 뭔가 이유가 있었을 거라 (지금도) 생각합니다. 워싱턴주에서 캘
리포니아주까지, 석 달 동안 학교와 교회를 순회하며 노래하고 춤춘 경험은 평생 잊지 못

할 추억이 됐지요. 교복을 입지 않은 미국 학생들은 제 눈에는 퍽 낯설었어요. 그래도 우리 노래와 춤에 열광하고 박수를 쳐 주니 얼마나 으쓱했던지요. 미국 순회를 다녀온 뒤 금세 3학년이 되었으니, 1, 2학년 학생들도 저희를 본 모양입니다. 오랜 세월이 지나 미국 유학 시절에 절 알아본 정신여고 후배를 만나기도 했어요. 호스트 가족과 눈 덮인 레이니어 산에서 썰매를 탄 것도 새로운 경험이었고, 송 선교사님 도움으로 처음 자동차 핸들을 잡아 본 것도 새로운 경험이었지요. 새크라멘토에서 캘리포니아 주지사에게 받은 행운의 열쇠는 아직도 제 보물창고에 들어 있습니다.

고등학교 졸업 후, 전 운 좋게도 대학합창단에서 계속 선생님을 만날 수 있었습니다. 사실 제 인생에서 선생님과 헤어져 산다는 건 상상할 수 없었기에, 자연스레 합류하게 됐지요. 노래선교단에서 이미 제대로 훈련을 받고 온 터라, 매주 화요일의 연습이나 지방 순회, 합숙훈련이 낯설지도 않았어요. 금년 8월 대학합창단 지방 순회공연에는 제가 사는 곳에 온다 하니, 가 봐야겠습니다.

선생님, 제 보물창고에 있는 것들은 하나같이 합창단과 선생님과 연결이 되어 있네요. 이렇게 귀한 경험을 하고 반듯한 인생을 살 수 있게 지도해 주신 선생님, 고맙습니다.

3회 노래선교단.

신동수 3회 노래선교단

감성발달에 중요한 시기인 중·고교 시절, 학생들에 대한 사랑과 음악에 대한 열정이 충만하신 최훈차 선생님의 헌신적인 지도 아래 합창(3회 노래선교단)과 중창(토토중창단)을 할 수 있었음에 감사합니다. 그때 화음을 맞추고 보낸 시간들은 흙을 만지고 빚는 도자 작업으로 이어져 지금도 삶의 멋진 화음을 찾고 조율해 가려고 애쓰고 있습니다. 기독교를 떠나 있다는 제게 "회개하라" 하신 말씀을 기억하고 늘 자신을 돌아보고 열심히 노력하며 살고 있기도 합니다. 선생님 감사합니다.

최연신 3회 노래선교단

인생의 큰 선물인 찬양과 음악을 가르쳐 주서서 감사드려요! 최선의 경지가 무엇인지도 체험케 해주셨구요. 영원히 마음에 새겨질 귀한 스승을 주신 하나님께 감사드립니다.

박경희 3회 노래선교단

선생님 합창반에 들어오고 노래선교단을 하며 정신여고 시절이 지나갔네요. 늘 조용하고 눈에 띄지 않는 저였는데 하루는 합창연습 끝나고 불러서 갔더니 "노래선교단은 공부도 잘해야 된다. 방과 후 남아 연습한다고 성적이 떨어지면 안 되니 분발하라"고 말씀하셔서 너무 죄송하였어요. 70세가 된 지금에도 음악실에서 하신 말씀이 남아 있네요. 지휘하실 때가 젤 행복해 뵈는 선생님! 늘 건강하시고 선생님 뒤에는 저희 노래선교단이 항상 있다는 사실 기억해 주세요.

심우현 3회 노래선교단

노래선교단의 훈련과정은 저의 평생을 이끄는 지침이 되었습니다. 시간 엄수, 음식 불평하지 않기 등 늘 생각하며 지켜 온 가르침입니다. 선생님은 저희의 영원한 스승이십니다. 감사합니다.

김순희 3회 노래선교단

음악의 아름다움, 합창의 즐거움을 경험할 수 있어서 행복합니다.

최윤정 3회 노래선교단

56년 전 (중2) 음악반으로 선정된 우리반을 지도하시게 된 선생님을 처음 만났다. 여러 가지 멋진 하모니카 주법 시범에 난 하모니카를 선택했고, 다양하고 훌륭하신 지도를 통해 평생 음악을 사랑하며 음악과 함께하는 생활이 시작되었다. 고등학생이 되어 선생님이 이끄시는 노래선교단원이 되고 다양한 훈련을 거친 합창을 통해 아름다운 하모니의 음악과 찬양의 올바른 태도와 신앙생활을 배웠다. 노래선교단 훈련을 통해 선생님께서 이끌어 주신 음악과 하나님 찬양은 일생 동안 나의 행복의 원천이자 원동력이 되고 있다. 이런 가르침을 주신 선생님께 무한한 감사를 전하고 싶다.

한은숙 4회 노래선교단

노래선교단을 통해 신앙을 확고하게 해주신 선생님께 감사드립니다. 선생님의 헌신이 없었다면 지금의 노래선교단은 있을 수가 없지요. 고3 때 가정이 어려워 등록금을 낼 수 없는 상황에 노래선교단을 통해 도움을 주도록 하신 선생님의 은혜를 잊을 수가 없어 작은 지면으로나마 감사의 말씀 전합니다 오래오래 건강하시어 노래선교단의 영원한 스승이 되어 주세요. 선생님 다시 한번 감사합니다.

박란순 4회 노래선교단

선생님을 만나 아브라함과 같은 믿음과 합창에 대한 열정, 그리고 사랑을 배우게 되어 감사드립니다. 노래선교단과 최훈차콰이어 활동을 하면서 합창에 대한 기초적인 능력과 성실함을 배웠습니다. 그리고 초등학교 교사 때 교실합창, 초등합창단을 운영하고, 관리자인 교감, 교장이 되어서는 학부모합창단을 이끌며 합창을 통한 협동심과 참된 인성교육을 실천하였습니다. 이 과정에서 항상 선생님께 대한 존경심과 감사함이 큰 밑받침이 되었습니다. 정신여고 노래선교단 50주년 기념 음악회 등 행사 운영위원장이 되어 하나님께 감사하는 마음으로 모든 행사를 준비하고 성공적으로 마치게 되면서 선생님의 커다란 믿음과 추진력을 배우고 느끼는 소중한 시간이 되었습니다. 잘 웃지도 않으시면서 유머러스하게 지도하시며 모든 사람에게 행복을 선물하시는 최훈차 선생님! 진심으로 존경하고 주님 안에서 사랑합니다.

이충옥 4회 노래선교단

저는 4회 노선단이 되기 위해 연지동의 겟세마네와 실로암 기도실에서 한 달 동안 기도해서 추가 모집으로 입단했습니다. 3회 노선단이 부른 '생명의 양식' 찬양에 감동하여 꼭 노선단이 되길 희망했습니다. 졸업 후 하나님의 은혜와 노선단이었던 덕택으로 정신여고 교사가 되어서 모교에서 봉사할 수 있는 축복을 주셨습니다. 최훈차 선생님의 하나님 사랑과 인격적인 가르침, 때 묻지 않은 순수함과 음악에 대한 열정, 책임감을 배웠습니다. 선생님을 만나게 하신 하나님께 감사와 영광을 올려 드립니다.

고영련 4회 노래선교단

여전히 청년의 힘으로 지휘하시는 모습이 너무나 감격스럽습니다. 미국에 오셨을 때마다 식당에서 '날마다 우리에게' 식사 송을 부르면 미국 사람들이 박수 치며 환호했던 기억이 납니다. 역시 우리 최훈차 선생님은 전 세계 무대에서도 각광을 받으셨습니다. 건강하시고 우리에게 오래오래 멋진 지휘자가 되어 주셔요.

이정의 4회 노래선교단

매주 선생님의 말씀을 듣고 신앙과 어떻게 살아가야 하는지에 대해 음악으로 주신 메시지는 평생 삶의 모토가 되었고 주님의 사랑을 깨달을 수 있었습니다. 선생님 감사드립니다. 연습하면서 즐거웠던 그 시간은 잊지 못할 추억입니다. 선생님의 유모어도~ 감사드립니다.

한나숙 4회 노래선교단

존경하는 선생님. 1971년 선생님을 처음 뵙고 어느덧 53년이 지났습니다. 음악적 기초가 거의 없던 제가 선생님을 만나 3년 동안 훈련받으며 음대도 가고 성악가로 아직 활동하고 있으니 평생 잊을 수 없는 제 평생의 은인이십니다. 고교 시절 내내 매일 합창 연습 시간을 손꼽아 기다리며 노래하는 즐거움에 공부에 지친 힘든 시간을 잘 견뎌낼 수 있었습니다. 선생님께서는 언제나 최선을 다해 지도해 주시며 한 번도 화를 내거나 꾸짖지 않으시고 유머와 다정함으로 저희를 지도해 주셨지요. 음악적으로 신앙적으로 인격적으로 저의 완벽한 스승이셨습니다. 저도 학생들을 가르치며 선생님을 따라해 보려 노력했지만 선생님의 발끝에도 미치지 못한 채 몇십 년이 지났네요. 음악 외적인 것에 눈길을 돌리지 않으시고 평생 합창지휘자로서 모든 합창인들의 귀감이 되신 선생님. 저희들의 스승으로 오래오래 저희 곁에 계셔 주시기를 기도합니다. 온 마음을 다하여 감사드립니다.

홍희숙 5회 노래선교단 | 정신콰이어

존경하고 사랑하는 최훈차 선생님! 세월이 유수(流水) 같군요. 선생님께서 은퇴시라니요? 너무 서운하지만, C'est La vie! 30대셨던 선생님께서 열정으로 몸 담으셨던 5회 노래선교단의 생활들이 생생한데요. 예배시간마다 선생님께서 치시던 바흐의 '우리의 기쁨 되시는 예수' 오르간 연주가 아직도 귀에 아른거립니다. 저희 5회도 어느새 60대 후반의 나이가 되었습니다. 저는 참 축복받은 삶을 살고 있습니다. 제 삶에 신앙과 음악이 없었다면 불가능한 일이지요. 모태신앙으로 가톨릭 집안에서 자라온 저의 신앙은 정신여고 노래선교단과 정신콰이어 활동에서 더 자라고 키워졌습니다. 하느님께 찬양을 드리면서 하느님의 사랑을 체험했고, 그분이 항상 저와 함께 계심을 느끼며 지금까지 노래하며 살 수 있어서 행복합니다. 대학을 다니다 KBS의 〈누가 누가 잘하나〉 프로의 노래 지도 선생님으로 처음 시작한 방송일은 15년 이상 동요를 부르고 가르치는 일이 대부분이었습니다. 저의 노랫소리를 듣는 분들이 누구의 제자이냐고 물어볼 때마다, 정신여고 최훈차 선생님 제자라고 자랑스럽게 이야기했습니다. 선생님을 만난 것은 행운이었습니다. 하느님의 은총입니다. 학생 때는 선생님이 어려워서 다가가지 못했지만, 정신콰이어가 시작되고 활동을 하면서 선생님을 더 알아갈 수 있었습니다. 저희에게 말로만 신앙을 가르치신 게 아니라 행동으로 실천하시며 항상 노래할 수 있음에 감사하라 하셨습니다. 하고 싶어도 할 수 없는 현실에 대해서요. 팬데믹 3년을 지나면서 노래할 수 없음에 좌절했었습니다. 노래하는 기쁨이 얼마나 큰지를 그때 느꼈습니다. 지금 다시 노래할 수 있어서 감사하며 행복합니다. 2015년에 다녀온 영국 아일랜드 연주 여행에서 같은 민박집에 묵으면서 허리가 아프셨던 장영란 선생님을 안타까워하시던 모습에서 '부부란 저렇게 살아야 하는구나'라고 배웠습니다. 항상 동행하시며 서로 아껴주고 사랑하시는 모습이 저의 결혼생활에도 많은 영향을 끼쳤습니다. 저도 남편에게 최선을 다해 동반자로 살아가려 애쓰고 있습니다.

몇 번 되지는 않지만, 집 근처 한세대 강의를 모셔다 드린 적이 있습니다. 내리시면서 항상 "고마웠고요 고생했어요" 하며 존댓말로 이야기하실 때에는 선생님의 인품을 느낄 수 있었지요. 어린 제자였지만 같이 나이 들어 가는 제자를 배려하시는 선생님! 나이가 들어 가니 어른이 된다는 것이 어떤 것인지를 깨달아 가고 있습니다. 항상 저희에게 삶의 모범이 되신 선생님, 현역 은퇴를 하시더라도 건강하게 저희의 큰 스승으로 오래 계셔 주세요. 존경하고 사랑하며 큰 감사를 드립니다.

이혜자 5회 노래선교단

7월 뜨거운 더위 속에서 우리는 안양으로 향했다. 무대로 걸어 나오니 강당 안은 모두 푸른 색을 입은 분들로 가득했다. '가고파'를 불렀다. "내 고향 남쪽 바다 그 파란 물 눈에 보이네, 지금도 그 물새들 날으리 가고파라 가고파" 노래를 부르면서 앞줄에 앉은 소년이 보였다. 눈물이 가득했다. 내 얼굴에도 눈물이 흘렀다. 지휘하는 선생님의 눈에도 눈물이 고였다. 어느 날인가 '가고파'의 음절이 떠오를 때마다 파란 수의를 입은 그 소년과 마산 합포만의 바다가 나에게 다가온다. 이제 할머니가 된 나는 그 시간의 소년이 어려운 고난을 극복하고 건강한 삶을 이끌었길 소망한다.

박현희 5회 노래선교단

말씀이 간단 명료하셨어요. 다 알 수 없어 신비로운 선생님. 꿈을 키워 주셨지요. 감사합니다. 학생들의 취향을 잘 아셨어요. 액션쏭, 쉬우면서 참신한 타악기 사용. 모든 활동이 재미있었어요. 감사합니다. 연습시간은 자투리 될 뻔했던 시간을 모아서 넉넉하게 썼었지요. 생활의 지혜를 가르쳐 주셨어요. 감사합니다. 그리고 기타줄 음정을 맞춰 주셨어요. 너무 고마웠습니다. 선생님. 더없이 아름답고 고운 학창시절을 만들어 주셔서 행복했었습니다. 이제부터는 더욱 홀가분하고 기쁘게 선생님을 돌보시는 특별하고 새로운 시간을 가지시기를 축원합니다.

오남균 5회 노래선교단

선생님과 찬양함 속에 위대하신 주님을 만나서 평생 사모로서 헌신하며 승리의 삶을 살았습니다! 그 감격은 평생 잊지 못합니다. 할렐루야!!

김순배 반주자 | 5회 노래선교단

선생님은 왜 지금도?

질풍노도 아니 천방지축의 고2 시절을 보내고 있던 내가 반주자로 노래선교단에 합류할 수 있었던 것은 지금 생각하면 순전히 '은혜'였다. 모종의 힘에 이끌리어 자의 반 타의 반으로 반주를 하게 되었지만 신앙적 모범생들로 이루어진 합창단 친구들과 달리 나는 항상 불안한 모습이었던 것 같다. 최훈차 선생님은 분명 어딘가 산만하고 불성실했을 내 모습을 못마땅해하시는 기색 없이 언제나 쿨(cool)하셨다. 내가 반주자의 임무를 무사히 감당할 수 있었던 것도 선생님의 부담 없는 쿨함 덕분이었다. 지금 고백하지만 무반주 곡을 연습할 때 선생님의 혼신의 지휘 아래 노래하는 애들을 바라보며 나도 몰래 뜨거운 눈물을 흘린 적이 있다. 제멋대로인 나였지만 선생님과 애들의 진정성이 깊은 뭉클함으로 다가왔던 것이다. 그렇게 선생님과 노래선교단과 함께했던 짧은 1년 여의 시간은 일생 나에게 강렬한 기억과 경험으로 남아 있다. 이후 흘러간 수십 년의 세월 속에서 선생님은 왜 시종여일하신가? 무수한 시간을 거치셨어도 왜 불굴의 열정과 헌신은 변하지 않으신 것일까? 아무리 생각해도 일종의 불가사의이며 가장 큰 경의를 표하기에 합당한 모습이다. 아마도 선생님은 먼 훗날 천국에서도 천국합창단을 지휘하고 계실 것만 같다. 우리가 보낼 수 있는 모든 존경과 사랑을 선생님께!

배영미 5회 노래선교단

세상에서 존경할 만한 어른을 가까이서 뵐 수 있어서 참으로 행운이었습니다. 선생님 사랑합니다.

임현숙 5회 노래선교단

정신여고에서, 노래선교단에서, 그리고 그곳에서 최훈차 선생님과 함께할 수 있었음은 분명 무한하신 하나님의 인도하심이었습니다. 전국 각지에서 모인 '정신'의 정신을 모르는 우리는 이른 아침부터 겟세마네 기도실에 모여 선교단의 역할을 준비하기 위하여 눈물로 기도했고 그 기도를 시작으로 지금까지 열심히 '정신인'으로 살고 있습니다. 하나님과의 관계에서 정말 중요한 다리가 되어 주신 선생님께 무한한 감사의 마음을 드립니다. 더 편안할 수 있는 자리도 마다하시고 평생 하나님을 찬양하는, 그리고 찬양하게 하는 자리를 고수하심도 마음 깊이 감사드립니다. 저의 삶을 늘 찬양으로 채울 수 있음도 그때의 그 작은 불꽃 덕분인 것을 늘 기억하며 살아왔습니다. 늘 영과 육이 강건하고 하나님의 은총이 넘쳐 나시길 소망합니다. 선생님 사랑합니다.

유미라 5회 노래선교단 | 정신콰이어

최훈차 선생님께 드리는 글

선생님과의 인연은 이미 중학교 시절에 시작되었지요. 노란 단복 입은 합창단 언니들이 제가 다니는 아현감리교회에 와서 연주를 한 적이 있어요. 태어나서 처음 들어보는 고전성가와 복음성가에 멋진 화음 넣은 합창을 듣고 황홀함에 빠져서 '나도 저 합창단 속에서 노래 부르면 얼마나 좋을까' 생각했어요. 이후 쭉 잊고 지내다가 고2 여름 지방 순회 중 군산성광교회에서 '주기도'를 부르면서 문득 3년 전의 막연했던 소원대로 내가 그 속에서 노래 부르고 있다는 사실에 전율을 느꼈지요. 그리고 하나님의 섭리에 대해 생각했던 기억이 납니다.

선생님은 패션감각이 남다르셔서(사모님의 센스 덕분이겠지만) 늘 세련되고 스마트하셨지요. 저희 입학식 날 파란 와이셔츠를 입으시고 강당 오르간에 앉으셔서 바흐의 '우리의 기쁨 되시는 예수'를 연주하시던 멋진 모습이 아직도 눈에 선합니다. 본인은 웃지 않으시며 아이들을 웃기셨는데 젊은 음악 선생님의 신선하고 재밌는 수업을 은근히 기다리는 친구들이 많았어요. 한번은 수업 시간에 클래식 음악(15곡 정도)을 들려주시고는 감상 시험을 본다고 하여 전교생이 난리가 났었죠. 음반도 전축도 없는 집이 많은데, 시험을 잘 치르고 싶은 마음에 이 집 저 집에 음악을 감상하러 다녔죠. 이런저런 계기로 선생님 덕에 정신학교 학생들은 고전음악을 좋아하는 학생들이 많아졌고, 나중에 성악이나 악기, 지휘를 전공한 학생들도 많고 찬양대원으로 봉사하는 동문들도 많았습니다. 돌아보면 노래선교단 활동 시기는 제 인생에서 가장 소중한 체험들로 채워진 시기였습니다. 어느 날 우리는 전교생이 앉은 연지동 강당 뒤에서부터 촛불을 들고 '호디에 크리스투스 나투스 에…'를 부르며 입장하였는데 경건한 분위기 속에서 성탄예배를 드린 일은 참 귀한 체험이었습니다. 또한 공연 곡 중 성가 스테이지 사이에 명곡 순서에서 불렀던 르네상스 시대의 작곡가 라소(Lasso)의 '산울림'이라는 곡을 특히 좋아했었답니다. 입장하지 않은 단원 몇 명이 무대 뒤에서 산울림처럼 받아서 부르는 이 곡은 정말 재미있고 새로웠지요.

선생님께서는 음악뿐만 아니라 신앙심에도 많은 영향을 주셨어요. 하나님의 복음은 바로 '사랑'이라고, 사랑을 베풀고 실천함이 선교의 가장 중요한 점이라고 요한1서 말씀을 늘 강조하셨어요. 찬양은 감동을 주어야 한다, 생명 있는 노래로 복음을 전해야 한다고 말씀하셨지요. 그리고 늘 최선을 다하는 생활, 짧은 시간을 쪼개어 쓰는 법, 수업 시간과 쉬는 시간 활용을 가르쳐 주셨어요. 그래서 제가 가장 바빴던 시기임에도 성적이 가장 좋았던 기억이 납니다. 정신여고에서 처음으로 입학시험을 치르고 입학한 우리 5회는 선배들과 비교되면서 신앙도 없고 노래도 못한다고 야단도 많이 맞아 거의 매일 강당 2층 겟세마네 기도실에서 둘러앉아 손잡고 울며 기도했습니다. 굳건한 믿음을 갖게 해주시고, 좋은 목소리를 주시고, 모두 하나가 되게 해달라는 간절한 기도 덕분에 우리는 점점 나아졌습니다. 지금까지도 끈끈한 친구들로 남아 서로를 위해 기도해 주고 있으며 요즘도 활발하게 음악활동을 하는 친구들도 있습니다.

제가 선생님의 지휘 아래 노래선교단에서, 정신콰이어에서 찬양하고, 정신여고를 퇴임하시기 전까지 2년간 동료교사로 함께한 시간들이 큰 축복이고 감사한 시간이었습니다. 매일 새벽 제일 먼저 출근하셔서 음악실에 불을 켜시고, 시간이 아까우셔서 항상 두세 계단을 한 번에 오르내리며 뛰어다니다시피 하신 선생님은 가까이하기엔 너무 먼 당신이기도 했어요. 어느 호텔에서 가졌던 선생님 퇴임 환송식에서 제가 노래 부탁을 받았을 때 선생님을 향해 "말을 해도 좋을까 사랑하고 있다고…"로 시작하는 송창식의 '맨처음 고백'을 불러드렸던 추억도 있는데, 그 가사는 제 진심이었답니다!(미소) 선생님께서 시작하셨던 노래선교단이 올해 56회로 이어져 전국 방방곡곡에 하나님의 복음을 전하고 있습니다. 제가 약 50년간 아현교회 찬양대에서 노래 부르고, 또한 자녀까지 음악가의 길을 걷고 있는 건 분명 그 옛날 고1 합창반에 합격시켜 주셨던 선생님 덕분이고, 평생 하나님을 믿고 음악을 사랑하며 살게 된 것도 온전히 선생님의 가르침이라 생각하여 진심으로 감사드립니다. 참 스승이신 최훈차 선생님, 사랑하고 존경합니다!!!

문성희 5회 노래선교단 | 정신콰이어

최훈차 교수님께 감사의 마음을 전합니다.

저에게는 노래선교단을 통해 얻은 감동의 순간이 많이 있습니다. 그중에서 특히 잊지 못할 순간은 노래선교단의 입단시험이었습니다. 노래를 좋아했던 저는 합창단에 들어가기로 마음먹고 음악실로 향했습니다. 그곳에는 최훈차 선생님, 이혜숙 선생님, 그리고 김윤숙 선생님이 계셨습니다. 오디션은 낮은 음부터 높은 음까지 스케일을 노래하는 것이었는데, 실수할지 몰라서 노심초사하며 노래한 기억이 아직도 생생합니다. 그때의 노래선교단 입단은 미래 제 삶을 결정짓는 중요한 순간이 되었습니다. 그때부터 계속해서 평생을 음악과 함께하고 있으니까요. 최훈차 선생님의 가르침은 제가 음악적으로 성장하는 데 큰 도움이 되었습니다. 여기에 더하여 노래선교단 활동에서 자연스럽게 얻게 된 주님에 대한 믿음은 이후의 삶에서 방향을 잃지 않게 해주었습니다. 만약 고등학교 시절 노래선교단에 입단하지 않았다면 어떤 삶을 살았을지 상상이 되지 않습니다. 제가 음악을 만나고, 주님을 만나서 행복하고 감사한 삶을 살 수 있도록 도와주신 존경하는 최훈차 교수님과 여러 선생님들께 진심으로 감사하다는 말씀을 전합니다. 무엇보다도 삶을 통하여 스승님께 감사의 마음을 전할 수 있는 기회를 허락하신 하나님께 감사드립니다.

김애란 5회 노래선교단

지금도 나는 가끔 노래선교단 시절의 꿈을 꾸곤 한다. 고2 때 영신이와 나는 가장 마지막으로 노래선교단에 합류하게 되는 행운을 얻었다. 수줍음 많고 다소 소심했던 나는, 당시 최훈차 선생님이 몹시 어렵게만 느껴졌다. 연주회 끝나고 나면 잘했다는 칭찬보다는 고쳐야 할 점들을 지적해 주셨고, "최선을 다하라! 감사 노래는 진심을 담아 부르라!" 하고 항상 말씀하셨던 기억이 생생하다. 난 그때 그 시간 최선을 다하지 못했던 것 같아 정말 후회가 된다. 노래선교단의 대표곡이기도 한 '노래할 이유 있네'는 선생님께서 5회 노래선교단원들에게 처음 소개해 주신 곡으로 4회 틴라이프가 정식 연주했던 곡이기도 하다. 정말 우리들은 매일 노래할 이유가 있지 않은가! **QR 114** 노래할 이유 있네(I've got a reason to sing)-12회 틴라이프(16회 노래선교단).

특히 포항북부교회에서의 연주는 기억에 생생하다. 은혜로운 찬양에 눈물 흘리며, 눈으로 울어도 소리는 울면 안 되겠기에 참으면서 연주했던 기억이… 그 와중에 한 친구는 모기에 물리면서도 꿋꿋이 노래했다고 연주 끝난 후 얘기해서 또 울고… '가고파'를 부른 후 선생님께 첫 동그라미 받고 좋아했던 일, 어느 작은 교회 대기실에서 'Love is A Many Splendored Thing'이라는 영화 주제곡을 불렀더니 선생님께서 'Sound of Music'의 한 장면 같다고 말씀하셨던 일 등등 벌써 50여 년 전 일이라 두서없이 쓰게 되어 민망하기만 하다. 내성적인 성격이고 음악전공자도 아닌 내가 17년간 작은 교회이지만 성가대 지휘자 직분을 감당할 수 있었던 것도 노래선교단 시절 최훈차 선생님의 지도 덕분이며, 하나님의 은혜라 생각하고 항상 감사하는 마음뿐이다. 평생 하나님을 찬양하는 일에 헌신하신 선생님께 존경심을 보내 드리며… 선생님! 사랑합니다!

유진회 5회 노래선교단 | 정신콰이어

최훈차 선생님, 장영란 선생님을 만나게 해주신 하나님께 감사드립니다. 두 분께 머리 숙여 깊은 감사를 드립니다. 노래선교단과 정신콰이어 시절은 하나님을 찬양하며 그 사랑을 전하는 값지고 귀한 시간이었습니다. 항상 말씀하셨던 '세련'의 깊은 의미는 주님을 따르는 자들에게 주시는 열매인 것임을 삶 속에서 경험하며 깨달아 가고 있습니다. 선생님과 함께한 시절의 찬양에서 기쁠 때나 슬플 때 힘들고 지칠 때 힘과 위로와 용기를 주는 힘의 샘물터였습니다. 'If your life is puzzle to you, he will give you the moment of truth.' 눈물로 기도하는 선교단 친구들을 마냥 부러워했던 부족하고 연약한 믿음의 저를 어느 날 부르시고 말씀에 집중케 하시고 기도의 용사로 나아가게 하시며 가족과 양가부모님을 믿음으로, 구원으로 인도하신 하나님! 생각지도 못한 북방선교와 북한어린이들의 영혼을 위한 기도의 귀한 사명까지 주셨습니다. 불신자 집안(훗날 시댁까지도)이었던 제게는 최훈차 선생님과 장영란 선생님과의 만남이 제 인생 퍼즐의 귀한 포인트였고 이에 항상 감사의 마음을 갖고 있습니다. 두 분의 건강과 관여하시는 합창단들과 지휘자들의 모임과 그 가족들을 위한 기도 열심히 하겠습니다! 최훈차 선생님, 장영란 선생님! 감사합니다!

김양숙 6회 노래선교단 | 4회 틴라이프

1차 떨어져 들어온 정신여고에서 노래 선교단이 되고 틴라이프를 하면서 다시 하나님을 찾게 되고 구원도 받고 하나님 사랑하여 찬양하고 싶어 음대도 가고 나의 삶의 큰 전환점을 만들어 주신 선생님, 너무너무 감사드려요. 아직도 노래선교단, 틴라이프 시절을 그리워하며 살아가요….

안정희 6회 노래선교단 | 4회 틴라이프

찬양의 기쁨과 소명을 가르쳐 주신 선생님 감사합니다. 건강하세요.

최은미 6회 노래선교단 | 4회 틴라이프

최훈차 선생님은 제 삶의 방향을 잡아 주신 분이십니다. 노래선교단을 통해 신앙을 알게 되었고, 그 신앙의 힘으로 일생을 하느님 사랑을 전하는 도구로 살게 해주셨습니다. 존경하는 선생님께 큰 사랑을 바칩니다.

조정래 6회 노래선교단

제 어린 시절에 하나님 찬양의 길로 안내하셔서 언제라도 그 기쁨과 감사의 자리에 참예하게 하시고 찬양 속에서 말씀의 뜻을 깨달을 수 있게 가르쳐 주신 선생님에 대한 고마움이 늘 잔잔하게 마음 한 켠에 자리하고 있습니다.

이옥경 7회 노래선교단 | 정신콰이어

영원한 소년 미소의 우리 선생님, 저는 노래선교단 7회 이옥경입니다. 나이 60이 넘어 제 삶을 돌아보며 내 인생에 가장 영향력을 끼친 일은 무엇일까를 생각해 본 적이 있습니다. 그 첫째가 최훈차 선생님을 만난 것입니다. 1975년 고2 때 저희들은 평준화 1기로 노래선교단의 위기(?)로 여겨져 한 반으로 반을 편성하여 생활하였습니다. 오후엔 늘 합창 연습이 있었는데 선생님은 합창 연습 전에 매일 한 시간씩 삶의 교육을 해주셨습니다. 선생님은 "○○은 ○○이다"의 정의 내리기의 달인이십니다. 그때도 그런 교육을 하셨습니다. 노래선교단은 성실해야 한다고 성실은 이거다, 라고 말씀으로 선생님의 삶으로 가르쳐 주셨습니다. 매일 가르쳐 주신 그 가치가 제 인격이 되고 성품이 되어 초등교사로 25년 일을 할 때도, 목사 사모의 길을 갈 때도 곧게 바르게 갈 수 있는 좌표가 되었습니다. 정신콰이어를 하는 지금도 선생님은 제게 배움을 주십니다. 지난 5월 연습 시간에 "복음은 사랑이다"라고 가르쳐 주셨습니다. 정말 머리와 가슴이 띵 하고 울리는 가르침이셨습니다. 60이 넘은 나이에도 가르침을 주시는 선생님이 계신 저는 참 행복한 사람입니다. 불광동 기독교 수련회관에서 있었던 수련회 때 엉뚱한 우리들의 대답에 돌아서서 웃으시는 선생님의 미소를 잊을 수가 없습니다. 선생님은 늘 순수한 소년의 미소를 갖고 계십니다. 80이 넘은 지금도 저는 연습하는 시간 동안에 선생님의 저 순수 미소를 매주 뵐 수 있습니다. 그래서 감사합니다. 선생님! 늘 건강하셔서 저에게 배움도 주시고 순수한 미소 오래 볼 수 있도록 해주세요. 선생님 사랑합니다. 존경합니다.

유은숙 7회 노래선교단 | 정신콰이어

"Are you born again?" 노래선교단 시절 최훈차 선생님께 들었던 말씀입니다. 그런데 이 말씀이 제 인생을 바꾸어 놓은 한마디가 되었네요. 사람이 어떻게 또 다시 태어날 수 있겠냐라던 니고데모의 말처럼 '사람이 어떻게 또 태어나지'라고 생각했던 저였습니다. 이후로 저는 거듭남이란 말의 의미를 저절로 깨닫게 되었고, 거듭난 자의 모습으로 살고자 평생 노력하게 되었습니다. 말뿐이 아닌 행동으로 실천하는 참된 신앙인. 그것이 제 신앙 모토요, 삶의 모토가 되었습니다. 이 모든 것은 최훈차 선생님께서 몸으로 실천하신 가르침 덕분입니다. 졸업 후 38년간 교사로 재직하면서 교사 아닌 스승이 되고자 노력했던 것 또한 최훈차 선생님의 영향이었던 것 같습니다. 나의 영원한 스승이신 최훈차 선생님! 감사합니다!

민경원 7회 노래선교단 | 정신콰이어

노래선교단을 통해 최 선생님을 만나게 하신 하나님께 진심으로 감사드립니다. 어떠한 환경에도 한 번도 화를 내시는 모습을 볼 수 없었던 것은 진정 하나님의 사람이셨음을 본으로 보이신 분이시겠죠. 늘 한결같은 천진난만한 미소는 저희들을 언제나 여고시절로 돌아가게 하시는 마력이 있으시답니다. 최쌤, 정신콰이어가 결성되었을 때 저는 급성 류마티즘으로 외부활동을 전혀 할 수 없었던 시기였습니다. 7회가 초기 회장을 맡아야 했기에 이경희 친구가 그 짐을 맡게 되었고 친구에게 미안해 중보기도라도 해주어야지 하며 그 자리에 합류하게 되었습니다. 기적과 같이 모든 연주를 할 수 있었는데 2010년(?) 미국 순회를 앞두고는 못 가겠다고 최쌤께 말씀드렸습니다. 단원들에게 폐가 될까 봐…. 그때 저에게 하시는 말씀이 "다리가 아프지 목소리가 안 나오는 건 아니잖아~~" 하시며 "휠체어 타고 연주하면 돼~~" 하셨습니다. 선생님께선 사람을 의식하지 않고 오직 주님께 찬양을 올리는 것만이 최대의 관심사이셨나 봅니다. 미국 순회 일주일 모든 연주를 다했던 도저히 믿기지 않는 기적이 일어났었습니다.

지금은 정말 행복한 찬양을 드리는 정신콰이어에 속해 있음에 감사를 드립니다.

차은희 7회 노래선교단 | 정신콰이어

하나님의 은혜로 노래선교단과 정신콰이어에서 최훈차 선생님과 함께 주님을 찬양하고 신앙지도를 받게 하심을 감사드립니다. 찬양을 통하여 주의 사랑과 복음을 전하게 하시고 저에게 주님의 사랑을 체험하며 소망과 기쁨으로 살아가게 하심을 감사드립니다. 선생님과 함께 찬양하며 연주한 모든 시간들이 너무너무 귀하고 복되고 은혜로우며 주의 사랑으로 가득 찬 시간들이었습니다. 선생님 감사드리고 존경하오며 주님 안에서 사랑합니다.

이경희 7회 노래선교단 | 정신콰이어

"네가 어디에 있느냐?"(창 3:9) 정신콰이어를 창단하고 모두 최훈차 선생님께 잘 훈련받은 노래선교단 출신이어서인지 모두 한마음으로 도와가며 모든 일들이 기쁘게 진행되었습니다. 하지만 회장으로서, 우리는 이제 막 시작인데 외부에서는 노래선교단 출신들이 모여 이루고 거기다가 최훈차 선생님이 지휘하신다니 그 기대는 생각보다 컸습니다. 절대 실망시켜 드릴 수 없다는 생각에 회장으로 당황하는 일들이 적지 않게 있었습니다. 임원들과 회의해도 우리끼리 해결 못할 일이 있을 때 선생님께 말씀드리면 늘 한결같은 답을 하셨습니다 "우린 청중들이 감동을 받게 최선을 다해 노래하고 찬양드리면 돼" 언제나 선생님께 어떤 일의 해결을 얻고자 원했지만 그 일이 어떤 일이든 늘 답은 같으셨고 회장으로 결국 내가 혼자 해결해야겠구나… 하는 외로움만 남곤 했지요. 하지만 많은 시간이 지나며… 또 저도 학생들을 지도하며 선생님께서 주셨던, 그때는 답답했던 그 답이 저에게는 공식이 된 것을 깨닫게 되었습니다. 하나님은 네가 무엇을 했느냐? 묻지 않고 "어디에 있느냐?" 물으셨던 것을 기억하면 선생님이 주셨던 답과 연결되며 늘 흔들림 없이 본질에 충실하도록 집중하셨던 선생님의 가르침에 눈물이 납니다. 그리고 정말 깊은 감사와 존경을 함께 드립니다.

임준회 8회 노래선교단 | 6회 틴라이프

"노래할 이유 있네" 하나님의 사랑을 아름다운 음악을 통해 온몸으로 충만하게 느끼게 해주신 선생님. 생애 가장 행복하고 찬란했던 순간들을 만들어 주신 선생님께 마음 깊이 감사드립니다.

우수진 8회 노래선교단 | 정신콰이어

최훈차 선생님, 알렐루야! 몇 년 전 친구들과 함께 이탈리아 여행을 위해 로마 공항에 도착했을 때의 일이다. 8회 선교단으로 만나 지금껏 축복처럼 만나는 친구들 경자, 미원, 선이, 윤선, 재향 그리고 나 이렇게 6명이 픽업 나온 차를 타면서, 언제나처럼 서로 뒷자리에 앉으려고 실랑이하였다. 그 모습을 본 기사 아저씨는 앞자리가 편하고 좋은 자리이고 뒷자리가 불편한 자리라면서 우리가 뭘 몰라 서로 좋은 자리에 앉으려고 하는 줄 생각하는 듯했다. 우리는 누구랄 것 없이 합창하듯 "우리는 뒷자리 좋아해요"라며 깔깔 웃었다. 친구를 편한 자리에 앉히고 싶고, 힘들고 불편한 일은 내가 하고 싶은 것이 우리 선교단 출신들의 마음가짐이다. 여행 중 자고 일어나면 어느새 정리되어 있는 침구들. 누가 했는지 모를 뒷정리들. 선교단 시절 받았던 군대식(?) 훈련 덕분에 예순이 훌쩍 넘은 나이에도 지방 연주하듯 일사천리로 움직이는 기동성이 긴 여행 기간에도 여지없이 빛을 발한다. 초록으로 덮인 산등성이의 작은 채플, 이름 없는 작은 기차역에서 손에 손을 잡고 '알렐루야'를 부를 때면 그곳은 곧 우리에게 천국이 되고는 한다. 친구 일이라면 불원천리 나서는 우리들. 이것이 곧 노래선교단을 통해 배우고 몸에 익힌 것이며, 지금껏 그런 마음을 유지하며 살고 있다고 다들 입을 모은다. "교만!"하다고 늘 말씀하시던 선생님을 보며 교만이 뭔지도 모른 채 '아…우리가 교만하구나…'라고 생각했던 선교단 시절. 그 시절의 훈련과 하나님을 바라보는 마음이 없었다면, 그런 은혜의 시간이 없었다면 아마도 선생님 말씀처럼 교만하고, 남을 생각하지 못하고, 서로 사랑할 줄 모르는 사람으로 살았을 수도 있겠다는 생각을 때때로 한다.

딸로, 엄마로, 아내로, 할머니로, 사회의 일원으로 살아가는 삶의 과정에서 선교단 시절은 따뜻한 자양분이 되어 우리들의 삶을 받치고 있다. 노래선교단을 통해 평생 삶의 교훈을 밑거름으로 갖게 해주신 우리의 영원한 선생님. 최훈차 선생님께 감사드립니다. 그 시절 찬란하게 빛나던 하나님의 축복과 은혜를 기억하며, 오늘 나는 사랑하는 친구들과 함께 내년 봄에 떠날 남프랑스 여행을 상상한다.

임지선 8회 노래선교단 | 6회 틴라이프

선생님, 일 년에 한 번씩 '스승의 날'을 보냈을 텐데 선생님께 감사카드를 보낸 기억이 없습니다(기억만 없는 거겠죠?). 그런데 갑자기 선생님께 편지를 쓰고 싶어졌어요. 최근에 노래선교단과 선생님을 떠올리게 된 몇 가지 에피소드가 있었거든요. 지난 주 제가 재직 중인 연세대학교 음악대학에서 '성가곡의 밤' 음악회가 열렸습니다. 소프라노가 부르는 나운영의 '시편 23편'은 분명히 독창이었는데 제 귀에는 8회 노래선교단 친구들과 부르던 합창으로 들리더군요. 연지동 정신여고 음악실과 그 옆에 붙어 있던 선생님의 작은 방(선생님 오시기 전 꽃을 가져다 놓는 친구들이 꽤 많았던 걸로 기억합니다), 피아노 한 대가 겨우 들어간 아주 작은 연습실(그곳에서 친구와 다툰 기억이 남아 있네요). '시편 23편'이 저를 데려간 추억의 장소입니다.

어느 날 문영여중 선배인 7회 노래선교단 문경원 언니가 찾아오셨습니다. 언니를 따라 합창단에 들어갔고 선생님의 지도를 받게 되었죠. 8회 노래선교단과 6회 틴라이프로 2년을 보낸 후 진로를 작곡으로 정하고 선생님께 상담을 청했었습니다. 선생님은 제게 음악실 칠판에 애국가 멜로디를 적어 보라고 하셨죠. 지금 생각해 보니 청음 테스트였던 것 같습니다. 그렇게 저는 작곡의 길로 들어섰고 믿을 수 없을 만큼 세월이 흘렀습니다. 2021년 국립합창단 위촉으로 제 합창곡 '봄이 온다'가 초연되었는데, 윤의중 선생님이 지휘자였어요. 윤의중 선생님과 선생님과의 관계를 알고 있었지만 제가 노래선교단 출신이고 선생님의 제자라는 말은 입밖으로 나오지 않더라구요.

미국에서 학위를 받고 귀국하여 모교에서 강의를 시작했을 때 출석을 부르다 매우 낯익은 이름을 발견한 적이 있어요. 얼굴을 보니 선생님을 많이 닮았고 어릴 때 모습이 남아 있어 누구인지 바로 알아챘죠. 쑥스러운 마음에 유정이를 아는 척하지 않은 채 학기를 마쳤고 지금까지도 유정이는 저를 기억하지 못했을 거라고 생각했었어요. 그런데 최근에야 유정이도 저를 알면서 아는 척하지 않았다는 사실을 알게 되었습니다. 제가 서울신학대학에 출강할 때나 선생님께서 바쁜 시간을 쪼개어 연세대학교에서 합창지도를 하실 때도 마찬가지였습니다. 저는 바쁘신 선생님을 찾아뵐 생각도 못했고 선생님 역시 저를 부르신 적도 없었죠. 왜 그랬을까요…. 원래 내향적 성격을 타고나기도 했지만 선생님의 영향이 아니었을까요? 왜냐하면 선생님은 많은 제자들을 자연스럽게 받아들이고 떠나보내신 아주 쿨한 분이셨으니까요. 오랫동안 노래선교단을 잊고 산 것 같은데, 어쩌면 노래선교단을 떠난 적이 없었을지도 모른다는 생각이 듭니다.

선생님, 저도 이제 정년퇴임을 눈앞에 두고 있습니다. 그런데 요즘 노래선교단과 선생님을 생각하며 새로운 숙제를 받은 느낌이 들어요. 지금은 그 숙제가 무엇인지, 어떻게 풀어 나갈지 모르지만 곧 알게 되겠죠. 수십 년 동안 미뤘던 감사를 이제야 드리게 되어 송구합니다. '교만한 8회'라고 하시던 선생님의 목소리가 들리는 것 같아요. 하지만 그 말씀도 선생님의 사랑하는 방법 중 하나라고 생각하며 감사하고 감사하고 또 감사합니다.

박선이 8회 노래선교단 | 정신콰이어

존경하는 최훈차 선생님이 이 시대의 진정한 스승이시며 선교사이시며 복음 전도자이십니다. 선생님께 배운 삶의 태도와 신앙과 음악이 제 삶의 등대가 되어 저를 이끌어 주셨습니다. 감사합니다. 선생님. 건강하시고 평안하시길 기도드립니다.

이경회 9회 노래선교단

'작은 불꽃 하나가 큰 불을 일으키어~!' 이 가사를 선생님께 헌정해 드리고 싶습니다. 노래선교단을 이끄시며 하나님의 말씀을 전파하시고, 음악 감상 수업으로 세대를 앞선 수업 모델을 실천하신 선생님께 깊은 존경과 감사를 올립니다.

남미호 9회 노래선교단 | 7회 틴라이프

노래선교단과 틴라이프의 여정은 결코 쉬운 길은 아니었지만 주님의 섭리로 제 삶을 바꾸는 계기가 되었습니다. 흩어진 양들 같은 저희들을 모아 주님의 도구로 만드시느라 수고가 많으셨지요. 감사합니다. 선생님께서 말씀해 주신 '그리스도의 향기'는 제 삶의 가이드가 되었습니다. 선생님, 한길 남은 여정 주님께서 동행해 주실 것을 믿으며 기도합니다.

임갑영 9회 노래선교단 | 정신콰이어

선생님한테 배운 작은 실력으로 교회 성가대 지휘를 20년이나 했습니다. 지휘자 세미나에서 샘을 뵐 때마다 얼마나 자랑을 많이 했는지. 저는 샘 지휘가 이 세상에서 최고라고 생각합니다. 연습할 때, 연주할 때 샘은 이 지구에서 유일한 최고의 합창지휘자이십니다. 최고의 샘께 배우고 익히고 연주할 수 있는 지금이 너무 행복합니다. 오래오래 정신콰이어를 샘과 함께하고 싶습니다.

오상숙 10회 노래선교단 | 8회 틴라이프 | 정신콰이어

최선을 다하자! 선생님을 생각하면 떠오르는 문장입니다. 고1 합창단 여름수련회에서 선생님과 찬양하면서(먼저 그 나라와 그 의를 구하라) 예수님을 만났고 제 삶의 모토가 되었습니다. 선생님의 말씀대로 하나님 나라를 위해서 매 순간 최선을 다하려고 노력했고 그러면서 제 삶도 풍성해졌습니다. 누구는 저 보고 에너지가 넘친다고 얘기들 했지만 어렸을 때부터 선생님께 배운 대로 살아온 게 남들 눈에는 활기가 넘치게 보였나 봅니다. 하나님의 은혜로 선생님의 제자가 되어 무척 감사합니다. 부족한 것 많은데 노래선교단, 틴라이프, 정신콰이어, 최훈차콰이어까지… 하나님을 찬양하는 일에 선생님과 함께할 수

있어서 제게는 영광이었습니다! 하나님을 사랑하시면서 세상과 타협하지 않으시고 정직하고 성실하게 좁은 길을 걸어오신 선생님의 발자취를 따라 제게 주어진 길을 선생님처럼 걷고 싶습니다. 저희 곁에 건강하게 오래오래 사시면서 계속 좋은 본을 보여 주세요. 사랑합니다! 존경합니다!

추신. 틴라이프 시절 미국에서 그 옛날 식성이 안 맞아 엄청 아파서 선생님 속을 지독히 썩였었죠. 그땐 죄송했어요. 몸은 자꾸 말라 가고 약속된 연주는 해야 하고, 고민이 많으셨을 거예요! 그래도 지금 생각하니까 그때가 그리워요.

박혜성 10회 노래선교단 | 정신콰이어

정신여고에 입학하고 나서 학교에서 열어 준 신입생 환영음악회에서 최훈차 선생님과 노래선교단 선배 언니들의 연주를 처음 볼 수 있었다. 노란 원피스를 입은 노래선교단 언니들의 찬양하던 그 모습과 그때의 감동은 잊을 수가 없다. 그리고 운명처럼 노래선교단에 참여하게 되었고 선생님과의 오랜 만남을 시작하게 되었다. 최훈차 선생님은 정말 혹독하게 노래선교단 훈련을 시키셨다. 연습기간 내내 정말 야단을 많이 맞았던 기억이 난다. 학교에 가장 먼저 출근해서 가장 늦게 퇴근하셨던 선생님은 늘 바쁘셨고 5층 음악실까지 오르는 계단을 뛰어다니셨다. 지방 순회 때 방문할 지역을 사전 답사하고 오신 선생님은 연주할 학교의 교가와 군대의 군가를 채보해 오셔서 우리들에게 모두 외우게 하셨다. 그래서 우리는 20여 곡에 달하는 연주 레퍼토리와 율동에 더해서 방문할 곳의 교가와 군가까지 외워야 했다. 선생님은 무엇이든 다 하셨다. 그야말로 멀티 플레이어이고 슈퍼맨이셨다. 음악 지도는 물론이고 때로는 율동 지도를 직접 하기도 하셨으며 합숙 훈련 때는 미니 올림픽과 음악퀴즈를 진행하기도 하셨다. 국적을 알 수 없는 '화이치카' 체조를 시연하시며 뒤뚱뒤뚱 움직이시던 귀여운 모습도 생각난다. **QR 115** 최훈차 선생님 화이치카(2004년 대학합창단 합숙훈련).

공부에 집중할 수 있는 마인드 컨트롤 방법을 가르쳐 주시기도 했다. 그리고 무엇보다 선생님은 노래선교단으로서 갖추어야 할 자세에 대하여 늘 강조하셨다. 최선을 다해야 한다, 단원들과 서로 사랑하며 한 마음으로 찬양해야 한다, 모든 일에 감사하며 그 감사를 반드시 표현해야 한다, 겸손한 마음으로 먼저 봉사해야 한다 등등… 많은 노래선교단 출신들은 고등학교 때 배운 선생님의 가르침을 내내 마음에 새기며 살아가고 있는 것 같다. 정말 너무 많은 것을 선생님에게 배웠고 그것이 감사해서 나는 고등학교를 졸업하며 이 모든 것을 가능하게 한 정신학교에서 교사가 되고자 하는 소망을 갖게 되었다. 그리고 정말 감사하게 대학 졸업과 함께 정신여중 교사가 되어 39년을 근무하며 선생님에게 받은 가르침을 후배이자 제자들에게도 전하고자 힘을 기울였다. 그리고 지금 정신콰이어로 다시 선생

님과 찬양으로 호흡을 맞출 수 있어 너무나도 감사하다. 나의 인생에서 최훈차 선생님을 만날 수 있었던 것은 더할 수 없는 최고의 행운이 아닐까 생각한다.

조명화 10회 노래선교단

다시 불러보는 최훈차 선생님! 가장 많은 추억을 가슴에 담고 딸(김소연)을 39회 노선단 단원으로 활동케 했어요. 노래할 이유 있네~ 딸과 함께 부른답니다!

김승미 10회 노래선교단 | 8회 틴라이프

"My story with God" 정신여고에 입학해서 신입생 환영예배(라고 기억하는데)에서 하나님을 만났다. 목사님의 메시지는 나를 위하여 십자가에 못 박히신 분이 계신다는 사실! 그리고 그분이 나를 사랑하고 계시다는 이야기! 나는, 지금까지 들어 보지도 못했던 이야기에 그만 모든 것이 무너져 내리듯이 눈물을 흘리고, 아름다운 6회 틴라이프의 찬양에 감동과 은혜를 받았다!! 지금도 생생하게 기억하고 있는 내가 처음 주님을 만난 순간이었다. 그리고 노래선교단에 들어가 최훈차 선생님을 통해서 찬양과 신앙의 가르침을 받았다!! 선생님의 가르치심은 최선을 다하라!! 그리고 어디에서 무엇을 해도 신앙생활을 꼭 지켜야 한다!! 그리고 기도해라!! 이 가르침이 나에게는 어려운 문제였으나, 순종하라고 매일같이 말씀하시니, 부족한 만큼 최선을 다하자고 다짐을 했다!! 그러나 최선을 다하면 할수록 깨닫는 것은 나에겐 모든 것이 한계가 있다는 사실이었다. 최선을 다해도 모든 것이 부족했다! 나의 삶.

최선미 10회 노래선교단 | 정신콰이어

고등학교 시절 선교단 생활을 하며 저는 선생님께 새로운 시간 계산법을 배웠어요. 단체 생활에서 시간 약속은 내가 1분을 늦으면 모임 인원이 10명이면 10분, 30명이면 30분의 다른 사람 시간을 허비하고 낭비하게 된다고 말씀하셨죠. 그 뒤로 가능한 남들보다 빨리 가려고 노력하고 있답니다. 그래서인지 선생님 제자들은 시간을 정말 잘 지키는 듯합니다. 모든 면에 스승이신 분이시죠!

김은희 10회 노래선교단 | 정신콰이어

지방 순회 때 연주 후 탬버린을 어찌할 바 몰라 옆으로 움직이며 소리 냈던 사건까지도 기억하시는 선생님. 피아노 연습하라고 아침 일찍 음악실 문도 열어 주셨던 선생님. 그 시절의 선생님은 언제나 감사했습니다. 최고의 선생님 건강하세요. 사랑합니다. 존경합니다. 감사합니다.

이효숙 11회 노래선교단 | 정신콰이어

인생의 스승이시며 아버지 같은 선생님. 연지동 시절 꿈 많던 제게 노래선교단은 지금의 아이돌 같았습니다. 이국적인 교정과 선교단은 낯설었지만 설렘의 순간들이었습니다. 그 배움과 신앙의 과정이 지금의 저를 있게 하는 것 같습니다. 인생의 힘든 순간순간마다 나를 일으켜 세우고 나아갈 힘과 태도를 선교단을 통해 배웠으니까요. 선생님 감사합니다. 늘 건강하시고 평안하세요.

공혜량 11회 노래선교단

'정신여고 노래선교단'이 있다는 것은 정신여자중학생 시절에 처음 알게 되었습니다. 노래 부르는 것을 좋아했던 저는 중학교 학창 시절 합창반 활동을 했고 정신여고로 진학하기를 누구보다 간절히 원했습니다. 저의 바람대로 정신여고에 진학하게 됐고 노래선교단 오디션에 참가해 11회 단원이 됐습니다. 37명이 한 반이 돼서 최훈차 선생님과 함께했던 그 1년은 제 인생에 많은 것들을 바꿔 놓았습니다. 선교단 활동을 함께했던 친구들은 지금까지도 가장 친한 벗으로 곁에 남아 있고 선생님으로부터 배운 삶을 대하는 자세는 지금까지도 제 마음에 남아 삶을 지탱해 주는 힘이 되고 있습니다. 대학을 졸업하고 기독교방송 프로듀서로 사회생활을 하면서 우연히 선생님을 만나게 될 기회가 있었습니다. 선교단 생활을 했던 시절로부터 30여 년이란 세월이 흐른 뒤였지만 합창지휘를 하시는 선생님의 뒷모습을 보는 순간 노래선교단 활동을 하면서 느꼈던 감동이 다시 한번 제 마음을 흔들었습니다. 지금 이 순간에도 그 감동들이 살아 있음을 느끼며 말로 표현할 수 없는 감사를 다시 한번 전해 드리고 싶습니다. 선생님 감사합니다.

류애용 11회 노래선교단

"샬롬" 평안을 노래하며 인사드립니다. 저는 11회 노래선교단 '류에스더'라고 합니다. 학창 시절에는 류애용이라는 이름으로 불렸지만 목사님들의 기도 가운데 하나님께서 '에스더'로 불리기를 원하신다는 말씀에 순종하여 부족한 사람이지만 '류에스더'라는 이름으로 개명하여 사용하고 있답니다.

1979년… 그러니까 저희가 고2 때 음악실에 모여 연습할 당시 어느 날이 생각납니다. 연습 도중 최훈차 선생님께서 갑자기 "내가 오늘부로 꺾어진 80이다!!"라고 말씀하셔서 "꺄르르~!!" 하고 웃었던 기억이 새롭게 나네요. 총각같이 멋지고 마냥 젊으시다고 생각했던 최훈차 선생님께서 40이시라니… 우리 모두가 놀라며 한바탕 웃었는데 어느새 세월이 흘러 선생님을 추억하는 헌정도서까지 만들게 되어 정말 감개가 무량합니다.

예민했던 사춘기 시절, 11회 노래선교단으로 활동했던 한 해가 인생의 소중했던 시간들로 기억나네요. 찬양 노래 연습은 물론 여러 훈련을 거치면서 서로 달랐던 우리가 하나가 되어 가는 과정은 진정 하나님의 은혜요, 선생님들의 크신 사랑이 있으셨기에 가능했습니다. 나와 많이 다른 친구가 틀림이 아니고 단지 다름이라는 것을 깨닫게 해주셨고, 또 단원들의 소중함을 알게 해주신 선생님의 가르침에 수십 년이 지난 지금까지도 너무나 소중한 인생의 친구들로 남아 있습니다. 특히 최훈차 선생님, 김윤숙 선생님, 그리고 송창규 선생님까지 선생님들의 기도와 수고에 다시 한번 감사드린다는 말씀을 전하고 싶습니다. 지방 순회를 앞둔 어느 날 '물가로 나오라'라는 찬양을 연습하는 시간이었지요. '어둠에 헤멜 때 흘리던 네 눈물… 그 눈물을 위해 내가 죽었노라' 노래를 부르는 순간 주님이 베드로에게 "장차 게바가 되리라"라고 말씀하셨던 것처럼 믿음이 약했던 저에게 "어둠 속에서 고통받고 억울하고 병약하고 가난한 자, 특히 음지에서 눈물 흘리는 자들을 내게로 이끄는 축복의 통로가 되어라!!"라고 말씀하시는 것 같았습니다. '물가로 나오라' 찬양을 통하여 저에게 주셨던 주님의 마음은 수년이 흘러 30대가 되었을 때 성령의 불로 다시 한번 뜨겁게 해주셨고 기도 가운데 같은 말씀을 주시면서 저를 사명자로 온전히 불러 주셨답니다.

학창 시절 노래선교단 활동으로 주님의 귀한 부르심을 받았고 그 부르심은 지금까지 이어져 남편 그리고 자녀들과 함께 선교의 사명을 가지고 '땅끝까지 이르러 주님의 부활의 증인'으로 살고 있습니다. 그리고 저의 남은 삶 역시 선교자의 사명을 가지고 살고자 합니다. 귀하고도 아름다운 주님의 일꾼, 그리스도의 신부로 또 사명자로 제 인생 가운데 불러 주심에 감사드리며 호흡이 있는 날까지 늘 하나님만을 높여 찬양할 수 있음에 너무나 기쁩니다. 노래선교단 11회 동기를 비롯하여 자랑스러운 선배님들과 사랑스러운 우리 후배님들 그리고 노래선교단과 언제나 함께하는 최훈차 선생님께 감사를 전하며 주님의 이름으로 축복합니다.

"주 여호와의 영이 내게 내리셨으니 이는 여호와께서 내게 기름을 부으사 가난한 자에게 아름다운 소식을 전하게 하려 하심이라. 나를 보내사 마음이 상한 자를 고치며 포로된 자에게 자유를, 갇힌 자에게 놓임을 선포하며"(사 61:1).

공경애 11회 노래선교단

선생님! 저희가 연습할 때 늘 말씀하셨던 mind control과 overtone 기억하시지요? 그 overtone이 무엇인지 너무 궁금해서 작곡을 공부하고 싶다고 하니 첫 레슨을 해 주셨지요. 전 그때 너무 재밌고 신났었어요. 졸업식 날 선생님께 그저 "감사합니다" 말만 하고 나왔던 제자였어요…. 이후로 성가대를 지휘하면서 선생님처럼 그 소리를 들으려고 늘 최선을 다하였지요. 또 오랜 외국생활에서 mind control은 나를 다지는 힘이 되었습니다. 지금은 음악의 나라 독일에서 그때 정열적이고 유머가 있고 멋진 선생님을 생각하고 기억합니다…. 선생님 오래오래 건강하시고 행복하세요. 감사합니다. 그리고 고맙습니다.

이혜경 11회 노래선교단

선생님의 가르침은 하나부터 열까지 잘 따르려 노력했었어요. 늘 바른 가르침을 주셨지요. 청소년 시절, 찬양이 무엇인지 알게 해주셨어요. 찬양은 삶의 이유가 되었구요. 순회 활동 중, 동그라미의 순간도 소중히 기억하고 있어요. 동그라미의 수준까지 가려고 충실하려고 합니다. 가장 순수하고도 성실하게 지냈던 시기! 음악을 전공하게 되고, 음악 샘이 되고, 학교에서는 찬양단을, 교회에서는 성가대 지휘를 하고 있답니다. 샘, 다시 돌아가고픈 시절이 있다면 저는 고2 노래선교단 시절이랍니다. 샘의 가르침과 찬양의 기쁨을 알게 해주신 하나님께 감사드려요. 존경하는 선생님께~ 진심으로 깊은 감사의 인사를 올립니다.

박남주 11회 노래선교단

노래선교단은 제게 있어 하나님이 보여 주신 기적이며 증거였고, 제 삶에서 하나님의 이름을 찬양케 하신 첫 시작이었습니다. 노래선교단을 향해 처음 내게 마음을 품게 하시고 길을 만드신 분이 지금까지도 삶의 모든 끝자락마다 다시 소망을 품게 하시며 가장 선한 그분의 길로 인도하시고 계심을 봅니다. 기적처럼 늦게 합류한 노래선교단에서의 훈련과 경험은 이전에 알지 못했던 아름다운 주님의 세계를 맛볼 수 있었던 꿈같은 시간들이었습니다. 최훈차 선생님께서 평생 주님을 찬양하는 삶을 살게 되신 계기와 그 서원으로 인해 새로운 삶을 얻게 되셨다는 간증은 몇십 년이 지난 지금까지도 잊히지 않는 감동으로 남아 있으며 또한 그 당시 선생님의 특별한 지도 방식과 가르침들은 여전히 삶을 리프레시 할 수 있는 기억들로 자리 잡고 있습니다. 11회 노래선교단을 통해 그 이름을 찬양하게 해 주신 사랑의 주님, 그리고 존경하는 최훈차 선생님께 깊은 감사를 드립니다.

이애향 11회 노래선교단 | 정신콰이어

내 삶의 방향을 인도해 준 운명처럼 만난 노래선교단. 연지동 옛 교정에서 마지막으로 정신여고에 배정받은 11회 노래선교단 이애향입니다. 모태신앙이었지만 교회를 멀리하고 있던 제게 정신여고는 새롭게 주님을 만나는 계기가 되었습니다. 연지동에서 합창반 생활을 1년 하고, 2학년이 되자 학교 이전으로 많은 친구들이 전학을 갔죠. 저희들은 선교단의 꿈을 가지고 정신여고에 남았답니다. 장거리 통학으로 어려움이 많았지만 그랬기에 11회는 더 간절했는지도 모르겠습니다. 선교단 생활을 통해 제게 주님을 다시 만나게 하시고 대학 진로도 정하게 하시어 지금까지 주신 목소리로 찬양케 하심은 온전히 주님 예비하심이기에 감사와 기쁨이 넘칩니다. 여느 지휘자들과는 다른 선생님의 손끝에서만 느낄 수 있는 감동의 찬양 오랜 시간 함께하고픈 마음이 간절합니다. 선생님도 저희들도 나이가 들어 가지만 찬양하는 그 순간만큼은 노란 단복의 소녀로 젊었던 선생님의 모습으로 돌아가네요. 늘 신앙으로, 음악으로, 삶의 지혜를 이끌어 주시는 선생님. 저희들은 선생님을 만나 행복합니다. 선생님 감사합니다. 건강하시길 기도드립니다.

이은영 11회 노래선교단 | 정신콰이어

노래선교단 시절 배우고 느꼈던 것들이 저의 인생에 큰 가르침이 됐다는 것을 요즘도 문득문득 느낍니다. 지금까지도 정신콰이어를 하면서 매주 선생님의 섬세한 지휘하에 노래하는 행복을 누리고 있으니 얼마나 감사한지 모릅니다. 부디 건강하셔서 유머러스하고 멋진 모습 오래오래 보여 주세요.

김수연 12회 노래선교단 | 10회 틴라이프

잠실로 이사 와서 정신여고에 입학하고 노래선교단과 틴라이프 언니들을 보고 저도 선교단과 틴라이프를 하게 되었지요. 나이 먹은 지금도 선생님이 가르쳐 주신 순수한 신앙과 음악에 대해 늘 마음에 새기고 있답니다. 삶의 중심을 주님께로 향하게 하신 선생님 감사드려요. 늘 건강하세요.

손영아 12회 노래선교단 | 10회 틴라이프

저의 삶에 '노래선교단'이라는 축복의 시간을 갖게 해주셔서 감사합니다. 아무 생각도 없던 여고생에게 열심히 최선을 다하는 법을 가르쳐 주셨습니다. 그 최선으로 열심히 친구들과 손잡고 눈물 흘리며 기도했고, 그 마음으로 찬양을 부르며 처음으로 뜨거운 주님의 사랑과 임재를 느끼는 경험을 했답니다. 이 시절의 빛나는 시간들은 지금까지 저의 삶을 지켜 오고 있습니다. 그리고 가장 감사한 일은 이런 선생님의 추억을 가진 두 제자가 만나서 부부가 되었다는 것입니다. 그 시절 찬란히 빛나는 시간들로 인해 저희는 굳은 믿음으로 항상 주님을 찬양하는 삶을 살려고 최선을 다하고 있습니다. 선생님, 감사합니다.

이선모 13회 노래선교단 | 정신콰이어

오롯이 주님 향하신 마음으로 찬양을 지도하시고 최선을 다해 만들어 아름답게 하나님께 올려 드리시며 제자들에게 좋은 본보기가 되신 선생님. 그 변치 않는 지속적인 열심과 헌신에 감사합니다. 지하철을 타는 날이면 빈 자리가 나도 절대 앉지 않으신다고 말씀하시던 선생님의 말씀이 생각나서 저도 오랫동안 선생님처럼 젊은이로 살아야겠다는 다짐(?)을 해본답니다.

정호연 13회 노래선교단 | 정신콰이어

이제까지 걸어오신 길에 존경심을 표합니다. 세상에서 가장 행복하신 분.

김지은 13회 노래선교단 | 정신콰이어

선교단의 산 역사이신 선생님, 언제까지나 저희와 함께하시고 건강하시길 항상 기도하겠습니다.

박혜원 13회 노래선교단 | 11회 틴라이프

미국에서 산 시간이 40년이 넘었는데 지금도 선생님을 생각하면 가슴이 찡하다 못해 저리고 눈시울이 뜨거워집니다. 그건 선생님과 함께했던 매 순간들, 폭염과 땀범벅의 지방 순회, 틴라이프 미국 순회 중 영하 40도를 오가는 시카고의 혹한 속에서도 찬양해야 한다는 목적 하나로 최선을 다했던 시간들과 선생님의 가르침이 있었기 때문입니다. 그 가르침 늘 가슴에 안고 살아갑니다.

오영주 13회 노래선교단 | 11회 틴라이프 | 정신콰이어

"나의 맘속엔 주의 사랑이 넘치네" 언제 불러도 울컥한 가사입니다. 가득 찬 것이 아

니라 넘쳐야 나눌 수 있다는 선생님의 말씀도 기억나구요. 평생 넘치는 사랑과 열정으로 제자들을 키워 내신 선생님께 그저 감사한 마음뿐입니다. 존경하고 사랑합니다.

박정아 13회 노래선교단 | 정신콰이어

저의 삶이 행복할 수 있는 이유 중 하나는 노래선교단이 되어서 최훈차 선생님을 만났다는 사실입니다. 선생님 오래오래 건강하셔서 저희들과 함께해 주세요. 사랑하고 존경합니다.

유수진 13회 노래선교단 | 정신콰이어

믿음의 길, 최선을 다한다는 의미를 삶으로 가르쳐 주신 최훈차 선생님을 만나 제자로서 배울 수 있어서 감사합니다. 음악의 아름다움, 합창의 즐거움을 경험할 수 있어서 행복합니다. 세상에서 존경할 만한 어른을 가까이서 뵐 수 있어서 참으로 행운이었습니다. 선생님 사랑합니다.

최혜욱 13회 노래선교단 | 정신콰이어

저의 인생에서 선생님을 스승님으로 모시고 제 삶을 더욱 소중하게 바꾸어 주신 은혜에 감사드립니다. 정신콰이어 창단 때부터 지금까지 매주 연습을 하며 선생님께서 자주 해주시던 말씀 중 꼭 기억해 두고 싶거나 간혹 메모해 두었던 것들을 여기에 옮겨 봅니다.

1) 최고 수준의 음악은 '감동'이다. 가장 순수할 때에만 나올 수 있다.

2) 찬양이란 감사함으로 하나님께 영광을 돌리는 것.

3) 합창의 최고 수준은 '무반주'이다. (순정률을 설명하시며) G#과 A플렛은 피아노에서는 같은 음이지만 원래는 다른 음이다. 무반주로 노래할 때는 이 음을 낼 수 있어야 진정한 합창이 될 수 있다.

4) 노래할 때 함께하는 모션은 틀려도 된다. 그보다는 노래를 잘하는 게 더 중요하다.

5) 타성: 순회연주할 때 가장 힘든 것은 반복되는 연주로 인해 '타성'이 붙기 쉽다는 점이다. 타성이 붙으면 음악을 그만두어야 한다. 순수성이 강할 때 음악은 더 힘이 있고, 어린아이와 같은 믿음으로 찬양을 드릴 때 아무리 반복을 해도 감동이 따른다.

6) 최선: 정신콰이어의 특징은 연습할 때보다 연주할 때 더 잘한다는 것. 연주할 때 최선을 다하고, 숙제를 내주면 반드시 다 해온다. 이 점이 다른 합창단과 다른 점이다.

7) 나의 찬미: 지휘가 잘 된다는 말은 노래를 잘한다는 얘기와 같다. '나의 찬미'는 지휘보다 노래를 더 잘 하는 것 같다. 다른 합창단에 비해 느낌이 훨씬 강하고 이 곡은 정신콰이어의 대표 간증곡이기도 하다. 이 곡은 연습을 많이 하지 않아도, 잘하지 말라고 해

도 잘하는 것 같다.

8) '나의 찬미' 곡을 만난 이야기: 틴라이프와 미국 어느 교회에서 예배를 드리는데, 어떤 사람이 설교단에 서서 노래를 하는데 너무나 잘하더라. 그 예배가 끝나고 그분을 찾아가서 그 악보를 얻을 수 있었는데 받아 보니 반주 악보가 없었다. 곧 Bible book store라는 미국의 기독교 서점 같은 곳을 찾아가 혼성으로 된 악보를 입수할 수 있었다. 한국에 와서 번역을 하고 이후 노래선교단의 최애곡이 되었다. 10회(1978) 때 처음 부른 이 곡은 지방 순회연주를 위해 준비한 정식 레퍼토리가 아니라 서울 정기연주를 위하여 별도로 연습하여 처음으로 부르게 되었다. **QR 116** 최훈차 선생님 회갑 기념 연주(2000)-정신여고 노래선교단 '나의 찬미'.

9) '이 땅에 평화 주소서' 곡을 만난 이야기: 미국에 유학 갔을 때 어느 무대에서 이 곡을 처음으로 들었는데, 곡이 너무나 아름답고 특히 소프라노 솔로를 너무나도 잘했다. 영어로 불러서 가사는 확실히 들어오지 않았어도, 합창 중간에 하는 솔로가 기가 막혔다. 공연이 끝나고 무대 뒤로 가서 이 악보를 얻어 기숙사에 가서 들여다보니 이 곡은 꼭 다 같이 불러야 되겠다는 생각이 들었다. 영어 가사에는 '주님을 찬양하라'라는 내용은 들어가 있지 않아서 번역할 때 내가 넣었다. 이 곡을 16회에게 연습시키고 1986년에 미국 순회연주를 갔을 때 처음으로 부르기 시작했다.

10) '식사 노래'를 시작하게 된 이야기: 1966년 대학합창단을 시작하고 첫 합숙 훈련을 하게 되었는데, 식사 시작할 때 기도처럼 할 수 있는 식사 노래가 꼭 필요하다는 생각이 들었다. 찬송가 중 '내 주의 나라와~' 이 곡을 가사만 개사를 해서 부르게 했고, 이때부터 식사 노래가 시작이 되어 이후 다른 합창단들에게로 확대가 되었다.

최윤선 13회 노래선교단

노래선교단과 선생님을 통해 체득한 '순종'의 의미를 지금도 실천하기 위해 노력하고 있습니다. 감사합니다.

이성희 14회 노래선교단

선생님 건강하세요! 14회 기억하시죠?

정선 14회 노래선교단

선생님께서 미국 유학을 가시는 바람에 유일하게 틴라이프가 없었던 14회였지만… 선생님께서 돌아오셔서 어떻게 마인드 컨트롤 하면서 학업에 전념하시었는가 저희에게 가르쳐 주신 그대로 몸소 실천해 보셨다고 하신 말씀에 최훈차 선생님 역시 짱이다 생각했

어요! 어언 40년이 흘러 내가 말하는 것을 실천하는 게 더 어렵다는 걸 그러나 그런 삶이
진실된 삶임을 깨닫게 됩니다. 선생님, 예수님을 닮은 참 스승이 되어 주셔서 감사합니다.

김영미 14회 노래선교단

주님과 동행하며 그분을 찬양하며 평생을 보내신 선생님. 하나님께서 선생님과 선
생님의 일생을 아름답다고 칭찬하시고 기뻐하실 거예요. 선생님, 정말 존경하고 사랑합
니다.

최재희 14회 노래선교단

1982년 7월 19일 9시 31분 군산개복교회에서의 연주가 떠오릅니다. 지방 순회연
주 7일차였을 때 우리에겐 동그라미가 없나 보다 모두가 내려놓았을 때였죠. 연주를 마치
고 "14회 '아멘'에 동그라미 준다" 최훈차 선생님의 또렷한 음성이 모두의 마음을 울리고
말았습니다. 그리고 그날 평가회를 마치고 기쁨도 잠시 최훈차 선생님께서 유학을 가신다
는 소식을 듣고 어쩌면 선생님의 마지막 노래선교단 순회공연이었을 1982년과 그날의 동
그라미를 떠올려 봅니다. 존경하는 선생님, 42년이 지난 지금도 그날의 동그라미를 기억
하게 해주셔서 감사드립니다.

동그라미를 받은 직후 감격에 찬 순간(군산개복교회, 1982. 7. 19.).

한효정 15회 노래선교단

선생님의 지휘 아래 하나님을 찬양할 수 있었던 그 순간들이 제 생애 가장 뜻깊고 귀
중한 축복의 시간이었음을 고백합니다. 베풀어 주신 사랑과 열정, 그리고 그 헌신으로 우
리는 행복했고 지금도 잊지 않고 순간순간들을 기억합니다. 우리에게 이러한 추억을 갖고
살게 해주신 선생님, 감사합니다.

이수연 15회 노래선교단

선생님께서 미국으로 유학 가셨을 때, 학교가 방학이어서 식당도 문 닫고 학생들도 다 집에 갔는데 선생님은 계속 학교에 계셔서 식사도 제대로 못 하신다고 들었어요. 그래서 저랑 김성은이랑 둘이 컵라면이랑 간식 등을 싸서 미국의 선생님 학교로 보낸 기억이 있습니다. 선생님! 사랑하고 존경합니다. 영원히!!!!!

한혜승 15회 노래선교단

선생님을 통해서 하나님을 깊게 만날 수 있었습니다. 그것이 제게 구원의 역사가 되었고 평생 찬양의 기쁨을 알게 하셨습니다. 제 호흡이 다할 때까지 위대하신 하나님의 자녀답게 살아가도록 노력하며 성장해 나갈 것입니다. 이런 하나님을 알게 해주신 선생님을 진심으로 사랑하고 존경합니다. 선생님은 정말로 하나님이 기뻐하실 귀하디귀한 일꾼이셨습니다. 샬롬!

우정선 15회 노래선교단

최훈차 선생님과 장영란 선생님을 만난 것은 제 인생의 축복이었습니다. 선생님께 성악을 배웠고 노래선교단 생활을 하며 감사를 알게 되었습니다. 그 이후로 아름다운 목소리로 하나님께 찬양드리며 축복받은 인생을 살 수 있었습니다. 정말 감사 감사드립니다.

김예주 15회 노래선교단

'최선'을 가르치시고 배우게 해주신 선생님, 고맙습니다.

백경심 16회 노래선교단 | 12회 틴라이프

정신여고 1학년 방과 후 잠실역에서 내려 강변에 근접해 있던 우리집까지 걸어가면서 거의 매일 하늘을 우러러보며 기도했던 기억이 난다. '제발 저 노래선교단에 들어가게 도와주세요'라고. 선교단이 되고 나서는 하늘을 나는 것처럼 행복했다. 모든 것이 새로웠다. 아름다운 선율과 가사로 이루어진 멋진 노래들, 리드미컬한 복음성가와 동작들, 양 갈래 머리, 노래선교단이 아니었으면 수줍어하는 성격상 평생 입어 보지 못할 노란색 미니 원피스 단복, 선교단 가방, 파란색과 흰색의 치마저고리, 합숙훈련, 연주, 간식을 들고 찾아와 주시는 선배들 그리고 부모님들의 격려, 가끔 최훈차, 김윤숙, 송창규 세 분 선생님들의 의견이 달라 다투는 소리들조차도 내 귀에는 음악으로 들렸다.

최 선생님은 늘 우리보다 먼저 오셔서 말씀과 기도로 준비하신 것으로 기억한다. 우리는 매일 5층 합창실에 모여서 진지함과 간결한 말투로 초지일관하셨던 최 선생님의 지도하에 선배 언니들의 다양한 경험담과 선생님의 간증들을 들어 익혔다. 선생님의 지휘하는 손끝에서 음악과 연주에 대한 섬세함과 최선을 배웠고, 찬양하는 가운데 16회 친구들과 하나됨과 감동을 느꼈다. 그러면서 마음 가운데 사랑의 예수란 분이 각인되었다. 당시 나에게 선생님 말씀은 하나님 다음이었다. 예수를 안 믿으시던 부모님도 나의 변화에 매우 만족해하시며 선생님을 존경하셨다.

그렇게 훈련받던 우리 16회가 지방 순회를 마치고 가을로 접어들면서 12회 틴라이프가 되어서 합창단으로서 처음 미국 순회를 하게 되었다. 수도 워싱턴 D.C.에서의 에피소드이다. 구의동에 조부모님께서 사셨기에 어린이 공원과 어린이 회관을 틈이 나면 갔었다. 특히 과학 박물관 형태의 어린이 회관을 좋아했었다. 이 이야기를 하는 이유는 틴라이프 워싱턴 D.C. 공연 중 우리가 우주 박물관(Space Museum)에 갔는데 어릴 때 호기심이 발동했는지 혼자서 요리조리 다니며 박물관을 탐색했었다. 그렇게 신나게 다니다 아니나 다를까 딱 최 선생님과 마주쳤다. 선생님께서 "경심, 너 혼자서 뭐하지?" 하는 말씀에 내 정신이 바로 현실로 돌아왔다. 순회 오기 전에 선생님께서 말씀하신 것들이 생각났다. "너희들이 당연히 해서는 안 되는 것들을 순회공연 중에 하는 경우들이 있다." 선배들의 예를 들었을 때 나는 '어쩜 그럴 수가 있어?' '어떻게 선생님 말씀을 안 들을 수가 있지?' 의로운 척 혼잣말을 했었다. '어딜 가든 혼자서 다니면 안 된다.' 마치 예수께서 베드로의 세 번 부인을 예견했던 것처럼… 나도 모르게 내 얘기가 되어 버렸다. 박물관 일정이 끝이 나고 홈스테이 부모님들이 삼삼오오 우리들을 데리러 왔다. 그날따라 나를 맡은 홈스테이 부모들이 빨리 오시지 않았다. 점점 친구들의 숫자가 줄어들었다. 결국은 나와 같이 갈 친구 두어 명만 남게 되었다. 멀리서 최 선생님이 보였다. '오! 하나님! 최 선생님과 눈이 마주치기 전에 빨리 홈스테이 집으로 보내 주시면 안 될까요?' 선생님께서 나를 향해 뚜벅뚜벅 직진으로 걸어오시는 걸 느꼈다. '선생님은 왜 이리도 기억력이 출중하실까?' 예전에 의대에 다니는 선생님 사촌인가 하는 분과 함께 방을 쓰신 적이 있다고 하셨다. 선생님께서 의대 사촌이 뼈 명칭을 외우는 것을 보다 모든 뼈 명칭을 다 외워 버렸다고 하신 말씀도 생각난다. 또 선생님은 몇 회 노래선교단이 지방 순회 어딜 다녀갔는지도 퀴즈의 제왕처럼 신나게 잘 기억하신다. 예상대로 내게 가까이 오신 선생님. 늘 말씀이 간결하셨다. "경심, 혼자 다니면 안 된다." 나도 짧게, "네" 하고 답했다. 순회 중 특히 타국에서 선생님께 편잔을 맞으면 눈물이 핑 돌고 서러워진다는 친구들 얘기가 사실이었음을 느꼈던 순간이었다. 지금 생각해 보면 학생들의 안전을 책임지고 계시는 선생님 심정이 어떠셨을까 하는 죄송한 맘뿐이다.

사랑하고 존경하는 최훈차 선생님 그리고 장영란 선생님. 최 선생님은 저희에게 삶으로 예수의 제자도를 보여 주시고 가르쳐 주셨습니다. 우리 학생들 한 사람 한 사람 최선을 다해 귀하게 여기고 음악을 통해 저희를 예수에게로 인도해 주시고 알게 해주셨습니다. 귀한 노래선교단 사명을 위해 숱한 시간들을 감내하시고 늘 돕는 손길로 계셨던 장 선생님에게 또한 감사의 인사를 전합니다. 두 선생님을 만날 수 있었고, 배움을 가질 수 있던 것이 저에게는 큰 축복이었습니다. 하나님의 사랑과 기쁨 그리고 평안이 사랑하는 두 분 선생님 그리고 가정에 함께 하시기를 주님의 이름으로 축복합니다! 사랑해요!

오은정 16회 노래선교단 | 12회 틴라이프

최훈차 선생님은 제 인생 가운데 하나님께서 만나게 하신 최고의 멘토이시고, 참 스승이시며, 믿음의 선배님이십니다. 노래선교단이 되지 않았다면, 제 삶의 많은 부분이 지금과 달랐을 것입니다. 찬양을 통해 주님과 깊이 만나는 기쁨, 최선을 다하는 것이 어떤 것인지를 알려 주신 귀하신 선생님, 감사드리며 존경과 사랑의 마음을 올려 드립니다.

박미경 16회 노래선교단 | 12회 틴라이프 | 정신콰이어

가장 중요한 10대 여고 시절에 최훈차 선생님을 만나 음악과 삶의 태도를 배울 수 있었음은 저의 인생의 가장 큰 축복입니다. 선생님, 감사합니다. 사랑합니다.

김부경 16회 노래선교단 | 12회 틴라이프

유학 다녀오신 선생님을 처음 뵙고 설렘 가득했던 순간이 떠오릅니다. '나의 찬미'로 동그라미 주시던 선생님 미소와 틴라이프 최초로 합창단을 꾸린다고 발표하시면서 기대 가득하셨던 선생님 모습도 기억나구요. 16회(12회 틴라이프)는 선생님의 사랑을 아주 특별하고도 찐하게 나눈 복받은 기수라 여겨져요. 선생님이 노선단을 만들어 주시고 헌신해 주신 덕분에 저는 하나님을 처음 만나고 지금까지 은혜를 누리며 삽니다. 선생님 정말 감사하고 또 감사합니다. 주님께 저를 인도해 주셔서요.

이기영 16회 노래선교단 | 12회 틴라이프

이른 아침 친구들이 모이기 전, 정신여고 음악실 안쪽 교사실에서 기도하고 계시던 선생님의 모습이 제 기억 속에 가장 인상 깊게 남아 있습니다. 하루일과 전 아침 연습 때 선생님이 항상 제일 먼저 오시길래 선생님보다 일찍 와야지 맘속으로 혼자 경쟁하며 일찍 오곤 했던 기억이 납니다. 어느 날인가 조용한 음악실에 혼자 들어서며 오늘은 드디어 내가 제일 먼저 왔구나 싶었는데… 안쪽에서 책상 앞에 앉아 조용히 기도하고 계시던 모습이 사진처럼 남아 있어요. 기도로 아침을 여는, 크리스천으로서는 어떻게 보면 평범한 일상이 제게는 그리 녹록하지 않음을 매일의 삶에서 느끼고 있습니다. 존경하는 선생님의 모습을

오늘 다시 떠올리며 매일 기도로 여는 하루를 살아가기를 소망합니다.

김재현 16회 노래선교단 | 12회 틴라이프

예수 그리스도를 영접하고 온 집안이 구원을 받아 하나님 나라 영생의 자녀가 된 것도 스승님의 은혜입니다. 일평생 하나님을 찬양하며 주님의 몸 된 교회를 섬길 수 있는 특권을 누림도 스승님의 은혜입니다. 복된 가정을 이루어 신앙을 전수하는 축복의 제사장 가문으로 세워짐도 스승님의 은혜입니다. 언제나 하나님의 기쁜 이름과 찬송이 되어 세계 열방들 앞에 부어 주시는 하늘의 신령한 복과 이 땅의 기름진 복으로 차고 넘치게 하시는 영광을 열망함도 스승님의 은혜입니다. 구원! 영생! 찬양! 섬김! 축복! 영광! 이 모든 것이 사랑하고 존경하옵는 영적 부모님이신 최훈차 선생님! 장영란 선생님! 귀하신 두 분 스승님의 말과 글로써 다 형언할 수 없는 은혜입니다. 아도나이 주님의 크신 은혜로 더욱 더 건강하시고 만수무강하시길 기원드리오며 온 맘 다해 다함 없는 감사를 드리옵니다. CORAM DEO! SOLI DEO GLORIA!

김정혜 16회 노래선교단 | 12회 틴라이프

지방 순회, 미국 순회 시 버스를 타고 오르막길을 이동할 때 선생님은 저희들이 자리에서 일어나서 같이 "영차 영차" 하며 버스가 잘 올라가도록 했습니다. 우리 모두가 한 마음으로 합한 순간입니다. 힘들게 버스 운전하시는 기사님을 돕는 마음을 배웠습니다. 늘 감사찬양하며 감사를 가르쳐 주신 선생님 감사드립니다!!

김은경 16회 노래선교단 | 12회 틴라이프

존경하는 최훈차 선생님! 하나님께 드리는 참된 찬양의 의미를 알게 해주심에 진심으로 감사드립니다.

오승민 16회 노래선교단 | 12회 틴라이프

존경하고 사랑하는 선생님, 제 인생에 노래선교단이 없었다면 어땠을지 상상이 되지 않습니다. 선생님의 군더더기 없는 사명의 삶을 보며 인생을 배웠습니다. 건강하세요.

이부점 16회 노래선교단 | 12회 틴라이프

"붙임성은 붙어 있는 거가 아니다", "중요한 사항엔 칼!! 그림", "꼬부랑한 생각은 버려라", "최선을 다하자", "표정 밝게!!" 40년의 세월이 흘렀어도 문득문득 선생님의 말씀들이 생생하게 생각나면서 삶 가운데 도움이 되고, 특히 신앙생활을 하면서 주님을 바라보는 길잡이가 되어 주었습니다. 멀리 타국에 있어서 그리움만 가지고 살아가지만 선교단의 자세는 평생 간직하면서 찬양하고 있습니다. (선교단의 표정과 자세가 몸에 배어서 성가대에서 미소가 이쁘다는 칭찬은 평생 들었습니다. 이것도 선생님의 가르침 덕분입니다. 감사해요. 선생님.)

박윤주 16회 노래선교단 | 12회 틴라이프 | 정신콰이어

'하려고 한 건 한 거가 안 한기가? 공부할라고 한 건 공부 한기가 안 한기가? 해야 한 기다.' 언젠가 연습 중에 사투리로 해주신 선생님의 말씀이 제게는 평생 마음에 새겨져, 나태해지고 소극적이 될 때마다 저를 바로 세우는 모토가 되었습니다. 지금은 가끔 고민을 털어놓는 학생들의 마음을 열 때 조심스레 선생님의 말씀을 전해 줍니다. "라떼 말이야, 존경하는 선생님이 해주신 말인데…" 하면서요. 선생님, 어느덧 제 나이도 처음 선생님을 뵈었을 때 선생님의 연세를 훌쩍 넘겼지만, 선생님의 신앙과 삶을 살아가는 게 얼마나 힘든지 깨닫고 있습니다. 믿음과 소신을 지키는 일, 주님을 따라 사는 삶. 그러나 저는 또 스스로를 다독입니다. '마음만 먹지 말고 실천해라. 하려고 한 건 안 한 거다. 해야 한 거다.' 제 마음을 이렇게나마 전해 봅니다. 선생님, 존경합니다.

권보영 16회 노래선교단 | 12회 틴라이프

심히 존경하는 최훈차 선생님과 장영란 선생님! 믿지 않는 가정에서 자라나 하나님의 은혜로 노래선교단이 된 16회 권보영입니다. 두 분은 아름다운 믿음의 가정의 본을 보여 주셨고, 하나님 앞에서 어떻게 살아야 하는지 인생의 모토를 가르쳐 주신 영적인 스승이십니다. 두 분을 생각할 때, 그때 받은 은혜를 생각할 때 너무나 감사해서 늘 눈물이 납니다. 최훈차 선생님, 장영란 선생님! 진심으로 감사드립니다. 진심으로 사랑하고 축복합니다. 노래할 이유 있네, 나의 찬미, 구주와 함께 나 죽었으니, 흙으로 사람을 지으사, 최선을 다하자, 땅 위에 참 평화를, 오 신실하신 주, 세상 풍파 약한 너를, 십자가를 질 수 있나… 그리고 로마서 12장 말씀! 지금까지 제 삶의 길과 진리와 생명의 말씀이 되고 있습니다. 이 크신 은혜를 주신 하나님께 감사 찬양 드립니다.

박혜성 17회 | 정신콰이어

2023년 정신콰이어 4월 순회연주 내내 버스 제일 앞좌석에서 한 치의 흐트러짐 없이 시종일관 꼿꼿이 앉아 계셨던 선생님은 5층 음악실까지 2~3개 계단을 단번에 오르내리셨던 그대로의 모습이셨습니다. 노래선교단을 통해 주님과 찬양의 기쁨을 처음 알았습니다. 여고 시절 가장 아름답고 자랑스런 스토리를 선물로 주셔서 감사합니다. 선생님의 선한 영향력으로 한 인생뿐 아니라 우리 모두에게 감동의 레전드를 만들어 가신 주님을 찬

양합니다. 선생님의 무표정, 소리 없는 웃음, 간단명료한 경상도 억양, 날카로운 카리스마 눈빛 속에 깃든 동그라미 사랑 늘 감사히 기억하겠습니다.

명찬희 17회 | 정신콰이어

정신콰이어 17회 알토 명찬희입니다. 저희 17회는 한 많은 회였습니다. 15회 노래선교단이었던 언니를 따라 부푼 꿈을 안고 정신여고에 입학했고 친구들의 부러움 속에 고1합창단에 들어가서 최훈차 선생님과의 잊을 수 없는 시간을 함께했었죠. 그러나⋯ 선생님께서 16회를 끝으로 정신여고를 떠나시고 새로운 지휘자님과 함께해야 한다는 사실에 17회는 모두 충격에 빠졌습니다. 또한 17회부터는 한 반 구성이 아니라 각 반에 뿔뿔이 흩어져 활동해야 한다는 사실 등 꿈꿔 왔던 노래선교단 생활과는 거리가 먼 일들이 펼쳐지니 혼란스럽고 원망스럽기도 했었답니다. 그렇게 졸업을 하고 결혼을 하고 아이들을 키워내고 친구들의 강력한 권유로 정신콰이어에 들어오고 삼십 년 만에 선생님을 다시 뵈었네요. 선생님과 함께하는 정신콰이어 생활은 매주 뵐 때마다 감동이 있습니다. 선생님의 인품을 보며 많은 것을 느낍니다. 정신콰이어 활동 5년차인 제가 뵈어 온 최훈차 선생님은 평생을 성실하게 최선을 다해 살아오셔서 그 멀리서 연습에 오시면서도 늘 먼저 오셔서 기다리고 계시는 선생님이십니다. 화내시는 모습을 한 번도 본 적이 없습니다. 늘 한결같으신 분입니다. 매사에 긍정적이시며 부정적인 말씀을 하시지 않는 분입니다. 정신콰이어 단원들이 매번 빵빵 터질 정도로 유머가 넘치시는 분입니다. 때 묻지 않은 깨끗하고 순수한 영혼을 지니신 분입니다. 정신콰이어에 나와서 선생님을 뵐 때마다 때 묻은 내 영혼이 깨끗해지고 힐링되는 경험을 늘 하곤 합니다. 꼭 선생님처럼 늙어 가야지 하는 다짐을 합니다. 존경하는 최훈차 선생님! 오래오래 건강하게 우리 곁에 계셔 주세요. 선생님, 사랑해요!

정정완 17회 | 정신콰이어

사랑하고 존경하는 선생님. 참 스승 참 어른 우리 선생님⋯ 오직 한 길⋯ 하나님을 찬양으로 영광 올려 드리는 인생을 열정 다해 달려오신 선생님⋯ 합창으로 선생님과 함께하게 하신 주님께 감사를 드립니다. 많이 배우고 깨닫고 성장하게 해주셔서 감사해요. 제주에 와서 정신콰이어를 떠났어도 큰 축복과 감사의 시간을 주시고 누린 것을 새삼 깨닫습니다. 항상 그립습니다. 장 선생님과 함께 건강하셔서 오래오래 저희 곁에 계셔 주세요. 주님이 두 분 지켜 주시길 기도해요. 사랑하고 감사해요. 보고 싶어요. 선생님⋯

김지은 18회 | 정신콰이어

믿음의 길. 최선을 다한다는 의미를 삶으로 가르쳐 주신 선생님을 만나 제자로서 배울 수 있어서 감사합니다.

박민경 22회 | 정신콰이어

"순수한 마음을 가지고 열심히 표현하여 감동을 주는 것이 음악의 최고 수준이다"라고 늘 말씀하셨습니다. 부족하지만 도움이 되는 단원이길 바랐습니다. 정신콰이어에서 십여 년간 선생님의 지도를 받으며 몸과 마음이 치유되었습니다. 이것이 음악이 주는 힘이구나 깨닫습니다. 선생님의 헌신과 열정과 사랑과 배려와 관심에 큰 감사를 드립니다.

오혜연 22회 | 정신콰이어

정신콰이어를 하며 뵌 선생님은 (저도 음악을 전공했던지라) 들었던 명성에 비해 너무나 겸손하셨고 가르침은 정확, 명료하셨으며 인자하셨습니다. 노래선교단에서 배웠던 항상 남을 먼저 배려하고 시간을 엄수하며, 하나님을 찬양으로 전도하는 일, 선생님은 이 모든 가르침이 다 녹여져 있는 삶 자체라는 생각이 들었습니다. 선생님께 배울 수 있어서 너무나 영광이고 감사드립니다.

황윤연 24회 | 정신콰이어

비록 노선 때 가르침을 받진 못했지만 현재 정신콰이어에서 선생님의 찬양에 대한 진정성을 배울 수 있어서 행복합니다.

홍성미 24회 | 정신콰이어

많은 추억과 헌신… 항상 같이해 주셔서 감사드립니다.

박연정 24회 | 정신콰이어

고교 시절에도, 잠시 서울신대를 편입했을 때도 선생님에 대한 이야기들을 자주 듣곤 했습니다. 그래서 선생님께 직접 배우지 못하는 것이 참 아쉬웠습니다. 그런데 이렇게 뒤늦게라도 정신콰이어를 통해 선생님을 뵙고 선생님께 음악과 선교를 배울 수 있어서 얼마나 좋은지 모르겠습니다. 매주 연습 갈 때마다 피곤한 줄 모르고 설레기만 합니다. 그저 바라기는 선생님께서 건강하셔서 오래오래 정신콰이어를 이끌어 주시기를 기도할 뿐입니다. 또한 이 자리를 빌려 노래선교단을 창단해 주신 것을 깊이 감사드리고 싶습니다. 노래선교단은 제 인생의 가장 큰 획입니다. 선생님, 존경합니다. 부디 건강하세요.

1971 _____ 1986

턴라이프

1_Birth

틴라이프의 창단 배경

정신여고 교목인 오세철 목사님이 친분이 있던 송천호 목사님의 초대로 미국에 가시게 되었어요. 미국의 틴라이프 선교회 소속 선교사로 계시던 송 목사님은 서양 선교사들에 의해 우리나라에 복음의 씨앗이 뿌려졌으니 이제는 우리가 믿지 않는 미국 청소년들을 위해 선교를 해야 한다는 '우리는 빚 진 자'라는 생각을 하고 계셨던 분이었어요. 이에 오세철 목사님이 정신여고의 선교적 사명을 전달했고, 송 목사님과 함께 정신여고의 중창단을 초청하자는 뜻이 모였습니다.

두 분은 30분에서 40분 정도 연주를 하되 20분씩 두 번으로 나누어야 하고, 전체 프로그램은 적어도 45분 이상 되어야 한다는 내용을 내게 제안해 주셨어요. 이 제안을 처음 받았을 땐 11월부터 2월까지 4개월 동안 어떻게 연주를 해야 할지 전혀 계획이 세워지지 않아 너무나 안타까웠어요. 결국 또 어머니에게 기도 부탁을 드렸어요.

꼭 미국에 가서 연주하고 싶다는 절실한 마음은 주변 사람들에게도 도움을 요청하게 했어요. 미국에 있는 형(최용화 교수)에게 악보가 필요하다는 편지를 보내기도 했고, 청계천 서점을 돌아보기도 했습니다. 또 학생들을 선발해 어설프지만 민요와 부채춤도 연습시켰지요.

사실 1970년에 4명의 학생을 선발해 여성 3중창이나 4중창 노래를 하려고 연습도 했지만, 여러 가지 어려운 문제로 인해 계획이 무산되었고 그다음 해인 1971년부터 틴라이프를 데리고 미국 순회연주 여행을 떠날 수 있었습니다.

1회 틴라이프(1971).

하나님을 믿는 지혜로 완성된 틴라이프의 노래들

틴라이프가 연주하게 될 40여 분의 프로그램을 무엇으로 어떻게 채워야 할지 한동안 갈피를 잡지 못하고 참담한 심정으로 있었어요. 이후 한 달 정도 정신여고 안에 있는 겟세마네 기도실에 가서 기도하려고 하는데, 기도는 되지 않고 그냥 눈물만 흘렸어요. 하나님을 원망하는 마음이 생겼지만 결국 하나님은 내게 지혜를 주실 거라는 믿음을 갖게 되었지요. 하나님을 원망하는 마음이 믿음으로 바뀌자 모든 것이 순조롭게 풀리기 시작했어요.

미국 하면 기계 음악이 대세이니 우리는 정반대인 정통음악으로 가는 게 어떨까? 하는 아이디어가 떠올랐어요. 찬송가를 무반주로 편곡하고 '새야 새야'를 비롯한 민요곡도 무반주 여성 4부 곡으로 편곡을 해 1, 2회 틴라이프 때 연주곡으로 사용했어요. 시간이 흐른 뒤 그 시기를 되돌아보니 순수한 무반주 찬송가와 민요들이 관객에게 호응을 크게 불러일으켰고 그 효과는 200퍼센트나 있었던 것 같아요.

처음으로 번역했던 복음성가 '나 주의 믿음 갖고'

충분한 준비와 훈련 없이 1회 틴라이프를 데리고 미국에 갔을 때 그곳은 복음성가가 한창 열풍이던 시기였고, 아직 우리나라에는 그 곡들이 보급되기 전이었어요. 미국은 교회의 교단에 따라 부르는 노래가 다르다는 것을 알게 되었고, 교회 지휘자와 음악 목사님들에게 그 당시 유명하고 좋은 곡들을 추천받고 악보도 얻을 수 있었어요.

틴라이프 연주 사이사이 비어 있는 시간이 생기면 'Bible bookstore'라는 기독교 서점에 가 추천받은 악보들을 사들였고, 또 교파를 가리지 않고 각 교파의 다양한 곡들을 골고루 구하려고 노력했어요. 미국에서 구한 다양한 악보들을 들여와 제가 번역한 곡들로는 'Because he lives'(살아계신 주), 'Pass it on'(전파하세) 등이 있고, 제일 처음으로 번역했던 복음성가는 '나 주의 믿음 갖고'란 곡으로 기억하고 있어요. 여기서 그치지 않고 그 당시 상당히 유명했던 피터슨 트리오(Peterson Trio)의 트리오 곡들과 합창곡 등 가는 곳마다 서점에 들러 악보를 사고 구하는 노력을 게을리하지 않았습니다.

지금 생각해 보면 틴라이프 1회 때는 악보를 구하는 수확이 컸다고 할 수 있어요. 또 미국에 계시는 최용화 형님이 내 부탁을 듣고 여성 3중창 악보 책 한 권을 구해 보내 주셨는데 그중 'Solid Rock'과 같은 곡이 이때 시작되었지요. 틴라이프 1회 활동을 시작하면서 들여온 곡들로 2회부터는 본격적으로 무반주의 곡들을 많이 준비했고, 그중에서도 'Unison'으로 노래를 부른 곡들이 반응이 좋았어요.

틴라이프 초기 활동 중 3회 때는 송 목사님에게 테이프를 전달받아 흔들리는 차 안에서 악보 없이 들으면서 몇 시간 동안 노래 연습을 하기도 했어요. 이런 곡 중 하나가 '영광 할렐루야'였어요. 이때 '예수는 나의 힘'이란 곡은 제가 반주하기가 상당히 어려웠던 곡으로 아직도 기억에 남아 있어요.

위 1회 틴라이프 워싱턴 주지사 방문 기념 현지 신문기사(1971. 12. 28.). **아래** 1회 틴라이프 미국 한인 신문기사.

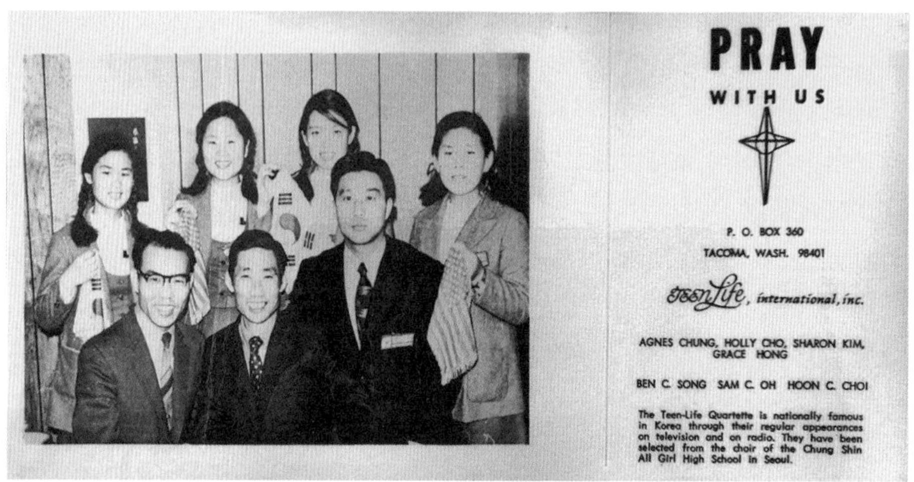

1회 틴라이프 때 교인들에게 기도해 달라며 나눠 준 기도카드.

2회 틴라이프(1972).

틴라이프 초창기의 어려움

3회 노래선교단 중에서 4명(김춘미, 정영해, 조호선, 홍순덕)을 데리고 4개월간
(1971. 11. 1.~1972. 3. 1.) 미국 순회연주를 다녀왔는데 첫 번째 해외 연주라 훈련
이나 준비가 제대로 되지 않아 많은 어려움이 있었어요. 순회를 시작한 지 한 달
쯤 지났을까? 미국 어느 교회 아파트에 혼자 묵고 있었는데 엄청나게 많은 눈

Visitors from Seoul, Korea, who presented souvenirs of their country to Mayot Etta Albert of Sunnyvale are, from left, Myung Hwanshin, Kyu de Lee, music teacher H. C. Choe, Chris Kyung Yoo and in Cha Choe.
(Staff photo)

2회 틴라이프 미국 서니베일시 방문 신문기사.

이 내려 도로에 2미터 이상 눈이 쌓여 있던 날이었어요. 평소에 피곤하면 잇몸에서 자주 출혈이 났는데 몸이 너무 힘들다 보니 이날도 피가 나기 시작했어요.

약을 먹어도 지혈이 되지 않았고 혼자 어찌할 수 없어 송천호 목사님께 전화를 드렸어요. 도로에 쌓여 있는 눈 때문에 송 목사님도 차를 움직일 수 없었고 목사님이 큰 바퀴의 차를 구해 오시기까지 4시간 동안 큰 깡통의 절반이 찰 정도로 피를 흘렸고 정신마저 혼미해져서 전화조차 받지 못하는 상황에 이르렀지요. 정신을 차려 눈을 떴을 때는 병실 침대 위였어요. 이 병원이 포트로이스 육군병원이었고 보험이 없어서 일반 병원을 갈 수 없어 육군병원으로 갔다고 들었어요.

그 병원 의사로부터 목사님의 도움이 아니었다면 생명을 잃었을 것이라는 말도 들었어요. 아마 정신이 혼미해진 중에도 나를 살려 주셔서 이 4개월의 사명을 감당할 수 있게 해주신다면 한국에 돌아가서도 노래선교단을 위해 평생을 바쳐 헌신하겠노라는 기도를 드렸던 것 같아요.

병원에 실려 온 다음 날 아침에도 정말 간절한 기도를 드렸어요. 이내 건강을 회복했고 이 사실을 학생들은 물론 그 누구에게도 알리지 않았어요. 하나님께서 내 생명을 구해 주셨다고 생각했기에 더 열심히 사명을 감당하겠노라고 다짐에 다짐했지요. 이 시련이 더 신앙적으로 학생들을 가르치고 인도하게 된 계기가 되었고 노래선교단에 더 열정적으로 임할 수 있게 되었어요. 또 훗날 미국 유학을 다녀온 이후 연세대와 서울신학대학의 교수직을 선택하는 과정에서 서울신학대학을 선택하게 된 것도 이때의 시련이 내게 시련이 아닌 다짐을 갖게 해주었기 때문입니다. 생각해 보면 정신여고에 처음 오게 된 것부터 하나님이 나를 쓰시려는 계획을 갖고 계신다는 강한 확신이 생기는 계기가 되었어요.

인터뷰: 강순주, 유미라, 박혜성, 최혜욱(노래선교단 인터뷰 기간과 동일)
기록: 공혜량, 최혜욱

틴라이프와 최훈차 선생님

강순주 3회 틴라이프

정신여고 틴라이프의 탄생은 미국 틴라이프 선교회를 설립하신 송천호 목사님(미국 타코마 중앙장로교회 개척)과 정신여고 교목이셨던 오세철 목사님과의 만남에서 시작되었다. 1970년 당시 정신여고 교목이셨던 오세철 목사님께서는 미국의 10대들을 위해 선교 활동을 하고 계시던 송천호 목사님의 초대를 받고 미국에 가셨다. 그곳에서 두 분은 미국 틴라이프 선교회 활동에 정신여고 노래선교단도 중창단을 선발해 미국 청소년들을 위한 선교 사명을 같이하자는 뜻에 마음을 함께했다. 송 목사님은 우리나라가 서양 선교사들에 의해 복음의 씨앗이 뿌려졌으니 이제는 빚진 자로서 히피 운동 및 마약 등으로 청소년 문제가 심각한 미국 청소년들을 위해 하나님 선교로 인도해야 한다는 생각을 하고 계셨던 분이셨다.

최훈차 선생님은 이 제안을 듣고 노래선교단에 대한 하나님의 또 다른 계획이라고 생각하며 기도로 준비하셨다. 학생들의 선발 방법, 재정 문제, 방학 동안

하게 될 3개월간의 순회연주를 어떻게 준비하고 기획해야 할지 처음에는 막막하여 어머니께 기도를 부탁드리면서 간절한 기도로 지혜를 간구하셨다. 미국에 계시는 최용화 형님(당시 정치학 교수)에게도 악보를 구할 수 있는 방법을 여쭤보고 한국에서도 미국의 청소년들을 위한 복음의 새로운 곡들을 찾아다니셨다. 또한 생소할 수 있는 한국의 문화를 알리는 것도 선교에 도움이 되리라 생각하셨다. 이에 학생들이 한복을 입고 부채춤 등을 출 수 있도록 정신여고 무용 선생님께도 특별지도 도움을 요청하면서 준비하셨다.

1회 틴라이프는 1971년에 4명이 선발되면서 겨울 방학을 이용하여 미국의 순회연주 여행이 시작되었다. 11회까지 이어진 틴라이프는 노래선교단 단원들 중에서 선출되었는데, 해를 거듭할수록 노래선교단 학생들 사이에는 틴라이프 단원으로 뽑히기를 간절히 원하면서 무언의 경쟁을 하기도 했다. 심지어 실제 뽑히지 않았던 단원의 학부모는 선생님께 항의까지 한 적도 있었다고 한다. 선생님께서 미국에서 구한 다양한 악보들 중에 번역한 곡들로는 'Because he lives'(살아계신 주), 'Pass it on'(전파하세) 등이 있고, 제일 처음으로 번역했던 복음성가는 '나 주의 믿음 갖고'란 곡이다. 또한 그 당시 미국 성가의 기적의 작곡가라 불리던 John Peterson이 있었는데, Peterson Trio(이 작곡가의 딸 세 명이 트리오 활동을 함)가 상당히 유명해 그들의 트리오 곡들과 합창곡 등 가는 곳마다 서점에 들러 악보를 사고 구하는 노력을 게을리 하지 않으셨다. 또 3회 틴라이프 시기에는 순회 이동 중 차 안에서 흘러나오는 복음성가 카세트테이프를 선생님이 직접 악보를 만들어 순회연주 중 단원들에게 연습을 시켜 연주한 적이 있었다. 그 곡이 바로 'Glory halleluja'(영광 할렐루야)이다.

1970년대에는 고등학생 신분의 학생들이 외국에 나가는 게 쉽지 않았던 시기였다. 대부분은 첫 해외여행이었는데 단원들 중에는 비행기 멀미를 하기도 하고, 미국에 도착해서 특유의 미국냄새(버터 및 치즈 냄새)에 적응을 못해 고생하기도 했다. 숙박은 대부분이 미국인 가정에 초대되기 때문에 선생님께서는 미국 가정에서 지켜야 할 예의 및 태도 등에 대해 훈련관 교육을 시키셨다. 특히 선교단 출신 단원으로서 협력, 겸손, 사랑, 최선의 마음가짐이 계속 이어지기를 강조하셨다. 학생들은 선교단의 경험이 있어 빡빡한 스케줄 속에서도 기도로 무장하며 잘 버티었다. 늘 기도와 감사의 마음을 잊지 않도록 평가회를 통해 확인하면서 타성이 붙지 않게 새로운 마음으로 임하였다.

틴라이프는 1970년대 1∼3회 때까지는 4명을 선발하였다. 기타, 아코디언,

멜로디언, 피아니카, 오토하프(국내 최초 사용) 등의 악기도 같이 사용하면서 복음성가와 함께 간단한 모션을 곁들여 박수 치며 청중들이 호흡을 맞출 수 있게 하였다. 복음성가에 그치지 않고 한국의 민요와 부채춤, 장구춤까지도 소개하면서 미국 청소년들과 교인들에게 많은 감동을 주었다. 이로써 선교의 사역과 함께 한국을 소개하는 참으로 귀한 사명을 감당하였다. 그 후 4회는 12명, 5회는 4명, 6~7회는 6명, 8~9회는 4명, 10회는 7명, 11회는 3명 등 다양한 멤버 구성으로 미국 순회지역도 넓혀 갔다. 마지막 기인 12회는 중창단이 아닌 틴라이프 합창단이 되어 16회 노래선교단 전원이 세 달 동안 미국 서부, 중부를 순회하며 복음을 전파하는 놀라운 하나님의 사역을 감당하였다. 이러한 틴라이프의 미국 순회연주 사역이 가능할 수 있었던 것은 미국에서 청소년들의 복음을 위해 틴라이프선교회를 창립하고 사역하신 송천호 목사님이 계셨기 때문이다. 또한 3회부터 마지막 16회에 이르기까지 미국의 교회 및 청소년 선교를 위해 송천호 목사님과 함께 기획하고 설교와 통역으로 수고하신 박종기 목사님(당시 샌디에고 한인교회 설립)이 계시지 않았다면 이루어질 수 없었을 것이다. 참으로 두 분 목사님께 깊은 감사의 마음을 전한다.

틴라이프의 순회연주는 정신여고 노래선교단을 미국에 알리고 한국의 문화와 미국 젊은이들에게 복음을 전한 하나님의 크신 사역이었다. 하나님을 믿는 군건한 신앙의 바탕에서 나오는 단원들의 밝고 순수한 표정 속에 울려 퍼진 찬양은 방황하는 미국 젊은이들과 미국인들에게는 새로운 자극이 되었고, 연주하는 곳마다 놀라운 역사가 일어났다. 방문한 미국의 주와 시에서는 명예시민의 특권을 부여하기도 하며, 가는 곳마다 잔잔한 복음의 물결이 끊이지 않았으니 이 모든 일은 오로지 하나님이 하신 일이므로 이 모든 영광을 하나님께 돌린다.

2_Repertoire

117

발매 음원 <u>QR 117</u> 정신여자고등학교 틴라이프(Chung Shin Teen Life Singers) 음원 모음.

(틴라이프 연주곡목은 노래선교단 연주곡목과 대부분 중복되어 생략하였다. 노래선교단이 포함된 틴라이프 발매 음원은 184~185쪽에서 확인할 수 있다.)

1. 틴라이프 제1집 2회(1972), 3회(1973)

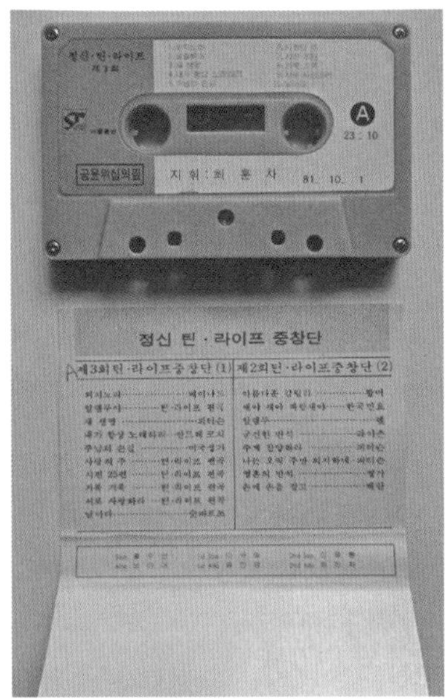

2. 틴라이프 제2집 6회(1976)

3. 틴라이프 제3집 10회(1980), 11회(1981)

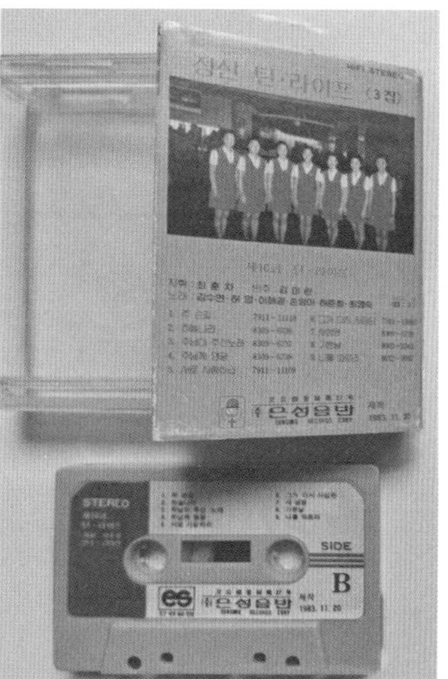

10회 틴라이프.

11회 틴라이프 Cleveland, Ohio Church 연주.

 118

개별 명단과 연주 연혁

1회 틴라이프 1971

소프라노 김춘미(아코디언), 조호선(피아니카)

알토 정영해(기타), 홍순덕(멜로디언)

1회 틴라이프.

1971년 11월 19일부터 1972년 3월 1일까지 약 4달간 미국 캘리포니아주, 오리건주, 워싱턴주 등 3개 주를 순회하며 총 156회를 공연하였다. **QR 118** 1회 틴라이프 초대장.

2회 틴라이프

1972

소프라노 이규의(멜로디언), 신명환(아코디언)

알토 유진경(피아니카), 최인자(기타)

1972년 12월 29일부터 1973년 2월 26일까지 약 2개월간(정신여고 2년 재학 당시) 캘리포니아주, 오리건주, 워싱턴주 등 3개 주를 순회하며 미국의 서부, 남부지역 고등학교와 교회 등에서 총 101회를 공연했다. 1973년 10월에 LP 음반을 발매했다. **QR 119** 2회 틴라이프 초대장.

3회 틴라이프

1973

소프라노 윤서명(피아니카), 강순주(아코디언)

알토 홍수연(기타), 노미애(멜로디언, 플룻)

1974년 1월 9일에 미국 순회공연 길에 올라 약 2개월간 주로 한국 민요, 흑인 영가, 미국 성가, 부채춤 등으로 국위를 선양한 후, 다음 해인 1974년 3월 2일에 귀국하였다. 미국의 캘리포니아주, 워싱턴주, 아이다호주, 오리건주 등 서남부 지역 4개 주를 순회하며 50여 개 도시에서 총 103회를 연주했다. **QR 120** 3회 틴라이프 초대장.

3회 틴라이프 미국 고등학교 연주 장면.

4회 틴라이프   1974

소프라노 김양숙(장구), 김희재(기타), 김혜연, 안정희(전자오르간)

메조 조수경(타악기), 최은미(기타), 손소희(멜로디언), 우현옥(피아노)

알토 오선영(피아니카), 정엔다(피아니카), 정지선(탬버린, 트라이앵글), 이현선(멜로디언)

한복 연주(1974).

1974년 12월 9일부터 1975년 3월 5일까지 김상권 교감을 단장으로 하여 김포에서 출발해 약 3개월간 미국의 캘리포니아주, 오리건주, 위싱턴주, 네바다주 등 4개 주, 18개 대도시에서 일반 공연을 하였다. 디즈니랜드 초청연주 등 순회연주, 고등학교와 교회에서 총 145회 연주를 하고 1975년 3월 5일에 귀국하였다. 귀국 후 국립극장에서 3월 24일에 귀국 연주회를 한 후 LP 음반을 발매했다. **QR 121** 4회 틴라이프 초대장. **QR 122** 4회 틴라이프 귀국연주 프로그램. **QR 123** 4회 틴라이프 홍보물.

5회 틴라이프　　　　　　　　　　　　　　　　　　　　　**1975**

소프라노　김양미(기타), 이향림(아코디언)

메조　백낙금(피아니카)

알토　서종숙(토테A튠)

왼쪽 캘리포니아 브로드웨이 Eastern Hills Baptist Church 홍보물.
오른쪽 미주 한국신문 1면에 실린 5회 틴라이프.

예년에 비해 갖가지 눈부신 활동을 한 5회 틴라이프. 1975년 12월 28일에 김포를 떠나 약 2개월간 미국의 뉴멕시코주, 애리조나주, 텍사스주, 오클라호마주, 캘리포니아주 등 5개 주를 순회하며 총 115회를 연주하였다. 1976년 3월 1일에 귀국, 텍사스주 달라스시와 오덧사시에서 명예 시민권을 받았다.　**QR 124** 5회 틴라이프 초대장.

6회 틴라이프   1976

소프라노 하영주(기타), 임준희(기타)

메조 소프라노 정애주(오토하프), 임지선(아코디언)

알토 오경미(토테A튠), 이혜지(피아니카)

6회 틴라이프.

1977년 1월 11일부터 1977년 3월 7일까지 58일간 미국 60개 도시에서 총 93회를 연주하였다. 미국 순회연주를 마치고 귀국 후 3월 17일에 시민회관 별관에서 귀국 연주를 했으며, 11월에 틴라이프 카세트테이프를 제작하였다. 카세트테이프 제작은 중창단으로서는 이 회가 처음이었고, 뛰어난 실력으로 많은 사람을 감동시켰다. **QR 125** 6회 틴라이프 초대장.

7회 틴라이프   1977

소프라노 윤주혜(토테A튠) 최영희(기타)

메조 소프라노 이인선(오토하프) 한혜림(기타)

알토 김미혜(아코디언) 남미호(멜로디카)

1977년 12월 30일부터 1978년 2월 28일까지 미국의 워싱턴주, 오리건주, 네바다주, 캘리포니아주, 아리조나주, 그리고 최초로 캐나다 서부지역을 순회연주한 회이기도 하다. **QR 126** 7회 틴라이프 초대장.

7회 틴라이프.

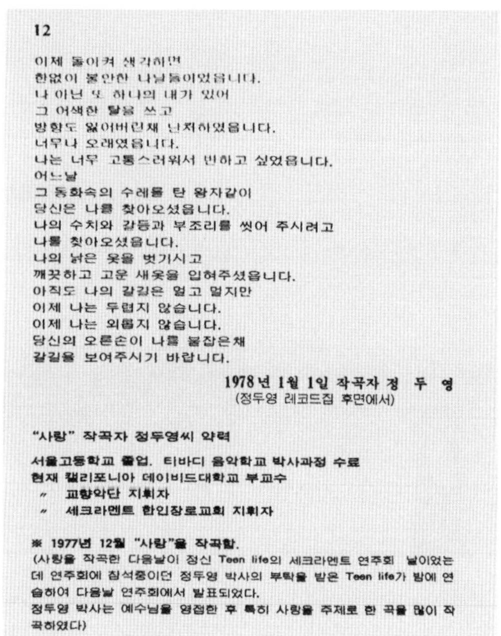

7회 틴라이프가 초연하게 된 곡.
'사랑'의 작곡자 정두영 목사 이야기(1981년 11월에 발행한 〈노래할 이유 있네〉 5집 12쪽).

1977년 12월에 '사랑'을 작곡한 정두영 박사. "사랑은 언제나 오래 참고~" 고린도전서 13장을 바탕으로 한 이 곡을 작곡한 다음 날이 틴라이프의 세크라멘토 연주회 날이었다. 연주회에 참석 중이던 정두영 박사의 부탁을 받은 7회 틴라이프가 밤에 연습하여 바로 다음 날 처음으로 발표하였다. 당시 캘리포니아 데이비드 대학교 부교수이자 그곳의 지휘자였던 정 박사는 그 후 캘리포니아에 한인침례교회를 세우고 목회자의 길을 걸었다.

8회 틴라이프 1978

소프라노 김인선(오토하프), 오상숙(토테A튠)

알토 김승미(아코디언), 이태연(기타)

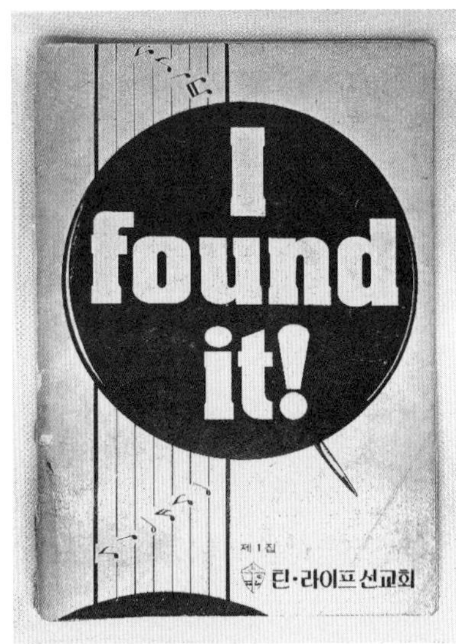

왼쪽 8회 틴라이프.　**오른쪽** 틴라이프선교회 악보 제1집(1978년 발행 추정).

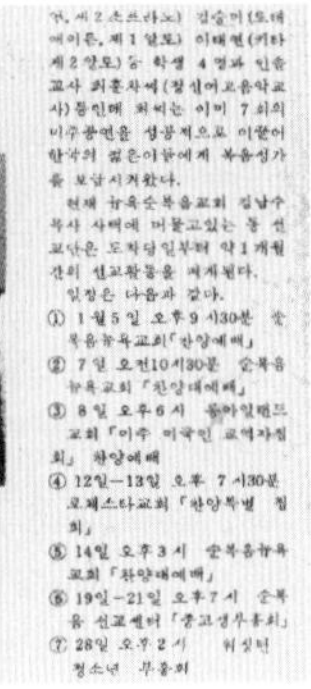

왼쪽 미국의 신문기사(뉴욕).　**오른쪽** 선생님과 함께.

미국 동부와 캐나다 등지로 순회연주, 뉴욕 청소년 초청연주, 유엔 한국대표부 방문연주, 미국 교역자회 등에서 총 66회의 다채롭고 뜻있는 연주를 하였다.

9회 틴라이프   **1979**

소프라노 이연경(아코디언), 조성애(토테A튠)

알토 홍젬마(기타), 김경진(오토하프)

9회 틴라이프.

캘리포니아주 한국영사관 방문.

캐나다, 미국의 14개 주 고등학교와 교회 등지를 돌며 총 64회의 연주를 하였다. 이제까지 역대 틴라이프 중 가장 장거리 여행 연주였으며, 알래스카에서 캐나다를 거쳐 마이애미, 플로리다에 이르기까지 선교와 함께 교포들을 위문하는 등 민간 외교 측면에서도 지대한 역할을 했다. 'Sing along'과 간증에서 최초로 기립박수를 받기도 했다.

미국 순회하던 1979년도엔 서울에 자동판매기가 뭔지도 몰랐고 구경도 못했던 때인데 최훈차 선생님께서 미국 순회 도중 곳곳에 있는 자동판매기 앞으로 우릴 데려가셔서 구경시켜 주셨다. 난 덜컹 소리와 함께 시원한 캔 음료수가 나오는 걸 보고 마술인 줄 알았다. 그땐 그런 시절이었다. (이연경 단원)

위 마이애미시에서 명예시민권을 받고, 페넌트를 증정하는 9회 틴라이프.
아래 명예시민권을 받는 모습.

선생님과 함께.

10회 틴라이프   **1980**

소프라노　장은숙(기타), 이애경(토테A튠)

메조　김수연(오토하프), 허준희(멜로디언)

알토　허영(아코디언), 최명숙(피아노), 손영아(기타)

10회 틴라이프.

왼쪽 마이애미, 플로리다 시청 방문.　**오른쪽** 워싱턴시 총영사관 연주 방문.

1980년 12월 25일부터 1981년 2월 6일까지 약 40여 일 동안 미국 15개 주를 순회하였다. 순회 지역은 뉴욕, 보스턴, 필라델피아, 워싱턴, 클리블랜드, 시카고, 아틀란타, 콜럼버스, 마이애미, LA 등이다. 동부, 남부, 서부를 가로지르는 그 당시 역대 가장 넓은 지역이었다고 한다.

각 지역의 한인회, 동창회, 총영사관, 시청, 지역 고등학교, 신학대학교와 한인 교회, 현지 교회 등지에서 60여 회를 연주하였다. 특히 동부 지역 필라델피아, 시카고 등지에서의 연주 때 많은 성과를 거두었는데, 무디성경학교, 카비넌트대학교 등 기독교 학교에서의 연주가 인상적이었으며, 반응 또한 매우 좋았다고 한다.

이 밖에 재미교포들도 가는 곳마다 환영해 주었으며 민박에도 많이 초대해 주어 예상보다 매우 성공적인 선교 여행이었다. 그 후 11회 틴라이프와 함께 카세트테이프를 녹음하였다.

11회 틴라이프   1981

소프라노 박혜원(기타, 오토하프)

메조 황은주(토테A튠)

알토 오영주(아코디언)

왼쪽 San Antonio, Texas.   **오른쪽** Cleveland, Ohio Church 연주.

위 LA 한인TV방송 출연.   **아래** 달라스한인제일침례교회 홍보물(1982. 1. 31.).

위 Buena Park, 캘리포니아에서 명예시민권을 받고 있음.   **아래** 워싱턴 D.C. 주미대사관에서.

약 2개월간 미국 각지의 고등학교와 교회 등지를 순회하면서 69회의 연주를 하였다. 주요 연주 도시는 새크라멘토, 시카고, 밀워키, 디트로이트, 앤아버, 톨레도, 클리블랜드, 콜럼버스, 영스타운, 워싱턴 D.C., 볼티모어, 털사, 샌안토니오, 오스틴, 킬린, LA 등이다. 역대 틴라이프 중에서 가장 적은 인원으로 미국 전역을 누비면서 예년에 없던 혹한 속에서 교통상의 위험을 무릅쓰고 다녔다. 디트로이트 교회에서는 대예배 시간에 최초로 기립박수를 받았다. 워싱턴 영사관 방문 연주 및 한미문화교류협의회에 참석하여 미국인들에게 우리나라를 소개하는 데에도 큰 몫을 하였다.

12회 틴라이프   1984

피아노 박미경

소프라노 권수경 김지희 박소연 백경심 서은지 이기영 전주희 한수경 한현미

메조 권보영 권소연 김여일 김영 김재현 박윤주 박화영 안성은 이정화 조혜영 탁민정 한소영

알토 고지영 김부경 김은경 김은정 김정혜 송수연 심우혜 오승민 오은정 이부점 이은영

특별히 16회 노래선교단 전원이 중창단이 아닌 틴라이프 합창단(33명)이 되어 34일간 미국 각지 순회로 하나님의 사랑을 마음껏 체험하는 기회를 가졌던 회이다. 최훈차 선생님이 미국 유학을 마치고 정신여고를 떠나 서울신학대학 교회음악과 교수로 재직 중에 함께 하신 순회연주여서 더 뜻깊다.

1985년 1월 3일부터 2월 5일까지 미국 10개 주를 순회하면서 총 64회의 연주를 성공리에 마쳤다. 뉴욕, 필라델피아, 워싱턴 D.C., 앨라바마, 아틀란타, 댈러스, 오클라호마, 털사, LA, 시애틀, 타코마 등에서 연주했고, 대학교 4회, 고등학교 6회, 한국 교회 27회, 미국 교회 14회, 병원 2회, 양로원 4회, 특별 연주(디즈니랜드 포함) 6회를 했다.

다음은 1985년도 교지에 실린 송창규 선생님의 글이다.

"특별히 이번 순회 기간에 이동욱 교장 선생님의 모교인 털사대학교(University of Tulsa)에서 교장님을 모시고 총장을 위시한 많은 교수와 학생들 앞에서 뜻깊은 연주를 하게 되어 매우 기뻤다. 연주 초대받기 어렵다는 디즈니랜드에서의 연주는 매우 자랑스러웠다."

12회 틴라이프.

16회 노래선교단 전 단원이 12회 틴라이프가 되어 떠난 미국 순회연주.

12회 틴라이프 미국 순회연주 기록(1985. 1. 3.~2. 4.)

1월 3일   미국교회연합(제1회)

1월 4일   순복음뉴욕교회(제2회), TV 녹화(제3회)

1월 5일   특별연주 김상진 씨 댁(제4회)

1월 6일   순복음뉴욕교회 예배 참석(제5, 6, 7회), 뉴욕중부교회(제8회),
          미국 순복음뉴욕교회(제9회)

1월 7일   포코노마운틴고등학교(제10회), Paradise Vally Assembly of God(제11회)

1월 8일   롱아일랜드중앙교회(제12회)

1월 9일   엘로시아스고등학교(제13회), 양로원(제14회), 한인교회(Full Gospel phila)(제15회)

1월 10일   밸리 포지 크리스천 칼리지(Valley Forge Christian College)(제16회)

1월 11일   워싱턴한인장로교회(제17회)

1월 12일   워싱턴 한인 YMCA 연주(제18회), 워싱턴시온장로교회(제19회)

1월 13일   미국 교회 GPC(제20회), 게이더스버그장로교회(제21회),
          락빌한인장로교회(제22회), 볼티모어 영락장로교회(제23회)

1월 14일   양로원 아파트 방문(제24회), Solders' Home 연주(제25회),
          Watter Reed Army Hospital(제26회)

1월 16일   Senior Citizens Center(제27회), 대사관 방문(제28회)

1월 18일   장로교총회본부(제29회), 아틀란타 영사관(제30회), 아틀란타 주청사(제31회),
          에덴스한인교회(제32회)

1월 19일   몽고메리한인교회(제33회)

1월 20일   클레어마운트장로교회(제34회), 2부 예배 찬양(제35회),
          이스트포인트한인장로교회(제36회)
1월 22일   Junior High School(제37회), 댈러스한인제일침례교회(제38회),
          댈러스 Senior Apt.(제39회)
1월 23일   오클라호마연합교회(제40회)
1월 24일   First Baptist Church(제41회)
1월 25일   털사대학(제42회), Calvary Chapel Church(제43회)
1월 26일   갈보리한인교회(제44회)
1월 27일   LA 한인침례교회(제45회), 동양선교교회(제46회), 오렌지한인교회(제47회)
1월 28일   Christ College(제48회), Walden School(제49회)
1월 29일   Orangewood Academy(제50회), Walker Jr. High School(제51회),
          애너하임 시장 방문(제52회), 벧엘장로교회(제53회)
1월 30일   El Toro High School(제54, 55회), 한인중앙침례교회(제56회)
1월 31일   디즈니랜드(제57회)
2월 1일   포클랜드중앙교회(제58회), 헤드럴웨이 선교교회 예배(제60, 61, 62, 63회)
2월 4일   타코마중앙교회(제64회)

3_Episode

1회

Episode 1. 민박집

틴라이프 단원 둘씩 다른 집에서 묵게 됐다. 홍순덕과 정영해는 퍼거슨 씨네 집에, 김춘미와 조호선은 플레밍스 씨네 집에 배정됐다. 민박집에서 생전 처음으로 피자를 먹어 본 학생들 4명 중 2명이 배탈이 나 고생한 일화가 있다.

음식 솜씨가 좋은 퍼거슨 부인은 딸 비키가 있었는데 두 모녀가 심하게 뚱뚱했다. 자동차 뒷좌석에 혼자 앉으면 가득 찰 정도였다. 그런 모습을 한국에서는 상상도 못 할 시절이어서 순덕이와 나는 너무나 무서웠다. 급기야 순덕이가 너무 겁에 질린 나머지 화장실에서 문을 걸어 잠그고 울기 시작했다. 내가 밖에서 아무리 나오라고 해도 나오지를 않아 선생님을 불렀다. 선생님도 한 시간이나 밖에서 속 끓이며 나오라고 사정을 했건만 허사였다. 다음엔 같이 가신 포거슨 선교사님까지 설득에 나섰지만, 또 실패했다. 출발 시각은 다가오는데 너무나 난감해지신 선생님은 밖에서 큰소리로 사명감, 국위선양 등 이러한 말들로 간신히 달래서 간신히 순덕이를 나오게 할 수 있었다. (정영해 단원)

Episode 2. 미국 아이들

우리는 여러 고등학교를 방문했다. 미국 애들은 덩치도 더 크고 옷도 사회인처럼 입고 있었다. 교복을 입지 않고… 다들 예쁘고 멋지게 보였다. 아, 그런데 한번은 교정에서 학생들끼리 키스하는 장면을 목격했다. 큰 충격이었다. 내 나이 또래인데…. (정영해 단원)

Episode 3. 납치 사건

그 당시 미국의 공립학교는 사고가 많은 지역이었으므로 학교 안에 경찰이 있을 정도였다. 샌프란시스코에 있는 어느 고등학교에 한복 입고 아코디언 들고 연주하기 위해 교문으로 들어가던 중이었다. 그때 우리 중창단 4명 중 김춘미가 그 학교 어느 학생들에게 순식간에 납치가 되었다. 나는 선교사님과 함께 짐 가지러 잠깐 자리를 비운 사이였는데 아악 하고 비명 소리가 들려 정신없이 뛰어 들어갔다. 마침 옆에 있던 경찰에 의해 범인이 잡혔고 내가 가 보니 아이가 기절해 있었다. 아이들이 찬물로 씻기고 손발을 주무르고 해서 가까스로 깨어났다. 춘미가 깨어나서 결국 연주는 할 수 있었는데 30분 늦게 시작하게 되었지만 반응은 엄청 좋았다. 그다음 날 조간 신문에 그 사건에 대해 연주 내용과 함께 대서특필되었고 나중에 표창도 받았다. 후에 들으니 납치했던 학생이 그 공연을 보고 회개를 했다고, 그 학교 교장 선생님이 정신여고로 감사 편지를 보내기도 했다. 정신 틴라이프 공연 이후 덕분에 학교가 많이 정화되어 감사하다는 내용이었다. (최훈차 선생님 인터뷰)

위 1회 미국에서. **아래** 미국 고등학교 연주.

왼쪽 미국 고등학교 교실 탐방. 틴라이프 첫해에만 유일하게 교복을 입었다. **오른쪽** 1회 틴라이프 김춘미 단원.

2회

Episode. 신동혁 목사님

이사벨여고 이사장님이신 신동혁 목사님이 샌프란시스코에서 우리 일행과 합류하기로 되어 있어 같이 다니게 되셨다. 그런데 목사님이 영어는 매우 잘하시는데 영어 발음이 너무 토속적(?)이라 영어만 하시면 학생들이 깔깔대고 웃었다.

그러다 어느 큰 장로교회에서 한창 연주를 하던 도중에 목사님이 뒤에 들어오셨는데 아이들이 그만 웃음을 참지 못하여 연주를 못 하게 될 지경이 되었다. 피아노를 치시던 선생님이 너무 어처구니가 없어 눈을 부릅뜨고 정신을 차리게끔 하셨다. 그랬더니 목사님 때문에 노래를 못 하겠다고 아이들이 말하길래, 선생님이 목사님께 아이들이 보이지 않는 곳에 앉으시라고 말씀을 드렸다. 다시 연주를 시작하였는데 목사님이 궁금하신 나머지 기둥 뒤에서 몰래 내다보시다 그 모습을 본 학생들이 또 와~~ 하고 웃음을 터뜨려 결국 연주를 마치지를 못해 너무나 죄송스럽고 아쉬웠다. (최훈차 선생님 인터뷰)

위 2회 미국 공연. **아래** 학교 음악실에서 미국 순회연주 준비.

3회

Episode 1. I love you

미국의 어느 고등학교 연주 후 그 학교 학생회장인 한 남학생이 우리 측과 패넌트를 교환하기 위해 앞으로 나왔다. 그래서 강순주가 "We are all juniors"라고 말했더니 그 학생이 "All of you?"라며 너희들 모두가 주니어냐며 물었다. 그런데 얼굴이 빨개진 순주가 내게 다급하게 뛰어와 이렇게 말하는 것이 아닌가. 저 남학생이 나를 사랑한다고 말했다고… 알고 보니 All of you를 "I love you"로 잘못 알아들은 것이었다. (최훈차 선생님 인터뷰)

Episode 2. 미국인 노부부

단원들은 거의 미국 교인 집에 4명, 2명으로 나누어 민박하였는데 나는 민박한 집의 미국인 노부부(Mr. McIntyre) 가정으로부터 미국 대학을 다닐 수 있게 모든 걸 지원하고 양부모로서 보증인이 되겠다는 제안을 받았다. 한국에 돌아와 미국 비자를 받기 위해 수속을 진행하였으나… 당시 한국은 외국 나가는 것이 매우 까다롭고도 어려웠던 시기여서 고등학생 신분으로 비자가 쉽게 나오지 못하여 결국 포기할 수밖에 없었다. (강순주 단원)

Episode 3. Glory Halleluja

이동하는 자동차의 카세트테이프에서 흘러나오는 미국 복음 성가 'Glory Halleluja'를 최훈차 선생님이 들으시고 즉석에서 악보를 만드셨다. 단원들이 미국 현지에서 그 악보를 보고 곡을 연습하면서 익힌 후 탬버린을 치고 연주하였는데 큰 반응을 얻었다. (강순주 단원)

3회 틴라이프(1973).

Episode 4. 노미애, 홍수연 듀엣

정신여고 졸업 후 대학 1학년 재학 시 1976년 6월부터 12월 말까지 약 6개월간 미국 독립 200주년 기념 초청으로, 서부, 중부, 남부지역 대학, 고등학교, 교회에서 약 200회 연주하였다. (최훈차 선생님 소장 자료에서 발췌)

11회 노래선교단과 노미애·홍수연 찬송가모음집의 카세트테이프 표지.

Episode 5. 박종기 목사님 합류

3회 때부터 송천호 목사님이 이끄시는 순회연주에 박종기 목사님이 합류하시면서 장소 섭외, 통역 등 청소년 복음 사역을 함께 인도하셨다. 유창한 영어와 유머로 청중을 사로잡으셨던 박 목사님은 인상적이었으며 인기 만점이었다. 박 목사님은 이후 16회 틴라이프까지 모든 순회연주에 함께하셨다고 하니 참으로 감사드리며 놀라운 하나님의 인도하심이다. (강순주 단원)

4회

Episode 1. 밴

4회 틴라이프는 12명인데 3회까지 사용하던 8인용 밴을 타고 연주하러 다녔다. 연주를 마치고 청중들과 인사가 끝나면 서로 앞다퉈 차까지 잽싸게 달려가곤 했다. 빨리 가서 바퀴 위든 트렁크 옆이든 제일 불편한 자리에 먼저 앉아야 뒤에 오는 친구들이 편한 자리에 앉을 수 있었기 때문이다. 쟤네들이 왜 저렇게 급히 뛰어가냐고 의아하게 생각한 미국 청중 한 분(목장 주인이셨는데 우리 연주를 보고 크게 감동하셨다고 해요)이 이유를 알고 나서 즉석에서 16인승 밴으로 바꿔 주셨다. 연주 다음 날 집 앞에 나가 보니 16인승 밴이 서 있었을 때의 감동이란…. (감사드립니다!) 좁아서 끼여 앉아 몇 시간을 달리던 우리 마음엔 오직 기쁨과 감사로 가득했던 기억이 지금도 그립고 생생하다. (안정희 단원)

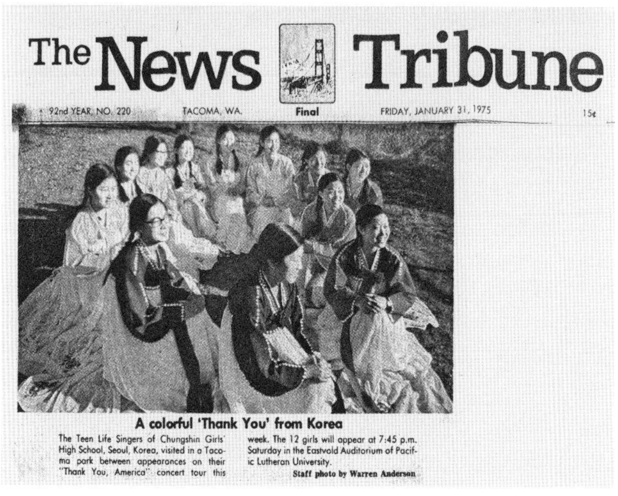

위 4회 틴라이프. 아래 워싱턴주 타코마시 신문기사(1975. 1. 31.).

캘리포니아 오렌지고등학교.

위 샌디에이고 시청 방문.　**아래** 미국 디즈니랜드 방문.

Episode 2. 부채춤

틴라이프의 전통적인 부채춤 시간. 부채춤을 추다가 둘씩 짝지어 꽃 만드는 동작을 하던 중에 앞사람 족두리에 뒷사람 저고리가 붙어서 샴쌍둥이처럼 붙어 춤추던 기억은 지금 생각해도 재밌고 아찔하다. (안정희 단원) **QR 127** 부채춤.

5회

Episode 1. 1곡에서 1시간으로

달라스 제일침례교회에서 연주를 하기 위해 우리 일행이 7시간을 차로 달려갔는데, 그곳에서 딱 한 곡만 노래를 허락하였다. 그 이유는 그 교회 부목사님이 '나는 당신들을 잘 알지 못하니 우리 교회에서 노래 부르게 할 수 없다'라는 이유였다. 그것도 예배 시간이 아닌 예배 5분 전에 하라는 것이었다. 우리는 간절히 기도를 하고 무슨 곡으로 한 곡을 선정할지를 고민하다 'Oh, beautiful!'이라는 미국 찬송가 한 곡을 선정했다. 가사가 잘 전달되게 하려고 1절은 unison으로, 2절은 파트를 넣어 정성껏 노래했다. 그런데, 2절을 노래하는 도중에 쪽지가 한 장 전달되었다. 받아 읽어 보니 예배 시간에 1시간짜리 프로그램을 해달라는 것이었다! (최훈차 선생님 인터뷰)

Episode 2. 별명

틴라이프가 미국 순회를 한 시기는 1970년대라서 한국의 먹거리가 지금처럼 다양하지도 풍요롭지도 않았다. 처음 미국에 도착해서 접한 먹거리 중 좋아했던 것이 맥도날드 햄버거, 켄터키 프라이드 치킨, 바나나 등등으로 단원들에게 붙여진 별명이 있었다.

켄터키 치킨을 좋아하는 서종숙은 터종숙,

맥도날드를 좋아하는 백낙금은 날낙금,

바나나를 좋아했던 김양미는 빠양미,

향림이는 아마 뭐든지 잘 먹었넌시 별녕이 없었다. (백낙금 단원)

Episode 3. 한식 대접

5회 틴라이프가 다닌 곳은 캘리포니아를 비롯한 아리조나, 오클라호마, 뉴멕시코, 텍사스 5개 주였는데, 캘리포니아와 텍사스주를 제외하고는 그 당시 한인들이 그렇게 많이 거주하고 있지 않아 한국 음식을 먹을 기회가 별로 없었다. 그러던 중에 한 한인 집에 초대되어 한식을 대접받았는데, 글쎄… 사명감이고 뭐고 정신없이 먹다 보니 배가 많이 부른 상태였다.

식사를 마치고 감사 노래를 하고 나가야 하는데, 우리를 인솔하신 박종기 목사님께서 너무 배가 부르셔서 앉아서 구두끈을 못 매겠다고 하시는 말씀에 우리는 웃음이 터졌다. 감사 노래 도중 웃음을 이기지 못해 3~4(?)번 정도 끝까지

노래를 부르지도 못하게 되어 최훈차 선생님께 엄청 혼이 나기도 했다

아무튼, 일생에 터닝포인트가 되었던 틴라이프 미국 순회, 하나님께 감사 드리고 최훈차 선생님께 정말 정말 감사드립니다. (백낙금 단원)

Episode 4. 우리가 신기한 미국 학생들

고등학교 연주 때는 연주 후 부채춤에 감명을 받은 한 학생이 직접 부채 춤 추는 것을 그려서 우리에게 주었고 한복과 부채 등이 신기한 듯 찬찬히 살펴 보기도 했다.

고등학교 수학 수업에 참관했었는데 우리가 푸는 수학 문제를 신기한 듯 봤던 미국 학생들. 자신들보다 수학을 잘하는 우리가 신기했었다고 한다. **QR 128**

5회 틴라이프 미주 순회.

위 미국 고등학교 교실 탐방. **아래** 미국에서.

텍사스주 달라스시 스카이라인 고등학교(1975).

6회

Episode 1. 카세트테이프 첫 제작

6회 틴라이프가 중창단으로 처음 카세트테이프를 제작하였는데 너무 인기가 많아 복사판까지 돌았다. (최훈차 선생님 인터뷰)

카세트테이프 제작을 처음으로 한 6회 틴라이프.

지동소, 최훈차 선생님과 함께.

Episode 2. 미운 에피소드 하나

틴라이프는 노래선교단이 여름 지방 순회를 마치면 결성된다. 매회 인원
이 달랐는데 우리 8회 노래선교단 소속 6회 틴라이프는 6명으로 구성되었다. 1
차 합숙훈련은 수학여행을 반납하고 진행되지만, 누구도 이를 아쉬워하거나 섭
섭해하지 않았다. 당시는 해외여행이 가문의 영광으로 여겨지던 시절이었기 때
문이다. 문제는 훗날에 그 섭섭함이 불쑥불쑥 치민다는 것이다. 수학여행의 추
억이 없는 여고 시절을 보냈기 때문인 듯. (정애주 단원)

Episode 3. 미운 에피소드 둘

통상 틴라이프는 겨울방학을 이용해서 미국 순회연주를 다녀오는데, 무슨 영문인지 출국을 두 분 선생님(지동소, 최훈차 선생님)과 함께하지 않았다. 당시 미국을 가기 위해서는 급유와 기타 등등의 이유로 비행기가 동경과 하와이 호놀룰루를 경유해서 갔었다. 동경에서는 기내에서 기다리면 되었는데, 호놀룰루는 공항에서 대기하다가 비행기를 다시 타야 했다. 처음 맞는 적도의 온도와 공기는 우리를 마치 버려진 고아처럼 위축시켰고, 생면부지(?)의 긴장을 하게 했다. 모두들 지치고 지쳐서 우울해지려는 즈음 안 되겠다는 생각이 들었고 헤쳐가야 한다는 사명감에 스위치가 켜졌다. 나는 친구들에게 대한항공 사무실을 찾아가자고 제안했다. 모두 찬성. 화장실에 가서 흐트러진 머리를 다시 땋아 단정하게 빗고 사무실을 찾아 우리를 소개했다. 연주를 해도 되겠는지 여쭙고 영주, 준희가 기타를 치고 나와 지선, 경미와 혜지는 밝은 표정으로 몇 곡을 불렀다. 와와와!!! 이하 생략. 우린 다음 비행기를 타기 위해서 어떤 절차를 밟아야 하는지 몰랐고 어디로 가야 하는지도 몰랐는데, 비행기에 안전 탑승까지 모든 편의를 특별서비스 받고 목적지 미국 시애틀로 향했다는. (정애주 단원)

6회 틴라이프 연주 장면.

7회

Episode 1. K-Culture Teen Life

두 달에 걸쳐 88회 연주를 소화하는 강행군의 일정 속에서도 하나님의 특별한 축복으로 매일매일이 은혜와 감동의 연속이었다. 여러 도시들의 교회뿐 아니라 시의회와 시장 방문, 고등학교 방문, 사회인사들 모임 공연, 방송 출연 등으로 Missionary의 임무를 넘어 한국을 알리는 Ambassador로서의 역할을 수행했다.

47년 전 한국이라는 나라의 인지도가 너무도 미약했던 시대에 6명의 여학생들의 아름다운 연주는 미국인들에게 새로운 감동을 선사해 가는 곳마다 눈물의 찬사를 받았다. 1971년부터 시작됐던 틴라이프의 행보는 선교와 더불어 가히 K-Culture의 선두주자 역할을 했다고 말할 수 있다.

특별한 희생과 헌신으로 음악적 교육뿐 아니라, 매일을 기도와 말씀으로 우리를 훈련하신 이 시대 유일무이하신 최훈차 선생님께 감사의 말씀을 올려 드립니다. 더불어, 일찍이 시대의 새로운 비전으로 Teen Life International 선교회를 창립하신 송천호 목사님, 박종기 목사님께도 다시금 감사를 드립니다. 특히 박종기 목사님께서는 매년 2~3개월 동안, 매일 2~3회의 연주와 행사의 스케줄링, 진행, 설교말씀, 통역, 그 외 모든 세부 사항들을 총괄 진행하셨으니, 목사님의 열정과 노고로 우리의 선교 여행이 이루어졌다 해도 과언이 아닌 듯합니다. 또한 단장으로 수고해 주시고 동행해 주신 송창규 선생님, 기도와 사랑으로 우리를 가르치셨던 그 외 많은 선생님들께도 감사드립니다! (한혜림 단원)

오리건주의 한 고등학교.

왼쪽 오클랜드 시의회 방문. **오른쪽** 벤쿠버 시의회 시장과의 만남.

Lions Club 방문.

지방 방송국 출연.

Episode 2. 타코마에서 만난 선배님들

연주 일정 중간 타코마에서 선배 틴라이프 조호선 언니와 동생 호영 언니를 만났다. 미국이 낯선 우리에게 미국 교회에서 노래하시고 봉사하시는 모습이 얼마나 행복하고 아름답게 느껴졌든지 따뜻하게 맞아 준 것은 물론이고, 언니들 교회에서 연주할 때 이중창으로 함께해 주신 것이 기억에 남는다. 주님 안에서 늘 건강하시고 행복하세요. (남미호 단원)

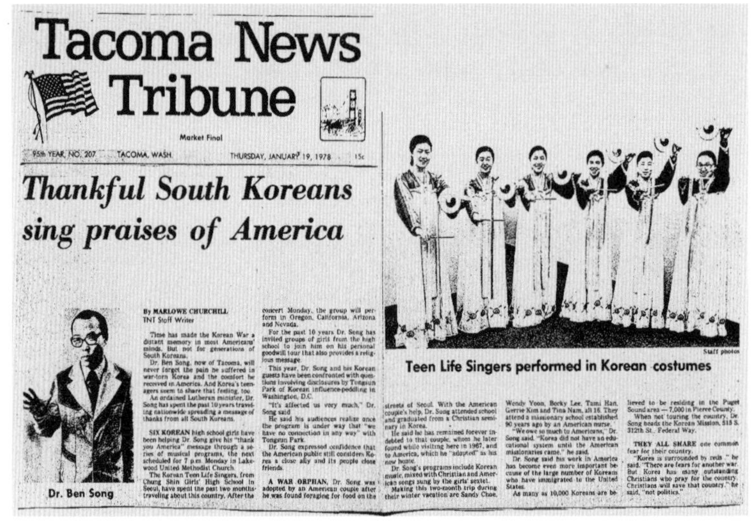

Tacoma News Tribune

Market Final

95th YEAR, NO. 207   TACOMA, WASH.   THURSDAY, JANUARY 19, 1978   15c

Thankful South Koreans sing praises of America

By MARLOWE CHURCHILL
TNT Staff Writer

Time has made the Korean War a distant memory in most Americans' minds. But not for generations of South Koreans.

Dr. Ben Song, now of Tacoma, will never forget the pain he suffered in war-torn Korea and the comfort he received in America. And Korea's teen-agers seem to share that feeling, too.

An ordained Lutheran minister, Dr. Song has spent the past 10 years traveling nationwide spreading a message of thanks from all South Koreans.

SIX KOREAN high school girls have been helping Dr. Song give his "thank you America" message through a series of musical programs, the next scheduled for 7 p.m. Monday in Lakewood United Methodist Church.

The Korean Teen Life Singers, from Chung Shin Girls' High School in Seoul, have spent the past two months traveling about this country. After the concert Monday, the group will perform in Oregon, California, Arizona and Nevada.

For the past 10 years Dr. Song has invited groups of girls from the high school to join him on his personal goodwill tour that also provides a religious message.

This year, Dr. Song and his Korean guests have been confronted with questions involving disclosures by Tongsun Park of Korean influence-peddling in Washington, D.C.

"It's affected us very much," Dr. Song said.

He said his audiences realize once the program is under way that "we have no connection in any way" with Tongsun Park.

Dr. Song expressed confidence that the American public still considers Korea a close ally and its people close friends.

A WAR ORPHAN, Dr. Song was adopted by an American couple after he was found foraging for food on the streets of Seoul. With the American couple's help, Dr. Song attended school and graduated from a Christian seminary in Korea.

He said he has remained forever indebted to that couple, whom he later found while visiting here in 1967, and to America, which he "adopted" as his new home.

Dr. Song's programs include Korean music, mixed with Christian and American songs sung by the girls' sextet.

Making this two-month trip during their winter vacation are Sandy Choe, Wendy Yoon, Becky Lee, Tami Han, Gerrie Kim and Tina Nam, all 16. They attend a missionary school established 90 years ago by an American nurse.

"We owe so much to Americans," Dr. Song said. "Korea did not have an educational system until the American missionaries came," he said.

Dr. Song said his work in America has become even more important because of the large number of Koreans who have immigrated to the United States.

As many as 10,000 Koreans are believed to be residing in the Puget Sound area — 7,000 in Pierce County.

When not touring the country, Dr. Song heads the Korean Mission, 515 S. 312th St., Federal Way.

THEY ALL SHARE one common fear for their country.

"Korea is surrounded by reds," he said. "There are fears for another war. But Korea has many outstanding Christians who pray for the country. Christians will save that country," he said, "not politics."

Dr. Ben Song

Teen Life Singers performed in Korean costumes

Staff photos

타코마뉴스 신문기사.

8회

Episode 1. 감사의 날들

최초 미국 동부를 방문했고, UN 대표부도 방문했다. 1978년도 연말에는 미국에서 리틀엔젤스나 선명회 어린이합창단도 오지 못하게 했었는데, 우리 틴라이프만 갈 수 있었던 건 노래선교단을 향한 하나님의 은혜였다. 또 제일 부촌이라는 롱아일랜드에 정신여고 선배님들이 살고 계셔서 선배님 댁에서 민박했고 여기저기 구경도 많이 시켜 주시고 귀국해서는 장학금도 직접 주셨다.

뉴욕 순복음교회 목사님 덕분에 고등학교 3학년 때는 한국 순복음교회 TV에서 찬양도 했고, 한국 라디오 프로와 KBS TV에도 출연했다. 또 캐나다에서 어렵게 비자 받고 결혼식을 올리는 한 결혼식에서 축가를 불렀는데, 신부가 굉장히 은혜받고 많이 울고 감사했던 기억이 있다. (오상숙 단원)

왼쪽 UN대사 방문. **오른쪽** 컨트리클럽 연주.

왼쪽 LA오렌지카운티 주지사 방문. **오른쪽** 오렌지카운티 명예시민증.

미국고등학교 연주 후 교실 탐방.

민박집 할머니께 새해 세배.

위 방송국 촬영. 아래 한국라디오 출연 직전 사전 질문.

9회

Episode 1. 경로 재검색

　　어떤 미국 사람으로부터 점심을 초대받아 단원 2명씩 두 대 차에 나눠 타고 그곳으로 가기로 했다. 뒤차는 이혜숙 선생님의 남편 되시는 안 장로님이 미국에서 면허를 따자마자 운전대를 잡고 최훈차 선생님과 두 학생을 태우고 식사 장소를 가던 중이었다. 그런데 운전이 서툰 나머지 그만 앞차를 영영 잃어버리고 말았다. 그래서 결국 식사 초대에 앞차만 가게 되는 실례를 범하게 되었다. 그 당시는 휴대전화기도 없고 오전에 잃어버린 일행을 만날 방법이 그날 저녁에 있는 교회 연주 장소를 찾아가는 것뿐이었다. 결국, 내가 그 주소를 가지고 있었으므로 어렵사리 저녁이 되어서야 만날 수 있었다. (최훈차 선생님 인터뷰)

위　9회 틴라이프. 미국 캘리포니아의 어느 교회 연주에서 성가대와 함께.　**아래** 미국에서 방송 출연.

10회

Episode. 의사 부부

우리 중 한 친구가 위궤양과 허리가 아픈 것 때문에 순회 기간 두 달 중에 한 달을 몹시 고생했다. 이 때문에 일행 전체가 너무나 많은 어려움을 겪었다. 긴 여행 중에 아픈 친구가 차를 타게 할 수 없어 비행기를 타게도 하고 앰뷸런스를 타고 또 쉬게 하는 일도 많았다. 그러다 시카고 휄로쉽교회(Fellowship Church)에서 연주하는 날이 되었다. 이날도 이 친구가 매우 아팠지만 미안했는지 아파도 노래를 하겠다고 고집을 부렸다. 연주를 다는 못하고 절반을 했는데 그중에 기타 반주로 '서로 사랑하라'를 진심으로 불렀다. 연주가 다 끝나고 한 한국인 여자 교인이 다가와 "몇 번째 학생이 매우 아파 보이던데 내가 의사니까 우리 집에 데리고 가서 치료하고 출발하는 날까지 돌봐 주겠다"라고 말하는 것이 아닌가. 3일 뒤에 출발하기 위해 그 친구를 만났는데 다 나아 있었고 너무나 건강한 모습으로 웃고 있었다. 그 의사 선생님이 너무나 고마워서 그 당시 우리 일행을 인솔하시던 이순각 목사님과 선생님이 기뻐 눈물을 흘리셨다. 그 의사 선생님 하시는 말씀이 이혼하기를 결심하고 이 연주를 보고 나서 두 분이 헤어지기로 했었는데, 틴라이프의 '서로 사랑하라'라는 곡을 듣고 다시 잘살아 보기로 했노라는 이야기를 하는 것이었다. 나중에 알고 보니 그 의사 부부는 교포 사회에서 너무나 유명한 분들이어서 이 이야기가 신문에까지 났다고 그곳 목사님이 전해 주셨다. 그 말을 듣고 우리가 더 큰 감동을 하였다. (손영아 단원)

시카고 연합교회 연주.

왼쪽 마이애미 SS Norway 대형크루즈 초청연주 후 식사와 유람선 구경. **오른쪽** 애틀란타의 방송국 출연 중 연주.

11회

Episode 1. 한파 속 연주회

1982년 1월 초 그 당시 우리가 갔던 시카고는 역사에 남는 가장 추운 날로 기록된 며칠이었는데 영하 32도의 강추위와 눈보라로 모든 교통수단이 막힌 기록적인 날씨였다. 그런 한파를 무릅쓰고 우리 연주장에 300~400명 정도 청중이 오셨다. 연주 도중 기온이 더 내려갔고 청중 절반 정도가 차 시동이 걸리지 않아 집에 돌아가지를 못하고 교회에서 의자를 붙여놓고 자는 일이 있었다. 우리 일행은 목사님 댁에서 자야 했다. (최훈차 선생님 인터뷰)

Episode 2. 아파서 설 수 없었던 무대

단원이 세 명뿐이었는데 한번은 한 학생이 몹시 아파서 무대를 설 수 없는 지경이 되었다. 두 명으로는 연주할 수 없었기에 고심 끝에 200여 명의 청중 앞에서 (이때도 너무 추운 한파 중이었다) 이순각 목사님이 한 학생이 아파서 누워 있어 연주를 못 하게 되었다고 정중히 사과를 드렸다. 너무나 가슴 아픈 순간이었다. 무디바이블 스터디라는 큰 기독교 학교에서의 일이었다. (최훈차 선생님 인터뷰)

Episode 3. 최훈진 목사님과 김순해 권사님을 만난 날

워싱턴 D.C.에서는 최훈차 선생님의 동생이신 최훈진 목사님과 어머님이신 김순해 권사님을 만나 뵐 수 있는 시간이 있었다. 권사님께서는 우리 3명에게 예쁜 손거울과 빨간 Washington Apple을 선물로 주셨다. (박혜원 단원)

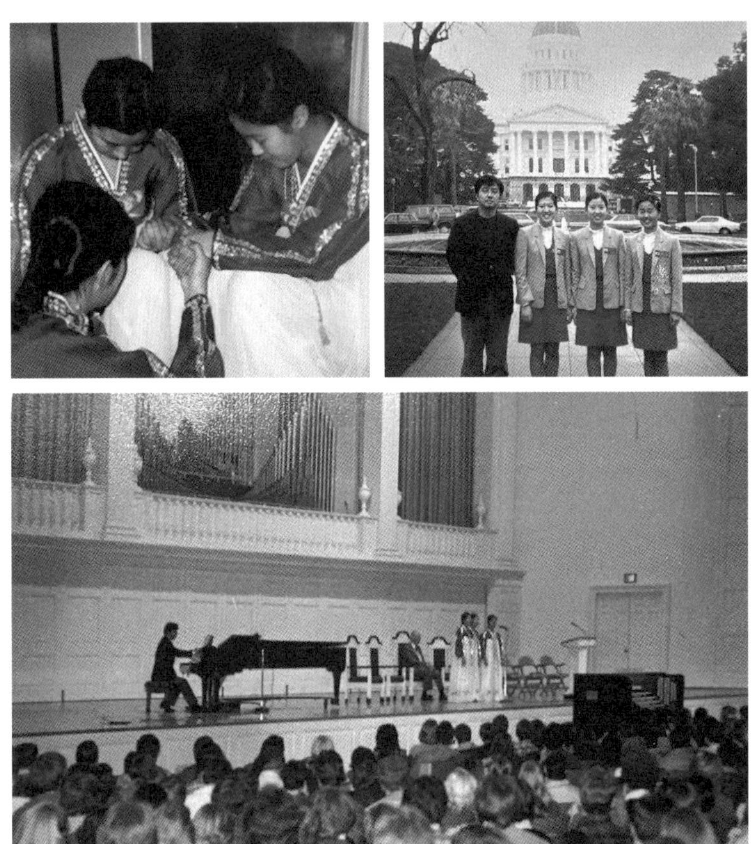

위 마지막 연주 전 기도하는 모습. 워싱턴 국회의사당 앞에서. **아래** Wheaton College in Chicago Illinois(1981).

12회

Episode 1. 디즈니랜드

미국 동부 뉴욕에서 시작해서 워싱턴 D.C.까지는 버스로 10시간 정도 이동해, 남부 내륙 알라바마, 아틀란타, 댈러스, 오클라호마, 털사를 거쳐 서부 LA와 시애틀에서 미국 순회연주를 하였다. 34일간의 미국에서의 일정은 정말 빡빡했다. 국내 비행기로만 11번 이상을 비행했고, 버스로 이동하는 거리는 보통 5시간 이상이었다. 정말 미국은 광대하고 큰 나라였다. 거의 매일 이동과 연주를 했고, 일주일간 머물렀던 LA에서 단 하루 연주가 없는 날이 있었다.

디즈니랜드의 특별연주 이후 그 쉬는 날은 '디즈니랜드'에서 자유이용권

(아마도)으로 하루를 보내기로 했다고 최 선생님께서 알려 주셨다. 우리는 환호했고 너무나 기대에 부풀었다. 즐겁게 뭐든 자유롭게 이용하고 좋은 기억을 만들자고 하시면서 단 한 가지 조건을 말씀해 주셨다.

'어떤 놀이기구를 타도 좋으나 절대로 소리를 질러서는 안 된다. 그렇게 비명을 지르고 나면 목이 상하니 연주에 지장이 있다'라고… 단호하게 말씀하시는 최 선생님의 제안에 우리는 입을 막고 고개를 크게 끄덕이며 침묵의 환호성으로 대답하고 디즈니랜드로 갔다.

여러 다양한 놀이기구를 타면서 나도 모르게 비명을 지를까 봐 손으로 입을 틀어막고, 얼굴이 벌게지도록 비명을 지르지 않으려 애쓰던 친구들의 모습이 생각난다. 아마 그것이 너무 고통스러워 차라리 회전목마를 탄 친구들도 분명 있었으리라 생각된다. 그 당시엔 분명 아쉬움도 있었겠지만, 누구도 그 상황을 불평하지 않았고 디즈니랜드에서 사랑하는 친구들과 함께할 수 있었음에 감사한 마음이 분명 컸으리라 믿는다. (박미경 단원)

왼쪽 미국 순회연주(1984). **오른쪽** '노래할 이유 있네' 모션 중.

왼쪽 아틀란타 조지아주.
오른쪽 전설적 합창지휘자 로보트쇼(왼쪽 세 번째)와의 만남. 아틀란타공항에서(1985).

Episode 2. 갈보리교회

미국 캘리포니아 코스타메사에 있는 갈보리교회(Calvory Chapel) 찬양 집회 연주 이후에 우리의 연주곡들을 녹음해 보자는 제안을 받았다고 최훈차 선생님께서 말씀해 주셨다. 성가 중심의 카세트테이프는 이미 녹음을 해서 발매가 되었지만 비성가곡(뮤지컬 '오클라호마' 넘버 외, 민요 등)까지도 녹음 가능하다는 말씀도 하셨다. 우리의 미국 순회 일정은 절반 정도 마친 상황이었고 계속되는 이동과 연주 일정에 사실 컨디션 조절이 제일 큰 관건이었다. 정말 좋은 기회 이지만, 녹음하기 위해서는 많은 신경을 써야 하는 상황에서 녹음하게 되면 (아마도 저녁이나 밤에 하게 될 것이다) 남은 연주 일정 동안 최상의 목 컨디션을 유지하기가 쉽지 않을 것 같아 염려된다고도 말씀해 주셨다.

갈보리교회(1986. 1. 25.).

그래서 함께 가신 선생님(송창규, 김윤숙 선생님)들과 임원들의 회의 결과 우리 모두의 투표를 통해 결정하기로 하셨다며 솔직한 의견을 물으셨다. 우리는 좋은 컨디션으로 남은 미국 순회연주 일정을 잘 마무리하는 것이 더 중요하다는 결론으로 녹음을 하지 않기로 했다.

많은 시간이 흐른 후 친구들과 지난 이야기를 하며 우리가 했던 레퍼토리들이 자료로 남아 있지 않아 아쉬움도 있었다. 그 제안을 해준 갈보리교회는 마라나타 뮤직의 시작인 교회였고, 아마 녹음을 했어도 남은 연주까지 어떻게든 잘 해내지 않았을까 하는 후일담을 나눠 보기도 한다. (박미경 단원)

인터뷰: 강순주, 유미라, 박혜성, 최혜욱(노래선교단 인터뷰 기간과 동일)
기록: 최혜욱

2006 ___ 2024

정신쾌이어

1_Birth

정신콰이어 지휘자로 다시 만나다

유수진 13회 노래선교단 | 정신콰이어 초대 총무

2005년 어느 여름 날, 정신여고 노래선교단 졸업생들이 최훈차 선생님의 서울신학대학교 정년퇴임을 기념하기 위해 모였다. 노래선교단을 창립한 1968년 마이너스 2회부터 선생님이 미국 유학을 떠나시던 1985년 17회까지 모두 모여 선생님의 65세 교수 정년퇴임을 축하하는 자리였다. 마이너스 2회에서 17회까지 19년의 선후배가 모두 모이니 100명이 훌쩍 넘는 사람들이 함께한 자리였다. **QR 129** 최훈차 선생님 은퇴기념연주회(2005)-햇불회관.

최훈차 선생님 회갑 기념 연회에서 노래선교단 동문 축가.

노래선교단 각 회별 소개와 인사를 나누고 식사를 하면서 우리 13회와 같이 많은 선후배님들 또한 노래선교단 시절을 추억하며 아직도 하나님을 찬양하고자 하는 마음을 갖고 있음을 느꼈다. 그뿐 아니라 최훈차 선생님께서 정년퇴임을 하시지만 여전히 음악활동을 왕성하게 하고 계시고, 노래선교단에 대한 자부심과 제자들에 대한 사랑이 많으신 것을 알게 되었다.

선생님의 정년퇴임기념 축하 모임을 마치고 집에 돌아와 생각해 보니, 다른 미션스쿨 합창단 OB팀처럼 우리 노래선교단도 졸업생을 주축으로 하는 동문 합창단을 결성하면 좋을 것 같았다. 선생님께서 정년퇴임으로 시간적 여유가 있는 이 시점이야말로 최 선생님과 합창을 할 수 있는 절호의 기회라고 직감했다. 그래서 용기를 내어 선생님께 연락을 드렸고, 노래선교단 OB팀을 만드는 것과 지휘를 맡아 주실 수 있는지 여쭤 보았다. 선생님께서는 만약 합창단의 최소 규모인 30명의 단원이 확보되면 창단이 가능하고, 그렇게 되면 지휘를 맡을 수 있다고 대답하셨다.

나는 '선생님 퇴임기념 모임에서 노래선교단만의 정서와 감동을 공유할 수 있는 선후배가 일단 100명 이상 모였으니 그중에 합창단에 참여할 동문들도 필시 있으리라' 생각했다. 그러고 나서 13회 친구들에게 의견을 물었고, 11명의 친구들(김정신, 김지은, 박정원, 송영희, 오영주, 이명숙, 이선모, 이유미, 정재경, 최혜욱, 한애리순)이 합창단에 참여하겠다고 했다. 일단 나를 포함해 13회의 12명이 모였으니 선배들 10명, 후배들 10명을 더 모으면 합창단 창단이 가능할 것 같았다. 그래서 1회부터 25회까지 각 회의 책임자들에게 전화를 돌려 합창단 창단을 권유하였다. 선배님들께는 후배가 있으니, 후배님들에겐 선배가 있으니 주저하지 마시고 같이 노래하시자고 권하였다.

지금 생각해 보면 소심한 내가 어디서 그런 용기와 도전의식이 있었는지… 아마도 이 시간이 아니면 최샘과 노래할 수 있는 기회가 없을 것 같은 간절함과 13회 친구들의 든든한 지원 때문이었던 것 같다. 아무튼 13회 친구들의 지원을 믿고 부지런히 연락한 결과 합창단 창단에 공감한 동문들이 예상보다 많아 50명의 신청자가 모였고, 최 선생님께 알려 드렸더니 매우 감탄하시면서 지휘를 흔쾌히 맡아 주시기로 하셨다.

그리하여 2006년 봄, 회장은 7회 이경희, 부회장은 8회 우수진, 그리고 내가 총무를 맡기로 하고 최훈차 선생님과 장영란 선생님을 만났다. 두 선생님께서는 노래선교단 제자들이 선생님을 잊지 않고 모여 OB팀을 결성하게 된 것을 아이들처럼 기뻐하셨다. 정말 두 눈에 눈물이 그렁그렁 맺히기까지 좋아하시고 또 감사해하시는 모습을 보면서 우리의 눈에도 눈물이 맺혔다. 그리고 그어떤 일보다 의욕적으로 임하시겠다고 하셨다.

2006년 6월 1일 정신여고 노래선교단 OB팀 가칭 '정신콰이어'의 창단예배를 김마리아관 성가대실에서 갖게 되었다. 10회 박연신 회계, 16회 박윤주 서기, 17회 송지선 악보, 18회 장지원 간식 담당으로 정하고, 4회 이충옥 정신여고 교감님, 5회 유미라 선생님이 고문으로 참여해 주셨다.

창단예배 후 마이너스 2회부터 23회까지 노래선교단의 발자취 사진자료를 만들어 함께 보았다. 모든 기수의 사진들이 17세 고2 학생의 모습이었다. 그리고 시간과 세월이 흘렀어도 모두가 순수했던 고2 학생으로 돌아간 자신들의 모습을 발견했다. 각각 치열한 삶의 자리에서 잠시 시간을 내어 모인 단원들의 겉모습은 고2 학생 시절과 많이 달라졌지만, 최 선생님의 지휘봉 앞에 모인 우리의 마음은 선후배의 간격을 떠나 한 사람의 찬양자로서 하나님 안에서 하나 됨을 느낄 수 있었다.

2006년 11월 '정신콰이어'라는 이름으로 동교동교회에서 첫 교회 연주회를 시작한 이후 17년의 시간이 흘렀고, 그동안 창단할 때에는 상상할 수 없는 활동을 하게 되었다. 교회연주, 정기연주회, 음반 발매, 지방 순회, 미국 영국 해외 순회연주, 그리고 예술의전당 연주와 정신노래선교단 50주년 기념 음악회까지… 눈부신 활동이 이어졌다.

이 모든 활동은 정신콰이어의 모든 멤버가 노래선교단 출신이기 때문에 가능한 일이라고 생각한다. 노래선교단 시절 훈련받은 우리 정신콰이어 단원들은 모두가 임원인 것처럼 솔선수범하고 내 일처럼 하였기에 힘들고 어려운 일정들도 서로 도우며 사랑 가운데 진행할 수 있었다고 믿는다.

지금 나는 선생님의 60여 년의 음악활동을 기념하며 제자들이 선생님의 헌정집을 내는 시점에서 이 글을 쓴다. 고등학교 2학년 때 노래선교단에서 만난 최훈차 선생님을 정신콰이어를 통해 20년 가까이 다시 뵐 수 있는 행운을 누렸다. 성인이 되어 정신콰이어를 통해 만난 선생님을 경험하면서 고등학교 시절에는 미처 깨닫지 못했던 선생님의 훌륭한 점을 더욱 알게 되었다.

최훈차 선생님은 당신 말씀 그대로 사셨다. 하나님에 대한 믿음을, 음악에 대한 열정을, 사람에 대한 순수한 사랑을 당신의 행동으로 보여 주셨다. 가스펠에 대해 아무도 몰랐던 1960년대 말 어느 미션스쿨의 음악실 한 구석에서 누구도 응원하지 않는, 아니 이해하지도 못하는 노래선교단을 구상하고 지방 순회 작업을 고집스럽게 하셨다. 사람들의 인정이 아니라 하나님으로부터 받은 자신의 재능을 돌려드리는 것이 마땅하다는 생각으로… 때로는 오해와 억측으로 어려운 결정을 받아들일 수밖에 없는 경우도 있었지만, 선생님의 순수하고 청렴한 마음은 결국 드러나게 되었고, 그럼에도 불구하고 일체의 자만심을 보이지 않으셨다.

나의 선생님은 참 되신 선생님이시다. 어지러운 세상 존경할 만한 어른을 찾기 어려운 이 시대에 여전히 내가 바라보고 닮아 가고 싶은 삶의 선생님이시다.

최훈차 선생님, 선생님을 만나 선생님의 제자로 배울 수 있어서 정말 감사합니다.

다시 모여 노래할 이유 있네!

김지은 정신콰이어 제7대 회장

정신콰이어는 1969년 그 당시 음악 선생님이신 최훈차 선생님이 창단하신 정신여고 노래선교단 출신들로 구성된 합창단입니다. 졸업 후에도 노래선교단 활동을 통해 받은 하나님의 사랑과 은혜를 잊지 못하여 대학 강단을 은퇴하신 최훈차 선생님을 모시고, 2006년에 창단하게 되었습니다. 정신콰이어에는 최훈차 선생님께 직접 배운 선배와 2대 지휘자 박영주 선생님께 배운 후배가 함께 찬양하고 있습니다. 저는 박영주 선생님의 지도를 받은 18회 노래선교단 출신이며, 2010년도에 정신콰이어 활동을 시작하여 현재 회장으로서 이 글을 쓰게 되었습니다.

18주년을 맞은 정신콰이어는 지금까지 100여 회의 연주를 통해 하나님께 찬양을 드렸습니다. 전국의 교회, 요양기관, 교정교화 시설 등을 방문하였고, 2010년에는 미국, 2015년에는 영국, 북아일랜드, 스코틀랜드, 2024년에는 일본 시즈오카교회를 방문하여 연주하였습니다. 이 연주를 통하여 하나님의 놀라운 은혜와 역사하심을 목도했습니다.

2019년, 정신콰이어는 최훈차 교수 합창 60년 기념음악회와 노래선교단 50주년 기념음악회 등 감동의 감동을 경험하고, 아름다운 찬양 공동체로서 한없는 복을 누렸습니다. 그리고 이전보다 찬양에 대한 더 뜨거운 열정과 역동을 경험하였습니다. 하지만 겨울방학이 시작된 지 얼마 지나지 않아 코로나19로 2020년 초부터 2022년 4월까지 무려 2년 4개월의 긴 방학을 맞이하게 되었습니다. 2022년 5월, 거리두기 완화로 인해 드디어 다시 모이게 된 저희는 새로운 임원진을 구성하고 준비 기도와 함께 감격스러운 개학을 하게 되었습니다.

저희는 1973년 노래선교단으로 활동한 5회부터 2016년에 활동한 48회 졸업생에 이르기까지, 43년이란 세월을 뛰어넘어 매주 화요일 오후 6시에 정신여고 교내에 있는 주님의교회 제3집회실에서 한마음, 한목소리로 찬양 연습을 하고 있습니다.

2022년에는 여전히 코로나19로 인하여 연주를 허락해 주는 곳이 많지 않았지만, 2회의 연주를 하며 다시금 우리를 노래선교단으로 불러 주신 주님의 은혜를 경험하며 감사의 시간을 가졌습니다. 2023년에는 9회를, 2024년에는 12회의 연주를 하게 되어 얼마나 감사한지 모릅니다.

최훈차 선생님과 장영란 선생님은 건강한 모습으로 저희를 지도해 주셨

일본 시즈오카교회 150주년 기념 초청연주(2024. 9.).

고, 2024년 11월에 18년 동안 지휘하신 정신콰이어를 은퇴하셨습니다. 그리고 2대 지휘자로 박선희 선생님을 모시고 정신콰이어 시즌2를 시작하였습니다. 최훈차 선생님께서 가르쳐 주신 노래로 복음을 전하는 사명, 타성에 젖지 않는 순수한 음악과 강한 표현, 최고의 음악의 경지인 감동에 대해 앞으로도 잊지 않으려고 합니다.

2010년 당시 저는 전설과도 같은 최훈차 선생님과 선배님들을 만나 뵙기 전, 왠지 모를 걱정 반 설렘 반으로 첫발을 내딛게 되었습니다. 하지만 이내 같은 가르침과 훈련을 통해 학창 시절 노래선교단을 경험한 추억과 감동, 그리고 인생관이 똑같음을 확인하게 되었습니다. 또한 최 선생님의 유머스러운 말씀들과 선배님들의 따스한 배려로 정신콰이어를 떠날 수가 없었답니다. 최훈차 선생님의 많은 가르침 중에 겸손과 감사와 순수성이 없으면 하나님께서 기뻐하시지 않고, 감동을 줄 수 없다고 늘 강조해 주신 음성이 귀에 맴돕니다. 선생님의 말씀처럼 찬양할 수 없는 시간이 오기 전에, 우리에게 찬양을 할 수 있도록 기회를 주시는 그 시간에 깨어서 주님을 높여 드리며 복음을 전하는 정신콰이어, 정신여고 노래선교단 OB가 되려 합니다.

2025년에는 박선희 선생님의 지휘 아래, 더욱 힘을 합해 합창단을 공고히 하여, 다시 오실 주님을 만날 때까지 멈추지 않고, 있는 힘을 다해, 생명을 다해, 최선을 다해 찬양에 힘쓰겠습니다.

2_Repertoire

정신콰이어 역대 연주곡목

작곡가	곡명	비고
Adolphe Adam(1803~1856)	O holy night	
African-American Spiritual	I wanna be ready 나 준비하리라	
Alessandro Scarlatti(1660~1725)	Stabat Mater 아멘	
Andraé Crouch(1942~2015)	My tribute 나의 찬미	
Antonio Caldara(1670~1736)	Laudamus Te 주를 찬양하라	
Aurelia Scogin(1923~2008)	AGNUS DEI 하나님의 어린양	
Autonio Scandello(1517~1580)	A little white hen 작은 암탉	
Byron M. Carmony(1916~2007)	Then I met Jesus 내가 주님 만났을 때	
Carrie Belle Adams(1859~1940)	For God so loved the world 하나님 세상을 사랑하시사	
Dimitri Stepanovitch Bortniansky(1751~1825)	Lo, a voice to heaven sounding 하늘에 한소리 울린다	
Edwin Othello Excell(1851~1921)	Count your blessings 복을 세어라	
English Folk Song	We wish you a merry Christmas 축하하오, 기쁜 크리스마스!	
Felix Mendelssohn(1809~1847)	Lift thine eyes 눈을 들어 산을 보라(오라토리오 "Elijah 엘리야" 중)	
Felix Mendelssohn(1809~1847)	Veni Domine	
Franciscus Johannes Nagler(1873~1957)	천지의 주님을 찬양하라	
French Carol	Born is He, the divine young king	
French Carol	Angels we have heard on high	
Gary Vacca	Everybody sing 우리 모두 함께 모여 노래 부르자	
Georg Philipp Telemann(1681~1767)	Alleluia 알렐루야	
Giovanni Battista Pergolesi(1710~1736)	십자가 밑에서 슬퍼하는 어머니("Stabat Mater" 중에서)	
Giovanni Battista Pergolesi(1710 1736)	아멘	
Gooria Shayne Baker(1923~2008)	Do you hear what I hear	
Gus Levene(1911~1979)	Ring those Christmas bells	
Hans Leo Hassler(1564~1612)	Cantate domino(O sing unto the Lord)	
Jack Coleman(1920~1985)	Jesus never forgets	
James Michael Stevesns(b. 1961) & Joseph M. Martin(b.1959)	Without love we have nothing 내가 천사의 말을 한다 해도	
Jay Althouse(b. 1951)	Gloria for all seasons 영광	
Jay Althouse(b. 1951)	Hodie	
Jay Livingston(1915~2001) & Ray Evans (1915~2007)	Silver bells	
Jeffery L. Ames(b. 1969)	Let everything that hath breath 모든 만물아! 주 찬양!	
Jeffrey R. Ingber	BEWARE 조심해!	
Jerry Reed Kirk(~2009)	Ye shall be witnesses 내 증인되리라	

Joe Beal(1900~1967) & Jim Boothe(1917~1976)	Jingle bell rock	
Johann Sebastian Bach(1685~1750)	Wir eilen mit schwachen, doch emsigen Schritten 하나님께로 나아갑니다	2012년 정기연주회
John Bacchus Dykes(1823~1876)	Jesus the very thought of you 구주를 생각만 해도	
John Buryan Herbert(1852~1927)	Look at the heaven road 하늘 가는 길을 보라	
John Frederick Coots(1897~1985)	Santa Claus is coming to town	
John Leavitt(b. 1956)	A jubilant song	
John Leavitt(b. 1956)	AGNUS DEI 하나님의 어린양	
John Robson Sweney(1837~1899)	More about Jesus 예수 더 알기 원함은	
John Rutter(b. 1945)	Look at the world 세상을 보라	
John Wright Peterson(1921~2006)	Let the whole world know! 주의 빛이 온 세상에 비치네	
John Wright Peterson(1921~2006)	Take my life and let it be 나의 생명 드리니	
Johnny Marks(1907~1985)	Rudolph the red nosed reindeer	
Ken Berg(b. 1955)	I'm going to sing! 내가 노래하리라	
Kurt Kaiser(1934~2018)	The moment of truth 진리의 순간	
Laura Nyro(1947~1997)	Save the country 그 나라를 구원하라	
Leland B. Sateren(1913~2007)	Sevenfold amen 일곱 번 아멘	
Leonard Bernstein(1918~1990)	I feel pretty 나는 예뻐(뮤지컬 "West Side Story" 중)	
Luther Burgess Bridgers(1884~1948)	He keeps me singing 내가 노래하리라	
Mae Taylor Roberts	The meeting in the air 공중에서 만나리	
Margaret Shelley Vance(1925~2008)	Alleluia 알렐루야	
Mark Wilson	A spanish carol	
Marty Haugen(b. 1950)	Halle, halle, halle 할레 할레 할레	
Mary Lynn Lightfoot(b. 1952)	A festive alleluia	
Michael Whittaker Smith(b. 1957)	How majestic is your name 주 여호와의 주의 이름이	
Moses George Hogan(1957~2003)	I am his child 나는 주의 자녀	
Orlando di Lasso(1532~1594)	주여 찬송 드립니다	
Otis Skilling(1935~2004)	I've got a reason to sing 노래할 이유 있네	
Peter Christian Lutkin(1858~1931)	The Lord bless you and keep you 주 너를 지키시고	
Phoebe Palmer Knapp(1839~1908)	Blessed assurance 예수를 나의 구주 삼고	
R. Osborne 편곡	축제의 노래	

Ralph Vaughan Williams(1872~1958)	Magnificat	한국초연-2012년 정신콰이어 정기연주회
Richard Farrant(1525~1580)	Call to remembrance 기억하소서	
Rick Founds	Lord, I lift your name on high 주의 이름 높이어	
Robert W. Thyerson(1921~2017)	Classical rock	
Rupert Lang(b. 1948)	Sanctus 거룩 거룩 거룩	
Ruth Elaine Schram	Welcome to the show 안녕하십니까	
S. Leck	쿵갈라	
Sandra T. Ford	O Lord, you know my heart 내 마음 아시는 주	
Srul Lrving Glich(1934~2002)	PSALM 23	
Stan Freberg 편곡(1926~2015)	Jingle bells 썰매방울	
Stan Pethel(b. 1950)	주의 이름 높이어	
Stanley Smith	Sing unto the Lord 새노래로 주 찬양하라	
Stephen Schwartz(b. 1948)	All for the best 이것이 최선이다(뮤지컬 "GODSPELL 가스펠" 중)	
SY Miller & Jill Jackson Miller	Let there be peace on earth 이 땅에 평화 주소서	
Traditional Appalachian	Will the circle be unbroken	
William Batchelder Bradbury(1816~1868)	The solid rock 내가 주의 반석 위에 서리라	
William Harold Neidlinger(1863~1924)	The birthday of a king	
William Harold Neidlinger(1863~1924)	Spirit of God 내 마음속에 주의 영이 임하사	
William Lamartine Thompson(1847~1909)	Jesus Is all the world to me 예수는 나의 힘이요	
Winfield S. Weeden(1847~1908)	Sunlight	
Wolfgang Amadeus Mozart(1756~1791)	AVE VERUM CORPUS 하나님의 아들 예수	
Z. Randall Stroope(b. 1953)	LUX AETERNA	
김희조 편곡(1920~2001)	경복궁 타령	
김희조 편곡(1920~2001)	보리타작의 노래	
문성희 편곡(b. 1956)	아리랑	
이문승(b. 1953)	Come to the water 물가로 나오라	
이수인(1939~2021)	고향의 노래	
일본 민요	ふるさと(후루사토) 고향	
최훈차 편곡(b. 1940)	새야 새야, 파랑새야	
최훈차 편곡(b. 1940)	Glory Hallelujah	
최훈차, 홍명의 편곡	갑돌이와 갑순이	

 130

정신콰이어 연주 연혁(2006~2024) <u>QR 130</u> 정신콰이어 리플렛.

 131

2006년	2월 16일	정신콰이어 창단 모임
	6월 1일	창단 예배(정신여고 김마리아기념관)
	11월 12일	1회 동교동교회

<u>QR 131</u> 정신콰이어 창단 예배 순서지.

2007년	7월 5일	2회 새문안교회
	10월 19일	정신여고 120주년 기념음악회(정신여고 대강당)

2008년	4월 17일	정신여고 노래선교단 40주년 기념 Home Coming Day 주최
	5월 29일	제1회 정기연주회 겸 창단연주회(정신여고 김마리아기념관)
	10월 2일	정신콰이어 소식지 창간
	12월 5일	3회 건국대학교 부속병원

2009년	4월 30일	4회 서울시니어스 분당타워
	6월 14일	5회 삼호침례교회
	11월 26일	제2회 정기연주회(안동교회)
		(2대 회장: 문성희, 부회장: 오상숙, 총무: 정호연, 회계: 이효숙, 피아노: 현혜란)

2010년	4월 5일	6회 일산 동안교회
	5월 23일	7회 생명나무교회
	6월 7일	정신콰이어 찬양 CD 녹음
	7월	정신콰이어 찬양 CD 제1집 발행

정신콰이어 첫 번째 찬양음반.

	7월 1일	8회 정신여중 채플
	7월 16~21일	제1회 해외 순회연주, 미국(LA, 샌프란시스코 지역)
		9회 LA침례교회
		10회 LA영락교회

2010년		11회 온누리교회
		12회 산호세 주님의교회
	11월 3일	13회 순천향대학교 부속병원(부천)
	11월 21일	14회 무학교회
	11월 25일	제3회 정기연주회(세라믹팔레스홀)

2011년	3월 31일	15회 영락노인복지센터(하남)
	6월 25일	16회 삼성제일교회
	7월 13~14일	제1회 전국 순회연주(전주 지역)
	7. 13.	17, 18회 성예요양원, 북문교회
	7. 14.	19회 신세계병원
	10월 23일	20회 군부대(필승교회)
	12월 1일	21회 크리스마스 음악회(춘원당 한방박물관)

2012년	3월 24~26일	제2회 전국 순회연주(제주도 지역)
	3. 25.	22회 방주교회
	3. 25.	23회 아름다운교회
	3. 26.	24회 한길정보통신학교
	5월 13일	25회 수원 소망교회
	6월 24일	26회 분당 성음교회
	9월 20일	27회 서울시니어스 분당타워(성남)
	10월 23일	28회 여주 소망교도소
	12월 7일	제4회 정기연주회(세라믹팔레스홀)
	12월 13일	29회 서울시니어스 강서타워
	12월 22일	30회 정신여중 채플

2013년	5월 9일	31회 서울시니어스 가양타워
	10월 19일	32회 정신여고 LA동문 초청연주회 협연(정신여고 김마리아기념관)
	12월 19일	33회 서울시니어스 강서타워

2014년	6월 17일	34회 서울구치소(의왕)
	6월 29일	35회 서광교회(군포)
	10월 5일	36회 늘푸른진건교회(남양주)
	11월 9일	37회 발산교회

2015년	2월 22일	38회 평안교회(부천)
	3월 8일	39회 부광교회(강변역)
	3월 29일	40회 성서침례교회(불광)
	4월 16~25일	제2회 해외 순회연주: 영국, 북아일랜드

QR 132 영국 순회 프로그램 순서지.

2015년

<u>왼쪽</u> 영국 웨스트장로교회 연주(2015. 4. 19.).　<u>오른쪽</u> 영국 순회연주 신문기사.

4. 17.	41, 42회 Godalming Baptist Church
4. 18.	43회 Hamilton Road Presbyterian Church
	44, 45회 West Presbyterian Church
4. 19.	46회 Ballynahinch Presbyterian Church
	47회 Portstewart Presbyterian Church

아일랜드 순회 시 민박집에서 준비해 주신 태극기를 들고 감사해서 기념촬영.

4. 22.	48회 Harrow Baptist Church
4. 23.	49회 St. James Church
4. 24.	50회 Oxford Wesley Memorial Church
10월 11일	51회 효신전원교회(덕소)
11월 6일	52회 국수교회(양평)
12월 10일	53회 서울시니어스 강서타워

2016년	4월 24일	54회 내유 장로교회(고양)
	6월 15~16일	제3회 전국 순회연주(대전 지역)
		55, 56회 은혜 양로원, 대덕교회
	7월 10일	57회 만민교회(홍천)
	10월 23일	58회 글로리아교회(분당)
	12월 8일	59회 정신콰이어 창단10주년 기념 홈커밍데이(정신여고 김마리아기념관)

2017년　　4월 23일　　60회 성천교회(정릉)

정신콰이어 전국 순회 중 영월선돌전망대에서(2017. 4.).

　　6월 10~11일　　제4회 전국 순회연주(영월, 제천 지역)
　　　　6. 10.　　61회 영월 노인전문요양원
　　　　6. 11.　　62회 영월 주님의교회
　　　　6. 11.　　63회 제천 안디옥교회

정신콰이어 마크(2017년 제작).

　　　9월 1일　　64회 정신 개교 130주년 기념 음악회
　　9월 24일　　65회 고촌중앙교회 음악회

고촌중앙교회.

2017년	11월 26일	66회 신촌성결교회
	11월 28일	정신콰이어 CD 제2집 발행(공덕감리교회 녹음)
	12월 10일	67회 태능침례교회

2018년	4월 29일	68회 선일교회(경기 광주)
	5월 23일	CD 1000장 재발행
	5월 26~27일(일)	제5회 전국 순회연주(전주 지역)

QR 133 정신콰이어 두 번째 찬양음반.

정신콰이어 전주 순회연주 시 한옥마을에서.

	5. 26.	69회 전주 성예요양원
	5. 27.	70회 전주 새중앙교회
	5. 27.	71회 전주 전성교회
	6월 19일	72회 서울시니어스 강남타워
	9월 9일	73회 수동교회(송파)
	10월 22일	74회 산소망 중도실명자 선교회(광진)
	11월 4일	75회 서초교회

2019년	4월 7일	76회 선봉대교회(용인)
	6월 2일	77회 겨자씨교회(청담)
	6월 30일	78회 당일교회(영등포)
	7월 24일	79회 최훈차 교수 합창 60년 기념연주회 '감동'(예술의전당)

정신콰이어 최훈차 선생님 지휘 60주년 기념연주회(지휘 장민혜).

2019년	10월 15일	80회 정신노래선교단 50년 기념연주회(정신여고 김마리아기념관)
	10월 20일	81회 영광교회(광진)
	12월 8일	82회 서울시니어스 가양타워

2020-2021년		코로나 기간 휴식, 2022년 5월 24일 재개

2020년 5월 스승의 날을 맞이하여 두 분 선생님께 스승의 노래와 함께.

2022년	10월 28일	82회 주평강교회(남양주)

주평강교회 연주 '노래할 이유 있네'.

	11월 27일	83회 부평소망교회

2023년	3월 19일	84회 부평현대교회
	4월 15~16일(일)	제6회 전국 순회연주(청주, 세종 지역)
	4. 15.	85회 서문교회(청주지방연합회)
	4. 16.	86회 부강성결교회(세종)

청주 세종 순회연주 중 부강성결교회에서 전 단원에게 꽃을 선사해 주셨다.

134

2023년	4. 16.	87회 신흥교회(청주)
	5월 16일	88회 서울시니어스 강남타워
	6월 11일	89회 명륜중앙교회
	9월 10일	90회 금오공고 & 금오기독학생회 50주년 기념 초청연주회(충신교회)
	10월 29일	91회 한우리교회(양재)
	12월 5일	92회 서울시니어스 강남타워

정신콰이어 시니어스 강남타워.

| 2024년 | 3월 24일 | 93회 성락성결교회(성동) |

QR 134 정신콰이어 포스터(연주 때마다 자체 제작).

정신콰이어 성락성결교회.

| | 4월 20~21일 | 제7회 전국 순회연주(전주 지역) |

전주 순회연주 시 홍시카페 앞에서.

| 2024년 | 4. 20. | 94회 전주 성예요양원 |

정신콰이어 성예요양원.

	4. 21.	95회 전주 바울교회
	4. 21.	96회 전주 인후동교회
	5월 26일	제8회 전국 순회연주(강화 지역)
		97회 강화 이삭의우물교회

이삭의우물교회 연주 후.

		98회 강화 교산감리교회(양사면 기독교연합회 초청)
	6월 19일	99회 아현성결교회
	9월 1일	100회 중앙성결교회(종로)
	9월 27~30일	제3회 해외 순회연주(일본 시즈오카)
		101, 102회 일본 기독교교단 시즈오카교회
	11월 17일	103회 순복음수지교회(최훈차 지휘자님 은퇴 연주)
	11월 19일	최훈차 선생님 은퇴식

순복음수지교회에서 은퇴 연주를 마치고 방문한 모든 제자들과 함께 기념촬영(2024. 11. 17.).

이상 4회 정기 연주회, 8회 전국 순회연주, 3회 해외 순회연주 포함 총 100여 회 연주함. **QR 135** 정신콰이어(Chung Shin Choir) 연주 영상 모음.

3_Episode

시즈오카교회에서

우리 정신여고가 1887년 미국 선교사에 의해 세워진 것처럼 150년 전 교회가 없던 일본 땅에 한 캐나다인 선교사에 의해 시즈오카교회가 탄생되었다. 우리의 동문인 10회 노래선교단 김승미 동문이 현재 장로로 섬기고 있다. 세월이 흘러 새로운 성전 건축을 허락하시기를 기도하며 준비해 오던 중 5년 전(2019) 최훈차콰이어 초청연주와 교제를 통해 풍성한 은혜를 받았다고 한다. 마침내 고대하던 새 성전이 지어졌다. 창립 150주년의 감사를 최훈차 선생님과 함께 나누기를 바라는 마음으로 정신콰이어가 초대받기에 이르렀다. 최 선생님

시즈오카교회에서 최훈차 선생님의 세미나(2024. 9. 28.).

왼쪽 강순주 단원의 간증 시간.
오른쪽 시즈오카교회 주일 예배 후 교인과의 교제 시간에 최훈차 선생님이 간증하시는 모습.

부부와 단원 33명이 2024년 9월 27일부터 4일간의 일정으로 '시즈오카교회 창립 150주년 기념콘서트', '최훈차 교수님 합창세미나', 그리고 '최훈차 교수님과 강순주 단원의 간증 및 교인과의 교제 시간'을 가졌다. 이를 계기로 150년 전에 교회와 함께 창립되었던 에이와여고(1887년 시즈오카에서 최초의 여학교로 설립된 기독교 명문 사립학교)와 정신여고 사이에 상호 교류를 위한 논의가 진행되고 있어 머지않아 정신노래선교단이 에이와여고에서 연주를 할 수 있게 될 것으로 보인다. 최훈차 선생님의 귀한 영향력이 기독교 불모의 땅 일본에서 미래 세대에까지 미치게 되는 것이다.

그러나 성령이 너희에게 내리시면, 너희는 능력을 받고, 예루살렘과 온 유대와 사마리아에서, 그리고 마침내 땅 끝에까지 이르러 내 증인이 될 것이다.

행 1:8(새번역)

시즈오카 에이와여학교 합창단원 10명이 쓴 소감

1. 오늘 이 강습회에서 찬양에 대해 처음 알게 된 중요한 점들이 많았습니다. 그 밖에 여러 가지를 배우고, 경험할 수 있어서 좋았습니다. 우선 저는 크리스천이 아닙니다. 하지만 기독교의 가르침은 매우 확고하다고 생각합니다. 예배에는 하나님이 항상 계시다는 것, 그 하나님이 기뻐하실 만한 노래를 부르는 것이 중요함을 알게 되었습니다. 아침 예배에서는 별로 목소리가 나오지 않지만 제 나름대로 다른 친구들의 노랫소리와 조화롭게 노래하고 싶다고 생각했습니다. 그리고 시작과 끝을 지휘자와 멤버 모두와 함께 기억해야 한다는 중요한 사실을 처음 알았습니다. 지휘자와 멤버의 호흡도 제대로 들으며 전체 흐름을 의식해야 하는데, 지금까지 자신의 목소리(노래)에만 집중해 왔다는 것도 알게 되었습니다. 그리고 지금까지 하나님을 생각하면서 노래하지 않았는데 이제부터는 주님을 생각하며 찬양해 보겠습니다. 하나님이 슬퍼하지 않도록, 기뻐하실 수 있도록 찬양해 보려고 합니다. 노래를 부르기 전에 기도를 하고 있지만 성경은 읽지 않았는데, 앞으로는 성경을 읽는 습관도 기르고 싶습니다. 감사합니다.

2. 오늘 이 강습회에 참가해서 최훈차 선생님께 여러 가지를 배웠습니다.

우선 예배에서는 일주일 동안 하나님께서 나를 지켜 주신 것에 진심으로 감사해야 함을 배웠습니다. 예배에서 그 일주일에 있었던 행복한 일들과 하나님께 도움을 받았다고 생각한 일들에 대해 감사를 드렸습니다. 그리고 일주일 동안 지켜 주심에 감사의 기도를 빌고자 했습니다. 다음으로 성가대에는 하나님의 이름을 높여 드리는 사명이 있음을 배웠습니다. 진심 어린 찬양은 하나님께서 기뻐해 주심을 알게 되어 앞으로도 정성껏 활동할 것입니다. 이 밖에도 각 부분을 특별히 세세하게 지도해 주신 연습 방법으로 앞으로의 동아리 활동을 살리고 싶다고 생각했습니다. 사노마리아이 드림.

3. 오늘 정말 감사했습니다. 저는 중2부터 음악부에 들어갔지만 아직도 소리 내는 방법이나 파트에 맞춰 부르는 제 목소리가 익숙하지 않아 당황스러웠습니다. 하지만 이번 세미나에서 조금 감이 잡혔습니다. 12월에는 학교에서 성가대를 합니다. 이번 세미나에서 배운 합창 연습에 필요한 요소를 활용하여 열심히 하겠습니다. 선생님도 몸조심하세요.

4. 오늘 최훈차 선생님의 세미나에 참석할 수 있게 해주셔서 대단히 감사합니다. 저는 학교 예배에서도 노래하고 파이프 오르간으로 찬송가 등을 연주하고 있습니다. 세미나에서 배운 것처럼 매일의 예배를 소중히 여기겠습니다. 저 혼자서 찬양하는 게 아니라 학교 동료들, 선생님들과 함께 찬양하고 있음을 잊지 않겠습니다. 이제 크리스마스 때 '할렐루야' 같은 대곡도 시도해 보겠습니다. 시작과 끝, 프레이징(Phrasing)의 매우 기본적인 것을 익히며 하나님에 대한 마음을 담아 연습해 가고 싶습니다. 오늘은 아주 의미 있는 시산이었습니다. 감사합니다.

5. 오늘 감사했습니다. 앞으로는 예배에서 찬송가를 자신 있게 부를 수 있습니다. 합창 연습할 때 중요한 것들을 많이 배웠습니다. 지휘자 선생님과 곡의 처음과 끝에 호흡을 맞추는 것, 곡의 프레이징을 의식하며 노래하고 싶습니다. 주변 사람들의 노래도 들으면서 각 파트가 골고루 들리도록 부르고 싶습니다. 예배에서 찬송가를 부를 때 하나님에 대한 감사의 마음을 담아 최고의 찬양을 드리고 싶습니다. 감사합니다.

6. 성가대의 역할에 대해 잘 알게 되었습니다. 노래하지 않는 청중을 자신

들과 같은 감정이 되도록 끌어들이는 최고의 찬양을 함으로써 하나님을 기쁘시게 할 수 있다는 이야기는 매우 흥미롭고 공감이 갔습니다. 음악의 시작과 끝에 잘 주목해야 한다는 것에도 공감했습니다. 합창은 연대책임이 되어 각 사람이 다르게 부르면 모든 것이 어긋나 버리기 때문에, 한 사람 한 사람이 지휘자의 얼굴이나 동작(손의 중부)을 보는 것이 중요함을 새삼 느꼈습니다. 그 곡의 구절이나 가사를 잘 생각하고 노래해야 한다는 것도 배울 수 있어서 굉장히 좋았습니다. 각 파트가 같은 음량으로 불러야 균형이 잡힌다는 것도 굉장히 흥미로웠습니다. 다른 파트의 소리나 음량을 듣고 합창해 나가고 싶다고 생각했습니다. 감사합니다. 승우천미 올림.

7. 오늘 이 세미나를 듣고 노래에 대해서는 물론이지만 하나님에 대해서도, 예배에 대해서도 많이 배우고 아주 좋은 경험을 하게 되었습니다. 제가 특별히 관심을 가진 두 가지 이야기를 하고 싶습니다. 첫째는 하나님께 마음을 모아 노래하는 것입니다. 모두가 마음을 모아 노래하지 않으면 하나님께도 전해지지 않는다는 것을 알았기 때문에 앞으로 모두 마음을 모아 노래하겠습니다! 둘째는 시작과 끝을 맞추는 것입니다. 그러기 위해서는 지휘자와 호흡을 같이하며 음악에서 특별히 표현해야 하는 방법을 표현할 수 있도록 하고 싶습니다. 노래를 부를 때 감사의 마음을 담고, 같이 어울리도록 찬양을 드려야 함도 기억하며 불러 보겠습니다. 감사합니다.

8. 동그라미를 두 번 받을 수 있어서 기뻤습니다!! 자신을 담아 노래 부르는 방법, 지휘자의 손을 바라보고, 파트를 정확히 익히고 가사를 정확히 하기 위

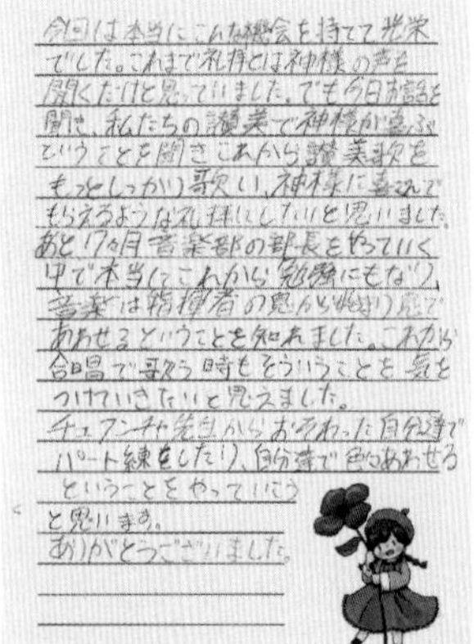

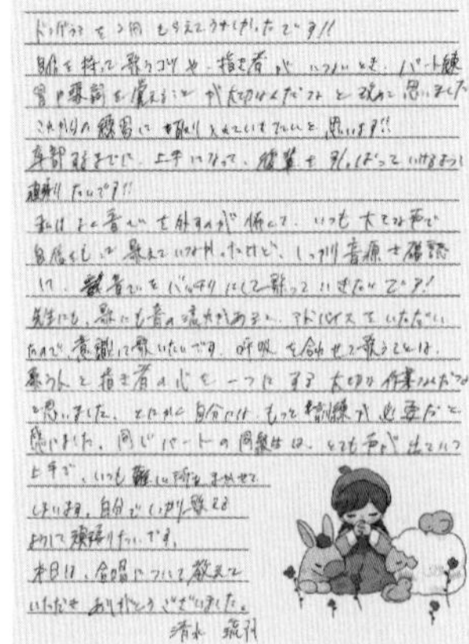

한 노력이 필요하다고 생각하게 되었습니다. 앞으로의 연습에 열심히 집중할 수 있을 거라고 생각합니다!! 파트의 끝음까지, 익숙하게 숙달해서 후배를 지도할 수 있도록 열심히 하고 싶습니다. 저는 자주 음을 틀리기도 하고 항상 큰 소리로 자신감 있게 노래를 못했지만, 정확한 음을 확인하면서 확실하게 해 나가고 싶습니다. 선생님께 노래엔 음의 흐름이 있다고 배웠으니 이젠 의식하며 노래하고 싶어요. 호흡을 맞추어 노래한다는 것은, 지휘자의 지휘하는 손, 마음을 담아서 노래하는 것들 모두 중요한 작업이라고 생각했습니다. 그래서 훈련이 더욱더 필요하다고 느꼈습니다. 같은 파트를 부르는 친구들과 함께 어려운 어떤 소리를 잘 내게 될 때는 스스로 힘이 납니다. 자신 있게 노래를 부를 수 있도록 노력해 보겠습니다. 오늘 합창에 대해 가르쳐 주셔서 감사합니다. 시미즈타마마루 드림.

9. 찬송가를 부를 때 노래를 잘하고 못하고 하는 것이 중요한 게 아니라 하나님이 기뻐하시는 찬양을 드려야 함을 알았습니다. 또한 최고의 찬미를 부르기 위해서는 준비가 필요하다는 것도 알게 되었습니다. 말씀을 읽고, 기도하고, 감사하는 것의 중요함도 알게 되었습니다. 노래에 관해서는 지휘자의 호흡에 맞추어 시작과 끝을 일치시키는 것, 모든 파트의 밸런스를 좋게 하는 것이 중요하다고 가르쳐 주셨습니다. 가르쳐 주신 내용들을 잘 기억해서 지키며 노래하고 싶다고 생각했습니다. 그리고 예배의 중요성에 대해서 다시 알게 되었습니다. 하나님께 감사하는 것이 매우 중요함을 깨닫고, 앞으로의 학교 예배에서도 하나님께 감사하고 하나님께서 기뻐하는 찬미를 하고 싶습니다. 오늘 정말 감사했습니다.

에이와여학교 합창단원
10명이 쓴 소감편지.

10. 이번 세미나를 통해 배움의 기회를 갖게 되어 영광이었습니다. 그동안 예배란 하나님의 목소리를 듣는 것뿐이라고 생각했습니다. 하지만 오늘 말씀을 듣고 우리의 찬미로 하나님이 기뻐하신다는 것을 알게 되었습니다. 앞으로는 찬송을 더 잘 불러 하나님께서 기쁘게 받으실 수 있는 예배를 드려야겠다고 생각했습니다. 그리고 음악은 지휘자의 숨결에서 시작해서 집중하여 맞춰야 함을 알았습니다. 앞으로 합창으로 노래할 때도 그런 점을 주의해서 맞춰 노래하고 싶습니다. 최훈차 선생님께 배운 것을 기억하며 두려워했던 파트에 대해 스스로 연습하고, 서로 각 파트에 맞춰서 합창해 보도록 하겠습니다. 감사합니다.

시즈오카교회, 에이와여학교 음악 선생님 소감

정신콰이어 콘서트의 하모니, 최훈차 선생님의 세미나를 듣고 감동받았습니다. 눈물이 계속 흘렀습니다. 밤에 울며 술을 마셨는데 머리가 너무 아픕니다. 5년 전 최훈차콰이어의 충격적인 하모니를 잊을 수가 없습니다. 그때의 프로그램을 잘 간직하고 있습니다. 지금의 정신콰이어의 프로그램도 잘 간직하겠습니다. 이번 연주와 세미나를 듣고 배운 점 3가지가 있었습니다. ① 합창 기

에이와여학교 음악 선생님의 소감 발표.

술적인 면: 프레이징, 밸런스, 지휘를 따라가면 노래가 쉬워진다. 지휘자가 손을 든 순간 노래가 느껴진다. 세미나 때도 콘서트 때도 하나가 되는 것을 보았다. ②성가대의 목적과 영성: 하나님께 드리는 찬양을 표현하는 부분에서 감명을 받았다. 나는 기술적인 것을 지적하고 있었다. 이해하기 쉬운 곡을 선택해야 효과가 있다. ③복음은 사랑을 전하는 것: 미운 옆 친구를 사랑하고, 어머니 설거지를 돕고, 아버지 구두를 닦아 드리는 것. 내일 당장 실천해야겠다. 학생들에게 복음과 믿음을 지도하는 것에 고민이 많았다. 최 선생님의 간증을 들으면서 너무 도움이 되었다. 중학생들은 싸우고 고등학생들은 말을 안 들어서 고민이 많았는데 다시 사랑하도록 마음먹고 내일 출근을 해야겠다. 이틀간 도움을 주셔서 감사드린다.

시즈오카교회 주일학교 교사, 여 장로님 소감

많은 기도를 해주셔서 감사드린다. 멋진 노래가 스며들었다. 일본어로 많은 노래를 불러 줘서 기뻤다. 일본어를 외워 줘서 고맙다. 말로 다 못할 감동과 감사가 있었다. 고린도전서 13장 사랑을 느꼈다. 성령님의 사랑을 노래를 통해 느낄 수 있었다. 이틀간 함께 있어서 큰 은혜였다.

시즈오카교회 성가대 대원, 스키다 장로님 소감

3월까지 성가대 대장을 했다. 5년 전 최훈차콰이어 소리에 감동을 받았다. 코로나가 지나가면 최훈차콰이어를 다시 부르고 싶었다. 가능하지 않겠다 싶어 최훈차콰이어 노래를 들으러 한국에 가려고 했다. 150주년 새 성전 창립 예배에 선생님 부부를 초청하게 되어 감사하다. 세미나 중에 감동받은 점이 있다. (여기부터는 작성자의 이해가 부족하여 틀린 부분이 있을 수 있음.) 소프라노, 테너, 알토가 중요하다는 말씀. 소프라노 딸, 알토 아빠. 테너 아들, 베이스 엄마로 생각해 왔었다. 세미나를 듣고 테너에 대한 관념이 바뀌었다. 코로나로 못했던 성탄절 음악예배를 150주년을 맞이하여 크게 열고 싶다. 정신콰이어 여러분의 음악소리를 남겨 주셔서 크리스마스 연주에 큰 도움이 될 것이다.

시즈오카교회, 히키노 목사님 감사 인사

여러분의 봉사에 감사드린다. 짧은 시간이었는데 기도하고 콘서트를 듣고 알았다. 사도행전 1장 8절 "성령이 너희에게 내리시면, 너희는 능력을 받고, 예루살렘과 온 유대와 사마리아에서, 그리고 마침내 땅 끝에까지 이르러 내 증인이 될 것이다"라는 구절이 포함된 '내 증인이 되리라'라는 노래. 교회를 위해 준비해 주셨구나. 감격했다. 150년 전에는 시즈오카교회가 없었다. 하나님을 전하고 싶었던 캐나다 선교사가 기독교가 금지된 시절 이 땅에 와서 믿음의 선배로 일해 왔다. 복음을 전하는 우리는 성령님이 하시는 일을 보며 힘을 얻고 있다. 예수님이 유대인, 사마리아인에게만 나가라고 한 것이 아니다. 너희들이 나가라고 말씀하신 거고 그 너희가 우리라는 것을 알았다. 한국인, 일본인 서로 말은 다르지만 같은 찬양을 했다. 세상 예배는 끝이 있으나, 천국 예배에서 만나자. 최 선생님 '내 증인' 곡을 선택해 주시고 노래해 주셔서 감사드린다.

시즈오카교회, 사사키 목사님 감사 인사

최훈차 선생님, 두 번이나 오시는 큰 일을 하셨다. 옛 성전을 해체하기 전, 최훈차콰이어가 와서 힘을 얻었고 한발 앞으로 나아갔다. "사람이 사람을 성장시킨다. 사랑이 사람을 성장시킨다. 신앙이 신앙을 성장시킨다. 하나님이 교회를 성장시킨다" 5년 전 남자 솔리스트의 '최선을 다하자'라는 간증이 생각난다. 나도 같은 생각이다. 최 선생님의 최선의 생활화와 일치된 모습을 보니 시즈오카교회도 배우고 성장하고 싶다. 그 모습이 너무 크고 사람을 성장시킨다는 것을 본다. 여러분을 다시 만나니 확신이 커졌다. 한국에서 보면 시즈오카교회는

왼쪽 시즈오카교회 히키노 목사님(오른쪽)과 사사키 목사님(왼쪽).
오른쪽 사사키 목사님이 최훈차 교수님께 감사패를 전달하고 있다.

작은 교회다. 건축에 최선을 다했고 좋은 교회가 세워졌다. 교인 한 사람 한 사람이 힘을 보태서 자랑스럽다. 새로운 교회에서 세미나, 콘서트, 교제 시간을 함께했다는 것은 큰 축복이다. 이 경험이 우리를 성장시키리라 믿는다. 10년 후에 다시 와라! 성가대도 성장해 있을 것이다. 최선을 다하겠다.

시즈오카 연주를 기획하고 총괄한 김승미 동문의 후기

김승미 10회 노래선교단 | 8회 틴라이프 | 일본 거주

(2024년 9월 정신콰이어를 일본에 초대해 주시고, 최훈차 선생님과 미래의 정신여고에까지 많은 역사를 가능하게 하신 김승미 동문께서 정신콰이어로 글을 보내오셨습니다. 다시 한번 감사드립니다.)

최훈차 선생님! 정신콰이어 여러분! 저는 작년 2024년 9월 시즈오카교회에서의 감동이 지금도 생생합니다! 제가 다니는 일본 시즈오카교회의 150주년 기념음악회를 위해 그 무더웠던 여름날에 간절히 기도하며 일본어 가사를 외우면서 연습하고 최선을 다했을 정신콰이어 여러분의 모습을 마음속으로 그려 봅니다. 그 모습 속에서 지금도 우리 주님께서 여러분과 시즈오카교회를 축복하고 인도하셨음을 확신하게 됩니다. 이틀간의 연주는 교인들의 상상을 넘어 큰 감동 속에 사랑 넘치는 시간들이었습니다. 다시 한번 깊은 감사를 드립니다.

시즈오카교회는 1887년에 캐나다 감리교의 선교사에 의해 세워졌고, 정신여고와도 같은 137년의 역사를 갖고 있습니다. 시즈오카교회는 향후 창립 150주년을 내다보면서 11년 전 새 건축을 시작하였으나 많은 어려움에 봉착했었습니다. 교회는 구 성전을 재건축하기 전에 지금까지 지켜 주신 하나님의 은혜에 감사하는 행사를 추진하게 되었고, 그때에 제가 오랫동안 바라고 기도하던 최훈차 선생님과 최훈차콰이어를 시즈오카교회로 초청할 수 있었습니다. 저의 이러한 간절한 작은 소망이 이루어지면서 주님께서는 시즈오카 교인들에게 최훈차 선생님과 최훈차콰이어 합창을 통해 큰 감동을 얻게 하심으로 용기와 희망을 갖고 2024년 새 성전을 완성하게 되었습니다.

제가 시즈오카에 온 지 벌써 43년이 지났네요. 정신여고에 입학하면서 6회 틴라이프 선배들의 찬양에 감동받았고 당시 목사님의 설교를 통해 주신 주님의 "내가 너를 사랑하노라"의 말씀은 아직도 잊을 수가 없습니다!! 노래선교단

과 틴라이프를 지도하신 최훈차 선생님을 통해 저는 너무나도 많은 걸 배우면서 고등학교 3년을 보냈습니다.

일본에 정착하며 늘 노래선교단으로부터 파송된 마음이었습니다. 그리고 저는 이 메마른 일본에서 해야 할 일이 있다면 작은 도구로 쓰임받게 해주시고 길을 열어 주시기를 기도해 왔습니다. 시즈오카의 작은 교회에서 신앙생활을 하며 적응하기 위해 노력해야 했고, 믿음의 신뢰를 얻기에 힘썼습니다. 저의 이러한 믿음의 생활이 멀리서 최훈차 선생님의 가르치심에 보답하는 길이라 생각했

최훈차 선생님의 정신콰이어 퇴임식과 박선희 지휘자님의 취임식(2024. 11. 19.).

기 때문입니다. 선생님의 가르침과 노래선교단에서 배운 겸손함에서 우러나오는 사랑이 늘 저를 회개하게 하고 다시 일어나게 했습니다.

2024년 시즈오카교회는 새 성전이 완성되고 창립 150주년을 맞이하며 잊을 수 없던 감동과 감사에 다시 한번 최훈차 선생님을 초청하게 되었습니다. 이번에는 선생님이 끝까지 지휘하시던 정신콰이어의 초청으로 이어졌으니 이는 오로지 하나님의 뜻과 인도하심이라 믿습니다. 시즈오카교회에서의 최훈차 선생님에 대한 깊은 신뢰감에 모든 일이 잘 진행되어 결국 150주년 기념연주회에서의 정신콰이어의 감동은 모든 교인들에게 참으로 잊지 못할 시간들로 남았으니 이는 오직 하나님이 하신 일입니다.

정신콰이어 여러분의 헌신과 사랑은 저의 프라이드입니다. 정신콰이어의 시즈오카교회 순회연주가 최훈차 선생님과 함께한 마지막 해외 순회가 되었고 하나님께 큰 영광을 올리게 된 것을 감사드립니다.

그런데 하나님께서는 다시 새로운 역사로 저희를 인도하시는 듯합니다. 그건 바로 올해 초 정신여자고등학교와 시즈오카 에이와여자고등학교(시즈오카교회와 같은 재단의 150년 역사의 기독교학교)의 자매결연 역사입니다. 2025년 1월 7일, 정신여자고등학교의 교장선생님과 열네 분의 선생님이 시즈오카 에이와여자고등학교를 방문하셔서 함께 예배를 드리며 교류하고자 하는 역사가 시작된 것이지요. 저는 하나님께서 당신의 계획대로 모든 것을 진행하고 계신다고 느꼈으며 새로운 감동과 기쁨에 넘쳐 있습니다!!

존경하고 사랑하는 최훈차 선생님의 마지막 연주를 시즈오카교회로 인도하여 주신 하나님의 역사와 은혜에 참으로 깊은 감사와 찬양을 올려 드립니다! 할렐루야!

정신콰이어 단원들의 후기 QR 136

4_Thanks to

2023년 4월 청주, 세종 지방 순회를 마친 정신콰이어 단원들이 '선생님께 드리고 싶은 말씀'을 기록으로 남겼다.

신흥교회(세종)에서 앵콜곡 '진리의 순간'(2023. 4. 16.).

Piano 현혜란 17회 노래선교단

오랜만의 지방 연주인데 건강하신 최 선생님과 함께할 수 있어서 행복했습니다. "아이스크림을 먹을 수가 없었다!" "왜요???" "사 주는 사람이 없어서!!!" 빵! 터졌습니다. 언제나 이런 유머로 건강하신 모습으로 함께 찬양드려요. 선생님.

S1 이애향 11회 노래선교단

11회 노래선교단 이애향입니다. 오랜만에 오게 된 지방 순회에서 답사부터 마지막 연주까지 은혜 가운데 무사히 마치게 해주신 주님께 감사드립니다. 1박 2일 세 번의 연수가 적지 않은 나이에(?) 부담이 되었으나, 단원들의 기도와 사랑으로 큰 힘을 얻어 행복한 연주가 되었습니다. 노래선교단 활동을 경험하고 정신콰이어를 통해 주님을 계속 찬양할 수 있음이 삶의 커다란 버팀목이 되어 줍니다. 긴 시간 함께하며 선생님께 선배들의 이야기를 들으면서 새롭게 도전받고 다짐하며 다시 한번 찬양과 기도의 힘을 깨닫게 되는 의미 있는 시간이었습니다. 주님 주신 달란트로 오랫동안 찬양할 수 있기를 기도드립니다. 선생님 감사합니다.

S2 박선경 17회 노래선교단

주일 아침 7시 25분 SRT 타러 수서역까지 가야 했는데… 주일은 지하철 배차 간격이 넓다는 걸 미처 체크하지 못해서 소요시간을 더 넉넉하게 생각해야 했습니다. 그리고…

수서역까지 가는 도중 SRT 예매 기차를 놓치겠다 싶어 이번 지방 순회는 함께 못하는 걸로 하고 집으로 돌아갔습니다. 하지만 맘이 편치 않았고 단원들께 민폐를 끼칠 생각을 하니 저의 차로 달려갈 수밖에 없었습니다. 나의 잘못으로 기차를 놓쳤음에도 늦은 도착을 환영해 주는 단원들께 진심으로 감사했습니다. 선배 단원 언니가 사모로 계시는 교회라 더욱 의미가 깊고 마음 담은 연주였으며, 최 선생님의 한결같이 흐트러짐 없는 모습에 다시 한번 감동하며 예수님의 성품을 느낄 수 있는 연주였습니다.

S3 김지은 18회 노래선교단

엄두가 나지 않던 2023년 첫 학기를 시작하며, 이옥경 선배님과 송영규 목사님을 통해 이루어진 찬양선교 천국여행을 한 시간 한 시간 보낸 1박 2일이 꿈같이 느껴집니다. 그리고 소감을 적는 시간이 되었네요. 첫 연주 때 회장 인사말과 솔로를 하는데 보이지 않는 힘이 저를 감싸며 제가 하지 않고 있음을 확실히 알게 해주심을 깨달았습니다. 5년만에 드리는 'Amor Dei'를 부르며 진정한 하나님의 사랑을 느꼈습니다. 주님 주시는 힘으로 찬송하게 하신 하나님께 진심으로 감사드립니다. 저는 아무것도 아님을, 주님이 사용하시는 도구일 뿐! 가장 낮은 마음으로 감사하는 마음 꽉꽉 채워 하나님께만 영광 돌립니다!

S4 박민경 22회 노래선교단

18M 박민경입니다. 비가 쏟아지던 어제와 달리, 날이 개어 컨디션이 한층 나아졌습니다. 전주 순회 이후 선생님, 단원들과 함께하는 5년 만의 청주 세종 순회가 기쁩니다. 다시 모여 연습하고 연주하게 되어 감사합니다. 생각이 많던 고등학교 시절, 이해가 되지 않던 노래 가사와 말씀이 이제와 조금씩 와닿습니다. 어린 후배들에게 해주고 싶은 말입니다. 십 년 넘게 정신콰이어 활동을 하며 건강도 되찾고 선배님들을 보며 여자의 일생도 배워 갑니다. 선생님과 함께 찬양드리니 영광이고 감사드립니다.

S5 오혜연 22회 노래선교단

오혜연입니다. 정신콰이어를 함께한 지도 5년이 되었지만 코로나로 함께 못한 것을 빼면 저에겐 두 번째 지방 순회였습니다. 세 번의 연주가 다 다른 감동이었지만 찬양할수록 하나님을 더욱 느끼고 감사와 기쁜 마음이 드는 건 고등학교 때와 같았습니다. 매 연주를 꼼꼼히 계획하시고 하나하나 신경 쓰시는 선생님을 뵈며 네 개의 합창단을 저렇게 이끌어 오셨던 거구나 생각하니 더욱 감사한 마음이었습니다. 아무쪼록 건강하셔서 계속 계속 함께하고 싶은 생각뿐입니다. 선생님의 가르침을 늘 잊지 않겠습니다. 감사합니다.

S6 신은영 23회 노래선교단

제 인생에 가장 큰 선물 같은 시간을 꼽으라면 전 '노래선교단'으로 살았던 여고 시절을 꼽겠습니다. 하나님을 만나고 찬양하는 기쁨이 너무나도 컸던 시절에 저는 평생토록 주님을 찬양하며 살고 싶다고 기도했었지요. 그 소원대로 하나님은 지금까지 저를 찬양의 귀한 자리로 늘 이끄셨습니다. 어느 곳에서든지 정말 하나님을 찬양하는 그 기쁨을 누리도록 살게 하셨습니다. 그 시작은 노래선교단이었습니다. 그래서 너무나 감사합니다. 이번 지방 순회연주도 그러했습니다. 부족하고 죄송한 마음으로 섰지만 그 은혜의 자리로 저를 부르셨고 그곳에 그저 있었습니다. 그래서 모든 것이 은혜이고 감사입니다. 그 선두에 우리 최훈차 선생님께서 계셔서 너무 감사하고 정신콰이어 선후배님들께서 함께 계셔서 너무나 기쁘고 감사합니다. 마지막 호흡 다하는 날, 그 순간까지 찬양의 자리 그곳에 있기를 간절히 소망합니다.

S7 고은영 24회 노래선교단

저의 신앙생활을 연결해 주는 정신콰이어에 나오면서 찬양으로 늘 은혜를 받습니다. 연로하시지만 늘 소년 감성으로 함께하시는 선생님과 나이는 그냥 숫자 같은 대선배 언니들과 늘 도란도란 할 수 있어서 감사합니다. 심적으로 많이 부족한 가운데에서 떠난 지방 순회연주를 통해 제가 더 은혜를 받았습니다. 오래오래 건강하게 함께하고 싶습니다! 찬양의 은혜로 하루하루 파이팅 합니다!

S7 원나영 24회 노래선교단

최훈차 선생님은 제가 아는 어른 중 시간 약속을 제일 잘 지키는 분이세요. 그것만으로도 선생님께서 그동안 어떻게 살아오셨는지 알 수 있을 것 같아요. 저도 선생님처럼 선한 영향력을 가진 사람이 되도록 하루하루 열심히 살겠습니다.

S9 이인영 24회 노래선교단

2019년부터 정신콰이어를 함께한 이인영입니다. 직장생활과 가정 속에서 힘든 시간을 보낼 때 알게 된 정신콰이어는 제게 한줄기 빛이었습니다. 오래된 친구들과 선배님들을 만나 노래하고 연주하면서 다시 하나님의 큰 계획과 은혜를 깨닫게 되었습니다. 30년 만에 가게 된 지방 순회는 고등학교 시절을 다시 기억나게 하는 귀한 시간이었고, 그때 받은 몇 개월의 훈련이 몇십 년이 지나도 몸이 기억하고 움직이게 하는 것을 보며 얼마나 열심히 그 시절을 보냈는지 깨달았습니다. 선생님, 언니들과 이 귀한 시간을 함께할 수 있어 진심으로 감사하고 또 감사합니다. 모두와 건강하게 계속 찬양할 수 있기를 항상 기도

하겠습니다.

S10 이주회 30회 노래선교단

30회 노래선교단 이주회입니다. 노선 시절 전설로 만났던 최훈차 선생님을 정신콰이어에 와서 처음 뵙고 감회가 새로웠습니다. 그리고 그 선배님들과 함께 노래하는 동안 여고생 때의 감동과 기쁨을 다시 느꼈습니다. 2023년 4월 15~16일 지방 순회연주를 하게 되고 마음 깊은 곳까지 치유됨을 느꼈습니다. 선생님이 지휘하시는 모습을 보며 찬양드림은 저에게 하나님께 영광 드리기에 충분했습니다. 옛 선배들의 이야기를 들으면서 그 시절이 생각나기도 하고 전설 속의 이야기를 함께함이 즐거움이었습니다. 여기 와서 순회 첫 솔로를 맡게 되었고 부족함이 많은 제가 최훈차 선생님께 잘했다는 말을 듣고 나니 더욱 힘이 되었습니다. 선배님들의 기도와 격려로 무사히 연주를 모두 마칠 수 있게 되어 감사합니다. 저에게 기도와 찬양이 있음에 감사합니다. 사랑합니다. 저의 꿈은 평생 찬양드리는 것입니다. 그 시간 속에 함께함에 감사합니다.

M1 강순주 5회 노래선교단

50년 전 5회 노선단으로 돌아간 느낌으로 선생님이 지휘하시는 손과 표정에 이끌리어 정신콰이어가 하나되는 벅찬 감동의 순간이었습니다. 찬양의 가사들이 저의 찬양 간증이었으며 그 기쁨과 감격을 전하는 선교의 사역을 다시 감당하게 해주신 하나님께 감사드립니다.

M2 유은숙 7회 노래선교단

3년 만에 다녀온 지방 연주! 그것도 나의 친구 7회가 사모로 섬기고 있는 부강성결교회 연주라니, 가슴 벅차고 감사한 마음이 가시지를 않습니다. 1박 2일 지방 순회를 하며 다시 한번 연주의 감격을 회복한 시간이었던 것 같네요. 서문교회를 시작으로 마지막 청주신흥교회를 마치기까지 모든 일정을 지켜 주신 하나님께 영광을 올려 드립니다. 그리고 우리의 영원한 스승 '최훈차' 선생님께도 감사의 말씀을 전합니다.

M3 장현자 7회 노래선교단

고2 때 선생님을 통하여 하나님을 알게 되었고, 의미 없던 제 삶이 새로운 의미를 찾고 찬양을 통해 치유와 회복을 경험하였습니다. 선생님의 헌신이 참으로 귀한 사역임을 다시 한번 깨닫습니다. 25년이 지나 다시 선생님과 찬양할 수 있다는 기쁨이 저를 다시 설레게 했습니다. 또한 3년 만에 친구가 사모로 있는 교회에서 '진리의 순간'을 찬양할 때 정말 이 순간이 다시 오지 않는 귀한 시간이라 생각되어 감동의 눈물이 흘렀습니다. 선생님께 감사드립니다.

M4 차은회 7회 노래선교단

하나님의 은혜로 지방 순회연주를 통해 주님을 찬양할 수 있게 하심에 감사와 영광과 찬양을 돌리옵니다. 살아가는 동안의 어려움 속에서도 삶의 소망과 기쁨을 주시는 주님을 찬송합니다. 정신콰이어와 최훈차 선생님을 통하여 함께 찬양할 수 있어서 너무너무 감사드리고 나의 영혼이 주의 사랑으로 가득 차고 넘치도록 감사 감사드립니다. 제 인생에 최훈차 선생님과 정신콰이어라는 값진 선물을 주신 주님을 영원히 찬양합니다.

M5 민경원 7회 노래선교단

오직 주님만을 찬양하는 특권을 주신 주님께 무한 감사를 드립니다. 세월이 많이 흘렀지만 47년 전으로 타임머신을 타고 갔던 것 같습니다. 건강하게 지휘해 주신 최 선생님 손끝 따라 함께 호흡함을 느낄 수 있었습니다. 이번 순회연주를 위해 헌신해 주신 송영규 목사님께 깊은 감사를 드립니다. 각자 맡은 부서에서 최선을 다해 준 단원들이 너무 귀합니다.

M6 김은희 10회 노래선교단

10회 노래선교단 김은희입니다. 오랜만에 하는 지방 순회를 무사히 잘 마치게 되어 감사드립니다. 정말로 오랜만에 느끼는 감정과 몸으로 느꼈던 전율, 기쁨, 눈물… 함께해 주신 선배님들과 열정적으로 봉사해 주는 후배들 너무나 고마웠습니다. 선생님의 에피소드에 웃고 또 웃으며, 선생님의 건강하심에 감사드리며 모든 것을 주관해 주신 주님께 감사와 영광을 올립니다. 가슴 벅찬 순회를 마치며….

M7 박혜성 10회 노래선교단

10회 박혜성입니다. 오랜만의 순회연주에 참여하게 되어 정말 기쁘고 감사한 시간이었습니다. 각자 맡은 역할을 기쁘게 최선을 다해 준 단원들 모두 정말 감사해요. 우리의 찬양을 듣고 눈물로 마음을 표해 준 교인들로 인해 우리가 더 큰 감동과 위로를 받았습니다. 감사감사!

M8 김지은 13회 노래선교단

13회 김지은입니다. 2010년 미국 연주 전까지 정신콰이어를 하다가 13년을 쉬고 다시 같이하게 되었네요. 이번 세 번의 연주를 하면서 내 마음이 얼마나 굳어 있었는지 느꼈습니다. 노래를 하며 울컥울컥 올라오는 감정에 순수했던 옛날 생각이 많이 났습니다. 그리고 교만한 마음으로 이 핑계, 저 핑계를 대면서 찬양하지 않았던 자신을 되돌아보게 되었습니다. 항상 감사함과 즐거움으로 찬양하겠습니다.

M9 박미경 16회 노래선교단

2일간의 짧은 일정 속에 노래선교단을 경험하고 이 연주에 참여할 수 있음에 더욱 감사하는 시간이었습니다. 정신여고에 전학을 오게 되어 16회 노래선교단 반주자로 최훈차 선생님을 만나게 되어 얼마나 다행이고 특별한 축복이었는지 새삼 느끼는 시간이었습니다. 최 선생님을 만남으로 작곡을 전공하고 공연 음악 작곡, 음악코치, 합창단 활동 등 음악을 사랑하고 관련된 일도 하게 되었습니다. 음악에 대한 태도와 철학, 그에 따른 삶의 태도, 다른 사람들에 대한 마음가짐, 나의 행동과 언행, 일상에서의 습관 등 내 삶에 형성된 중요한 기준들은 노래선교단 시절을 빼놓고는 이야기할 수 없을 정도입니다. 연세대학교 대학 동기들 합창단의 지휘를 맡고 큰 연주를 준비하면서 더욱더 최 선생님과의 연습 시간과 선생님의 음악에 대한 태도, 연주에 임하는 자세에 대해 늘 생각하는 시간이었습니다. 음악을 전공하지 않은 친구들이 대부분이고 지휘자를 바라보기도 어색할 정도의 무대 연주 경험도 거의 없지만 이들도 합창의 즐거움과 기쁨을 누릴 수 있기를 바라는 마음으로 3개월 정도의 연습 진행 방법에 대해 많은 생각을 하게 되었습니다. 무대에서 집중하고 감동하려면 자신감이 있어야 하고 그 자신감은 연습을 통해서만이 가능하다는 것, 그리고 함께하는 동료들을 믿고 격려해야 한다는 것. 이 모든 것들이 강요나 억지가 아닌 자발적이고 적극적인 참여로 연습 과정이 즐거워야 한다는 것. 그런 준비시간을 통해 연주가 기대되고 함께 잘 해내고 싶다는 긍정적인 생각과 자세를 끌어내는 시간으로 만들어야 하는 것이 지휘자의 책임이라는 생각을 하였습니다. 무사히 연주를 마쳤고 관객들은 우리의 연주가 집중력 있고, 음악에 감동이 있었다는 감상을 해주었습니다. 함께 합창한 친구들 역시 연습 시간이 참 즐거웠으며 연습을 통해 하모니가 만들어지고 무대에서 노래할 때 즐겁고 행복했었다는 이야기를 들었습니다. 이로써 합창을 통해 하나가 되었음을 느꼈습니다. 이 모든 과정은 노래선교단 시절 최 선생님께 배운 것들이었음을 너무나 잘 알고 있어 더욱 선생님 생각을 많이 하게 되었습니다. 조금 더 표현할 수 있는 부분에 부족함을 느끼며, 선생님께 정식으로 지휘를 배우지 못한 것이 아쉬움으로 남지만, 그래도 잘 배워서 나눌 수 있음에 감사드립니다. 선생님 감사합니다. 그리고 사랑합니다.

M10 조소연 18회 노래선교단

18회 조소연입니다. 고2 18회, 고1 합창단을 시작으로 정신콰이어까지 이끄신 주님의 은혜에 감사드리고 최쌤과 단원들의 사랑과 하나됨에 너무나 감사드립니다. 작년 올해 제자, 사역훈련으로 정신콰이어 연습에 함께하지 못함에도 교회 연주와 지방 순회연주까지 은혜의 자리에 불러 주셔서 정신콰이어에 무한 감사드립니다. 정신콰이어 & 노래선교단 Forever

M11 장지연 20회 노래선교단

언제나 감사한 선생님. 제 인생은 선생님의 영향으로 두 번은 바뀐 것 같아요. 제가 비록 노래선교단원은 되지 못했지만, 중1 때 보았던 선생님과 그 당시 선배님들의 연주는 제게 전율과 감동, 은혜 그 자체였어요. 노래선교단을 준비하며 저는 영락교회 성가대를 계속 해왔어요. 그런데 정작 노래선교단이 되었어야 할 저의 그 당시에는 선생님이 안 계셨고, 제 마음도 교만에 찼던 것 같아요. 30여 년을 돌아 제가 정신콰이어에 왔던 그 날에 얼마나 울었는지 몰라요. 이 자리에 오는 것이 이렇게 어려운 일이었더라구요. 선생님을 두 번 만나며 저는 하나님께 감사드립니다. 주님이 계획하신 저와 선생님과의 만남!! 저와 제 가족은 선생님 덕분에 일상이 찬양으로 가득합니다. 제가 직접 말씀드린 적은 없지만, 선생님, 정말 많이 감사하고 사랑합니다. 언제나 말씀하시는 '감동' 새기며 살게요.

M12 박연정 24회 노래선교단

80이 넘도록 정정하게 때로는 아픈 몸을 이끌고 지휘하시는 최훈차 선생님의 가르침을 받으며 여러 가지 감정과 생각이 드는 요즘입니다. 아파서 청주 세종 순회를 참석하시 못한 것이 두고두고 아쉽습니다. 건강의 청지기로 살지 못한 것이라 생각되어 깊이 반성도 됩니다. 이렇게 직접 삶으로 보여 주시는 선생님과 선배님들께 감사를 드리며 끝까지 오래오래 함께하고 싶습니다. 선생님!! 건강하세요. 주님께 찬양하도록, 그리고 그 마음을 사람들에게 전할 기회를 주셔서 감사드립니다.

A1 이옥경 7회 노래선교단

7회 이옥경입니다. 정신콰이어를 하며 지방 순회까지 주님 은혜 감사! 최 선생님 지휘로 우리 부강교회에서 연주하다니 감격이었습니다. 선생님 건강하셔서 오래도록 찬양하고 싶습니다. 2024년엔 대전으로 선생님과 지방 순회 가고 싶어 기도하기 시작합니다!

A2 임갑영 9회 노래선교단

옷도 안 갈아입어 보시고 어찌 우리 심정을 그리 잘 아시는지 우리 선생님… 아직도 때가 하나도 안 묻으신 우리 선생님 청년 같으십니다. 여러 가르침 진심으로 감사드립니다. 오랫동안 함께 연주 여행하길 기도합니다. 은혜 많이 받았습니다.

A3 이은영 11회 노래선교단

1박 2일 내내 기쁘고 감사한 시간이었습니다. 선후배님 모두 너무 훌륭하고 배울 점이 많다는 걸 새삼 또 느끼고 저의 부족함을 반성하게 되네요. 선생님과 정신콰이어 단원들과 함께할 수 있어서 감사하고 행복합니다.

A4 이효숙 11회 노래선교단

연주 바로 전날 왼발을 접질러서 부은 상태로 순회연주에 참석하게 되었습니다. 열악한 상태에서 시작한 순회였지만 온 단원의 기도의 힘으로 그 어느 때보다 은혜 넘치는 시간이었습니다. 코로나 기간 동안 침체되어 있던 제 신앙도 바로 세워지며 감사의 연속이었습니다. 늘 배려와 사랑이 넘치는 단원들과 선생님께 감사드립니다.

A5 최혜욱 13회 노래선교단

'감사함으로 다시 뜨겁게 노래할 이유 있네!!!'

여고 시절의 은사님 지휘 아래 지금까지 오랜 시간 동안 찬양을 드릴 수 있다는 것 자체만으로도 제게는 영광이고 감동이었습니다. 정신콰이어에서 찬양을 하면서 선생님께서 평생 뿌리신 무수한 씨앗들이 여기저기서 싹이 나고 잎이 피고… 때로는 커다란 나무로 자라 있는 모습을 목도하며 전율을 느끼는 순간이 한두 번이 아니었습니다. 앞으로 선생님의 그러한 노고와 사랑과 가르침에 누가 되지 않도록 제 삶에 더욱 성실히 임하겠습니다. 감사합니다.

A6 박혜성 17회 노래선교단

여행 내내 한 치의 흐트러짐 없이 버스 앞좌석에 꼿꼿이 앉아 계신 선생님의 바로 뒤에서 존경과 하트의 마음을 연신 날렸던 17회 박혜성입니다. 38년 전으로 되돌아가 여고 시절 처음 경험하고 배웠던 찬양의 기쁨과 순수한 열정을 다시 소환하고 회복할 수 있어 행복하고 감사했습니다. 고1 합창단 최 선생님의 마지막 제자로서 가졌던 아쉬움과 한을 이번 순회연주를 통해 풀었습니다. 선생님 지휘 아래 있는 무대가 감격스러워 눈물 조절하느라 애먹었습니다. 연주를 앞둔 저희의 피로와 긴장을 풀어 주시기 위해 틈틈히 과거 전설의 이야기를 나눠 주시는 선생님의 속 깊은 사랑에 힘을 얻었습니다. 선생님께 배운 찬양에 대한 마음과 태도를 다시 배우고 익히며 더욱 주님 찬양하는 자리를 사모하겠습니다.

A7 명찬회 17회 노래선교단

이번 순회를 통해서 역시 정신콰이어는 저력이 있다는 걸 느낄 수 있었습니다. 연약한 우리의 찬양을 받으시는 하나님께 감사드립니다.

A8 황윤연 24회 노래선교단

"부르신 곳에서 노래하리라" 다가온 시험 속에 다 포기하고픈 맘이 들 때 지방 순회를 참여하게 되었습니다. 한 번 두 번, 연주 찬양을 하면서 아! 주님은 저의 어리석음을 꾸짖고자 이 연주를 계획하셨구나 생각하게 되었어요. 주님을 외면하고 놓을 자격은 제게 없다는 것을 깨닫고 갑니다. 선생님께 정식적으로 배운 회는 아니지만 제가 정신콰이어에 들어와 선생님의 지도하에 많은 은혜를 깨닫습니다. 감사드립니다.

A9 홍성미 24회 노래선교단

"하나님의 어리석음이 사람보다 지혜롭고 하나님의 약하심이 사람보다 강하니라" 늘 마음에 새깁니다. 늘 배움의 자세로 낮은 자세로 연주에 임하고 있습니다. 연주하면서 지휘하시는 최훈차 선생님의 모습에서 주님을 봅니다. 그분도 눈물을 훔치시는 것 같아서… 언제나 존경하며 감사하고 또 감사하며 늘 처음이라는 마음으로 선생님하고 단원들과 연주에 임합니다. 최훈차 선생님과 같이할 수 있어 늘 글로리스럽습니다.

기록: 박민경

4부

서울신학대학교

교회음악과　　1985＿＿＿2005

1_Birth

서울신대에서의 시작

1985년에 유학을 마치고 한국으로 돌아오기 위해 4번이나 환승하는 비행기 안에서 많은 생각을 했어요. 이렇게 어렵게 공부를 해서 한국에 돌아가는데 과연 대학 임용이 될 수 있을까… 저의 모교는 연세대학교였는데 그 당시 합창지휘 유학 공부를 한 사람이 아무도 없었어요. 이틀에 걸쳐 24시간이 넘는 비행기 안에서 생각이 깊어졌어요. 모교였던 연세대학교로도 가고 싶지만 어쩌면 일반 대학보다도 교회음악과 쪽에 더 사명이 있지 않겠나… 그럼 하나님 복음도 전할 수 있고 교회 음악을 더 가르칠 수 있지 않겠나 하는 생각으로 점점 바뀌었어요. 졸업한 학교로 가면 가장 좋겠지만 그래도 교회음악과에 가는 것이 더 사명이지 않을까 하는 마음이었죠. 집에 도착해서 아내에게 이 생각을 꺼내니 아내가 깜짝 놀라며 왜 갑자기 그렇게 생각했냐 물었던 기억이 납니다. 상당히 많이 고민했어요.

귀국하여 국립합창단 객원 지휘를 2회 하게 되었어요. 그때 서울신대 정정숙 교수와 이문승 교수가 그 연주를 보러 왔어요. 서울신학대학교는 전임교수를 원하는 학생들의 시위로 상당히 힘든 시절을 보내고 있었는데 적당한 교수를 찾기 힘든 중에 저의 객원지휘 현장으로 직접 선보러 왔던 것 같아요. 나중에 서울신대 교수가 된 이후에 들은 이야기이지만 당시 교회음악과 과장이었던 정정숙 교수는 정신여고 노래선교단 테이프를 아침마다 청소하며 들었다고 해요. 찬양을 들으면서 감동도 있고 노래도 너무 좋아서 찾아보니 지도 선생(지휘자) 이름이 최훈차였다고 합니다.

정정숙 교수는 합창지휘과 교수 선발회의 중에 혹시 최훈차 지휘자를 아는지, 어떤 사람인지 주변 교수님들께 물었다고 해요. 함께 재직하던 이문승 교수도 연세대 후배여서 나를 알고 있었고, 최희범 목사도 나를 안다고 했다고 합니다. 최희범 목사는 제가 한영고등학교에서 1년 동안 강사로 있을 때 알았어요. 그때 저는 한영고 전임이 못 되어 쫓겨났는데 애국가 지휘를 못한다, 인사성이 없다는 두 가지 이유에서였습니다. 그때 교목실장이었던 최희범 목사가 최훈차 선생 당신은 잘한다며 위로해 주었는데 나중에 그분이 서울신대 교수가 되어 있었어요. 그게 인연이 되어 정정숙 교수가 나에 대해 물을 때 미리 잘 말해 주었던 것 같아요.

1985년 1월에 석사학위를 받아 귀국했을 때 정신여고 선교단은 그만둔 시점이었지만 짐 정리를 하러 정신여고에 갔어요. 그때 최희범 목사가 서울신대에 올 마음이 없는지 물으러 왔어요. 서울신학대학교에서 교회음악과 교수를 찾는데 학교에 한번 구경하러 오라 하더군요. 장신대보다 서울신대 교회음악과가 먼저 생겼어요. 모든 타이밍이 아주 잘 맞았어요. 연세대학교에서 이미 교회음악에 관해 여러 과목을 이수했기에 서울신학대학교로 들어가기도 수월했어요. 다른 사람들과 경쟁하며 어렵게 학교에 들어가지 않았고, 편안하게 나를 먼저 찾아와 환영해 주는 분위기 속에 물 흐르듯 서울신학대학교의 교회음악과로 가게 되었어요. 그것이 1985년 3월입니다. 정신여고를 그만두면서 마지막으로 합창단 전체와 미국 순회를 해주지 않겠냐는 학교의 요청이 있었어요. 이에 서울신대에 가기로 결정된 상태에서 미리 예정되어 있었던 정신여고 합창단 37명과의 마지막 미국 순회를 다녀오기도 했어요.

부임 첫날

부임 첫날이 아직도 생생해요. 새벽 5시 50분에 도착했는데 철문이 닫혀 있고 수위아저씨를 아무리 불러도 답이 없었어요. 어떻게 하나 고민도 길게 하지 않고 철문을 넘었어요. 뛰어넘다가 다리를 살짝 삐었고 겨우 철문을 열고 차를 몰고 들어갔습니다. 그 후로 시간이 지나, 양복 입고 넥타이를 매고 부임 첫날 그랬다고 생각하니 웃음이 났어요. 10분만 기다렸으면 아마 정문 개방 시간이 아니었나 싶어요. 내 방은 미리 준비가 되어 있었어요. 이때는 서울신학대학교에 성봉 기념관, 존 토마스홀도 없던 시절이에요. 그렇게 담을 넘어 들어간 그날 서울신학대학교 생활이 시작되었어요.

부임 초기 서울신대의 모습과 흐름들

제가 서울신대를 부임한 시기인 1985년은 학생들이 학교에 대한 여러 불만으로 인해 시위도 많이 하고 있었고, 날카로운 상태였어요. 공부는 물론이고 수업에도 빠지는 상태여서 당장 잡혀 있는 정기연주회에 문제가 생겼어요. 학교가 안정되어야 했고, 이 학생들이 음악을 대하는 자세가 순수하게 만들어지기까지 1, 2여 년의 시간이 걸렸지요. 그때는 저에 관하여서도 여러 가지를 걸고 넘어졌어요.

첫날 교수들에게 인사하러 들어가니 상황이 어렵고 아이들이 일명 '꼬부랑'하다며 주의하라고 일러주었어요. 하지만 막상 수업에 들어가 만난 아이들은 생각보다 순수했고 좋았습니다. 비율은 남성보다 여성이 많았고 합창 수업은 이미 구성되어 있던 상태였어요. 하지만 카펠라합창단은 구성 전이었어요. 신학대학교이고 교회음악과이니, 학교를 대표하는 합창단은 반드시 있어야 한다고 생각했어요. 이에 합창단과 여러 가지를 조직하며 합창지휘대학원도 설립해야겠다 결심했고, 예산 문제로 어려웠지만 교수들을 많이 설득했죠.

학교 재직 중 이슈나 에피소드

서울신대를 첫 부임하고 몇 년간은 아이들과 적응하면서 어려운 과정도 있었어요. 카펠라합창단을 만들고 미국 순회를 데려가려고 훈련하고 있을 때였어요. 학교에서 관련 예산을 받는 과정에서 몇몇 학생이 저를 오해하는 일도 있었는데 그 소문을 듣자마자 미국 순회를 취소한다고 강경하게 말했어요. 아이들이 당황했고 결국은 내게 와서 용서를 구했지만 한 번 아니면 아닌 거라며 강경하게 잘못을 가르치기도 했어요. 하지만 아이들이 나쁘지 않을 거라는 나의 첫 생각처럼 해가 지나면서 학생들은 점점 나를 100퍼센트 믿고 따르며 제가 강조하는 순수성을 잘 받아들였어요.

지도자로서의 교육 철칙

어디를 가서 합창단이나 학생들을 지도할 때 처음부터 지금까지 변함없는 것은 합창 이전에 태도와 삶에 관해 강조하는 것이에요. 특히 서울신학대학교 같은 경우는 선교와 찬양에 대한 사명, 즉 우리가 왜 찬양을 해야 하는지 등을 상당히 중요하게 가르쳤어요. 바로 사명과 합창을 하기 위한 협동… 자기보다 다른 사람을 우선하는 것들이지요. 그렇게 삶에 대해 가르치고 강조하며 아이들이 변하면 오히려 음악은 쉽게 잘 들어갑니다.

합창에 있어 최고 수준은 '감동'이에요. 감동을 가장 중요하게 생각해요. 인위적인 것이 아니라 정말 순수하게 노래하며 찬양할 때 부르는 사람들도 감동을 얻고 듣는 사람들에게도 감동을 줄 수 있어요. 저는 이 순수성과 감동을 가장 중요하게 생각해요.

학생들은 안 보는 것 같아도 지휘자, 교수를 자세히 바라봅니다. 제가 그랬어요. 연세대학 시절 박태준 박사님 수업을 들었는데, 수업시간 훨씬 전부터 오셔서 늘 60명 넘는 학생들의 악보를 손수 놓아두셨어요. 그때 교수님을 보면서 나도 나중에 영향력을 줄 수 있는 선생이 되면 그렇게 해야겠다 마음먹었죠. 실제로 교수로 부임하여서도 수업 시간에 가장 먼저 준비하여 앉아 있었어요. 제가 박태준 교수님을 보고 그랬듯 그 모습을 좋게 기억하는 제자들이 많았어요.

특히 서울신학대학교는 일반 음악과가 아니라 교회음악과였기에, 교회음악전문가로 꼭 알아야 하는 것들을 가르쳐야 한다고 생각했어요. 예배 안에서 교회음악의 역할과, 예배 안의 음악 순서, 찬양대의 역할 등은 직접 경험하며 배우는 것이 크다 생각했어요. 이는 채플을 통해 자연스럽게 접할 수 있었어요. 프렐류드, 입례부터 오르간 후주까지 어떻게 진행되는지 살펴보고, 정식 채플뿐 아니라, 성금요일 수난 음악예배, 금요예배, 콘서트콰이어 음악예배 등 여러 모양의 합창 스타일을 접하며 직접 교회음악에 관해 경험할 수 있게 했어요. 카펠라합창단, 여성합창단, 콘서트콰이어 등 합창단마다 꾸준히 연주를 올리려고 했고, 여성합창단이나 콘서트콰이어 지휘는 제가 하기도 했지만, 지휘대학원 제자들에게 기회를 주기도 했어요.

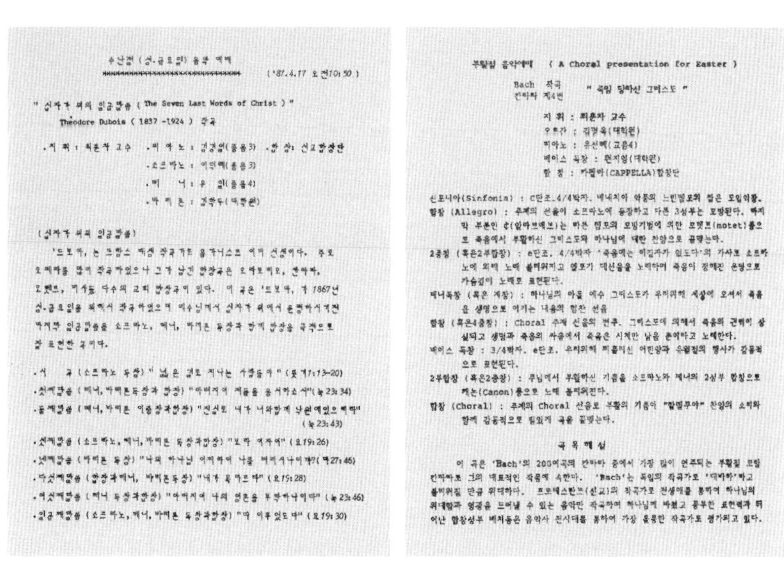

왼쪽 수난절(성금요일) 음악예배(1987. 4. 17.). **오른쪽** 부활절 음악예배.

합창 수업과 방과 후 연습에 대한 에피소드

처음에는 합창에 관해 관심 없는 학생들도 많았고, 일부 학생들은 합창파트에서 퍼스트가 높은지 세컨드가 높은지를 물을 만큼 합창에 무지하곤 했어요. 그럼 저는 글쎄 내가 잘 모르니 집에 가서 조사해 보겠다고 하거나 너도 한번 연구해서 와 보라며 농담을 건네곤 했어요. 그러던 학생들이 나중에는 합창을 통해 음악적으로 성장하고 피치에 대한 감각이 생기고 점점 순수하게 음악을 대하는 수준이 높아져 갔어요.

제가 교수로 온 이상 합창을 지도하는 이상, 지도를 정말 잘 해야겠다는 사명감이 있었어요. 음악은 적당히 해서는 안 되는 것이기 때문에…. 처음에 엄하게도 했습니다. 남성 단원들이 너무 음정을 못 맞춰서 복도에서 손 들라고 했어요. 교문 밖으로 나가라고도 했어요. 나중에 알고 보니 학생 중에 박종진 목사도 있었어요. 학생들이 제게 와서 목사님이라고 귀띔해 줬지만 여기선 다 같은 학생이지라고 대답했어요. 그 당시 목사님이 이해해 주어 다행입니다.

그렇게 메시아와 정기연주 메이저워크, 각 합창 수업, 채플 콰이어 등을 접하며 점점 합창에 매력을 느끼는 친구들이 생겨났어요. 그래서 합창 수업에서 그치지 않고 나중에는 카펠라합창단에도 점점 더 많은 학생들이 지원하기 시작했죠.

카펠라 최훈차 교수, 민지은 교수(가운뎃줄 오른쪽 끝) 등(1985).

서울신대 교회음악과 정기연주회와 작품 선정에 관해

　　서울신학대학교 교회음악과(이전 종교음악과)는 매년 정기연주회를 올렸어요. 음악과 전체 학생들이 정기연주회를 매년 준비하는 것은 부담스러운 일이에요. 하지만 장점이 많습니다. 먼저 학생들은 중요한 합창 메이저 워크를 공부하며 본인도 모르는 사이에 음악적으로도 성장하고, 점점 감동을 느끼게 됩니다. 또 교회음악 연주를 통해 자연스럽게 안 믿는 청중들에게 전도도 할 수 있고, 학교도 홍보할 수 있는 좋은 기회가 되지요.

　　1985년에 부임해서 한 첫 연주는 '헨델의 메시아'였어요. 사실 개인적으로 그 이후로는 매년 다른 메이저 워크를 연주하려 했어요. 그런데 학교에서는 2년에 한 번 메시아를 연주해 주기를 원했어요. 아무래도 '헨델의 메시아'는 청중들에게 가장 익숙하고 편안하게 다가갈 수 있는, 인지도가 있는 작품이다 보니 그랬던 것 같아요. 학교의 의견을 어느 정도 수용해서 격년으로 메시아를 연주했고 2년에 한 번은 교회음악과 학생들이 학구적으로 도전해 보았으면 했던 새로운 메이저 워크 작품들을 선정해서 연주했어요.

인터뷰: 성기문, 김윤희, 길현정, 조한나[2023년 2월 14일(화)]

2_Repertoire

교회음악과 역대 연주곡목

137

작곡가	곡명	비고
Charles Camille Saint-Saëns (1835~1921)	La terre promise 약속의 땅	한국초연-1990년 서울신학대학교 교회음악과 정기연주회
Douglas Coombes (b. 1935)	Mass	
Felix Mendelssohn Bartholdy (1809~1847)	Elias, Op. 70	
	Kommt, laßt uns anbeten, Op. 46 와서 경배하세 / 오라 주께 경배하자	
	Lobgesang, Op. 52 찬양의 송가	
	Paulus, Op. 36 사도바울	
	Six anthems, Op. 79 여섯 개의 절기 성가	
	Vom Himmel hoch, MWV A 10 하늘로부터 오신 주	
Franz Joseph Haydn(1732~1809)	The creation, Hob. XXI:2, 천지창조	
George Frideric Handel(1685~1759)	Dettingen Te Deum, HWV 283	
	Messiah, HWV 56 메시아	
Gioachino Antonio Rossini(1792~1868)	Cum sancto spiritu(from "Petite messe solennelle")	한국초연-1986년 서울신학대학교 콘서트콰이어 음악예배
Heinrich Schütz (1585~1672)	오 주여 도우소서	
Johannes Brahms (1833~1897)	Ein deutsches Requiem, Op. 45 독일레퀴엠 / 독일진혼곡	
Johann Sebastian Bach(1685~1750)	Gloria(from "Messe h-moll"), BWV 232 b단조미사	
	Magnificat, BWV 243 마그니피카트	
Wolfgang Amadeus Mozart(1756~1791)	Krönungsmesse(Coronation Mass), K. 317 대관식미사	

교회음악과 정기연주

QR 137 서울신학대학교 교회음악과 심포니콰이어(Seoul Theological University Symphony Choir) 연주 영상 모음.

서울신학대학교 정기연주회 작품 해설(작성자 최훈차)

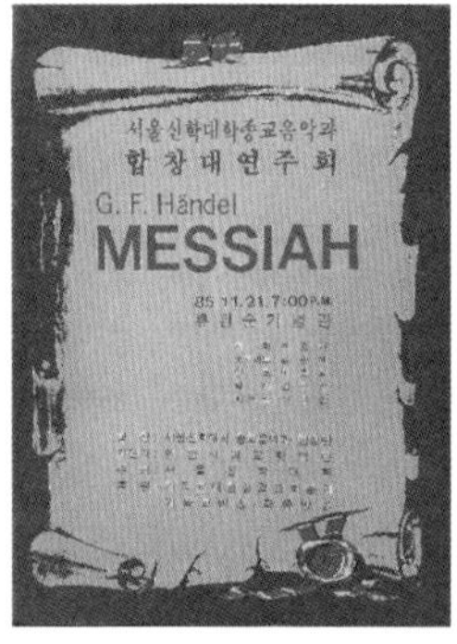

서울신학대학교 종교음악과 합창대연주회
1985년 11월 21일(목) 오후 7시 류관순기념관
G. F. Handel — MESSIAH

헨델의 메시아는 1742년 아일랜드의 더블린에서 처음 초연된 이래 많은 대중에게 깊은 종교적 감명을 불어넣은 작품이다. 메시아를 작곡하던 해까지 헨델은 심한 병(일시적으로 오른편 몸의 마비, 우울증, 불면증)에 걸려 있었고, 육체적으로 최악의 상태로 실의에 빠져 1742년 런던의 'Brook'가의 집에서 출입을 삼가하였다. 이 기간 중의 작곡 활동은 그가 병으로부터 전환할 수 있는 유일한 것이었다. 헨델의 메시아의 대본(대본은 구약성서에서 추린 것이지만 누구의 것인지 명확하지 않으며 pooley 목사가 작자로 간주되나 증거가 희박하고 Charles Jennes를 작자로 간주하기엔 메시아의 질이 그의 평범한 능력보다 우월하다. 그러나 대본을 보낸 사람은 C. Jennes로 알려져 있다)을 받은 후 고민하던 중 하나님의 계시와 영감으로 24일 동안 침식을 잃은 채 놀라운 정열과 혼신의 힘을 다하여 전 3막(3부)을 완성하였고, 1742년 4월 13일 헨델 자신의 지휘로 연주하여 큰 성공을 거두었다. 이때 합창단 수는 남자어른 4명과 소년 6명 등 총 20명과 30명의 오케스트라가 동원되었다.

전 3막(3부)으로 구성된 메시아는

• 제1부(예언과 그리스도의 탄생) 서곡 2, 서창 8, 영창 7, 합창 4(총 21곡)

처음 시작되는 서곡은 전통적인 프랑스 서곡 형식으로 되어 있으며 이것이 헨델 오라토리오의 특징이기도 하다. 전체적으로 밝고 온화한 분위기에 싸여 있으면서도 예언의 기분과 조용히 맴돌면서 솟구쳐 흐르는 흥분과 듣는 사람으로 하여금 저도 모르게 가슴을 설레게 하는 극적인 요소가 가득 차 있다.

• 제2부(그리스도의 수난과 속죄) 서창 5, 영창 7, 합창 11(총 23곡)

극적인 감정이 더 고조되어 가장 감동적인 부분을 이루고 있으며 전곡을 통해서 합창곡이 제일 많이 나오는 부분이다.

• 제3부(그리스도의 부활과 영생) 서창 2, 이중창 1, 영창 3, 합창 3(총 9곡)

마지막에 "죽임을 당하신 어린 양이 능력과 부와 지혜와 힘과 존귀와 영광과 찬송을 받으시기에 합당하도다"(계 5:12)라는 가사가 창조의 부분 합창으로 불리다가 딸림화음 위에 반마침하여 바로「아─멘」코러스로 이어진다. 아─멘이라는 단어만으로 푸가를 계속하다 메시아의 대곡을 끝맺는다.

헨델의 초인간적인 웅대한 작법으로 악절마다 감명 깊은 종교적인 심오한 색채가 넘쳐 흐르고 있다. 메시아는 생생한 종교적인 감정이 대중들에게 환호되어 메시아 하면 헨델의 대명사가 되어 버렸고 메시아는 그리스도의 일생을 서사적으로 그리는 것이 아니라 전 인류의 구세주인 하나님의 아들의 존재를 온 세상에 힘차게 주체적으로 호소하는 데 있다. 이 헨델의 뜨거운 가슴을 우리는 음악을 통하여서만이라도 느끼지 않으면 안 될 것이다.

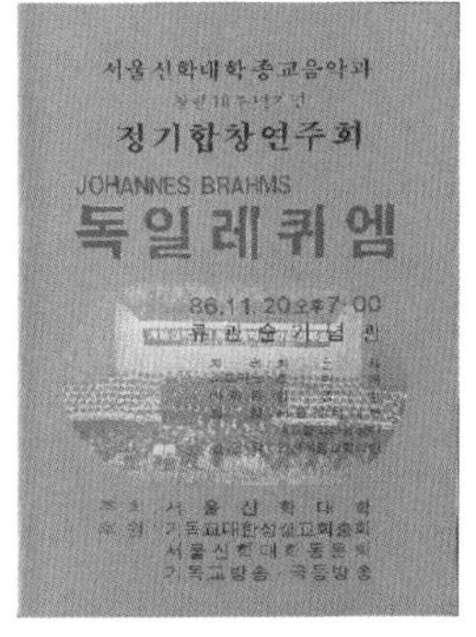

서울신학대학교 종교음악과 창립10주년기념 정기합창연주회
1986년 11월 20일(목) 오후 7시 류관순기념관
Johannes Brahms — German Requiem 독일레퀴엠

독일레퀴엠 Op. 45

바로크 시기 이후부터 20세기까지 최고의 걸작품인 브람스의 '레퀴엠'은 소프라노와 바리톤 독창, 합창 그리고 관현악을 위하여 쓰여졌다. 그 가사를 볼 때 일반 '레퀴엠'과 같이 라틴어의 전례문이 아니라 브람스 자신이 성경에서 정선한 가사를 내용으로 하고 있다.

이 곡의 내용은 죽음을 피할 수 없는 인간의 운명과 하나님과 천국에 대한 희망을 마음속 깊이 느끼는 데서 영감을 얻고 이러한 숭고한 사상이 특히 낭만주의적인 감정으로 표현되고 있어서 부활절, 감사절, 성탄절 등 모든 절기를 통하여 가장 많이 연주되는 대표적인 곡이다.

합창과 관현악의 효과가 뛰어나 합창음악의 최고수준을 이루며 듣는 이로 하여금 크게 감동을 주는 작품이다.

• 1악장(애통하는 자는 복 있도다) 마 5:4; 시 126:5-6

1, 2부로 구성되며 1부는 고요하고 느린 곡의 선율로 신비적이고 어두운 느낌을 준다. 2부는 남성으로 시작하여 화려하게 합창이 전개되나 마지막 부분에는 하프의 섬세한 울림을 타고 약하게 사라진다.

• 2악장(모든 육체는 풀과 같고…) 벧전 1:24-25; 약 5:6; 사 35:10

Bb단조 3/4박자, 느린 풍의 장송행진곡. 부로 구성되며 트리오 부분이

Gb장조의 온화한 움직임의 아름다운 합창 부분과 대조적이며 3부에서는 푸가 형식의 합창이 화려하게 펼쳐진다.

- 3악장(주께서 나의 날을 손 넓이만큼 되게 하시매) 시 39:5-8

D단조 2/2박자, 느린 곡의 선율 바리톤 솔로가 합창과 함께 연주되며 16세기 폴리포닉(polyphonic) 스타일의 합창곡.

- 4악장(주의 장막이 어찌 그리 사랑스러운지요) 시 84:1-5

Eb장조 3/4박자, 레퀴엠 중에서도 가장 널리 알려진 곡이며 아름답고 따뜻한 부드러운 선율이 특징이다.

- 5악장(지금은 너희가 근심하나 내가 다시 너희를 보리니) 요 16:22; 사 66:13

G장조 4/4박자, 아름다운 소프라노 솔로와 함께 기쁨과 슬픔을 노래하는 Anthem 스타일의 합창.

- 6악장(여기는 영구한 도성이 없고 오직 장차 올 것을 찾나니) 히 13:14; 고전 15:51, 55; 계 4:11

C단조 4/4박자, 레퀴엠 중에서도 가장 극적이며 합창은 화려하고 압도적이다. 바리톤 솔로와 함께 연주되며 죽음을 이기는 승리를 표현한 악장이다.

- 7악장(주 안에서 죽은 자들이 복이 있도다) 계 14:13

F장조 4/4박자, 하늘로 승천한 사람들의 영원한 휴식과 행복을 빌며 1악장의 주제가 다시 반복된다.

서울신학대학교 종교음악과 합창대연주회

1987년 12월 5일(토) 오후 7시 중앙국립극장 대극장

G. F. Handel — MESSIAH

1985년 해설과 동일함.

서울신학대학교 종교음악과 제8회 합창연주회
1988년 11월 11일(금) 오후 7시 중앙국립극장 대극장
Felix Mendelssohn — St. Paul 사도바울

ORATORIO '사도바울'

작곡가 멘델스존은 독일의 대표적 낭만파 작곡가로 비교적 부유한 가정에서 자라났으며, 어릴 때(10세)부터 작곡에 뛰어난 재능을 보여 16세 때 벌써 작품을 인정받기 시작하였다. 이 '사도바울'은 멘델스존의 3대 오라토리오(엘리야. 사도바울. 그리스도) 중의 하나로 그의 나이 21세(1830년)가 되던 해에 이태리로 여행하면서 착상하게 되었다. 이 곡은 바흐와 헨델 합창기법의 영향을 받은 작품으로 성경에 나오는 "사도바울"의 이야기를 1, 2부로 나누어 작곡하였다. 그는 바흐와 헨델 이후로 가장 훌륭하게 평가되는 합창 작곡가로서 이 곡 속에 그의 뛰어난 합창기법을 잘 표현하고 있으며 특히 1, 2부의 합창곡들은 매우 극적이며 영감이 흐르는 작품으로 평가되고 있다. 가사는 성경에서 발췌하여 사용하였고 1부는 극적이며 2부는 서사적이고 명상적이다. 멘델스존의 대표적 합창작품인 '엘리야', '시 42편', '시 95편', '시 115편'과 함께 '사도바울'은 그의 대표적 합창작품에 속한다. 이 곡은 1836년 5월 22일에 독일 뒤셀도르프 음악제에서 처음으로 연주되어 대호평을 받았다.

제1부

예루살렘에서 순교를 당해야만 하는 초대 기독교회는 자신들을 박해하는 이방인들을 이길 수 있는 힘을 달라고 하나님께 간구한다. 성난 무리들은 스데반에게 불경죄를 적용하여 의회 앞에 끌고 간다. 그는 대사제의 물음에 거기 모인 무리들과 그들의 선조들이 완고하여 참된 믿음을 버리고 성령을 거역하였다고 오히려 책망한다. 그러나 이들은 스데반의 말을 들으려 하지 않고 그를 죽이려 한다. "과거 하나님이 예루살렘에 보내 주셨던 예언자들을 다 죽이지 않았느냐?"는 비난을 개의치 않고 "돌로 쳐 죽이소서"라고 소리치는 것이다. 스데반은 자신을 박해하는 사람들에게 자비를 베푸실 것을 기도하며 순교한다. 경건한 사람 몇이 크게 슬퍼하며 스데반을 장사 지낸 후 그의 죽음에 대해 "시련을 이기는 자 복 있다"라고 노래한다. 스데반의 순교를 현장에서 지켜본 사울은 계속해서 주의 교회를 박해할 것을 결심하고 그 일을 계속하기 위해 다마스커스로 떠난다. 가는 도중 갑자기 그의 주위에 밝은 빛이 나타나 사울은 앞을 볼 수 없게 되었으며 그때 하늘에서의 음성이 사울에게 어둠 속에 있는 백성들에게 주의 영광을 선포하라고 명하신다. 사울과 동행했던 사람들이 앞 못 보는 사울의 손을 잡고 다마스커스로 데리고 간다. 다마스커스에 온 이후 사울은 하나님이 그에게 아나니아를 보내실 때까지 깊이 참회하며 기도한다. 아나니아는 사울의 시력을 회복시켜 주었으며 기독교 전도자로서의 신성한 임무를 부여해 준다. 사울은 세례를 받고 여러 회당에서 전도하니 회중들은 하나님의 지혜와 지식을 찬양한다.

제2부

기독교로 개종한 이후 바울이란 이름을 택한 사울은 회중 앞에서 전도하기 시작한다. 바울과 바나바는 성령이 이들을 택하여 기독교의 진리를 해외로 전파하도록 위임받은 주의 사자들이었다. 많은 사람들은 그들이 평화의 복음을 전하는 사자들임을 인정한다. 그러나 구세주의 오심을 믿지 않는 유대인들은 시기하며 어떻게 하면 바울을 죽일까 궁리한다. 바울과 바나바는 유대인들이야말로 하나님의 말씀을 누구보다 먼저 대할 수 있도록 선택받았음에도 불구하고 그 진리를 오히려 배척했다고 하면서 복음의 전도 방향을 이방인에게 돌린다. 바울이 리스트라에서 앉은뱅이를 기적적으로 치유하자 이방인들은 신들이 사람의 모양을 하고 하늘에서 내려왔다고 믿고 바울을 헤르메스 신이라 부르고 또 바나바는 제우스 신이라 부르면서 이들에게 제물을 드리려고 한다. 그러나 바울과 바나바는 그러한 헛된 찬양을 거절한다. 사람들이 거짓 우상을 숭배하지 않고 오직 한 분이신 살아 계신 하나님을 섬기도록 사람들의 마음을 돌리기 위해 노력한다. 이 일로 인해 무리들을 분노하게 하여 유대인과 이방인들이 다 바울이 여호와의 성전과 거룩한 율법을 반대했다고 비난하면서 "돌로 때려 죽이시오"라고 소리친다. 그러나 항상 신실한 자를 도우시는 하나님께서는 이러한 박해로부터 바울을 구하신다. 바울은 에베소의 장로들을 소집하여 자신은 성령의 지시에 따라 예루살렘으로 올라가며 이제 다시는 그들이 자신의 얼굴을 보지 못할 것이라고 말한다. 장로들은 울면서 기도한다. 그러나 바울은 주님을 위해 죽을 준비가 됐음을 알리고 그들을 떠나니 장로들은 배 타는 곳까지 바울을 전송한다. 장로들은 이제 그들이 친히 하나님의 자녀가 됐다는 것으로 위로받을 뿐이었다. 선한 싸움을 싸웠고 믿음을 잘 지킨 바울에게 하나님은 정의의 면류관을 주시리라. 그러나 바울뿐만 아니라 다시 오실 주님을 사모하는 모든 사람에게도 꼭 같은 면류관을 주시리라. 그러므로 주를 찬양하고 그의 거룩한 이름을 영원히 찬양할지어다.

서울신학대학교 종교음악과 합창대연주회

1989년 11월 24일(금) 오후 7시 류관순기념관

G. F. Handel — MESSIAH

1985년 해설과 동일함.

서울신학대학교 교회음악과 제10회 합창연주회

1990년 11월 10일(토) 오후 7시 예술의전당 콘서트홀

Saint-Saëns — 약속의 땅

ORATORIO '약속의 땅'

생상스(1835~1921)는 19세기 프랑스의 기악 작곡가 이지만 생애 후반에는 교회음악에 관심을 두어 많은 교회 합창곡을 남겼다. 이 오라토리오는 생상스의 생애 말년인 1913년에 작곡한 곡으로 악보도 최근에 출판되었으며 그의 합창음악의 특징인 화려한 선율과 반주부와 잘 조화된 8부 합창곡으로 구약성서의 내용인 모세가 이스라엘 백성을 이끌고 광야를 거쳐 "약속의 땅"에 들어가기까지의 내용을 소프라노, 알토, 테너, 베이스 독창과 함께 합창으로 잘 표현하였다. 아직 전 세계적으로 레코딩은 되지 않았고 한국에서 처음 초연하는 데 그 의의가 크다고 본다.

내용은 곡 전체가 3부로 다음과 같이 나누어진다.

1부: 이스라엘 백성이 모세의 인도로 신광야에 이르렀을 때 물이 없어 죽게 된 백성들이 모세를 원망하였다. 여호와께서 모세에게 백성을 모으고 반석에서 물을 내도록 명하라고 말씀하셨으나 모세가 노하여 지팡이로 반석을 두 번 치므로 불순종한 모세에게 여호와께서 진노하셨다.

2부: 여호와께서 진노하시어 모세에게 이르기를 "너는 약속의 땅"에 결코 들어가지 못하리라고 말씀하셨다. 진노하신 여호와의 힘을 누가 당할 것인가? 그러나 여호와께서 용서하시고 홀로 우리를 인도하신다.

3부: 여호와께서 모세에게 이르시기를 "약속의 땅"을 너에게 보게는 하겠으나 결코 들어가지 못하리라고 말씀하시매 모세가 아뢰기를 "오! 하나님!

당신의 판단이 옳습니다. 주님만이 여호와 하나님이십니다"라고 말하였다. 모세는 죽어 모압 골짜기에 묻힌다.

• 내 영혼아 어찌하여 낙망하느뇨?(Why, My Soul, Art Thou So Vexed)

Felix Mendelssohn(1809~1847)

멘델스존은 낭만파 음악의 대표적 합창 작곡가이다. 바흐 이후 현재까지 가장 합창다운 합창을 쓴 작곡가로 특히 합창의 성부배치(Voicing)가 탁월하다. 이 곡은 그의 대표적인 합창곡인 시편 42편의 마지막 합창곡으로 코달 스타일(Chordal Style)의 서주에 이어 Molto Allegro Vivace, 2/2박자 힘찬 푸가 선율로 시작된다. 그의 탁월한 성부배치의 음색에 보통 청중이 압도되며, 마지막 찬송 선율(Hymn)로 장엄하게 곡을 끝맺는다.

• 복 있는 자(Blessed is Man) S. Rachmaninoff(1873~1943)

이 곡은 라흐마니노프의 최대 걸작인 합창곡 '저녁기도'(Op. 37) 중에 나오는 3번째 곡이다. '저녁기도'는 독창이 따르는 15곡의 무반주 연속 합창곡으로 중세 러시아의 합창기법을 사용, 엄숙한 음향과 옛날 선법에 의한 18세기적인 예리하고 섬세한 선율로 러시아 특유의 고귀한 기풍을 자아내고 있으며 부드러운 피아니씨모와 예리한 액센트가 가미된 아름다운 곡이다.

• 알렐루야(Alleluia) Randall Thompson(1899~)

랜달 톰슨은 미국의 현대합창 작곡가이며 지휘자로 현대합창의 선구자적인 역할을 하고 있다. 이 곡은 그의 대표적 무반주 합창곡으로 1940년에 버크셔 음악센터(Berkshire Music Center) 여름합창제 위촉 작품으로 무반주 합창의 특징인 극도의 섬세함과 극적인 다이나믹으로 톰슨(Thompson) 합창 기법의 특징인 코달 스타일로 잘 표현된다.

• 주 하나님 우리를 돌보아 주소서(Festival Piece on ST. ANNE)

Eugene Butler(1935~)

작곡가 버틀러는 미국에서 현존하는 교회 음악 작곡가로 캔사스시 감리교회 음악 목사로 재직 중에 있다. 이 곡은 미국 플로리다주 오란도시에 있는 제일 장로교회 설립 100주년 기념의뢰 작품으로 특이한 것은 반주에 오르간과 타악기, Brass(금관 관악기) 등의 사용으로 웅대하고 힘이 있는 곳이다. 〔곡 도중 8마디의 찬송 선율(Hymn)은 청중과 함께 부른다.〕

• 모든 사람과 나라들(Once to Every Man and Nation) David S. York(1920~2010)

이 곡은 16마디의 힘 있는 남성 유니즌(Unison)의 선율로 시작하여, 여성 유니

즌과 혼성 4부 합창으로 3번 조성과 구조(Texture)가 변화되는 감동적인 곡이다.
　　I: 남성·여성 유니즌 C장조 박자
　　II: 혼성 4부 구조는 코달 스타일, B단조
　　III: Bb장조의 조성으로 조바꿈, 모방적인 선율이 아멘으로 힘차게 끝맺는다.

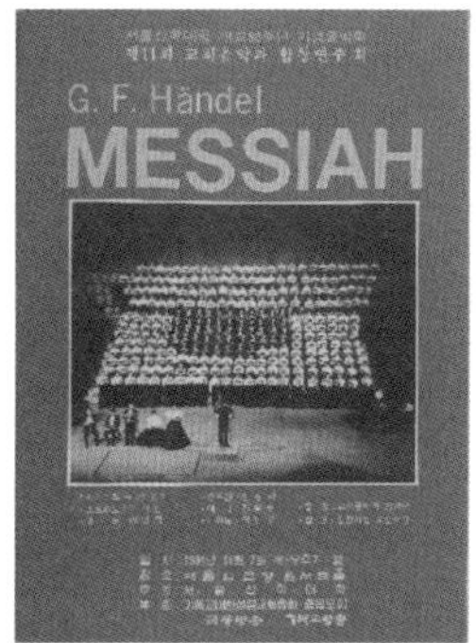

서울신학대학교 개교80주년 기념음악회

제11회 교회음악과 합창대연주회

1991년 11월 7일(목) 오후 7시 30분 예술의전당 콘서트홀

G. F. Handel — MESSIAH

1985년 해설과 동일함.

서울신학대학교 교회음악과 제12회 합창연주회

1993년 11월 11일(목) 오후 7시 30분 햇불회관 사랑성전

Felix Mendelssohn — ELIJAH 엘리야

엘리야

멘델스존(1819~1847)은 낭만시대 독일의 작곡가, 피아니스트 겸 지휘자였으며 특히 합창음악에 뛰어난 기량을 발휘하여 가장 훌륭한 합창 실작품을 남겼다. 그의 많은 합창작품 중에서 대표적으로 3개의 오라토리오(사도바울, 엘리야, 그리스도)를 작곡했다. 1836년에 첫 오라토리오 '사도바울'이 청중에게 깊은 인상과 반응을 보이자 그해 여름부터 새로운 오라토리오를 작곡할 것을 계획하고 10년 후 생애 말년에 음악적으로 완숙하고 창조성이 절정기에 이르러 1845~1846년 사이에 필생의 대작인 두 번째 오라토리오인 '엘리야'를 작곡했다. 엘리야의 대본은 줄리우스 쉬버링(Julis Schubring)의 재편집에 의하여 전 42곡을 1, 2부로 구성했으며, 가사는 구약성서의 열왕기상 17장~열왕기하 2장까지와 출애굽기, 시편, 이사야, 욥기, 말라기, 예레미야, 마태복음 등의 구절을 조금씩 삽입시켜 '엘리야'의 극적인 대단원의 서사시를 보여 주고 있다.

이 곡의 초연은 영어 가사로 연주되었으며 1846년 8월 26일에 버밍험 음악축제 때 271명의 합창단과 멘델스존 자신의 지휘로 연주되었다. 이 '엘리야'에 나타나는 음악적인 요소, 합창 기법과 구성은 바흐, 헨델의 영향을 받았으며 탁월한 성부배치의 힘찬 2중푸가, 극적인 가사 표현, 아름다운 선율이 선지자 엘리야를 통한 이스라엘의 여호와 하나님과 (우상들과 대적하여) 이스라엘 자녀들을 지키는 열렬한 노력, '엘리야'의 승천 등의 내용이 음악적으로 표현되고 있다. 1부는 가뭄과 기아에 허덕이는 백성들의 비탄, 과부와의 만남, 불과 피에 의한 하나님의 시험, 바알신의 타도, 엘리야의 확신에 찬 아리아 등 2부보다 더 많은 극적인 요소가 합창과 아리아, 레시타티보로 표현되며, 2부는 왕후 이세벨에 대한 조소, 엘리야의 탈출, 호렙산의 엘리야에 나타난 폭풍과 바다, 지진, 불덩어리 등의 표현이 급격한 빠르기(Tempo)의 변화와 리듬의 다양성, 전조, 푸가 등 극적 표현으로 이루어지며 마지막은 웅장하나 엘리야의 승리 합창으로 곡이 끝난다.

서울신학대학교 제13회 교회음악과 합창연주회
1995년 11월 21일(화) 오후 7시 30분 햇불회관 사랑성전
G. F. Handel — MESSIAH

1985년 해설과 동일함.

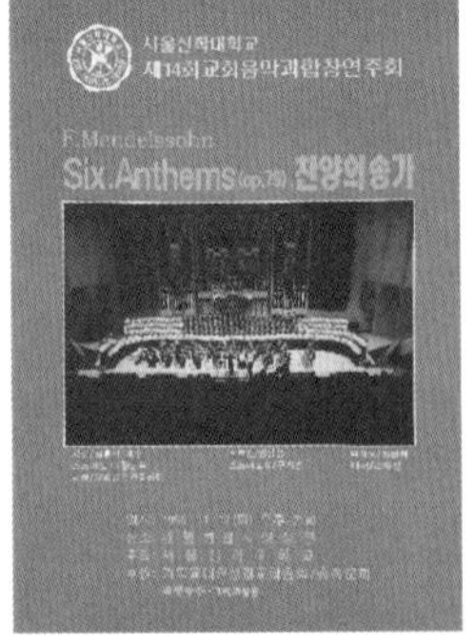

서울신학대학교 제14회 교회음악과 합창연주회
1996년 11월 12일(화) 오후 7시 30분 햇불회관 사랑성전
Felix Mendelssohn — Six. Anthems(Op. 79), 찬양의 송가(Op. 52)

여섯 개의 절기별 성가합창곡(Six. Anthems) Op. 79

멘델스존은 낭만시대 독일의 작곡가, 피아니스트 겸 지휘자였으며, 특히 합창작품에 뛰어난 기량을 발휘하여 가장 훌륭한 합창 걸작품을 남긴 작곡가이다. 바흐, 헨델 이후로 가장 합창답게 쓴 작곡가이며, 특히 합창의 성부배치가 뛰어나다. 이 곡은 그의 말기 작품으로, 작곡기법이 가장 성

숙단계에 이르렀을 때 1943년에 완성했다. 곡은 교회력에 의한 6개의 절기별 성가 합창곡으로 성탄절, 승천, 수난주간, 대강절, 성금요일의 순으로 혼성8부 무반주 합창곡으로 작곡되었다. 특히 멘델스존은 이 곡에서 합창의 색채(음색)를 중요시하였으며 그의 뛰어난 8성부배치가 매우 효과적으로 작곡되었다. 주일예배 시 성가대의 찬양곡으로 적합하며 무반주 합창의 앤섬(Anthems)으로 좋은 모범이 되는 곡이라고 생각한다.

찬양의 송가(Hymn of Praise) Op. 52

이 곡은 멘델스존 생애의 말기 작품으로 베토벤이 작곡한 제9교향곡(합창)과 같이 교향곡의 4악장에 합창을 삽입한 합창교향곡(일명 "교향적 칸타타"라고 부름)으로 3명 소프라노, 메조소프라노, 테너(Soprano, Mezzo Soprano, Tenor)의 독창자와 혼성합창, 코랄(Choral)로 이루어지며 관현악 반주로 되어 있다. 1, 2, 3악장은 관현악으로 연주되며 4악장의 합창부분에서 바흐와 헨델의 영향을 받은 합창 칸타타로 작곡되었다. 멘델스존의 특징인 아름다운 낭만적인 선율과 뛰어난 성부배치와 구조(Texture)의 변화, 모방, 코랄, 푸가 등 뛰어난 기교와 창조적인 상상력을 이 곡에서 표현하고 있다.

서울신학대학교 대성전 및 교회음악관 건립기금 마련을 위한 교회음악과 합창연주회
1997년 11월 20일(목) 오후 7시 30분 햇불회관 사랑성전
G. F. Handel — MESSIAH

헨델의 메시아는 1742년 아일랜드의 더블린에서 처음 초연된 이래 많은 대중에게 깊은 종교적 감명을 불어넣은 작품이다. 메시아를 작곡하던 해까지 헨델은 심한 병(일시적으로 오른편 몸의 마비, 우울증, 불면증)에 걸려 있었고, 육체적으로 최악의 상태로 실의에 빠져 1742년 런던의 'Brook'가의 집에서 출입을 삼가하였다. 이 기간 중의 작곡 활동은 그가 병으로부터 전환할 수 있는 유일한 것이었다. 헨델의 메시아의 대본(대본은 구약성서에서 추린 것이지만 누구의 것인지 명확하지 않으며 pooley 목사가 작자로 간주되나 증거가 희박하고 Charles Jennes를 작자로 간주하기엔 메시아의 질이 그의 평범한 능력보다 우월하다. 그러나 대본을 보낸 사람은 C. Jennes로 알려져 있다)을 받은 후 고민하던 중 하나님의 계시와 영감으로 24일 동안 침식을 잊은 채 놀라운 정열과 혼신의 힘을 다하여 전

3막(3부)을 완성하였고, 1742년 4월 13일 헨델 자신의 지휘로 연주하여 큰 성공을 거두었다. 이때 합창단 수는 남자어른 4명과 소년 6명 등 총 20명과 30명의 오케스트라가 동원되었다.

메시아는 순수한 기독교적 작품으로 그리스도의 생애를 전 3막을 통하여 나타낸 것이지만 줄거리는 없다. 색채적이고 지배적이며 전통적 이태리 오페라, 영국의 앤텀, 독일의 수난곡의 영향을 받기도 했으며, 헨델의 개인적 신앙과 창조적 표현의 천재성, 영국 국교의 종교정신 등이 위대한 점이라고 볼 수 있다. 특히 서창과 영창이 매우 중요한 역할을 하며 합창과 잘 조화를 이루고 있다. 합창은 2중창풍의 기법과 설화적이고 묘사적인 기법을 사용하여 단조가 지배적인 바흐의 작품과는 달리 전반적으로 화려하다. 연주 방법에서 현대와는 다른 점들이 있는데 리듬을 예로 들면 이중 부점(Double dots, 겹부점)이 그 당시는 사용되지 않았으므로 ♩. ♪ (3:1)은 현대에 와서 연주되고 있지만 흔히 ♩.. ♪ (7:1)을 뜻할 수도 있으며 현재 이중 부점으로 연주되고 있다. 무엇보다도 명쾌한 프레이즈, 극적인 표현, 성악적 경향은 메시아의 음악적 특징이라고 할 수 있다.

전 3막(3부)으로 구성된 메시아는

• 제1부(예언과 그리스도의 탄생) 서곡 2, 서창 8, 영창 7, 합창 4(총 21곡)

처음 시작되는 서곡은 전통적인 프랑스 서곡 형식으로 되어 있으며 이것이 헨델 오라토리오의 특징이기도 하다. 전체적으로 밝고 온화한 분위기에 싸여 있으면서도 예언의 기분과 조용히 맴돌면서 솟구쳐 흐르는 흥분과 듣는 사람으로 하여금 저도 모르게 가슴을 설레게 하는 극적인 요소가 가득 차 있다.

• 제2부(그리스도의 수난과 속죄) 서창 5, 영창 7, 합창 11(총 23곡)

극적인 감정이 더 고조되어 가장 감동적인 부분을 이루고 있으며 전곡을 통해서 합창곡이 제일 많이 나오는 부분이다.

• 제3부(그리스도의 부활과 영생) 서창 2, 이중창 1, 영창 3, 합창 3(총 9곡)

마지막에 "죽임을 당하신 어린 양이 능력과 부와 지혜와 힘과 존귀와 영광과 찬송을 받으시기에 합당하도다"(계 5:12)라는 가사가 창조의 부분 합창으로 불리다가 딸림화음 위에 반마침하여 바로「아―멘」코러스로 이어진다. 아―멘이라는 단어만으로 푸가를 계속하다 메시아의 대곡을 끝맺는다.

헨델의 초인간적인 웅대한 작법으로 악절마다 감명 깊은 종교적인 심오한 색채가 넘쳐 흐르고 있다. 메시아는 생생한 종교적인 감정이 대중들에게 환호되어 메시아 하면 헨델의 대명사가 되어 버렸고 메시아는 그리스도의 일생을 서사적으로 그리는 것이 아니라 전 인류의 구세주인 하나님의 아들의 존재를 온 세상에 힘차게 주체적으로 호소하는 데 있다. 이 헨델의 뜨거운 가슴을 우리는 음악을 통하여서만이라도 느끼지 않으면 안 될 것이다. 메시아를 정말로 사랑하고 의미 있는 오라토리오로서 존중한다면 우리는 무엇보다도 그 위대함과 아름다움을 마음속 깊이 공감하면서 연주해야 한다. 그리고 마음속에서 진심으로 구세주의 탄생과 고난과 부활이 만민의 구원을 위해 이뤄진 것을 확인하여야 할 것이다.

서울신학대학교 제16회 교회음악과 합창연주회
1998년 11월 10일(화) 오후 7시 30분 햇불회관 사랑성전
Douglas Coombes — Mass
Felix Mendelssohn — Vom Himmel hoch,
O Great is the Depth from St. Paul, Op. 36

Mass

이 곡의 작곡가인 더글라스 쿰스(Douglas Coombes)는 20세기 영국의 작곡가이며 음악교육가이다. 그는 20여 년간 영국 BBC방송국의 음악프로듀서로 재직하였다. 그러다가 1988년부터는 더욱 많은 시간을 가르치는 일에 전념하기 위하여 방송국 프로듀서직을 사임하고 영국의 'National Junior Music'을 설립하였고 'New English Concert Ochestra'를 창단하였다. 이 곡은 그의 대표적 합창작품으로 평가받고 있다. 곡 전체의 조성은 선법적이며 악장의 종지(cadence)는 대부분 협화음으로 마무리된다. 각 악장마다 다양한 빠르기(Tempo)와 셈여림(Dynamics)의 변화를 통해 때로는 리듬적으로 때로는 선율적으로 보여지는 음악의 다양성과 전체적으로 통일된 화성적 구조(Harmonic Texture)가 이 곡의 특징이라 할 수 있다.

　• Kyrie(주여, 그리스도여, 우리를 불쌍히 여기소서)

　소프라노 솔로(Soprano Solo)로 시작되며 ABA형식의 3부분으로 되어 있고, 선율은 선법적이고 종지는 F장조의 1도화음으로 끝맺는다.

　• Gloria(하늘에는 영광, 땅에는 평화)

　다양한 빠르기(Tempo)의 박자의 변화(3/8, 3/4, 5/8, 3/8)가 특징적이며 전체는 8부분으로 나누어지고, 각 부분의 가사 변화에 따른 음악적 표현이 잘 나타난다.

　• Credo(사도들의 신앙고백)

　같은 리듬의 반복과 주제 선율의 재현과 발전이 통일성을 갖는다. 독창자

들과 합창의 교창(Antiphonal) 형식의 조화, 화성의 색채감 등이 특징이며, 다양한
악상의 변화로 가사의 내용을 풍부하게 표현한다.

- Santus, Benedictus(거룩, 축복)

이 곡은 전체적으로 느리고 여유 있는 템포로 구성되어 있으며, 역시 악상
과 화성에 있어 다양한 표현이 돋보인다.

- Agnus Dei(하나님의 어린양)

독창 부분의 셋잇단음표는 연속적인 선율로 부드러운 흐름 속에서 '하나
님의 어린양'을 노래한다. 평화를 갈망하는 듯한 템포와 악상으로 평온하게 곡
을 마무리 짓는다.

하늘로부터 오신 주(Vom Himmel hoch)

1827년부터 1832년까지 멘델스존은 5개의 합창 칸타타를 작곡하였다
("Christe, du Lamm Gottes", 1827; "Haupt voll Blut und Wunden", 1830; "Vom Himmel hoch 그
리고, Wir Glauben all an einen Gott", 1831; "Ach Gott vom Himmel sieh darein", 1832). 이 작품
은 바흐의 합창 칸타타에 필적하는 작품상의 특징을 보여 주고 있다. 6악장으
로 구성된 칸타타 "Vom Himmel hoch"(하늘로부터 오신 주)는 두 개의 솔로와 5부
합창 그리고 클라리넷과 혼을 포함한 '고전적' 오케스트라로 구성되어 있다. 이
것은 1535년 루터의 크리스마스 찬송의 7절을 기본으로 한다. 이것은 그 자신
이 1539년에 구성한 작품이다. 광대한 합창의 시작은 전체의 거의 반을 차지하
고 있으며 시작은 악기적인 도입과 함께 루터 찬송의 폴리포닉적 방법이 나타나
면서 첫 번째와 두 번째 절의 선율을 사용하였다. 첫 번째 바리톤(Baritone)의 아
리아(Aria)는 기교적이지 않으나 평온하고 거룩한 기운으로부터 완전히 완성된
다. 일반적으로 소프라노 아리아의 표현은 루터의 크리스마스 찬송 제8절에 기
초하고 있으며 그리고 12절에서의 바리톤의 리듬감 넘치는 감동적인 아리아와
연결되어 합창에 이어서 나오는 마지막 절의 찬송이 나타난다. 마지막 절의 찬
송은 최초의 엄격한 구조(Texture)로 나타나는데 이것은 폴리포닉 구조의 풍부한
성부의 종결적 선율들이다. 멘델스존의 교회음악은 많은 성악적 솔로와 오르
간, 오케스트라와 함께 연주되는 곡이 많다.

7개 절의 저녁기도 찬송 "Ave Maria stella"(불러라, 바다의 별)는 진정한 그
레고리안 성가의 형식을 갖고 있다. 멘델스존은 1828년 소프라노와 작은 오케
스트라를 위하여 조직하였으며, 레시타티브를 포함한 극적인 독창곡과 아리아
의 엄격한 동등성은 대가적인 면을 보여 준다.

주님의 풍요와 지혜는 깊다(O Great is the Depth) 사도바울 중

멘델스존의 3개의 오라토리오(사도바울, 엘리야, 그리스도) 중에서 21세 때 (1830년) 착상한 '사도바울'(1, 2부)의 영감이 흐르는 1부 마지막 합창곡이다. 멘델스존의 합창곡의 특징인 빠르기(Tempo)의 변화와 풍부한 폴리포닉 구조로 전개되는 극적이고 긴장감을 주는 곡이다. (오라토리오 중에서 가장 합창이 훌륭한 곡으로 평가되는 곡이다.)

서울신학대학교 제17회 교회음악과 합창연주회
1999년 11월 18일(목) 오후 7시 30분 햇불회관 사랑성전
G. F. Handel — MESSIAH

1997년 해설과 동일함.

성결인의 집 개관기념 제18회 교회음악과 합창연주회
2000년 11월 21일(화) 오후 7시 30분 서울신학대학교 성결인의 집 대강당
**J. S. Bach — Magnificat in D major BWV 243,
Mass in B minor 중 "Gloria"**

Magnifical in D major BWV 243

'마그니피카트'는 장엄하고 웅대하며 아름다운 가사의 내용으로 되어 있다. "받들어 모시다"의 뜻과 "마리아"에 대한 찬가와 마리아의 기쁨, 하나님에 대한 마리아의 믿음(삼하 2:1-10)의 내용과 누가복음 1장 46~55절에 바탕을 둔 가사로 성경의 신·구약에서만 발췌된 정해진 일정한 가사(Text)로 이루어진다. 이 곡은 작은 B단조 미사라고 불리기도 하며 바흐의 대표적 합창곡에 속한다. 많은 마그니피카트 중에서도 가장 많이 연주되고 널리 알려진 작품이며 처음 조성을 Eb장조로 작곡했으나 후에 D장조로 고쳐 가사(Text)가 잘 표현된 장엄하고 화려한 훌륭한 작품으로 평가된다. 1723년 완성되어 그해 성·토마스 교회에서 초연되었다. 전곡이 12악장으로 되어 있으며 5명의 독창자(Soprano I, II, Alto,

Tenor, Bass)와 혼성 5부(SSATB) 합창, 대편성의 관현악〔3개의 트럼펫(Trumpet)〕 등에 쳄발로(Cembalo)와 오르간(Organ)이 첨가된다. (가사는 라틴어 원문으로 되어 있으나 우리나라 말로 번역하여 연주한다.)

Cantata No. 51 중 I. Jauchzet Gott in allen Landen

온 천하 만민들아 여호와를 찬양하라!
온 하늘이여, 온 땅이여 그의 영광을 높일지어다.
또한 그의 자비하심과 긍휼을 감사드릴지어다.

Mass in B minor 중 "Gloria"

평생을 하나님의 영광을 위하여서만 작곡한 바흐는 생애 최고의 걸작인 B단조 미사를 남겼다. "서양 음악의 위대한 유산"(보통 미사와는 전혀 다른 형태의 미사)이라고 불리는 이 곡은 루터교회의 신자였던 바흐가 하나님에 대한 자신의 경외심을 표현한 작품으로, 위엄과 권위 또 극도의 환희에 이르는 표현의 다양성이 이 미사의 특징이다. 또 이 곡은 예배의식을 초월하여 인간 정신의 위대한 기념비의 하나로 "서구문명의 영원한 걸작"이라고 평론가들은 말하고 있다. 전 음악사를 통틀어 가장 뛰어난 합창기법(Voicing, 탁월한 성부배치)을 사용한 바흐는 6부의 통상문 미사로 1733년에 완성하고 바흐 생전에는 연주되지 못하고 100년 후인 1835년 베즈런 징그 아카데미에서 초연하였다. 합창이 큰 비중을 차지하는 이 곡은 5명의 독창자와 4~8부 혼성 합창으로 전 곡의 24편의 합창과 독창, 2중창으로 되어 있으나 오늘 연주는 Gloria 부분(9악장)만 연주한다. (가사는 라틴어 원문으로 연주함.)

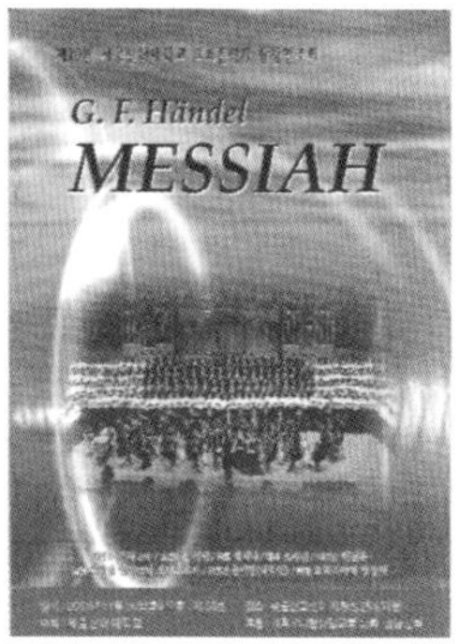

서울신학대학교 제19회 교회음악과 합창연주회
2001년 11월 20일(화) 오후 7시 30분 햇불선교센터 사랑성전(양재동)
G. F. Handel — MESSIAH

1997년 해설과 동일함.

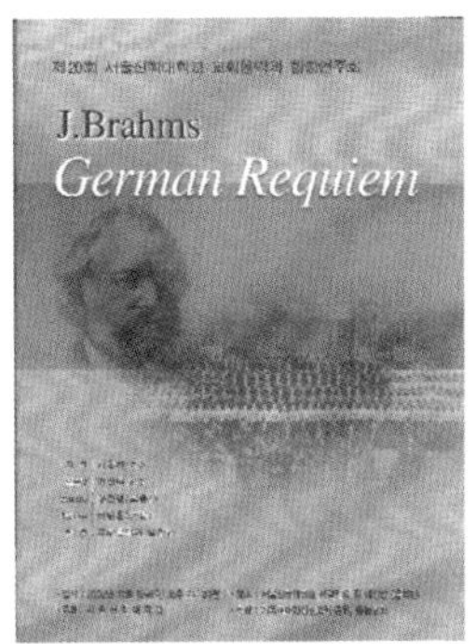

서울신학대학교 제20회 교회음악과 합창연주회

2002년 11월 19일(화) 오후 7시 30분 서울신학대학교 성결인의 집 대강당

J. Brahms — German Requiem 독일레퀴엠

1986년 해설과 동일함.

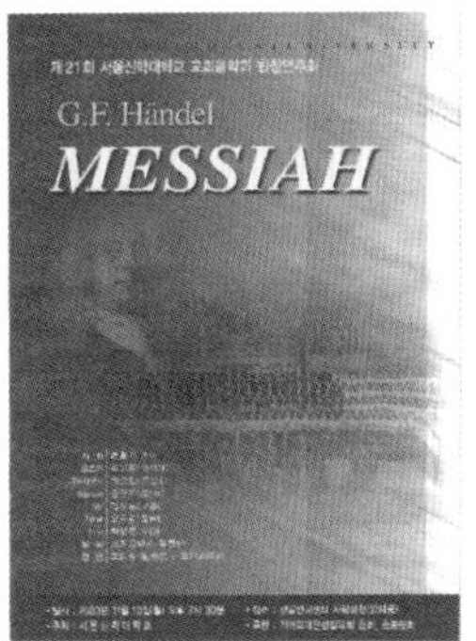

서울신학대학교 제21회 교회음악과 합창연주회

2003년 11월 10일(월) 오후 7시 30분 횃불선교센터 사랑성전(양재동)

G. F. Handel — MESSIAH

1997년 해설과 동일함.

서울신학대학교 제22회 교회음악과 합창연주회

2004년 11월 18일(목) 오후 7시 30분 서울신학대학교 성결인의 집 대강당

Felix Mendelssohn — St. Paul 사도바울

1988년 해설과 동일함.

연보 및 정리: 조한나, 김윤희

3_Episode

정기연주회

1985년 첫 연주는 유관순기념관에서 했던 메시아였어요. 학교에서는 정기연주회를 할 때 독창자를 외부에서 데려오자 이야기했지만 저는 생각이 달랐어요. 해마다 연주를 하려면 학교에서 학생들을 발굴하고 공부할 수 있는 기회를 주자는 의견이었죠. 지금 생각해 보면 방과 후에도 학생들이 모여 열심으로 잘 따라와 주었어요.

교회음악과 전교생이 1년 동안 준비하는 것이다 보니, 연습하는 과정이나 이에 따른 예산 등 어려운 문제들이 많았어요. 연주가 다가와 수업이 끝나고 연습을 하려면 학생들이 밥이라도 먹어야 할 텐데… 그런 문제들 말이죠. 그 시기에 대학원 합창지휘과를 만들어서 대학원 학생들도 끝까지 함께 남아 있었고, 각 파트별로 흩어져 연습을 시키며 도왔어요. 대학원 학생들은 또 다른 실습의 기회가 되었으니 좋은 방법이었죠. 학생들이 집중하여 함께하는 것이 참 중요한데 그 모습이 대견스러워 박수를 보냈어요.

합창 교육의 중요성

어떤 사람들은 합창의 중요성을 잘 몰라요. 음대에서 합창을 하면 개인적인 음악 발전에 피해가 간다고 말하는 사람들도 있었어요. 하지만 합창은 사회성은 물론이고 적극성을 길러 주고 음악성도 기르는 아주 좋은 성장의 수단이에요. 무엇보다 합창을 계속하다 보면 음정 피치의 감각이 생기게 되죠. 또 음악성이 매우 발전하는데, 많은 곡들을 접하면서 작곡가의 의도를 파악하고 음악에서 표현해야 하는 것과 또 조금 덜어 내야 하는 것들을 자기도 모르는 사이에 몸으로 배우게 돼요. 합창의 매력에 동화되어 실제로 서울신대 동문들이 많은 국립, 시립 프로합창단 단원으로 활동하고 있어요.

또 한 가지는 노래를 아무리 잘한다고 합창을 다 잘하는 것은 아니에요. 합창은 개인 소리만 너무 튀어서도 안 되고, 또 옆의 언니나 동생이 하겠지 하며 나는 적당히 어느 정도만 해야지 하고 최선을 다하지 않아도 안 되는 것이죠. 모두에게 피해를 주는 겁니다. 예를 들어 서울신학대학교 정기연주회 때 가끔 선배들이 도우러 왔어요. 미리 와서 연습이나 리허설 때 합을 잘 맞춰 본 선배들은 연주에 많은 도움을 주었어요. 문제는 실력이 아무리 있어도 함께 맞춰 볼 시간 없이 한두 번 불러 보고 그냥 연주에 서는 것은 안 오느니만 못하다는 거예요. 지휘자를 잘 보지 않아서 혼자 튀어나오거나 너무 소리를 크게 지르면 음악적으로 상당한 피해를 주게 돼요. 숨을 쉬어야 하는 곳에서 한 사람이 끌고 있으면 전체 음악이 틀린 겁니다. 합창은 성실성과 최선을 다하는 것을 배울 수 있어요. 최선을 다하는 것은 혼자 크게 절제 없이 부르는 것과는 달라요. 연습 시간에 연습된 것을 실전에 최선을 다해 표현해야 해요. 옆의 사람들을 믿고 들어야 합니다.

합창지휘대학원 설립과 과정에 관해

학교에서 학생들을 가르치면서 교회음악과 대학원에 반드시 합창지휘과가 생겨야 한다고 생각했어요. 그렇게 많은 설득 끝에 어렵게 설립된 합창지휘대학원에 매년 1명의 학생을 뽑을 수 있었어요. 처음에는 그랬는데 시간이 지나면서 다른 대학원 모집 정원까지 더해지면서 2명, 3명 이상의 학생이 들어오던 해도 있었죠. 자리를 잡은 합창지휘대학원은 인기가 많았고 경쟁률이 상당했어요. 실력이 있어도 소수를 뽑기 때문에 못 들어오던 학생들도 많았고, 재수 삼수하여 입학하던 친구들도 있었어요.

합창지휘대학원 교육 철학

대학원 학생들에게는 학부생들과는 또 다르게 굉장히 엄하게 했어요. 지휘자는 리더예요. 많은 사람들에게 음악을 가르치고 설득하는 사람이죠. 음악이라고 대충 하는 것이 아님을 가르쳐야 했어요. 공부가 힘들어 눈물 흘리던 학생들도 많았어요. 남학생 여학생 할 것 없이 눈물을 쏙 빼면서 공부했습니다. 합창지휘대학원에 입학하면 카펠라합창단 부지휘자를 하게 했고, 대학합창단인 친구는 대학합창단 부지휘자를 1학기라도 반드시 맡겼어요. 지휘자 교육이기 때문에 수업이나 이론적인 것 이상으로 실제로 부지휘자를 경험하면서 배우는 게 많기 때문이에요.

그리고 '리사이틀 코랄'이라는 수업을 만들었어요. 리사이틀 코랄은 교회음악과의 대학원생들이 (다른 음악 전공 대학원생들도) 필수로 듣는 수업으로, 교회

음악과가 아닌 타 학과 학생들도 몇몇 있었어요. 지휘법 세미나를 하는 동시에 합창지휘 전공 학생들은 한 학기에 2, 3인씩 돌아가며 지휘자로, 다른 학생들은 합창단 단원이 되어 리허설 연습도 하고, 졸업 연주까지 자연스럽게 연결되도록 시스템을 만들었어요. 합창의 특성상 사람들을 개인적으로 모아서 졸업 연주를 하는 것은 상당히 부담스러운 일이에요. 그렇게 리사이틀 코랄 수업 학생들 중 합창에 관심이 있거나 지휘에 관심 있는 3, 4학년 학생들을 더해서 졸업 연주를 잘 마쳤어요. 카펠라가 모든 대학원 학생들의 졸업 연주를 해주기에는 다른 연주 일정이 많았기에 수업을 만들어 서로의 부담을 줄여 주는 아이디어를 낸 것이죠.

참관 수업도 만들었어요. 저의 유학시절에 가장 중요하게 생각했던 것이 참관 수업이었어요. 그 당시 저의 교수님이 마지막 학기에 참관 수업을 추천하셨죠. 미국 전역으로 합창단 리허설과 연주를 참관하는 수업이었어요. 비행기를 타고 가서 참관하기도 했어요. 이때 참관 수업의 중요성을 크게 느꼈고, 서울신대 합창지휘대학원에도 접목시켜 한 달에 1번, 한 학기에 4번 반드시 참관수업을 다녀와 리포트를 내게 했어요. 시립합창단에 다녀오도록 했는데, 주로 인천시립 윤학원 선생님, 수원시립 이상길 선생님, 안산시립 박신화 선생님이 학생들에게 참관 기회를 주어 고마웠어요. 기타 다른 합창단에 가서 직접 연습 리허설과 연주를 보게 했고, 효과는 매우 컸어요. 또 제가 연대나 중앙대에서 합창 수업을 할 때도 서울신대 지휘과 학생들을 직접 오게 하여 다른 학교 수업도 참관해 보도록 했어요.

합창지휘대학원 에피소드

첫 번째 제자가 일본 사람 다께다 기꾸꼬였어요. 한국에 교회음악을 배우러 왔다고 했죠. 본래 성악과로 입학을 원했는데 성악과에서는 이 학생을 뽑지 않을 거라는 말에, 합창지휘를 공부해 보라 권유했고 서울신대 합창지휘대학원 첫 학생이자 나의 첫 제자가 되었어요. 서로 말이 안 통해서 손짓 발짓으로 가르쳤습니다. 지금 와서 하는 말이지만 논문도 거진 내가 타이핑해 주었어요. 다께다 기꾸꼬 상이 존 루터의 '복 주시고' 외 여러 곡들을 처음으로 일본어로 바꿔 주었고, 그 찬양을 카펠라와 다른 많은 합창단이 일본에 가서 할 수 있었어요. 그 친구를 2024년 정신콰이어와 마지막으로 함께 갔던 시즈오카 지역에서 만

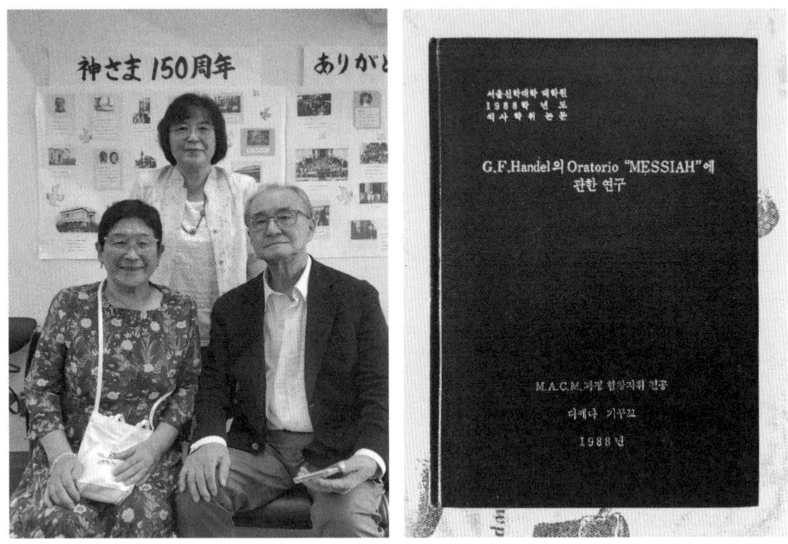

왼쪽 2024년에 교수님과 재회한 다께다 기꾸꼬. **오른쪽** 다께다 기꾸꼬의 졸업 논문.

날 수 있었죠. 학생 때부터 본인은 한국 목사와 결혼하여 선교를 하고 싶다 했는데 그렇게 살고 있었어요.

프로 합창단을 경험하면서 학생들을 지도하시는 것과 달랐던 점

인천시립 지휘자 당시 나에 관해 썼던 한 학생의 논문을 보면 내 하루 일과 시간표를 넣어 놓은 것이 있어요. 그때는 정말 바빴어요. 쉴 틈이 없었죠. 솔직히 시립합창단은 어느 정도 실력이 갖춰진 프로 단원들과 한다는 장점도 있지만, 지휘자가 국장급이라 여러 술자리와 회의에 참석해야 했어요. 시간이 없고 워낙 그런 자리를 즐기지 않아 잘 안 나갔습니다. 진심으로 바쁘기도 했고 이런 부분이 나와 잘 맞지 않다고 느껴 시립합창단을 그만두고 바로 안식년에 들어갔어요.

교회음악과 지휘자 양성을 위해 특별히 신경 쓰신 일은

서울신대 교회음악과가 교회 음악 발전을 위해 큰일을 많이 했습니다. 이는 대학 내에서도 그랬지만, 당시 각 고등학교 학생회장, 부회장, 음악부장들

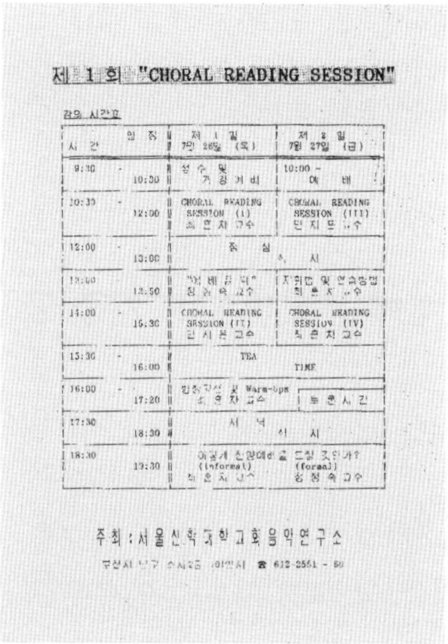

제 1 회 "CHORAL READING SESSION"

강의 시간표

시간 \ 일정	제 1 일 7월 26일 (목)	제 2 일 7월 27일 (금)
9:30 - 10:30	성수 및 개강예배	10:00 - 예배
10:30 - 12:00	CHORAL READING SESSION (I) 최훈차 교수	CHORAL READING SESSION (III) [illegible] 교수
12:00 - 13:00	중식	
13:00 - 13:50	"[illegible]" [illegible] 교수	지휘법 및 연습방법 최훈차 교수
14:00 - 15:30	CHORAL READING SESSION (II) [illegible] 교수	CHORAL READING SESSION (IV) 최훈차 교수
15:30 - 16:00	TEA TIME	
16:00 - 17:20	합창발성 및 Warm-ups 최훈차 교수	[illegible] 시간
17:30 - 18:30	석식	
18:30 - 19:30	어떻게 찬양예배를 드릴 것인가? (informal) 최훈차 교수	(formal) 정정숙 교수

주최 : 서울신학대학교회음악연구소

[illegible] ☎ 612-2551 - 60

제1회 교회음악 세미나 코랄 리딩 세션(1990. 7. 26.).

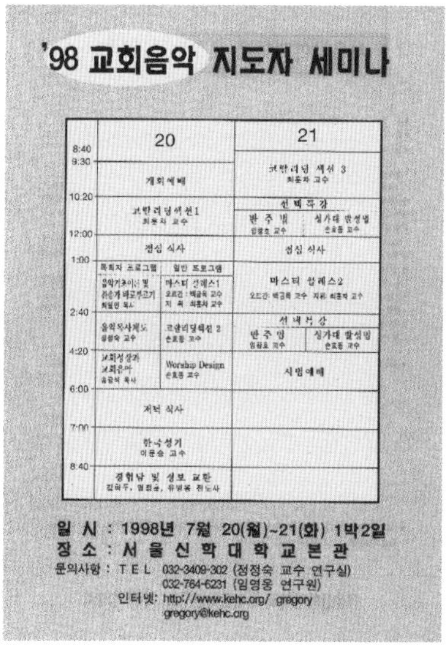

'98 교회음악 지도자 세미나

시간	20		21	
8:40 - 9:30			코랄리딩 세션 3 최훈차 교수	
9:30 - 10:20	개회예배			
10:20 - 12:00	코랄리딩세션1 최훈차 교수		선택특강: 반주법 임영호 교수	성가대 발성법 손호동 교수
12:00 - 1:00	점심 식사		점심 식사	
1:00 - 2:40	목회자 프로그램: 음악커뮤니케이션 및 [illegible] 최일인 목사	일반 프로그램: 마스터 클래스1 오르간 : 백금옥 교수 지휘 : 최훈차 교수	마스터 클래스2 오르간: 백금옥 교수 지휘: 최훈차 교수	
2:40 - 4:20	음악목사제도 정정숙 교수	코랄리딩세션 2 손호동 교수	선택특강: 반주법 임영호 교수	성가대 발성법 손호동 교수
4:20 - 6:00	교회성장과 교회음악 송금석 목사	Worship Design 손호동 교수	시범예배	
6:00 - 7:00	저녁 식사			
7:00 - 8:40	한국성가 이문승 교수			
8:40 -	경험담 및 정보 교환 [illegible] 전도사			

일 시 : 1998년 7월 20(월)~21(화) 1박2일
장 소 : 서 울 신 학 대 학 교 본 관
문의사항 : T E L 032-3409-302 (정정숙 교수 연구실)
032-764-6231 (임영웅 연구원)
인터넷: http://www.kehc.org/ gregory
gregory@kehc.org

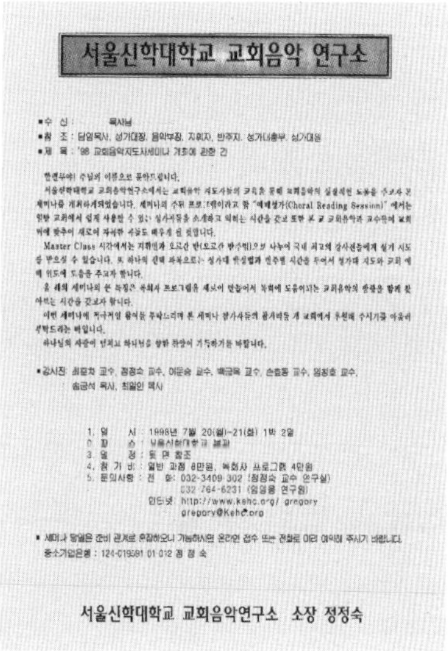

서울신학대학교 교회음악 연구소

▪수 신 : 목사님
▪참 조 : 담임목사, 성가대장, 음악부장, 지휘자, 반주자, 성가대총무, 성가대원
▪제 목 : '98 교회음악지도자세미나 개최에 관한 건

할렐루야! 주님의 이름으로 문안드립니다.

[illegible]

▪강사진: 최훈차 교수, 정정숙 교수, 이문승 교수, 백금옥 교수, 손호동 교수, 임영호 교수,
송금석 목사, 최일인 목사

1. 일 시 : 1998년 7월 20(월)~21(화) 1박 2일
2. 장 소 : 서울신학대학교 본관
3. 일 정 : 뒷 면 참조
4. 참 가 비 : 일반 과정 8만원, 목회자 프로그램 4만원
5. 문의사항 : 전 화: 032-3409-302 (정정숙 교수 연구실)
032-764-6231 (임영웅 연구원)
인터넷: http://www.kehc.org/ gregory
gregory@Kehc.org

▪ 세미나 당일은 준비 관계로 혼잡하오니 가능하시면 온라인 접수 또는 전화로 미리 예약해 주시기 바랍니다.
중소기업은행 : 124-019581 01-012 정 정 숙

서울신학대학교 교회음악연구소 소장 정정숙

1998년도 교회음악 지도자 세미나(1998. 7. 20.).

을 초대해 모임을 가지며 음악에 관심 있는 학생들과도 많은 소통을 하려 했어요.

특히 기억나는 것은 학교 안에서 열었던 교회음악 세미나예요. 지휘자들을 모아서 세미나를 열고 합창곡 리딩도 하고 지휘도 가르쳤어요. 지금은 획기적 세미나나 각 출판사에서 합창곡 리딩을 하는 프로그램들이 많지만 그때는 없었죠. 내 기억이 맞다면 기관 중에서 처음으로 서울신대가 리딩 세션을 만들

어서 진행했고 그 당시 많은 아마추어 프로 지휘자들이 프로그램에 참석했어요. 이러한 학교의 노력이 있었기에 서울신대 교회음악과를 더 성장시킬 수 있었어요.

학교 음악 도서관에 본인의 악보 기증 등 애정이 많으셨는데

학교에 부임해서 6개월 정도는 음악 도서관에 있는 기존 자료들을 파악하려고 매일같이 드나들었어요. 합창은 무엇보다 연주 프로그램이 상당히 중요해요. 보유 악보를 파악하려 시간만 있으면 도서관에 가서 살았지요. 처음에 미국 사람들이 서울신학대학교를 세웠기 때문인지 악보가 꽤나 있었어요.

교수들이 학교에 신청하면 책이나 악보를 구입해 놓을 수 있었는데 합창곡은 별로 안 사 두었어요. 제가 악보들을 파악하고 나서는 그 뒤로 합창곡만 계속해서 샀어요. 그래서 서울신대 음악 도서관에는 합창 관련 책과, 악보, 음반들이 아주 많이 있었습니다. 그 당시 우리나라 음악 도서관에는 없는 특별한 규모였기에 그 소문이 나 다른 학교 학생들도 합창 관련 책과 악보를 보기 위해 서울신대를 찾아오곤 했어요.

미국 합창 페스티벌에 가서도 300만 원, 500만 원어치의 악보를 사 오곤 했죠. 대한음악사에 가서 오페라 CD나 자료들도 많이 구입하여 계속 모았어요. 공부하는 학생들, 지휘자들에게 악보나 문헌은 반드시 필요해요.

조금 특별한 수업

학생들에게 좋은 악보, 좋은 음반 고르는 방법도 가르쳤어요. 지금처럼 컴퓨터나 스마트폰으로 음악이나 악보를 쉽게 접하게 된 것이 불과 몇 년입니다. 제가 학생들을 가르칠 때는 악보나 음원을 직접 찾고 본인 스스로 검증해 가며 공부해야 했기 때문에 좋은 CD, 음원, 악보를 고르는 방법도 가르쳤죠. 가끔 종로나 낙원상가 쪽으로 학생들을 다 데리고 나가서 중고 CD 파는 가게에 들러 저렴하게 어떤 걸 사야 하는지 알려줬어요. 이것은 제 개인적인 경험으로 실제로 국내든 해외든 중고 음반 가게에서 보물 같은 물건들을 많이 찾아냈기에 그 노하우를 이야기해 준 거예요.

다시 초빙교수로 오시게 되었을 때

학교를 그만뒀다가 다시 초빙교수로 불러주어 갔을 때 내 수업을 전혀 들어 본 적 없던 학생들을 새롭게 만났기에 채플 콰이어가 어려웠어요. 합창이 잘 안되어서 스스로 연구를 참 많이 했어요. 잠도 못 자며 고민 끝에 리더가 중요하니 우선 학생 대표를 잘 세우고, 그동안의 내가 해오던 수단과 방법을 다 바꿨어요. 훨씬 더 쉽게 레벨을 낮춰서 학생들에게 농담도 하고, 다른 방향으로 시도해 보았지요. 그랬더니 2년 차 때는 아이들이 많이 바뀌었어요. 그때 깨달은 것은 교수가 열심히 하면 아이들이 좀 부족하더라도 어느 정도는 반드시 바뀐다는 걸 또 한 번 느꼈어요.

인터뷰: 조한나[2023년 3월 6일(월)~2024년 7월 15일(월), 12회 진행]

카펠라합창단 1985_____2005

1_Birth

카펠라합창단, 선교 합창단 이름으로 시작되다

1985년 서울신학대학교에 부임한 것은 물 흐르듯 쉽게 진행되었어요. 하지만 카펠라합창단을 만드는 과정은 쉽지 않았죠. 처음 부임했을 때 다른 합창 수업들은 구성되어 있었지만, 신학대학교임에도 학교를 대표하는 합창단이 없었어요. 모범이 되고 외부로도 선교 활동을 할 수 있는 합창단을 만드는 것은 중요하다 생각해 조직해야겠다는 판단이 강하게 들었어요.

예산이 들어가기 때문에 다른 교수들의 반대가 심했지만 지속적으로 설득했고 개인적으로 몇몇 교수들을 만나서 부탁하고 끈질기게 설득했어요(3월 출근하기 전 1월부터는 학교에 왔다 갔다 했고, 2월부터 설득을 시작했습니다).

마침 그 당시 학장이던 이상훈 교수가 에즈베리대학교 출신이었어요. 에즈베리대학교는 4개의 합창단을 조직해 선교의 사명을 다하는 학교라는 기억이 강해요. 제 개인적으로 아주 중요한 경험이었는데 이 중 한 합창단이 유학 가기 전 정신여고에 온 적이 있어요. 그 합창단의 노래를 듣고 상당히 충격을 받았고 강렬한 도전을 받았던 기억이 났습니다. 합창단 한 팀 때문에 에즈베리대학교가 엄청 발전하게 되었는데 이와 같은 합창단이 서울신대에도 꼭 필요하다며 설득했어요. 이상훈 학장은 그 팀 이름이 뭐냐고 기습적으로 내게 물었고 정확히 기억하고 있던 내가 'Asbury University Singing Ambassador' "노래하는 대사"라고 하니 맞다며 서로 웃었지요.

카펠라 신입단원 모집 포스터.

최훈차 교수님과 성기문 간사(2001. 6. 25.).

이러한 설득 끝에 결국 모든 교수들의 만장일치 찬성으로 합창단을 조직하게 되었고, 1년에 300만 원씩 예산을 받을 수 있었어요(그중 100만 원은 나중에 민지은 교수가 지휘하는 또 다른 앙상블 합창단에게 주었습니다).

그렇게 가칭 서울신학대학교 "선교 합창단"이라 이름을 붙인 합창단이 조직되었고 학생들을 모집하여 선발했어요. 1985년 5월에 이뤄진 일이니 정말 서울신학대학에 부임하자마자 했던 일이었어요. 그리고 6월 말에서 7월 초 즈음 처음으로 48명가량의 단원이 지방 순회를 했습니다.

합창단을 조직한다고 하니 처음에는 자기 이익을 위하여, 단순한 호기심으로 들어오던 학생들도 하나님께서 주신 사랑과 복음의 찬양을 통해 성장했어요. 점점 노래하는 기쁨과 잔양하는 사명감을 깨달았어요. 힙숙훈련이나 여러 훈련을 통해서도 아이들이 조금씩 더 변해 갔어요. 매년 여러 지역에서 하던 카펠라(선교합창단) 순회연주를 보고 서울신학대학교에 지원하는 학생들도 생겨났어요. 저절로 학교 홍보도 된 것이었죠.

성기문 목사가 큰 역할을 했어요. 졸업해서 간사로 일하며 뒤에서 많이 도와줬고, 학교 행정적으로 단원들과 나 사이에서 애를 많이 써 주었어요. 처음에 카펠라 연습 시간은 특별활동 동아리와 같이 별개였으나 이후에는 수업 시간으로 인정받아 학점을 받기도 했어요.

카펠라합창단의 연습 시간이 아침 7시부터인 탓에 교수회에 들어가지 못했지만, 카펠라 단장으로 매년 신학과 목사님 한 분씩을 반드시 추대하였고, 일본 미국 등 순회연주에도 교수들을 초청해 동행했어요. 김정환 목사를 비롯해

카펠라합창단과 함께한 교수님들은 늘 카펠라합창단을 아낌없이 지원했어요. 카펠라합창단이 외부에서 영향을 끼치고 복음이 전파되는 것을 직접 느꼈으니 더 이상 큰 설명은 필요 없던 것이죠. 그로 인해 저도 편하게 학교에 요청할 수 있었고, 많은 도움을 받았어요. 또 후에는 염철수 교회음악과 교직원의 도움을 많이 받았어요. 염철수 교직원은 후에 아너스카펠라 합창단 단원으로도 오랫동안 함께했습니다. 역대 단장님, 학교 교수님들, 직원분들 등 카펠라합창단을 위해 여러 모양으로 도움 주신 분들께 이 기회를 통해 진심으로 감사합니다.

카펠라합창단의 이름(1989)

원래 1985년부터 가칭 서울신학대학교 선교합창단으로 활동하다 '카펠라합창단'이라는 이름을 지었어요. 이름에 대해 고민이 많았어요. 학생들에게 이름을 공모하기도 했으나 좋은 이름이 나오지 않아서 결국 제가 정했는데 '합창'이라는 뜻도 있고 '교회의 우두머리'라는 뜻인 카펠라로 정했죠. 교회음악과에 적합한 이름이라 생각했어요. 수소문해서 알아보니 유럽 학교에서는 이미 카펠라라는 이름이 여기저기 있었는데, 한국에는 없었어요.

카펠라로 개명 후 1기 멤버.

카펠라합창단 단원의 선정 기준

맨 처음에는 오래 함께해야 하니 1, 2학년 학생 비율을 더 많이 했지만 4 학년 친구들도 꽤 있었어요. 음악도 문제지만 제가 생각하기에 신앙적으로 사 명도 있어야 하고 믿음도 있어야 했습니다. 또 합창단을 만들어 가는 목적 의식 도 있어야 하고 서로 협동도 되어야 했어요. 적응하는 데 당연히 시간이 걸렸지 만 학생들이 잘 따라와 줬어요. 음악과 찬양하는 것을 진심으로 좋아하게 되면 실력과 신앙은 자연스럽게 자랄 수 있기에, 조금 부족한 학생이라도 발전 가능 성이 있으면 뽑았어요.

새벽 연습을 만든 이유

카펠라 단원들은 카펠라 정기연주회, 서울신대 정기연주회, 지방 순회 및 각종 수업 연주들과 학교 수업도 병행하다 보니 당연히 연습 시간을 확보하기 어려웠어요. 학생들도 꽤나 바빴지요. 그래서 고민 끝에 강수를 둔 것이 화요일 6시 50분까지 와서 7시부터 연습할 수 있는 학생들만 단원으로 받았어요. 그 시 간에는 저도 학생들도 약속이 생길 수 없는 시간이에요. 그렇게 화요일에는 새 벽 연습, 금요일에는 오후에 연습했어요. 이것은 카펠라 전통이 되었고 아침에 못 하겠다 하는 학생들은 처음부터 받지 않았어요.

아침 연습 때는 학생들이 대부분 아침을 못 먹고 오니 임원들이 커피와 토 스트를 미리 준비하도록 했어요. 처음에는 무엇 무엇 준비하라 내가 가르쳤지 만, 나중에는 선배들이 후배늘에게 살 선날하며 모닝 커피가 하나의 문화로 자 리 잡았어요. 아침 당번뿐 아니라 모든 임원과 담당자들이 그렇습니다. 저도 때 마다 늘 설명하지만 선배들이 하는 것을 보면서, 후배들이 자동적으로 많은 것 들을 습득했어요.

2박 3일 합숙훈련 프로그램

모든 순회 전에는 2박 3일 동안 합숙하며 함께 협동하는 프로그램을 진행 했어요. 본인의 시간을 들여야 했지요. 합숙은 순회연주 전 팀워크를 상당한 수 준으로 끌어올릴 수 있는 효과적인 시간이었어요. 이 시간에는 오로지 음악의

6월 19일 (목)		6월 20일 (금)		6월 21일 (토)	
시간	내용	시간	내용	시간	내용
9:00	집합	6:00	기상	6:00	기상
9:00~9:30	연습준비	7:00~7:30	기도회	7:00~7:30	기도회!
9:30~10:00	오리엔테이션	7:30~8:10	프롬나드	7:30~8:10	프롬나드
10:00~12:00	합창연습	8:10~9:00	아침식사	8:10~9:00	아침식사
12:00~1:00	점심식사	9:00~12:00	연습 (1부발췌곡)	9:00~11:00	연습
1:00~1:30	무대훈련	12:00~1:00	점심식사	11:00~12:00	평가연주
1:30~3:00	연습 (저녁건식)	1:00~1:30	무대연습	12:00~1:00	식사
3:00~4:00	연습	1:30~2:00	오리엔 레이션	1:00~2:00	출발가 및 낭석
5:00~5:30	오리엔테이션	2:00~5:00	연습 (1부발췌곡)	2:10~	폐회
5:30~6:30	저녁 소평	5:00~6:00	저녁연습및시험		
6:00~7:30	저녁식사	6:00~7:00	저녁식사		
7:30~8:30	연습	7:00~8:00	휴식 (저녁당기다리)		
8:30~9:30	저녁연습및시험	8:00~8:30	조별합창대회및연습		
9:30~10:00	무대훈련	9:30~10:00	음악감상		
10:00~10:30	간식 (좌담회)	10:00~10:30	간식		
10:30~11:00	취침준비	10:30~11:00	취침준비		
11:00~11:30	점호	11:00~11:30	저녁기도회및점호		
11:30~	취침	11:30~	취침		

제3회 합창훈련 일정표.

표현을 위한 훈련에 포커스를 두었어요. 이것이 아주 중요한데 이때는 합창 연습 없이 주로 협동 훈련만 시켰어요. 조별로 게임도 하고, 식사 노래, 감사 노래, 협동하는 연습을 시켰습니다.

때마다 꼭 하나의 곡을 정해서 아주 깊게 연습시켰는데, 깊게 연습시킨다는 것은 그 음악을 느끼게 하는 훈련이었어요. 많이 반복하다 보면 아이들이 가사를 통해, 또 음악의 분위기를 통해 그 노래와 찬양을 깊게 느끼고 눈물을 흘리곤 했죠. 아이들의 순수성이 높을수록 눈물을 빨리 보이곤 했어요.

그뿐 아니라 게임하면서 노래하고, 체조하고, 배식하면서 조별로 감사하고, 조별로 깊게 대화하는 시간도 갖게 했습니다. 아침 체조로 시작해 늦은 저녁까지 이런 여러 가지 프로그램으로 2박 3일간 훈련을 하면 아이들이 많이 배우고 나오곤 했어요. 노래하면서 눈물도 한번 흘려보고 가슴 뭉클한 것도 경험해 보는 것이 참 중요해요. 가사를 진실되게 설명한 뒤에 반복하면서 느끼며 노래하게 했어요. **QR 138** 호주 순회 합숙훈련 일정표(1999).

실천이 수준이다

실천이 수준이라는 말은 카펠라 출신은 누구나 압니다. 끊임없이 강조했지요. "실천하는 것이 그 사람의 수준이다." 안다고 말해도 실천하지 않으면 모르는 것과 같아요. 모르면 배우면 되는데 알면서도 안 하는 것은 수준이 그만큼 떨어지는 것이죠. 머문 곳을 깨끗하게 치우는 것, 우리가 버린 쓰레기 없이 청결하게 하는 것, 대접받은 식사 그릇을 각자가 정돈하는 것, 좋은 것을 권유하고 청하는 훈련, 반대로 대접받는 것을 당연히 여기지 않아야 해요. 인사나 감사 훈련은 입이 아플 정도로 말하고 가장 중요하게 생각하도록 했어요. 이런 생활적인 면에서 오히려 감동을 얻고 복음이 전달되는 경우가 많았어요. 이걸 느낀 아이들은 자연스럽게 음악에서도 그 성실함과 순수함이 연결되어 나타납니다.

인터뷰: 성기문, 김윤희, 길현정, 조한나(교회음악과 Birth 인터뷰 기간과 동일)

2_Repertoire

카펠라합창단 역대 연주곡목

작곡가	곡명	비고
Abel Baer(1893~1976)	I miss my Swiss 그리운 내 고향	
Adger M. Pace(1882~1959)	The happy jubilee 영원한 하늘나라	
Alice Parker(1925~2023)	Seekin' for a city 주의 나라 가네	
Allen Koepke(1939~2012)	Missa Brevis	
Al Hoffman(1902~1960) & Norman Gimbel(1927~2018)	Whale of a tale(from "20,000 leagues under the sea", Arr. Harry R. Wilson, 1871~1915) 고래잡이	
Andraé Crouch(1942~2015)	My tribute 나의 찬미	
Antonin Dvorak(1841~1904)	Stabat mater	
Antonio Scandello(1517~1580)	The little white hen 작은 암탉	
Anthony Newly(1931~1999)	Gonna build a mountain 산에 올라가세	
Arthur Sullivan(1842~1900)	푸른 바다를 항해할 때	
Aurelia Scogin(1923~2008)	Agnus Dei 아뉴스 데이	
B. Adams	For God so loved the world 하나님 세상을	
Bengt Hallberg(1932~2013)	Glory 영광	
Benjamin Britten(1913~1976)	Ad Majorem Dei Gloriam(A.M.D.G.) 중 　　III. O Deus, ego amo te 주를 사모하나이다	
	A ceremony of carols, Op. 28 캐롤의 제전 중 　　1. Procession "Hodie Christus natus est" 　　6. As Dew in Aprille 　　7. This Little Babe 　　11. Deo gracias	
	Company of heaven 중 　　Heaven is here 알렐루야	
	Rejoice in the lamb 어린 양 안에서의 기쁨	
Bradley Ellingboe(b. 1958)	Paul and his chickens 귀여운 꼬마가 닭장에 가서	
Charles Camille Saint-Saëns (I835~1921)	Mass, Op. 4	한국초연-1992년 서울신학대학교 카펠라합창단 정기연주회
	Oratorio de Noël, Op. 12 크리스마스 오라토리오	
Charles-François Gounod (1818~1893)	Gallia, CG 40 갈리아	
Charles Theodore Pachelbel (1690~1750)	Magnificat	
Charles Villiers Stanford (1852~1924)	The song of symeon 시므온의 노래	
Cleavant Derricks (1910~1977)	Just a little talk with Jesus(Arr. Paul Mickelson, 1928~2001) 나와 함께 하시는 주	
Dale Peterson(b. 1948)	Alleluia 알렐루야	
Daniel Pinkham(1923~2006)	Alleluia 알렐루야	
	Psalm 23 시편 23편	
	주여 당신을 찬양합니다	

David Henry Williams (b. 1919)	On the passion of Christ 그리스도의 고난	
David Ingles	Our king of kings(Arr. Rick Powell, 1935~2006) 왕 중의 왕	
Dick tunney & Melodie tunney	I say rejoice! 기쁜 노래 부르자	
Dieterich Buxtehude (c. 1637~c. 1707)	Cantate Domino canticum novum, BuxWV 12 주께 찬양드리세	
D. M. Hines	교회의 참된 터는	
Douglas Coombes(b. 1935)	Te Deum 테 데움	
D. Thomson(Arr.)	주는 나의 목자	
Duane Funderburk(b. 1954)	Jesus, Thy blood and righteousness	
Ed Lojeski(?~2020)	Hap-hap-happy snowman 행복한 눈사람	
Edward Gregson(b. 1945)	즐거운 소리로 주께 찬양	
Egil Hovland(1924~2013)	Saul, Op. 74 사울	
Emily Divine Wilson (1865~1942)	When we all get to Heaven(Arr. Otis Skillings) 우리 천국 갈 때에	
Emma Lou Diemer (1927~2024)	Psalm 148 시편 148편	
Ernst Pepping(1901~1981)	Jesus und Nikodemus 예수와 니고데모	
Eugene Butler(1935~2024)	How excellent is thy name 전능하신 하나님	
	Ladies and ye youthful lovers 사랑스런 연인들	
	O God, our help in ages past(St. Anne) 옛부터 도움 되시고	
	A Wesley hymn concerto 찬송 협주곡	
	너희는 세상의 빛	
	주를 찬양 / 주 이름을 찬양	
Eugene Weigel(1910~1998)	Star of the mountain 산의 어린이	
Felix Mendelssohn Bartholdy(1809~1847)	Drei motetten Op. 69 　　No. 3 Magnificat	
	Ich harrete des Herrn / I waited for the Lord(from "Symphony No. 2", Op. 52) 자비하신 주님	
	Jauchzet dem Herrn, alle Welt / Psalm 100, WoO 28 시편 100편	
	Nicht unserm Namen, Herr, Op. 31 시편 115편	
	Paulus, Op. 36 사도바울 중 　　22. O great is the depth 주님의 풍요와 지혜는 깊다	
	Psalm 95, Op. 46 MWV A16 시편 95편 / 오라 주께 경배하자	
	Singet dem Herrn ein neues Lied, Op. 91 시편 98편	
	Wer nur den lieben Gott läßt walten, MWV A7 너 하나님께 이끌리어	
F. Harley	올빼미	
Francis Poulenc(1899~1963)	주님 세상에 오셨네	
Franz Joseph Haydn (1732~1809)	Te Deum in C major, Hob.XXIIIc:2 테 데움	

Franz Xaver Gruber (1787~1863)	Silent night 고요한 밤 거룩한 밤
Frederick Loewe (1901~1988)	Get me to the church on time(from "My fair lady", Arr. William Stickles, 1882~1971) 교회로 결혼하러 가요
	With a little bit of luck 작은 행운을
Gabriel Urbain Fauré (1845~1924)	Cantique de Jean Racine, Op. 11 / Psalm 84 시편 84편
	Messe basse
Garry A. Cornell(b. 1940)	Come O Jesus 예수 오셔서
Gary Lance Lanier (1943~2022)	나를 위하여 죽으신 예수
Gary Vacca	In Jesus name I go 날 위해 돌아가신 예수
George Frideric Handel (1685~1759)	From Chandos anthem No. 4, HWV 249b No.4 　　VII. Let the heav'ns rejoice 하늘과 땅아 기뻐하라
	Chandos anthem No. 5, HWV 250a No. 5 My mouth shall speak the praise of the Lord 내 입술이 주를 찬양하도다
	Dettingen Te Deum(canticle of praise), HWV 283 주를 찬양하라
	Messiah, HWV 56 메시아
	하나님께 찬송드리세(from "Judas Maccabeus", HWV 63)
	We will rejoice(from "Joseph and His Brethren", HWV 59) 기뻐하리라
George Job Elvey (1816~1893)	Crown Him with many crowns(Arr. Walter L. Pelz, b. 1926) 면류관 가지고
George Lynn(1915~1989)	Let us break bread together 함께 떡을 나누세
	O magnify the Lord with me 오 주를 높일지어다
Gerald Finzi(1901~1956)	God is gone up, Op. 27, No. 2 주께서 하늘에 오르사
	My spirit sang all day 내 영혼 노래해
Gilbert M. Martin(b. 1941)	When I survey the wondrous cross 십자가를 생각함 / 주 달려 죽은 십자가
Giovanni Battista Martini (1706~1784)	Domine ad adjuvandum me festina 오 주여 나를 도우소서
G. L. Galbraith	For all the saints 모든 성도 위하여
Gloria Gaither(b. 1942) & William J. Gaither(b. 1936)	All the glory belongs to Jesus
	God gave me the song 하나님이 주신 노래
Gordon Young(1919~1998)	Glorificamus 여호와를 찬양해
	주님을 찬양
	주 예수 찬양해
Gus Levene(1911~1979)	Ring those christmas bells 울려라 크리스마스 종
Hans Leo Hassler (1564~1612)	알렐루야
Harold DeCou(1932~2008)	Blessed assurance 예수를 나의 구주 삼고
	주께서 내게 오라
Harold Pottenger (1932~1994)	복의 근원

Harry Alexander Matthews (1879~1973)	The story of Christmas 크리스마스 이야기
Irving Berlin(1888~1989)	Say it with music 노래하리라
Jack Coleman(1920~1985)	Jesus never forgets 주님은 항상
James Holmes	Stabat Mater(1990)
Jean Langlais(1907~1991)	Te Deum
Jill Jackson Miller (1913~1995) & Sy Miller(1908~1971)	Let there be peace on earth 이 땅에 평화 주소서
Jim Leininger(b. 1942)	Cantate sing to the Lord
J. Jerome Williams(b. 1938)	Sing hallelujah 노래하자 할렐루야
Joe Roper(1919~1990)	예수는 나의 힘
Johannes Brahms (1833~1897)	Der Englische gruss, Op. 22, No. 1 십자가 위의 주님을 생각할 때
Johann Sebastian Bach (1685~1750)	Christ lag in Todesbanden BWV 4 죽임당하신 어린양
John Farmer(c. 1570~c. 1601)	Fair Phyllis I saw 아름다운 필리스
John Francis Wade(attr.) (1711~1786)	O come all ye faithful 참 반가운 신도여
John Frederick Coots (1897~1985)	Santa Claus is coming to town(Arr. Don Besig) 산타할아버지 마을에 오신다
John Leavitt(b. 1956)	A jubilant song 새 노래로 주를 찬양하라
John Ness Beck(1930~1987)	Psalm 46 시편 46편
	Song of exaltation 온 땅아 기뻐하라
John Robson Sweney (1837~1899)	More about Jesus would I know 예수 더 알기 원하네
	My savior first of all 주가 맡긴 모든 역사
John Rutter(b. 1945)	O clap your hands 손뼉을 쳐라
	The Lord bless you and keep you 복 주시고 지키시네
	Matthew, Mark, Luke, John 마태, 마가, 누가, 요한
	Te Deum 하나님을 찬양하라
John Thomas Grape (1835~1915)	Jesus paid it all 이 세상 험하고(Arr. Robert Sterling, b. 195?)
John Weaver(1937~2021)	Psalm 46 시편 46편
John Wesley Work III (1901~1967)	This little light of mine 내 안에 오직 등불
John Willard Peterson (1921~2006)	I want to be there 그곳에서 만나리(Arr. Dick Anthony)
	Springs of living water(Arr. by Dick Anthony) 영생의 샘물
	나 거기 가려네
	주께서 오신다
Johnny Noble(1892~1944)	Hawaiian war chant 하와이 전송가
Josef Gabriel Rheinberger (1839~1901)	Messe in C, Op. 169
Joseph Linn(Arr.)	주 여호와여 주의 이름이 어찌 아름다운지요!

J. R. William	하나님의 사랑은
Kenneth Jennings (1925~2015)	With a voice of singing 기쁜 소리로
Knut Nystedt(1915~2014)	Cry out and shout 소리 높여 외쳐라
	Peace I leave with you 평안을 내려주소서
Lawrence "Larry" Lapin (b. 1935)	Get happy 기뻐하라
Lee Holdrige(b. 1944) & Robert Russell Bennett (1894~1981)	Carol cantata 캐롤 칸타타 　　크리스마스 팡파레 　　잠든 아기 예수 　　곧 오소서 임마누엘 　　저 들 밖에 　　고요한 밤, 거룩한 밤 　　그 맑고 환한 밤 　　구주 오늘 나셨네 　　산의 어린이 　　산타크로스 마을에 오신다. 　　천사들의 노래 소리 　　천사 찬송 　　참 반가운 신도여
Lena McLin(1928~2023)	Can't you hear those freedom bells ringing? 듣느냐? 자유의 종소리
Lloyd Pfautsch(1921~2003)	Come thou fount of every blessing 나는 주의 궁에 가려네
	Seven words of love 십자가 위의 일곱 말씀
Louis Vierne(1862~1937)	Meese solennelle en ut# mineur, Op. 16 장엄미사
Luther Burgess Bridgers (1884~1948)	He keeps me singing(Arr. Ralph Carmichael, 1927~2021) 내가 노래하겠네
Mae Taylor Roberts	공중에서 만나리 The meeting in the air(Arr. 1. Harold DeCou, 1932~2008, 2. Paul Mickelson, 1928~2001)
Margaret Shelley Vance (1925~2008)	Alleluia 알렐루야
Mark Hayes(b. 1953)	Joyful, joyful we adore Thee 기뻐하며 경배하세
Martin How(1931~2022)	Day by day 날마다
Marvin Curtis(b. 1951)	주 하나님께서 우리를 위하시면
Maurice Duruflé (1902~1986)	from 4 motets sur des thèmes grégoriens 　　Ubi caritas 사랑과 자비 있는 곳에
Michael Whitaker Smith (b. 1957)	주 여호와여
Noël Goemanne (1952~2010)	A day for dancing
	Cantate 주께 찬양
	주께 경배하나이다
Orlando di Lasso (c. 1532~1594)	O la, o che bon eccho! / Echo song 산울림
Otis Skillings(1935~2004)	주의 사랑 전하리
Ozzie Westley	Way down yonder in the cornfield

Paul Mickelson (1928~2001)	The happy Jubilee 영원한 하늘 나라	
	Nothing is impossible	
	Jesus is coming again 주께서 다시 오시리	
Paul V. Yoder (1908~1990)	Good news 기쁜 소식	
	Judgement day 심판의 날	
	One, two, three, four 하나, 둘, 셋, 넷	
Pavel Grigorievich Tchesnokov(Pavel Grigorievich Chesnokov)(b. 1944)	from 10 Communion Hymns, Op. 25 　다 감사하라	
Peter Mathews(b. 1944)	I will exalt you 왕이신 나의 하나님	
Peter Williams	All men draw near	
Philip Paul Bliss(1838~1976)	It is well with my soul 내 평생에 가는 길	
Phyllis E. Zimmerman (1934~2012)	Alleluia 알렐루야	
Pyotr Ilyich Tchaikovsky (1840~1893)	How blest are they, TH 78, No. 7 복 있도다	
Ralph Carmichael (1927~2021)	He's everything to me 모든 것 되시는 주님	
Ralph Vaughan Williams (1872~1958)	Psalm 100 시편 100편	
	Mass in G minor 중 　Hosanna 호산나	
Randall Thompson (1899~1984)	The last words of David 다윗의 마지막 계명	
	Place of the blest	
Ray Overholt(1924~2008)	Ten thousand angels 고난 받으신 주님 / 천사의 합창	
Richard Dee Baker (1927~2011)	His way mine 주의 길을 가세	
Richard Maltby(1914~1993)	Rock, rock, the lark 다 함께 노래합시다	
Richard Rogers(1902~1979)	Carousel medley(from "The carousel") 회전목마 메들리 　축제 　함께 걸으리 　바람아 불어라 　그대 얼굴 　화창한 유월	
Robert De Cormier (1922~2017)	Dance, boatman, dance 사공아 춤춰라	
Robert Jackson(1840~1914)	하나님의 사랑은 / 주님의 사랑(Arr. Harold Pottenger, 1932~1994)	
Robert Sterling(b. 195?)	만유의 주	
Robert Shaw(1916~1999)	I saw three ships 세 척의 배를 보았네	
	O come all ye faithful 신도들이여 기뻐하라 / 참 반가운 신도여	
	Too many moods of Christmas 성도들이여 기뻐하라	
Roger C. Wilson(1912~1988)	Lonesome valley 외로운 길	
Roger T. Petrich(1938~2022)	Ah holy Jesus 오 거룩하신 예수	
Roger Wagner(1914~1992)	Oh! Lemuel 오 레무엘	

R. Roberts	손뼉을 쳐라
Sonja Poorman(b. 1954)	Sing we and dance 노래하고 춤추자
Stan Pethel(b. 1950)	Lord I lift up your name on high 주의 이름 높이어
Théodore Dubois (1837~1924)	Les sept paroles du Christ sur la croix 십자가상의 칠언 / 십자가 위의 일곱 말씀
Theron Wilford Kirk (1919~1999)	Sing a song of joy 기쁜 소리로 주 찬양
Thomas Augustine Arne (1710~1778)	Where the bee sucks(arr. Wilberfoss George Owst, 1861~1928) 새들 노래하는 곳
Thomas Matthews (1915~1999)	The Lord is my shepherd 주는 나의 목자
T. Rogers	복을 세어라(E. O. Excell)
Van Denman Thompson (1890~1969)	Sing, all the earth 온 땅아 찬양하라
Vito Carnevali(1888~1960)	Missa rosa mystica
Walter Ehret(1918~2009)	He came to give life 새 생명 주셨네
	The sow took the meales 돼지는 죽었네
Wayne Norman	Listen to the mockingbird
William Appling(1932~2008)	We shall walk through the valley in peace 나 언제나 평안하리
William Batchelder Bradbury (1816~1868)	The solid rock 내가 주의 반석 위에 서리라
William Billings(1746~1800)	Our Father who in heaven art 주 기도
William Byrd(c. 1540~1623)	Holy art Thou, God our Lord 나의 거룩하신 주님
William Harold Neidlinger (1863~1924)	The birthday of a king 알렐루야 천사들 노래해
William Henry Smith (1908~1944)	Ride the chariot 병거 타고 가겠네
William Howard Doane (1832~1915)	Near the cross 예수 나를 위하여(Arr. Thomas E. Fettke)
William Jensen Reynolds (1920~2009)	When I survey the wondrous cross 십자가를 생각함
William Lamartine Thompson(1847~1909)	Jesus is all the world to me(Arr. Harold Paul Pottenger, 1932~1994) 예수는 나의 힘
William Levi Dawson (1899~1990)	은혜로운 길리앗
William Mathias(1934~1992)	Alleluia! Christ is risen! 알렐루야 구주 사셨네
	Missa aedis Christi, Op. 92
William Walton(1902~1983)	Jubilate Deo
Winfield S. Weeden (1847~1908)	Sunlight(Arr. Harold DeCou) 사랑의 빛
Wolfgang Amadeus Mozart (1756~1791)	Krönungsmesse(Coronation Mass), K. 317 대관식 미사
	Laudate pueri 시 112편
	Te Deum, K. 141 테 데움
	하나님의 아들 예수

Zane Randall Stroope (b. 1953)	In time of silver rain 은비가 내리네
Zoltán Kodály(1882~1967)	Psalm 114
김석(Arr.)	천국 합창
김희조(1920~2001)	아리랑
	강강수월래
	천안 삼거리
나운영(1922~1993)	할렐루야(부활절 칸타타 중)
백경환(b. 1942)	할렐루야 찬양하세
이문승(b. 1953)	Come to the water 물가로 나오라
	John 3:16 요한 3장 16절
	Sanctus 거룩
	구름 타고 오시리라
	성소에서 하나님을
	십자가 위에 나를
	온 마음을 기울여서
	온 세상에 주의 뜻을
	윷놀이
	장막이 찢어지고
	주께 감사드립니다
	주여 기도하나이다
	큰 물결이 설레는 어두운 바다
	하나님께서 세상을 이처럼 사랑하사
	휘장이 찢어지고
이영조(b. 1943)	Jerusalem 예루살렘
	고향의 봄
최훈차(b. 1940)	내 평생 듣는 말씀
	저 천국에서 주 오시리
작자 미상	Down by the riverside 강가로 내려가
	The humble heart is mine 나 겸손하려네
	O Christmas tree(German Christmas carol) 오 크리스마스 트리
	산타크로스
	썰매방울
	아기 예수 세상에 오셨네(Appalachian carol)
	영광을 주님께
	주께 가까이

연보 및 정리: 조한나, 김윤희

연도별 연주곡목 <u>QR 139</u>

139

정기연주 프로그램

140

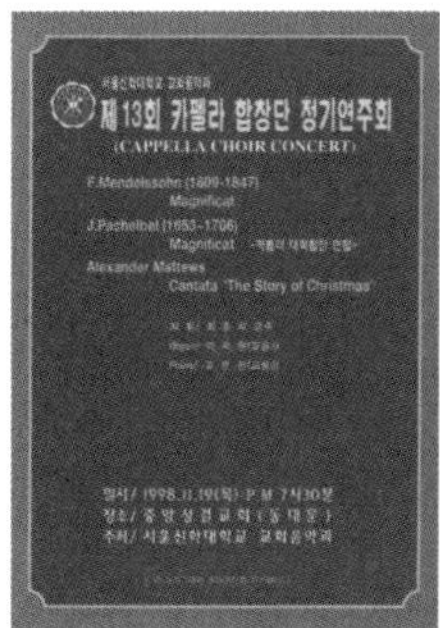

<u>QR 140</u> 서울신학대학교 카펠라합창단(Seoul Theological University Cappella Choir) 연주 영상 모음.

3_Episode

카펠라합창단과의 추억

이야깃거리는 한두 가지가 아니에요. 제가 연습 때마다 에피소드를 말해서 제자들 대부분이 알고 있는 이야기들도 많이 있어요. 카펠라 지방 순회에서 학교 연주 때의 일이었어요. 합창을 서서 하려면 무대 단이 필요한데 그 학교에 단이 없다는 이야기를 들었어요. 방법이 없다는 임원 아이들을 불러놓고 (그때는 제가 좀 덜 세련되다 보니) 다그치며 무슨 수를 써서라도 단을 만들라는 지시를 했죠. 연주 시간이 다가왔고, 결국 아이들이 학교 뜀틀로 단을 만들어 두었더라구요. 아슬아슬 입장해 연주를 하는데 지금 돌아보면 그만큼 학생들이 많이 순수했고 잘 따라 주었어요. 그 순수성과 해내기 위해 최선을 다하는 것이 매우 중요했고, 결국 실천이 수준임을 항상 강조했어요.

퀵 체인지 드레스

퀵 체인지 드레스는 제가 카펠라 전부터 정신여고에서도 훈련하던 것들이에요. 이 주제로 미국에서 초청받아 프레젠테이션을 한 적도 있어요. 미국의 제 지도 교수님께서 지도하시던 합창단원들 모두가 400여 명쯤 모여 있었는데, 퀵 체인지 드레스 프레젠테이션을 해달라 하셨어요. 말 그대로 무대의상을 빨리 환복하는 훈련이에요. 무대 뒤로 퇴장과 동시에 다음 의상을 빠른 시간 안에 갈아입고 동시에 입장하기도 했어요. 이것은 오로지 청중을 배려하기 위한 훈련인데요. 청중들이 연수에 집중이 흐트러지시 않도록 조금이라도 덜 기다리도록 하는 것이죠. 관중들이 신기해서 환호한 적도 있을 만큼 학생들은 몸에 배도록 연습했어요. 신입 단원들은 처음에는 어리바리했지만, 학년이 올라갈수록 빠르고 정확하게 환복할 수 있었어요.

짧은 목욕시간 등 생활 관련 훈련

순회를 하면 홈스테이를 하거나, 공동 욕실을 사용해야 하는 경우가 대부분이죠. 이럴 때 정해진 목욕시간 역시 다른 단원들을 배려하는 마음으로 실행한 거예요. 뒤에 아직 씻지 못한 단원들, 혹은 먼저 씻고 함께 이동을 기다리는

 141

 142

단원들을 위한 마음이죠. 엘리베이터도 나보다 나이 많은 사람만 타라고 했어요. 농담이 섞였지만, 이런 사소한 것들은 다른 사람을 배려하는 훈련이고 이런 훈련들이 쌓여 합창 음악을 대하는 태도로도 적용됩니다. 그리고 음악을 듣는 청중들에게도 아이들의 작은 행동이 많은 영향을 주게 되죠.

지방 순회연주

지방 순회연주 섭외를 위해 처음에는 임원들을 보냈는데 그러다 보니 별성과 없이 오는 일이 많았어요. 안 되겠다 싶어 아내와 함께 제가 직접 갔죠. 지방으로 내려가 학교 성결교단 교회를 중심으로 순회지를 섭외했어요. 중간고사 기간에 주로 내려갔는데 꼭 결혼기념일 4월 19일이 겹쳐서 항상 집사람을 데리고 차로 다니고는 했습니다.

첫 지방 순회는 선교합창단이 결성된 지 한 달 만이었어요. 1985년 7월 여름, 청주 지역으로 떠났어요. 그리고 두 번째는 당시 원지영(4학년)을 통해 청소년 수련관을 빌려 원주로 갔어요. 지방 순회는 여름방학 겨울방학 1년에 2회씩 준비해서 갔어요. 1991년 첫 해외 순회를 다녀온 이후로는 거의 한 해는 지방 순회, 한 해는 해외로 떠났는데 카펠라는 미국 2회, 호주 2회, 그리고 대부분은

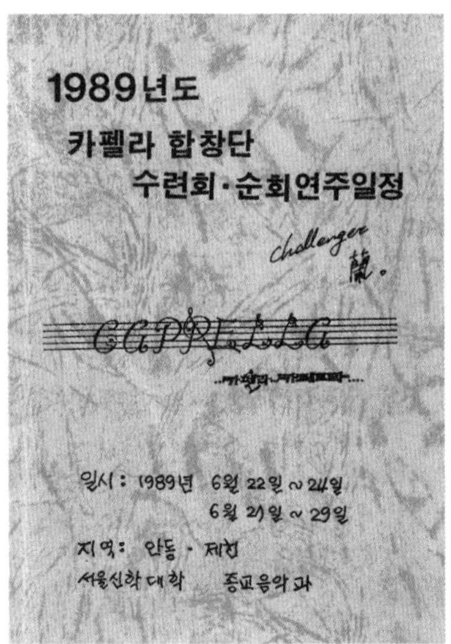

원쪽 합창훈련 지방 순회 핸드북(대전, 전주, 부산, 1998). **QR 141**
오른쪽 수련회·순회 핸드북(안동, 제천, 1989). **QR 142**

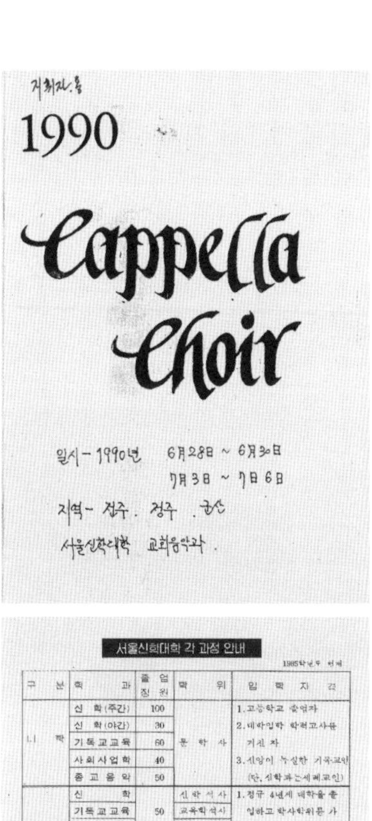

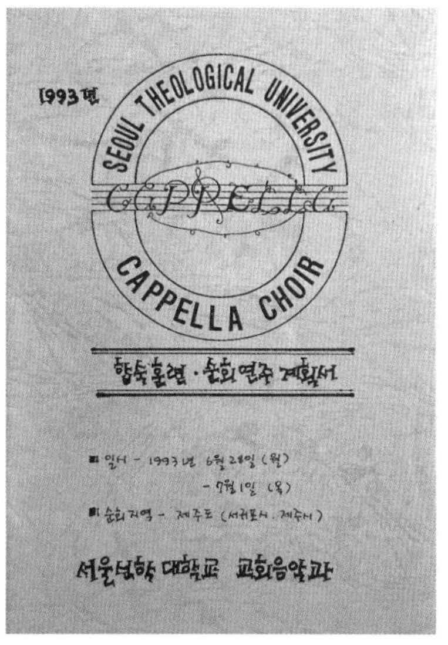

143

144

145

왼쪽 위부터 시계 방향 지방 순회 핸드북(전주, 정주, 군산, 1990). **QR 143**
제주 순회 합숙훈련 순회연주 핸드북(1993). **QR 144**
여름 순회연주 합숙훈련 핸드북(2005). **QR 145**
선교합창단 청주 순회 학교 홍보 리플렛 이미지 중(1985).

일본으로 순회를 떠났습니다. 성기문 목사가 카펠라 간사로 온 후에는 간사에게 섭외 관련된 모든 일을 맡겼어요.

순회 연주는 교회 연주뿐만 아니라 가능하면 양로원, 고아원 등을 섭외하여 아이들에게 경험하게 하고, 교육적인 측면도 생각하여 구성했어요. 지방 방방곡곡을 순회하러 다니다 보니 저절로 학교 홍보가 되었어요. 지방 순회 프로그램 뒷면엔 꼭 학교 입학 전형을 싣게 했고, 학교 홍보에 신경을 많이 썼어요. 실제로 전국의 많은 학생들이 카펠라합창단의 연주를 보고 감동을 얻어 서울신대 교회음악과에 지원하게 되었죠.

카펠라합창단 제주 순회연주 식사 중(1993. 6. 29.).

카펠라합창단 제주 순회연주 성기문 간사, 서형일, 차영회 등(1993. 6. 28.).

합숙훈련 실촌수양관(1999. 7. 3).

카펠라합창단 경동교회 순회연주(2001. 6. 22.).

카펠라합창단 지방 순회연주(2001. 6. 23.).

카펠라합창단 지방 순회연주(2001. 6. 24.).

카펠라합창단 지방 순회 중 환선굴에서(2001. 6. 25.).

연주 중심

합창단의 목적은 노래하는 것이에요. 순회연주에 필요한 모든 예산과 스케줄은 철저하게 연주를 중심으로 짰어요. 장시간 지방으로 버스를 타고 이동하다 보면 아이들이 하도 말을 많이 해서 연주하기도 전에 목이 쉬어 있기도 했어요. 안 되겠다 싶어 너무 떠들지 못하게 하고, 단원들의 컨디션을 관리해 주는 임원도 세웠죠. 물은 잘 마시는지, 잠은 잘 자는지, 목 상태는 어떤지, 화장실은 잘 가고 있는지까지 체크해서 이상 있는 사람들은 내게 보고하도록 했어요. 순회 중 관광도 경험도 모두 중요하지만 철저히 연주 중심으로 생각하고 자기 관리를 할 수 있도록 이야기했어요. 해외 순회 때는 비행기에서 억지로라도 눈을

   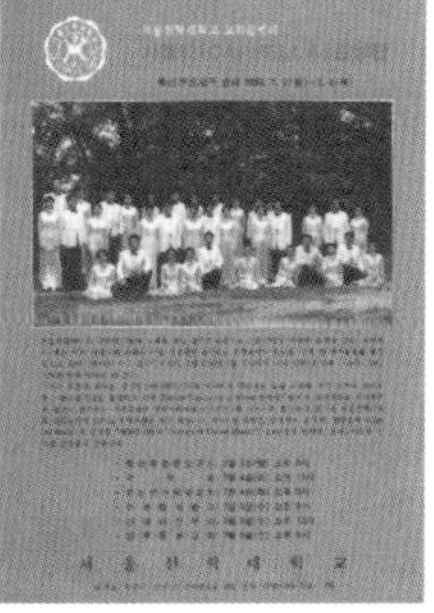

  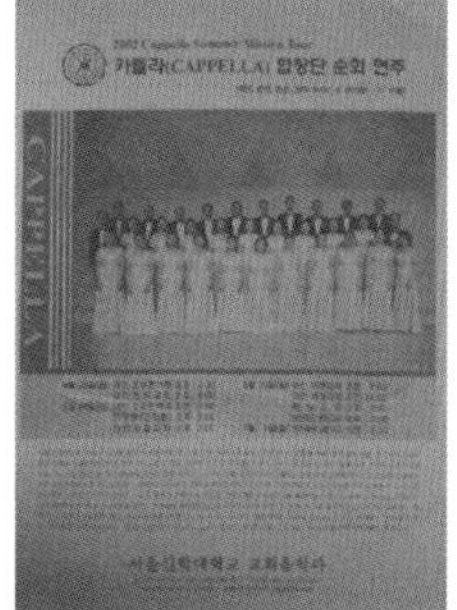

붙이는 것이 컨디션에 좋지만, 반대로 이동하자마자 연주가 있으면 졸음이 와
도 잠을 깨게 했어요. 연주 전에 밥을 너무 많이 먹어서 연주를 망치지 않도록 하
는 것도 모두 '연주 중심'에 포함되었어요. 나중에는 아이들 서로가 유행어처럼
"연주 중심, 연주 중심" 하고 다녔습니다.

카펠라합창단 전국 순회연주-전주 바울교회(2000).

카펠라합창단 전국 순회연주(2003).

카펠라합창단 교회 순회연주-대일교회(2003).

서울신학대학교 선교합창단 초청연주회-대구시민회관(1987. 7.).

해외 순회연주

1회는 1991년에 미국 순회를 다녀왔어요. 최면호 지휘자가 부지휘자로 있을 때였고, 카펠라합창단도 아직은 여러 가지로 적응 중이었어요. 훈련되지 않은 아이들이 몇몇 있어서 쉽지만은 않았어요. 순회를 떠나기 전 합숙 오리엔테이션을 할 때는 학생들이 말을 잘 들었는데, 막상 미국에 도착해 22일간의 실생활에서는 실천이 잘 안되었어요.

항공료 6, 70만 원 중에 20만 원은 보조하도록 학교를 설득했고, 조종남 목사님의 도움이 컸어요. 예산 문제로 학생들이 나를 오해하던 해프닝도 이때였어요. 나에게 100퍼센트 믿음이 없으면 미국 안 가겠다고 했죠. 협박이 아니라 정말 그럴 생각이었습니다.

미국에서는 학생들이 가정집으로 흩어져 민박을 했어요. 연주 여건은 나쁘지 않았는데, 노래를 잘 못했어요. 생활도 부족했고요. 아이들이 첫 해외 순회여서 너무 들떠 있었고 결국 이런 마음은 연주에 안 좋은 영향을 끼쳤습니다. 그래도 이렇게 큰 첫 경험을 하고 이후로 아이들이 많이 성장했어요. 개인적으로 기억에 남는 것은 미국 에즈베리대학교 출신이자 서울신학대학교에서 근무한 외국인 민지은 교수가 내가 에즈베리 합창단에 감동했던 일화를 기억하고

미주 순회 디즈니랜드(1991).

카펠라합창단 1회 미주 순회연주(1991).

는 직접 합창단 교수와 식사할 수 있는 기회를 마련해 주었던 것인데, 평생 잊지 못해요.

일본 순회연주

1992년부터는 학생 중에 이창 단원 어머니가 일본 니가타 대학교수로 있었던 것을 계기로 일본 니가타 지역과 연결이 되었어요. 이후로 카펠라합창단은 주로 일본으로 해외 연주를 떠났습니다. 첫 니가타교회 연주는 유병용 목사

위 일본에서 최훈차 교수님과 (오른쪽 끝) 유병용 목사님(1992). **아래** 나라 사슴공원에서(1992).

가 총무일 때였어요. 7박 8일 정도 떠난 일본 순회연주에서 서로 많은 감동을 받 
았어요.

　니가타교회의 하루나 목사님은 늘 나와 카펠라합창단을 반겨 주셨어요.
니가타교회에서 우리를 다른 학교에도 소개해 주어 대학 연주도 가곤 했어요.
특히 일본인들 각 집에서 홈스테이를 하게 되었는데 그때 아이들의 모습에 교

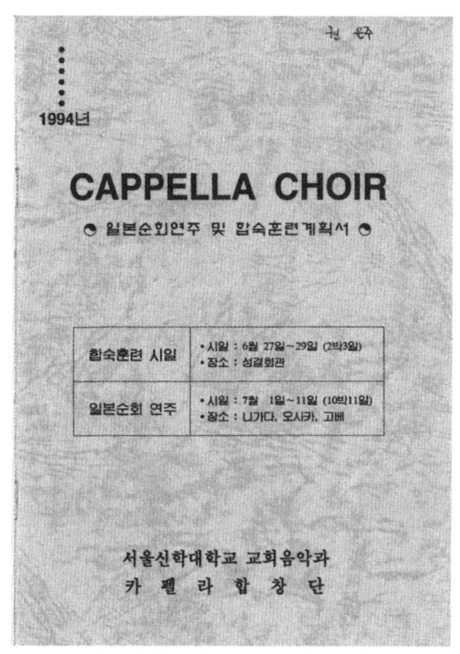

일본 순회연주 및 합숙훈련계획 핸드북(1994). **QR 146**

일본 니가타교회에서 연습 중(1994).

인들이 감명받아 다른 지역인 도쿄, 쿄토, 오사카까지 적극적으로 섭외해 주고 후원해 주셨습니다. 손기정 목사님도 그때 오사카에서 만났고 한참 후에 아너 스카펠라, 최훈차콰이어도 손기정 목사님을 통해 오사카 시즈오카교회에 가서 찬양했어요. 일본 순회에서 카펠라 학생들도 많은 사명감을 얻어 그 이후에 일본어 공부를 하는 등 열심이었죠.

1992년부터 카펠라합창단은 거의 격년으로 일본으로 가게 되었어요. 위에도 언급했지만 그때 일본인 지휘 제자가 '복 주시고' 등 여러 찬양들을 일본어로 번역하여 갈 수 있었어요.

카펠라합창단 일본 순회연주(1992).

왼쪽 일본 니가타교회 하루나 목사님과 성기문 간사, 변호사 내외분(1992).
오른쪽 오사카 경향교회 손기정 목사님(1994).

1994년 7월 고베까지 이동해 연주를 마치고 돌아왔는데 6개월 뒤에 한국
에서 고베 대지진이 일어난 것을 알고 놀랐던 기억도 있어요.

위부터 일본 고베(1994. 7.).
고베 순회연주 당시 일본 버스 안에서.
일본의 사회복지센터 공연.

왼쪽 카펠라합창단 일본 순회연주-니가타, 오사카, 고베(1994).
오른쪽 카펠라합창단 일본 순회연주-니가타 현민관 강당(1998).

왼쪽 일본 숙소에서 유카타를 착용하고(1998. 7. 11).
오른쪽 카펠라합창단 일본 순회연주-오사카크리스탈홀(1998. 7. 3.).

사회복지센터에서 노래하는데 17년간 아무 반응도 못하던 한 노인분이 처음으로 감동을 받아 눈물을 흘리고 소리치며 반응하던 일도 있었어요. 직원분들이 많이 놀라고 상황을 수습해야 해서 연주를 급히 중단하고 단원들과 퇴장할 수밖에 없었어요. 지금 생각해 보면 성령의 역사가 아닐까 싶어요. 일본 연주를 통해 단원들의 선교 사명이 더 올라서 지방 순회연주까지 효과가 있었습니다.

2001년 두 번째 미국 순회는 첫 미국 순회의 어려움과 달리 매우 성공적이었어요. 섭외는 정신여고 선교단 동문들이 해주었어요. 학교 교직원으로 있었던 성기문 간사가 순회 일정을 다 짜 두고는 학교 일정으로 함께 못하여 타격이 컸어요.

당시 카펠라 부지휘자를 역임한 차영회 지휘자가 미국에서 합창지휘 박

카펠라합창단 미국 순회연주-아틀란타 구세군교회(2001).

사학위 유학 중이었는데 카펠라합창단이 가서 졸업 연주를 해줬습니다. 이때 잊지 못할 에피소드가 하나 있어요. 여권 가방을 담당하던 학생이 야외 주차장 쓰레기통 위에 모든 여권이 들어 있는 가방을 두고 온 일입니다. 비행기 시간이 임박했는데, 전화를 받은 직원이 극적으로 찾아서 오토바이로 가방을 보내 주었어요. 30분 거리를 15분 만에 달려와 겨우 받을 수 있었죠. 아찔하고 소중한 여러 가지 일들이 참 많았어요.

1999년 호주에서는 시드니 성결교회에서의 메시아 연주가 기억에 남아요. 순회 마지막 연수 때는 학생들이 눈물이 나서 연주가 중단되는 일까지 있었어요. 감동을 많이 얻는 것도 좋지만 촌스럽다며 많이 꾸지람했던 기억도 납니다. 호주나 미국 연주를 통해 해외 유학을 결심하는 학생들이 있었어요. 그래서 꼭 음악대학이나 학교에서 연주를 하거나, 관광하도록 했어요.

위부터 카펠라합창단 호주 순회연주-시드니순복음교회(1999).
카펠라합창단 호주 순회연주-University of Newcastle(1999).
카펠라합창단 호주 순회연주-시드니성결교회(1999).

카펠라합창단 호주 순회연주(1999).

프로그램 곡 선정

하고 싶은 곡들이 많았어요. 이런저런 시도도 많이 해보았고요. 같은 노래라도 이렇게 불러보고 저렇게도 해보고 했습니다. 템포를 느리게도 빠르게도 잡아 보았고요. 합창단별로 다른 가사로 부르는 곡들도 있고, 어떤 곡은 숨표 없이 이어 부르기도 했죠. 서울신학대학교 채플 하는 곡들, 성금요일 연주, 수난절 칸타타, 정기연주회, 카펠라 정기연수회 등 많은 기회가 있었어요. 미국 ACDA에 가서 수많은 악보를 보며 좋은 곡들을 선별하기도 했고, 학교 작곡과 교수 이문승 선생님의 곡들도 여러 개 연습해서 연주했어요. 여러 새로운 작품들을 초연하고 시도했지만 또 반대로 좋은 곡이 있으면 그 곡을 여러 번 연주한 곡도 많습니다. 교회 순회 프로그램의 경우 몇백 번, 몇천 번 연주한 곡도 많아요. 타성에 젖지 않도록 늘 주의했어요.

카펠라합창단과 대학합창단의 차별점과 공통점에 관해

카펠라합창단은 한 학교에서 학생들을 선발한 것이고, 대학합창단은 각기 다른 학교의 많은 학생들이 모였다는 것이 가장 큰 차별점이에요. 이것이 장점이 되기도 단점이 되기도 했죠. 학생들의 수준과 분위기에 따라서 전체적인 실력이 많이 달라졌어요. 카펠라는 잘할 때와 못할 때의 편차가 컸어요. 해에 따라서 대학합창단보다 훨씬 좋은 수준의 합창이 나올 때도 있고, 잘 못할 때도 있었어요.

가장 큰 차별점이라면 카펠라합창단은 교회음악과에 속해 교회음악을 선포하는 합창단이라는 것이죠. 그래서 프로그램이 겹치는 것도 많았지만 교회음악 프로그램이 더 많았고, 첫 무대는 단복 위에 성가 가운을 입었어요. 무대도 연주홀보다는 오르간 좋은 교회에서 주로 연주를 했고요. 어떤 아이들은 다른 합창단처럼 홀에서 연주를 하고 싶어 해서 실제로 영산 양재홀에서 10주년 연주를 하기도 했습니다만, 교회음악을 중점으로 선교 복음 사명을 더 강조했어요.

카펠라합창단 제8회 정기연주회-횃불회관(1993).

위부터 카펠라합창단 제14회 정기연주회-신촌성결교회(1999).
카펠라합창단 제15회 정기연주회-서울신학대학교 성결인의 집(2000).

늘 부지런하시고 급하게 움직이시는 이유

지금 생각하면 사명감이에요. 사명감 없으면 못합니다. 어떻게 하면 단원들이 더 합창을 잘하게 만들까, 어떻게 하면 음악을 즐겁게 생각하게 할까 늘 고민이 많았어요. 예를 들어 유학시절 때는 숫기가 없어서 표현력이 부족한 것이 단점이라 생각했고 어떻게 하면 표현할 수 있는지만 생각했어요. 그 강의를 들으러, 또 좋은 가르침이 있으면 여기저기로 가서 배웠죠. 내가 선생이 되고 서울신대에서 가르칠 때는 화장실 갈 시간도 없었어요. 농담으로 애들이 나 대신 화장실 다녀오겠다고 할 정도였어요. '선생은 아프면 안 된다, 학생들보다 먼저

카펠라합창단 연습 중 교수님 말씀(1992).

움직여야 한다'는 생각을 늘 했어요. 그러다 보니 외계에서 온 외계인이라는 별명을 갖게 되었어요. 기본적으로 체력은 좋았던 것 같아요. 하루의 모든 일정을 다 마치고 귀가하면 그 당시 잠실 장미 아파트에 주차할 곳이 없어 고생이었어요. 그만큼 새벽부터 밤늦게까지 바쁘게 지냈습니다.

최훈차 교수님의 추천 맛집 리스트

카펠라뿐 아니라 여러 합창단과 함께 지방 순회로 전국 곳곳을 다니다 보니 어디에 가면 뭐가 맛있고 어느 휴게소에서 먹은 국밥이 맛있는지, 두부 요리는 어디가 유명한지 등 여러 번 이야기를 해서 그런 것 같아요.

맥도널드 모닝은 여전히 우리 부부의 루틴이기도 하고, 학생들과 순회 중 한 끼는 꼭 먹었던 것 같아요. 좋아하는 음식과 안 먹는 음식이 분명하다 보니 학생들이 나의 커피 취향도 알고 준비해 주었어요.

왼쪽 호남고등학교 교가(교수님 합창 편곡 이미지).
오른쪽 육군 보병 제27사단가(교수님 합창 편곡 이미지).

합창은 청중의 입장으로

이건 다른 합창단도 마찬가지였는데 순회 중 특히 학교나 군부대 연주를 가면 반드시 하는 것이 그 학교의 교가나 군대라면 사단가, 연대가를 4부 합창으로 편곡해 불렀어요. 미리 연습하며 암보하여 꼭 첫 곡으로 연주했어요. 그렇게 하면 연주회에 별 관심 없던 학생들도 단번에 집중시키는 효과를 얻을 수 있었고, 학생들의 기분도 눈빛도 달라지는 것을 매 순회마다 경험했어요.

또 하나는 방문하는 학교에 속한 합창단이 있다면 서로의 유대를 위해 협연하도록 했어요. 지휘는 그 학교의 지휘자님에게 맡겼어요. 작은 것이지만 학생들 사이에 음악으로 인해 하나되는 좋은 경험을 만들 수 있었지요.

해외 순회 같은 경우는 가능한 무조건 그 나라에서 사용하는 언어로 가사를 바꿨어요. 단원들이 순회 준비하며 영어, 일본어, 베트남어, 중국어 등을 외우느라 고생은 하지만, 청중들 입장에서는 가사가 들려야 더 쉽게 마음의 문을 열고 찬양을 듣습니다. 합창에서 가사는 매우 중요해요. 가사가 잘 전달되어야 노래가 들리게 돼요. 반대로 한국에서 노래할 때는 찬양을 되도록 한국어로 불렀어요. 이것도 같은 이유에서였죠. 메이저워크도 거의 한국어로 했어요. 합창은 가사가 있는 음악이에요. 가사가 들려야 청중의 마음을 얻고, 감동으로 이어집니다. 합창을 듣는 청중뿐만 아니라 부르는 사람들도 다른 언어로 노래할 때 자동적으로 가사의 의미가 떠오르도록 충분히 연습하는 것이 중요해요.

인터뷰: 조한나(교회음악과 Episode 인터뷰 기간과 동일)

2004년도 졸업식에서 교수님과 함께(2004. 2. 16.).

2007_____2023

아너스카펠라

1_Birth

아너스카펠라의 시작

서울신학대학교 은퇴 이후 비교적 시간적인 여유가 있었어요. 이때 카펠라합창단 졸업 동문들로 구성된 아너스카펠라 합창단이 창단되었고 지휘하게 되었죠. 카펠라합창단 간사로 오래 함께했던 성기문 목사가 졸업생 동문들에게 전화를 돌려 단원을 모았다고 해요. 유병용 목사도 총무로 함께했어요. 생각해 보면 두 분 다 목사님인데… 아너스카펠라 합창단은 신학대학교 출신들이어서 단원 중 목사님들도 많이 있었어요.

이름에 대하여

당시 서울신대 학부 카펠라합창단은 없어진 것이 아니라 서은주 교수가 계속 이어 갔기 때문에 카펠라합창단이라는 이름은 사용할 수 없었어요. 이름을 어떻게 할까 고민하며 묻기에 카펠라합창단의 동문 합창단이니 그래도 '카펠라'를 넣어 만들라고 이야기했죠. 이름을 공모하여 '아너스카펠라'라는 이름이 나왔어요. 그 뜻은 '예수 그리스도의 명예로운 합창단'이에요.

학부 카펠라합창단과의 차별성이 있다면

생활과 음악에 있어서는 가르침의 큰 차이가 없었지만, 학부 합창난 때는 모든 단원이 학생이었고 생활 반경이 학교였기 때문에 정해진 시간에 정해진 멤버가 고정되어 연습을 할 수 있었어요. 아너스카펠라는 졸업생들이었기에 고정 멤버가 아니다 보니 단원들의 상황에 따라 멤버 구성이 달라졌어요. 특히 아너스카펠라 합창단은 나중에 남자 단원들이 부족하여 많이 힘들었어요. 베이스 2명으로 교회 순회를 연주한 적도 있었어요.

단원 선별 기준(왜 외부 단원은 받지 않으셨는지)

아너스카펠라 합창단은 서울신대 동문 합창단으로 처음에는 동문 본인

과 단원의 가족까지만 입단을 허락했어요. 이유는 대학합창단 때의 일이 계기가 되었죠. 한번은 단원 모집 공고를 신문에 냈는데 많은 사람들이 몰려왔지만 한 명도 뽑지 못했어요. 역시 검증된 사람이 와야 한다는 걸 다시 한번 확신했어요. 이것이 큰 경험이 되어 어느 정도 검증된 단원들 위주로만 선별하라 했습니다. 무엇보다 서울신학대학교 동문 합창단이었기에 서울신대 출신이 하는 것이 당연하고, 카펠라 동문들이 모였기 때문에 제가 지휘하게 된 것이죠. 서울신대 동문이라는 특성이 없었다면 다른 합창단으로 합쳐서 하면 되었을 거예요.

합창단에서 어려웠던 점

위에도 언급했지만 아너스카펠라는 남성 단원 수가 좀 왔다 갔다 해서 힘들 때가 많았어요. 학부 카펠라합창단 졸업생들과 연결되었다면 자연스럽게 단원들이 충원되었을 텐데 그 점이 아쉬워요.

그리고 처음에는 연습 장소 섭외 문제로 난항을 겪었던 기억이 나요. 당시 김소현 부지휘자 교회에서 연습을 하다가 상황이 어려워, 성기문 목사가 속한 북아현성결교회에서 정식으로 연습하게 되면서 조금 안정되었던 것 같아요. 중간에 발산동 쪽 교회에서도 연습을 했는데 결국 다시 북아현성결교회로 옮기게 되었어요. 코로나 이후로는 교회에서 예배드리는 것도 힘들었던 시기라 임원들이 알아본 가양동 오케스트라 연습실에서 해단식 날까지 연습했어요. 합창단 운영에서 연습 장소와 환경도 매우 중요해요. **QR 147** 북아현성결교회 연습실에서 그림 선물을 받으신 교수님.

아너스카펠라 북아현성결교회 연습 중 교수님.

특별히 기억에 남는 일

이렇게 아너스카펠라는 중간중간 어려움이 많았어요. 굴곡이 심했고, 어찌 보면 드라마가 많았어요. 해외 순회도 준비하다 몇 번 포기했어요. 호주가 그랬고요. 한번은 조한나 단원이 일본에서 아너스카펠라를 초청했는데 준비를 하다 결국 무리라고 판단해 학부 카펠라합창단에게 부탁해서 보냈죠. 내 생각에 연주, 특히 해외 순회연주는 승산이 반드시 있어야 하는데 순회나 연주를 앞두고 준비가 안 되었다고 생각했어요.

어려움이 많은 만큼 부지휘자들도 그렇고 유병용 목사 총무부터 윤미애, 진사웅, 중간에 잠깐 허남훈 총무까지 일하는 사람들의 고생이 많았어요. 윤미애 총무 때는 제가 이렇게 단원이 모이기도 힘든데 합창을 왜 해야 하나 그만두자고도 얘기했어요. 자극을 주려던 것도 있고, 모이는 단원들과 임원들이 고생스러우니 한편 진심이기도 했고요. 그때 윤미애, 유한나, 김소현 등이 다 같이 찾아와 울면서 안 된다고 하더군요. 이야기 끝에 더 열심히 해보라고 이야기했고 아너스카펠라는 없어지지 않고 계속 다시 진행되었어요.

시간이 점점 지나 내실도 생기고, 싱가포르 순회를 기점으로 아주 많이 살아났어요. 시스템이나 합창단 구축도 그랬고 음악도 훨씬 잘하게 되었어요. 결국은 끝까지 잘 마무리하고 유종의 미를 거두었어요.

아너스카펠라만의 특징이 있다면

아너스카펠라는 뭐랄까 참 가족적이고 단원들끼리 서로 분위기가 좋았어요. 내가 볼 때 다른 합창단과는 성격도 분위기도 많이 달랐어요. 평소에도 이렇게 지켜보면 그랬고 연습 때도 그랬어요. 나를 대하는 태도도, 서로 단원들끼리 하는 것도 따뜻하달까 특유의 분위기가 있었지요. 그리고 단원들이 참 순수했는지 서로 분위기가 좋고 지휘자 말을 참 잘 들었어요.

인터뷰: 성기문, 김윤희, 길현정, 조한나(교회음악과 Birth 인터뷰 기간과 동일)

2_Repertoire

아너스카펠라 역대 연주곡목

작곡가	곡명
Alice Parker(1925~2023)	Seekin' for a city 주의 나라 가네
	Sing to the Lord 주께 찬양해
	We wish you a merry Christmas 축하하오 기쁜 성탄
Allen Koepke(1939~2012)	Veni, veni Emmanuel 곧 오소서 임마누엘
	머리 들라
Almeda J. Pearce(1893~1966)	When He shall come 그가 오실 때(Arr. Paul Mickelson, 1928~2001)
Andreas Makris(1930~2005)	Alleluia 알렐루야
Antonio Vivaldi(1678~1741)	Domine ad adjuvandum me festina, RV 593 시편 70편
B. Adams	For God so loved the world 하나님 세상을 사랑하시사
Bob Chilcott(b. 1955)	A little jazz mass
Bruce Saylor(b. 1946)	은혜로운 곳 길리앗
Charles Camille Saint-Saëns (1835~1921)	Oratorio de Noël, Op. 12 크리스마스 오라토리오
Dale Wood(1934~2003)	Slumber, O holy Jesu 거룩하신 예수
David L. Brunner(b. 1953)	Jubilate Deo
Ed Lojeski(?~2020)	Just a closer walk with Thee 주께 가까이
Egil Hovland(1924~2013)	Saul, Op. 74 사울
Emma Lou Diemer (1927~2024)	Psalm 148 시편 148편
Eugene Weigel(1910~1998)	Star of the mountain 산의 어린이
Felix Mendelssohn Bartholdy (1809~1847)	Jauchzet dem Herrn, alle Welt / Psalm 100, WoO 28 시편 100편
	Lobgesang, Op. 52 찬양의 송가
	O, Haupt voll Blut un Wunden, MWV A8 오 상하신 주님의 머리
	Psalm 42, Op. 42 / MWV A15 시편 42편
	Paulus, Op. 36 사도바울
	Vom Himmel hoch, MWV A10 하늘로부터 오신 주
Frederick Loewe(1901~1988)	Get me to the church on time(from "My fair lady", Arr. William Stickles, 1882~1971) 교회로 결혼하러 가죠
Garry A. Cornell(b. 1940)	Alleluia 알렐루야
	Come O Jesus 예수 오셔서
George Frideric Handel (1685~1759)	Messiah, HWV 56 메시아
George Lynn(1915~1989)	Let us break bread together 다 함께 떡을 나누세
Gordon Young(1919~1998)	Come christian, join to sing 성도여 다 함께
	Glorificamus 여호와를 찬양해
György Deák-Bárdos (1905~1991)	Eli! Eli!(from "Parasceve Suite") 엘리! 엘리!
Hugh Davis	Cantate Dominum 주님을 찬양해
Jack Coleman(1920~1985)	Jesus never forgets 주님은 항상

Jackson Berkey(b. 1942)	Gloria in excelsis Deo 영광
	Walk humbly with thy God 주와 함께 걸으리
James Lord Pierpont (1822~1893)	Jingle bells 징글벨(Arr. Ozzie Westley)
James Michael Stevens (b. 1961) & Joseph M. Martin(b. 1959)	Without love we have nothing 사랑 / 내가 천사의 말 한다 해도
Javier Busto(b. 1949)	Ave maris Stella 거룩하신 주
Jerry Reed Kirk(?~2009)	Ye shall be witnesses 내 증인 되리라
Jill Jackson Miller (1913~1995) & Sy Miller(1908~1971)	Let there be peace on earth 이 땅에 평화 주소서
Johannes Brahms (1833~1897)	Ein deutsches Requiem, Op. 45 독일 진혼곡
Johann Sebastian Bach (1685~1750)	Jauchzet Gott in allen Landen, BWV 51 만민이여 환호하여 주를 맞으라
	Magnificat D-dur, BWV 243 마그니피카트
	from Mass in B minor, BWV 232 b단조미사 　　　Gloria 영광
Johann Philipp Krieger (1649~1725)	Der Herr ist mein Licht 주는 나의 빛
John Rutter(b. 1945)	The Lord bless you and keep you 주는 우리를 지키시네
John Willard Peterson (1921~2006)	기도의 날개
Joseph Carleton Beal & James Ross Boothe	Jinglebell rock 징글벨 락(Arr. Dick Averre)
Joseph Linn	How majestic is your name 주의 이름이 어찌 그리 아름다운지요
Knut Nystedt(1915~2014)	Cry out and shout 소리 높여 외쳐라
	Three motets 3개의 무반주 모테트 　　　Do not be anxious 너 근심 걱정 말아라 　　　Blessed be he 복 있도다 　　　He has risen 그는 부활하시었네
Kurt Kaiser(1934~2018)	The moment of truth 진리의 순간
Lajos Bárdos(1899~1986)	Cantemus 소리 높여 주 찬양
Louis Vierne(1862~1937)	Messe solennelle en ut# mineur, Op. 16 장엄미사
Lowell Mason(1792~1872)	There is a fountain 샘물과 같은 보혈(Arr. Harold Decou)
Mark Austin	Bell rings 성탄의 종 울려라
Mark Hayes(b. 1953)	All creatures of our God and king 온 천하 만물 우러러
	Joyful, joyful we adore Thee 기뻐하며 경배하세
Marshall Bartholomew (1885~1978)	We meet again tonight 우리 다시 만나리
Mary Lynn Lightfoot(b. 1952)	A festive alleluia 알렐루야
Michael Whitaker Smith (b. 1957)	How majestic is Your name 주의 이름이 어찌 그리 아름다운지요(Arr. Thomas E. Fettke)
Moses Hogan(1957~2003)	I am His child 나는 주의 자녀
Nicholas White(b. 1967)	O magnum mysterium

Otis Skillings(1935~2004)	There is Joy in that Land 기쁨 넘치는 곳
Paul Basler(b. 1963)	Gloria(from "Missa brevis") 영광
Paul Mickelson(1928~2001)	The happy Jubilee 영원한 하늘 나라
Ralph Carmichael(1927~2021)	He's everything to me 모든 것 되시네
Ralph Vaughan Williams (1872~1958)	Fantasia on Christmas carols 크리스마스 환상곡
	Te deum in G 테 데움 in G
	주를 찬양하라
René Clausen(b. 1953)	Psalm 100 시편 100편
	너는 나를 마음에 품고
Rhonda Sandberg	알렐루야
Robert Russell Bennett (1894~1981)	Carol cantata IV 캐롤 칸타타 4번
Roger C. Wilson(1912~1988)	Lonesome valley 외로운 길
Roger Wagner(1914~1992)	Alleluia 알렐루야
Ruth Elaine Schram(b. 1956)	Welcome to the show 안녕하십니까
Samuel Webbe(1740~1816)	Come ye disconsolate(Arr. 홍명의) 목 마른 자들아 다 이리 오라
Sandra T. Ford	내 마음 아시는 주
Siegfried Ochs(1858~1929)	Thanks be to Thee, O Lord 주께 감사하라(Attr. George Frideric Handel)
Thomas E. Fettke(b. 1941)	The birthday of a king 구주 탄생
	영광과 존귀의 주님
Undine Eliza Anna Smith Moore(1904~1989)	나 주 의지하리
Walter Ehret(1918~2009)	The sow took the measles 돼지는 죽었네
William Gould Tomer (1833~1896)	Benediction(Arr. John Ness Beck, 1930~1987) 우리 다시 만날 때까지
William Harold Neidlinger (1863~1924)	The birthday of a king 구주 탄생
William Levi Dawson (1899~1990)	Mary had a baby 마리아가 아기를 가졌네
William Mathias(1934~1992)	Let the people praise thee 만민들아 주를 찬양하라
Will James	Alleluia 알렐루야
W. R. Spencer	주 안에서 기뻐하라
김희조(1920~2001)	경복궁 타령
	보리 타작의 노래
	아리랑
나운영(1922~1993)	시편 23편
윤민제	내 주를 가까이
이수인(1939~2021)	고향의 노래
최훈차(b. 1940)	갑돌이와 갑순이
작자 미상	O Christmas tree(German Christmas carol) 크리스마스 트리
	The bull-dog and the bull-frog 맹꽁이와 삽살개

 148

연도별 연주곡목 QR 148

순회연주 목록 QR 149

 149

아너스카펠라 연주 프로그램

QR 150 해외 순회. QR 151 아너스카펠라(Honors Cappella Choir) 연주 영상 모음.

 150

 151

 152

153

정기연주회. QR 152

지방 순회. QR 153

연보 및 정리: 조한나, 김윤희, 고은영

3_Episode

아너스카펠라 연주

아너스카펠라는 2005년 서울신학대 카펠라 동문 합창단으로 모여 유빌라테 성가집 녹음과 서청페스티벌 초청연주도 참석했어요. 그리고 2007년 1월에 아너스카펠라 합창단 이름으로 창단연주를 했어요. 경동교회에서 비발디 '시편 70편', 멘델스존 '하늘로부터 오신 주' 작품을 연주했어요. 경동교회에서의 연주는 울림은 좋은데 앞에 청중과의 거리가 있고 소리가 잘 돌아오지 않아서 어려움은 있었어요. 이런 어려움을 안고 창단연주임에도 잘했던 기억이 나오. **QR 154** 유빌라테 13집 녹음(2006. 12.).

2008년 2회 정기연주회는 안동교회에서 바흐 칸타타와, 크리거(Krieger)

아너스카펠라 창단연주(2007. 11. 15.).

칸타타 작품을 연주했어요. 이때 서울신대 동문들이 솔리스트로 함께해 주어 고
마웠습니다. 이후로도 아너스카펠라 연주 때마다 여러 동문들의 도움이 있었어
요. 카펠라합창단 졸업생 중에 직업이나 프로로 합창단에서 활동하고 있는 사
람들이 꽤 많아요.

　　2009년과 2015년에는 영산아트홀에서 정기연주회를 했어요. 2009년에
는 6월에 연주를 했는데 멘델스존의 칸타타와 본 윌리엄스의 테데움을 연주하
였고, 2015년에는 12월 성탄을 앞둔 연주였기에 같은 작곡가 본 윌리엄스의 성
탄 칸타타와 캐럴들을 선택했어요. 오르간과 화려한 합창이 매력 있는 프랑스
루이비에른의 장엄미사도 연주했는데, 아무래도 영산아트홀은 파이프오르간
이 있어서 오르간과 합창의 합을 맞추기 좋아 선택했어요.

위 아너스카펠라 제2회 정기연주회-안동교회(2008).　**아래** 아너스카펠라 제3회 정기연주회-영산아트홀(2009).

2009년에는 정기연주도 있었지만 연말에 크리스마스 콘서트를 남대문교회에서 했어요. 감동이 있었습니다. 곡 중 독창을 했던 어린이 염온유가 2013년 정기연주회에서 청소년으로 '산의 어린이' 독창을 하고, 2019년 감동 연주에서는 아빠와 함께 성인 단원으로 참석해 곡 중 솔로까지 했어요. 세월이 흘러가니 아너스카펠라에서도 자연스럽게 가족 단원들, 특히 부모와 자식 멤버들도 생겼지요. **QR 155** 아너스카펠라 제7회 정기연주회-'산의 어린이', 솔로 염온유(2013).

위 아너스카펠라 크리스마스 연주-남대문교회(2009). **아래** 염온유 단원(어린이, 청소년, 성인 단원으로 곡 중 솔로).

　　2015년에는 아너스카펠라 연주가 많았어요. 싱가포르 순회를 성공적으로 마치고, 영산아트홀 정기연주, 10주년 감사예배까지 드리며 시간이 갈수록 아너스카펠라의 발전이 새삼 느껴졌어요.

　　청주, 속초, 제주도, 경남 사천, 목포, 강릉, 포천, 당진, 원주… 지방 순회도 참 감사하게 생각해요. 아너스카펠라가 이런저런 상황 속에 어려운 시기도 있었음에도 지속적으로 교회 순회연주, 지방 순회연주를 했어요. 하나하나 연주를 감사로 마치고 그로 인해 쭉 이어 갈 수 있었어요. 특히 노인요양원과 같은 기관연주는 사명감을 더 줄 수 있는 연주라 합창단원들에게도 꼭 필요하다 강조했어요. 또 아너스 특유의 분위기가 가족 초청연주에도 잘 맞아서 여러 번 기획했어요.

위 아너스카펠라 목포 순회연주(2011. 8.).　**아래** 아너스카펠라 강릉 순회연주(2012).

위부터 아너스카펠라 정기연주회(2013. 12. 7.).
부평제일성결교회 순회연주(2015. 4. 10.).
명지춘혜병원(2015. 12.).

위부터 아너스카펠라 지방 순회-기사님께 감사 노래 '하나님 세상을 사랑하시사'.
아너스카펠라 10주년 기념 8회 정기연주회(2015. 12. 3.).
10주년 정기연주회에서 교수님(2015).

2019년에 각각의 합창단들이 '감동' 연주를 준비할 때 아너스카펠라는 카펠라 동문들도 같이하겠다고 많이들 모였더라구요. 오랜만에 보는 얼굴들이 많아 반갑고 좋았어요. 서형일 지휘자가 맡아 지휘했고요. 재즈미사 '글로리아'에 안무를 하겠다 해서 무대가 어떻게 나올까 싶었는데, 연주 당일 관객들 반응이 아주 좋았고 효과가 있었습니다.

위 최훈차 교수 합창 60년 기념연주회 '감동'-예술의전당(2019).
아래 아너스카펠라 '감동' 연주회(2019).

아너스카펠라 해외 순회연주

아너스카펠라와 함께한 4번의 해외 순회에 대한 기억이 다 납니다.

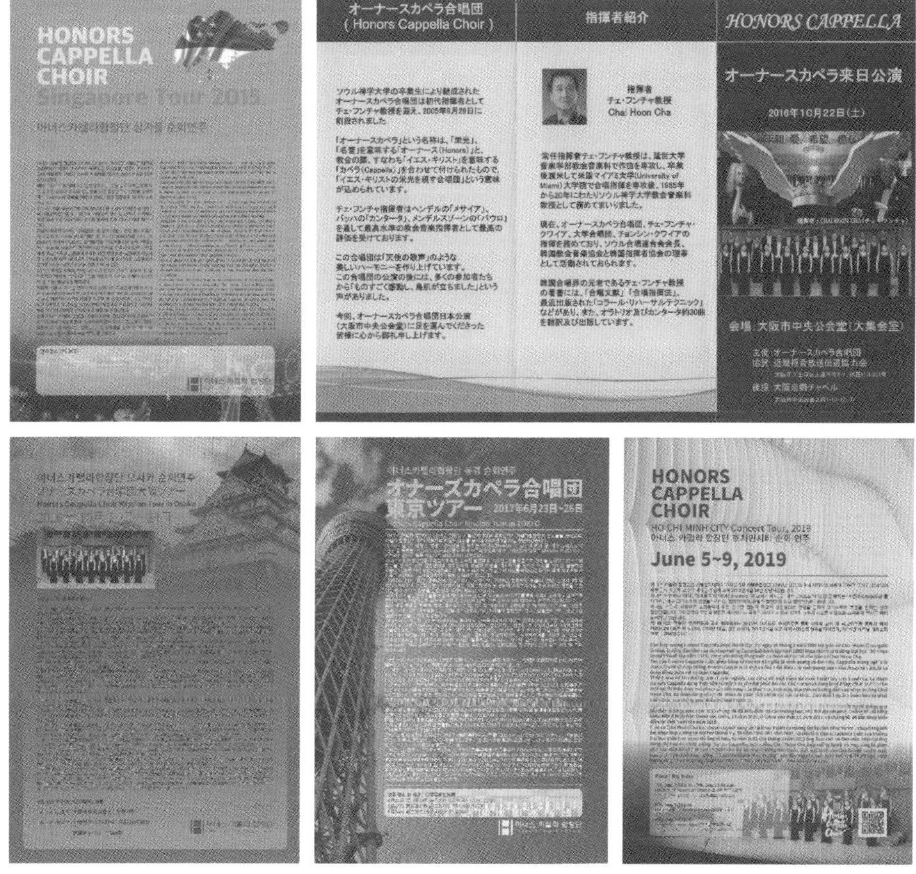

아너스카펠라 해외 순회연주(2015~2019).

싱가포르

지금 생각하면 싱가포르는 아너스카펠라의 첫 해외 순회임에도 가장 성공적이지 않았나 하는 생각이 들 정도예요. 부족함이 전혀 없었어요. 전체 스케줄도 좋았고, 일반 연주와 교회 연주가 골고루 잘 짜였어요. 더위에도 불구하고 관광도 타이밍이 잘 맞았지요. 교회에서 숙박하며 경비도 많이 들지 않았고, 순회 진행도 좋았어요. 특히 나와 아내에게도 임원들과 단원들이 너무 잘해 주었어요. 아내가 허리가 아주 안 좋았을 때라 걱정했는데 단원들이 모두 잘 챙겨 주었어요.

무엇보다 연주도 참 잘했고 멤버가 좋았어요. 임원들에게 잘 칭찬하지 않는데 이때 임원들을 불러서 진심으로 칭찬했던 기억이 납니다. 모든 것이 성공적이었어요.

위 아너스카펠라 싱가포르 순회연주-Singapore Bible College(2015).
왼쪽 싱가포르에서 아너스카펠라(2015).　오른쪽 싱가포르에서 선생님과 사모님(2015).

오사카

2016년에는 학부 카펠라와 인연이 깊은 손기정 목사님 교회를 베이스로 일본 오사카에 가게 되었어요. 일정 중 오사카 시티홀에서 메시아를 일본어로 연주해야 했는데, 준비하느라 애썼고 적은 인원으로 잘했습니다. 그 외에는 일본 교회인 우에노시바교회와 경향교회에서 주일에 연주를 했어요. 순회 기간에 비해 연주 스케줄이 좀 부족해서 아쉬웠지만, 잘해 주었어요. 단원들이 한국에서 챙겨온 침낭을 깔고 교회에서 숙박하는 것을 보고 참 순수하게 헌신하는 모습을 칭찬했던 기억이 나요.

위 아너스카펠라 일본 순회연주-Osaka City Central Public Hall(2016).
가운데 아너스카펠라 일본 순회연주-우에노시바교회(2016).
왼쪽 오사카(2016). **오른쪽** 오사카 씨티홀 연주(2016).

 156

도쿄

오사카에 이어 도쿄 연주는 날씨가 더워서 단원들이 고생을 많이 했어요. 그래도 연주 스케줄이 잘 잡혀서 노인홈에도 가고, 교회 연주도 다 잘 마쳤어요. 함께 가준 타쿠미상이 우리 부부 운전도 해주고, 순회 때뿐만 아니라 여기저기서 통역까지 해주어 편하게 잘 다닐 수 있어서 감사했어요. 한인 교회인 도쿄교회에서도 연주했는데 교회 규모에 비해서는 비교적 울림이 적었지만 그래도 준비한 만큼 잘했고, 짜임새 있던 순회연주였어요.

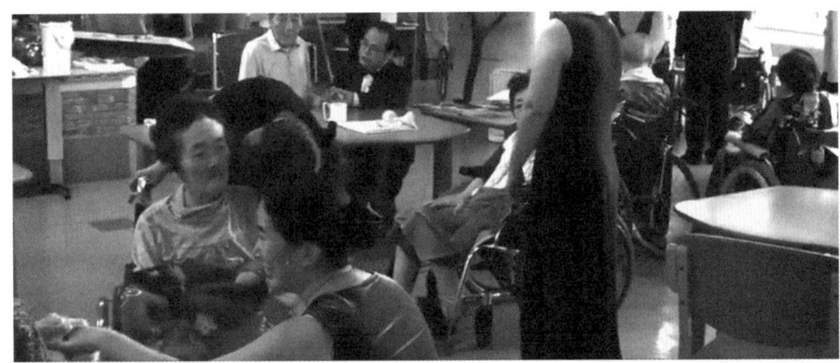

위 아너스카펠라 일본 순회연주-후카가와 사랑의 동산(노인홈), A조 위문연주(2017).
가운데 도쿄교회 연주 감상평 블로그. **QR 156**
왼쪽 도쿄 순회 도쿄교회 게시판(2017). **오른쪽** 도쿄교회 순회연주(2017).

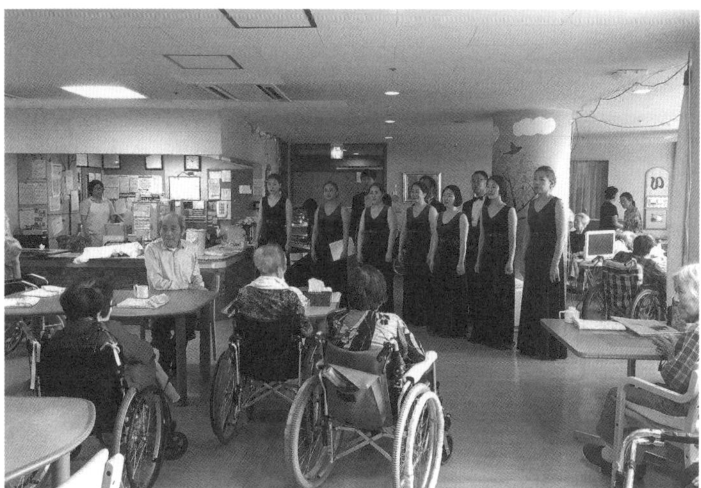

아너스카펠라 일본 도쿄 순회(2017).

베트남

사실 베트남 호치민 연주 때는 내 다리가 많이 아팠어요. 걸어 다니기 어려울 정도라 한국에서 주사를 맞고 파스도 붙여 가며 강행군이었지요. 무대를 길게 할 수 없어서 몇 곡씩 잘라서 프로그램을 진행했어요. 옛날 일이지만 베트남이 적성국가였기 때문에 다른 나라보다 사명감을 많이 느꼈어요. 카펠라에서 훈련받지 않은 친구들도 함께 가게 되어서 생활 면에서 부족함과 어려움들이 중간중간 보였지만, 그래도 아너스 팀워크가 있었기에 잘 맞춰 갈 수 있었고 노래도 잘했습니다. 식사하기 전에 함께 부르는 '식사 노래(날마다 우리에게)'는 늘 그 나라 언어로 준비하지만 그 외의 찬양들은 베트남어가 아니라 한국말과 영어로 찬양했음에도 전달이 잘 되었어요. 한인 교회도 감동이 있었지만, 베트남 현지 교회 연주가 반응도 뜨거웠고 특히 기억에 남습니다.

위 아너스카펠라 베트남 순회연주-베트남 한우리교회(2019). 아래 베트남 호치민 한인교회.

위부터 베트남 호치민 광장에서. 붕따우교회 연주. 베트남 순회에서 교수님과 사모님.

아너스카펠라 합창단과 교회 순회연주

아너스카펠라 합창단은 다른 합창단과 다르게 교회음악과 동문들 구성이기 때문에 학부 카펠라도 그랬지만 교회 순회연주가 참 중요했어요. 교회음악에 진심으로 임해야 한다고 가르쳤고, 회중들에게 사명감을 보이며 교회의 본이 되어야 한다고 생각했어요. 교회 순회 때마다 강조했던 것 같아요.

기억에 남는 교회 순회연주들

모든 교회들이 조금만 생각하면 기억나는데요. 특히 2016년 발산동교회 순회연주는 신경이 많이 쓰였어요. 내가 찬양대를 지휘하던 교회이기도 했지만, 대학합창단, 최훈차콰이어, 정신콰이어를 비롯한 지도했던 모든 합창단이 순회한 교회예요. 감동을 어떻게 줄지, 곡목이 겹치진 않는지 신경이 쓰였습니다.

합창단을 마무리하기 전 2022년 아너스카펠라 마지막 연주인 부천중동교회, 강서성결교회(23년 1월)는 둘 다 좋았어요. 중동교회는 온 가족 예배로 저녁예배를 드려서 그랬는지 청중이 생각 이상으로 많이 모여서 깜짝 놀랐어요. 단원들에게 농담으로 청중들이 왜 이리 많이 모였냐고 웃으면서 이야기했어요. 호응도 좋았고 그만큼 감사했고 노래도 잘했습니다. 단원 중 누군가 강서성결교회에서 아너스카펠라 마지막 순회를 하게 된 것이 남다르지 않냐 물었어요. 서울신학대학교 동문 합창단이 해단하기 전 같은 교단의 교회에서 연주하게 된 거예요. 코로나 기간이라 마스크를 끼고 노래한 것이 가장 아쉬웠지만 끝까지 마무리를 잘 지었어요.

<u>왼쪽</u> 발산동교회 순회연주(2016). <u>오른쪽</u> 중동교회 순회연주(2022. 12. 18.).

강서성결교회 순회연주(2023. 1.).

아너스카펠라 홈커밍데이, 헤어짐의 시간

아너스카펠라를 가장 먼저 그만두게 되었어요. 이제 합창단을 그만해야겠다 생각하고는 창단된 순서에 반대로 1년에 한 합창단씩 놓을 생각이었죠. 한꺼번에 다 그만두기에는 내가 좀 힘들 것 같았어요. 아너스 임원들에게 말하니 많이 아쉬워하고 운영위원들도 다시 생각해 주길 바랐습니다. 나도 아쉬웠지만 잘 되고 있을 때 그 해까지 하기로 결정했어요.

임원들이 '홈커밍데이'라고 이름 붙인 해단식을 준비해 주었어요. 보통은 운동선수들이나 해단식을 하지 합창단은 해단식을 하지 않아요. 평생 한 번밖에 없는 시간인데 그동안 같이했던 모든 단원들이 많이 참석해 얼굴을 볼 수 있어 좋았어요.

감사하며 마무리도 예배로 하는 것이 좋다고 생각했어요. 식 전과 중간에 나오는 영상도 그동안 사진들이 쭉 나와 참 좋았습니다. 영상을 보면서 많은 기억들이 흘러갔어요.

'이 땅에 평화 주소서'를 부르고, 마지막에는 모든 사람들이 내 앞에 줄을 서 카펠라식 인사로 안아 주었어요. 개인적으로 굉장히 감격했고 감사했습니다. 전체적으로 카펠라에 딱 어울리는 가족 분위기로 진행되어 감동이 있었어요. 그동안 평생 지휘자로 산 보람이 있다는 생각이 들어요. 뜻깊은 시간이었고, 고마웠어요.

위 아너스카펠라 홈커밍데이(2023). **가운데** 홈커밍데이 아너스카펠라 활동 연혁(2007~2023) 영상.
아래 홈커밍데이 무대(2023. 1. 12.).

홈커밍데이 선생님 말씀

말 잘 듣는 합창단. 누구보다도 한 번 지시하면 틀림이 없었다고, 안 되는 적이 한 번도 없었다고, 이거는 참 어려운데… 그렇기 때문에 나는 카펠라 하는 동안 항상 편했습니다. 여러분들이 잘 해주려고 하는 그 마음만 생각하더라도 정말… 너무너무… 어떨 때는 집에 가서 이야기도 많이 했어요. 그동안 보고 싶었던 사람들을 다 만날 수 있는 이런 자리를 마련해 줘서 너무 고맙고 감사하고 그렇습니다. 아쉬움이 있습니다. 나는 아쉬움이 참 많아요…. 여러분들은 다른 데 가서 잘할 겁니다. 고마워요.

인터뷰: 조한나(교회음악과 Episode 인터뷰 기간과 동일)

위 홈커밍데이 최훈차 선생님(2023. 1. 12.). **가운데** 홈커밍데이 카펠라식 인사.
아래 아너스카펠라 홈커밍데이 단체사진.

4_Thanks to

서형일 카펠라 92학번 1992~1995 | 아너스 창단~2009
여수시립합창단 상임지휘자 | 이화여대, 단국대 합창지휘 강사 | 유빌라테 음악감독

최훈차 선생님을 생각하며

유학생 시절 까만색 10불짜리 카시오 전자시계를 차고 학교를 다녔습니다. 한국 돈으로 하면 만 원 조금 넘는 싸구려 시계였지만, 학부 학생 시절 늘 최훈차 교수님께서 즐겨 사용하시던 그 전자시계를 손목에 차면 저도 교수님처럼 좋은 지휘자가 될 수 있을까 싶어서 그랬던 것 같습니다. 지휘할 때 다리 모양도 교수님을 따라 했습니다. 교수님의 지휘 폼을 흉내 내고, 교수님의 농담을 연습 시간에 써먹기도 했습니다. 합창단이 노래하다 틀릴 때면 교수님께서 내시는 아쉬움의 탄식 소리도 흉내 내 보기도 하였습니다. 온통 저의 지휘에는 최훈차가 묻어 있었습니다. 아무리 그렇게 해도 교수님을 따라갈 수는 없었지만 말입니다.

대학 시절 서울신학대학교 카펠라는 아침 7시에 연습을 시작하였습니다. 아침 7시에는 아무도 약속이 없으니 부지런하기만 하면 다 연습에 나올 수 있다고 교수님은 말씀하셨지만, 아침 잠이 한창 많을 때인 20대 초반에 아침 7시까지 학교에 오기란 쉬운 일이 아니었습니다. 지하철의 첫 차를 타고 꼭두새벽에 일어나 학교로 달려 나오면서도 교수님과의 연습 시간이 마냥 즐겁기만 했습니다. 교수님은 언제나 학교에 제일 먼저 출근해 계셨습니다. 누구보다도 이른 시간에 가장 먼저 학교 문을 여셨습니다. 7시가 이르다고 불평을 갖던 학생들이 그보다 훨씬 더 이른 시간에 준비하고 계신 교수님을 보면서 모범과 성실을 배웠습니다. 94년도쯤이었을까요? 일본 순회를 마치고 김포공항에 내려 다들 집으로 향해 갈 때에 국내선으로 갈아타시려 발걸음을 옮기시는 교수님께 제가 물었습니다. "교수님, 댁으로 안 가시고 어디 가세요?" 지방에 찬양대 세미나가 있어서 가셔야 하신다는 교수님께 제가 다시 물었습니다. "안 피곤하세요?" 교수님은 "안 피곤하다 생각하면 안 피곤하다. 그리고 원래 선생은 안 피곤한 거야"라고 말씀하시면서 총총히 발걸음을 옮기셨습니다.

몇 년 전 교수님의 60주년을 기념하는 감동의 연주에 아너스카펠라 합창단을 객원 지휘할 기회가 있었습니다. 단원 모두가 최선의 연주를 마치고 주차장에서 교수님을 배웅하며 인사를 드렸습니다. 오랜 리허설과 연주, 그리고 찾아오신 손님들에 대한 인사를 마치시고 난 뒤여서 우리 모두는 무척이나 피곤했습니다. 그래도 교수님만 할까요? 습관처럼 교수님께 여쭤 보았습니다. "교수님 피곤하시죠?" 오래전 그날처럼 교수님께서는 또다시 말씀하셨습니다. "괜찮아. 선생은 원래 안 피곤한 거야."

이제 학생을 가르치는 선생이 되고 보니 선생이라 안 피곤한 것이 아니라 제자들에

게 언제나 최선의 모범을 보이시려는 교수님의 마음이 보입니다. 제일 피곤하셨을 팔순이 넘으신 교수님이 30년 전 그때처럼 여전히 우리에게 몸소 가르침을 주고 계셨습니다.

순수해야 감동이 있고 좋은 사람이 되어야 좋은 지휘자가 될 수 있다는 교수님의 가르침을 늘 마음에 품고, 교수님 같은 지휘자가 되기 위해 열심히 노력했지만 부족하고 부족하기만 한 제자라 늘 아쉽습니다.

최훈차 교수님은 합창지휘를 가르치시며 늘 좋은 지휘자는 좋은 사람이라 말씀하셨습니다. 함께 노래하는 사람들이 저 지휘자와 함께 노래하고 싶다는 욕망을 불러일으켜 줘야 한다는 가르침이었습니다. 타성에 젖는 것을 가장 경계해야 한다 말씀하셨습니다. 돈 때가 묻으면 안 된다 말씀하셨습니다. 수백 번을 지휘하셨을 '복 주시고 지키시네'를 지휘하시며, 눈가가 촉촉히 젖어 오시는 모습을 보면서 매 연주 연주마다 최선을 다하시는 것을 배웠습니다. 학생들의 생활과 자세, 그리고 악보를 어떻게 들어야 하는지, 어떤 표정으로 노래해야 하는지, 어떻게 인사해야 하고 어떠한 마음으로 생활해야 하는지…. 정말 최훈차 교수님의 카펠라 학생들에 대한 가르침은 너무나 세심하고 따뜻했습니다. 그 썰렁한 교수님의 농담도 까르르 넘어갈 만큼 우리는 최훈차 교수님을 사랑하고 존경했습니다.

이제는 제가 교수님을 만났을 때의 교수님 나이보다 많은 나이가 되었습니다. 찬양대나 합창단에서 연습을 할 때, 학교에서 가르칠 때 늘 교수님의 가르침이 생각납니다. 서울신학대학교에서 최훈차 교수님을 만나지 않았더라면 아마 저는 합창지휘자로 살아가지 못했을 것입니다. 교수님을 만나서 아마도 그 이전보다 몇 배는 더 좋은 사람으로의 인생을 살아가고 있다고 생각합니다. 교수님을 만나서 몇 배는 더 좋은 지휘자로, 선생으로 살아가고 있다고 생각합니다.

이제는 교수님께서 저희에게 주신 가르침이 저를 통해 흘러 저의 제자들에게, 또 그들의 제자들에게 흘러가기를 바라 봅니다. 세상에 좋은 지휘자는 여럿 있을 수 있습니다. 좋은 음악을 만들어 내는 수많은 지휘자들이 있겠지요. 그러나 최훈차 교수님과 같이 삶을 통해서 우리에게 음악과 신앙 그리고 삶의 자세를 가르쳐 주는 스승은 없습니다.

교수님의 80여 년의 음악 인생이 뜨거운 감동으로 우리에게 남아 지금도 여전히 전설처럼 여전한 가르침을 주십니다. 그 가르침 그대로, 언제나 교수님의 제자라는 것이 부끄럽지 않도록 최선을 다해 음악 하고 노래하겠습니다.

앞으로도 제자들에게 큰 바위 얼굴처럼 강건하게, 오랫동안 함께해 주시기를 소망합니다.

성기문 카펠라 1986~2005(창단~마지막) | 아너스 창단~마지막 | 카펠라 합창단 간사 | 음악 목사

최훈차 교수님께 드리는 헌정의 글

서울신학대학교의 변화는 종교음악과에서 교회음악과로 변경되면서 합창에 대한 열의가 더 강해졌습니다. 학생들 중에도 합창에 관심 있는 친구들이 많았기 때문입니다. 하지만 합창 전담 교수가 없고 주로 외부강사들에 의해 수업이 진행되다 보니, 합창이 제대로 이루어질 수 없었습니다. 오로지 채플 찬양에만 초점을 맞춰 합창 수업을 하게 되어 합창의 중요성을 알 수 없어 아쉬움이 컸습니다. 학생들은 점점 전담 합창지도 교수를 원했고, 그런 가운데 교회음악과에 한차례 큰 변화가 일어났습니다.

1982년에 전교생이 모여 헨델의 메시아 작품을 1년 가까이 연습해 왔고, 이제 연주해야 하는 시점이 되었습니다. 그런데 정작 연주할 장소와 협연할 오케스트라가 섭외되지 않았고 준비한 합창 연주를 할 수 없게 되었습니다. 이 사건은 학생들의 실망을 크게 불러일으켰습니다. 결국 그 다음 해에 교회음악과 전교생이 서명 운동을 하면서 합창 전담 지도 교수를 더 강하게 요구하였습니다. 그리고 1985년 6월 서울신학대학교 교회음악과 합창 전담 지도 교수로 오신 분이 바로 최훈차 교수님이셨습니다.

교수님이 오시고 서울신학대학교는 점점 합창의 틀이 잡혔고, 학생들은 합창의 큰 핵을 이어 가기 시작했습니다. 그때 제가 콘서트콰이어 총무를 맡고 있었는데 저를 따로 부르시더니 학교를 대표하는 합창단을 만들어 학교 홍보뿐 아니라 합창에 아름다움을 전했으면 좋겠다는 말씀을 하셨습니다. 저도 동의를 했지요. 그토록 바라던 것이었습니다. 그리고 교수님께서 당시 이상훈 총장님과 교회음악과 교수 회의에서 결의하여 탄생한 것이 카펠라합창단(구 선교합창단)이었습니다. 처음 48명이라는 단원을 구성하여 창단하게 되었습니다.

처음에는 기대하는 친구들과 교수님에 대해 약간 '꼬부랑'한 시선의 친구들 두 부류의 학생들이 있었습니다. 드디어 교수님과 합창 훈련을 시작하게 되었습니다. 아침 6시 50분 연습, 오후 방과 후 연습. 처음 학생들은 적응이 안 되어 힘들었지요. 불만도 있었고요. 그런데 교수님 특유의 제스처와 입담 그리고 가르치시는 열정을 바라보며 학생들은 결국 마음의 문을 열게 되었고 점점 적극적으로 참여하였습니다. 부정적인 친구들도 결국 희망을 품었고 나아가 사명감을 가지게 되고 열정적으로 연습하였습니다.

곤지암 실촌 수련관에서 합숙훈련을 하면서 합창의 중요성과 아름다움을 알게 되었습니다. 저를 포함해 이런 과정이 처음인 학생들은 힘들면서도 재미있었지요. 같이 모여 연습하고 식사 전에 식사 노래해시 점수를 얻고, 불합격 받으면 밥도 못 먹고… 연습 외에 벌어지는 모든 순간들이 학생들에게는 낯설지만 즐거웠습니다. 학생들은 상상도 못했

던 교수님의 가르침들을 겪으면서 더 많은 것을 느끼고 교수님에 대한 열정에 더 이상 어느 누구도 불만을 품을 수가 없었습니다.

그렇게 합숙을 마치고 첫 순회연주인 원주 청소년 수련관 연주를 시작으로 여러 교회와 학교 군부대 연주를 하였습니다. 학생들은 실전 속에서 합창의 중요성과 합창 속에서의 은혜와 감명, 아름다움을 느끼면서 마음의 변화를 얻었습니다. 그리고 그 변화를 시작으로 학생들은 더 열정적으로 주님을 찬양하는 사명감에 불타기 시작하였습니다.

카펠라뿐 아니라 서울신학대학교의 매년 정기연주회로 인해 교회음악과가 더욱 꽃을 피우기 시작했습니다. 합창지도 최훈차 교수님과 교회음악과 학생들과의 합창의 역사가 시작되는 계기가 됩니다. 첫 메시아 연주는 유관순기념관을 필두로, KBS홀, 예술의전당에서도 열렸고 좌석이 없어 관객들이 옆 계단에 앉아 관람하는 바람에 예술의전당 관계자에게 지적을 받기도 했습니다. 그로 인해 다음 해에는 연주홀 신청을 못하는 일도 있었지요. 에피소드입니다.

기억에 남는 것은 1991년 예술의전당에서 메시아를 연주할 때 솔리스트 중 시각장애인 학생이 있었습니다. 그때만 해도 지금과 달라 편견이 있었을 것이고, 처음에는 교회음악과 교수님들과 지휘자인 교수님께서 어려우실 거라는 생각에 보류를 했으나 학생(김선영 90)이 간곡히 원하여 재 오디션을 하게 되었습니다. 결국 이 학생 실력이 월등하여 선발하고 연습에 들어갔습니다. 저희 염려와 예상과는 달리 당일 지휘자, 교향악단, 합창단과 호흡이 잘 맞았고 오케스트라 단원들도 놀랐던 기억입니다. 교수님도 맞추면서 놀랐다고 하셨습니다. 시각장애인 학생을 환경과 관계없이 믿고 솔리스트로 선택해 주신 교수님 덕분에 이 학생의 연주는 본인뿐 아니라 함께 연주하는 학생들과 그 공간에 있었던 모든 관객들에게 잊지 못할 감동이 되었습니다.

그렇게 메시아를 격년으로, 멘델스존의 엘리야, Six Anthems, 찬양의 송가, 생상스의 약속의 땅, 브람스의 독일 레퀴엠 등 많은 작품을 연주하였습니다. 그러면서 서울신학대학교 교회음악과가 많이 홍보되었고 학교에도 도움이 되어 대학 입시에도 많은 학생이 음악과에 지원하는 현상으로 이어졌습니다.

수업 시간에 늦으신 적이 없습니다. 항상 수업 10분 전에 오셔서 준비하시는 모습을 우리 모두가 기억합니다. 학교 경리과에서 교수님께서 수당을 안 챙겨 가신다며 저에게 연락이 와 몇 번을 챙겨드린 적이 있습니다. 지금 떠올려도 사모님이 얼마나 힘드셨을까 생각이 드네요. 정말 교수님은 가르치시는 열정 외에는 다른 데 관심이 없으신 분이셨고 그래서 학생들이 존경하고 따르는 것 같습니다.

학교에 부임하시고 합창단을 창단하시면서 첫 번째 하신 말씀을 기억합니다. 합창하는 사람은 꼬부라진 마음보다는 '순수한 마음'으로 찬양해야 한다. 음악 목사가 된 저는 지금도 교수님 말씀을 실천하려고 더 노력합니다. 언제든 그 마음으로 찬양한다면 더 감동적이고 은혜로운 찬양이 될 것입니다. 교수님은 무엇보다도 합창에 대한 분명한 철학이 있으셨습니다. 교수님의 '열정'은 어느 것도 이길 수 없었습니다. 합창을 통하여 많은 사람들에게 은혜와 감동을 줄 수 있는 것, 하나님께는 영광을 올려 드리려는 마음. 평생 교수님의 그 가르치심을 이해하고 존경하는 우리가 되길 원합니다.

차영회 지휘대학원 92학번 | 카펠라 1992~1994
천안시립합창단 상임지휘자 | 서울챔버싱어즈 지휘자 | 한국합창지휘자협회 이사장

존경하는 나의 스승, 최훈차 교수님께 드리는 글

한국외국어대학교에서 독일어를 전공하다가 경기도 광주에 있는 서울장신대학교 교회음악과에 편입하여 성악을 배웠다. 대광고등학교에서 합창단 생활을 하였고 대학에 들어가기 전부터 작은 개척교회에서 성가대 지휘를 한 탓인지 오랜 시간이 지나서 결국 합창지휘자의 꿈을 꾸게 되었다. 그 시절 학부에는 어디에도 지휘를 가르치는 학교가 없어서 일단 성악으로 시작하고 대학원에 진학해 합창지휘를 배우기로 계획했는데, 그나마 대학원도 국내에 세 곳 정도밖에 없었고 내가 신앙생활을 시작하게 된 장로교에는 아예 개설된 학교가 없어서 교회음악과 함께 합창지휘를 배울 수 있는 거의 유일한 곳으로 낯선 성결교단의 서울신학대학원을 선택하게 되었다. 이곳에서 평소 개인적인 인연은 없었으나 익히 들어서 알고 있는 최훈차 교수님을 스승과 제자로 만났고 이 만남이 오늘날 합창지휘자로서의 나를 존재하게 만든 운명이 된 셈이다.

대학원 시절에 본격적으로 교수님께 지도받으면서 합창지휘자로서의 체계적이고 학문적인 지식과 경험을 많이 얻게 되었다. 서울신학대학교의 상징과도 같은 카펠라합창단의 단원이자 부지휘자로 있으면서 합창음악을 어떻게 만들어 나가고 단원들을 어떻게 관리하고 지도해 나가는지, 최훈차 교수님만의 축적된 노하우와 특별한 테크닉들을 존경과 감탄의 눈으로 하나씩 익혀 나갔다. 합창단에서의 실제적인 경험과 함께 잘 몰랐던 시대별 합창문헌 수업을 통해 작곡가들의 양식과 그들의 작품세계를 배워 나갔고 레슨을 받을 때마다 그 곡에 대한 철저한 분석과 연주기법을 먼저 연구하게 함으로써 깊이 있는 지휘가 가능하도록 지도해 주셨다. 그 외에도 채플 찬양이나 지방 순회연주, 심지어 정기연주회를 통해서도 무대에서 지휘할 수 있도록 기회를 주셔서 많이 떨리기도 했으나 소중한 경험을 할 수 있게 배려해 주셨다.

졸업하고 나서 뜻하지 않게 교수님은 당시 본인이 지휘하시던 인천시립합창단의

부지휘자를 내게 제안하셨다. 경험도 부족하고 두렵기도 하여 처음에 고사했으나 여러 차례 말씀하셔서 결국 그 자리로 가게 되었다. 워낙 일이 많고 바쁘신 분인지라 나를 합창단에 데려다 놓고 정작 교수님은 몇 달 뒤에 사임하셔서 몹시 당황했던 기억이 있다. 교수님께 누가 되지 않기 위해서 임시지만 상임지휘자가 없는 합창단을 잘 이끌고 나가기 위해 최선을 다했고 전문합창단에서의 이러한 연주 경험들이 후에 내게는 더없이 값진 자산으로 남게 되었기에 지금도 그 고마움을 잊을 수가 없다.

시애틀에 있는 워싱턴대학교에서 공부하는 동안 왠지 모르게 오래 사귄 연인과 헤어져 있는 듯이 종종 교수님을 그리워하고 그 가르침과 하신 말씀이 생각난 것은 무엇 때문일까? 아마도 교수님과 인연을 맺었던 사람이라면 모두 나와 같은 감정이 들지 않았을까 하는 생각도 든다. 누구도 흉내 낼 수 없는 그분만의 힘과 흡인력 있는 매력이 있었기 때문이었으리라. 그래서인지 시애틀에 있는 동안 대학합창단 미국 순회연주 일정 중 시애틀에 오시게 되어 너무도 반가웠고 여기저기 최선을 다해 연주 장소도 섭외하고 기쁘게 도와드렸던 기억이 있다. 다시 한번 서울신학대학교 카펠라합창단을 데리고 오실 기회가 있었는데, 이때에는 감사하게도 시기가 잘 맞아서 카펠라합창단과 함께 박사 졸업 연주를 하게 되는 행운을 얻게 되었다.

한국 합창역사에서 수많은 기록과 업적을 남기신 최훈차 교수님은 결코 나 개인과의 인연으로만 기억될 수 있는 분이 아님은 틀림없는 사실이다. 몇십 년 동안의 교수 생활과 합창지휘자로 활동하면서 헤아릴 수도 없는 음악가, 합창지휘자, 교수, 목회자, 각 분야의 인재들을 길러 내었고, 평생 많은 합창단을 지도하면서 국내와 해외를 넘나들며 쉴 새 없이 가졌던 무수한 합창 공연들은 감히 누구도 따라올 수 없는 기록과 역사를 만들어 내었다. 1966년에 창단한 대학합창단을 무려 45년간 지휘하셨고 지금까지 그 제자들이 이어 갈 수 있도록 하신 사실 또한 합창역사에서 기록될 만한 놀라운 일이 아닐 수 없다. 80세가 넘는 고령이 될 때까지도 지휘를 쉬지 않으셨는데, 특히 작년 84세의 연세에도 불구하고 예술의전당에서 가진 공연은 감동 그 자체였다. 힘든 걸음으로 무대에서 걸어 나오시던 모습에서 안타까움도 느껴졌으나, 거인의 음악은 청중이 숨죽일 수밖에 없게 만들었고 그의 손길에서 창조되는 합창단의 소리는 교수님을 새삼 경외의 눈빛으로 바라보게 하였다. 그 연세에 그 많은 곡을 또 어찌 다 외워서 하셨을까? 스승 앞에서 그저 작고 부끄러운 내 모습을 보는 것만 같았다.

최훈차 교수님만이 가능했던 이 기록들과 힘의 원천은 무엇일까? 감히 나 자신이 이 힘의 원천을 규정짓는다는 것이 가당치 않으리라 생각하지만, 제자의 한 사람으로 옆에서 지켜본 그분만의 특출한 능력과 마력을 다만 몇 가지라도 짚어 본다.

최훈차 교수님은 늘 좌우명처럼 말씀해 주셨다. '음악가는 순수함과 열정을 잃어버리면 안 된다.' 나는 이 말씀을 항상 기억하기 위해 노력했고 가르치는 제자들에게도 같은 이야기를 해주었다.

존경하는 스승님은 누구보다도 철저한 자기관리에 힘쓰신 분이시다. 지치지 않는 체력, 엄격한 시간 약속, 세밀한 일정 관리 등 모든 면에서 소홀함과 게으름이 보이지 않았다. 대학원 시절 황당했던 사건이 기억난다. 수업을 마치고 합창단 연습을 시키러 서울로 가는 교수님의 차를 같이 타고 가기로 했었는데, 당시에 전화도 없었던 내가 잠시 누군가와 일을 보다가 7~8분 정도 늦게 나왔더니 기다리던 교수님은 그냥 혼자 출발해 버리신 것이다. 그 정도는 기다려 주시려니 했었던 나는 너무도 당황했으나 이후로는 교수님과의 약속은 1분도 어김없이 철저하게 지켜야 한다는 교훈을 얻었다.

사랑하는 선생님은 사람을 존중하고 뒤에서 누구를 험담하거나 욕하는 일이 없었다. 늘 인격적인 모습을 보이셨고 그 마음으로 제자들을 대해 주셨다. 그래서 더욱 존경하지 않을 수 없는 것이다.

진정한 음악인이자 평생 연주만을 생각한 나의 그분은 음악 아닌 그 어떤 것에도 관심을 두지 않았고 오직 연주 인생의 외길을 걸어오셨다. 어떤 단체나 기관의 수장을 맡아 본 적도 없고 학교에 오랜 기간 재직하면서도 일절 그 어떤 보직도 맡지 않은 것은 너무도 유명한 사실이다.

당신은 항상 제자들에 대한 배려와 애정을 아끼지 않으셨고 늘 긍정적이고 유쾌한 웃음으로 사람들을 즐겁게 하고 거리감 없이 따르게 만드는 신비한 마법의 힘을 지닌 우주에서 오신 분이시다. 때문에, 대학합창단, 카펠라합창단, 정신여고 노래선교단 등에서 교수님과 합창단 경험을 했던 사람들이 나이가 들어서도 또 다른 합창단을 조직하고 그곳에 다시 모여 지휘자를 교주(?)로 섬기듯 하면서 즐겁고 행복하게 노래하는 것인지도 모른다.

나의 스승, 최훈차 교수님! 사랑하고 존경합니다.

다께다 기꾸꼬 武田喜久子 서울신대 지휘대학원 첫 제자(1986~1988) | 일본 하마마츠교회 사모
최훈차 교수님께 대한 감사의 말씀

저는 현재 일본의 시즈오카에 위치한 재일대한 하마마츠교회의 목사 사모로 섬기는 다께다 기꾸꼬라고 합니다. 2001년 3월에 한국 기독교 대한성결교단에서 한국인 남편과 함께 파송받아 하마마츠시에서 목회하고 있습니다.

이번에 최훈차 교수님께 감사의 글을 쓸 수 있게 되어 주님께 깊이 감사드립니다.

오랜 세월이 흘러 최훈차 교수님께서 저의 한국유학 사연에 대해 잊으셨을 것 같아 먼저 이야기를 꺼냄을 양해해 주시기 바랍니다.

음대 3학년 시절, 삶에 절망하던 저는 선배의 전도로 구원받아 새 사람으로 변화되었고, 모든 것을 바쳐 주님께 순종하고 싶었습니다. 대학 졸업 후에는 중학교 음악 교사가 되었지만, 6년째에 주님께 강한 소명을 받아 헌신의 자리로 이끌렸습니다. 하지만 부모님은 크리스천이 아니셨기에 심하게 반대하셨습니다. 하지만 결심은 변함없었고, 학교에 사표를 낸 저에게 부모님은 크게 노하셨습니다. 며칠간 설득하며 대화를 나눴지만 결국 불효자 딸이 되어 집에서 쫓겨나게 되었습니다. 가슴이 찢어질 정도로 슬픔으로 가득했습니다.

하지만 "주 예수를 믿으라 그리하면 너와 네 집이 구원을 얻으리라"(행 16:31)는 말씀을 굳게 믿었습니다. 그리고 규슈 구마모토에서 목회를 하시던 어머니의 동생(삼촌) 히다카 노리요시 목사님(아이센교회, 아이센기도원)께 가서 기도원 봉사와 기도, 전도 활동을 하면서 인도하심을 구했습니다.

나는 삼촌 히다카 목사님과 서울신대원(M.Div)을 졸업한 사촌 자매 후쿠토메 노부코 전도사로부터 한국 기독교인들의 신앙과 기독교 음악을 배우도록 한국 유학을 권유받았습니다. 하지만 유학하기에는 많은 문제와 어려움이 있었습니다.

저는 "안녕하세요", "감사합니다" 정도밖에 말할 수 없었고, 부모님께 의절당하여 학비나 생활비를 전혀 지원받을 수 없었습니다. 하지만 금식기도를 통해 이사야 6장 9절과 누가복음 19장 30~34절 말씀을 주님께서 주시며 한국에 가라 하셨습니다. 그리고 에베소 2장 14~22절에서 한국과 일본을 연결하는 화해자가 되라는 말씀을 듣고, 모든 것을 주께 맡기며 유학 길에 올랐습니다.

당시 삼촌 히다카 목사님과 절친하신 마포성결교회 이계섭 목사님은 부흥사로 성도들과 함께 구마모토에 자주 오셨습니다. 이계섭 목사님으로부터 서울신학대학원을 소개받은 저는 1985년에 혼자 한국으로 건너가 마포성결교회 성도님 댁에서 하숙생활을 시작하였습니다.

낮에는 연세대 어학당에서 한국어를 배우고, 밤에는 하숙비와 어학당 학비를 위해 일반 회사에서 일본어를 가르치는 아르바이트를 했습니다. 낯선 문화에서의 생활, 매운 식사와 겨울의 강추위, 아르바이트로 몸이 안 좋아져 쓰러진 적도 있었습니다. 그러나 그때마다 성령님의 도우심과 교회분들의 기도와 격려를 받으며 일어날 수 있었습니다.

이듬해인 1986년, 한국 부천에 있는 기독교대한성결교단 서울신학대학원에 외국인 유학생으로 입학했습니다. 저 외에도 인도인 ONESIMO, 일본인 HIRATA 목사님이 유학하고 있어 함께 배울 수 있는 기회를 주신 것을 깊이 감사하고 있습니다.

저는 대학원의 MACM과정에서 합창지휘를 전공했습니다. 일본의 무사시노 음악대학에서는 성악을 전공했지만, 폭넓게 지휘를 배울 기회가 주어진 것은 무엇보다 감사한 일이었습니다. 면접에서 처음으로 최훈차 교수님과 정정숙 교수님을 만났는데, 선생님들은 매우 상냥하게 말을 걸어 주시고, 여러 가지를 지도해 주셨습니다.

석사 졸업 논문은 G. F. Handel의 Oratorio 'MESSIAH'에 관한 연구였습니다. 하지만 당시 연세대 어학당에서는 기초 문법과 일상 회화를 배웠을 뿐이고, 노트북도 없었기 때문에 작성에 엄청난 시간이 걸렸습니다. 그러나 최훈차 교수님의 지도하에 무사히 한글로 써서 제출하고 졸업 연주도 할 수 있었던 것을 진심으로 감사드립니다. 교수님은 저를 합창의 세계로 인도해 주시고 주님에 대한 믿음, 찬양과 하모니의 훌륭함을 가르쳐 주셨습니다.

수업 중 "지휘를 배우는 사람은 실제로 지휘를 많이 해봐야 한다"라고 말씀하셔서 대학원 재학 중 동대문중앙성결교회 고등부 성가대 지휘자로 섬기게 되었습니다. 내성적인 성격의 제가 고등학생을 지도하고 예배에서 지휘를 하는 것은 절대 무리라며 주저했습니다. 그러나 교수님께서 진심으로 저를 위해 엄격하게 말씀하신 것이라 알고 용기를 내어 도전할 수 있었습니다. 교수님 덕분이었다고 생각하며 지금도 깊이 감사하고 있습니다.

교수님과의 추억으로 기억에 남는 것은, 언제나 선생님은 휴일 이외에는 매일 이른 아침마다 학교에 와 계셨던 것입니다. 수업 준비를 하셨을 것이라 생각합니다만, 매사에 열심이시고 무슨 일이든 진지하게 임하시는 모습에 많은 것을 배웠습니다.

합창을 지도하실 때는 유머가 넘쳐서 매우 즐거웠고, 한국어 듣기가 잘 되지 않았던 저도 알 정도로 유쾌한 농담을 하고 계셨습니다. 학생들이 교수님 이야기에 집중하고 잘 웃으며 열심히 찬양하는 모습을 보면서 왜 학생들이 교수님을 존경하고 따르는 것인지 알 수 있었습니다. 그것은 교수님의 내면에서 흘러나오는 학생들에 대한 사랑과 고결한 인격 때문이었습니다.

시간은 순식간에 흘러 한국을 떠난 지 24년이 지났습니다. 그동안 부모님은 기적적으로 구원을 받으셨고, 세례도 받으셨습니다. 특히 어머니는 97세의 장수를 누리며 찬양과 기쁨 속에 하늘의 부르심을 받았습니다.

오랜 시간 교수님을 뵙지 못했습니다. 그런데 무려 작년 2024년 9월에 교수님께서 일본기독교단 시즈오카교회 창립 150주년 기념 행사에 초대되셨고, 정신콰이어와 함께 채플 콘서트로 일본에 오셨을 때 재회하게 되어 매우 기쁘고 감격스러웠습니다. 당시 시즈오카교회 성가대를 지도하셨는데, 하나님에 대한 사랑과 깊은 신앙, 찬양에 대한 자세 등등 예전과 다름없는 교수님의 모습에 감동을 받았습니다.

이번에 여러 음악 활동들을 모두 그만두셨다는 소식을 듣고 너무 아쉬운 마음이 들었습니다. 언젠가 한국에 갈 일이 있다면 꼭 뵙고, 이야기를 많이 듣고 싶습니다.

마지막으로, 교수님과 가족분들의 건강을 매일 지켜 주시기를, 제자들이 교수님의 뜻을 이어 성령의 임재로 가득한 찬양을 풍요롭게 드려 주님의 영광이 대대로 드러날 수 있도록 하마마츠 땅에서 기도하고 있습니다. 그리고 저도 교수님의 1명의 제자로서 주님을 위해 최선을 다하겠습니다. 모쪼록 매일의 기도 속에 우리 부부의 하마마츠에서의 선교 활동 사역과 일본 전국의 복음화와 부흥을 위해서도 기도해 주시기를 부탁드립니다.

다께다 기꾸꼬 졸업 연주.

私は現在、日本の静岡にあります在日大韓浜松教会の牧師夫人で、武田喜久子(TAKEDA KIKUKO)と申します。

2001年の3月に韓国の基督教大韓聖潔教団の宣教局から韓国人の夫と共に宣教師として日本へ派遣され、浜松市において牧会をしております。今回、최훈차교수님への感謝の言葉を書けますことを主に深く感謝しております。

長い年月が経ち、최훈차교수님が私の韓国留学に至る経緯についてはお忘れになられたであろうと思いますので、先ず初めに証しさせて頂くことをお許し願います。

音大３年の時、生きることに絶望していた私は先輩の伝道により救われて新しき人と変えられ、全てを捧げて主に従いたいと願う者となりました。大学卒業後は中学校の音楽教師となりましたが、6年目に主からの強い召命を受け献身へと導かれました。ところが両親はクリスチャンでは無かったので激しい反対を受けました。

　しかし決心は変わらず、職場の校長先生へ辞表を出した私を両親は烈火のごとくに怒りました。数日に渡り話し合いましたが理解しては貰えず、「おまえのような親不孝者は娘では無い。家を出て行け！」と勘当され、私は着の身着の侭の姿で家を追い出されてしまいましたが、心は引き裂かれ悲しみでいっぱいでした。

　しかし、聖書の使徒言行録16:31の御言葉「イエスを信じなさい。そうすれば、あなたもあなたの家族も救われる。」を固く信じた私は、九州熊本の愛泉教会と愛泉祈祷院で牧会をしていた母の弟である叔父の日高範嘉(HIDAKA NORIYOSI)牧師の元へと向かい、祈祷院での奉仕と祈り、伝道活動をしながら将来の導きを求めました。

　私は叔父の日高牧師とソウル神大院M.Divを卒業した従姉妹の福留伸子(HUKUTO-ME NOBUKO)伝道師から、韓国人クリスチャン達の信仰とキリスト教音楽を学ぶようにと韓国留学を勧められましたが、留学するにはあまりにも多くの難問がありました。

　私は안녕하세요と감사합니다しか話せませんでしたし、両親から勘当もされてましたから、学費も生活費もサポートは全くありませんでした。

　しかし断食祈祷を通してイザヤ6:8と、ルカ19:30-34の御言葉を主から与えられ韓国へ行くようにと示されました。そして、エフェソ2:14-22の御言葉から、韓国と日本を繋ぐ和解者となるようにとも語られ、全てを主に委ねて留学する決心をしました。

　当時、叔父の日高목사님と마포성결교회の이계섭목사님は大変親しい関係にあり、이계섭목사님は부흥사として信徒と共に熊本へ度々来ておられました。

　이계섭목사님からソウル神学大学院を紹介された私は、1985年に１人で韓国へと渡り、마포성결교회の信徒さんの下宿での生活が始まりました。

　昼間は延世大学の語学堂で韓国語を学びつつ、夜は下宿代と語学堂の学費の為に、一般の会社で日本語を教えるアルバイトをしました。慣れない異文化の生活、辛い食事と冬の厳しい寒さとアルバイトで体調を崩して倒れたこともありました。

　しかしその都度、聖霊様の助けと、教会の方々のお祈りや励ましを受けて立ち上がることが出来ました。

　翌年の1986年に韓国の부천にあります基督教大韓聖潔教団のソウル神学大学院を受験し、外国人留学生として入学しました。

　その当時は私以外に、インド人のONESIMO、日本人のHIRATA목사님が留学しておられ、共に学ぶ機会を持てた事を深く感謝しています。

　私は大学院のMACM課程において合唱指揮を専攻しました。日本の音楽大学(武蔵野音楽大学)では声楽を専攻しましたが、幅広く指揮を学ぶ機会が与えられたことは何よりも感謝なことでした。

　面接時に初めて최훈차교수님や정정숙교수님にお会いしましたが、先生方々は大変優しく声をかけて下さり、色々と御指導して下さいました。

　卒論としての修士論文名は、G.F.HandelのOratorio "MESSIAH" に関する研究でした。しかし私の韓国語は、延世大学の語学堂で基礎文法と日常会話を学んだけでしたし、当時はノートパソコンもありませんでしたから、作成には膨大な時間がかかりました。

　しかし최훈차교수님の御指導の元に無事にハングルで書けて提出し、卒業演奏も行うことが出来ましたことを心から感謝しています。

　교수님は私を合唱の世界へ導いて下さり、主に対する信仰、賛美とハーモニーの素晴らしさを教えて下さいました。

　授業の中で、「指揮を学ぶ者は、実践を積む事が必須である」と言われ、大学院在学中は、東大門の中央聖潔教会高等部聖歌隊の指揮者として奉仕させて頂きました。

　内向的な性格の私が高校生を指導し、礼拝で指揮を振るなんて事は絶対に無理だと躊躇しました。

　しかし교수님の言葉は真実で、私の為を思い、厳しく言われた事であるとわかっていました。勇気を出してチャレンジ出来たのは、

　교수님のお陰であると今でも深く感謝しています。

　교수님の想い出で記憶に残っていることは、いつも先生は休日以外は毎早朝ごとに大学へ来られていたことです。授業の準備をしておられた事と思いますが、非常に熱心で何事にも真摯に取り組んでおられる姿に沢山の事を学ばされました。

　合唱を指導される時はユーモアがあふれてとても楽しく、韓国語の聞き取りが良く出来なかった私でもわかるほどに、愉快なジョークを飛ばしておられました。

　学生達が교수님の話に集中し、良く笑い、熱心に賛美をしている姿を見ながら、何故学生達が교수님を尊敬し慕っているのかがよく分かりました。

　それは교수님の内面から溢れ流れ出るところの学生達への愛、人格や人柄、高潔な品性に依るものだったからでした。

　時はあっという間に流れ、韓国を離れて24年が経ちました。その間に私の両親は奇跡的に救われて洗礼を受け、特に母は97歳の長寿を全うし、賛美と喜びの中で天に召されました。

　長い間교수님とはお会い出来ませんでしたが、何と昨年の9月、先生が日本基督教団静岡教会の創立150周年記念行事に招かれ、貞信クワイアと共にチャペルコンサートで来日された際に再会を果たすことが出来て、大変嬉しく感激しました。

　　静岡でお会いした時に、静岡教会の聖歌隊を指導されておられましたが、教授の神様に対する御愛と深い信仰、賛美に対する姿勢等々、当時と変わらないお姿に深く感銘致しました。

　　今回、様々な音楽活動を全て辞されたとお聞きし大変残念に思いました。今度いつか韓国へ行くことがあります時は、是非お目にかかり、お話を沢山聞きたいと願っております。

　　最後に、教授と御家族の心身の健康が日々守られますように、教え子達が教授の意思を継いで、聖霊の臨在に満ち溢れる賛美を豊かに捧げ、主の栄光が代々に現されますように、浜松の地にてお祈り致しております。

　　そしてまた私も教授から教えられた 1 人の弟子として、主の為に精一杯最善を尽くします。どうか日々のお祈りの中に、私達夫婦の浜松での선교활동사역と、日本全国の福音化とリバイバルも合わせ、お祈り頂けますように宜しくお願い申し上げます。

유병용 카펠라 89학번 | 아너스 창단~마지막 | 한국교회 음악목회연구소장 | 음악 목사

존경하는 최훈차 교수님을 기억합니다!

　　대학 1학년 여름순회 연주를 할 때였습니다. 좀 늦은 나이에 대학에 입학하여 분주하게 한 학기를 마친 후 합숙훈련을 하고 지방 순회연주를 시작하였습니다. 첫 방학을 맞고 음악공부를 시작한 이후 여러 요인으로 방황하고 내적갈등을 했던 기억이 납니다. 하지만 찬양을 통해 회복하였고, 대학생활도 안정적으로 이어 나갈 수 있었습니다. 이때 노래하는데 눈물이 쏟아지는 경험을 처음 하게 되었고, 지금도 성가대 연습시간이나 예배시간에 찬양하며 감사와 은혜의 눈물을 흘리곤 합니다. 교수님은 아무 말씀도 하신 적이 없지만, 가사를 통해 주님께 영광을 돌리십니다. 찬양하다가 '이게 뭐지?' 하며 주체할 수 없이 흐르는 눈물을 경험하게 하신 교수님을 기억합니다.

　　저는 교수님께서 리허설을 하다가 노래하다가 화를 내신 것을 본 적이 없어요. 그러나 어느 순간 되돌아보면 교수님께서 계획하신 분량의 음악적 목적과 목표를 다 이루신 것을 발견하게 됩니다. 특히 예배드리기 전에는 합창단에게 오로지 하나님만 생각하고 성령의 역사를 기대하라고 하셨고, 자신도 그 예배에 순수하게 임하셨던 모습을 기억합니다. 음악은 놀라운 힘을 갖고 있습니다. 연주하는 사람들이 어떤 마음으로 노래하고 연주하느냐에 전적으로 달려 있습니다. 이 음악의 목적이 예배에 속하였고, 하나님께 드리고자 하는 깨끗한 마음의 예배와 찬양은 참석한 모든 회중에게 강한 성령의 역사로 치유와 회복의 은혜를 경험하게 역사해 주십니다. 훌륭한 음악 지도자이신 교수님을 따르며 지냈던 때가 행복했으며, 저도 그렇게 사역하고 있음에 감사드리며 교수님을 기억합니다.

사람들은 누구나 자신이 살아가고 있는 전문가의 방과 가족과 집을 오픈하기가 쉽지 않습니다. 하지만 교수님은 순수한 마음으로 집을 내어 주시는 삶을 보여 주셨습니다. 언제든 찾아뵈어도 반갑게 집으로 들이시는 모습에 감동합니다. 여러 합창단이 있어도 모두 교수님 댁에서 송년모임이나 특별한 모임을 한 적이 있을 겁니다. 저도 교회사역을 하면서 우리 집을 찬양대나 교역자들에게 언제나 오픈하며 살아가고 있음을 보며 교수님을 기억합니다.

한 번쯤은 게을러지는 우리의 모습을 볼 때가 있지만, 교수님은 평생 성실맨의 삶만을 보여 주셨습니다. 그래서 저도 모든 사역에서 시간을 잘 지키는 사역자로 살아가고 있습니다. 연습시간이나 연주시간은 물론 공항이나 일정 등에서 일관되게 보여 주신 성실한 모습의 교수님을 기억합니다.

서울신학대학교 교회음악과에서 만난 네 분으로 인하여 음악목회의 길을 걷고 있습니다. 그 네 분은 정정숙 교수님, 이문승 교수님, 민지은(Carol Mitchell) 교수님, 최훈자 교수님이십니다. 이 음악목회의 길은 교단에서 한 번도 가보지 않았던 길이었기에 개척하는 마음으로 사명을 감당하고 있습니다. 그중에 많은 부분은 최훈차 교수님께 받은 영향이 크다고 봅니다. 이 음악목회의 방향에 큰 영향을 주신 교수님들께 참 감사의 인사를 전합니다.

진용국 카펠라 85학번 1985~1991

모든 일에 순수한 마음과 감사함으로… 선생님을 만난 것은 하나님이 주신 가장 놀랍고 크신 선물입니다. 내 평생 가슴에 새기며 살겠습니다.

한은경 카펠라 86학번 | 아너스 2008~2023

교수님을 만나게 하신 하나님께 감사드립니다. 음악뿐 아니라 세상을 살아가는 태도, 아무도 없을 때의 나의 모습이 진짜 나의 모습이라는 교수님의 가르침을 잊지 못합니다.

교수님＝순수성 "꼬부라지지 말아라"의 가르치심을 항상 생각합니다. 이제 몇 년 있으면 60이 되지만, 교수님과 오랜 세월을 함께할 수 있었기에 60이 되어 감도 너무 감사한 일입니다. (후배님들은 저만큼 교수님과 세월을 보내지 못했잖아요.)

교수님 더 건강하시고 하나님의 귀한 그릇으로 쓰임받으시길 기도하겠습니다. 존경하고 사랑합니다.

허은정 김은정 | 카펠라 86학번

선생님!!! 아직도 저에겐 선생님이십니다. 대학 때 카펠라합창단으로 연주할 수 있었던 건 영광입니다. 저의 삶 속에 그때의 가르치심으로 아직도 성가대에서 주님을 찬양할 수 있는 힘과 동기, 자세를 가르쳐 주셔서 그 힘으로 살아갈 수 있게 하셨습니다. 감사드립니다. 그때를 기억하고 자랑하고 추억하게 하신 선생님 정말 사랑하고 감사드립니다.

이상희 카펠라 87학번 | 아너스카펠라 객원단원

최훈차 교수님, 사모님 사랑합니다. 카펠라를 통하여 갈보리교회 성가대를 통하여 아너스카펠라까지. 이상희 삶 속에 찬양으로 믿음으로 순수한 삶을 보여 주신 하나님의 소중한 선물이었어요. 지도하여 주시고 부족하지만 이끌어 주시고 세워 주신 은혜에 머리 숙여 감사드립니다. 끝까지 찬양합니다. 사랑합니다.

허진호 Jin Hur | 카펠라 88학번

서울이라는 곳을 낯설게 느끼는 촌놈에게 선생님 부부는 타지의 부모님 같은 존재이셨습니다. 합창단을 통해 함께 찬양하고, 기도했던 그 시간은 삶으로서의 예배였고, 가족이었고, 그래서 따스했습니다. 선생님의 합창음악을 향한 열정과 최고의 수준을 향한 그 순수함이 저에겐 깊은 은혜였고 감동이었습니다. 그래서 미숙하고 어리숙했던 저는 합창음악으로, 합창단 생활로, 또 함께 웃고 함께 울던 관계로 성장하고 성숙할 수 있었습니다.

카펠라합창단과 대학합창단을 통해 선생님을 만나고, 경험하고, 스며들고, 그리고 그 순수함을 삶의 지표로 삼고 살아왔습니다. 이제서야 알게 됩니다. 선생님의 그 음악을 향한 순수함 때문에 다른 모든 삶의 순간은 소박하지만 아름답고, 드러나지 않지만 화려하고, 널리 알려지진 않았다 할지라도 참으로 광활합니다. 얼마나 행복했는지 아시나요? 선생님의 가르침과 지휘 아래 한 순간을 살았다는 것을요. '하늘의 아버지' 파트연습을 시키시면 말씀하셨죠? "내가 평생, 이 곡 파트연습을 몇 번이나 시킨 줄 아나?" 그렇게 수십 년, 매번 같은 곡을 연습을 시켜도, 조금 더 나은, 조금 더 완벽한 화음과 발란스와 합창톤을 만들기 위해 순수하게 최선을 다하시는 모습. 왜 다른 욕심이 없으셨겠어요? 하지만 음악 앞에서 한없이 겸손하고, 한없이 순수해서, 평생을 한 길만 걸어오신 선생님! 당신과 함께 수많은 전국순회를 함께해서, 또 대학생인 제가 비행기 한 번 타기 쉽지 않았던 그 엄혹한 시절에, 대학합창단 첫 미주 순회와 유럽 순회를 함께해서, 카펠라 첫 제주 순회와 일본 순회를 함께해서 행복했고 참으로 감사했습니다. 그 순간순간이 성령의 경험이었고, 하나

님의 임재였음을 고백합니다.

기억납니다. (1) 카펠라 일본 순회에서 'Sing unto God'(Handel)을 부르며 하나님의 승리를 선포하고 다 함께 눈물 흘렸던 순간들을. 음악적으로는 아마 최악의 연주였을지도 모릅니다. 거의 모든 단원이 목이 메어 화음은커녕 소리조차 제대로 내지 못했으니까요. 그러면 선생님은 그러셨죠. "'추태!'다 '추태!' 눈물이 나도 음정은 맞아야지!" (2) 제 인생 최대의 실수요 부끄러움이었던 대합 미주 순회에서 "켄터키 소방차 출동사건". 총무였던 제가 어느 미국 교회에 도착 후 실내가 어두운 나머지 실수로 전등스위치인 줄 알고, 화재경보 스위치를 눌러 버린 사건. 그때도 선생님은 그저 침묵으로 저의 부끄러움을 덮어주셨죠. 아흑!! (3) 여름 순회 강원도 군부대 공연에서 비가 억수로 쏟아지는 중에, 군부대 교회라 실내 탈의실로 쓸 만한 방이 하나여서 남자 단원들은 밖으로 나가서 빗속을 달려, 교회 옆 불당 처마 아래에서 옷을 갈아입고, 다시 장대비를 맞고 교회당 안으로 들어가면서도 그렇게 행복했던 순간들….

20대 대부분을 선생님과 합창하며 보냈지만, 20대 끝자락에 고국을 떠나 같은 하늘 아래이긴 하지만 밤낮이 바뀐 하늘 아래에서 산다는 핑계로 제대로 인사도 못 드리면서 벌써 25년이 날아갔네요. 사십대 후반의 선생님을 처음 뵙고, 음악을 통해 하나님 나라를 살았었는데, 이제 저는 제가 처음 만났던 선생님의 나이보다 조금 더 많은 중년이 되었습니다. 이룬 것도, 자랑할 것도 많지 않은 세월이었지만, 대학합창단, 카펠라합창단 후배들이 미주 순회를 왔을 때 함께하고, 섬길 수 있어서 행복했습니다. 이제 그렇게 배우고 경험한 선생님의 겸손한 삶의 자세와 음악에 대한 순수함을 밑바탕 삼아 앞으로도 주어진 주님의 사명을 따라 감사하며, 찬양하며, 예배하면서 살겠습니다. 선생님, 고맙습니다! 선생님, 존경합니다! 그리고, 사랑합니다! 최훈차 선생님!

백혜숙 카펠라 90학번

인천시립합창단이라는 프로합창단의 일원이 되게 된 근본이었던 카펠라합창단. 그리고 제게 메시아의 솔리스트라는 기회를 주셨고 오라토리오 솔리스트로 찬양의 자리에 서게 해주셨던 최훈차 교수님…. 함께했던 미주 순회연주의 소중한 감동들이 아직도 생생합니다. 제 합창인생의 시작을 인도해 주신 최훈차 교수님께 마음 다해 감사와 존경의 말씀드립니다. 감사합니다. 그리고 주님의 이름으로 사랑합니다.

차경미 카펠라 90학번 1991~1993, 1995~1997

MZ세대는 상상도 못하겠지만… PC가 도입된 지 얼마 되지 않았던 나의 대학원 처음 해인 95년만 해도 컴퓨터로 문서를 작성해서 숙제를 내는 것이 일반화되지 않았다.

대망의 꿈을 갖고 대학원에 입학했지만 첫 학기에 선생님은 안식년을 떠나셨다. 선생님 없이 첫 학기를 보내고 두 번째 학기에 첫 레슨을 받게 되었을 때의 설렘이란 이루 말할 수 없었다. 그 설렘은 모든 숙제를 문서로 작성해서 내라고 하신 그 말씀에 조각조각 깨어지고 말았다. 컴맹이었던 내게 컴퓨터로 문서를 작성하는 것은 정말이지 너무 힘든 일이었다. 개인 컴퓨터가 없는 학생들을 위해 학교에 있었던 컴퓨터실에서 몇 시간 작업했던 문서를 저장하지 않아 날리는 것은 말할 것도 없고 본의 아니게 주위의 학생들에게 많은 민폐를 끼치기도 하였다.

나의 레슨 시간은 아침 7시…

시간에 맞춰 선생님 방에 가면 선생님은 항상 커피를 내려 놓고 기다리고 계셨다. 아침의 고요함에 선생님의 커피향이 더해진 그 시간은 그 놈의 컴퓨터 때문에… 즐길 수 없는 시간이 되기 일쑤였다. 그날도 그런 날이 될 운명이었다. 음악 이론이 약했던 나는 곡 분석에 고군분투하다가 문서 작업도 잘 안되어 밤새 절망에 절망을 더해 완성 못한 숙제를 들고 레슨에 들어가게 되었다. 숙제를 다하지 못한 것을 어떻게 말씀드려야 하나…. '서… 선생님… 어제 밤새 숙제를 해보려고 했는데 다 못 끝냈어요'라는 말을 끝내기도 전에 난 속상함과 죄송함 그리고 선생님이 얼마나 실망하셨을까라는 생각에 울음이 터지고 말았다.

"아! 경미! 숙제하느라 밤도 새고!! 정말 멋있다!!"

상상도 못한 선생님의 말씀에 자책감과 자괴감에 작아져 있던 나는 어느새 사라지고 숙제를 열심히 하려고 애쓰는 멋진 학생이 되어 있었다.

선생님은 늘 그런 식이셨다.

선생님께 "넌 왜 이것밖에 못하니?"라는 비난은 한 번도 받아보지 못했다. 실수가 많고 부족했던 나의 모습에 "너 잘할 수 있다"라고 격려해 주셨고 어린 학생이 아닌 제자로서 존중해 주셨다. 음악은 내게는 너무나 어렵고 힘든, 닿을 수 없는, 이룰 수 없는 첫사랑 같은 것이었지만 선생님은 내가 그 길을 향해 포기하지 않고 한걸음씩 나아가도록 도와주시고 주어진 상황에서 최선을 다하라고 말씀해 주셨다.

그 후로도 20여 년이 훨씬 지났지만 난 아직도 음악이란 깊고 넓은 세계에서 늘 새로움을 경험하던 그때의 그 모습 그대로 한 걸음씩 나의 첫사랑 음악을 향해 걸어가고 있다. 그 여정엔 늘 선생님이 계신다. 신실하게 찬양으로 하나님을 섬기셨던 그분이….

문현경 카펠라 91학번

카펠라 시절이 아직까지도 추억되고 있는 걸 보면 저에게 참 많은 영향력을 끼친 합창단임에 분명한 거 맞죠? 선생님 감사드립니다.

엄원용 카펠라 91학번

나의 영원한 참 스승이신 최훈차 선생님! 선생님의 모습은 언제나 나의 20대를 기쁘고 풍성하게 만들어 주셨습니다. 음악의 즐거움! 그 음악을 받쳐 주신 선생님의 인격! 그리고 우주인의 재치! 그 시간이 늘 그립고 생각만 해도 기쁨의 시간들입니다. 선생님이 언제나 그립고 보고 싶습니다. 감사합니다.

이유영 카펠라 91학번

한평생 가장 정상의 위치에 계셨음에도 세상과 타협하지 않으시고 늘 순수한 열정과 하나님에 대한 사랑을 음악에 녹여 내셨던 교수님의 가르침을 잊지 않고 실천하며 살도록 노력하겠습니다. 너무 감사드리고 존경합니다.

권은주 카펠라 92학번

교수님! 비전공자인 제가 카펠라합창단 단원이 되어 합창할 수 있었던 4년 동안의 시간이 인생에서 가장 행복했습니다. 처음 합창단 시험을 보러 갔을 때가 아직도 또렷하게 기억나요. 지난 날 교수님의 가르침을 마음에 새기고 교회 성가대 지휘자로, 찬양단 반주자로, 아이들 피아노 쌤으로 최선을 다하며 활동하고 있습니다. 고마우신 교수님, 늘 건강하세요. 감사합니다.

김도훈 카펠라 92학번 1992~2001

교수님의 가르침에 합창을 알았고, 합창을 통해 목회를 배워 즐겁고 행복하게 목회를 감당합니다. 천상의 멜로디로 기쁨을 누리게 하셨던 것처럼 사랑과 평화를 전하는 제2의 최훈차가 되어 살 만한 세상. 사랑의 선율과 화음의 조화가 넘치는 세상을 만들어 가길 다짐해 봅니다. 복 주시고 지키시는 하나님의 시선이 교수님의 살아온 인생과 가족 그리고 남은 모든 삶 위에 이제로부터 영원까지 함께 하시길 축복합니다. 존경하고 사랑합니다.

박선영 카펠라 92학번 1992~1997

선생님 감사했습니다. 선생님과 함께한 합창단 시절이 인생에서 가장 뜻깊고 행복했습니다. 그립습니다. 정말 감사합니다.

이경희 카펠라 92학번

카펠라합창단 생활 동안은 조용하고 소극적이었던 오르간 전공생 단원이었지만, 노래선교단을 거쳐 카펠라합창단에 몸담아 교수님께 배운 후 하나님의 사랑을 노래하는 그 감사하고 아름다운 경험들이 제가 현재까지 러시아 선교사로 섬길 수 있는 영양분이 되게 하셨습니다. 이루 말로 다할 수 없는 감사를 드립니다. 제가 한국을 떠난 지 3여 년 만인 지난 2024년 12월 교수님의 정신콰이어 은퇴식에서 알게 된 것이 있습니다. 지금까지 교수님께서 합창을 이끌어 오신 일들은 하나님께서 주신 사명을 다하여 수고해 오신 목회와 같았음을 보게 되었습니다. 이에 교수님에 대한 감사와 감격이 늘 여운으로 남습니다. 저의 삶과 선교에 아름답고 큰 열매로 맺어질 수 있도록 큰 영향을 주신 교수님의 삶에 축복과 감사를 드립니다.

이정아 카펠라 92학번 | 아너스 2005

대학 4년을 카펠라 단원으로 잊지 못할 귀한 경험들을 하였고, 그 기억과 추억으로 자긍심을 갖고 살아갑니다. 늘 감사합니다!! 선생님. 사랑합니다!!

윤승욱 카펠라 93학번

카펠라 입단 면접에서 "받는 게 좋으냐 주는 게 좋으냐"라고 물어보셨죠? 그때는 받는 게 좋았지만 지금은 주는 것이 큰 사랑이고 행복임을 깨달았습니다. 찬양으로 섬김과 순종을 몸소 실천하셨던 선생님, 사랑하고 존경합니다.

채승훈 카펠라 93학번 1993~1999

존경하는 선생님! 사랑합니다! 언제나 변함없는 선생님의 모습에 무한한 애정을 담아 머리 숙여 사랑의 맘을 전합니다. 항상 건강하세요. 행복한 지휘를 하시는 선생님의 모습! 감사합니다.

하칠용 하찬송 | 대학원 93학번 | 카펠라 1993~1994

최훈차 교수님과의 만남에 하나님께 감사드리고 있습니다.

80년 거제도에서 교수님이 지휘하셨던 정신여고 합창 연주를 경험하고 얻었던 감동으로 음악을 시작하게 되었습니다. 거제에서 교회음악인의 길을 걷겠다고 올라온 제게 따뜻한 손을 내밀어 주신 최훈차 교수님 감사합니다. 대학원 입학 후 선생님의 제자가 되어 아주 많이 부족했던 제가 용기를 내 포기하지 않고 성장하도록 격려해 주셔서 감사합니다. 교수님은 순수한 마음과 적극적이고 긍정적인 사고로 살아가도록 저를 이끌어 주셨습니다.

하나님 안에서 합창음악을 통해 세상을 사랑하고 사람을 사랑하는 삶을 살아가도록 든든한 기초를 쌓도록 해주신 최훈차 교수님께 사랑과 축복의 마음을 드립니다. 존경하고 사랑하는 선생님께서 보여 주신 순수한 길을 열심히 따라가겠습니다. 사랑하고 감사합니다.

오희연 카펠라 94학번

"음악 하는 사람은 나이가 들어도 순수해야 한다. 타성에 들지 마라"라고 항상 말씀하셨던 선생님의 가르침이 지금도 제 마음에 깊이 남아서 삶을 대하는 자세가 되었습니다. 선생님 감사합니다!!

김윤회 카펠라 95학번 | 아너스 창단~마지막

인생의 스승이신 나의 최훈차 선생님. 교회음악을 넘어 제 신앙과 가치관의 스승이십니다. 영원히 사랑하고 존경합니다!

박웅수 카펠라 95학번 1996~1999

제 삶의 기준과 방향을 만들어 주신 교수님께 마음 깊이 감사드립니다.

김린옥 카펠라 96학번

대학 1학년 때 아무것도 모르고 단지 합창을 하고 싶어 들어갔던 카펠라에서 최고의 멘토이자 인생의 스승이신 선생님을 만난 건 최고의 선물이었습니다. 대학을 졸업하고 대학생활을 다 잊고 지내는 지금도 선생님께서 해주신 말씀들은 아직도 인생 곳곳에서 생각이 나니까요. 겸손은 타성에 젖지 않는 거라는 말씀이 가장 머리에 남으면서 늘 처음인 듯 대하고 노력하고 있는 저를 발견할 때면 선생님을 만난 것이 얼마나 감사한지 모릅니다. 늘 건강하세요. 감사합니다.

이지현 카펠라 96학번

졸업하고 25년이 지난 지금까지 예배 반주자인 저에게 가장 크고 깊은 영향을 주신 감동적인 선생님⋯. 세련된 예배 음악을 보여 주시고 가르쳐 주신 선생님, 정말 감사드립니다.

조세진 카펠라 96학번

인생의 멘토가 되어 주신 최훈차 선생님! 카펠라를 통해 가르쳐 주신 선생님의 모습이 제가 아이들을 가르칠 때나 삶을 살아갈 때 문득문득 생각나며 방향이 되게 해주셔서 감사드립니다. 선생님! 사랑하고 존경합니다.

고은진 카펠라 97학번

합창단에서 반주를 한 4년 동안 선생님으로 인해 합창 반주에 더 열정과 관심을 갖게 되었습니다. 덴마크에서 공부를 한 후 지금까지 살면서 아직까지도 음악활동을 하며 카펠라를 했을 그때의 열정을 항상 마음속에 간직하고 있습니다. 음악만이 중요한 것이 아니라 우리에게서 나는 향기가 중요하다고 말씀하셨던 선생님의 가르침이 피아니스트로서, 반주자로서 살아가는 이날까지 큰 도움이었습니다. 언제 한국에 가게 되면 꼭 만나 뵙고 싶습니다. 선생님! 그립고 보고 싶습니다. 건강하세요!

이은율 이진희 | 카펠라 97학번

카펠라 미국 순회 때 시애틀에서 차영회 선생님 박사과정 졸업 연주에 카펠라가 노래를 했는데, 그중 시편 23편을 제가 독창하는 순서였습니다. 그런데 공연 전 급하게 먹은 피자와 난생처음 비타민C를 먹은 게 급체를 하여서 제 순서 전부터 무대에서 토할 것 같아 제대로 노래도 못하고 있었지요. 제 순서가 돼서 입을 벌리려 하는 순간 오바이트가 나올 것 같아 그냥 화장실로 달려갔고, 계속 이상하게 지켜보고 계셨던 한의사 선생님이 머리에 침까지 놓아 주셨어요. 제가 그 곡을 못하면 차영회 선생님께 누가 되는 상황이었지요. 그때 선생님이 저에게 오셔서 "업어 줄까? 선생님이 업어 주면 다 낫는다" 그러셨어요. 언제든 어느 상황이든 유머를 잃지 않으시는 선생님.

저는 결국 무사히 독창곡을 마쳤고 선생님이 너 이거 평생 못 잊을 거다 하셨는데 정말 졸업한 지 20년이 훌쩍 넘은 지금도 잊지 못할 사건이자 추억입니다.

백영미 카펠라 98학번 | 아너스 2009~2015

선생님의 가르침으로 인해 제 신앙도 삶도 많은 것들이 변화되었습니다. 선생님, 감사합니다.

연홍진 카펠라 98학번 | 아너스 창단~마지막

스승님. 인생을 바꿔 주신 분. 예수님의 삶. 대학교 때 선생님을 만나 저의 인생이 송두리째 변화되었습니다. 예수님의 모습을 닮은 선생님을 통해 신앙이 회복되고 삶이 변화되어 이젠 제가 감히 주를 사랑합니다. 선생님 감사하고 사랑합니다.

오문영 카펠라 00학번

2004년 하반기, 교회음악과에서는 11월 18일에 있을 '사도바울'을 열심히 준비 중이었습니다. 그리고 하나님께서는 감사하게도 저에게 테너솔로라는 소중한 기회를 허락해 주셨습니다.

최훈차 선생님께서는 본인에게 자주 찾아와서 솔로부분을 맞춰 보자고 하셨습니다. 하지만 저는 연습실에서 충분히 개인연습을 하고 있다고 생각했고, 게으름 반 쑥스러움 반으로 선생님을 찾아가서 맞추지 않았습니다.

어느 날 카펠라 새벽 연습 후 선생님께서는 저를 불러서 이렇게 말씀하셨습니다.

"니 자만하나?"

… 선생님께 드리는 헌정글을 부탁받았을때 제일 처음 생각나는 문구였습니다. 왜냐하면 저 짧은 물으심이 아직까지도 제 귀에 맴돌기 때문입니다. '이 정도면 되겠지'라며 스스로 만족하는 그 마음이 곧 자만이며, 하나님께 드리는 찬양은 언제나 내가 할 수 있는 최고의 노력으로 드려야 한다는 것을 깨닫습니다.

"니 자만하나?"라는 선생님의 가르치심은 아직까지도 저에게 큰 영향을 주셔서 똑같은 곡을 수십 번 무대에 올려도 매번 열심히 연습하게 하시고, 매번 타성에 젖지 않게 하십니다. 선생님, 귀한 가르침을 주셔서 감사합니다.

존경하고 사랑합니다. 건강하세요!

이연희 카펠라 01학번 | 아너스 2007~2011

서울신학대학교에 붙었다고 하니 입시선생님께서 최훈차 교수님께 가서 음악을 배워라 하시길래 저는 성악가 교수님이신 줄 알았습니다. 알고 보니 지휘과 교수님이셨고 카펠라를 꼭! 들어가야 한다는 것만 알았습니다. 감사하게 카펠라에 들어가 선생님께 배우면서 저의 성격, 삶, 인생의 푯대가 달라졌습니다. 결혼하고 부산으로 내려와 어쩔 수 없이 아너스카펠라를 못하게 되어 선생님을 못 뵌지 13년이 되었지만 선생님의 가르침은 아직도 저의 몸과 마음에 남아 있습니다. 지금은 선생님과 함께 찬양하던 때가 꿈처럼 남아 있지만. 선생님 건강하셔서 지휘하시는 모습 오래 보고 싶어요. 선생님의 제자여서 선생님께 음악을 배우고 선생님 삶에서 신앙을 직접 보고 배울 수 있어 너~무 감사합니다. 글로 어떻게 써도 존경한다는 말은 표현이 잘 안되네요. 이번 기회에 조금이나마 마음을 전할 수 있게 해주셔서 감사합니다.

장미라 카펠라 01학번

4년 동안 선생님과 함께하며 카펠라와 연주해 왔던 대학생활은 저의 인생에 있어서 크나큰 행운의 시간이었습니다. 타성에 젖지 말라던 그 말씀은 아직도 제 마음속에 남아 현재 제가 일하는 순간에서도 잊지 않고 실천하려고 노력하고 있습니다. 선생님… 그동안 걸어오신 길 잊지 않겠습니다. 너무 감사하고 사랑합니다.

신찬양 카펠라 02학번 2002~2005

선생님… 서울신대 1학년 신입생 때, 부족한 저를 카펠라 피아노 반주자로 뽑아 주셔서 정말 감사했습니다. "최선을 다하지 않는 것은 교만한 것이다." "'trouble maker'가 아닌 'peace maker'가 되어야 한다." 저희에게 많은 가르침을 주시며 합창의 길로 인도해 주신 선생님… 감사드립니다.

오래오래 건강하시길 기도합니다.

길현정 카펠라 03학번 | 아너스 2007~2023

제 삶의 롤 모델이셨고 진정한 스승님이십니다. 늘 최선을 다하며 감사하는 삶, 실천이 수준이다. 최악의 환경을 최선의 기회로 삼으라는 말씀은 제 삶의 모토입니다. "두부 먹으면 건강해진다", 늘 방학 전에 "냉장고 문 열었다 닫았다 하지 말고 파리 잡고 몇 마린가 세지 말고 방학을 헛되이 보내지 말고 무언가를 배우는 시간으로 가지라", "핀트를 맞추고 적극성을 가지며 센스 있는 사람이 되고 항상 예의 있게 행동하라" 등 지금도 선생님이 하셨던 이야기들이 기억납니다. 그리고 제 학생들에게도 전해 주고 있습니다. 선생님의 가르침은 정말 많은 이들에게 영향력을 끼치고 있습니다. 선생님을 저의 스승님으로 만나게 하신 하나님께 정말 감사드립니다. 늘 존경합니다. 그리고 그 가르침대로 살아가려 노력하고 저의 사람들에게 그 가르침을 나누며 살아가겠습니다. 선생님 감사합니다.

오나리 카펠라 03학번 | 아너스 2007~2023

교수님, 지휘의 배움에 목마른 제게 먼저 손 내밀어 이끌어 주셔서 감사합니다. '바쁜 와중에 배우려 한다는 게 기특하다. 그럴수록 이 시간을 소중히 여겨서 열심히 해야 된다.' 늘 격려해 주시고 아낌없이 베풀이 주셔서 감사합니다. 교수님을 만나서 찬양해 온 건 제 인생 가장 기쁘고 복된 일 중 하나였어요.

건강하세요! 감사합니다.

유한나 대학원 합창지휘 | 카펠라 03학번 2003~2005 | 아너스 창단~2012

합창지휘 대학원생들은 카펠라합창단에서 함께 활동했습니다. 선생님과 함께한 여러 기억이 있지만 카펠라 교회 순회 준비 중일 때, 식사시간쯤 늦게 도착한 저에게 "어서 와라, 밥 안 먹었지? 밥부터 먹어라!"라고 말씀해 주셨던…. 마치 아빠 같은… 밥 못 먹은 자녀를 챙기는 부모님의 마음이 느껴져서 굉장히 따뜻하고 감사했던 기억이 있습니다. 세심하신 최훈차 교수님께 헌정글을 남기게 되어 영광스럽습니다. 훌륭하신 최훈차 선생님, 존경하고 사랑합니다!!

조한나 카펠라 03학번 | 아너스 2010~마지막

스무 살 때 처음 만난 선생님과 지금의 선생님은 늘 한결같으십니다. 제가 뒤늦게 지휘를 공부한다 했을 때도 선생님께서 늘 관심을 갖고 이것저것 물어보시고 지도해 주신 것 감사합니다. 댁에 오라 하셔서 가보니 가방 여러 개에 가득 담아 놓으신 악보와 노트들… 집에 가져와 하나씩 꺼내는데 색색깔 클립으로 하나하나 꼼꼼하게 정리된 모습을 보면서 선생님의 사랑과 음악에 대한 자세를 엿볼 수 있었습니다.

선생님께서는 제가 운전하는 차에 타시면 자주 교회 음악인으로 어떻게 해야 하는지에 관해 입을 여셨습니다. 그러면서 늘 지휘자로서 가장 강조하셨던 것은 '음악'만을 생각하라는 것이었습니다. 다른 것 신경 쓰지 말고 음악을 좋아하고 음악에 몰두하라고요. 그리고 하나의 좋은 곡이 부르는 사람의 일생, 삶을 바꿔 놓는 것이라고 하셨습니다. 늘 아낌없는 가르침과 선생님께서 직접 삶으로 보여 주신 모습에 대해 감사드립니다.

선생님께서 예전에 지휘자로 계셨던 교회에 제가 가려 할 때 지휘 경력도 없고, 여성이어서 어렵겠다는 교회 측의 반응을 전해 들으시고는 그 즉시 교회로 찾아가셨지요. 나중에 목사님께 전해 들었는데 3번이나 찾아가셨다구요…. 그렇게 설득하여 결국 선생님이 계셨던 교회에서 찬양대 지휘자로 섬길 수 있었습니다. 그러면서 제게는 너 잘해라 잘해야 한다 하시며 신신당부 응원하시고, 나중에는 잘하고 있다며 늘 교회 뒤편에서 든든하게 지켜봐 주시던 선생님 너무 감사해요.

이 짧은 헌정글에 어떤 이야기를 써야 하나 쓸 이야기들이 너무도 많지만… 무엇보다 제게 음악인 그리고 지휘자로 삶을 통해 직접 보이신 가르침과 사랑 감사드립니다. 저도 앞으로도 더 많이 배우고 노력하여 음악에 진심인 멋진 교회음악인으로 살도록 애쓰겠습니다. 선생님 감사해요!

채다흰 카펠라 03학번 | 아너스 창단~2010, 2022~마지막

선생님과 함께한 시간들은 하나님의 선물이었습니다. 선생님 때문에 울고 웃으며 행복했습니다. 하나님과 음악을 향한 경건하고 순수한 선생님의 모습을 닮아 가고 싶습니다. 늘 건강하시길 기도합니다. 사랑하고 존경합니다. 선생님!

박하나 카펠라 04학번 | 아너스 2009~2010

존경하는 최훈차 교수님. 안녕하세요. 교수님, 평안하시죠? 카펠라 04학번 눈물의 여왕 박하나입니다. 교수님께서 지어 주신 눈물의 여왕이라는 별명도 정말 오랜만이네요…. 사는 것이 바쁘다는 핑계로 찾아뵙지 못해 늘 죄송하고 그리운 마음입니다.

대학교 시절 가장 잊지 못할 순간은 교수님의 지휘와 가르침 아래 카펠라합창단 활

동을 할 때입니다. 카펠라가 없었다면 대학시절은 무의미했을 정도로 제겐 너무나 귀하고 소중한 시간들이었습니다.

최훈차 교수님은 참된 교육자이십니다. 교수님께서는 음악뿐만 아니라 카펠라 정신과 찬양하는 우리의 생활태도까지도 지도해 주셨습니다. 저는 카펠라에서 활동하며 교수님께 배운 것들로 인해 어디를 가나 적극적으로 솔선수범하고 섬기는 사람으로 성장하였습니다.

교수님께 배운 음악과 생활태도, 정신은 소년소녀합창단 지휘자로 쓰임받을 때도, 지금의 교회 찬양대에서 지휘할 때도 늘 기억하며 지도하고 있습니다. 교수님과 함께 찬양했던 그 시간들이 그립고 그립습니다.

교수님, 감사합니다. 존경하고 사랑합니다.

원웅미 카펠라 04학번 | 아너스 2008~2013

"사랑합니다. 교수님! 그리고 존경합니다. 교수님! 정말 닮고 싶습니다. 교수님!" 먼저 이 말을 꼭 드리고 싶었습니다. 뵐 때마다 드리는 말씀이긴 하지만 헌정의 글을 남긴다고 생각하니 더 그렇게 말씀드리고 싶은 마음이 큽니다. 교수님! 교수님은 제 평생에 가장 큰 깨달음을 주셨으며, 교수님만큼 제 가슴에 큰 울림을 남기신 분은 없습니다.

2004년 서울신대 교회음악대학 성악전공으로 학교에 입학하면서 처음 교수님을 만났습니다. 카펠라 입단테스트에서 뵌 교수님에 대한 느낌은 사실 '특이하시다'라는 것이었습니다. 왜냐하면 한 번도 교수님 같은 분을 뵌 적이 없었기 때문입니다. 오직 순수하게 합창을 사랑하시며, 동시에 복음적이고, 그렇게 속 깊이 따뜻한 분을 본 적이 없었기 때문입니다. 정말 감사하게도 그 만남이 제 인생의 터닝포인트였습니다. 교수님을 만나기 전 지는 배워서 불러왔기에 노래하는 법은 알았지만, 합창에는 문외한이었던 것 같습니다. 또한 교회음악에 대한 이해도 부족했었습니다. 하지만 카펠라에 들어가고 교수님을 뵙고 교회 순회도 오랫동안 참여하면서 내면과 믿음, 학업과 노래 부르는 것 등 모든 부분에서 덕분에 많이 성장할 수 있었습니다. 특히 교회음악 전공자로서의 신앙과 생활에 대한 가르침은 평생 잊지 못할 것입니다. 교수님께서 예비박과 큐 사인을 주시던 순간, 함께 호흡하였던 시간들, 템포를 살짝 당기시고 늘리시던 것들까지 파노라마처럼 막 떠오릅니다. 그 당시엔 당연한 것들이었는데 지금 돌아보니 너무나도 소중한 시간들이었구나 하는 것을 다시 한번 느낍니다.

복음을 전하는 일에 제 부족한 목소리가 사용될 수 있다는 큰 깨달음을 얻게 해주셔서 감사합니다. 또 함께 찬양하는 기쁨을 알게 해주심에 감사합니다. 교수님의 가르침대로 하나님을 아름답게 찬양하며, 사람들을 살리고 세우며, 교회음악을 이어 가는 제자로 살겠습니다. 평생 찬양하셨던 교수님의 하나님을 사랑하시는 그 순수한 모습을 닮겠습니다. 항상 강건하시길 기도합니다. 사랑합니다. 교수님!

이신애 카펠라 04학번

제 인생에서 음악으로 가장 행복했던 순간은 선생님과 찬양할 때입니다.

안신애 카펠라 05학번 | 아너스 2018~2023

존경스럽고 사랑하는 교수님. 교수님을 통해 하나님께서 찬양으로 영광받으셨던 순간에 함께할 수 있어서 행복했습니다. 참된 가르침을 통해 많은 것을 배우고 느낄 수 있어서 감사했습니다! 영감 있는 음악으로 이 땅에 수많은 영혼들이 감동을 받고 하나님께 나아가는 기회가 되며, 하나님이 받으셨을 그 기쁨의 순간에 교수님이 앞장서서 이끌어 주셨음을 평생 기억하겠습니다. 사랑합니다.

박누리 카펠라 11학번 | 아너스 2018~2020

학부 때 예배 합창지휘를 받은 마지막 제자였습니다. 당시 학생들을 생각하시고 이끌어 나가시는 교수님의 모습이 정말 멋지고 존경스러웠습니다. 졸업 이후 아너스카펠라에 입단하여 함께했던 순회사역은 제 인생에서 정말 잊지 못할 영광스러운 기억입니다. 코로나로 인해 더 많은 활동을 하지 못한 것이 끝내 아쉽지만, 가르쳐 주신 그 은혜로 교수님의 성품을 닮아 가는 제자가 되고 싶습니다. 교수님의 한평생 찬양만을 위해 사신 삶 존경하고 또 존경합니다.

김소현 지휘대학원 98학번 | 아너스 창단~2009, 2019~2020

나의 음악 멘토인 선생님. 선생님의 예배합창을 통해 음악이란 힘과 영향력을 알게 되었고 그런 선생님이 너무나 닮고 싶어 지휘의 길을 시작하게 되었습니다. 이 길은 너무나 감사하고 늘 새로우며 저를 겸손케 합니다. 그리고 주님을 더욱 사랑하게 되는 영광의 도구가 됩니다. 이 모든 것은 선생님을 통해서 배우고 깨닫고 느끼고 만들어지게 되었습니다. 감사합니다. 선생님! 선생님은 제 인생의 영적인 멘토이십니다. 그런 선생님과 함께 배우고 익힘은 제게 큰 축복입니다.

사랑합니다. 선생님! 감사합니다. 선생님!

윤미애 98학번 | 아너스 10년 활동

제 인생의 정신적 나침반이신 선생님. 진심으로 존경하고 사랑합니다.

진사웅 99학번 | 아너스 창단~마지막

99년 대학 입학 후에 아무것도 모르고 봤던 카펠라합창단 오디션은 제 인생을 바꿔 놓았습니다. 저와 같은 일을 겪는 많은 분들이 계신 걸 우리는 너무 잘 알고 있습니다. 아무것도 모르는 순수한 대학 1학년… 그때까지 저는 감동이 감동인지 모르고… TV나 영화, 큰 공연에서나 감동이 오는 줄 알았습니다.

하지만 처음 접한 최훈차 교수님과의 교회 순회연주는 화려한 악기나 그 외에 다른 것들이 없어도… 감동이 가능한 걸 확인하는 순간이었습니다. 순수하고 어렸던 대학 1학년의 저에게는 너무 놀라웠습니다. 철없던 저에게는 그냥 좋아서 하는 음악… 입시를 위해 하는 음악이었지만… 교수님과 함께한 음악은 뭔지 잘 모르지만 감동이 구체화되는 느낌이었습니다.

제 기억 속의 90년대 말 한국 교회와 심지어 신학대학교도 한창 드럼과 신디사이저 같은 악기를 앞세워 너도 나도 화려함이 감동이고 은혜인 줄 알던 시기였습니다. 하지만… 교수님의 음악은 목소리, 표정, 표현으로 감동을 주는 놀라운 것이었습니다.

특히나 어린 저에게 가장 충격적인 건 교수님은 우리에게 그냥 음악만 강조하지 않으셨습니다. 우리의 행동인 '인사'는 선교의 시작이고, 우리의 '바른 행동'은 우리의 음악이라고 가르쳐 주셨습니다. 교수님은 늘 우리의 모습이 음악이 되도록 바른 행동을 구체적으로 가르쳐 주셨습니다.

교수님의 제자들은 모두 아실 겁니다. 이러한 가르침이 시간이 지나 평생의 지표가 되었고, 그로 인해 삶의 엄청난 다른 결과가 있다는 사실을….

그렇게 대학생활을 보내고… 졸업을 하고 동문합창단이 생긴다고 했을 때 너무 기대했습니다. 교수님과 함께 다시 찬양할 수 있다는 사실에 너무 흥분되었습니다. 시작을 하기는 했지만 대부분은 학생이 아니다 보니, 생업이니 혹은 이린 자녀의 출산과 돌봄을 위해… 그 외에 여러 가지 요소에 의해 하나를 유지하기 쉽지 않았습니다. 교수님께 너무 부끄럽고 죄송했습니다.

하지만 남은 한 명 한 명… 교수님께서 주셨던 사랑과 감동에 조금이라도 보답해 드리고 싶었습니다. 교수님과 조금이라도 더 찬양하고 싶었습니다. 연습 장소를 다시 알아보고 재정을 아끼고 교회 순회를 섭외하고, 무엇보다도 부족한 단원들을 함께 열심히 모았습니다. 그렇게 쓰러질 뻔했던 아너스카펠라 합창단은 어렵지만 같은 뜻을 가진 단원들이 주축이 되어 계속 이어졌습니다.

자리를 지키고 있으니 다시 돌아오는 단원들… 좋아하시는 교수님… 함께 원하는 음악을 하실 때의 우리 교수님… 그걸 바라보는 저는 행복했습니다.

그리고 교수님의 다른 어느 동문합창단보다도 많은 해외 순회를 남기며 교수님과 행복하게 마무리할 수 있었습니다. 교수님은 늘 한결같으셨습니다. 저희에게도 한결같으셨지만 음악에도 한결같으셨습니다. 변함없는 교수님의 음악에 대한 열정과 순수함. 저희가 생업의 어려움에도 자리를 지킬 수 있었던 원동력이었습니다.

아너스카펠라가 마무리되어 교수님과 연습을 할 수는 없지만, 정말 늘 생각합니다. 교수님이 지휘자석에 앉아 계시고, 교수님만의 재치 있는 유머와 맞장구치는 단원들…. 매일 하는 감사 노래와 식사 노래, 그리고 타성에 혼나고 다시 노래하는… 너무 그리운 매주 만나던 교수님과 단원들….

교수님 사랑합니다. 가르쳐 주신 대로 행동하고 바르게 행동하면서 노래하도록 노력하겠습니다.

김은진 아너스 창단~2012

최훈차 선생님과 함께했던 대학원 시절과 합창단 시절은 제게 있어 감사하고 행복했던 때입니다.

마음 다하여 찬양을 가르쳐 주시고, 지휘자로서 찬양하는 사람의 자세와 마음을 알려 주셨습니다. 무엇보다 삶으로 직접 보여 주셨기에 더 선생님을 존경할 수밖에 없습니다. 서울신대를 퇴임하신다는 소식을 듣고 1학기라도 선생님께 지도받고자 대학원을 지원했던 그때가 가장 잘한 선택이었다고 자신합니다.

학교에 가장 먼저 출근하셨던 선생님… 오전 6시에 레슨 잡혀도 단 한 번 늦지 않으시고 정성 다해 지도해 주신 선생님… 진심으로 감사드립니다.

선생님을 만난 건 제 인생에 큰 행복입니다. 선생님께 지도받고, 저의 마음과 삶이 너무 달라졌기 때문입니다. 찬양의 삶과 실천, 순수함을 가르쳐 주신 선생님. 항상 존경하고 사랑합니다.

고은영 아너스 12년, 2012~2023

학부 때 예배합창, 심포니콰이어 수업으로만 뵈었던 교수님이라 좋으신 분, 위트 있고 재미있는 분으로만 알았어요. 워낙 선배들과 카펠라를 하는 동기들이 교수님에 대한 존경심이 너무 큰 것을 알아 그냥 좋은 교수님인가 했었습니다.

그러다 아너스카펠라를 함께하게 되고, 지방 순회를 같이 가면서 진정 교수님이 왜 많은 제자들에게 존경을 받는지 알게 되었죠.

학생들을 가르치신 대로 당신도 찬양, 신앙, 생활 면 모두에서 실천하시는 모습을 보았습니다. 연세가 있으셔서 힘들어 하시면서도 최선을 다해 가르치시는 모습을 보며 나의 신앙과 찬양의 모습이 얼마나 부족하고 형편없었는지 깨닫게 되었습니다. 1박 2일 지방 순회로 나의 변화됨을 느낀 남편은 제발 지방 순회를 자주 가서 착해지라고, 본인이 교수님을 만나 자주 순회연주를 다니게 해달라고 요청한다며 농담을 했던 기억이 납니다. 이후 남편도 함께 아너스카펠라에서 찬양할 수 있게 되었고, 마무리까지 함께할 수 있었습니다.

우리 부부의 삶에 교수님과 함께 찬양한 시간이 너무 소중했고 감사했습니다. 하나님께 드리는 찬양을 최선을 다해 드리고 싶어 하셨던 교수님의 지휘에 저도 함께 찬양드릴 수 있게 하심을 감사드립니다. 마음을 다해 정성을 다해 찬양하라는 가르침으로 인해 예배를 드리는 순간마다 더욱 최선의 것으로 찬양을 드리려 노력했습니다. 교수님의 지휘 아래 찬양하는 것이 너무 행복했습니다. 그렇게 함께 찬양하면서 듣는 이들까지도 변화시키시고, 찬양을 통해 회복시키시는 모습을 보며 감동이 넘침을 알게 되었습니다. 숨 쉬며 살아가는 동안 교수님의 가르침을 잊지 않고, 그 가르침대로 찬양하며 살아가겠습니다.

김채이 아너스 2014~2023

선생님과 함께 10년 동안 아너스카펠라 합창단 활동을 하면서 부지휘자 2년, 한세대 지휘제자 2년 등 감사하지 않은 날이 없었습니다. 돌이켜 보면 제 인생 최고의 단비 같은 시간들이었습니다. 예수님을 닮는 삶을 몸소 실천하며 보여 주신 선생님, 정말 사랑합니다!

김주희 아너스 2016~2023

제가 가장 힘들었던 시기에 아너스카펠라를 시작했습니다. 선생님의 가르침에 따라 찬양으로 제 마음을 표현하며 슬픔으로 생기를 잃었던 제 눈은 어느덧 기쁨으로 가득 차 있너라구요! 여러 차례 순회를 하면서 부속한 저의 찬양을 듣고 많은 분들이 감동을 받으시는 모습을 보면서 저의 마음도 저절로 치유가 되었습니다! 또 활동하는 가운데 좋은 사람을 만나 가정을 이루고 또 둘째 만삭까지 무대에 서서 찬양할 수 있었던 걸 생각하면 아너스카펠라를 하면서 인생이 바뀌었다고 느껴지네요. 항상 사랑으로 옳은 길을 지도해 주셨던 선생님, 감사합니다! 순수한 마음으로 음악을 하라는 선생님의 가르침을 평생 잊지 않고, 저도 누군가에게 도움을 줄 수 있는 사람이 되도록 노력하겠습니다! 선생님, 감사합니다! 사랑합니다!

박우만 아너스 2016~2022

존경하고 사랑하는 최훈차 선생님, 안녕하세요. 부모님 이름 석 자 외에 이름만 들어도 눈시울을 붉게 만드시는 분은 아마 선생님 한 분일 듯합니다. 예수님의 사랑을 몸소 실천하시며 음악을 통해 신앙과 삶을 가르쳐 주신 선생님. 시간이 지날수록 선생님을 통한 예수님의 향기가 더욱 선명하게만 느껴집니다. 제게 음악을 하는 법, 사랑하는 법을 가르쳐 주셔서 감사합니다.

박찬미 아너스 8년 2016~2023

선생님의 지휘 아래 음악을 대하는 자세와 음악인으로서 갖춰야 할 인성 등을 배우며, 음악의 순수성에 대해 생각하고 되찾아 가는 시간이었습니다. 아마 선생님께 배울 기회가 없었다면, 지금쯤 어디선가 한참 방황하고 있었을 것 같습니다. 순수한 마음으로 음악을 대해야만이 진실한 노래와 찬양이 된다는 것을 깨닫게 해주셔서 진심으로 감사드립니다.

염온유 아너스 2016~2023

선생님의 가르침 아래 자라 오면서 훌륭한 예술가로 성장할 수 있게 해주셔서 감사드립니다.

서울신학대학교 카펠라합창단 & 아너스카펠라 단원 명단

강명규 강문선 강순영 강정엽 계영신 고기현 고은영 고은진 고효수 구경향 권선미 권순길 권은주 권태숙 길현정

김경렬 김경미 김경희 김관선 김관섭 김광은 김기용 김대훈 김도훈 김린옥 김문옥 김미숙 김미정 김미현 김민정

김보혜 김선미 김선영 김성은 김성희 김세환 김소현 김수민 김시완 김아영 김영선 김영애 김영욱 김영주 김예영

김옥선 김용규 김윤경 김윤선 김윤희 김은영 김은진 김인수 김재현 김정신 김주희 김준호 김지영 김지혜 김진석

김진영 김진호 김채이 김한나 김혜경 김혜숙 김희정 나요한 노수정 다께다 기꾸꼬 도은영 류보경 류제은 문현경

문현인 문희주 민병욱 박경준 박경태 박누리 박민규 박선영 박선영b 박성경 박성연 박성우 박성우 박성우b 박수만

박수희 박영애 박예은 박우만 박유리 박윤경 박윤미 박은영 박은정 박응수 박인실 박일권 박정민 박정은 박정주

박종태 박찬미 박하나 방지원 배미오 배성철(배승현) 배재욱 배진영 백선우 백영미 백인형 백혜숙 변용규 서림

서영재 서유진 서윤탁 서윤화 서형일 성기문 손상희 송대광 송은경 송혜원 신용환 신주열 신찬양 신현숙 심승구

안새로미 안성민 안신애 안정화 양수정 양웅기 양춘근 엄원용 연홍진 염온유 염철수 오나리 오문영 오선주 오세라

오세진 오숙연 오희연 왕은혜 우보문 원상선 원유신 원응미 원지영 유병용 유선혜 유세봉 유안나 유일 유재은

유정신 유정희 유진주 유한나 유휘곤 윤미애 윤석원 윤선주 윤수영 윤승욱 윤연수 이건상 이경순 이경애 이경희

이덕례 이도형 이명환 이보영 이상태 이상희 이선아 이선태 이성현 이성희 이수정 이승윤 이승화 이신애 이에스더

이연희 이영빈 이영우 이용석 이용석 이용호 이유영 이은실 이은영 이은정 이은정b 이은주 이은희 이재남 이정아

이정훈 이주현 이주희 이지현 이진희(이은율) 이창 이충희 이팔형 이한나 이향 이현섭 이현의 이현호 이혜란

이혜진 임숙영 임유진 임종현 임현우 장광덕 장기태 장미라 장영임 장윤선 장은지 전계옥 전명철 전상혁 전선후

전진아 전채란 정귀순 정성애 정수진 정영철 정은영 정주영 정태운 조규성 조미경 조성희 조세진 조수광 조용준

조윤정 조은아 조은파 조은혜 조일찬 조정선 조한나 조형진 진사웅 진용국 차경미 차영회 채관석 채다흰 채승훈

천영희 최경일 최경호 최기욱 최면호 최세원 최에스더 최응우 최재영 하칠용(하찬송) 한마리아 한옥돈 한은경

한정우 허남훈 허미희 허유경 허은정 허진호 홍승아 홍영일 홍혜선 황건영 황성식 황영선 황은영

5부

2001_____2024

최훈차쾌이어

1_Birth

2001년 최훈차콰이어 창단

대학합창단 동문들이 모여서 제가 은퇴하면 프로합창단을 만들자는 생각으로 최훈차콰이어를 창단했어요. 예전에 저를 지휘자로 세운 동문합창단 '한국글리클럽'이 있었는데, 그 당시 화장실 갈 시간도 없을 정도로 너무 바빠서 제자 심성식 교수가 대신 지휘를 해주기도 했지만 결국 오래가지 못했어요. 그런데 여전히 동문들이 합창을 너무 원하고 나의 은퇴 시기가 다가오면서 다시 창단이 진행되었어요. 그리고 이번만은 제가 지휘를 안 할 수 없도록 합창단명에 내 이름을 넣어 최훈차콰이어를 만들게 되었어요. 저는 합창단명에 사람 이름이 들어가서 이상하다고 했지만, 동문들이 기어코 내 이름을 넣겠다고 해서 그렇게 결정됐어요. 결국 우리나라에서 최초로 지휘자 이름을 딴 합창단이 된 거예요. 3년 후에 두 번째로 윤학원 코랄이 창단됐고, 지금은 지휘자 이름을 딴 합창단들이 여럿 생겨났죠.

이렇게 창단하고 연주도 하면서 운영 자금 마련 중에 정부의 문예진흥기금 지원 대상에 선정됐어요. 그 당시 임원들이 수고를 많이 해줘서 그 복잡한 서류를 다 준비하여 신청했는데, 오랜 전통 있는 유명 합창단과 경쟁한 끝에 최훈차콰이어가 최종 선정됐었죠. 큰 금액이었기 때문에 초창기에 최훈차콰이어 운영에 많은 보탬이 되었고, 좋은 연주도 많이 기획할 수 있었어요. 해외 순회연주도 기획하고 한 달에 한 번씩 병원 선교연주도 했어요. 예술의전당 대관도 하고 호텔에서 마드리갈 콘서트까지 했어요. 지금까지 이어져 오는 최훈차콰이어 사명 선언, 십계명 같은 것들도 다 그때의 임원들과 운영위원들이 만들었죠. 정말 다들 열심히 해줬어요.

그런데 창단 이후 첫 교회연주를 증가성결교회에서 했는데 생각보다 연주를 잘하지 못했어요. 졸업한 동문들이 모였는데도 합창 수준이 좋지 않았지요. 정말 이렇게 해서 어떻게 합창단을 할 수 있을까 걱정이 많았어요. 교회 찬양대 수준이거나 조금 잘하는 정도라고 생각했는데, 멤버들은 다 좋았으니 지휘자의 책임이 컸다고 봐야죠.

2024년 홈커밍데이에서(창단 멤버 인터뷰)

대학합창단 동문이자 최훈차콰이어 전 운영위원장 류영재 동문입니다.

최훈차콰이어 전 운영위원장 류영재 동문.

2000년도에 대학합창단 동문회장을 맡았는데, 그 당시 선생님 환갑 축하 행사를 기획해서 정신여고 노래선교단, 카펠라합창단과 함께 행사를 성공적으로 잘 치렀습니다. 제자들의 선생님에 대한 사랑이 얼마나 컸는지 축하하기 위해서 많은 기금이 모였어요. 그 기금으로 선생님의 오래된 자동차를 새 차로 바꿔 드리자는 의견이 있었는데, 선생님이 살아오신 생애를 비춰 봤을 때 삐까번쩍한 새 차를 사드리는 것이 맞지 않을 것 같다는 이야기들도 나왔어요. 그 대신 선생님을 지휘자로 모시고 동문합창단을 창단해 보면 어떨까 하는 쪽으로 뜻이 모아졌어요.

사실 1990년도에 대학합창단의 동문합창단이 한국글리클럽(Korea Glee Club)이라는 이름으로 약 2년여간 활동했는데, 선생님께서 워낙 바쁘셔서 동문합창단 지휘자로 모시는 것이 불가능했습니다. 그래서 동문합창단이 오랜 기간 지속되지 못했고 아쉬움이 많이 남은 상황이었죠. 결국 선생님을 지휘자로 모시는 것이 관건이었어요. 마침 은퇴 시기도 앞두고 계셨고 창단 기금도 있었기에 확실하게 선생님의 결정을 받아내기 위해 성함을 딴 '최훈차콰이어'로 이름을 짓자고 의견을 모았어요. 선생님께서 결국 승낙을 해주셨고 그렇게 2001년에 대학합창단 박봉해, 박윤식, 유한경 동문을 중심으로 최훈차콰이어가 창단되었습니다.

저는 갑자기 영국으로 유학을 가게 되어서 창단까지는 같이하지 못했어요. 그런데 동문들이 영국까지 전화를 해서 창단 후 첫 연습의 기쁨을 전하기도 했고, 제가 있던 영국으로 첫 해외 순회연주를 오기도 했어요.

2001년 창단연주회

첫 창단연주회는 소망교회 선교관에서 했어요. 청중이 7백 명 정도로 많이 와 주셨는데 그 연주도 잘하지 못했어요. 그런데 이상하게도 연주를 본 청중분들이 감동을 많이 느꼈다고 했어요. 콰이어앤오르간에도 우리 창단 연주 후기가 실렸는데, 연주가 감동적이었다는 평이었어요.

그럼에도 연주 수준을 높여야 한다는 걱정이 있었어요. 게다가 내 이름이 걸려 있기 때문에 앞으로 프로합창단으로 발전시켜야겠다는 생각으로 연습을 빠지지 않고 나왔어요. 예전 대학합창단 때는 노래선교단을 하면서 너무 바쁘다 보니 한 달에 두 번밖에 연습을 못 하곤 했는데 최훈차콰이어는 한 번도 안 빠질 생각으로 열심히 했습니다.

사실 최훈차콰이어 창단연주회 날은 제가 미국에서 명예 박사학위를 받는 날이었어요. 아는 사람들은 알지만 그 당시에 한 달 동안 이 문제로 고통과 번민의 시간을 보냈어요. 서울신학대학교와 자매결연을 맺은 뉴욕에 있는 학교 교회음악과의 명예 박사학위였어요. 학교에서 제가 실적도 많고 교수님들 전체가 다 찬성해 주신 데다, 몇 년 전부터 준비해서 명예 박사학위 수여 최종 결정이 났었어요. 그런데 하필 최훈차콰이어 창단연주회 날과 겹쳐 버렸던 겁니다.

그 당시에는 최훈차콰이어가 더 중요했고 선교 사명을 가지고 준비한 연주였기 때문에 박사학위를 포기할 결심을 했어요. 주위에서는 그래도 연주를 미루고 학위를 받는 게 더 좋지 않겠냐는 권유들이 더 많았어요. 그럼에도 저는 학위 받는 것보다 합창음악 선교가 우선이고 창단연주를 계획대로 진행하는 게 더 중요하다고 생각했어요. 그 선택 이후 하나님께서 최훈차콰이어를 더 많이 축복해 주셨다고 생각해요. 물론 학교에는 잘못했죠. 총장님께서도 학교의 명예가 걸린 문제라고 하시면서 크게 실망을 하셨던 것 같아요.

인터뷰: 류영재[2024년 1월 13일(토) 홈커밍데이 행사 중 진행]

2_Repertoire

최훈차콰이어 역대 연주곡목

작곡가	곡명	비고
Aaron Copland (1900~1990)	The promise of living 생명의 약속	
Alberto Balzanelli (b. 1941)	Agnus Dei 하나님의 어린 양	
Alice Parker(1925~2023)	Seekin' for a city 주의 나라 가네	
	We wish you a merry Christmas 축하하세 기쁜 성탄	
Alice Parker (1925~2023) & Robert Shaw (1916~1999)	Johnny has gone for a soldier 멀리 떠난 자니를 생각하며 / 멀리멀리 떠나갔네	
Alicia Ann, Lady John Scott(1810~1900)	The bright, heav'nly way(Annie Laurie, Arr. Ozzie Westley) 하늘 가는 밝은 길이	
Allen Koepke (1939~2012)	Fanfare for triumph 부활의 승리 　　1. The king 왕의 왕 　　2. The lamb 어린 양 　　3. Risen 부활	
	Gloria(from "Missa brevis") 영광	
	Veni, veni Emmanuel 곧 오소서 임마누엘	
Almeda J. Pearce (1893~1966)	When He shall come 그가 오실 때(Arr. Paul Mickelson, 1928~2001)	
Andreas Makris (1930~2005)	Alleluia 알렐루야	
Andre Kopolyoff	Alleluia! Christ is risen 그리스도 다시 사셨네	
Angela Fox(b. 1976)	Carol of the bells 크리스마스 종	
Antonio Vivaldi (1678~1741)	Domine ad adjuvandum me festina, RV 593 시편 70편	
Benjamin Britten (1913~1976)	A ceremony of carols, Op. 28 캐롤의 제전	
	from "Company of heaven" 　　The morning stars 찬란한 새벽별 　　Heaven is here 하늘의 주 찬양하라 / 알렐루야	
	Festival Te Deum, Op. 32	
	Rejoice in the lamb, Op. 30 어린 양 안에서의 기쁨	
Bradley Ellingboe (b. 1958)	Paul and his chickens 암탉과 돼지	
Brent Pierce(b. 1942)	Hosanna in excelsis 호산나 주께 영광	
Brian Tate(b. 1954)	Missa brevis ritmico	한국초연-2015년 최훈차콰이어 정기연주회
Carl Frank Mueller (1892~1982)	내 주는 강한 성이요	
Carl Heinrich Maria Orff (1895~1982)	Odi et amo(from "Catulli Carmina")	
Cecil Effinger (1914~1990)	To wait quietly 주 기억하소서	

César Franck (1822~1890)	Dextera Domini 주를 찬양하라	한국초연-2007년 최훈차콰이어 정기연주회
Charles-Camille Saint-Saëns(1835~1921)	Gloria(from "Mass", Op. 4) 영광	
Charles-François Gounod(1818~1893)	Messe solennelle de Sainte-Cécile, CG 56 장엄미사	
Charles Hutchinson Gabriel(1856~1932)	Will the circle be unbroken(Arr. J. David Moore, b. 1962) 모두 함께 찬양하세	
Dale Wood (1934~2003)	Slumber, O holy Jesu 거룩하신 예수	
Daniel Pinkham (1923~2006)	Daniel in the lion's den 사자굴의 다니엘	
David T. Clydesdale (b. 1954)	When the trumpet shall sound 하나님의 나팔소리	
David Williams	Praise ye the Lord 주를 찬양하라	
Edward G. Taylor (1830~1887)	There is life for a look 믿음으로 바라보라	
Egil Hovland(1924~2013)	Be with us, Op. 87, No. 3 우리에게	
	Saul, Op. 74 사울	
Einojuhani Rautavaara (1928~2016)	Suite de Lorca	한국초연-2011년 최훈차콰이어 정기연주회
Emma Lou Diemer (1927~2024)	I know a bird 노래하는 새	
Erasmus Widmann (1572~1634)	Good health, all gathered here	

Eric Whitacre
(b. 1970)
	Five Hebrew Love Songs 5개의 히브리의 노래
	    A picture 그림
	    Light bride 나의 사랑, 나의 생명
	    Mostly 영원한 생명의 길
	    What snow 눈이 오네
	    Tenderness 부드러운 속삭임	

Eugene Weigel (1910~1998)	Star of the mountain 산의 별 / 산의 어린이	
Evan Ramos(b. 1983)	O magnum mysterium	
David Stocker	Festival response	

Felix Mendelssohn Bartholdy(1809~1847)	Denn er hat seinen Engeln befohlen, MWV B 53 주 너를 지키게 하시네	
	Drei Motetten, Op. 39 중 　　Veni Domine	
	Heilig, MWV B47 No. 10 거룩	
	Jesus, meine Zuversicht, MWV B13 내가 의지하는 예수	한국초연-2007년 최훈차콰이어 제5회 정기연주회
	Lobgesang Op. 52 찬양의 송가	
	Magnificat in D major, MWV A2	한국초연-2007년 최훈차콰이어 제6회 정기연주회
	Paulus, Op. 36 사도바울	
	Psalm 42, Op. 42 / MWV A15 시편 42편	
	Six anthems, Op. 79 여섯 개의 절기 성가	
	Surrexit pastor bonus, Op. 39, No. 3 선한 목자	
Frank La Rocca(b. 1951)	O magnum mysterium 오 얼마나 신비스러운가	
Frank Ticheli(b. 1958)	There will be rest 평안 있네	
Frederick Loewe (1901~1988)	Get Me to the Church on Time(from "My fair lady", Arr. William Stickles, 1882~1971) 교회로 결혼하러 가요	
Garry A. Cornell(b. 1940)	Alleluia 알렐루야	
	Come O Jesus 예수 오셔서	
	Lily of the valley 주는 저 산 밑의 백합	
George Frideric Handel (1685~1759)	Chandos anthem No. 8, HWV 253 O come let us sing	
	Chandos anthem No. 11, HWV 256a Let God arise	
	Messiah, HWV 56	
George Lynn(1915~1989)	O magnify the Lord with me 오 주를 높일지어다	
Georg Philipp Telemann (1681~1767)	Alleluia 알렐루야	
Gilbert M Martin(b. 1941)	When I survey the wondrous cross 주 달려 죽은 십자가	
Giovanni Battista Martini (1706~1784)	Domine ad adjuvandum me festina 우리 주 하나님 나를 도우소서	
Gloria Gaither(b. 1942) & William J. Gaither (b. 1936)	The old rugged cross made the difference 험한 십자가 능력 있네	
Guido López-Gavilán (b. 1944)	Mambo "Que rico é"	
Gustav Holst(1874~1934)	In the bleak midwinter 추운 겨울밤	
	Nunc dimittis 시므온의 노래	
Gus Levene(1911~1979)	Ring those Christmas bells 크리스마스 종을 울려라	
Gwyneth Walker (b. 1947)	How can I keep from singing 어찌 찬양 안할까	
György Deák-Bárdos (1905~1991)	Eli! Eli!(from "Parasceve Suite")	

Heinz Werner Zimmermann (1930~2022)	Make a joyful noise unto God 기쁜 찬송을 하나님께 드리자
Horatio Parker (1863~1919)	Easter anthem 부활절 성가
Hugo Davis	Cantate Domino 주님을 찬양해
Jaakko Mäntyjärvi (b. 1963)	Canticum calamitatis maritimae
	Holy is He 거룩하신 주
James Lord Pierpont (1822~1893)	Jingle bells 징글벨(Arr. Ozzie Westley)
James Van Heusen (1913~1990)	Thoroughly modern millie
Javier Busto(b. 1949)	Ave maris Stella / Holy is He 거룩하신 주
Jay Althouse(b. 1951)	Gloria 영광
Jester Joseph Hairston (1901~2000)	Elijah rock 엘리야의 반석
Jill Jackson Miller (1913~1995) & Sy Miller(1908~1971)	Let there be peace on earth 이 땅에 평화 주소서(Arr. 민인기)
Jim Lucas	Holy, holy, holy 거룩 거룩 거룩
Johannes Brahms (1833~1897)	Der Englische gruss, Op. 22, No. 1 십자가 위의 주님을 생각할 때
	Ein deutsches Requiem, Op. 45 독일레퀴엠
Johann Sebastian Bach (1685~1750)	Gloria(from "Messe h-moll", BWV 232)
	Jauchzet Gott in allen Landen, BWV 51 만민이여 환호하여 주를 맞으라
	Magnificat D-dur, BWV 243 마그니피카트
John D. Miller	Fum, fum, fum 펌, 펌, 펌
John Frederick Coots (1897~1985)	Santa Claus is coming to town(Arr. Don Besig, b. 1936) 산타할아버지 마을에 오신다
Jim Leininger(b. 1942)	Cantate sing to the Lord 새로운 노래로 찬양
Joel Blahnik(b. 1938)	Easter fanfare 부활절 팡파레
John J. Hess	Christmas classics 크리스마스를 위한 고전음악 모음곡
John Leavitt(b. 1956)	Gloria Deo 주님께 영광 / 주께 영광 돌리세
John M. Moore (1925~2017)	할렐루야 주 찬양
John Robson Sweney (1837~1899)	My savior first of all 주가 맡긴 모든 역사
John Rutter(b. 1945)	The Lord bless you and keep you 복 주시고 지키시네 / 주는 우리를 지키시네
	We wish you a merry Christmas 축하하오 크리스마스
	주님 찬양
John Wesley Work III (1901~1967)	This little light of mine 내 안에 오직 등불

Joseph Carleton Beal & James Ross Boothe	Jinglebell rock 징글벨 락(Arr. Dick Averre)
Joseph Linn	오 신실하신 주
Joseph M. Martin (b. 1959)	기쁘다 구주 오셨네
Josef Gabriel Rheinberger(1839~1901)	Terra tremuit 온 땅이 진동할 때 주님이 다시 오시리
József Karai(1927~2013)	Alleluia 알렐루야
Ken Berg(b. 1955)	I'm going to sing 주 찬양해 성령 임하실 때
Knut Nystedt (1915~2014)	Peace I leave with you 평안하여라 / 평안을 네게 주노라
	Three motets 3개의 무반주 모테트 　　Do not be anxious 너 근심 걱정 말아라 　　Blessed be he 복 있도다 　　He has risen 그는 부활하시었네
Lajos Bárdos (1899~1986)	Cantemus 소리 높여 주 찬양 / 주를 찬양하라
Lawrence "Larry" Lapin (b. 1935)	Look ma, I'm singin' jazz 나는 재즈를 노래해
Lena McLin(1928~2023)	Can't you hear those freedom bells ringing? 자유의 종소리
Leonard Bernstein (1918~1990)	주 찬양
Leonhardt Schröter (c. 1532~1601)	Joseph, lieber Joseph mein 요셉, 나의 사랑하는 요셉
Lewis Henry Redner (1831~1908)	O little town of Bethlehem 오 베들레헴 작은 골
Lloyd Pfautsch (1921~2003)	Jubilate Deo 하나님을 찬양하라
Louis Vierne(1862~1937)	Kyrie(from "Messe solennelle") 주여 자비 베푸소서
Mae Taylor Roberts	The meeting in the air 공중에서 만나리(Arr. Paul Mickelson, 1928~2001)
Margaret Bonds (1913~1972)	He's got the whole world is His hands 온 세상 만물 주의 것
Mark Butler	Signs of the judgment 심판의 날
Mark Brymer	Very, very merry Christmas 성탄찬양 메들리
Mark Hayes(b. 1953)	Amazing grace 놀라우신 주의 은혜
	Joyful, joyful, we adore thee 기뻐하며 경배하세
Marshall Bartholomew (1885~1978)	De animals a-comin
	We meet again tonight 우리 다시 만나리 / 오늘 밤 다시 만나리
Martin Shaw(1875~1958)	Gloria in excelsis Deo 높이 계신 주께 영광
Marvin Curtis(b. 1951)	Praising song 주를 찬양하라
Milton Dieterich	Ev'ry time I feel the spirit 나는 때때로 성령을 느끼네
Norman Leyden (1917~2014)	Gonna build a mountain(Spiritual) 산에 올라가세
Ola Gjeilo(b. 1978)	Prelude

Paul Basler(b. 1963)	Psalm 150(from "Songs of faith") 시편 150편	
Pekka Kostiainen (b. 1944)	Jaakobin Pojat 야곱의 아들	
Pete King(1914~1982)	O clap your hands 손뼉을 쳐라	
Pyotr Ilyich Tchaikovsky (1840~1893)	How blest are they, TH 78, No. 7 복 있도다	
Ralph Vaughan Williams (1872~1958)	A Christmas cantata 'Hodie' 중 　　　Prologu 'Noel' 프롤로그 '노엘'	
	The first nowell 첫 번째 노엘	한국초연-2009년 최훈차콰이어 정기연주회
	Five mystical songs 5개의 신비한 노래 중 　　　Antiphon 만민들아 찬양하라	
	Lord, Thou hast been our refuge 주는 우리의 피난처 되시네	
	O clap your hands 찬양하라 주의 백성	
René Clausen(b. 1953)	A jubilant song 기쁨으로 노래해	
	Magnificat 마그니피카트	
	A new creation 새로운 창조물	
	Psalm 100 시편 100편	
	Simple gifts 작은 선물	
Richard Rogers (1902~1979)	Carousel medley(from "The carousel") 축제	
Robert H. McIver (b. 1948)	Shenandoah 쉐난도	
Robert Shaw(1916~1999)	The virgin Mary had a baby boy 마리아가 아기를 가졌네(West Indian traditional)	
Robert Russell Bennett (1894~1981)	Carol cantata III 캐롤 칸타타 III	
	From Carol cantata IV 캐롤 칸타타 4번 중 　　　God rest ye merry gentlemen 만 백성 기뻐하여라 　　　It came upon a midnight clear 그 맑고 환한 밤중에	
Roger Wagner (1914~1992)	All creatures of our God and king 온 천하 만물 우러러	
Ruth Elaine Schram (b. 1956)	즐거운 크리스마스날	
Samuel Wesley (1766~1837)	In exitu Israel 시편 114편	
Sonja Poorman(b. 1954)	Sing we and dance 노래하고 춤추자	
Stan Bowsher	아기 예수	
Stan Pethel(b. 1950)	I lift up your name on high 나 주의 이름 높이리	
Théodore Dubois (1837~1924)	Les sept paroles du Christ sur la croix 십자가상의 칠언	
Thomas E. Fettke (b. 1941)	The birthday of a king 구주 탄생	
Thomas Morley (c. 1557~1602)	April is my mistress' face 봄의 미소	
	Sing we and chant it 우리 모두 노래하자	

Thomas Weelkes (c. 1576~1623)	Grace, my lovely one, fair beauties 천사같이 아름다운 나의 사랑	
Trond Kverno(b. 1945)	Ave maris stella 내 영혼 주 찬양	
	Corpus Christi carol 고통당하신 우리 주	
Tullius Clinton O'Kane (1830~1912)	Children of the heavenly father / Traveling home 하나님의 자녀들	
Van Denman Thompson (1890~1969)	Sing, all the earth 온 땅아 찬양하라	
Veljo Tormis (1930~2017)	Lauliku Lapsepõli / The singer 노래하는 자 / 가수의 어린시절	
Volckmar Leisring (c. 1588~1637)	Let all nations praise the Lord 만민아 주 찬양하라	
Vytautas Miškinis (b. 1954)	Laudate pueri, Dominum	
Walt Harrah(b. 1948)	The Lord's prayer(Arr. Joe Van Gilder) 주 기도	
William Howard Doane (1832~1915)	Near the cross 예수 나를 위하여	
William Levi Dawson (1899~1990)	Ev'ry time I feel the spirit 나는 때때로 성령을 느끼네	
William Mathias (1934~1992)	Alleluia! Christ is risen! 알렐루야 구주 다시 사셨네	
Wolfgang Amadeus Mozart(1756~1791)	Misericordias Domini, K. 222 자비의 주님을 찬양하라	
Zane Randall Stroope (b. 1953)	Lamentaciones de Jeremias / Lamentations of Jeremiah 예레미야 애가	
	Magnificat	
김청묵(b. 1946)	모란이 피기까지는	
김희조(1920~2001)	보리 타작	
노주원	오 신실하신 주	
류형선(b. 1965)	전래놀이 노래-놀리기	
문성희	아리랑	
신호범(Paul Shin)	Bell rings 탄일종	
안효영	닐리리야	
오종찬	아리랑	
우효원(b. 1974)	Cum sancto spiritu 영광송 중 3악장 "거룩한 성령님"	
	Gloria 영광	
윤민제	내 주를 가까이	
이문승(b. 1953)	Come to the water 물가로 나오라	
	John 3:16 요한 3장 16절	
	거제도 뱃노래	
	송축하라 내 영혼아	
	할렐루야	
이영조(b. 1943)	Jerusalem 예루살렘	

이현철	꿈속으로	
	비단안개	
전기	갑돌이와 갑순이(Arr. 최훈차)	
허걸재(b. 1965)	서귀포 초대	한국초연-2007년 최훈차콰이어 제6회 정기연주회
	앵두꽃	
작곡자 불명	The boar's head carol(Early English carol) 기쁨의 날 즐겨보세	
	The flaming pudding carol(Traditional English pudding carol) 모두 모이세 귀한 친구여	
	Good King wenceslas(Old English carol) 말 구유에 나신 주	
	Holla-le(Austrian folk) 홀랄레	
	Hymn to man 대학생의 노래(중세 대학생의 노래)	
	Jolly old saint Nicholas(American Christmas song) 산타할아버지는 알고 계실까	
	Nowell sing we(Early English carol) 노래하자 노엘	
	O Christmas tree(German Christmas song) 소나무야	
	Rejoice and be merry(Traditional English carol) 기쁨의 노래를 우리 주님께	
	Wassail song(Gloucestershire carol) 축배의 노래	

위 강원도 순회연주 단체사진(강릉, 2017).　**아래** 강원도 순회연주 단체사진(원주, 2017).

최훈차콰이어 연주 프로그램

QR 157 Major Work 연주(Choral Major Work Concerts) 영상 모음.

QR 158 최훈차콰이어 정기연주회(Chai Hoon Cha Choir Annual Concerts) 영상 모음.

157 

158

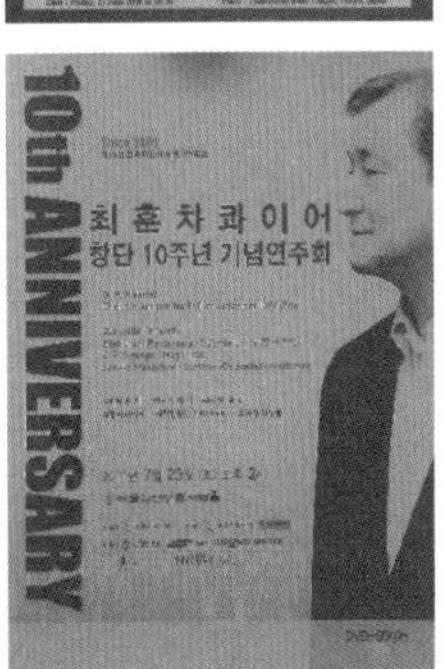   

정기연주회 프로그램.

제 21회 정기연주회-롯데콘서트홀(2017).

QR 159 최훈차콰이어 해외 순회연주(Chai Hoon Cha Choir Global Tour Concerts) 영상 모음.

QR 160 해외 순회연주 프로그램.

QR 161 최훈차콰이어 전국 순회연주(Chai Hoon Cha Choir Tour Concerts) 영상 모음.

QR 162 전국 순회연주 프로그램.

3_Episode

2002년 영국 순회연주

지금까지 최훈차콰이어는 다른 프로 합창단들만큼 많이 발전한 것 같아요. 음악적으로도 한번 잘하려고 마음먹으면 엄청 잘했었고 상당히 어려운 현대합창곡들도 잘 소화했어요. 2회 정기연주회 때 현대 작곡가 에릭 휘태커(Eric Whitacre)의 Five Hebrew Love Songs(다섯 개의 히브리 사랑노래)를 연주했고, 예술의전당에서 다니엘 핑컴(Daniel Pinkham)의 Daniel in the Lions' Den(사자굴의 다니엘)이라는 12음계로 되어 있는 곡도 연주했어요. 첫 교회 순회연주나 창단연주회는 부족했지만 2회 정기연주회를 지나면서 점점 나아졌습니다.

창단하고 다음 해인 2002년에 영국 순회연주를 했는데, 해외 순회연주를 갈 수 있는 단원들이 많지 않았음에도 불구하고 해외에서 유학하고 있는 동문들까지 참여해서 어렵게 연주를 다녀왔어요. 최훈차콰이어 창단에 앞장섰던 류영재 동문이 그 당시에 영국에서 유학을 하고 있었는데, 영국에서 선교사로 거주하고 있는 변영기 동문, 독일에서 유학하고 있던 김재형 동문, 이선린 동문, 이탈리아에서 유학하고 있던 이재욱 동문이 류영재, 김영미(대학합창단 커플) 동문 집에 모여서 합숙을 하며 자기들끼리 미리 연습을 했다고 해요. 이웃에 사는 영국 사람들이 그 연습하는 노랫소리를 듣고 좋아해 주며 박수 쳐 주곤 했답니다. 그 동문들에게는 아주 특별한 시간이었던 것 같고, 그 열심이 단원들에게도 잘 전달되어서 참 감동적인 연주를 할 수 있었던 것 같아요.

영국 순회연주(2002).

2004년 캐나다 순회연주

2004년에는 캐나다 순회연주를 갔었는데, 제가 생각하기에는 우리가 한 해외 순회 중에 가장 감동적인 연주였던 것 같아요. 특히 그 당시 처음 연주했던 개리 코넬(Garry A. Cornell)의 'Alleluia'(알렐루야)나 앵콜곡으로 불렀던 '진리의 순간'은 연주를 하면서 많은 감동을 받았고, 듣는 분들도 감동받아 눈물을 많이 흘리셨던 기억이 있어요. 지금 이 곡들을 하도 많이 연주해서 단원들이 조금은 타성에 젖어 있지 않나 생각하지만, 그때에는 처음 연주했던 곡이기도 했고 단원들의 순회를 위한 마음의 준비가 상당히 잘 되어 있었어요. 현지에서 우리를 환영해 주시고 모든 것을 준비해 주셨던 분들의 마음까지 하나가 되어서 더 감동 있는 연주를 할 수 있었다고 생각해요.

특히 우리 연주 일정을 위해서 대학합창단 출신 故 조성혜 동문이 남편과 같이 많은 준비를 해줬고, 벤쿠버 신문사, 문화회관 등 한인 커뮤니티에서도 많은 도움을 주셔서 연주 횟수는 많지 않았지만 정말 기억에 남는 좋은 연주들을 했던 순회였어요.

위 캐나다 순회연주(2004). **아래** 캐나다 Pinetree Secondary School 연주(2004).

2006년 중국 샤먼 합창 올림픽

2006년에 중국 샤먼에서 열린 'World Choir Game'에 초청을 받아 참석했는데, 합창단들도 너무 많고 야외무대 같은 경우 청중들의 집중도 좋지 않았던 어려운 연주였어요. 그래도 그 당시 해외 순회연주 중에 가장 많은 인원이 갔었고 연주도 잘했어요.

중국이라는 나라의 특수성 때문에 주일예배를 드리기 어려운 상황이었지만, 현지 한인 교회 연주를 할 수 있게 돼서 몰래 숨어 열쇠를 채워 놓고 연주도 했어요. 어려운 상황이었던 만큼 단원들이 기도도 열심히 하고 최선을 다해서 연주를 했죠. 한국에서 합창 올림픽에 참석차 샤먼에 왔었던 유명한 지휘자분들도 연주를 보시고 많이 감동을 받으셨다고 해요.

합창 올림픽 초청연주가 계기가 되어서 한국에 돌아와 예술의전당에서 독일 캄머코어 슈투트가르〔Kammerchor Stuttgart, 지휘 : 프리더 베르니우스(Frieder Bernius)〕 합창단과 조인트 콘서트도 할 수 있었어요.

특별히 샤먼에서 기억에 남는 일이 한 가지 있는데, 한국에서 온 초등학생 합창단이 그랑프리를 수상했어요. 돌아가는 공항에서 학생들을 만나서 얘기를 나눴는데, 그 어린 학생들이 합창이 너무 싫고 다시는 안 하겠다고 했어요. 깜짝 놀라서 이유를 물어보니, 하루에 9시간씩 지겨울 정도로 연습해서 너무 힘들었다고 하더군요. 물론 좋은 상도 탔고 국위 선양을 했지만 합창을 즐겁게 하지 못했다는 사실이 너무 안타까웠어요.

이후에 리허설 테크닉 수업 때마다 이 학생들의 사례를 가지고 어떻게 하면 단원들이 다시는 합창을 하지 않겠다는 밀을 하지 않도록 합창단을 잘 이끌어야 하는가에 대해 얘기했어요. 합창을 하면서 음악을 느끼고 그 음악이 좋아서 열심히 최선을 다하도록 이끌어 주는 것이 지휘자의 역할이라고 생각해요.

중국 샤먼 World Choir Game(2006).

2007년 마드리갈 디너 연주

2007년에는 임페리얼팰리스 호텔에서 르네상스 시대 마드리갈 디너 (Madrigal Dinner)를 재현하는 연주회를 했어요. 마드리갈은 14세기 이탈리아에서 시작했지만 16세기 영국에서 많이 발달했고 엘리자베스 1세 여왕의 영향이 컸어요. 그 당시 엘리자베스 여왕이 국력을 키우면서 동시에 문화적인 후원도 많이 했는데, 마드리갈 싱어들을 궁정으로 초청해서 연회를 베풀고 연주회를 열었어요.

제가 미국에서 유학할 때 'Miami Collegium Musicum'이라는 르네상스 바로크 전문 합창단에 들어갔는데, 24명 단원이 바로크 시대 복장을 갖춰 입고 크리스마스 마드리갈 디너 연주를 했어요. 영국 귀족들 옷을 입고 분장을 한 채로 아침부터 저녁까지 백화점, 길거리를 다니면서 노래하고 저녁에 모여서 연주를 했죠. 한국에 돌아가면 이런 연주를 꼭 해보고 싶었어요.

그래서 유학을 마친 후 대학합창단에서 워커힐 호텔 선플라워룸이라는 곳을 빌려 한 번 했던 적이 있어요. 그 당시에는 제대로 갖춰진 형태로 하진 못했죠.

최훈차콰이어에서 마드리갈 디너를 제대로 재현해 보고 싶어서 단원들과 다같이 르네상스 시대의 영화를 보러 가기도 했고, 그 시대 의상을 입고 노래하기 위해서 서울시 오페라단에서 오페라 의상을 대여해서 입기도 했어요.

대학합창단 마드리갈 디너 연주회(1986).

르네상스 시대 분위기가 가장 잘 연출될 수 있는 호텔을 찾아서 연주를 했었고, 독일인 주방장의 메뉴 소개, 현악4중주, 관악5중주, 16세기 춤인 파반느, 라 볼타 공연까지 곁들여서 마드리갈 디너를 제대로 재현할 수 있었어요. 사실 유학 시절 이 마드리갈 디너를 한국에서 재현하기 위해서 관련 서적을 구매했었는데, 이 연주를 준비하면서 그 책 내용을 많이 참고했어요.

지금까지 했던 음악회 중에 가장 비용이 많이 들었던 음악회이기도 했지만, 국내에서 다른 합창단이 하지 않았던 가장 새로운 형태의 음악회였어요. **QR 163** 마드리갈 디너 관련 블로그 글.

최훈차콰이어 마드리갈 디너 연주(2007).

2008년 일본 순회연주

2008년에는 일본 동경 지역으로 순회연주를 갔습니다. 요코타 공군기지 교회 앤드류 서(Andrew Suh, 서상현) 목사님께서 순회연주 일정을 섭외해 주셨는데 나중에 2009년 미국 순회연주까지도 섭외해 주셨어요.

그 당시 메인 연주가 동경 지역 인근에 위치한 요코타 공군 부대 주일 채

위 일본 순회연주(2008).   **아래** 일본 순회연주 마지막 날 서상현 목사님과 이별(2008).

플에서의 연주였는데, 부대에서 아침식사부터 숙소까지 제공해 줬고 버스도 빌려줘서 다른 지역 연주도 편하게 다닐 수 있었어요.

일정 중에 하루 5회 연주를 한 적이 있어요. 아마도 합창단 역사상 가장 많은 연주였던 것 같아요. 아침식사 때부터 연주복 입고 시작해서 저녁에 숙소 들어올 때까지 갈아입지 못했을 정도로 바쁜 연주였죠. 한 연주도 안 놓치고 정말 잘했어요.

일본에서 수천 명 성도들이 모이는 가장 큰 교회인 요도바시교회에서도 연주를 했어요. 교회 건물이 새로 지어지기 전에 대학합창단이 순회연주 왔던 걸 기억하는 분들도 계셨어요. 당시 대학합창단은 서울신대를 통해 섭외가 되어 요도바시교회에 왔었어요. 그런데 와서 보니 한인 교회 모임에서 합창단이 오는 것도 잘 몰랐던 것 같고, 연주 전 저녁식사 준비도 안 해주셨어요. 연주 장소도 미팅룸 같은 곳을 주시고 짧게 몇 곡만 해달라고 하셔서 많이 당황했지요. 결국은 1시간 연주 프로그램을 하게 되었지만요. 단원들이 정말 열심히 연주를 해서 그곳에 계신 분들이 결국 감동을 받게 됐고, 연주 후에 진수성찬을 차려 주시기까지 했어요.

나중에 알고 보니 대학합창단이 연주하러 오기 전에 한국에서 유명한 찬양선교단이 다녀갔는데, 한인 교인분들 집에 민박을 하면서 여러 가지로 힘들게 했다고 해요. 그 다음부터 한국에서 오는 단체에 대해 거부감을 가지고 계셨고, 대학합창단도 그런 단체인 줄 아셨던 거예요. 연주도 잘해야 하지만 민박을 하면서 교인분들에게 더 큰 감동을 드려야 찬양 선교가 성공할 수 있다는 걸 다시 한번 생각하게 만든 일이었어요.

최훈차콰이어의 일본 순회연주는 공군 부대에서 최선을 다해 합창단을 배려해 주고 지원해 주신 덕분에 너무나 좋은 여건에서 잘할 수 있었고요. 요도바시교회에서 다시금 연주할 수 있어서 더욱 더 좋았던 순회였던 것 같습니다.

2008년 헨델 메시아 연주

2008년에는 예술의전당에서 최훈차콰이어, 아너스카펠라, 대학합창단 3개 합창단이 같이 헨델 메시아를 연주했어요. 메시아는 교회에서도 많이 연주되고 프로 합창단들도 많이 연주하지만, 2시간 40분 정도의 긴 합창을 감동 있게 연주하기는 쉽지 않습니다. 다행히 메시아를 연주하기 아주 좋은 시즌인 12월에 예술의전당 대관이 성사되어서 정말 감동 있게 살 연주하고 싶었어요. 일단 너무 긴 분량의 곡을 최대한 줄여 보려고 했는데 아무리 줄여도 1시간 50분 정도는 해야 할 것 같았고, 인터미션 없이 한 번에 마지막 곡까지 연주하려고 했더니 예술의전당 측에서 반드시 20분간 휴식을 해야 된다며 안 된다고 했어요. 결국 예술의전당을 설득해서 1시간 47분 정도의 분량을 인터미션 없이 연주했어요.

독창자는 대학합창단 동문 중에 미국, 독일에서 공부하고 활동하고 있는 동문들도 불렀고, 그 당시 활동하는 유명한 성악가도 초청했어요. 오케스트라 리허설도 3번 정도 했는데, 밸런스도 잘 맞았고 특히 '우리를 위해 나셨다' 곡에 나오는 듀엣 다이얼로그 부분이 완벽하게 잘 맞았어요.

유학 시절에 한국에서 오페라를 하게 되면 어떻게 가르칠까 생각하다가 오페라 합창 수업을 들었는데, 마지막 학기 논문을 메시아에 대해서 쓰면서 템포에 대해 상당히 많이 고민했어요. 한국에 돌아와서 메시아를 연주할 일이 많았고, 그 당시 수업을 듣고 논문을 썼던 부분이 많은 도움이 됐었죠. 특히 이번 연주는 분량을 줄이면서도 꼭 필요한 곡들을 잘 배치해서 인터미션 없이도 지루하지 않은 연주가 될 수 있게 최대한 잘 구성했고, 100명의 합창단이 오케스트라와 잘 어우러져서 아주 감동 있는 연주를 했다고 생각해요.

사실 연습 과정은 순탄치 않았어요. 그 당시 유독 연습 참여율이 저조했고, 너무 걱정이 된 나머지 합창단 홈페이지에 호소문을 작성해서 올리기도 했어요. 마지막 연습 과정에서는 단원들이 잘 나와 주고 연합 연습도 잘 진행되었기 때문에 무사히 마쳤지만, 사실 그 당시 너무 걱정이 돼서 눈물까지 흘렸어요.

메시아 연주를 녹음한 세계 명연주자들의 CD를 많이 들었지만 사실 제 마음에 드는 완벽한 CD를 찾기는 쉽지 않았어요. 그리고 합창지휘를 하면서 제일 중요하다고 생각했던 부분이 음악적인 표현이었는데 그 부분을 만족시킨 연주자들이 많지 않았어요. 합창은 특별히 표현(Expression)이 중요해서, 유학 시절에 표현에 대한 논문도 하나 썼어요. 합창음악으로 감동을 줄 수 있는 부분이 50퍼센트는 가사이고 50퍼센트는 음악이라고 생각했고, 그 논문을 쓰고 난 후에 한국에 돌아가서는 모든 곡을 번역해서 연주해야겠다고 결심했어요.

유학 전에는 원어로 연주를 많이 했었는데, 논문을 쓴 이후로는 철저하게 한국말로 번역해서 연주했고 메시아뿐 아니라 Major Work 대부분을 번역된 한국말로 연주했어요. 이번 메시아 연주가 청중들에게 큰 감동을 줄 수 있었던 가장 큰 부분도 가사 전달이었다고 생각하고, 부르는 단원들도 감동을 받아서 연주할 때 눈물 흘리는 걸 봤어요. 100퍼센트 만족하지 못하지만 그래도 3개 합창단이 같이 연주했던 곡들 중에 메시아가 가장 잘했던 연주가 아니었나 생각해요. 특히 합창지휘자 선후배들이 나를 찾아와 눈물까지 흘리면서 너무 좋은 연주였다고 얘기해 줬어요. 바로크 합창을 감동 있게 연주하는 것이 얼마나 힘든지 알기 때문에 템포부터 가사까지 정말 많은 연구를 했고, 최대한 바로크적으로 연주하면서도 약간의 낭만적인 요소를 넣기도 했어요. 이 모든 노력들이 좋은 연주를 만들어 냈던 것 같아요. 특히 노래를 부르면서 내가 감동을 받을 때 최고의 표현을 할 수 있다고 생각해요. 단원들 모두가 음악뿐만 아니라 가사 표현도 너무 잘해 줘서 청중들에게 큰 감동을 준 연주였어요.

2009년 미주 순회연주

2009년에는 일주일 정도의 일정으로 캐나다 벤쿠버를 시작으로 LA, 라스베이거스까지 가는 미주 지역 순회연주를 했어요. 큰 연주들이 많았고 타이트한 스케줄에 시차 적응까지 힘들어서 컨디션 관리에 어려움도 있었지만, 대학합창단 미주 동문들이 준비를 잘 해주었고 초대해 주신 분들의 많은 도움과 좋은 여건으로 연주를 잘할 수 있었어요.

벤쿠버 광림교회 연주를 시작으로 LA 윌셔감리교회에서도 연주회를 했고, 지금 잠실교회 담임목사 림형천 동문이 계셨던 나성영락교회에서도 연주를 했어요. 라스베이거스에도 대학합창단 동문이 있어서 순복음교회에서 연주를 했고, 일본 순회연주 때 도와주셨던 앤드류 서 목사님의 도움으로 라스베이거스 공군부대에서 연주도 하고 부대 내 호텔에서 숙박도 했어요. 직장을 다니면서 일주일 휴가를 내기가 어렵고 시차 적응도 쉽지 않았지만, 30여 명의 단원들이 모든 연주를 잘 소화했고 기억에 남은 순회연주였던 것 같아요.

왼쪽 미주 순회연주(2009). **오른쪽** 미국 LA 윌셔연합감리교회 연주(2009).

2010년 바흐 B단조미사, 마그니피카트 연주

2010년에는 다시 3개 합창단이 모여서 예술의전당에서 바흐의 작품 2개를 연주했어요. 마그니피카트(Magnificat)와 B단조미사(Mass in B minor) 중 'Gloria' 부분을 연주했는데, B단조미사는 한국어로 번역된 악보를 찾기가 쉽지 않아서 아쉽지만 원어로 연주를 했어요. 마그니피카트는 마리아가 예수님의 탄생에 대해 노래하는 누가복음 말씀을 가지고 만든 곡이기 때문에 크리스마스 시기에 많이 연주되곤 해요. 많은 작품들 중에 바흐가 작곡한 마그니피카트가 가장 훌륭한 작품이라고 생각하고 많이 연주되는 곡이기도 해서 선택을 했어요. 바흐 곡들이 멜리스마(melisma)도 많고 연주하기 어렵기 때문에 헨델 메시아보다 더 많이 연습했던 것 같아요. 빠른 템포의 바로크 곡이라 단원들이 감동을 느끼기 어려운데 부르면서도 감동을 느낄 수 있도록 한 곡 한 곡 신경을 많이 썼었던 것 같아요. 특히 B단조미사 마지막 곡인 'Cum Sancto Spiritu' 부분은 가장 어려워서 제대로 연주하기 너무 어려운 곡이었는데요. 과거에 서울신학대학교에서 이 곡을 연주할 때 학생들을 연습시키느라 고생을 엄청 많이 했어요. 그런데 3개 합창단이 이 부분을 정말 열심히 해줘서 연주 때 잊지 못할 정도로 완벽한 연주를 해냈어요.

연주하는 날 제가 감기 몸살로 너무 힘이 들었는데, 마지막에는 온몸에 땀이 나고 안경이 뿌옇게 돼서 악보가 하나도 보이지 않았어요. 다행히 악보를 다 외우고 있어서 연주를 끝까지 했지만, 단원들이 기도도 많이 해주고 노래도 열심히 해줘서 훌륭하게 연주를 마칠 수 있었던 것 같아요. 나중에 우리 연주 실황 녹음을 들었던 유명 지휘자 한 분이 어떤 합창단이 이렇게 잘했냐고 깜짝 놀라서 물어봤다는 얘기도 전해 들었어요.

2011년 창단 10주년 연주

2011년은 최훈차콰이어가 창단한 지 10주년이 되는 해였기 때문에 예술의전당에서 단독으로 정기연주회를 했어요. 헨델의 'Chandos Anthem No. 11'을 연주했고, 에스토니아 작곡가 야코 만티에르비(Jaakko Mäntyjärvi), 미국 작곡가 랜달 스트룹(Z. R. Stroop), 핀란드 작곡가 라우타바라(Einojuhani Rautavaara) 등 여러 현대음악 작곡가들의 다양한 20세기 현대 합창음악을 연주했어요. 저는 원래부터 현대 합창음악을 너무 좋아해서 대학합창단 지휘할 때도 정말 어려운 현대 합창곡들 초연을 많이 했어요. 일주일에 한 번 연습으로 그 어려운 곡들을 소화하기에 어려움이 많았지만, 대학합창단과 최훈차콰이어 모두 현대 합창곡들을 잘 소화해 냈어요. 특히 앵콜곡으로 준비했던 쿠바 작곡가인 귀도 로페즈 가빌란(Guido López-Gavilán)의 'Que Rico E'라는 현대 합창곡은 리듬도 음정도 어려워서 연습할 때 상당히 어려움이 많았지만 단원들이 정말 열심히 연습해서 잘 소화해 줬어요.

2007년 예술의전당 정기연주회 때 미국 현대 작곡가 다니엘 핑컴의 '사자굴의 다니엘'을 연주했을 때 단원들이 곡이 너무 어렵다고 불만이 많았어요. 그래도 연주를 멋지게 잘 해내면 결국에는 단원들이 현대 곡을 좋아하게 되고 다양한 현대 합창음악을 연주하는 데도 두려움이 없어지게 되죠. 이렇게 어려운 현대 합창곡들을 시도하는 합창단들이 많지 않은데 최훈차콰이어 단원들은 힘들어도 잘 따라와 줘서 연주를 잘 해냈어요.

2012년 멘델스존의 사도바울 연주

멘델스존의 '사도바울'(Paulus)을 예술의전당에서 연주했고, 단원들이 상당히 많은 은혜를 받았어요. 지금까지 정기연주회 평가회를 돌아보면 단원들이 가장 많은 감동을 받았던 연주가 '사도바울'이었던 것 같아요. 이전에 신촌성결교회에서도 '사도바울'을 연주한 적이 있었는데 그 당시 찬양대원분들도 '사도바울' 연주를 한 후에 마치 부흥회를 한 것처럼 많은 은혜를 받고 달라짐을 느낄 수 있었어요. 최훈차콰이어 단원들도 '사도바울' 연주 후에 많이 달라진 것을 느꼈었어요.

멘델스존 사도바울 연주-예술의전당(2012).

멘델스존이 작곡한 대표적인 오라토리오가 '엘리야'와 '사도바울'이고, 사도바울에 좋은 합창곡들이 더 많이 있어요. 합창을 잘 해보려고 반복해서 많이 연습했던 것도 있었는데, 연습 때는 잘 안되다가 연주 당일에 참 잘했어요. 특히 감동적인 합창으로 끝나는 마지막 부분에서 연습 때는 잘 못 느끼다가 연주 당일 무대에서는 단원들이 감동하면서 부른다는 것을 지휘하면서 알 수 있었어요. 사실, 예술의전당 Major Work를 연주할 때마다 느끼는 것은 최훈차콰이어는 연습 때 잘 안되던 것들도 무대에서는 아주 잘 표현하고 열심히 최선을 다해서 노래를 합니다. 그래서 단원들이 감동과 은혜를 더 많이 받는 것 같아요. 저는 이런 큰 연주를 할 때마다 단원들이 이 곡을 통해 음악과 감동을 느낄 수 있도록 많은 준비를 하기도 하고, 가끔씩 내가 준비하면서 느꼈던 것들을 단원들에게 전달해 주기 위해 배우처럼 연기도 하고 재미있는 대사들도 하게 됩니다. 연습 때는 전달이 잘 안되는 것 같아 속상할 때도 있지만 최훈차콰이어 단원들은 연주 당일에 내가 원하는 수준까지 표현해 주기 때문에 항상 단원들의 노력과 열심에 감사한 마음을 가지고 있어요.

2012년 러시아 순회연주

러시아 순회연주는 한러수교 20주년 기념으로 초청을 받아서 갔던 연주였어요.

전 운영위원장 류영재 단원의 지인이 마침 러시아 블라디보스톡 총영사관 총영사로 재직하고 계셨고, 러시아에서 유학했던 대학합창단 이연성 동문도

러시아 모스크바 푸쉬킨 극장 연주(2012).

통역을 위해서 순회연주에 동참했었어요. 푸쉬킨 극장에서 메시아 연주도 했고, 현지에 계신 선교사분 덕분에 고려인분들이 모인 교회에서 연주도 했어요. 최훈차콰이어가 교회 순회연주 때 부르는 '복 있도다'라는 곡이 러시아 작곡가 차이코프스키(Tchaikovsky)가 작곡한 곡이어서 러시아 말로 바꿔서 불렀고, 감사 노래도 러시아말로 바꿔서 불렀어요. 러시아 청중들이 상당히 좋아했고, 총영사께서 러시아 발음이 아주 훌륭했다고 평가도 해주셨어요. 대부분 곡은 한국말로 했지만 단원들이 사명감을 가지고 준비를 열심히 했고, 푸쉬킨 극장에 모인 러시아 청중들이 우리 찬양에 감동을 받아서 눈물을 흘리기도 했어요. 러시아 순회연주는 경비도 많이 들었지만 상당히 순회 여건이 좋아서 모든 생활이 연주와 연결이 잘 되었던 것 같아요.

2013년 영국 순회연주

2002년 이후 두 번째로 영국 순회연주를 갔어요. 30명 넘는 많은 단원들이 갔었고, 연주도 좋은 곳에서 많이 했어요. 특히 한세대 합창지휘대학원 제자들이 최훈차콰이어에 많이 입단했는데 영국 순회연주에 많이 참여했어요. 영국에서 선교사로 있는 대학합창단 변영기 동문이 연주 스케줄을 잘 만들어 줬고,

영국 순회연주(2013).

한인 교회보다 영국 교회에서 연주를 많이 했던 것 같아요. 독일에서 유학하고 거주하고 있는 대학합창단 김재형 동문이 영국으로 와서 순회연주에 합류했고, 그 당시 영국에서 유학 중이던 대학합창단 전유경 동문은 합창단을 집에 초청해서 식사를 대접해 줬어요. 독일에서 유학 중이던 대학합창단 동문 이은혜 동문은 연주를 보러 가족들과 같이 영국까지 왔어요.

고덜밍(Godalming)이라는 지역에 있는 영국 교회는 대학합창단이 영국 순회를 했던 2003년, 2006년, 2009년에 항상 연주를 했던 곳이고, 교인분들 집에서 항상 민박을 했어요. 최훈차콰이어 영국 순회 때도 연주와 민박을 모두 제공해 줬는데, 대학생 때 방문했던 단원들은 감회가 더 깊었던 것 같아요.

위 영국 St. James Church 연주(2013).　**아래** 영국 단체사진(2013).

2014년 중국 순회연주

대학합창단 이창희 동문 부부가 합창단을 중국에 초청해 줘서 4개 도시 순회연주를 하게 되었고, 연주 섭외와 경비 일체를 이창희 동문이 다 준비해 줬어요. 중국은 한인 교회 연주를 할 수 없는데, 공산당에서 허락해 주는 경우에만 가능했어요. 그래서 뒤에 공안이 지켜보는 상태에서 연주를 할 수밖에 없는 상황이었어요. 단원들이 사명감을 가지고 기도를 많이 하면서 준비했던 순회로 기억해요.

소주라는 지역에 있는 한인 교회에서 우리를 초청했는데, 중국 공안의 높은 사람을 초청해서 제일 앞에 앉아서 연주를 들을 수 있게 했어요. 연주를 마치고 만난 그분들은 눈시울까지 붉히면서 뭔지는 모르겠지만 가슴이 벅차오르도록 감동이 생겼다고 얘기해 줬어요. 대부분 한국말로 연주했고, 몇 곡만 중국어로 연주했음에도 그런 감동을 줄 수 있었다는 게 음악의 힘이 참 크다는 생각을 하게 됐지요.

청도, 연태, 상해, 소주 4개 지역에 있는 제일 큰 한인 교회들을 다니면서 연주를 했어요. 특히 이창희 동문이 지휘하고 있는 상해한인연합교회는 좋은 여건으로 연주할 수 있었을 뿐만 아니라 단원들도 선교의 사명감을 더 깊이 체험하고 느낀 연주였어요.

중국 순회연주(2014).

2015년 멘델스존의 Lobgesang(찬양의 송가), Psalm 42(시 편 42편) 연주

그동안 예술의전당 연주를 하면 대학합창단, 아너스카펠라, 최훈차콰이 어가 같이 해오다가, 이 당시 대학합창단이 일본 순회연주가 계획되어 있어서 두 개 합창단만 같이 했어요. 70명이 안 되는 인원이 연주했는데, 단원들이 정 말 열심히 불렀던 기억이 나요. 음악적으로 완성도가 가장 높은 연주 중의 하나 였고, 독일 뮌헨에 유학 가서 활동하고 있는 카펠라합창단 오문영 동문을 비롯 해서 솔로들이 연주를 상당히 잘해 줬어요. 단원들이 평소에 멘델스존 합창을 좋아하기도 했고 한국말로 바꾼 가사가 참 은혜스러웠어요. 마지막 부분에 남 성이 unison으로 "숨 쉬는 자들아 찬양하라"를 부르는데, 너무 지나치게 열심 히 해서 연습 때보다 크게 불렀던 생각이 나요. 그 가사가 단원들에게 참 감동 이 있었던 것 같아요. 이때 연주 후, 단원들이 곡과 가사에 은혜를 많이 받았다 는 평가를 했어요.

멘델스존 Lobgesang & Psalm 42 연주-예술의전당(2015).

2016년 대만 순회연주

그 당시 부지휘자였던 신승용 동문이 유학 시절 만났던 대만 친구를 통해 연주를 섭외해서 가게 됐어요. 대학합창단, 카펠라 모두 안 가 본 나라였고, 처음 순회하는 곳이어서 연주 여건이 좋지는 않았지만, 타이페이한인찬양교회 이승용 목사님께서 합창단을 잘 안내해 주셨어요. 병원 연주, 대만 현지 교회, 한인 교회에서 한 번씩 연주했고, 짧은 기간이었지만 단원들이 좋은 음식도 많이 먹고 아주 즐겁게 순회연주를 했던 기억이 납니다.

위 대만 순회연주(2016). **아래** 대만 Taipei Hoping Church 연주(2016).

2017년 브람스의 레퀴엠 연주

브람스의 레퀴엠(Ein Deutsches Requiem)은 너무 잘하고 싶어서 공부를 많이 했어요. 합창과 오케스트라 부분마다 어떤 장면인지 어떤 의미인지 단원들에게 알려 주고 싶어서 성경도 많이 읽었고, 단원들이 내용을 잘 알고 연주할 수 있도록 많은 설명을 해줬어요. 그 당시에도 총보를 다 외워서 지휘를 했었는데, 문제는 대학합창단, 아너스카펠라, 최훈차콰이어 세 합창단을 다 똑같은 수준으로 연습시키는 게 쉽지는 않았어요. 특히 브람스 합창곡은 연주하기가 너무 어려운 수준의 곡이었고, 템포에 따라 연주 시간이 많이 달라지는 곡이어서 단원들이 노래하기 수월하도록 템포를 조금 당겨서 하기도 했어요. 그 당시 지휘 공부하는 제자들이 브람스 레퀴엠 총보를 외워서 지휘한다고 하니까 다들 놀라기도 했어요. 레퀴엠이지만 이 곡은 죽은 자의 레퀴엠이 아닌 살아 있는 자들을 위한 레퀴엠이었고, 성경 구절을 기반으로 작곡된 곡이었어요. 그래서 단원들이 가사 의미를 잘 알고 부를 수 있도록 연습 때마다 가사에 대한 의미를 잘 설명하는 데 집중을 많이 했어요. 단원들이 마지막 7악장을 부를 때 감정이 복받쳐서 노래하기 힘들다고 얘기하기도 했었고, 연주 후에 여운이 오래 간 연주였다고도 했어요.

제가 학생들에게 문헌을 가르칠 때 항상 했던 얘기가 멘델스존은 앞으로 어떻게 진행될지 예감을 갖게 하는 작곡가이고, 브람스는 살그머니 우리를 데려가는 작곡가라는 표현을 많이 했어요. 단원들이 브람스 레퀴엠 연주를 하면서 연습할 때는 상당히 어려워했지만, 연주를 하고 난 후에는 자기도 모르게 푹 빠져 있던 것 같아요. 그동안 예술의전당에서만 큰 연주를 했는데, 이 연주는 처음으로 롯데콘서트홀에서 했어요. 여러 가지로 기억에 남는 연주였네요.

브람스 레퀴엠 연주-롯데콘서트홀(2017).

2018, 2019년 일본 순회연주

2018년에는 오사카에 계신 송기정 목사님이라는 분이 최훈차콰이어를 초청해 주셨어요. 그런데 7월초 오사카 날씨가 너무 더웠고 많이 걸어서 단원들이 많이 힘들어했어요. 그래도 사명감을 가지고 한인 교회, 요양원에서 연주를 잘할 수 있었고, 무사히 순회도 잘 마쳤어요. 이 당시 시즈오카에서 살고 있는 정신여고 10회 노래선교단 제자 김승미 동문께서 교회분들과 같이 연주를 보러 오사카까지 왔어요. 시즈오카교회가 재건축을 해서 합창단을 초청하고 싶은데 김승미 동문이 한국 합창단을 초청하자고 해서 일본 교인분들께서 우리를 직접 보러 오셨죠. 결국, 우리 연주를 보시고 2019년에 바로 합창단을 시즈오카로 초청해 주셨어요.

2019년 일본 순회는 시즈오카교회에서만 주일에 두 번 연주를 했어요. 연주 전날 토요일 저녁에는 교인분들과 한 자리에 모여서 같이 교제를 나누고 서로의 간증을 듣는 시간도 가졌어요. 일본은 기독교인 수가 적은데도 시즈오카 교인들은 너무나 순수했고 찬양과 음악을 사랑한다는 느낌도 받았어요. 단원들이 일본어로 준비해 갔던 찬양들이 그분들에게 잘 전달이 됐고, 기억에 남는 감동적인 시간을 같이 나눌 수 있었어요. 저희가 한국에 돌아온 후에 교인분들이 손편지를 써 줬는데, 김승미 동문이 한글로 번역해서 저희에게 전달해 주기도 했어요.

일본 오사카 단체사진(2018).

왼쪽 일본 오사카 센리야마교회 연주(2018).   **오른쪽** 일본 시즈오카교회 연주(2019).

일본 시즈오카교회(2019).

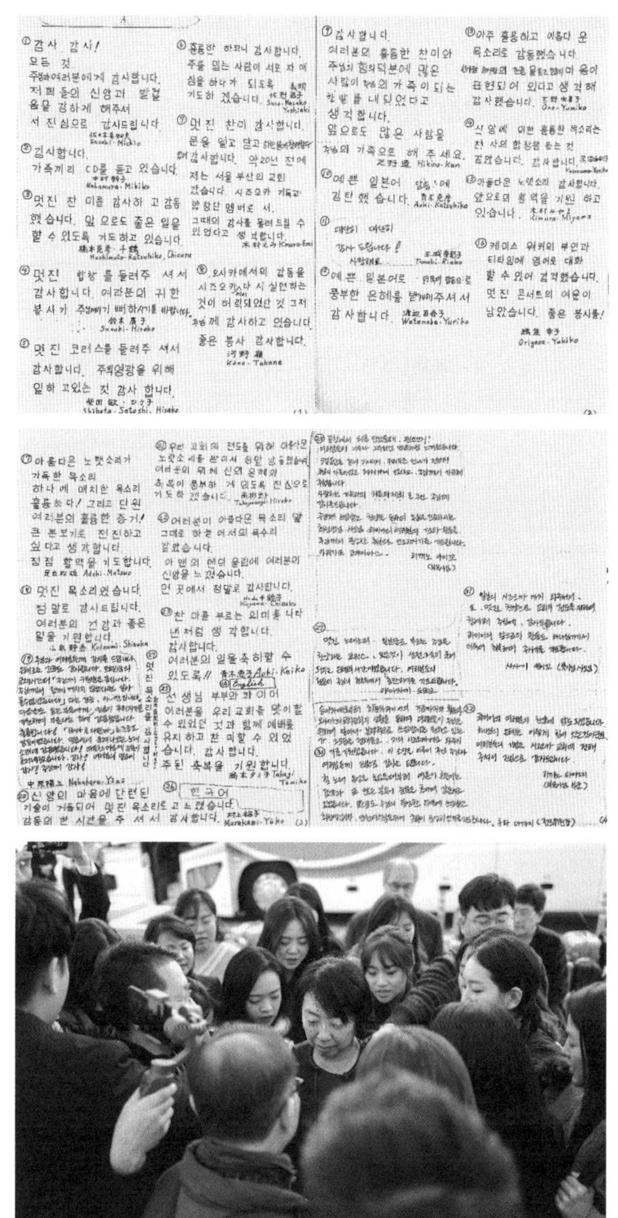

위 일본 시즈오카 교인 손편지(2019). **아래** 일본 시즈오카 김승미(정신여고 노래선교단 동문).

최근에 시즈오카교회에서 합창단을 또 한 번 초청하고 싶다고 연락이 왔는데, 지금은 최훈차콰이어 활동이 끝난 상황이라 아쉽네요. 아마도 정신콰이어가 같이 가게 될 것 같습니다.

2023년 멘델스존의 크리스투스, 비발디의 베아투스 비르

2020년에 멘델스존 엘리야를 연주하려고 예술의전당 대관까지 했는데, 코로나 때문에 결국 연주를 하지 못했어요. 그동안 최훈차콰이어를 지휘하면서 꼭 해보고 싶었던 곡이 멘델스존 엘리야, 바흐 마태수난곡 같은 곡들이 있었어요. 이 당시 엘리야를 연주하려고 나름 준비를 많이 했지만 안타깝게도 취소되고 말았죠. 2023년에는 이제 최훈차콰이어 활동을 마무리하는 시기였기 때문에 최훈차콰이어 단독으로만 예술의전당에서 마지막 정기연주회를 했어요. 멘델스존의 미완성 오라토리오 '크리스투스'(Christus)를 오르간과 합창으로 연주했고, 비발디의 '베아투스 비르'(Beatus Vir)를 오케스트라와 같이 연주했어요. 스케일이 큰 곡들은 아니었지만 연주를 잘하고 싶었고 단원들이 마지막 정기연주회여서 그런지 엄청 열심히 불렀어요. 무대 뒤에서 듣던 솔로이스트 출연자들이 열심히 최선을 다하는 단원들의 모습을 가까이서 보면서 눈물이 나 혼났다고도 했어요. 오신 관객분들도 최훈차콰이어가 마지막으로 연주한다는 것을 알고 오셔서 그런지 모두 연주에 감동을 많이 받았다고 얘기해 줬어요.

최훈차콰이어 마지막 연습(2023).

마지막 정기연주회-예술의전당(2023).

연주 후 선생님 내외 가족들과 사돈 윤학원 지휘자, 사위 윤의중 지휘자와 함께.

2024년 홈커밍데이 소감

지금까지 여러 합창단을 경험해 봤지만 음악에만 집중해서 지도하고 지휘할 수 있었던 합창단은 최훈차콰이어였어요. 그동안 총 25회 정기연주와 11회 해외 순회연주를 해오며, 단원들이 물심양면으로 도와줬고 연주 때마다 순수함을 잃어버리지 않고 최선을 다해서 연주해 줬어요. 항상 단원들이 저에게 너무나 큰 사랑을 베풀어 줬고, 지휘자의 말을 잘 들어줬어요. 어떤 의견을 말하든지 어떤 지시를 하든지 순종하는 마음, 긍정적인 마음으로 잘 따라와 줬던 것 같아요. 그래서 저는 항상 최훈차콰이어를 지휘하면서 참 행복하다는 생각을 했답니다. 특히 광림교회를 비롯해서 오랫동안 후원해 주셨던 많은 분들께도 감사한 마음을 갖고 있어요. 하나님께서 23년간 지켜 주시고 여기까지 인도해 주신 은혜에 감사드립니다.

인터뷰: 단원 전체(2023년 5~9월 월요일 연습 시간 중 9회 진행)
추가 인터뷰: 박선희, 박강노[2024년 6월 15일(토)]

최훈차콰이어 홈커밍데이.

4_Thanks to

박승민 서울신대 교회음악과 오르간 전공 | 2004~2023

선생님 덕분에 좋은 선생님이 되고자 하는 마음을 먹었습니다. 선생님께서 제자들에게 해주신 모습 따라서 저도 그렇게 하고 싶습니다.

최재훈 한세대 합창지휘 | 2012~2018

선생님께 합창을 배우며 음악을 대하는 자세를, 합창을 함께하면서 찬양하는 자세를 배웠습니다. 그 가르침은 앞으로도 잊지 못할 것입니다. 선생님, 감사합니다!

이지은 한세대 합창지휘 | 2013~2015

선생님을 처음 뵈었을 때 저도 모르게 눈물이 났습니다. 제 인생 최고의 순간은 선생님과 함께 호흡하며 노래 부른 시간입니다. 제 가슴속 영원한 스승이십니다. 감사하고 사랑합니다.

김진영 한세대 합창지휘 | 2014~2018

우리나라 교회음악의 저변을 확대하시고, 최고의 합창음악을 통해 교회음악을 사랑하게 하신 최훈차 선생님. 음악인들의 본이 되는 인격적인 지도자이신 선생님을 존경하고 사랑합니다. 늘 제자들을 걱정해 주시는 선생님, 항상 감사합니다.

박윤솔 한세대 합창지휘 | 2016~2023

한세대에서 합창음악교육과 합창문헌 수업 때의 말씀들이 많이 기억납니다. 최훈차콰이어에서도 선생님께서 항상 강조하시는 순수한 마음 잘 간직하고 있습니다. 선생님과 계속 노래하고 싶어요. 건강하세요. 늘 감사합니다!

이한주 한세대 합창지휘 | 2022~2023

항상 귀한 사역을 위해서 힘쓰시고 전문 합창으로 모든 이들에게 감동과 은혜와 도전을 주시는 선생님과 함께하는 시간 시간들이 감사할 따름입니다. 선생님의 가르침과 사역을 하나하나 기억하며 좋은 영향력을 흘려 보내는 제자로 살아갈 수 있도록 노력하겠습니다. 감사합니다. 선생님.

기록(최훈차콰이어 글 전체): 최현철

최훈차콰이어 단원 명단

강명규 강민정 강순영 강유진 고은영 고효수 권동윤 김경미 김경희 김근숙 김기홍 김누리 김동철 김미리 김미정 김미현 김보선 김선웅 김성희 김소연 김수민 김승현 김아현 김영웅 김예지 김윤희 김은성 김정신 김종숙 김종인 김주영 김지혜 김지훈 김진영 김진태 김채이 김현심 김현태 김훈 김희원 노소정 노아람 노주원 류영재 류한필 문세현 민수연 박강노 박고은 박금란 박난순 박미영 박봉해 박선이 박선희 박성숙 박성우 박수남 박수희 박승민 박신영 박신원 박우만 박원선 박윤솔 박윤식 박인영 박지수 박태영A 박태영B 박혜경 배승현 배영주 백선우 변영기 변용규 서승미 서지민 송원혜 신선혜 신승용 신주열 양수정 엄원용 연홍진 염온유 염철수 염현선 오경란 오상숙 오세영 오윤식 오희연 왕은혜 유민성 유보아 유진실 유찬미 유한경 유휘곤 유희경 유희곤 윤지나 윤혜성 이기쁨 이대환 이선린 이선아 이수정 이승화 이원섭 이은혜 이정아 이지은 이충은 이한주 이혜진 이효정 이희원 임종현 장다영 장민혜 장보금 장영란 장은진 장지선 장진숙 전수미 전유경 전은배 정강일 정석오 정수진 정진성 정효식 정희은 조성애 조세경 조영수 조한나 조휘영 채수범 최석문 최승원 최유향 최인자 최인혜 최재훈 최현철 하정태 하지원 하칠용 한정우 현항원 현혜숙 홍승아

에필로그

사명이 된 음악의 길

　부모님께서 신앙인이셨기 때문에 저는 자연스럽게 모태신앙인으로 가족과 함께 교회를 다녔어요. 어머니께서는 집사이셨지만 그 당시 성경을 가르치는 학교를 다니시기도 했고, 전국을 다니시며 부흥집회를 하실 정도로 신앙적으로 영향력이 있었어요. 한때는 신유의 은사를 받으셔서 어머니께 안수기도를 받으려고 우리 집에 많은 환자분들이 오시곤 했었죠. 또 전국적으로 부흥집회를 다니시면서 교회 개척도 많이 하셨어요.

　제 형님과 동생이 어머니의 영향을 많이 받아서 목사가 된 것 같지만, 저는 주일에만 예배를 드리는 평범한 신앙인이었어요. 그러다가 고등학교 1학년 때 성결교단 원로목사님 중에 가장 유명하셨던 이성봉 목사님의 부흥회 설교에 정말 많은 은혜를 받았어요. 그때 예수님을 구주로 모시고 거듭남의 체험을 하게 되었어요. 그 이후로 신앙이 깊어지면서 교회에서 중창단과 밴드 활동도 하고, 성가대 지휘와 예배 반주도 도맡아서 했어요. 결국 진로까지 음악으로 결정하게 된 계기로 이어진 거죠.

　교수로 재직했던 서울신학대학교가 성결교단이었고 신촌성결교회에서 오랜 기간 찬양대 지휘를 했는데, 2003년에 그 교회를 다니시던 이성봉 목사님의 자녀분께서 저를 찾아오셨어요. 당시 대학합창단, 카펠라합창단 단원들이 찬양대 솔로이스트로 많이 봉사하고 있어서 봉헌찬양으로 남성중창을 시켰어요. 그런데 그 찬양을 들으시고 찾아오셔서 이성봉 목사님께서 작사하셨던 복음성가들을 남성중창으로 불러 달라고 부탁하셨어요. 그래서 이성봉 목사님을 기념하는 남성중창 찬양음반을 제작하기도 했어요. **QR 164** 가시밭의 백합화(이성봉 목사님 기념 음반)-신촌성결교회 시온남성 4중창단.

　성인이 된 후에는 유학 시절을 지나며 신앙심이 더욱 깊어졌어요. 40세가 넘어 늦게 합창지휘대학원에 들어갔는데 영어 때문에 많은 어려움을 겪었어요. 힘들 때마다 어머니께 전화를 드려서 기도도 받고 상담도 받았죠. 가끔씩은 어머니께서 기도하시다가 내가 힘든 시간을 보내는 것 같다면서 기숙사로 전화를 하시기도 했어요. 그 당시 마이애미 한인교회에서 지휘자로 사역을 할 기회가 있었는데, 미국의 교회음악을 배우고 싶어서 미국 교회찬양대에 찬양대원으로 들어갔어요. 그래서 신앙적으로 기댈 곳은 어머니의 기도밖에 없었고, 저도 그때 하나님을 더 많이 의지했어요. 어려운 유학생활을 기도로 견뎌 내면서 하나님께서 저에게 한국으로 돌아가면 교회음악 지도자의 길을 가라고 인도해 주셨

Asbury univ. Singing Ambassador 내한공연 기사(경향신문).

던 것 같아요. 그 이후 교회음악과 교수로 살아가면서 학생들을 신앙적으로 가르치는 사명을 갖게 되었고, 학생들에게 예배음악 사역자로서의 사명을 가질 수 있도록 지도하려고 많이 노력했던 것 같아요.

저의 교회음악 지도자와 신앙인으로의 삶에 있어 가장 큰 영향을 준 사건은 미국 'Asbury University Singing Ambassador'(노래하는 대사)라는 선교합창단이 한국에 순회연주를 왔을 때였어요. 미국 대학생들의 선교합창연주를 보고 너무 큰 감동과 은혜를 받았고, 선교에 대한 사명감도 생겼어요. 합창음악으로도 복음을 전할 수 있고 이렇게 전 세계를 다니면서 선교를 할 수도 있겠다는 생각을 하게 되었죠.

연주가 끝나고 너무 좋아서 지휘자를 찾아가서 인사도 하고 악보를 받기도 했어요. 이 합창단을 만난 것이 계기가 되어서 정신여고에 가서 노래선교단과 틴라이프를 만들었고, 서울신학대학교에서 카펠라합창단을 만들었던 거예요. 사실, 서울신학대학교 부임 후에 선교합창단을 만들겠다고 학교에 건의했을 때 학장님과 교수님들이 예산 등의 문제로 걱정을 많이 하셨어요. 그 당시 이상훈 학장님께 찾아가서 에즈베리대학교 선교합창단에게 받았던 감동과 은혜

演奏評

적은 人員이 좋은 合唱效果

에스베리大學合唱團이 남긴 것

〈朴 泰 俊〉

박태준 박사의 Asbury univ. Singing Ambassador 연주평(경향신문).

가 정신여고 노래선교단, 틴라이프 사역으로 이어졌다는 말씀을 드렸었는데, 놀랍게도 학장님 본인께서 에즈베리대학교에서 신학공부를 하셨다고 말씀하셨어요. 그 합창단 이름을 물어보셨는데 제가 "Singing Ambassador입니다"라고 말씀드렸더니 생각났다고 하시면서 너무 반가워하셨죠. 그 이후 카펠라합창단을 창단하게 되었고, 1991년에 처음으로 미주 순회연주를 갔을 당시 에즈베리대학교에서도 연주를 할 수 있게 되었어요. 가기 전에 예전에 한국을 방문했던 지휘자인 Dr. Jack Arthur Rains 교수를 만날 수 있는지 문의했어요. 아쉽게도 이미 은퇴를 하셨다고 답을 들었는데, 서울신학대학교 음악과에 같이 계셨던 에즈베리대학교 출신 미국인 선교사 민지은 교수님께서 Dr. Rains 교수님께 연락을 해주셨어요. 결국 에즈베리대학교에서 그분을 만날 수 있었죠. 어릴 적 Singing Ambassador의 연주를 보고 나의 진로와 인생이 변화되었고, 이렇게 선교합창단을 만들어서 순회연주를 하는 큰 사명을 가질 수 있게 되었다고 말씀드렸어요. 서로 말은 잘 통하지 않았지만 정말 감격적인 만남이었고 잊을 수 없는 순간이었어요.

하나님께서 대구의 작은 교회를 다니는 고등학생이던 저를 이성봉 목사

> tours, and in special concerts. A graduate of Asbury College in Wilmore, Kentucky, Dr. Rains returned to Asbury in 1959 to become the chairman of the music department. An exceptional musician, Dr. Rains had a Master of Music from the University of Southern California. He was a fine singer, composer, arranger and played the trombone but his real area of expertise was conducting. After Dr. Rains retired in 1986 with 27 years of service to Asbury, he continued to minister with his music. He traveled to China and lectured on conducting, giving workshops for choirs and their conductors. Among his many accomplishments was the organization of a choir called The Singing Ambassadors. This small choir of 16-20 singers traveled the world for many years singing in hospitals, churches, concert halls and military bases. Dr. Rains also served as Minister of Music at a number

Asbury univ. Singing Ambassador 지휘자 Dr. Jack A. Rains
(출처: https://www.sgvtribune.com/obituaries/jack-rains-ca/).

님을 통해 거듭나게 하시고 교회 중창단, 밴드, 성가대 지휘, 반주로 섬기면서 음악으로 진로를 인도하셨던 놀라운 일. 음악 대학을 갓 졸업한 저에게 'Asbury Singing Ambassador'를 만나게 하셔서 대학합창단, 노래선교단, 틴라이프, 카펠라합창단을 만들고 전 세계를 다니면서 찬양으로 복음을 전하게 하셨던 놀라운 일. 그리고 저의 음악선교사역을 통해 많은 노래선교단과 선교합창단들이 생겨나고 복음성가들이 전파될 수 있도록 하셨던 일까지. 이 모든 것을 계획하시고 저를 사용해 주신 하나님께 감사를 드리고 특히 제가 지휘했던 합창단에서 저의 지도를 잘 따라 주고 함께 선교의 사명을 다했던 제자들에게 감사를 전하고 싶어요. 아마도 전 세계 지휘자들 중에 저만큼 제자들에게 큰 사랑을 받은 지휘자는 없을 거예요. 제 평생을 하나님 찬양하고 전 세계를 다니면서 음악으로 선교하는 지휘자로의 삶을 살았는데, 저를 잘 따라와 준 제자들이 없었다면 불가능했을 거예요. 이번 헌정도서를 준비해 주고 참여해 준 모든 제자들에게도 감사의 마음을 전하고, 저의 모든 삶을 주관하신 하나님께 영광을 돌리고 무한한 감사를 드립니다.

2025년 3월 최훈차

부록

— 대학합창단 지도 방법 연구
— 합창지휘에 있어 지휘자 최훈차의 특징에 관한 조사
— 지휘자 최훈차 연보
— 최훈차 통합 레퍼토아 & 한국초연곡

대학합창단 지도 방법 연구

-최훈차 지휘자 교육방법 중심으로

길현정 경희대학교 교육대학원 음악교육전공 석사학위 논문(2009년 8월)

국문초록

연구자는 음악교육 중 합창을 통해 음악적 지식뿐 아니라 생활 면까지 가르치고 학생들로 하여금 전인적인 인간이 되는 데 영향을 미치는 교육방법에 대해 생각하였다. 이에 국내 정상급 합창지휘자인 최훈차 그가 지휘하는 대학 합창단을 통해 음악에 더해 생활태도까지 지도하며 많은 제자들의 삶에 영향을 끼치는 모습을 보고 그의 교육관을 연구하였다. 그는 전문적인 합창음악과 생활교육을 통해 현 시대의 이기적이고 부정적인 사고의 학생들에게 긍정적이고 적극적이며 감사하는 마음과 책임감, 성실성 등을 기를 수 있도록 가르쳤다. 또한 이러한 교육이 효과를 미칠 수 있는 것은 교육방법 면에서 그친 것이 아니라 지휘자로서, 교육자로서의 교육과 행동의 일치를 보여 주었기 때문이다. 어떠한 환경 속에서도 교육자로서 변함없는 모습, 정직함, 열성과 사랑이 학생들에게 더 깊이 작용하여 가르침에 대해 마음속 깊이 느끼고 실천하게 된 것이다.

1. 합창지휘자와 교육자로서의 최훈차 연구

가) 일관성(존중)

리더의 위치에 있는 사람은 특히 언제나 사람들을 존중하는 태도를 가져야 한다. 특히 함께 일하는 사람들에게는 더욱 그렇다. 당신이 그들을 아낀다는 것을 드러내 보일 때 그들 역시 당신을 리더로서 더욱 존중할 것이다. 4)돈 소더퀴스트,《위대한 리더의 조건》, 베이스캠프, 2007, p. 130 지휘자 최훈차는 합창단을 대할 때 일관성 있게 단원들을 존중하며 진심으로 대한다.

나) 시간관념

리허설은 정시에 시작하고 정시에 끝난다. 이것은 그 단체의 좋은 규율이며 단원들의 정신적 상태, 인격, 성실 등과도 관계가 된다. 8)최훈차,《합창지휘법》, 호산나 음악사, 2001, p. 88

다) 정직한 행동

인격은 아무도 보지 않을 때 올바른 일을 하는 것이다(J. C. Watts). 도덕적인 리더는 그의 성실과 인격을 행동이나 말로 보여 준다. 리더십의 당연한 결과는 당신의 말과 행동으로 인해 다른 사람들도 올바른 행동을 하고자 하는 환경을 조성하는 것이다. 10) 돈 소더퀴스트, 《위대한 리더의 조건》, 베이스캠프, 2007, p. 142 즉 지도자 자신이 훌륭한 모델이다. 역할 모델은 사람들의 사고방식, 행동 방식에 큰 영향을 끼칠 수 있기 때문에 본보기로 삼을 수 있는 사람이다. 태도 또한 주위의 모든 사람들에게 영향을 미치고 전염성이 있다. 그러하기에 정직한 행동이 필요한데 지휘자 최훈차는 자신의 태도를 통해 사람들에게 영향력을 끼치고 역할 모델의 교육자이다.

라) 유머

교육자는 수업시간에 지극히 사적인 일화 또는 감정에 호소하는 이야기까지 곁들인다. 이는 대부분 학생들에게 가장 친근하고 흥미로우며 재미있는 것을 먼저 언급한 다음 거기에다 새롭고 색다른 내용의 지식을 직물 짜듯 엮어 넣는다. 11) 컨베인, 《미국 최고의 교수들은 어떻게 가르치는가》, 뜨인돌, 2005, p. 61 지휘자 최훈차는 가르칠 때 진지함과 유머를 함께 사용하면서 교육 내용에 대한 집중도를 높였다. 그만의 엉뚱하고 특이한 유머(연습훈련과 연결된 유머)가 있다.

마) 연습 및 연주

합창 연습 및 연주 시 합창단원들에게 노래하고 싶은 욕망(지휘자 최훈차는 합창단이 좋아하는 선율의 곡을 연습, 곡의 중요한 클라이맥스 부분을 남기고 다음 곡으로 넘어가면서 클라이맥스를 맞춰 보고 싶은 욕망이 생기게 연습, 곡을 잘 불러보고 싶다는 마음이 생기도록 하는 이야기 또는 자존심을 건드리며 노래를 잘 부르게끔 하는 이야기 등의 여러 가지 방법으로)을 갖게 하였다.

바) 전문성

모든 교육자는 분야의 전문성을 가지고 학생들을 가르쳐야 한다. 전문성을 갖게 되면 영향력을 끼칠 수 있을 뿐 아니라 권위도 뒤따라오게 된다. 지휘자 최훈차는 시대별, 작곡가별 특징 및 해설에 대한 합창 문헌과 합창지휘법 등에 대한 저서를 통해 그의 전문성이 알려져 있다. 또한 매년 합창단을 통해 한국초연의 곡을 연주하며 계속하여 정진하고 있으며 새로운 합창음악을 시도하려 노력하고 있다.

사) 지도성

훌륭한 가치관은 그것을 배우는 것보다 몸에 배게 하는 것이 더 쉽다(Zig Ziglar). 우리가 하는 모든 일에 있어서 가치관은 중요하다. 17) 돈 소더퀴스트,《위대한 리더의 조건》, 베이스캠프, 2007, p. 131 지휘자 최훈차는 음악을 통해 복음을 전하는 사람들로서의 가치관을 심어 주고 그 가치관을 생활의 실천으로 이어질 수 있는 교육을 하였다. 정신훈련을 통해 순수성과 같은 마음자세와 긍정적이고 능동적인 생활 자세를 강조하고, 임원을 중심으로 한 팀워크와 신앙으로 단원들의 응집력을 길러 주었다. 또한 스스로가 단원들의 모범이 됨으로써 단원들이 자발적으로 따르게 하며 강압적이거나 독선적이지 않는 강한 카리스마를 가지고 있다. 18) ibid.

2. 대학합창단 지도방법 연구

가) 표현과 발음

노래할 때 표현과 발음에 대해 많은 신경을 쓴다. 지휘자 최훈차는 정확한 발음을 강조하는데 이는 합창단이 느끼는 음악을 청중에게 정확하게 전달하기 위함이다.

나) 임원회의

매주 혹은 격주로 연습 전에 한 시간 정도 선생님과 임원진들이 만나 합창단 일정 계획 운영(연습 또는 연주에 관련된 모든 회의) 등을 논의하며 임원회의를 갖는다. 이는 지휘자가 일방적으로 계획 등을 정하여 통보하고 명령하는 식의 태도가 아닌 동료의식으로 학생들과 함께하고 있으며, 이는 학생들의 자발성을 길러 주고 학생들이 자신의 합창단이라는 의식을 느끼게 해줄 수 있는 것이다.

다) 애프터 문화

연습 후 항상 애프터(연습 후 모임) 문화를 갖는다. 합창은 더욱이 서로를 배려하고 서로의 소리에 맞춰 하나의 소리를 이루어 내는 시간으로 합창단원들 간의 마음이 맞고 친밀하다면 합창음악은 더욱더 아름답고 훌륭한 음악으로 재탄생될 것이다. 이에 연습 및 연주 후 애프터 문화를 갖게 됨으로써 선후배들이 서로를 더욱더 알아가는 친밀함의 시간을 갖게 되고 합창단을 사랑하게 되며 또한 합창단의 이야기를 나누며 발전의 시간을 갖게 된다.

라) 생활 속 노래(노래의 생활화)

생활 속에서도 노래를 한다. 식사 노래, 감사 노래, 환영의 노래, 단가, 헤어질 때 부르는 노래 등의 생활 속 노래를 통해 합창단 단체의 결속력을 강화시켜 주고, 학생들에게 감사함을 배우고 실천하는 교육의 효과를 누리고 있다.

마) 합창 연주를 통한 새로운 시도

1967년 한국에서 처음으로 쇼튠(Show Tune)을 음악회에 도입함으로써 당시 신문과 방송 등에 '새로운 음악회'로 논평의 대상이 되면서 화제를 불러일으켰고 정적인 무대공연이 정석이던 시대에 탈 정적 연주회를 시도하였다. 듣는 음악회에서 보는 음악회를 시도했다는 뜻이다. 이는 연주자 중심에서 관객 중심으로 한 무대 공연이 신선한 바람을 일으킨 것이다(합창단이 노래를 잘 부르면 청중도 '노래하고 싶다'는 생각을 갖는다. 그래서 지휘자 최훈차는 청중과 함께 노래 부를 수 있는 시간을 연주시간에 갖고 또한 청중들은 합창단을 가까이서 만나고 싶어하는데 이로 합창단은 청중 속으로 들어가 노래하였다).

바) 평가회

연주 후 꼭 평가회(평가 및 반성)를 갖는다. 평가회를 통해 자기 생각이나 의견을 나누는 시간을 갖게 되고 이 평가회를 통해 단원들이 모르고 놓쳤던 부분에 대해 시정할 수 있으며 은혜를 함께 나눌 수 있는 시간이 된다. 즉 평가회는 단원들에게 영향력을 끼치므로 혼자 알고 느끼고 있을 때보다도 더 큰 시너지를 나타낼 수 있는 것이다. 또한 다른 사람 앞에서 자신의 의견을 이야기함으로써 다른 사람들 앞에서 두려워하지 않고 말할 수 있는 태도를 갖게 한다. 조리 있게 말하는 능력 즉, 화술에 대해 실력을 키울 수 있는 시간이 되며 듣는 것도 집중하여 들어야 함을 배울 수 있는 시간이다. 지휘자 최훈차는 들을 때에 말하는 사람을 향해 집중해 들을 수 있도록 지도하였다.

이는 말하는 사람에 대한 예의이며 또한 듣는 것의 중요성을 알게 하는 시간이다. 지휘자 최훈차는 매번 연주 후 평가회를 갖게 하여 명령으로 고치는 것이 아닌 학생들이 자발적으로 느껴서 배우고 수정하게끔 하는 것이다.

3. 담당조직 교육

특별히 지휘자 최훈차는 합창단의 성공적인 순회연주를 실행하기 위해 합창단 내 부서를 조직하고 교육하였다. 부서를 조직할 때 단원 전체가 모두 각 부서를 맡음으로 인해 책임감을 기르고 합창단에서 필요한 존재임을 인식시켜 주어 원활한 단체생활을 할 수 있게 되며 단체생활에서 혼란하고 산만해지기 쉬운 라인을 잡아 줄 수 있게 되었다. 그리고 지휘자 혼자 다 지시하는 것이 아니라 합창단원들은 총무(학생대표)를 통해 지시를 받고 학생들 스스로 맡은 책임에 자발적으로 활동할 수 있게 한 것이다. 대학합창단의 조직은 상임지휘자, 운영이사(단장, 운영이사), 부지휘자, 반주자(피아노, 오르간), 임원진은 총무(학생대표), 섭외, 회계, 서기, 악보계가 있고 순회연주 시 각 담당 부서는 부지휘(연주 준비), 총무(학생대표), 섭외, 기록(방문록), 회계, 브로슈어 담당, 단원 관리, 인원 파악, 뒷정리, 간식 담당, 기사 담당, CD 판매, 선물 담당, 짐 담당, 체조 담당, 미화 담당, 사진 담당, 캠코더 담당, 땡큐걸, 편지 담당 등으로 조직되어 있다.

4. 부서 담당과 생활교육의 효과 연구

가) 부서 담당

합창단 모든 단원에게 부서 담당을 맡겨 조직화하였다. 이는 합창단 안에서 맡은 바를 명확하게 하여 의무와 책임감을 심어 주었다. 그리고 자신의 맡은 바에 최선을 다하며 성실히 수행할 수 있도록 지도하였다(어떤 일을 맡으면 자신이 집단 속에서 꼭 필요한 존재로 여겨지고, 협력관계의 틀 안에 자신이 확실히 포함되어 있다고 느끼게 된다). 또한 합창단의 부서 조직을 통해 단원들이 직접 활동해 보면서 단체에 대한 인식과 자발성을 갖게 되었으며 자기가 맡은 바에 대해 일하는 것이 다른 단원들에게도 도움이 된다는 사실과 그로 인해 자기 자신이 합창단에서는 꼭 필요한 존재임을 느끼게 해주었다.

나) 생활교육

첫째, 총무(학생대표)가 중심이 되어서 총무의 지시하에 행동할 수 있었다. 그러한 이유는 선생님의 지시에 하는 수동적인 것이 아니라 학생들이 자발적으로 행동할 수 있도록 하게 하며 단원들 안에서 스스로 체계를 잡고 단원들이 만들어 가는 합창단임을 알게 해주기 때문이다.

둘째, 단원들의 이미지가 곧 합창단의 이미지이기 때문에 사람들을 만날 때 좋은 모습으로 기억되도록 해야 한다.

셋째, 합창은 모든 사람의 목소리의 Blending(조화)을 맞추는 작업이다. 합창단 연습에 있어서 결석이 있다면 Blending을 맞추는 데 어려울 것이다. 일례로 지휘자 최훈차는 합창단 연습시간에 먼저 나와서 학생들을 기다리는 성실성으로 시관관념과 책임감을 몸소 제자들에게 보이면서 말이 아닌 행동으로 교육하고 있었다. 이 교육에는 실천이 수준이 됨을 가르쳤다.

넷째, 합창단의 음악적 전문성이다. 합창단은 노래를 잘해야 한다. 그러기 위해서는 연습이 필요하고 노력이 필요하다. 합창단원들이 최선을 다해 열심히 노래 부르는 모습에 관객들이 감동을 얻기 때문이다. 그러한 교육으로 곡 다 외우기, 노래할 때 '내가 아니면 안 된다'라는 독창자의 마음으로 노래하기, 음악적으로 열심히 연습하기, 노래를 해야 자기를 알고 음악을 알아가게 된다는 것과 겸손은 '내가 비록 부족하지만 최선을 다해서 조금이라도 보탬이 되어야 하겠다'라는 마음이고, 교만은 '나는 노래를 잘 못하니까 방해되지 않도록 적당히 하는 것이다'라는 마음인 것을 가르치며 최선을 다하는 마인드를 갖게 하고 있다.

다섯째, 마음으로 느끼면서 노래하고 그것을 표현하는 연주이다. 단원들이 노래할 때 가장 강조하는 교육의 내용이다. 특별히 노래 부를 때에 표정으로, 음악적으로 열심히 부르는 것으로의 표현을 강조한다. 아무리 좋은 음악이라도 노래 부르는 자신이 느끼지 못한다면 죽은 음악임을 말하고 있다. 또 이러한 표현을 하기 위해서는 단원들이 겸손해지고 항상 감사하는 마음을 갖고 있어야 하고 타성에 젖지 않아야 함을 전제로 하고 있다. 그래서 순수함을 갖고 노래할 때 감사가 있고 기쁨이 있고 이를 노래로, 표정으로 표현하면서 사람들에게 감동을 선사하는 것이다. 가슴으로 노래하기, 노래할 때 최선을 다하기, 타성에 젖지 않기, 집중하기, 표정 안에 노래를 표현해 보여 주기. 아이처럼 순수해야 하며, 아무리 화음이 잘되고 소리가 좋아도 내가 느끼지 못하면 죽은 음악임을 교육하고 있다. 또한 내가 느끼고 그 느낌을 밖으로 표현해야 바로 살아 있는 음악이다. 수준이 높든 낮든 내가 느끼지 못하고 감사의 마음 없이, 그 은혜에 감격함 없이 노래하는 것은 공허한 메아리에 불구하다. 감사의 마음으로 불러야 하는데 낮은 상태, 낮은 마음에서 감사가 많고, 노래할 때 감동이 있어야 한다.

여섯째, 연주를 위해서 식사 및 건강관리를 잘하고 모든 면에서 센스 있게 상황판단을 해서 행동하는 것을 교육하고 있다. 연주 전 많이 먹으면 노래하기 힘들기 때문에 음식을 연주 중심으로 먹어야 한다. 많이 먹는 것보다 안 좋은 것은 안 먹는 것이고, 너무 많이 먹게 되면 음정이 샾(#)이 되며 노래 부르기도 거북하기 때문이다. 연주 2시간 전에 식사를 해결하는 것이 좋다. 잠을 충분히 자야 하고, 연주 전 좋은 생각과 좋은 말만 하도록 해야 한다.

(예민해짐으로 서로를 신경 써 줘라.) 담당부서는 사명감을 가지고 최선을 다하며, 순회 시 관광할 때는 다음의 연주계획을 생각하며 무리하지 않도록 상황판단(핀트 맞추기, 센스 있게 행동하기)을 잘하여야 한다.

일곱째, 지휘자 최훈차가 합창단 안에서 합창단 단원들이 삶을 살아가는데 가장 중요하게 교육하는 것이 긍정적인 마인드다. 모든 상황에서 긍정적인 마음으로 남을 먼저 생각하는 배려심을 갖고 단원들을 사랑함으로 섬겨 주어야 함을 교육하고 있다. 그리고 적극성을 가지고 생활하는 것을 강조하고 있다. 예로 감사 표현하기, 인사하기, 대접하기 등 표현하는 것을 강조하고 있다. 이것은 생활 면에서뿐만 아니라 노래에도 이어지는데 적극성을 생활화하면 노래 부를 때의 표현력이 생기고 증가하게 되어 관객들에게 효과적인 연주를 전달할 수 있게 되기 때문이다. 최악의 환경을 최선의 기회로 삼아야 한다. 꼬부랑(나쁘게 부정적으로 생각하는 마음)하지 않고 항상 진취적이면서 할 수 있다는 자신감을 가지라. 이러한 합창단 오리엔테이션을 통하여 노래 연습뿐만 아닌 생활지도를 함으로써 합창단원들의 삶에 영향력을 끼치는 교육을 하고 있다.

이 내용은 어떻게 보면 '콜럼버스의 달걀'처럼 당연하다고 생각하여 쉽게 놓쳐 버릴 수 있는 교육들이다. 누구나 할 수 있는 정보였지만 이것을 다시 교육하려는 판단과 행동 사고의 전환을 통하여 학생들에게 다시 한번 상기시키고 새로운 것들을 가르치며 영향을 끼친다. 또한 말에서 끝나는 교육이 아니라 행동의 모범을 보임으로써 교육의 효과를 극대화하였다.

결론

연구자는 지휘자 최훈차의 지도방법을 연구하면서 교육자는 먼저 학생들을 사랑하는 마음이 앞서야 하고 학생들에게 모범이 되어야 큰 영향력을 끼칠 수 있음을 다시금 알게 되었다. 학생들이 어려운 세상에 살아가는 데 있어서 세상을 밝고 긍정적으로 또한 적극적으로 감사함과 최선을 다하며 살아갈 수 있어야 한다. 이를 교육해야 하는 교육자에게 있어서 대학합창단을 지도하는 지휘자 최훈차의 합창음악을 통한 생활의 교육은 현 시대의 학생들에게 좋은 교육방법이라고 할 수 있었다. 또한 교육자뿐 아니라 합창을 지도하는 지휘자, 리더자에게 있어서도 좋은 모델이 되며 영향력을 끼치는 교육방법이 될 것이다.

합창지휘에 있어 지휘자 최훈차의 특징에 관한 조사
-질적 조사방법을 통하여

최인자 숙명여자대학교 대학원 교육학과 석사 3학기

1. 들어가는 말

한 합창단이 오랜 시간 한 지휘자와 더불어 연주활동을 하기가 쉽지 않은 것이 우리나라의 현실이다. 이러한 현실에서 최훈차콰이어의 지휘자 최훈차는 1969년 정신여고 노래선교단을 창단하여 17년간 지휘하였으며 대학합창단은 처음 창단한 후 39년째 지휘하고 있다. 연구자는 정신여고 시절 노래선교단으로 활동하면서 최훈차를 처음 만나게 되었고 이후 대학생 시절 대학합창단원으로 그와 함께 활동하였으며 현재는 최훈차콰이어의 단원으로 활동하면서 그가 어떻게 오랫동안 합창단을 이끌 수 있는지에 대해 궁금증을 가지게 되었다. 특히 노래선교단 출신들로 구성된 에코합창단이 새로운 지휘자를 영입하였다가 1년 만에 지휘자 없이 활동하게 된 것과 대학합창단 동문들로 구성된 동문합창단이 새 지휘자를 영입해서 활동을 하다가 3년 만에 해체되었던 점을 볼 때 한 합창단을 장기간 이끌어 온 지휘자로서 최훈차의 특징이 무엇인지, 그가 다른 지휘자와 무엇이 다른지에 대해 강한 호기심을 가지게 되었다.

2. 연구의 목적 및 의의

최훈차콰이어의 지휘자 최훈차는 현재 서울신학대학 교회음악과 교수이며 최훈차콰이어와 대학합창단과 카펠라합창단 그리고 신촌성결교회 성가대와 한울장로성가단을 지휘하고 있다. 그가 29세에 창단한 정신여고 노래선교단을 17년간 지휘하였고 육군 군악대 복무 시절 창단한 대학합창단은 현재까지 39년간 지휘하고 있으며 서울신학대학 학생들로 구성된 카펠라합창단은 창단 이후 현재까지 20년간 지휘를 맡고 있다.

우리나라 합창의 역사에서 한 지휘자가 장기간 합창단을 지휘하는 경우는 극히 드문 일로 알려져 있다. 따라서 본 연구의 목적은 국내 정상급 합창지휘자인 최훈차 지휘론의 특성을 질적 조사방법론을 통해 명확히 규명하여 그의 지휘법의 요체나 특성들을 문서화하는 데 있다. 그리고 이를 통하여 그의 뒤를 따

라 지휘자의 길을 걷고 있는 후배, 후학들에게 바람직한 지휘자의 모델을 제시하는 데 그 의의를 두고자 한다.

3. 연구 기간

2004년 11월 2일부터 2004년 12월 14일까지 1달 12일간

4. 연구 방법

가. 면담조사

(1) 지휘자 자신의 지휘관에 대해 면담한다.

(2) 제자들을 통해 지휘자 최훈차에 대한 특징을 면담한다.

(3) 다른 지휘자가 보는 지휘자 최훈차에 대한 특징을 면담한다.

나. 설문조사

최훈차콰이어 단원들을 통한 설문조사를 한다.

다. 문서 자료

다른 저자들 및 최훈차의 합창 문헌 등을 참고한다.

5. 합창음악에 있어서 지휘자의 역할

일반적으로 합창지휘의 목적은 서로 다른 여러 사람의 목소리를 한 지휘자에 의해 음악적으로 잘 조화시키며 음악을 표현하는 데 있다. 합창단은 지휘자 개인의 음악에 대한 이해와 취향, 표현 방법에 따라 많은 영향을 받을 수 있다. 많은 합창단이 있으나 각 합창단마다 음색이나 추구하는 음악이 다른 이유가 여기에 있다. 따라서 합창에 있어서 지휘자의 역할은 매우 중요하다고 할 수 있다.

합창음악에 있어 지휘자의 역할은:

가. 작곡가와 합창단원, 청중을 위한 봉사자의 역할

나. 음악적 이해를 돕는 교사의 역할

다. 합창단의 조직과 운영을 위한 지도자의 역할

라. 음악적 지식을 얻기 위해 스스로 공부하는 학생의 역할로 구분될 수 있다. (합창지도법, 김도수)

지휘자는 자신의 음악을 합창단원에게 표현하고 합창단원은 지휘자의 음

악을 듣고 느끼며 이것을 다시 청중에게 표현한다. 따라서 지휘자는 합창단원과 한마음이 될 수 있어야 하며 서로가 신뢰하고 마음이 전달될 수 있는 강한 응집력이 생길 수 있어야 한다. 이를 위해 지휘자는 합창단원에게 인격적·음악적으로 신뢰, 존경을 받도록 노력해야 한다. 사람의 목소리는 생명과 감정이 살아 있는 악기이므로 인격적인 면에서 지휘자의 책임은 매우 중요하다. (합창지휘법, 최훈차)

위의 최훈차의 저서를 보면 그는 일반적인 지휘자의 역할론과는 달리 그 역할에 있어서 신뢰, 존경, 인격이라는 단어를 강조하며 사용한다. 이를 통해서 보면 그는 지휘자의 역할에 있어서 단순히 음악적인 면에만 국한하는 것이 아니라 인격적인 면까지도 아우르는 전인성을 요구하고 있는 것으로 파악된다.

6. 합창지휘자의 자질

합창지휘자는 무엇보다도 음악적인 자질이 우선되어야 한다. 성악과 피아노에 관한 실기 능력을 비롯하여 음악이론과 독보력은 물론 지휘기법을 알고 이를 자신의 몸동작으로 구현하는 자질이 필요하다. 그러나 여러 사람들을 가르치고 통솔하는 입장에 있는 지휘자는 음악적 자질과 자격은 물론 훌륭한 인격을 계발하여 합창단과의 인격적인 만남이 이루어지도록 해야 한다. 합창지휘자의 자질은 다양한 면이 있겠지만 연구자는 음악 이외의 면 중에서 특히 인격과 유머, 신앙의 측면을 중심으로 논의해 보고자 한다.

가. 인격적인 면

감정과 사고를 가진 인격체가 노래 부르는 동안에 인격적인 대우를 받지 못한다면 좋은 연주를 기대할 수 없다. 단원과 지휘자의 갈등을 초래하는 가장 큰 원인은 지휘자와 단원 상호 간에 존중이 결여될 때 발생한다. 인격과 지성이 없이 개성과 지식 및 카리스마만 내세워 합창단을 이끌어 간다면 그 합창단의 장래는 두말할 나위 없이 그리 밝다고 할 수 없다. 우리의 현실 속에서 그러한 상황이 빈번하게 일어나고 있는 것을 부인할 수 없기 때문이다. (합창지도법, 김도수)

최훈차콰이어 단원들을 대상으로 한 설문조사[1] 결과 인내심, 성실함, 음

---

1   설문조사는 지난 12월 6일 실시되었으며 설문대상자는 최훈차콰이어 단원 중 22명이다. 설문대상으로 최훈차콰이어 단원들을 선정한 이유는 단원들 모두가 여러 합창단(카펠라, 대학합창단, 정신여고 노래선교단, 대학원 지휘전공)에서 길게는 40년 짧게는 6년여 동안 최훈차의 지휘를 받아온 제자들로서 그의 합창세계를 가장 잘 이해하고 있는 집단으로서의 대표성을 띤다고 판단되었기 때문이다.

악에 대한 순수함과 열정과 한결같음, 최선을 다하는 모습, 절대 단원들에게 화를 내지 않는 모습 등 다양한 인격적인 면을 그의 자질로 보고 있었다. 특히 22명의 응답자 중 17명이 음악에 대한 순수성과 성실성을 지휘자 최훈차만의 차별화된 자질이라고 말했다.

> "음악에서의 순수성이란 음악이 좋아서 음악만 생각하고 음악에 몰입하는 것을 말한다. 지휘자는 자신의 이름이나 폼 이런 것을 의식하면 안 된다. 돈은 물론이고."
> (최훈차와의 면담에서)

> "카펠라합창단은 아침 6시 50분에 연습을 하는데 교수님은 항상 제일 먼저 와 계세요. 85년도 서울신학대학에 처음 부임했을 때는 너무 일찍 오셔서 교문이 열려 있지 않으니까 담을 넘어서 들어오셨대요. 그냥 소문인 줄 알았는데 알고 보니까 정말이었어요." (한정우, 카펠라합창단 출신이며 현재 최훈차콰이어 단원)

> "지난번에 선생님이 카펠라합창단 일본 순회연주를 갔다가 화요일 저녁에 도착했어요. 장로님들이 설마 다음날 새벽 장로성가단 연습에 나오실까 했는데 그날도 제일 먼저 나와 계셨잖아요." (박승민, 한울장로성가단 반주자)

다음으로 그의 성실성은 시간표에서 잘 드러난다. 그의 모든 생활은 합창 음악에만 집중되어 있다는 것을 잘 말해 주기 때문이다. 특히 카펠라합창단 한울장로성가단의 경우는 새벽에 연습이 실시되며 또한 저녁 시간은 최훈차콰이어, 대학합창단, 지휘자 아카데미, 심포닉 콰이어 연습에 할애되어 있다.

2004년 2학기 최훈차의 시간표

	월요일	화요일	수요일	목요일	금요일	토요일
06:00~ 09:00		06:50~08:50 카펠라합창단	06:15~08:00 한울 장로성가단			
				07:30~08:30 이OO 레슨	08:00~09:00 김OO 레슨	
09:00~ 10:30	중앙예술대학	09:00~10:30 Chapel Choir	09:00~10:30 음악과 교수회의	08:45~11:30 합창문헌	09:00~10:30 지휘법 workshop	
11:00~ 12:00		예배		11:30~12:30 이OO 레슨	예배	

12:30~14:00		12:30~14:00 Symphonic Choir		13:00~14:00 김OO 레슨	13:00~14:00 윤OO 레슨	
14:00~15:30		14:00~15:00 유OO 레슨			14:00~15:00 김OO 레슨	15:00~17:00 버나딘대학교
15:40~17:10				15:30~16:30 김OO 레슨	15:40~17:10 Chapel Choir	
17:30~21:30		18:00~20:30 대학합창단			17:30~20:00 카펠라합창단	
	19:00~21:30 최훈차콰이어	17:30~20:00 Symphonic Choir	18:00~22:00 지휘자 아카데미 Chorus Center	17:30~20:00 Symphonic Choir	17:30~20:00 Symphonic Choir	

나. 유머

합창지휘자는 기지, 통찰, 태도의 자연성, 열심과 동시에 유머로 합창단원들의 흥미를 불러일으킬 수 있어야 한다. 명지휘자라고 할 수 있는 사람들은 대개 익살의 명수이다. (합창지휘의 이론, 이태희)

"선생님만의 엉뚱하고 특이한 유머가 있다."
"25년 전이나 지금이나 똑같은 농담이지만 똑같이 웃긴다."
"유머와 함께 편안하게 연습할 수 있도록 하며 언제 연습했는지 모르게 곡을 완성해 나가는 능력이 있다."(설문조사 중에서)

다. 신앙적인 면

지휘자는 음악적 능력과 지도력을 둘 다 동시에 갖추어야 한다. 특히 교회 성가대 지휘자인 경우에는 신앙적인 인격(믿음)까지도 갖출 수 있어야 한다. (합창지휘법, 최훈차)

응답자 중 여덟 명은 신앙인으로서의 닮고 싶은 모델, 신앙의 선배, 변치 않는 순수한 신앙, 신앙으로 단원들을 관리하므로 신앙으로 합창단이 뭉칠 수 있다는 등 신앙적인 면을 최훈차의 자질로 꼽고 있다.

이상에서 볼 때 그의 제자들과 합창단원들은 순수함과 성실성, 유머와 신앙 등의 인격적인 면을 최훈차만의 독특한 자질로 보고 있다는 것을 알 수 있으며 이러한 자질들은 지휘자 자신의 생활을 통해 단원들에게 보여지고 있다. 대학교수로서 수업에 지장을 주지 않기 위해 합창연습은 수업 시작 전 이른 시간(새벽 6시 50분)과 수업 후 저녁시간을 이용하고 있고 교회 순회연주와 지방 순회

연주, 해외 순회연주는 주말과 방학 기간을 이용한다. 그는 또한 정신여고 노래선교단, 대학합창단, 카펠라합창단, 최훈차콰이어 등 합창단 창단 이래 현재까지 보수를 받지 않고 이끌어 오고 있다.

7. 합창지휘자의 목표와 보람

합창지휘자는 합창을 만들어 내는 능력과 악곡에 대한 풍부한 표현능력을 통해서 합창단을 자기의 뜻대로 움직여서 개성을 살린 연주를 하는 것을 목표로 한다. 교회 성가대의 지휘자는 합창을 통해 하나님께 영광을 드리는 것을 목표로 하며 일반 합창단은 협동을 통해 최고의 음악을 만드는 것을 목표로 한다. 그리고 이러한 목표를 이루었을 때 보람을 느끼게 된다. 그러나 지휘자 최훈차는 목표를 이루어 가는 과정을 또 다른 목표로 보고 있다.

"대부분의 지휘자는 목표를 두고 목표가 될 때까지 연습을 한다. 그런데 나는 과정이 굉장히 중요하다고 본다. 그건 아마 내가 학생들을 많이 가르치기 때문인 것 같다. 음악은 체험적이다. 우리 합창단이 다른 합창단과 다른 점은 음악적으로만 완성을 하려고 하기보다 음악을 느껴서 마음으로 부르려고 하는 것인 것 같다. 음악은 정서니까 음악적으로 약간 부족해도 마음에서 우러나오는 노래를 해야 감동을 줄 수 있다."(최훈차와의 면담에서)

또한 음악을 통해 생활이 바뀌는 것을 목표로 삼는다.

"음악은 정서이기 때문에 느껴야 하고 느낀 것이 적극적으로 표현되지 않으면 음악이 될 수 없다. 표현이 되려면 생활에서 우러나와야 한다. 시켜서 억지로 하는 음악은 수준 높은 음악이 될 수 없다. 그래서 음악의 생활화, 신앙의 생활화를 강조하고 식사 노래, 감사 노래를 시키는 거야. 내가 합숙 때 생활에 대한 훈련을 많이 시키는 것은 음악을 생활화하고 음악을 느끼다 보면 음악을 통해 생활이 바뀌게 되기 때문이지. 결국은 음악을 통해 사람이 바뀐다. 학생들이 음악을 통해 순수하게 바뀌는 것을 보는 것이 가장 큰 보람이지. 최고 수준의 음악은 순수성에서 나온다."
(최훈차와의 면담에서)

때로는 좋은 음악을 위해 훈련된 생활 자체가 감동을 주기도 한다.

"지난 화요일 저녁에는 연주회 진행을 위하여 수고하셨던 교우들 10여 명이 뒤풀이 모임을 가졌습니다. 가슴에 가득한 전율을 느꼈다는 자매님, 저녁식사 전후에 예기치 않게 식당에서 해주셨던 아름다운 화음의 노래들(식사 노래, 감사 노래)로 인해 연주 전에 이미 가슴이 녹아내렸다는 형제님, 연습실 등 여러분이 지나간 자리에 휴지 하나 없이 더 깨끗해지더라는 지휘자님, 목소리도 고운데 얼굴에 모두 겸손이라는 글자가 써 있는 것 같아 은혜를 받았다는 형제님, 내년에도 우리 교회에서 연주회를 한 번 더 했으면 좋겠다는 분들, 이렇게 좋은 추억들을 서로 공유하게 해주신 여러분께 감사를 드립니다."(원주 제일감리교회 연주 후 백석인 권사가 보내 온 편지 중에서)

음악을 느끼며 부른다는 것은 자신이 부르는 노래의 가사의 의미를 알고 그것을 다시 청중에게 표현하는 것을 포함한다. 지휘자 최훈차는 외국 가사를 한국말로 번역해서 부르는 것과 정확한 발음을 강조하는데, 이는 합창단이 느끼는 음악을 청중에게 정확하게 전달하기 위함이다.

"최훈차 선생님은 우리나라에 새로운 음악을 시도한 분이다. 그리고 모든 외국곡은 반드시 우리말로 번역을 해서 연주하는 분이다."(홍명의, 한국 콘서트콰이어 지휘자)

이상에서 볼 때 지휘자 최훈차는 음악적으로 높은 수준의 연주를 하는 것뿐만 아니라 합창단원들이 음악을 먼저 느끼고 마음으로 부를 수 있도록 하는 과정을 중요시하고 있는 것을 알 수 있다. 이를 위해 외국 가사는 우리말로 번역하여 부르고 이것을 청중에게 잘 전달하기 위해 발음을 정확히 하는 것을 강조한다. 음악을 생활화함으로써 음악을 통해 단원들의 생활이 바뀌는 것은 그의 보람이자 최고의 음악을 위한 궁극적인 방법이 된다. 또한 감동적인 음악을 연주하기 위한 생활의 훈련은 그 자체로 청중에게 감동을 주기도 한다.

8. 지휘 방법

"합창지휘자는 단원들이 노래하고 싶도록 욕망을 불러일으켜야 한다."(최훈차와의 면담에서)

모든 지휘자는 음악적인 부분 이외에 자신만의 독특한 지휘방법이 있으며 이러한 방법에 의해 합창단을 지도한다. 최훈차만의 지휘 방법이 무엇인지 알아보기 위해 최훈차콰이어 단원들에게 설문조사를 하였다.

가. 연습 방법

다양한 장르의 곡을 연습하여 곡에 대한 흥미와 욕구를 유발시키며 유머나 휴식을 통해 연습시간이 지루하지 않게 함으로써 언제 연습했는지 모르게 곡을 완성해 나간다.

나. 연주 방법

적절한 리허설 시간과 길지 않은 연주시간 등 시간 관리를 잘하며 연주대형의 변화, 모션의 사용 등 연주 기획력이 뛰어나다. 청중석 연주 등 연주자와 청중 사이의 벽을 허물어 청중과 하나되는 연주를 한다.

다. 단원 관리

정신훈련을 통해 순수성과 같은 마음자세와 긍정적이고 능동적인 생활자세를 강조하고 임원을 중심으로 한 팀워크와 신앙으로 단원들의 응집력을 길러준다. 또한 스스로가 단원들의 모범이 됨으로써 단원들이 자발적으로 따르게 하며 강압적이거나 독선적이지 않은 강한 카리스마를 가지고 있다.

지휘자 최훈차는 합창단원들이 노래를 하고 싶은 욕망을 잃지 않도록 연습시간이 지루하지 않게 적절한 휴식과 유머를 사용하고 있으며 또한 적절한 연주 시간과 기획력 그리고 단원들과 청중들의 흥미를 불러일으키는 다양한 장르의 음악을 통해 노래하는 즐거움을 주고 있다. 단원들의 마음자세와 생활을 강조하고 스스로 모범을 보임으로써 단원들을 관리한다.

9. 맺는말

이 글은 우리나라 합창의 역사에서 한 지휘자가 합창단을 오래 지휘하는 경우가 극히 드문 상황에서 여러 합창단을 창단하고 오랫동안 이끌어 오고 있는 지휘자 최훈차의 특성을 규명하고자 하는 시도이다.

합창지휘자들은 음악적인 완성을 목표로 한다. 합창단원들은 지휘자의 음악을 표현하기 위한 도구가 된다. 이것은 틀린 말이 아니다. 그러나 지휘자의 마음이 합창단원들과 교감되지 않으면 합창단원들은 '단지' 지휘자의 음악적 완성을 위한 도구에만 머물러 결과적으로 지휘자의 음악을 충분히 이해하지 못하고 그가 원하는 음악을 표현할 수 없을 뿐만 아니라 지휘자와 함께 음악을 즐길 수 없을 것이다.

최훈차는 합창지휘자로서 단순히 음악적인 완성만을 목표로 하지 않는

다. 물론 그는 합창단원들과의 일체감을 통한 최고 수준의 음악을 추구하지만 그것은 궁극적으로 하나님께 영광을 돌리기 위한 수단이지 결코 그 자체가 목표가 아니기 때문이다. 이러한 목표를 이루기 위해서 그는 음악을 만들어 가는 과정에서 음악의 생활화, 신앙의 생활화를 강조한다. 합창단은 합숙을 통해 합창 연습뿐만 아니라 생활에 대한 훈련을 받으며 식사 노래, 감사 노래, 축복 노래, 잠잘 때 노래, 헤어질 때 노래 등을 배운다. 때로는 음악이 배어 있는 생활 자체가 보는 사람에게 감동을 주기도 한다.

최훈차는 가장 높은 수준의 음악은 순수성과 성실성에서 나온다고 믿는다. 음악에서의 순수성이란 음악이 좋아서 음악에만 몰입하는 것을 말하며 그러한 순수성을 단원들에게 강조할 뿐만 아니라 스스로 모범을 보여 주고 있다. 그는 노래선교단, 대학합창단, 카펠라합창단, 최훈차콰이어를 창단한 이래 현재까지 보수를 받고 있지 않으며 연습시간에는 먼저 도착해서 단원들을 기다린다. 개인적인 이유로 연습에 빠지는 일이 없고 단원들과의 약속은 철저히 지킨다. 미국 ○○대학에서 명예 박사학위를 수여하는 날이 최훈차콰이어 창단 연주 날짜와 겹쳤을 때 연주를 위해 박사학위를 포기한 일은 합창단원과의 약속을 지키려는 그의 성실성을 보여 주는 예라고 할 수 있다. 합창단원들은 이런 순수성과 성실성을 최훈차의 가장 큰 자질이라고 보고 그의 변함없는 모습을 통해 그를 신뢰하고 존경하게 된다.

그는 또한 다양한 장르의 곡을 선택하여 단원들이 곡에 대한 흥미와 욕구를 갖도록 함으로써 단원들로 하여금 노래를 부르고 싶은 마음을 일으킨다. 연습할 때는 가능하면 곡을 중간에 끊지 않는 것 등 음악적 완성뿐만 아니라 단원들이 노래를 통해 즐거움을 느낄 수 있도록 배려함으로써 단원들이 음악을 통해 내적 성취감을 느끼고 음악적으로 성장하도록 돕는다. 이러한 인격적인 관계를 통해서 단원들은 자발적으로 그를 따르고 바람직한 지휘자로, 음악적인 스승으로, 신앙의 선배로 삼게 된다. 따라서 지휘자와 합창단원은 음악적 관계 이전에 인격적인 관계로 만나게 된다. 지휘자와 단원이 인격적으로 서로 신뢰하고 존경하여 한마음이 될 때 지휘자는 합창단원을 통해 자신의 음악을 표현할 수 있고 단원들은 지휘자의 음악을 자기 것으로 느끼고 그것을 다시 청중들에게 돌려줄 수 있는 것이다.

결론적으로 본 연구자는 최훈차의 합창지휘법을 조사하면서 음악과 신앙, 음악과 인격의 깊은 상관성을 발견하게 된다. 그는 단순히 단원들로 하여금 악보를 외우고, 발성과 악상 등을 최적화하는 것에만 그치는 것이 아니라 신양적인 면과 인격적인 면까지 채워 주고 가르쳐 주기 때문이다. 순수와 성실이라는 지휘봉을 통해 지휘자 최훈차는 자신만의 독특한 합창음악을 만들어 내고 있다.

참고문헌

길병휘 외(2001). 교육연구의 질적 접근, 교육과학사.
김도수(2001). 합창지도법: 지휘법 및 연습지도 방법, 미완성.
김영천(1997). 네 학교 이야기: 한국초등학교의 교실생활과 수업, 문음사.
이용숙 외(1998). 교육에서의 질적 연구, 교육과학사.
이택희(1990). 합창지휘의 이론, 도서출판 질그릇.
최훈차(1998). 합창지휘법, 호산나음악사.

편집자 주_이하 설문지는 생략.

지휘자 최훈차 연보

(선생님이 지휘하신 모든 단체마다 무수히 많은 교회 순회와 작은 연주회들이 있으나 자료 부족 및 분량 문제로 연례 행사나 특별한 연주 위주로 기록하였다.)

연도	날짜	기록 및 주요 연주곡	비고
1940년	7월 30일	대구에서 5남매 중 셋째로 출생	
1953년	2월	대구사범대학 부속국민학교 졸업	
1956년	2월	대구중학교 졸업	
1959년	2월	대구영남고등학교 졸업	
1959년	3월	연세대학교 입학	
1964년	9월	연세대학교 졸업	
1965년	3월	입대. 광주 상무대에서 육군본부교회 지휘자로 차출됨	
1965년	8월	육군본부교회에서 고등학생으로 구성된 한빛골합창단을 만나 지휘를 맡게 됨	
1966년	3월	제대 후 한영고등학교 음악교사로 취직	
	5월 17일	한빛골대학부 결성, 지휘자 최훈차를 초대 지휘자로 추대 이후 대학합창단으로 개명	초대 지휘자 역임 (1966~2011)
	7월 12일	대학합창단 가족음악회(정동 젠센기념관)	
	여름	대학합창단 전국 순회연주	
	11월 29일	대학합창단 창단연주회(YWCA 강당) St. Cecilia Mass 중 Gloria-C. Gounod	
1967년	2월	정신여고 음악교사 부임(박태준 박사 추천)	정신합창단 지휘자 부임 후 연주 및 방송 출연 다수
	5월 21일	대학합창단 창립 제1주년 기념 음악예배	
	8월	정신합창단 YFC 주최 전국중창경연대회 1등 입상	
	여름	대학합창단 전국 순회연주	
	10월	정신합창단 시교육위원회 주최 합창경연대회 1등 입상	
	11월 29일	대학합창단 정기연주회(YWCA 강당) 하늘의 아버지-P. K. Biggs	한국 최초로 쇼튠 (Show Tune)을 음악회에 도입한 것이 신문과 방송 등에 '새로운 음악회' 로 화제가 됨
1968년		정신합창단 연주회 및 방송 출연 다수	
	4월 19일	장영란 사모와 결혼	
	4월 17일	대학합창단 정기연주회(부활절연주회)	
	5월 23일	서울시립합창단 제12회 정기음악회 객원지휘(시민회관 대강당)	
	7월	정신합창단 YFC 주최 전국중창경연대회 1등 입상	

1968년	여름	대학합창단 전국 순회연주	
	10월	정신합창단 서울시교육위원회 지구별 합창콩쿠르, 전국학생합창경연대회 입상	
	11월 1일	대학합창단 전국합창경연대회 수석입상(한국음악협회 주최)	일본 아시아합창제 한국대표로 선발되었으나 병역 문제로 참석 불발
	11월	정신합창단 정신합창연주회(시민회관)	
	12월 2일	대학합창단 정기연주회(국립극장)	
1969년		정신여고 1회 노래선교단 교회 순회, 방송 출연 및 연주 다수	
	4월	정신여고 합창단을 노래선교단으로 재창단	초대 지휘자 역임 (1969~1984)
	6월 2일	대한간호학생회 나이팅게일 음악회(국립극장)	초대 지휘자 역임
	7월 23~28일	정신여고 1회 노래선교단 전국 순회연주	총 13회 연주
	8월	대학합창단 전국 순회연주	
	11월 12일	대학합창단 정기연주회(국립극장) 한국초연곡 다수 당신은 하나님과 관계가 없는지요-T. L. de Victoria 하나님의 아들(Two motets)-M. Haydn 모든 사람 앞에서 주 찬양하리-P. Young 최후의 만찬-Adam Gumpelzhaimer 즐거운 노래-H. Waelrant 귀여운 동생과의 다툼- Arr. by R Shaw 보니의 미소 그치지 않네-T. Morley 신도들이여 기뻐하라-Arr. by R. Shaw 북소리-B. de la Monnoye 횃불-J. Joubert I love a piano-Irving Berlin 무도회에서 생긴 일-I. Berlin O clap your hands-Herald Rohlig 그의 은혜는 그치지 않으리-V. T. Ford 내 상한 맘과 한숨 가지고-M. Beinema 누가 군중을 해치리-Dale Wood	한국초연곡 다수 (좌동)
	11월 25일	정신여고 1회 노래선교단 정신합창연주회(서울시민회관)	
	12월 12~13일	한국소년소녀합창단 창단기념 크리스마스 캐롤의 밤	백합반 지휘자
1970년		정신여고 2회 노래선교단 교회 순회, 방송 출연 및 연주 다수	
	7월 18~23일	정신여고 2회 노래선교단 전국 순회연주	총 22회 연주
	여름	대학합창단 전국 순회연주	
	11월	정신여고 2회 노래선교단 정신합창연주회(서울시민회관)	
1971년		정신여고 3회 노래선교단 교회 순회, 방송 출연 및 연주 다수	LP 음반 1집 제작
	3월	정신여고 틴라이프 창단	
	6월 28일	서울여자대학교 개교 10주년기념 제3회 음악회	객원지휘
	7월 17~23일	정신여고 3회 노래선교단 전국 순회연주	총 22회 연주
	여름	대학합창단 전국 순회연주	

연도	날짜	내용	비고
1971년	12월 20일	대학합창단 정기연주회(국립극장) Requiem-G. Faure 한국초연곡 다수 My heart doth not forget-Orlando di Lasso Sussex Carol-English traditional Star of the mountain-Eugene Weigel	한국초연곡 다수 (좌동)
	11월 19일~ 72년 3월 1일	정신여고 1회 틴라이프 미국 순회연주	총 156회 공연
1972년		정신여고 4회 노래선교단 교회 순회, 방송 출연 및 연주 다수	LP 음반 2집 제작
	7월 15~21일	정신여고 4회 노래선교단 전국 순회연주	총 20회 연주
	8월	대학합창단 전국 순회연주	
	9월 30일	정신여고 4회 노래선교단 서울 연주회(명동 YWCA 강당)	
	10월 9일	대학합창단 한국음악협회 주최 제4회 서울음악제 공연	한양대학교 음악대학 합창단(박재훈 지휘)과 협연
	12월 20일	대학합창단 정기연주회(국립극장) 한국초연곡 다수 모든 것 되시는 주님-Ralph Carmichael 오 복된 날-Edwin R. Hawking 천성이라 불리우는 곳- Spiritual 두 날개-Spiritual Mango walk-Jamaican Rumba 축제-Rogie Clark 나의 눈이 우네-John Bennet 그 누가 행복한가-Orazio Vecchi 오 사랑스런 내 눈-Orlando di Lasso 젊은 세계-Otis Skillings 위에 계신 주-Otis Skillings 하나님은……-Otis Skillings 노래할 이유 있네-Otis Skillings	한국초연곡 다수 (좌동)
	12월 29일~ 73년 2월 26일	정신여고 2회 틴라이프 미국 순회연주	총 101회 공연
1973년		정신여고 5회 노래선교단 교회 순회, 방송 출연 및 연주 다수	LP 음반 3집 제작 2회 틴라이프 카세트 제작
	5월 16일	대학합창단 창립 8주년 기념 예배와 음악(평광교회)	
	7월 14~21일	정신여고 5회 노래선교단 전국 순회연주	총 22회 연주
	여름	대학합창단 전국 순회연주	
1974년		정신여고 6회 노래선교단 교회 순회, 방송 출연 및 연주 다수	LP 음반 4집 제작 노래할 이유 있네 악보집 출판
	1월 9일~3월 2일	정신여고 3회 틴라이프 미국 순회연주	총 103회 연주
	3월	남대문교회 성가대 지휘자 부임(박태준 박사 후임)	
	5월 1일	대학합창단 대통령 조찬기도회 초청연주	
	7월 13~19일	정신여고 6회 노래선교단 전국 순회연주	총 22회 연주
	여름	대학합창단 전국 순회연주	
	9월 21일	정신여고 6회 노래선교단 서울 연주회(명동 YWCA 강당)	

1974년	11월 19일	대학합창단 정기연주회(YWCA 대강당) 한국초연곡 다수 When he shall come-P. Mickelson Laughing song-Theron Kirk Come into my world-M. Roger Goodbye, my heart-Orlando di Lasso Could I but tell thee-Orlando di Lasso I want to be ready-P. Mickelson The Lord above-Arr. by Otis Skillings Now walk with God-Arr. by Otis Skillings	한국초연곡 다수 (좌동)
	12월 9일~ 75년 3월 5일	정신여고 4회 틴라이프 미국 순회연주	총 145회 연주
1975년		정신여고 7회 노래선교단 교회 순회, 방송 출연 및 연주 다수	4회 틴라이프 카세트 제작
	3월 24일	정신여고 4회 틴라이프 귀국연주회(국립극장)	
	7월 15~21일	정신여고 7회 노래선교단 전국 순회연주	총 19회 연주
	여름	대학합창단 전국 순회연주	
	11월 28일	대학합창단 정기연주회(명동 예술극장)	
	12월 28일~ 76년 3월 1일	정신여고 5회 틴라이프 미국 순회연주	총 115회 연주
1976년		정신여고 8회 노래선교단 교회 순회, 방송 출연 및 연주 다수	노래할 이유 있네 악보집 2집 및 카세트 제작
	7월 14~21일	정신여고 8회 노래선교단 전국 순회연주	총 23회 연주
	여름	대학합창단 전국 순회연주	
	9월 23일	정신여고 8회 노래선교단 서울 연주회(서울시민회관)	
	11월 20일	대학합창단 정기연주회(유관순기념관) Set of three-Cecil Effinger 1. Trial by time 2. This Trail 3. Inner song while watching a square dance	한국초연곡 Set of three-Cecil Effinger
	12월 15일	남대문교회 성가합창연주회 So I send I you-John. W. Peterson	
1977년		정신여고 9회 노래선교단 교회 순회, 방송 출연 및 연주 다수	6회 틴라이프 카세트 제작
	1월 11일~ 3월 7일	정신여고 6회 틴라이프 미국 순회연주	총 93회 연주
	3월 17일	정신여고 6회 틴라이프 귀국연주회(서울시민회관)	
	7월 14~21일	정신여고 9회 노래선교단 전국 순회연주	총 24회 연주
	여름	대학합창단 전국 순회연주	
	11월 18일	대학합창단 정기연주회(유관순기념관) Gottes Zeit ist die allerbeste Zeit BWV 106- J. S. Bach	한국초연곡 (좌동)
	12월 21일	남대문교회 성가합창연주회 I will come again-John M. Rasley	
	12월 30일~ 78년 2월 28일	정신여고 7회 틴라이프 미국 순회연주	총 88회 연주

1978년		정신여고 10회 노래선교단 교회 순회, 방송 출연 및 연주 다수	노래할 이유 있네 악보집 3집 및 카세트 제작
	1월	한국교회음악협회 이사 취임	
	3월 26일	남대문교회 부활절음악예배 Easter celebration-Harold Decou	
	7월 14~21일	정신여고 10회 노래선교단 전국 순회연주	총 22회 연주
	여름	대학합창단 전국 순회연주	
	9월 22~23일	정신여고 10회 노래선교단 서울 연주회(정신여고 강당)	
	10월 20일	정신여고 틴라이프 선교의 밤(연동교회)	
	11월 17일	대학합창단 정기연주회(세종문화회관 별관) Missa Il me suffit-Orlando di Lasso	한국초연곡 (좌동)
	12월 17일	남대문교회 성탄축하음악예배 Down from His glory-John W. Peterson	
	12월~79년 2월	정신여고 8회 틴라이프 미국·캐나다 순회연주	총 66회 연주
1979년		정신여고 11회 노래선교단 교회 순회, 방송 출연 및 연주 다수	노래할 이유 있네 악보집 4집 및 카세트 제작 찬송가 모음집 LP 음반 제작(Feat. 3회 틴라이프 노미애, 홍수연)
	7월 14~21일	정신여고 11회 노래선교단 전국 순회연주	총 23회 연주, 서울 연주회 (YWCA 대강당)
	여름	대학합창단 전국 순회연주	
	11월 23일	대학합창단 정기연주회(연동교회) 한국초연곡 다수 푸가를 위한 6개의 고전합창(Six Fuging tunes) How pleased and blest was I-Jacob Kimball Jr. Think, mighty God, on feeble man-Jacob Kimball Jr. Silent I waited with long-suff'ring love Jacob French O thou that hear'st when sinners cry-Jacob Kimball Jr. Salvation! O the joyful sound-William Billings	한국초연곡 다수 (좌동)
	12월 16일	남대문교회 성탄축하음악예배 Come to the manger-Joe E. Parks	
	12월~80년 2월	정신여고 9회 틴라이프 미국·캐나다 순회연주	총 64회 연주
1980년		정신여고 12회 노래선교단 교회 순회 및 연주 다수	
	4월 6일	남대문교회 부활절 칸타타 The king eternal-Ira B. Wilson	
	7월 14~21일	정신여고 12회 노래선교단 전국 순회연주	총 23회 연주
	여름	대학합창단 전국 순회연주	
	9월 13일	정신여고 12회 노래선교단 서울 연주회	
	12월 12일	대학합창단 정기연주회(숭의음악당) The Oxen-B. Britten	

1980년	12월 21일	남대문교회 성탄축하음악예배 Christ Is born-John W. Peterson	
	12월 25일~ 81년 2월 6일	정신여고 10회 틴라이프 미국 순회연주	60회 연주
1981년		정신여고 13회 노래선교단 교회 순회, 합창제 및 연주 다수	노래할 이유 있네 악보집 5집 및 카세트 제작 10회 & 11회 틴라이프 카세트 제작
	4월 19일	남대문교회 부활절칸타타 The last week-John W. Peterson	
	5월 16일	대학합창단 창립기념연주회(안동교회)	
	7월 14~21일	정신여고 13회 노래선교단 전국 순회연주	총 21회 연주
	여름	대학합창단 전국 순회연주	
	11월 20일	대학합창단 정기연주회(유관순기념관) Regina Coeli-W. A. Mozart	
	12월 20일	남대문교회 성탄절칸타타 사랑의 왕-Roger Strader / Arr. Bob Krogstad	
	12월~82년 2월	정신여고 11회 틴라이프 미국 순회연주	69회 연주
1982년		정신여고 14회 노래선교단 교회 순회, 방송 출연 및 연주 다수	
	4월 11일	남대문교회 부활절칸타타 The seven last words of Christ-Théodore Dubois	
	5월 18일	대학합창단 창립기념연주회(안동교회)	
	7월 13~20일	정신여고 14회 노래선교단 전국 순회연주	총 21회 연주 이후 유학으로 인해 장영란 사모가 대신하여 지휘를 맡음
	여름	대학합창단 전국 순회연주	
	9월	도미, University of Miami 합창지휘 석사과정 유학	
1983년		정신여고 15회 노래선교단 교회 순회 및 연주 다수	유학 중 방학을 이용해 귀국하여 지도. 노래할 이유 있네 악보집 6집 및 카세트 제작
	5월 31일	대학합창단 창립기념 예배와 연주(안동교회)	
	7월 11~18일	정신여고 15회 노래선교단 전국 순회연주	총 22회 연주
	8월	대학합창단 전국 순회연주	피날레 곡인 "이 땅에 평화 주소서(Sy Miller)" 사용 시작
	11월 3일	대학합창단 정기연주회(YWCA 대강당) Domine, ad adjuvandum me festina-G. B. Martini	

1984년		정신여고 16회 노래선교단 교회 순회 및 연주 다수	5월 초 귀국하여 지도. 노래할 이유 있네 악보집 7집 및 카세트 제작
	6월 2일	대학합창단 창립기념 예배와 음악(안동교회)	
	7월 11~18일	정신여고 16회 노래선교단 전국 순회연주	총 31회 연주
	여름	대학합창단 전국 순회연주	
	11월 22일	서울시립대학교 음악학과 제1회 정기연주회	객원지휘
	11월 30일	대학합창단 정기연주회(남산 숭의음악당) Saul-Egil Hovland	유학 후 레퍼토리의 폭넓은 변화가 관찰됨
	12월 20~21일	국립합창단 제30회 정기공연 송년음악회 〈주요 연주곡〉 Three Chansons-Maurice Ravel Alto Rhapsodie-Johannes Brahms	객원지휘 한국초연곡 Alto Rhapsodie-Johannes Brahms
1985년	1월 3일~2월 5일	정신여고 12회 틴라이프(정신여고 16회 노래선교단 전원) 미국 순회연주	총 64회 연주
	3월	서울신학대학교 교회음악과 교수 부임	
	4월 14일	대학합창단 부활절음악예배 Ich weiß, daß mein Erlöser lebt BWV 160	
	5월 18일	대학합창단 창립기념 예배와 음악(안동교회)	
	6월	서울신학대학교 선교합창단(카펠라합창단) 창단	
	7월 4~5일	서울신학대학교 선교합창단 전국 순회연주	
	여름	대학합창단 전국 순회연주	
	11월 14일	대학합창단 정기연주회(남산 숭의음악당) Blessing, glory, wisdom and thanks-Attr. J. S. Bach*	*최근 J. S. Bach의 제자 G. Wagner 곡으로 밝혀짐 (출처: 요한 제바스티안 바하를 묻고 답하다-문성모 지음)
	11월 21일	서울신학대학교 종교음악과 합창연주회(유관순기념관) Messiah, HWV 56-G. F. Handel	
1986년	1월 9~10일	서울신학대학교 선교합창단 전국 순회연주	
	5월 24일	대학합창단 창립기념 예배와 음악(안동교회)	
	6월 5일	서울신학대학교 콘서트콰이어 음악예배 Cum sancto spiritu(from "Petite messe solennelle")-G. Rossini	한국초연곡 (좌동)
	6월 25~27일	서울신학대학교 선교합창단 전국 순회연주	
	여름	대학합창단 전국 순회연주	
	11월 3일	대학합창단 정기연주회(남산 숭의음악당) Gloria tibi(from "Mass")-Leonard Bernstein Daniel in the lion's den-Daniel Pinkham	창단 20주년기념 한국초연곡 Daniel in the lion's den-Daniel Pinkham
	11월 20일	서울신학대학교 종교음악과 합창연주회(유관순기념관) Ein deutsches Requiem Op. 45-Johannes Brahms	

1987년	4월 14일	대학합창단 고난절 합창연주회 Die sieben Worte Jesu Christi am Kreuz, SWV 478- Heinrich Schütz	
	4월 17일	서울신학대학교 선교합창단 성금요일 음악예배 The seven last words of Christ-Théodore Dubois	
	5월 23일	대학합창단 창립기념 예배와 음악(광림교회)	
	6월 5일	서울신학대학교 콘서트콰이어 음악예배 Gloria-A. Vivaldi	
	7월 2일	서울신학대학교 선교합창단 기독교대한성결교회 교단창립80주년기념 초청연주회(대구시민회관대강당)	
	여름	대학합창단 전국 순회연주	
	9월 18일	서울신학대학교 선교합창단 정기연주회(서울신학대학교 대강당)	
	10월 1일	대학합창단 정기연주회(국립극장) Hymn to St. Peter-Benjamin Britten	한국초연곡 (좌동)
	11월 5일	남대문교회 창립100주년 기념음악회 사도 바울-Felix Mendelssohn	
	11월 19일	서울신학대학교 종교음악과 합창연주회(서울신학대학교 대강당) Dettingen Te Deum, HWV 283-G. F. Handel	여성합창단(민지은)과 콘서트합창단(최훈차) 합동연주
	12월 5일	서울신학대학교 종교음악과 합창연주회(국립극장) Messiah, HWV 56-G. F. Handel	
1988년	1월 17일	연세대학교 음악대학 동문합창단 뉴욕공연(Trinity auditorium)	연세대학교 음악대학 동문합창단 초대 지휘자 역임
	5월 21일	대학합창단 창립기념 예배와 음악(광림교회)	
	6월 28일~7월 1일	서울신학대학교 선교합창단 전국 순회연주	
	여름	대학합창단 전국 순회연주	
	11월 7일	대학합창단 정기연주회(국립극장) Sanctus-Francis Poulenc Fantasia on Christmas Carols, Psalm 100- Ralph Vaughan Williams	
	11월 11일	서울신학대학교 종교음악과 합창연주회(국립극장) St. Paul-Felix Mendelssohn	
	11월 25일	서울신학대학교 콘서트콰이어 음악예배	
	12월 17일	서울신학대학교 선교합창단 맹인선교를 위한 연합세계선교회 자선음악회(유관순기념관)	
	12월 19일	서울신학대학교 선교합창단 부천시성탄축하자선음악회 (부천시민회관)	
1989년	3월 20일	《합창음악: 합창 문헌 및 시대별 악곡분석》 출간 (세광음악출판사)	
	3월 27일	대학합창단 부활절 기념연주회(소망교회)	
	5월 20일	대학합창단 창립기념 예배와 음악(갈보리교회)	
	6월 27~29일	카펠라합창단 전국 순회연주	선교합창단에서 카펠라합창단으로 개명
	여름	대학합창단 전국 순회연주	

1989년	11월 14일	대학합창단 정기연주회(국립극장) Intende voci(Offertorium)-Franz Schubert Two moves and the slow scat-Dennis Kam	
	11월 24일	서울신학대학교 교회음악과 합창연주회(유관순기념관) Messiah, HWV 56-G. F. Handel	1989년도부터 종교음악과에서 교회음악과로 학과 명칭 변경됨
	12월 11일	카펠라합창단 부천시 성탄축하음악회(부천시민회관)	
1990년	1월 3~24일	대학합창단 미국 순회연주	
	5월 19일	대학합창단 창립기념 예배와 음악(갈보리교회)	
	7월 3~6일	카펠라합창단 전국 순회연주	
	여름	대학합창단 전국 순회연주	
	10월 23일	카펠라합창단 정기연주회(소망교회) Wer nur den lieben Gott läßt walten, MWV A7 너 하나님께 이끌리어	
	11월 10일	서울신학대학교 교회음악과 합창연주회(예술의전당 콘서트홀) La terre promise(약속의 땅)-Camille Saint-Saëns	한국초연곡 (좌동)
	12월 3일	대학합창단 정기연주회(호암아트홀) Cantata "Concord"-Randall Thompson The Lord my shepherd is-Daniel Pinkham	
1991년	1월 5~24일	카펠라합창단 미국 순회연주	
	4월 1일	대학합창단 부활절연주회 Six anthems, Op. 79-Felix Mendelssohn St. John Passion-T. L. de Victoria	
	5월 18일	대학합창단 창립기념 예배와 음악(갈보리교회)	
	6월 28일~7월 1일	대학합창단 일본 순회연주	
	7월 2~5일	카펠라합창단 전국 순회연주	
	여름	대학합창단 전국 순회연주	
	11월 7일	서울신학대학교 개교80주년기념 교회음악과 합창연주회 Messiah, HWV 56-G. F. Handel	
	11월 14일	카펠라합창단 정기연주회(부천시민회관) Benedictus(from "Mass in G minor") 호산나	
	11월 25일	대학합창단 정기연주회(유관순기념관) A song of thanksgiving-Ralph Vaughan Williams Trois Chansons-Claude Debussy Antiphon-Benjamin Britten	한국초연곡 Trois Chansons- Claude Debussy Antiphon-Benjamin Britten
1992년	4월 17일	카펠라합창단 수난절 음악예배 Ah holy Jesus-Roger T. Petrich	
	5월 16일	대학합창단 창립기념 예배와 음악(갈보리교회)	
	6월 30일~7월 6일	카펠라합창단 일본 순회연주	
	8월	《합창음악연구》 번역(Homer Ulrich 저, 1994년 출간)	
	여름	대학합창단 전국 순회연주	

1992년	10월 22일	인천시립합창단 제44회 정기연주회 Six anthems, Op. 79-Felix Mendelssohn Gloriana-Benjamin Britten	
	11월 5일	카펠라합창단 정기연주회(독립문성결교회)	
	11월 17일	대학합창단 정기연주회(연세대학교 백주년기념관) KV 222 Misericordias Domini-W. A. Mozart Credo(from "Missa brevis")-Z. Kodaly Israel at red sea-Lloyd Pfautsch	
1993년	1월 6일~2월 10일	대학합창단 미국 순회연주	
	4월	음악사랑 별책부록 인천음악·문화계소식 커버스토리 게재	
	5월 15일	대학합창단 창립기념 예배와 음악(갈보리교회)	
	6월	인천시립합창단 상임지휘자 부임	
	6월 28일~7월 1일	카펠라합창단 제주 순회연주	
	7월 2일	인천시립합창단 제46회 정기연주회(인천시민회관) Five mystical songs-Ralph Vaughan Williams	한국초연곡 (좌동)
	여름	대학합창단 전국 순회연주	
	10월 28일	카펠라합창단 정기연주회(햇불회관) Cantate Domino canticum novum, BuxWV 12- D. Buxtehude	
	11월 11일	서울신학대학교 교회음악과 합창연주회(햇불회관) Elijah, Op. 70-Felix Mendelssohn	
	11월 24일	대학합창단 정기연주회(국립극장) Nach dir, Herr, verlangte mich BWV 150-J. S. Bach Missa brevis-L. Bernstein	
	12월 14일	인천시립합창단 제48회 정기연주회(인천시민회관) Fantasia on Christmas Carols-Ralph Vaughan Williams	
1994년	7월 1~11일	카펠라합창단 일본 순회연주	
	8월	인천시립합창단 상임지휘자 사임	
	여름	대학합창단 전국 순회연주	
	11월 1일	카펠라합창단 정기연주회(충무성결교회) Messe solennelle en ut# mineur, Op. 16	
	11월 10일	대학합창단 정기연주회(소망교회 선교관) Missa Brevis-William Mathias Magnificat-C. T. Pachelbel	한국초연곡 (좌동)
	11월 30일	《합창음악연구 A survey of choral music》 번역서 출간 (Homer Ulrich 저)	
1995년	4월 20일	대학합창단 부활절연주회(경동교회) Stabat Mater-A. Caldara	
	7월 3~6일	카펠라합창단 전국 순회연주	
	여름	대학합창단 전국 순회연주	
	10월	월간 합창저널 커버스토리 게재	
	11월 14일	카펠라합창단 10주년기념 정기연주회(서울교육문화회관) Missa aedis Christi, Op. 92-W. Mathias	
	11월 21일	서울신학대학교 교회음악과 합창연주회(햇불회관) Messiah, HWV 56-G. F. Handel	

1995년	11월 28일	대학합창단 정기연주회(연세대학교 백주년기념관) Magnificat-G. B. Pergolesi(Attr.) Gloria(from "Mass")-Douglas Coombes	한국초연곡 (좌동)
	12월 8일	서울신학대학교 교회음악과 합창연주회(부천삼광성결교회) Messiah, HWV 56-G. F. Handel	
1996년	1월	한국합창총연합회 부이사장 취임(1996~1999)	
	1월 25일~2월 21일	대학합창단 미국 순회연주	
	5월 14일	부천시립합창단 청소년을 위한 35회 기획연주회	객원지휘
	7월 5~13일	카펠라합창단 일본 순회연주	
	여름	대학합창단 전국 순회연주	
	9월 7일	대학합창단 30주년기념 정기연주회(예술의전당 음악당) Mass-Douglas Coombes	한국초연곡 (좌동)
	10월	기독음악저널 커버스토리 게재	
	11월 5일	카펠라합창단 정기연주회(충무성결교회) Missa rosa mystica-V. Carnevali	
	11월 12일	서울신학대학교 교회음악과 합창연주회(햇불회관) Six anthems, Op. 79-Felix Mendelssohn Hymn of praise, Op. 52-Felix Mendelssohn	
	11월 28일	대구시립합창단 제56회 정기연주회 20세기 합창음악의 밤 Mass-Douglas Coombes	객원지휘
	12월 22일	신촌성결교회 성탄축하음악예배 Messiah, HWV 56-G. F. Handel	
1997년	1월 28일~2월 15일	대학합창단 유럽 순회연주	
	3월 25일	카펠라합창단 사순절 음악예배 Stabat mater-A. Dvorak	
	7월 1~5일	카펠라합창단 전국 순회연주	
	여름	대학합창단 전국 순회연주	
	8월 30일	《합창지휘법》 출간(호산나음악사)	
	10월 7일	대학합창단 정기연주회(연세대학교 백주년기념관) Maia Canticle-Douglas Coombes	
	10월 27일	카펠라합창단 정기연주회(신촌성결교회) Rejoice in the lamb, Op. 30-B. Britten	
	11월 20일	서울신학대학교 교회음악과 합창연주회(햇불회관) Messiah, HWV 56-G. F. Handel	
	12월 5일	서울신학대학교 교회음악과 성탄축하합창음악회 (명헌기념관)	
1998년	4월 14일	대학합창단 고난과 부활절 기념음악회(안동교회) Stabat Mater-James Holmes	
	5월 16일	대학합창단 창립기념 예배와 음악(안동교회)	
	7월 3~13일	카펠라합창단 일본 순회연주	
	여름	대학합창단 전국 순회연주	
	11월 10일	서울신학대학교 교회음악과 합창연주회(햇불회관) Mass-Douglas Coombes Von Himmel hoch-Felix Mendelssohn	대학합창단과 Pachelbel magnificat 협연

1998년	11월 19일	카펠라합창단 정기연주회(중앙성결교회) Magnificat-Felix Mendelssohn Magnificat-J. Pachelbel The story of Christmas-A. Matthews	
	11월 24일	대학합창단 정기연주회(영락교회 베다니홀) Mass in B Major-Leoš Janáček	
	12월 4일	서울신학대학교 교회음악과 성탄축하합창음악회 (명헌기념관)	
1999년	1월 23일~2월 23일	대학합창단 미국, 캐나다 순회연주	
	4월 13일	대학합창단 고난과 부활절 기념음악회(안동교회) On the passion of Christ-David H. Williams	
	5월 3일	제5회 전국음악대학 합창음악제 브람스 음악 세미나 (국립극장) 강사 및 카펠라합창단 연주	
	5월 15일	대학합창단 창립기념 예배와 음악(자양교회)	
	7월 12~19일	카펠라합창단 호주 순회연주	
	여름	대학합창단 전국 순회연주	
	11월 18일	서울신학대학교 교회음악과 합창연주회 Messiah, HWV 56-G. F. Handel	
	12월 7일	대학합창단 정기연주회(안동교회 예배당) Missa brevis-Allen Koepke	
2000년	1월	한국합창지휘자협회 이사 취임	
	1월 24일~2월 14일	대학합창단 유럽 순회연주	
	4월 25일	대학합창단 부활절 기념음악회(안동교회) Easter carol-Charles Ives	
	5월 20일	대학합창단 창립기념 예배와 음악(공덕교회)	
	6월 23~26일	카펠라합창단 전국 순회연주	
	여름	대학합창단 전국 순회연주	
	10월 28일	대학합창단 정기연주회(영산아트홀) Missa brevis-Knut Nystedt Magnificat-G. B. Martini	한국초연곡 (좌동)
	11월 9일	카펠라합창단 정기연주회(성결인의 집 대강당) Chandos anthem	
	11월 21일	서울신학대학교 교회음악과 합창연주회(성결인의 집 대강당) Magnificat in D major BWV 243-J. S. Bach Gloria(from "Messe h-moll", BWV 232)-J. S. Bach	성결인의 집 개관기념
2001년	1월	최훈차콰이어 창단, 최훈차 상임지휘자 위촉	
	2월 3~21일	카펠라합창단 미국 순회연주	
	3월 27일	서울신학대학교 개교90주년기념음악회(성결인의 집)	
	4월 20일	대학합창단 고난과 부활절 합창연주회(소망교회) Five mystical songs-Ralph Vaughan Williams	
	5월 19일	대학합창단 창단기념 예배와 음악(소망교회)	
	6월 1일	최훈차콰이어 창단연주회(소망교회)	
	6월 22~25일	카펠라합창단 전국 순회연주	
	여름	대학합창단 전국 순회연주	

2001년	9월 18일	수원시립합창단 제77회 정기연주회 Dixit Dominus-G. F. Handel	객원지휘. 한국초연곡 (좌동)
	11월 20일	서울신학대학교 교회음악과 합창연주회 Messiah, HWV 56-G. F. Handel	
	11월 26일	대학합창단 정기연주회(아츠풀센터) 한국초연곡 다수 Domine ad adjuvandum me festina-G. B. Pergolesi Festival Te Deum-Ralph Vaughan Williams To wait quietly-Cecil Effinger God's grandeur-Samuel Barber	한국초연곡 다수 (좌동)
	12월 7일	서울신학대학교 성탄 축하 합창 음악회(성결인의 집)	
2002년	1월 26일~2월 19일	대학합창단 미국 순회연주	
	4월 2일	대학합창단 고난과 부활절 합창연주회(안동교회)	
	5월 18일	대학합창단 창립기념 예배와 음악(소망교회)	
	6월 28일~7월 1일	카펠라합창단 전국 순회연주	
	7월 22~29일	최훈차콰이어 영국 순회연주	
	여름	대학합창단 전국 순회연주	
	10월 31일	카펠라합창단 정기연주회(대신성결교회) Psalm 95-Felix Mendelssohn Te Deum-Jean Langlais	
	11월 5일	대학합창단 정기연주회(명동성당 꼬스트홀) Rejoice, beloved christians-Dieterich Buxtehude Gloria-Dominick Argento	한국초연곡 (좌동)
	11월 19일	서울신학대학교 교회음악과 합창연주회 Ein deutsches Requiem Op. 45-J. Brahms	
2003년	1월 6일~2월 1일	대학합창단 유럽 순회연주	
	2월 4~10일	카펠라합창단 호주 순회연주	
	4월 29일	대학합창단 고난과 부활 합창연주회(안동교회) Stabat mater-J. Rheinberger	
	5월 24일	대학합창단 창립기념 예배와 음악(소망교회)	
	6월 27~30일	카펠라합창단 전국 순회연주	
	8월 8~11일	대학합창단 전국 순회연주	
	8월 22일	최훈차콰이어 전국 순회연주	
	9월 16일	최훈차콰이어 정기연주회(영산아트홀) Five hebrew love songs-Eric Whitacre	
	10월 15일	《합창문헌: 시대별, 작곡가별 특징 및 작품해설》출간 (코러스센터)	
	11월 10일	서울신학대학교 교회음악과 합창연주회 Messiah, HWV 56-G. F. Handel	
	11월 20일	카펠라합창단 정기연주회(신촌성결교회) Te Deum-D. Coombs	한국초연곡 (좌동)
	12월 28일	대학합창단 정기연주회(영산아트홀) 한국초연곡 다수 Magnificat-Rene Clausen Spirituals and swedish chorales-D. Argento Signposts-Eskil Hemberg	한국초연곡 다수 (좌동)

2004년	1월 29일~2월 6일	최훈차콰이어 캐나다 순회연주	
	4월 13일	대학합창단 고난과 부활 합창연주회(안동교회) The seven last words of Christ on the cross-César Franck	
	5월 13일	성남시립합창단 제86회 정기연주회 Five Hebrew love songs-Eric Whitacre	객원지휘
	5월 15일	대학합창단 창립기념 예배와 음악(산성교회)	
	6월 30일~7월 6일	카펠라합창단 일본 순회연주	
	8월 13~16일	대학합창단 전국 순회연주	
	8월 27~28일	최훈차콰이어 전국 순회연주	
	11월 9일	서울신학대학교 교회음악과 Azusa Pacific university 교류음악회	
	11월 18일	서울신학대학교 교회음악과 합창연주회(성결인의집) St. Paul-Felix Mendelssohn	
	12월 2일	카펠라합창단 정기연주회(중앙성결교회) Messe in C-J. Rheinberger	
	12월 7일	한울장로성가단 작은음악회(신촌성결교회)	
	12월 26일	대학합창단 정기연주회(영산아트홀) Magnificat-Antonio Vivaldi Fanfares-Daniel Pinkham	한국초연곡 Fanfares-Daniel Pinkham
2005년	2월 4~26일	대학합창단 미국, 캐나다 순회연주	
	3월 29일	대학합창단 고난과 부활절 음악회(안동교회) Passion of our Lord according to st. Mark	
	5월 14일	대학합창단 창립기념 예배와 음악(영진교회)	
	5월 23일	최훈차 교수 정년퇴임 기념음악회(햇불회관)	
	5월 28일	신촌성결교회 창립50주년 기념음악회 Messiah, HWV 56-G. F. Handel Lord. Thou hast been our refuge-R. Vaughan Williams	
	6월	서울신학대학교 교수 및 카펠라합창단 상임지휘자 퇴임	
	6월 20일	최훈차콰이어 정기연주회(영산아트홀) Fanfare of triumph-Allen Koepke	
	6월 23~25일	카펠라합창단 전국 순회연주	
	8월 25~27일	최훈차콰이어 전국 순회연주	
	여름	대학합창단 전국 순회연주	
	10월 19일	대학합창단 정기연주회(영산아트홀) Alleluia for the waters-Daniel Pinkham Chandos anthem No. 4, HWV 249b-G. F. Handel	한국초연곡 Alleluia for the waters-Daniel Pinkham
2006년	1월	새문안교회 예본찬양대 지휘자 부임, 서울합창연합회 회장 취임	
	1월 16일~2월 10일	대학합창단 유럽 순회연주	
	2월 16일	정신콰이어 창단	
	4월 18일	대학합창단 고난과 부활 합창연주회(봉천제일교회) Christ lag in Todesbanden BWV 4 그리스도는 죽음의 포로가 되어도	

2006년	5월 13일	대학합창단 창단40주년기념 홈커밍데이(신라호텔 영빈관)	
	5월 19~20일	서울시합창단 제96회 정기연주회	객원지휘
	6월 1일	정신콰이어 창단 예배(정신여고 김마리아홀)	
	7월 4일	대학합창단 창단 40주년기념 대음악회(예술의전당 콘서트홀)	
	7월 21~25일	최훈차콰이어 세계합창대회 참가-중국 샤먼	
	여름	대학합창단 전국 순회연주	
	10월 31일	슈투트가르트체임버합창단 내한공연-최훈차콰이어 특별출연(예술의전당 콘서트홀)	
	11월 14일	최훈차콰이어 서울합창음악축제 출연	
	12월 4일	최훈차콰이어 정기연주회(세라믹팔레스홀) To wait quietly-C. Effinger Magnificat-R. Clausen	
	12월 27~28일	카펠라동문합창단 유빌라테 13집 음반 녹음	
2007년	1월 27일	합창음악세미나(정신여고 강당) 대학합창단, 아너스카펠라, 최훈차콰이어, 에코노래선교단, 정신콰이어 참여	
	4월 11일	대학합창단 고난과 부활 합창연주회(안동교회) Les sept paroles du Christ sur la croix-C. Gounod An easter symphony-Milton Rusch	한국초연곡 (좌동)
	4월 27일	최훈차콰이어 정기연주회(영산아트홀) Les sept paroles du Christ-Théodore Dubois Dextera Domini-César Franck Jesus, meine Zuversicht, MWV B13-Felix Mendelssohn	한국초연곡 Dextera Domini- César Franck Jesus, meine Zuversicht, MWV B13- Felix Mendelssohn
	5월 19일	대학합창단 창립기념 예배와 음악(공덕교회)	
	7월 3일	최훈차콰이어 제6회 정기연주회(예술의전당 콘서트홀) Magnificat in D major, MWV A2-Felix Mendelssohn Daniel in the lion's den-D. Pinkham 서귀포 초대, 앵두꽃-허걸재	한국초연곡 Magnificat in D major, MWV A2- Felix Mendelssohn 서귀포 초내, 앵두꽃- 허걸재
	여름	대학합창단 전국 순회연주	
	8월 23~25일	최훈차콰이어 전국 순회연주	
	10월 18일	정신여중고 개교 120주년기념 동문찬양의 밤	동문합창 및 연합합창단 지휘
	11월 15일	아너스카펠라 창단연주회(경동교회) Vom Himmel hoch, MWV A10 하늘의 주- Felix Mendelssohn	
	12월 3일	대학합창단 정기연주회(영산아트홀) Das neugeborne Kindelein-Dieterich Buxtehude Fantasia on Christmas carols-Ralph Vaughan Williams	
	12월 11일	최훈차콰이어 크리스마스 마드리갈 디너콘서트 (임피리얼팰리스호텔)	크리스마스 마드리갈 디너 재연

2008년	1월 29일~2월 22일	대학합창단 미국 순회연주	
	3월 21일	새문안교회 예본찬양대 성금요일 음악예배	
	4월 1일	대학합창단 고난과 부활 합창연주회(안동교회) Wer nur den lieben Gott läßt walten, MWV A 7- Felix Mendelssohn Ich weiß, daß mein Erlöser lebt, BWV 160	한국초연곡 Wer nur den lieben Gott läßt walten, MWV A 7-Felix Mendelssohn
	4월 22일	최훈차콰이어 정기연주회(장천아트홀) Surrexit pastor bonus, Op. 39, No. 3- Felix Mendelssohn Six anthems, Op. 79-Felix Mendelssohn	
	5월 24일	대학합창단 창립기념 예배와 음악(공덕교회)	
	5월 29일	정신콰이어 창단연주회(정신여고 김마리아홀)	
	6월 13~17일	최훈차콰이어 일본 순회연주(정기연주회)	
	6월 26일	아너스카펠라 정기연주회(안동교회) Erfreut euch, ihr Herzen, BWV 66-J. S. Bach Der Herr ist mein Licht-J. P. Krieger	
	8월 16~19일	대학합창단 전국 순회연주	
	10월 10일	대학합창단 정기연주회(장천아트홀)	
	11월	콰이어 & 오르간 커버스토리 게재	
	12월 9일	최훈차콰이어 정기연주회-메시아 대연주회(예술의전당 콘서트홀) Messiah, HWV 56-G. F. Handel	최훈차콰이어, 아너스카펠라, 대학합창단 연합연주회
2009년	1월 26일~2월 21일	대학합창단 유럽 순회연주	
	4월 14일	대학합창단 고난과 부활 합창연주회(남대문교회) Christ's sacrifice complete-Philip M. Young	
	5월 16일	대학합창단 창립기념 예배와 음악(공덕교회)	
	6월 4일	아너스카펠라 정기연주회(영산아트홀) O, Haupt voll Blut un Wunden, MWV A8- Felix Mendelssohn Te Deum in G-Ralph Vaughan Williams	
	7월 11~13일	아너스카펠라 제주, 서귀포 순회연주	
	8월 6~14일	최훈차콰이어 미국, 캐나다 순회연주	
	여름	대학합창단 전국 순회연주	
	10월 26일	대학합창단 정기연주회(영산아트홀) Sanctus, Benedictus(from "Missa Paschalis")- G. Gorczycki Alleluia for the waters-D. Pinkham	
	11월 26일	정신콰이어 정기연주회(안동교회)	
	12월 7일	최훈차콰이어 정기연주회(장천아트홀) The first nowell-Ralph Vaughan Williams Magnificat-R. Clausen	한국초연곡 The first nowell- Ralph Vaughan Williams
2010년	1월 15일	아너스카펠라 서칭페스티발 연주(100주년기념관)	
	4월 6일	대학합창단 고난과 부활 합창연주회(안동교회) Christus, Op. 97-Felix Mendelssohn Gloria-J. Willcocks	한국초연곡 (좌동)

2010년	4월 23~24일	최훈차콰이어 전국 순회연주	
	5월 18일	대학합창단 창립기념 예배와 음악(공덕교회)	
	7월	정신콰이어 1집 녹음	
	7월 10일	최훈차콰이어 정기연주회(예술의전당 콘서트홀) Magnificat, BWV 243-J. S. Bach Jauchzet Gott in allen Landen!, BWV 51-J. S. Bach Gloria(from "Messe h-moll", BWV 232)-J. S. Bach	최훈차콰이어, 대학합창단, 아너스카펠라 연합연주회
	7월 16~21일	정신콰이어 미국 순회연주	
	7월 26일	최훈차콰이어 서칭페스티벌 초청연주	
	여름	대학합창단 전국 순회연주	
	8월 27~28일	아너스카펠라 전국 순회연주	
	11월 2일	대학합창단 정기연주회(장천아트홀) Laetatus sum-G. Gorczycki In heavens soaring up-D. Pinkham	한국초연곡 In heavens soaring up-D. Pinkham
	11월 25일	정신콰이어 정기연주회(세라믹팔레스홀)	
	11월 27일	최훈차콰이어 전국 순회연주-광주	
	12월 30일	아너스카펠라 음반 녹음	
2011년	1월 6일	아너스카펠라 신년하례회	
	1월 25일~2월 23일	대학합창단 미국, 캐나다 순회연주	
	봄	서울신학대학교 초빙교수 취임	
	4월 26일	대학합창단 고난과 부활 합창연주회(안동교회) Seven words of love-Lloyd Pfautsch Easter Anthem-Arr. by Alice Parker & Robert Shaw	한국초연곡 Easter Anthem- Arr. by Alice Parker & Robert Shaw
	5월 14일	대학합창단 창단 45주년 기념 예배와 음악(장천아트홀) 대학합창단 상임지휘자에서 퇴임	
	7월 13~14일	정신콰이어 전국 순회연주	
	7월 23일	최훈차콰이어 창단 10주년기념연주회(예술의전당 콘서트홀) Chandos anthem No. 11, HWV 256a-G. F. Handel Canticum calamitatis maritimae-Jaakko Mäntyjärvi Suite de Lorca-Einojuhani Rautavaara	한국초연곡 Suite de Lorca- Einojuhani Rautavaara
	12월 6일	최훈차콰이어 정기연주회(CTS아트홀) Messiah, HWV 56-G. F. Handel	이후 교회 및 러시아 순회연주 등에서 "해설이 있는 메시아" 를 2012년까지 총 7회 공연
2012년	3월 24~26일	정신콰이어 전국 순회연주	
	5월 25~29일	최훈차콰이어 러시아 순회연주 Messiah, HWV 56-G. F. Handel	
	7월 14일	최훈차콰이어, 아너스카펠라, 대학합창단 연합 정기연주회(예술의전당 콘서트홀) Paulus, Op. 36-Felix Mendelssohn	
	8월 24~25일	아너스카펠라 전국 순회연주	
	11월 27일	최훈차콰이어 한국교회음악작곡가협회 신작성가합창곡 발표회(세라믹팔레스홀)	
	12월 7일	정신콰이어 정기연주회(세라믹팔레스홀)	

2012년	12월 13일	아너스카펠라 가족초청 크리스마스 음악회(코스모스홀)	
2013년	2월	서울신학대학교 초빙교수 퇴임	
	7월 25일~8월 2일	최훈차콰이어 영국 순회연주	
	11월 8~9일	최훈차콰이어 전국 순회연주	
	12월 14일	아너스카펠라 정기연주회(안동교회 예배당) Oratorio de Noël, Op. 12-C. Saint-Saëns Carol cantata IV-Robert Russell Bennet	
	12월 20일	최훈차콰이어 정기연주회(장천아트홀) A ceremony of carols-B. Britten Christmas classics-John J. Hess	
2014년	5월 2~6일	최훈차콰이어 중국 순회연주	
2015년	1월 31일	최훈차콰이어 & 아너스카펠라 연합연주회(예술의전당 콘서트홀) Psalm 42-Felix Mendelssohn Lobgesang-Felix Mendelssohn	
	4월 16~25일	정신콰이어 유럽 순회연주	
	5월 22~25일	아너스카펠라 싱가폴 순회연주	
	10월 6일	최훈차콰이어 정기연주회(영산아트홀) Festival Te Deum, The company of heaven-B. Britten Missa brevis ritmico-Brian Tate	한국초연 Missa brevis ritmico-Brian Tate(신승용 지휘)
	10월 22일	최훈차콰이어 합창연합회 초청연주(장로회신학대학교)	
	12월 3일	아너스카펠라 창단 10주년 기념 음악회(영산아트홀) Meese solennelle en ut# mineur, Op. 16-L. Vierne Fantasia on Christmas carols-Ralph Vaughan Williams	
2016년	2월 26일~3월 1일	최훈차콰이어 대만 순회연주	
	3월 15일	《코랄 리허설 테크닉: 합창 연습의 기술과 지도방법》 출간(빛나라)	
	6월 15~16일	정신콰이어 전국 순회연주	
	7월 21일	대학합창단 창립 50주년 기념음악회(예술의전당 콘서트홀) Messe solennelle de Sainte-Cécile, CG 56-Charles Gounod	최훈차콰이어/ 대학합창단 정기연주회
	10월 1~3일	최훈차콰이어 제주도 순회연주	
	10월 21~24일	아너스카펠라 일본 순회연주-오사카	
	12월 19일	최훈차콰이어 정기연주회(장천홀) The first nowell-Ralph Vaughan Williams	
2017년	6월 3~5일	최훈차콰이어 전국 순회연주	
	6월 10~11일	정신콰이어 전국 순회연주	
	6월 23~26일	아너스카펠라 일본 순회연주	
	11월 4일	최훈차콰이어, 아너스카펠라, 한국대학합창단 연합연주회(롯데콘서트홀) Ein deutsches Requiem Op. 45-J. Brahms	
	11월 28일	정신콰이어 2집 녹음	
2018년	4월 20~21일	아너스카펠라 전국 순회연주	
	4월 21일	아너스카펠라, 최훈차콰이어 초청연주(원주 백운아트홀) Ein deutsches Requiem Op. 45-J. Brahms	

2018년	5월 26~27일	정신콰이어 전국 순회연주	
	6월 29일~7월 2일	최훈차콰이어 일본 순회연주-오사카	
	12월 3일	최훈차콰이어 정기연주회(광림교회) Messiah, HWV 56-G. F. Handel	
2019년	2월 23~25일	최훈차콰이어 일본 순회연주-시즈오카	
	6월 5~9일	아너스카펠라 베트남 순회연주	
	7월 24일	최훈차 교수 합창 60년 기념연주회 "감동"(예술의전당 콘서트홀)	
	12월 2일	최훈차콰이어 정기연주회(영산아트홀) Chandos anthem No. 8, HWV 253-G. F. Handel Heilig, MWV B47 No. 10-Felix Mendelssohn	
2020년		COVID-19로 인한 정체기	엘리야(멘델스존) 공연을 위해 예술의전당을 대관했으나 팬데믹 상황으로 인해 취소 결정
2021년			
2022년	11월 14일	최훈차콰이어 정기연주회(영산아트홀) Domine ad adjuvandum me festina, RV 593- A. Vivaldi	최훈차콰이어, 대학합창단 합동 연주회
2023년	1월 12일	아너스카펠라 홈커밍데이	아너스카펠라 해단
	4월 15~16일	정신콰이어 전국 순회연주	
	10월 1일	최훈차콰이어 정기연주회(예술의전당) Christus Op. 97-Felix Mendelssohn Beatus Vir RV 597-A. Vivaldi	
2024년	1월 13일	최훈차콰이어 홈커밍데이 가족초청음악회(BBCH홀)	최훈차콰이어 해단
	4월 20~21일	정신콰이어 전국 순회연주	
	9월 27~30일	정신콰이어 일본 순회연주-시즈오카	
	11월 19일	정신콰이어 퇴임식	정신콰이어 2대 지휘자 취임

최훈차 통합 레퍼토아 & 한국초연곡 QR 165

기록(지휘자 최훈차 연보 및 최훈차 통합 레퍼토아): 박강노

우리가 사랑한 선생님, 지휘자 최훈차
Chai Hoon Cha In Honor of our Conductor: A Life Remembered with Love

엮은이 최훈차헌정도서편집위원
펴낸이 정애주
국효숙 김의연 박혜란 송민규 오민택 임영주 차길환

2025. 7. 7. 초판 1쇄 인쇄   2025. 7. 25. 초판 1쇄 발행

등록번호 제1-499호 1977. 8. 1.
주소 (04084) 서울시 마포구 양화진4길 3
전화 02) 333-5161   팩스 02) 333-5165
홈페이지 hongsungsa.com   이메일 hsbooks@hongsungsa.com
페이스북 facebook.com/hongsungsa
양화진책방 02) 333-5161

ⓒ 최훈차, 2025

•잘못된 책은 바꿔 드립니다. •책값은 뒤표지에 있습니다.

ISBN 978-89-365-1595-9 (03230)